실제 사례로 보는

실전! 생생경매

경매투자로 돈 버는 비법과
꼼수를 리얼하게 파헤쳤다!

안종현 저

무크랜드
www.moocland.co.kr

머리말

어떻게 하면 경매투자를 잘해서 많은 돈을 벌 수 있을까?

아니… 경매공부해서 돈 맛을 볼 수나 있을까? 괜히 경매했다가 돈 까먹고 이혼당하는 것은 아닐까? 경매투자는 끝물이 아닐까? 대체적으로 인간이란 동물은 부정적인 마인드에 사로잡혀 사는 것 같다.

현대그룹 왕회장이 이런 말을 했다. "해 보기나 했어?"

사람들은 아예 시도조차도 하지 않고 혼자서 북치고… 장구치고… SHOW를 하고… 그리하여 결론을 내린다. "내 팔자에 무슨 놈의 경매!"라고…

저지르기 전에 고민하기보다는 저지르고 나서 행복한 후회를 해야 할 것이다.

경매 잘하려면 경매물건 검색 많이 하시고… 임장 많이 다니시고… 라는 이야기를 경매에 관심가지는 주변 지인들에게 침이 마르고 닳도록 이야기해도 잘되지 않는 모양이다. 안타까운 일이다.

심지어 유료경매정보지를 보는 것조차 그 비용이 아깝다고들 하니… 유료경매사이트에 회원으로 가입해야 경매물건 검색을 할 것이고… 이렇게 함으로써 임장을 많이 다닐 것 아닌가? 그런데 돈은 벌고 싶고… 비용이 발생되는 것은 싫고…

경매물건? 많다! 단지 내 주머니에 돈이 없음을 한탄해야 하는 것이다. 경매투자로 돈 벌려면 먼저 경매물건 검색을 엄청 많이 해야 한다. 경매이론 공부를 열심히 하면 뭣할 것인가? 돈이 될 만한 물건이 어디에 있으며, 금액은 얼마이고, 언제 경매가 진행되는지를 알아야 할 것 아닌가? 그러하기 위해서는 유료 경매사이트에 회원가입하여 당장 입찰참여는 하지 않더라도 가상 시뮬레이션을 하는 것이다.

경매물건 임장을 나가서 점유자도 만나보고, 경매부동산의 주변지역의 개발여지에 대한 조사도 해보고, 중개업소를 방문하여 시세도 알아보고, 어쨌든 행동을 해야만 하는 것이다.

사견으로는 법원경매투자는 전업보다는 투잡 개념에서 접근하는 것이 좋다고 본다. 그렇다고 수박겉핥기 식의 접근은 금물!!! 경매물건에 접근하는 순간 전투모드로 돌입하여야만 한다. 경매시장은 총알만 보이지 않을 뿐 전쟁터이다.

그리고 경매투자를 하겠다고 마음먹는 순간부터 세상 사람들이 이야기하는 모든 부정적인 말은 들을 필요도 없고, 고민할 필요도 없는 것이다. 그냥 앞만 보고 나아가면 되는 것이다. 공부하기에 앞서 긍정적인 마음을 가지는 것이 매우 중요하다고 본다.

여튼 본 책자는 문제풀이 식으로 구성해 보았다. 실전에서 발생될 수 있는 경매사례 180건을 엄선하여 입문 편과 실전 편으로 나누어 구성하였는데, 군더더기를 빼고 실전에서 곧바로 써먹을 수 있는 내용을 중심으로 알차게 설명하였기에 경매물건에 임장 나가기 전에 점검하여야 할 사항에 대해 인지한 후, 실전에 임한다면 백전백승이 되지 않을까 하는 행복한 생각을 해 본다.

인디언 추장이 기우제를 올리면 반드시 비가 온다고 하지 않는가? 즉, 비가 오는 이유는 비가 올 때까지 기우제를 올리기 때문인 것이다. 법원경매물건에 대한 투자의욕을 지속시킨다면 여러분도 인디언 추장처럼 될 것이다. 포기하지 않으면 실패는 결코 있을 수 없는 것이다.

성공은 성공한 꿈을 꾸는 자의 몫이다. 자신은 자신이 생각한대로 되기에 긍정적이고, 발전적이며, 적극적인 마인드를 가지고 경매에 임하면서, 경매투자로 성공한 미래의 행복한 자기 모습을 혼자서 그려 보아 자기 자신에게 스스로 동기부여를 해 주어야만 할 것이다. 즐거운 마음으로 임하다보면 내가 상상한 것 이상의 내 모습을 몇 년 후에 반드시 볼 수 있을 것이다. 용맹정진하는 것이다.

서울 광진구 자양동에서
안 종 현

차례

제1편 경매입문편

1 법원경매 제대로 알기

(1) 법원경매란? ······ 2
(2) 법원경매는 어려운가? ······ 2
    1) 법원경매는 어렵지 않다! / 2
    2) 부동산 권리가치분석에 신경을… / 3
(3) 보다 쉽게(?) 돈을 벌기 위해서는 어떻게? ······ 4
    1) 철저한 권리분석을… / 4
    2) 투자대상물은 무엇으로? / 5
    3) 경매시장의 분위기 파악을 하자!! / 5

2 경매의 종류

(1) 실질적 경매 : 소멸주의를 원칙으로 한다. ······ 7
    1) 임의경매 / 7
    2) 강제경매 / 7
    3) 임의경매와 강제경매의 공통점과 차이점 / 8
(2) 형식적 경매 : 소멸주의 또는 인수주의 ······ 8
    1) 유치권에 의한 경매 / 8
    2) 공유물분할청구소송에 의한 공유물 전부 경매 / 8
(3) 경매정보지 사례분석 ······ 9
    1) 근저당권자의 임의경매신청 / 9
    2) 담보가등기권자의 임의경매신청 / 12
    3) 전세권자의 임의경매신청 / 14
    4) 제3자의 강제경매신청 - 1 / 16
    5) 제3자의 강제경매신청 - 2 / 22
    6) 형식적 경매 : 유치권자의 경매신청 - 1 / 24

7) 형식적 경매 : 유치권자의 경매신청 − 2 / 29
8) 형식적 경매 : 공유물전부 경매신청 / 31

3 권리분석 쉽게 하는 방법

(1) 권리분석 쉽게 하는 방법 ·· 34
(2) 부동산등기부상 권리분석 ·· 35
(3) 부동산상 권리분석 ·· 35
(4) 소멸기준권리 유형분석 ·· 36
    1) 근저당권이 소멸기준권리인 경우 / 36
    2) 담보가등기가 소멸기준권리인 경우 / 36
    3) 강제경매기입등기가 소멸기준권리인 경우 / 37
    4) 가압류등기가 소멸기준권리인 경우 / 37
(5) 부동산등기부 상의 권리인수 사례분석 ·· 38
    1) 전세권 인수 / 38
    2) 가등기 인수 / 40
    3) 지상권 인수 / 42
    4) 후순위 가처분 인수 − 1 / 44
    5) 후순위 가처분 인수 − 2 / 48
(6) 부동산 상의 권리인수 사례분석 ·· 54
    1) 인수하는 임차인 − 1 / 54
    2) 인수하는 임차인 − 2 / 56

4 경매정보지에 의한 점검사항

(1) 관할법원 및 경매의 종류 확인 ·· 58
    1) 선순위 근저당권의 임의경매신청 / 59
    2) 후순위 근저당권의 임의경매신청 / 60

3) 일반채권자의 강제경매신청 / 62

4) 임차인의 강제경매신청 - 1 / 64

5) 임차인의 강제경매신청 - 2 / 67

(2) 경매취하 가능성 타진 ·· 71

1) 낙찰 후 임의경매 취하방법 / 72

2) 낙찰 후 강제경매 취하방법 / 72

3) 경매취하동의서는 어떻게 작성하나? / 72

4) 잦은 매각기일의 변경과 경매취하 / 73

5) 지분매각과 경매취하 / 75

(3) 매각대상물 확인 ··· 76

1) 토지 및 건물 일괄매각 / 76

2) 건물만 매각 / 78

3) 지분매각 / 86

4) 전세권 매각 / 90

(4) 배당요구종기일 확인 ··· 93

1) 민사집행법 제84조(배당요구의 종기결정 및 공고) / 93

2) 민사집행법 제88조(배당요구) / 94

3) 배당절차 / 94

4) 배당요구종기일 이후 배당요구 - 1 / 98

5) 배당요구종기일 이후 배당요구 - 2 / 100

6) 배당요구종기일 이후 배당요구 - 3 / 103

7) 대항력 있는 임차인의 배당철회신청 - 1 / 106

8) 대항력 있는 임차인의 배당철회신청 - 2 / 109

9) 대항력 있는 임차인의 배당철회신청 - 3 / 111

(5) 기타 점검사항 ··· 114

1) 세대합가 - 1 / 114

2) 세대합가 - 2 / 118

3) 근로복지공단의 압류등기 - 1 / 122

4) 근로복지공단의 압류등기 - 2 / 124

5) 대위변제 - 1 / 126

6) 대위변제 - 2 / 129

7) 前 소유자가 現 임차인 - 1 / 134

8) 前 소유자가 現 임차인 - 2 / 136

제 2 편   경매실전편

1 어? 하면 당합니다!

(1) 1단계 : 낙찰 후 명도, 그리고 판매 ································· 141

(2) 2단계 : 낙찰 후 이해관계인에게 재매각 ························· 141

(3) 3단계 : 어리바리한 자의 주머니를 노린다. ···················· 141

(4) 경매부동산의 소유권 취득원인 확인 - 1 ······················· 142

(5) 경매부동산의 소유권 취득원인 확인 - 2 ······················· 146

(6) 경매부동산의 소유권 취득원인 확인 - 3 ······················· 152

(7) 경매부동산의 소유권 취득원인 확인 - 4 ······················· 157

(8) 경매부동산의 소유권 취득원인 확인 - 5 ······················· 162

(9) 낙찰 받아 또다시 경매진행 시킨다면? - 1 ····················· 167

(10) 낙찰 받아 또다시 경매진행 시킨다면? - 2 ··················· 170

(11) 낙찰 받아 또다시 경매진행 시킨다면? - 3 ··················· 172

2 실전 전세권분석

(1) 전세권이란? ··· 176

(2) 전세권과 경매신청 ··· 176

    1) 임의경매신청 / 176

    2) 강제경매신청 / 176

(3) 소멸하는 전세권 ·· 177

    1) 후순위 전세권 / 177

    2) 선순위 전세권 / 177

(4) 인수되는 전세권 ·· 178

(5) 전세권 접근방법 ·· 178

    1) 전세권 설정 대상물을 확인하자! / 178

　　2) 전세권자의 동태를 파악하자! / 179
　　3) 전세권자가 전입신고 등을 하였는지 여부를 조사하자! / 179
　　4) 유형별 분석기법 / 179

(6) 전세권 관련 판례 등 ·· 182
　　1) 일반건물에 설정된 전세권의 효력이 미치는 범위 / 182
　　2) 집합건물에 설정된 전세권의 효력이 미치는 범위 / 183
　　3) A 전세권 ⇨ B 전입 ⇨ C 저당권 ⇨ C 경매신청 ⇨ A 배당요구 / 183
　　4) 소멸하는 전세권이 전세금 전액을 배당받지 못할 경우 / 183

(7) 실전 전세권 사례분석 ·· 184
　　1) 이 맛에 전세권 물건 경매하지~~~ - 1 / 184
　　2) 이 맛에 전세권 물건 경매하지~~~ - 2 / 192
　　3) 전세권? 정말로 헛갈리네~~~ / 195
　　4) 소멸기준권리는? / 205
　　5) 소멸하는 전세권 / 207
　　6) 인수되는 전세권 - 1 / 210
　　7) 인수되는 전세권 - 2 / 212
　　8) 인수되는 전세권 - 3 / 214
　　9) A 전세권/전입 ⇨ B 가등기 ⇨ C 강제경매 / 217
　　10) A 전세권 ⇨ B 저당권 ⇨ A 전입 ⇨ B 임의경매 / 220
　　11) 전세권은 소멸하나, 임차권은 불소멸! / 224
　　12) 전세권자의 강제경매신청 / 226
　　13) 전세권자가 법인이면? 좋지~~~ / 230
　　14) 선순위 전세권과 근로복지공단 압류 / 232

3 입찰표 작성할 때 정신 똑바로 차리고~~~

(1) 용인시 소재 아파트 낙찰가가 53억여 원? ·· 235
(2) 남양주시 소재 아파트 낙찰가가 49억여 원? ······································ 240
(3) 울산시 소재 아파트 낙찰가가 5천 8백억여 원? ································· 241
(4) 시흥시 소재 아파트 낙찰가가 14억여 원? ··· 242
(5) 천안시 소재 빌라 낙찰가가 7억여 원? ·· 243
(6) 은평구 소재 빌라 낙찰가가 1천 8백억여 원? ···································· 244

(7) 대구시 소재 아파트 낙찰가가 14억여 원? ·· 246

(8) 의정부시 소재 오피스텔 낙찰가가 32억여 원? ······································ 247

(9) 울산시 소재 빌라 낙찰가가 1조 1천 5백억 원? ··································· 248

4 실전 지분경매분석

(1) 공유부동산의 다른 지분권자의 우선매수권 ·· 250
    1) 매각기일 이전에 우선매수신고서 제출 / 250
    2) 매각기일 당일에 우선매수권 행사 / 251

(2) 지분 부동산에 입찰할 경우, 점검사항 및 사후관리 ······························· 251
    1) 지분 경매사실의 송달여부 확인 / 251
    2) 우선매수신청 여부확인 / 252
    3) 공유부동산의 요리방법 / 252

(3) 실전 지분경매 사례분석 ·· 254
    1) 공유자 우선매수제한 - 1 / 254
    2) 공유자 우선매수제한 - 2 / 263
    3) 공유자 우선매수인정 / 268
    4) 사이좋게 같이 팔아서... - 1 / 273
    5) 사이좋게 같이 팔아서... - 2 / 275
    6) 지분 낙찰 후 타공유자에게 매각 - 1 / 279
    7) 지분 낙찰 후 타공유자에게 매각 - 2 / 281
    8) 지분 낙찰 후 잔여 지분매입 / 283
    9) 공유물분할 청구소송에 의한 공유물 전부경매 - 1 / 285
    10) 공유물분할 청구소송에 의한 공유물 전부경매 - 2 / 288
    11) 지분 낙찰 후 잔여지분 경매신청하여 낙찰 / 292
    12) 공유자의 우선매수신고서 제출 / 297
    13) 지분경매 취하를 노리고... / 299

5 실전 가등기분석

(1) 가등기의 이해 ·· 301

(2) 가등기권리자의 배당여부 ··· 301

(3) 담보가등기 ··· 302
   1) 담보가등기란? / 302
   2) 가등기는 부동산등기부상의 형식에 의하지 않는다. / 303
   3) 담보가등기가 배당신청을 하지 않았거나, 배당금 받지 못한 경우 / 303
   4) A 가압류 ⇨ B 담보가등기 ⇨ C 가압류의 경우 배당관계 / 303
   5) 담보가등기는 경매시 매각으로 소멸한다. / 303

(4) 보전가등기 ··· 303
   1) 보전가등기란? / 303
   2) 매각대금완납 후 가등기의 본등기와 그 효력 / 304
   3) 가등기 후 보증금 증액 / 304
   4) 선순위 가등기가 담보 또는 보전가등기인지 파악되지 않은 경우 / 304
   5) 보전가등기를 담보가등기로 취급한 경우 / 304
   6) 후순위 보전가등기의 지위 / 305
   7) 가등기의 말소청구 / 305

(5) 가등기에 대한 접근방법 ··· 305

(6) 실전 가등기 사례분석 ·· 306
   1) A 가등기 ⇨ B 강제경매 / 306
   2) 선순위 가등기의 임의경매 - 1 / 308
   3) 선순위 가등기의 임의경매 - 2 / 310
   4) A 가등기 ⇨ 압류 4건 ⇨ B 강제경매 / 312
   5) 선순위 가등기의 강제경매 / 315
   6) A 전세권 ⇨ B 가등기 ⇨ A 임의경매 - 1 / 317
   7) A 전세권 ⇨ B 가등기 ⇨ A 임의경매 - 2 / 320
   8) A 전세권 ⇨ B 가등기 ⇨ A 임의경매 - 3 / 323
   9) A 전입신고 ⇨ B 가등기 ⇨ A 강제경매 / 325
   10) A 가등기 ⇨ A 매매에 의한 소유권취득 후 경매 - 1 / 327
   11) A 가등기 ⇨ A 매매에 의한 소유권취득 후 경매 - 2 / 331

6 실전 법정지상권분석

(1) 지상 건물이 토지를 적법하게 사용할 수 있는 권리의 종류 ··········· 334
   1) 내 땅 위에 내 건물 / 335
   2) 법정지상권 / 335

3) 관습법상 법정지상권 / 335

4) 약정지상권 / 335

5) 민법 제622조에 의한 차지권(借地權) / 336

6) 분묘기지권 / 336

(2) 법정지상권 ·· 337

1) 법정지상권이란? / 337

2) 법정지상권의 종류 / 338

3) 법정지상권의 성립요건 / 339

4) 법정지상권에 대한 접근방법 / 341

5) 법정지상권 case 연구 / 344

(3) 실전 법정지상권 사례분석 ··· 350

1) 지상 건물이 완공되었으나, 토지만 경매 - 1 / 350

2) 지상 건물이 완공되었으나, 토지만 경매 - 2 / 353

3) 지상 건물이 완공되었으나, 토지만 경매 - 3 / 358

4) 건물 건축 중 토지만 경매신청 / 361

5) 토지 경매신청 후 취하 / 365

6) 토지 낙찰 후 건물 매입 / 368

7) 지상 건물이 민법 제622조 규정에 의해 토지를 점유한다면? / 375

8) 토지 경매 중 지상 건물의 등기 / 378

9) 토지와 건물이 각각 경매 / 383

10) 토지 낙찰 후 집합건물에 가처분등기 / 390

7 실전 선순위 임차인분석

(1) 상투적인 내용 ·· 395

1) 대항력(=주택임대차보호법 제3조 제1항) / 395

2) 확정일자(=동법 제3조의2 제2항) / 395

3) 최우선변제(=동법 제8조 제1항・제3항, 동법 시행령 제3조 제3항) / 395

(2) 실전에서는… ··· 395

(3) 실전 선순위 임차인 사례분석 ·· 396

1) 소유자는 장인! 선순위 임차인은 사위! / 396

2) 소유자의 모친이 선순위로 전입신고 / 399

3) 소유자의 아들이 선순위로 전입신고 / 401

4) 선순위 임차인인가? / 405
5) 선순위 임차인이기는 하나, 전혀 부담 없는 임차인 / 407
6) 선순위 임차인이 있고, 압류등기가 되어 있다면... / 409
7) A 전입신고 ⇨ B 근저당권 ⇨ A 확정일자 ⇨ A 임차권등기 / 417
8) A 전입신고 ⇨ B 근저당권 ⇨ A 확정일자 ⇨ A 배당요구 / 420
9) 선순위 임차인의 저당권 설정 후 보증금 증액 - 1 / 425
10) 선순위 임차인의 저당권 설정 후 보증금 증액 - 2 / 428
11) A 전입 ⇨ A 전세권 ⇨ A 확정일자 ⇨ B 저당권 / 431
12) 누워서 떡먹기 / 434
13) 선순위 임차인이 진짜든, 가짜든 관계가 없네~~~ / 436
14) 선순위 임차인이 권리신고서만 제출 / 438

8 실전 가처분등기분석

(1) 가처분등기란? ·········· 441
(2) 가처분등기의 종류 ·········· 441
(3) 가처분등기에 대한 접근방법 ·········· 442
(4) 주의해야 할 가처분등기 ·········· 443
   1) 소유권 관련한 가처분등기 / 443
   2) 토지인도 및 건물철거청구권 가처분 / 444
(5) 실전 가처분등기 사례분석 ·········· 445
   1) 매매계약에 기한 소유권이전등기청구권 가처분 / 445
   2) 사해행위취소에 의한 소유권이전등기말소청구권 가처분 / 449
   3) 사해행위취소를 원인으로 하는 소유권이전등기청구권 가처분 / 456
   4) 근저당권설정등기청구권 가처분 / 460
   5) 소유권이전등기 및 근저당권설정등기청구권 가처분 / 463
   6) 공사대금증가로 발생된 조합원에 대한 부담금청구권 가처분 / 467
   7) 이혼에 따른 재산분할청구채권 가처분 / 469
   8) 재산분할청구 가처분 / 472
   9) 소유권이전등기청구권 가처분 / 474

9 기타 낙찰사례분석

(1) 실전 대지권 미등기 ··· 478
    1) 대지권 미등기 입문 / 478
    2) 대지권 미등기 - 1 / 479
    3) 대지권 미등기 - 2 / 483
    4) 대지권 미등기 - 3 / 487

(2) 실전 토지별도등기, 대지권등기 없음 ································· 490
    1) 토지별도등기란? / 490
    2) 구분지상권이 토지별도등기인 경우 / 490
    3) 저당권이 토지별도등기인 경우 / 490
    4) 대지권등기 없음 / 490
    5) 토지별도등기 - 1 / 491
    6) 토지별도등기 - 2 / 494
    7) 토지별도등기 - 3 / 496
    8) 대지권등기 없음 - 1 / 502
    9) 대지권등기 없음 - 2 / 504

(3) 실전 유치권 ··· 507
    1) 유치권이란? / 507
    2) 유치권의 유형 / 507
    3) 유치권의 例 / 509
    4) 유치권의 성립요건 / 511
    5) 유치권자의 권리 / 512
    6) 유치권자의 의무 / 513
    7) 유치권 정리 / 513
    8) 건설유치권 - 1 / 515
    9) 건설유치권 - 2 / 517
    10) 건설유치권 - 3 / 519
    11) 주택임차인의 유치권 / 521
    12) 상가임차인의 유치권 / 523
    13) 조족지혈인 유치권 / 525
    14) 유치권자는 점유를 해야 한다. / 527

  (4) 기타 실전낙찰사례 ···529
    1) 엄청 싸게 낙찰 되었네~~~ / 530
    2) 얼마를 써야 할까? / 535
    3) 마음을 비우자! / 539
    4) 명도! 어떻게 생각하십니까? / 541
    5) 前 소유자의 주민등록 / 543
    6) 청구채권액이 1원 / 545
    7) 유치권에 의한 경매신청 / 547
    8) 민법에 의한 임차권등기 / 550
    9) 주소를 잘못 전입 신고한 경우 - 1 / 555
    10) 주소를 잘못 전입 신고한 경우 - 2 / 559

제 **1** 편

경매입문편

1. 법원경매 제대로 알기
2. 경매의 종류
3. 권리분석 쉽게 하는 방법
4. 경매정보지에 의한 점검사항

1 법원경매 제대로 알기

(1) 법원경매란?

공인중개사 사무소에서 부동산을 사는 것처럼 법원에 가서 부동산을 법이 정하는 절차에 의해 사는 것을 법원경매라 한다. 한 마디로 채무자의 빚잔치인 셈이다.

법원경매에 접근하려면 기본적으로 알아야 하는 룰이 있다. 예로서 축구 경기를 할 때에 룰이 있지 않는가? 그런데 룰을 어기면 어떻게 되는가? 심판의 휘슬과 함께 페널티를 먹을 것이다.

경매인은 경매투자를 함에 있어서 페널티를 먹어서는 결코 아니 된다. 법원경매를 게임처럼 즐기고, 나아가 100% 이기는 게임으로 하기 위해서는 법원경매에서 정하는 기본적인 룰만 안다면 가능한 것이다.

조금 머리 아프게 표현하자면 법원경매란 법원이 중개인으로서 채권자의 신청에 의해 채무자의 재산을 강제로 처분하여 채권자의 채권을 회수해 주는 것을 말한다. 이에는 임의경매와 강제경매로 나누어진다. 그러나 투자자 입장에서는 임의경매 또는 강제경매를 따질 필요 없이 소멸기준권리를 찾은 후 인수되는 권리가 있는지를 따지면 된다.

(2) 법원경매는 어려운가?

1) 법원경매는 어렵지 않다!

법원경매를 통해서 돈을 번다? 아니면 시세보다 싸게 내 집 마련을 한다? 불확실한 시대에 나도 다른 사람들처럼 법원경매를 통해서 돈을... 그것도 떼돈을 벌 수 있을까? 벌 수 있다.

그러나 경매물건에 도사리고 앉아 있는 함정 때문에 투자를 망설이곤 한다. 잘못하였다가는 경매투자 하지 않은 것만 못하기 때문에 "내 팔자에 무슨 놈의 법원경매" 하면서 포기하는 경우가 왕왕 있다.

그러나 필자는 "두드려라! 그리하면 문은 열릴 것이다!!"라고 이야기하고 싶다. 틀린 이야기는 아닐 것이다. 법원경매시장의 문을 두드려보기도 전에 본인의 무지를 탓하며 아예 시도조차도 해 보지 않고 있다가 아는 사람이 법원경매를 통해 돈을 벌었다거나, 싸게 집을 장만하였다는 이야기를 들으면 그 때 가서야 "나도 경매할 걸..."이라는 생각을 한다면 버스 지나간 다음에 손드는 격으로 이는 어리석은 짓일 것이다.

막연하지만 어렵게 생각되어지는 법원경매! 과연 어려운가? 어렵다면 어떤 부분이 어렵다는 것인가? 라고 반문해 보자. 글쎄... 세상 모든 부분이 어렵다고 생각하면 어려운 것이고, 쉽다고 생각하면 쉬운 것이다.

문제는 법원경매를 통해 재테크를 해 보겠다는 마음가짐이 중요한 것이다. 그러한 마음가짐만 있다면 법원경매시장을 통하여 비교적 쉽게 -그러나 만만하게 보아서는 결코 아니 된다- 수익을 올릴 수도 있고, 무주택자가 내 집을 마련하는 아주 좋은 기회가 될 수 있을 것이다.

모든 것이 마음먹기에 달려있다는 생각 하에 차근차근 접근한다면 법원경매는 결코 오르지 못할 나무가 아닌 것이다.

자! 그렇다면 법원경매의 어떤 부분이 우리를 괴롭히는가? 낙찰 후 임차인에 대한 명도가 어렵다는 것인가? 경매결과 소유권을 취득한 후 나타날 수도 있는 애물단지 때문인가? 경매부동산을 낙찰 받은 후 전세가 잘나가지 않는 것 때문인가?

그러나 법원경매는 결코 어렵지 않다는 것을 이야기하고 싶다. 어렵게 생각되는 부분을 사전에 안다면 이러한 부분을 최대한 피해 나간다면 글쎄... 법원경매는 결코 어려운 것이 아니다.

즉, 법원경매는 어렵지 않으나 부동산이 어렵기에 법원경매를 통하여 보다 높은 수익을 올리기 위해서는 부동산을 보는 안목을 넓혀야 한다. 부동산 가치투자에 온 신경을 써야만 한다.

2) 부동산 권리가치분석에 신경을...

법원경매는 엄청 대중화 되어 있다. 즉, 수많은 인터넷 부동산경매, 재테크 동호회와 상당한 경매학원 등에서 배출되는 경매인들로 인해 경매법정은 발을 디딜 틈이 없다.

이처럼 수많은 경매인들 사이에서 수익을 올리기 위해서 과연 나는 무엇을... 어떻게... 해야만 할 것인가? 제아무리 경매 이론 지식을 많이 가지고 있더라도 매번 입찰에서 떨어진다면? 차라리 경매공부를 하지 않은 것만 못한 결과가 나타난다. 이에 경매인들은 이 부분에서 심각한 고민을 해 보아야 한다.

필자 생각이다. 아파트나 빌라는 법원경매 축에도 끼이지 못한다고 본다. 그건 법원경매가 아니여~~~ 법원경매를 통해 진정 선수가 되려면 남들이 생각하지 못한 부분에 매달려야만 한다. 아파트나 빌라에 입찰하여 재테크를 해 보겠다고 생각하는 독자 제위가 계시다면 빨리 꿈에서 깨어나기 바란다. 그러나 내 집 마련이 목적이라면 아파트나 빌라를 경매투자해도 괜찮다고 본다.

부동산 권리분석과 가치분석! 중요하다. 그러나 앞으로는 <u>부동산 권리에 대한 가치분석</u> 측면에서 경매부동산을 바라보는 것이 필요하다. 부동산권리 가치분석이 도대체 무엇인가? 이는 부동산 자체에 대한 가치분석이 아닌 부동산 권리에 얽히고설킨 가치에 대한 분석이다.

예로서 법정지상권 관련한 토지가 경매시장에 나왔다고 치자! 초보들은 경매학원이나 경매동호회에서 배운 바대로 법정지상권의 성립요건, 대법원 판례 등을 운운할 것이다.

그러나 이를 운운한다면 글쎄… 경매고수들은 아마도 지상 건물의 형태를 보고, 부동산등기부상 채권자들의 채권액이 과다한지 여부를 쳐다 볼 것이다. 그리하여 때로는 1차 매각기일에 100% 이상으로 입찰하는 것이다.

초보라면 도대체 이해할 수 없을 것이다. 토지만 경매시장에 나왔고, 지상 건물은 경매대상이 아닌데, 왜 1차 매각기일에 100% 이상으로 입찰하지? 라고… 만약 독자 제위 중에서 이와 같은 의문을 가지는 분이 계시다면 인내심을 가지고 이 책을 계속 읽어 보시기 바란다.

결론부터 이야기하자면 돈이 되기에 100% 이상의 가격을 제시하는 것이다. 어떻게 돈을 만드는가? 답은 간단하다. 건물 소유자에게 땅을 되파는 것이다. 그런데 건물 소유자에게 땅을 되팔 것을 염두에 두고 낙찰 받았으나 건물 소유자가 땅을 사지 않는다면? 이때에는 또 다른 조치를 취해서 건물 소유자를 압박하는 것이다.

또 하나 더, 지분부동산이 경매시장에 나오는 경우가 있다. 지분부동산 역시 돈이 된다! 지분을 낙찰 받아서 어떻게 돈을 만들 수 있을지에 대하여 곰곰이 생각해 보기 바란다. 이에 대한 접근방법은 관련 부분에 가서 자세히 언급하기로 한다.

부동산 권리에 대한 가치분석! 상대방의 심리분석! 이러한 부분까지 감안한 상태에서 법원경매를 바라보아야지만 경매투자를 통해 상당한 수익을 올릴 수 있는 것이다.

(3) 보다 쉽게(?) 돈을 벌기 위해서는 어떻게?

1) 철저한 권리분석을…

법원경매를 통하여 비교적 쉽게 돈을 벌기 위해서는 조금의 노력과 관심을 기울이면 된다. 즉, 법원경매절차를 통하여 부동산을 취득한다는 것은 그 부동산에 내재되어 있는 권리, 특히 소유권을 취득하는 것으로서, 경매절차에서 경매부동산의 소유권을 취득한 후 소유권 등 권리자체에 하자가 없어야 하는바, 하자가 있는지 여부에 대하여 사전에 권리관계에 대한 분석만 하면 될 것이다.

그러하다면 권리분석은 어려운가? 경매를 처음 접하시는 분에게는 대단히 죄송스런 이야기이지만 "권리분석은 아주 쉽다!"라고 이야기하고 싶다. 물론 법원경매와 관련하여 그리 간단하지 않은 사례들이 많다.

낙찰 받은 후 분쟁이 발생되어 때로는 골치 아픈 사례도 있다. 그러나 우리 한번 생각을 해 보자. 법원경매를 통하여 돈을 번다는 것은 복잡한 물건, 분쟁이 발생될 수 있는 물건을 투자대상으로 삼아 투자할 수도 있겠지만, 그러하지 않는 물건을 투자대상으로 삼는다면 간단히 해결될 문제인 것이다.

그러나 어느 정도 내공이 쌓인 후에는 필수적으로 소송을 제기해야 하는 복잡한 물건을 투자대상으로 삼아 수익을 올리는 것이다. 모든 것! 때가 있는 것이다.

2) 투자대상물은 무엇으로?

낙찰 후 환금성을 생각한다면 부동산시장에 물건을 내 놓았을 때 빠른 시간 안에 팔릴 수 있는 아파트나 다세대주택을 투자대상으로 삼는 것이 좋을 것이다. 경매초보자라면 아파트 등 비교적 접근하기 쉬운 물건부터 시작한 후 어느 정도 경험을 축적한 후 복잡하고 어려운 물건을 선택하면 될 것이다.

아파트 등을 선택하더라도 아무 것이나 선택하지 말고 아파트 단지 면적이 넓은 물건, 역세권에 소재하는 물건, 대지 지분이 많은 물건, 소유자가 거주하는 물건, 임차인이 거주하더라도 보증금을 거의 회수해 갈 수 있는 물건, 임대를 목적으로 한다면 20평 ~ 30평형대의 물건 등을 투자대상으로 삼으면 된다.

주의할 것은 단지 싼 맛에 경매물건에 접근하여서는 결코 아니 된다. 뚜렷한 투자목적이 있어야 한다. 부동산의 경우 내가 천년만년 가지고 있지 못한다. 언젠가는 팔고 나와야 한다. 이 점을 감안하여 약간 비싸더라도 소위 "치고 빠지기가 쉬운 물건인지"를 파악한 후 투자결정을 하여야 한다.

3) 경매시장의 분위기 파악을 하자!!

아직도 법원경매물건 하면 "싸다"라는 생각이 떠오른다면 얼른 이러한 생각을 지워 버려야 한다. 법원경매물건은 투기대상이 아닌 투자대상으로 보아야 한다. 물론 경매물건이 상당히 싼 시절이 있었다. 그 시절에는 경매물건을 시세의 절반으로 취득하여 소위 떼돈을 벌수도 있었으나, IMF 이후 2001년부터 경매물건의 낙찰가율이 고공행진을 하여 2002년에 정점을 이루었다가 2003년 하반기부터 2004년 약간 주춤하는 추세에서 2005년 약간 위축되었다가 그 이후에는 꾸준한 인기를 누리고 있다.

이렇듯 낙찰가율이 어떻게 변하는지는 시간 날 때마다 경매정보지를 들고 경매법정에 가서 낙찰되는 물건에 대한 응찰자 수나 낙찰가율을 메모하여 나만의 통계치를 가지고 있어야 한다.

이는 부동산은 위치의 고정성으로 아파트일지라도 위치, 층수, 면적에 따라 가격차이가 있어 투자대상지를 선정한 후 집중적으로 입찰할 가격을 조사·분석하여야 한다. 이리하여야만 낙찰 받을 확률을 높일 수 있는 것이다.

낙찰 받을 확률을 높이기 위해서는 앞에서 언급하였듯이 투자하고자 하는 지역의 부동산 종별 즉, 아파트나 다세대주택, 단독주택 등의 낙찰가율을 파악하여 소신껏 입찰가격을 제시하여야 한다.

2 경매의 종류

법원경매는 실질적 경매와 형식적 경매로 나누어진다. 실질적 경매는 채권자의 채권을 만족시켜 주는 경매절차이고, 형식적 경매는 재산의 정리를 위한 경매 즉, 경매부동산을 현금화 하는 경매절차를 말한다.

그리고 실질적 경매의 경우 소멸주의에 의해 경매사건이 진행되는데, 소멸주의란 소멸기준권리(=근저당권, 가압류등기, 담보가등기, 강제경매기입등기일 중 가장 먼저 등기된 권리)보다 나중에 부동산등기부상에 설정된 권리나, 나중에 전입 신고하여 임차권을 취득한 임차인은 경매시 매각으로 소멸하는 것을 말한다.

그렇다면 소멸기준권리보다 먼저 전입 신고하여 임차권을 취득한 임차인이나, 먼저 부동산등기부상에 설정된 가처분등기, 지상권, 보전가등기 등은 경매로 소멸되지 않고 낙찰자의 인수사항이 되는 점을 명심하면 된다.

참고로 형식적 경매의 경우, 소멸주의와 인수주의 중 집행법원에서 선택해서 경매가 진행되기에[=대법원 2006다37908 판결 : 공유물분할을 위한 경매도 강제경매나 담보권 실행을 위한 경매와 마찬가지로 목적부동산 위의 부담을 소멸시키는 것을 법정매각조건으로 하여 실시된다고 봄이 상당하다. 다만, 집행법원은 필요한 경우 위와 같은 법정매각조건과는 달리 목적부동산 위의 부담을 소멸시키지 않고 매수인으로 하여금 인수하도록 할 수 있으나, 이때에는 매각조건 변경결정을 하여 이를 고지하여야 한다.], 집행법원이 작성한 매각물건명세서를 참조한 후 권리분석을 하여야 한다.

(1) 실질적 경매 : 소멸주의를 원칙으로 한다.

1) 임의경매

예로서 "甲"이라는 사람이 은행 등 금융기관으로부터 돈을 빌리려면 "甲"의 부동산 또는 "甲"의 보증인 부동산에 금융기관을 채권자로 하여 근저당권을 설정해 주어야 하는데, 채무자 "甲"이 돈을 갚지 못할 경우, 채권자인 금융기관은 근저당권을 설정한 "甲" 등의 부동산을 경매 신청하여 채권 회수하는 절차를 밟는데, 이를 임의경매(=담보권실행 등을 위한 경매)라 한다.

그리고 가등기담보등에 관한 법률에 의한 담보가등기에 의해서도 임의경매신청이 가능한데, 이는 이 법률 제13조를 보면 <u>담보가등기를 근저당권으로 보기 때문</u>이다. 한마디로 담보가등기와 근저당권은 사촌지간이다.

참고로 전세권등기를 하였으나 전세기간이 끝난 후 집주인이 전세금을 반환해 주지 않을 때에 전세권자는 경매신청을 할 수 있는데, 아파트나 연립주택, 다세대주택, 오피스텔 등 구분등기 된 집합건물에 전세권을 설정하였다면 전세금반환 소송절차를 거치지 않고 전세권에 의해 전세목적물을 직접 <u>임의</u>경매신청을 할 수 있다.

그러나 집합건축물이 아닌 단독주택 등 일반건물 일부에 전세권을 설정하였다면 전세권자는 집주인을 상대로 전세금반환청구소송에 의한 판결문으로 전세목적물을 **강제**경매신청 할 수 있을 뿐이다. 그런데 일반건축물임에도 불구하고 토지 및 건물 전부에 전세권등기를 하였다면 소송절차에 의한 강제경매신청이 아닌, 전세권에 의한 임의경매신청이 가능하다.

2) 강제경매

강제경매란 임의경매의 경우처럼 채무자의 특정 재산(=근저당권이나 전세권이 설정된 부동산)에 대하여 집행하는 것이 아닌, 채권자가 판결문 등 집행권원에 의해 채무자의 일반 재산(=채무자 명의의 모든 재산)에 대하여 강제적으로 채권을 회수하는 것을 말한다. 집행권원에는 판결문(⇨판결문에는 이행·형성·확인판결문이 있으나, 이 중 이행

판결문만이 집행권원이 될 수 있다)과 공증어음, 확정된 지급명령, 민사조정조서 등이 해당된다.

3) 임의경매와 강제경매의 공통점과 차이점

① 공통점

임의경매든 강제경매든 관계없이 소유권 취득시기는 낙찰자가 매각대금을 완납한 때이다(=민사집행법 제135조).

② 차이점

임의경매의 경우, 담보권이 설정된 순서에 의해 배당순위가 확정되는데, 강제경매의 경우, 채권자 공평주의에 의해 채권액에 따른 안분 배당을 한다.

그리고 임의경매의 경우, 담보권이 설정된 부동산에 한정되나, 강제경매의 경우, 채무자의 일반재산 전부가 강제집행대상이 된다. 나아가 임의경매의 경우, 담보권실행이므로 채무명의가 필요 없고, 강제경매의 경우, 채무명의가 <u>반드시</u> 있어야 한다.

(2) 형식적 경매 : 소멸주의 또는 인수주의

1) 유치권에 의한 경매

민사집행법 제274조 규정에 의해 유치권에 의한 경매는 담보권실행을 위한 경매(=임의경매)의 예에 따라 진행시킨 후, 유치물을 현금화하여 유치권의 목적을 달성시켜준다.

2) 공유물분할청구소송에 의한 공유물 전부 경매

공유물을 현물로 분할할 수 없거나, 분할로 인해 공유물의 가액이 현저히 감손될 염려가 있으면 법원은 공유물 전부에 대하여 경매를 명할 수 있다(=민법 제269조).

그리고 공유물 전부가 경매 진행되면 공유지분이 경매 진행되는 경우와 달리 공유자는 우선매수청구를 할 수 없다[=대법원 91마239 결정 : 이 사건 경매는 공유물분할판결에 기하여 공유물 전부를 경매에 붙여 그 매득금을 분배하기 위한 환가의 경우이므로 공유물의 지분을 경매하는 경우 다른 공유자에게 경매신청통지와 다른 공유자의 우선매수권을 규정한 민사소송법 제649조, 제650조(=現 민사집행법 제139조, 제140조)는 이 사건 경매에서는 그 적용이 없다.].

(3) 경매정보지 사례분석

1) 근저당권자의 임의경매신청

2009 타경 41907 (임의)		매각기일 : 2010-07-06 10:30~ (화)		경매1계 (031)210-1261	
소재지	경기도 용인시 수지구 풍덕천동 1180-1 진산마을삼성7차아파트 ***동 11층 1103호				사건접수 2009-07-21
물건종별	아파트	채권자	중소기업은행	감정가	900,000,000원
대지권	152,565㎡ (46,15평)	채무자	**** 담요	최저가	(51%) 460,800,000원
전용면적	225,491㎡ (68,21평)	소유자	백 OO	보증금	(10%)46,080,000원
평형	85평형	매각대상	토지/건물일괄매각	청구금액	1,400,000,000원
입찰방법	기일입찰	배당종기일	2009-10-08	개시결정	2009-07-23

■ 기일현황   ▶전체보기

회차	매각기일	최저매각금액	결과
신건	2009-11-11	900,000,000원	유찰
3차	2010-01-20	576,000,000원	변경
3차	2010-02-23	576,000,000원	변경
신건	2010-03-26	900,000,000원	유찰
2차	2010-04-27	720,000,000원	유찰
3차	2010-06-09	576,000,000원	유찰
4차	2010-07-06	460,800,000원	매각

전 OO /입찰7명/매각562,900,000원(63%)

 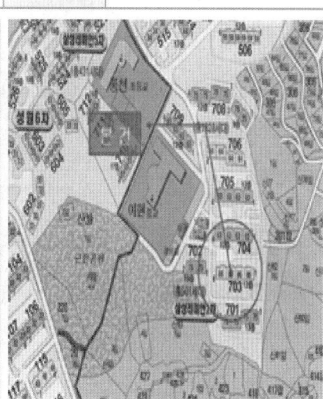

■ 임차인현황 ■ 건물소멸기준 : 2006-04-20 ■ 배당종기일 : 2009-10-08   [매각물건명세서] [예상배당표]

순위	성립일자	권리자	권리종류(점유부분)	권리금액	신고	대항	예상배당여부
1	전입 2005-03-15 확정 2009-09-30 배당 2009-08-13	서 OO	주택임차인 1103호 전체 방5개	[보] 190,000,000원	O	있음	인수금 : 190,000,000원 전액매수인 인수예상

■ 건물 등기부현황 ■ 건물열람일 : 2009-10-28   [등기부등본열람]

구분	성립일자	권리종류	권리자	권리금액	인수/소멸	비고
갑1	2002-12-11	(전)소유권	신라개발산업		이전	보존
갑2	2003-01-17	(현)소유권	백 OO		이전	매매
을3	2006-04-20	(근)저당	중소기업은행	600,000,000원	소멸기준	
을4	2007-07-18	(근)저당	중소기업은행	800,000,000원	소멸	
갑3	2009-07-24	임의경매	중소기업은행	청구:1,400,000,000원	소멸	2009타경41907
갑4	2009-10-12	가압류	근로복지공단	135,192,880원	소멸	

① 해설

근저당권자 중소기업은행은 2006년 4월 20일과 2007년 7월 18일 설정금액을 각 6억 원, 8억 원으로 하여 근저당권을 설정하였으며, 2009년 7월 24일 채권액 14억 원을 회수할 목적으로 임의경매신청을 하여 부동산등기부상에 경매기입등기 되었고, 4차 매각기일인 2010년 7월 6일에 7명이 입찰하여 전 모 씨가 5억 6천여만 원에 낙찰 받았다.

② 서 모 씨의 임차인 여부

경매정보지상 서 모 씨가 임차인으로 전입신고를 하였는데, 전입일자가 2005년 3월 15일이어서 본 경매사건의 소멸기준권리인 2006년 4월 20일 근저당권보다 빨라 일응 낙찰자에게 대항할 수 있는 임차인으로 보여진다.

그러나 우리 한 번 생각을 해 보자. 임차보증금액이 얼마인가? 1억 9천만 원이지 않는가? 상당한 거금에 해당된다. 그런데 확정일자 받은 날짜가 언제인가? 경매기입등기일인 2009년 7월 24일 이후인 동년 9월 30일이지 않는가? 냄새가 솔솔 난다.

경매투자시 외견상 낙찰자에게 대항할 수 있는 임차인으로 보여 지는 물건이 제법 많이 있다. 이러한 자에 대하여 임장활동과 법원 문건내역을 찬찬히 조사하여 가짜라는 판단이 선다면 과감히 입찰하여 낙찰 받고, 낙찰 후 그 자에 대해 인도명령신청에 의한 명도집행을 해 버리는 것이다.

참고로 아래 내용은 본 경매사건의 법원문건 접수내역이다. 임차인 서 모 씨가 2010년 2월 9일 배당요구포기서를 제출하였는데, 낙찰자와 한 판 씨름을 해 보겠다는 심보인지… 그러나 배당요구종기일인 2009년 10월 8일 이후에 배당요구포기서를 제출하여 그 효력은 없다.

〈법원문건 접수내역상 임차인 서 모 씨의 배당요구포기서 제출〉

| 2010-02-09 | 임차인 서OO 배당요구포기서 제출 |

그리고 낙찰자에게 대항할 수 있는 임차인인지는 몰라도 전입일자가 소멸기준권리보다 빠를 경우, 경매부동산 소유자의 주소를 확인해 보는 것도 한 방법이다.

예로서 소유자의 주소가 경매부동산에 그대로 있다면 외견상 임차인으로 보여 지는 자는 임차인이 아닐 확률이 높을 것이다.

그러나 만약 소유자의 주소지가 경매부동산이 아닌 다른 곳으로 되어 있다면 설사 경매부동산에 전입신고한 자가 진정한 임차인이 아님에도 불구하고 전입일자가 소멸기준 권리보다 빠름을 앞세워 낙찰자를 애먹일 수 있기에 전입일자가 빠른 자가 있을 경우 그 자의 진정성을 조사하여야 한다.

아래는 경매부동산의 소유자 백 모 씨의 주소지가 경매부동산에 있음을 나타내는 부동산등기부의 일부내용이다.

〈경매부동산 등기부상 소유자의 주소지〉

2	소유권이전	2003년1월17일 제6808호	2000년7월20일 매매	소유자 백○○ 290402-2****** ~~서울 성북구 정릉동~~
2-1	2번등기명의인표시변경	2006년4월20일 제68122호	2004년2월19일 전거	백○○의 주소 경기도 용인시 수지구 풍덕천동 1180-1 진산마을삼성7차아파트***-1103

③ 정리

본 경매사건 부동산을 5억 6천 2백여만 원에 낙찰 받은 전 모 씨는 임차인으로 표시되어 있는 서 모 씨의 보증금 1억 9천만 원을 인수하지 말고, 명도요청을 해 보는 것이다. 만약 상대방이 불응한다면 매각대금 완납 후 6월 안에 그 자를 상대로 인도명령신청에 의한 강제 명도집행하면 그 뿐이다.

그러나 그 자가 진정한 임차인이라면 보증금을 반환해 주거나, 반환 해주지 않고 그 자에게 본건 부동산을 다시 경매신청을 하여 보증금을 회수해 가라고 이야기 할 수도 있다.

2) 담보가등기권자의 임의경매신청

2007 타경 4919 (임의)			매각기일 : 2008-05-22 10:00~ (목)		경매5계 2192-1335 (구내:1335)	
소재지	서울특별시 강서구 등촌동 700 ***호				사건접수 2007-02-26	
물건종별	오피스텔(업무)	채권자	최 OO	감정가	105,000,000원	
대지권	8.59㎡ (2.6평)	채무자	배 OO	최저가	(51%) 53,760,000원	
전용면적	36.97㎡ (11.18평)	소유자	배 OO	보증금	(20%)10,752,000원	
평형		매각대상	토지/건물일괄매각	청구금액	39,000,000원	
입찰방법	기일입찰	배당종기일	2007-05-28	개시결정	2007-02-28	

▶ 기일현황   ▽전체보기

회차	매각기일	최저매각금액	결과
신건	2007-11-08	105,000,000원	유찰
2차	2007-12-13	84,000,000원	유찰
3차	2008-01-29	67,200,000원	유찰
4차	2008-03-13	53,760,000원	매각
최 ★ /입찰1명/매각64,968,000원(62%)			
	2008-04-28	대금지급기한	미납
4차	2008-05-22	53,760,000원	매각
이 OO/입찰1명/매각54,100,000원(52%)			

▶ 건물 등기부현황 ☞ 건물열람일 : 2007-10-25   등기부등본열람

구분	성립일자	권리종류	권리자	권리금액	인수/소멸	비고
갑16	2003-11-12	(전)소유권	문OO		이전	임의경매로 인한 매각
갑19	2006-05-30	(현)소유권	배OO		이전	매매
갑20	2006-06-22	가등기	최OO		소멸기준	담보가등기 경매신청채권자 배당후 소멸
갑21	2007-03-05	임의경매	최OO	청구: 39,000,000원	소멸	2007타경4919
갑22	2007-04-04	압류	서울특별시강서구		소멸	

① 해설

본 경매사건은 2006년 6월 22일 가등기를 설정한 최 모 씨가 담보가등기에 의한 임의경매신청을 하여 2007년 3월 5일 부동산등기부상에 경매기입등기 된 사건이다. 선순위 가등기권자가 임의경매신청 하였다면 이는 담보가등기로 보더라도 무난하나, 후순위 권리자가 경매신청을 하였으나 선순위 가등기권자가 법원에 채권계산서도 제출하지 않고,

보전가등기라고 신고도 하지 않았다면 보전가등기일 확률이 높기에 입찰시 신중을 기해야 한다.

그런데 후순위 권리자가 경매신청을 하자, 선순위 가등기권자가 집행법원에 채권계산서를 제출하였다면 그 가등기는 담보가등기로 보고 경매물건을 분석해도 관계없다고 본다.

아래 자료는 본 경매사건의 매각물건명세서로서, 최선순위 설정일자 란에 "2006년 6월 22일(가등기, 신청채권)"으로 표시되어 있어, 본 사건의 가등기는 담보가등기로 보더라도 무난하다.

〈본 경매사건 매각물건명세서〉

서울남부지방법원				
매각물건명세서				
사건	2007타경4919 부동산임의경매	매각물건번호 1	작성일자 2008.04.30	담임법관
부동산 및 감정평가액 최저매각가격의 표시	부동산표시목록 참조	최선순위 설정 일자	2006.6.22.(가등기,신청채권)	

② 정리

앞에서도 언급하였듯이 선순위에 가등기가 설정되었을 경우, 그 가등기가 임의경매신청을 하였다면 담보가등기로 보면 되고, 그렇지 않고 후순위 권리자의 경매신청에 가등기권자가 집행법원에 채권계산서를 제출하였다면 이 역시 담보가등기로 보면 된다.

담보가등기는 경매시 매각으로 소멸하기에 낙찰자와 아무런 관계가 없으나, 선순위 가등기가 보전가등기이면 소멸되지 않기에, 이러한 부동산을 낙찰 받는다면 엄청 실패한 경매투자가 될 것이다.

3) 전세권자의 임의경매신청

	2009 타경 21653 (임의)		매각기일 : 2010-03-31 10:00~ (수)		경매6계 530-1818 (구내:1818)	
소재지	서울특별시 중구 을지로5가 39-1 삼성파크빌 1층 105호				사건접수 2009-06-01	
물건종별	아파트	채권자	박OO	감정가	400,000,000원	
대지권	13.94㎡ (4.22평)	채무자	OO도시개발	최저가	(80%) 320,000,000원	
전용면적	84.87㎡ (25.67평)	소유자	OO도시개발	보증금	(10%) 32,000,000원	
평형		매각대상	토지/건물일괄매각	청구금액	200,000,000원	
입찰방법	기일입찰	배당종기일	2009-08-31	개시결정	2009-06-02	

▶ 기일현황

회차	매각기일	최저매각금액	결과
신건	2010-02-24	400,000,000원	유찰
2차	2010-03-31	320,000,000원	매각

하OO /입찰4명/매각375,000,000원(94%)

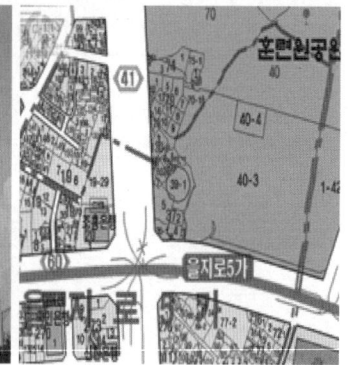

▶ 건물 등기부현황 ▶ 건물열람일 : 2010-02-10

구분	성립일자	권리종류	권리자	권리금액	인수/소멸	비고
갑1	2006-02-23	(전)소유권	OOO개발		이전	보존
을3	2006-05-10	전세권	박OO	200,000,000원	소멸기준	경매신청채권자
갑2	2006-11-01	(현)소유권	OO도시개발		이전	매매
을4	2009-03-25	(근)저당	전문건설공제조합	150,000,000원	소멸	
갑3	2009-06-02	임의경매	박OO	청구: 200,000,000원	소멸	2009타경21653

① 해설

본 경매사건은 2006년 5월 10일 박 모 씨가 본건 아파트에 전세금을 2억 원으로 하여 전세권등기를 하였으며, 전세권 기간이 2009년 5월 7일 만료(➪부동산등기부 참조)되었음에도 소유자가 전세금 2억 원을 반환해 주지 않자, 동년 6월 2일 전세권에 의한 임의경매신청을 하였고, 2차 매각기일인 2010년 3월 31일에 4명이 입찰하여 하 모 씨가 3억 7천 5백만 원에 낙찰 받아간 사건이다.

〈부동산등기부상 전세권등기 내역〉

3	전세권설정	2006년5월10일 제26461호	2006년5월8일 설정계약	전세금 금200,000,000원 범　위 구분건물 전부 존속기간 2006년 5월 8일부터 2009년 5월 7일까지 반환기 2009년 5월 7일 전세권자 박○○ 720815-2****** 　　　　서울 중구 장충동1가

② 정리

　전세권은 전세목적물을 사용하고 수익할 수 있는 용익물권인데, 용익물권으로는 목적부동산 자체를 경매 처분할 수는 없으나, 아파트 등 집합건물에 전세권등기를 하였다면 전세권의 효력은 전유부분 및 대지권에까지 미치기에[=대법원 2001다63839 판결 : 집합건물이 되기 전의 상태에서 건물 일부 만에 관하여 전세권이 설정되었다가 그 건물이 집합건물로 된 후, 그 전세권이 구분건물의 전유 부분 만에 관한 전세권으로 이기된 경우, 구분소유자가 가지는 전유부분과 대지사용권의 분리처분이 가능하도록 규약으로 정하는 등의 특별한 사정이 없는 한, 그 전유 부분의 소유자가 대지사용권을 취득함으로써 전유부분과 대지권이 동일소유자에게 귀속하게 되었다면, 위 전세권의 효력은 그 대지권에까지 미친다고 보아야 할 것이다.], 전세권에 의한 임의경매신청이 가능하다.

　경매입문자라면 명도가 무난한 이러한 물건을 투자 타깃으로 삼아도 좋을 것이다. 왜냐하면 전세권자는 전세금 2억 원 전액을 배당받아 가기에 명도부분에 있어서 낙찰자를 애 먹일 일이 없기 때문이다.

4) 제3자의 강제경매신청 - 1

서울서부지방법원			
2009 타경 8815 (강제) 2010타경1636(중복)	매각기일 : 2010-02-11 10:00~ (목)		경매4계 3271-1324
소재지	서울특별시 서대문구 북가좌동 329-000 3층 304호		사건접수 2009-05-19
물건종별	다세대(빌라)	채권자	김OO	감정가	180,000,000원
대지권	20.94㎡ (6.33평)	채무자	정OO	최저가	(64%) 115,200,000원
전용면적	34.31㎡ (10.38평)	소유자	정OO	보증금	(20%) 23,040,000원
평형		매각대상	토지/건물일괄매각	청구금액	50,254,900원
입찰방법	기일입찰	배당종기일	2009-08-10	개시결정	2009-05-20

기일현황

회차	매각기일	최저매각금액	결과
신건	2009-09-24	180,000,000원	유찰
2차	2009-10-29	144,000,000원	매각
서OO /입찰1명/매각150,770,000원(84%)			
	2009-12-02	대금지급기한	미납
2차	2010-01-07	144,000,000원	유찰
3차	2010-02-11	115,200,000원	매각
국OO /입찰1명/매각123,050,000원(68%)			

임차인현황 ☞ 건물소멸기준 : 2006-07-19 ☞ 배당종기일 : 2009-08-10

순위	성립일자	권리자	권리종류(점유부분)	권리금액	신고	대항	예상배당여부
1	전입 2003-02-10 확정 2003-02-10 배당 2009-07-17	김OO	주택임차인 304호(방2개)전부	[보] 50,000,000원	O	있음	배당금 : 50,000,000원 전액배당으로 소멸예상

임차인 겸 신청채권자 김OO 이 본건 목적물 304호(방2개) 전부를 점유함. 임차인의 처 이OO 의 진술과 주민등록표등본을 참고로 하여 조사함.

건물 등기부현황 ☞ 건물열람일 : 2009-09-10

구분	성립일자	권리종류	권리자	권리금액	인수/소멸	비고
을2	2003-02-10	주택임차권	김OO	50,000,000원	있음	경매신청채권자 전입 : 2003-02-10 확정 : 2003-02-10
갑1	2003-04-22	(전)소유권	조OO		이전	보존
갑8	2006-07-06	(현)소유권	정OO		이전	임의경매로 인한 매각
을1	2006-07-19	(근)저당	현OO	120,000,000원	소멸기준	
갑11	2007-01-19	압류	서울특별시서대문구		소멸	
갑13	2007-02-16	압류	서울특별시종로구		소멸	
갑14	2007-11-01	압류	파주시		소멸	
갑16	2009-01-28	압류	인천지방검찰청		소멸	
갑17	2009-05-20	강제경매	김OO	청구: 50,254,900원	소멸	2009타경8815

① 해설

본 경매사건은 임차인 김 모 씨가 소유자 정 모 씨를 상대로 보증금반환청구소송에 의한 판결문으로 강제경매신청 하였는데, 경매부동산의 소유자 정 모 씨는 본건 부동산을 서울서부지방법원 2004타경9493호(물번 8번) 임의경매사건에서 2006년 3월 23일, 1천 3백여만 원에 낙찰 받았다.

〈서울서부지방법원 2004타경9493호(물건번호 8번) 임의경매사건〉

열기	서울서부지방법원	물번8 [잔금납부 ▼]	대법원바로가기		가로보기	세로보기	세로보기(2)	세로보기(3)
2004 타경 9493 (임의)		물번 8	매각기일 : 2006-03-23 10:00~ (목)			경매2계 3271-1324 (구내:1324)		
소재지	서울특별시 서대문구 북가좌동 329-000 3층 304호						사건접수 2004-04-29	
물건종별	다세대(빌라)	채권자	기업은행	감정가			90,000,000원	
대지권	20.94㎡ (6.33평)	채무자	조 00	최저가			(13%) 12,079,000원	
전용면적	34.31㎡ (10.38평)	소유자	조 00	보증금			(20%) 2,416,000원	
평형		매각대상	토지·건물 일괄매각	청구금액			200,000,000원	
입찰방법	기일입찰	배당종기일	2004-09-06	개시결정			2004-05-27	

기일현황 [전체보기]

회차	매각기일	최저매각금액	결과
신건	2004-12-16	90,000,000원	유찰
6차	2005-11-24	29,491,000원	유찰
7차	2005-12-22	23,593,000원	유찰
8차	2006-01-19	18,874,000원	유찰
9차	2006-02-23	15,099,000원	유찰
10차	2006-03-23	12,079,000원	매각
	매각 12,550,000원(14%)		
	2006-05-12	대금지급기한	납부

물건현황/토지이용계획	면적(단위:㎡)	임차인/대항력여부	등기부현황/소멸여부
	→	김00 전입 : 2003-02-10 확정 : 2003-02-10 배당 : 2004-07-31 보증 : 60,000,000원	가압류(소멸기준) 2003-08-23 최00 36,466,500원

〈부동산등기부상 정00 씨의 소유권 취득 내역〉

7	임의경매개시결정	2004년5월31일 제20525호	2004년5월27일 서울서부지방법원의 경매개시 결정(2004타경9493)	채권자 중소기업은행 서울 중구 을지로2가 50 (여신관리부)
8	소유권이전	2006년7월6일 제30670호	2006년5월2일 임의경매로 인한 매각	소유자 정○○ 620901-1****** 인천 남동구 만수동

본 사건의 임차인 김 모 씨는 서울서부지방법원 2004타경9493호 경매당시 본건 빌라에 거주하였으며, 그 당시 소멸기준권리인 가압류(2003년 8월 23일)보다 빠른 2003년 2월 10일 전입 신고하여 낙찰자에게 대항할 수 있는 임차인이었다.

그 당시 임차인 김 모 씨의 보증금은 6천만 원이었는데, 2004년 7월 31일 배당 요구하여 아마도 보증금 중 1천만 원을 배당받았을 것이다. 이는 2009타경8815호 강제경매사건에서 임차인 김 모 씨의 보증금이 5천만 원으로 표시되어 있기 때문인데, 이 금액을 낙찰자였던 정 모 씨가 반환해 주어야 하나, 그러하지 않았기에 임차인 김 모 씨가 본 사건 부동산을 경매 신청한 것이다.

② 주의를 요하는 사항

경매부동산 소유자의 소유권 취득원인을 반드시… 반드시… 확인해야 한다. 소유권 취득원인이 매매, 상속, 증여, 부동산 교환 등이라면 큰 문제가 없으나, "임의경매로 인한 매각" 또는 "강제경매로 인한 매각"이 소유권 취득 원인이라면 일단은 긴장해야 한다.

경매부동산의 소유자가 그 부동산을 경매절차에서 매입하였다면, 투자자는 먼저 그 당시 경매부동산에 낙찰자에게 대항할 수 있는 임차인이 있었는지 여부와 함께 대항력 있는 임차인이 있었다면 그 자가 배당요구를 하였는지 여부를 반드시 확인해야 한다.

서울서부지방법원 2009타경8815호 강제경매사건(=제2 경매절차)의 소유자인 정 모 씨는 동 법원 2004타경9493호 임의경매사건(=제1 경매절차)에서 낙찰 받아 소유권을 취득하였기에, 이 자의 소유권취득원인은 "임의경매로 인한 매각"이 된다.

그런데 임차인 김 모 씨는 제1 경매절차에서 낙찰자에게 대항할 수 있는 임차인이었고, 배당요구를 하였으나 보증금 6천만 원 중 1천만 원만 배당받아, 잔여 보증금 5천만 원은 그 당시 낙찰자 정 모 씨에게 반환받을 권리가 있으나, 정 모 씨는 이를 반환하지 않은 채 소유권 취득일인 2006년 7월 6일 이후인 동년 7월 19일 채권자를 현 모 씨로 하여 근저당권 1억 2천만 원을 설정하였다.

〈제1 경매절차의 낙찰자 정OO 씨의 낙찰 후 근저당권 설정 내역〉

| 1 | 근저당권설정 | 2006년7월19일 제32408호 | 2006년7월19일 설정계약 | 채권최고액 금120,000,000원 채무자 정OO 인천 남동구 만수동 근저당권자 현OO 630913-2****** 경기도 수원시 영동구 당포동 |

③ 경매부동산의 소유자가 그 전에 경매로 소유권을 취득하였다면?

경매부동산의 소유자가 경매로 소유권을 취득하였다가 그 부동산이 또다시 경매시장에 나왔을 때, 제1 경매절차에서 낙찰자에게 대항할 수 있는 임차인이 있었다면, 그리고 그 자가 배당요구를 하였다면, 그 자는 제2 경매절차에서 우선변제권을 상실하기에 배당절차에 참여할 수 없게 되나, 대항력은 소멸하지 않기에 그 자의 보증금 전액을 제2 경매절차의 낙찰자가 인수하여야 한다[=대법원 2005다21166 판결 : 주택임대차보호법상의 대항력과 우선변제권의 두 가지 권리를 함께 가지고 있는 임차인이 우선변제권을 선택하여 제1 경매절차에서 보증금 전액에 대하여 배당요구를 하였으나 보증금 전액을 배당받을 수 없었던 때에는 경락인에게 대항하여 이를 반환받을 때까지 임대차관계의 존속을 주장할 수 있을 뿐이고, 임차인의 우선변제권은 경락으로 인하여 소멸하는 것이므로 제2 경매절차에서 우선변제권에 의한 배당을 받을 수 없는바...].

제2 경매절차인 본 사건을 간단히 요약하여 설명하면 다음과 같다.

〈제2경매절차 개괄〉

```
'03.2.10.        '06.7.6.        '06.7.19.                    '09.5.20.
김 모 씨          정 모 씨          현 모 씨         압류 4건      김 모 씨
전입/확정         낙찰후 소유권     근저당권                       강제경매
```

i. 2003년 2월 10일 임차인 김 모 씨는 전입신고 및 확정일자를 받았다.

ii. 2006년 7월 6일 정 모 씨는 본건 부동산을 낙찰 받아 소유권을 취득하였다.

iii. 2006년 7월 19일 낙찰자 정 모 씨는 현 모 씨를 채권자로 하여 1억 2천만원의 근저당권을 설정하였다.

iv. 2009년 5월 20일 임차인 김 모 씨는 본건 부동산을 강제경매 신청하였다.

v. 2010년 2월 11일 국 모 씨가 1억 2천 3백여만 원에 본건 부동산을 낙찰받았다.

제1 경매절차의 대항력 있는 임차인이 배당요구 하였다면 우선변제권을 상실하기에, 제2 경매절차에서 배당 참여할 수 없으나, 대항력은 부인되지 않기에 그 자의 보증금 전액을 제2 경매절차의 낙찰자가 부담해야 한다고 앞에서 언급하였다.

그런데 본 사건 임차인 김 모 씨의 확정일자(2003년 2월 10일)가 현 모 씨의 근저당권(2006년 7월 19일)보다 빠르기에 김 모 씨는 근저당권보다 먼저 배당받아 갈 수 있다!

라는 생각 하에서 이러한 물건을 분석한다면? 때로는 엄청 실패한 경매투자가 되는 것이다.

앞에서 언급한 대법원 판례에 의한다면 1차 경매절차의 대항력 있는 임차인이 배당요구를 하였다면 우선변제권을 상실하기에, 2차 경매절차에서 확정일자를 임대차계약서상에 100개 이상 찍어본들 그 효력은 전혀 발생되지 않고, 대항력만 인정되기에 2차 경매절차에서 본 부동산을 낙찰 받은 국 모 씨는 입찰금액과는 별도로 최대 5천여만 원을 추가로 부담해야 하는 일이 발생되는 것이다.

본 경매사건은 국 모 씨가 1억 2천 3백여만 원에 낙찰 받았다. 그렇다면 배당은 어떻게 될까? 2006년 7월 19일자 근저당권이 1순위로 배당받을 것이다. 물론 경매비용 일부를 제외하고서…

앞의 경매정보지를 잠깐 보도록 하자. 경매정보지 좌측 상단에 경매사건번호 2개가 있을 것이다. 그 중 2010타경1636호 임의경매사건이 있는데, 이 사건의 경매신청권자는 다름 아닌 2006년 7월 19일자 근저당권인 현 모 씨였고, 청구금액이 1억 2천만 원이었다.

낙찰금액 1억 2천 3백여만 원으로 하여 가상 배당표를 꾸며 보았다.

= 0순위 : 경매신청비용 약 3백만 원
= 1순위 : 근저당권자 현 모 씨 1억 2천만 원

위 배당표에 의하면 제1 경매절차상에서 대항력 있는 임차인 김 모 씨는 한 푼도 배당 받지 못한다. 그렇다면 제2 경매절차의 낙찰자가 김 모 씨의 전세보증금을 인수해야 하는 것이다. 한마디로 덤터기 쓰는 것이다.

참고로 근저당권자 현 모 씨의 서울서부지방법원 2010타경1636호 임의경매 신청내용은 다음과 같다.

〈근저당권자 현OO 씨의 임의경매신청〉

경매사건검색

> 검색조건 법원 : 서울서부지방법원 | 사건번호 : 2010타경1636

사건내역

● 사건기본내역

사건번호	2010타경1636	사건명	부동산임의경매
중복/병합/이송	2009타경8815(중복;모사건)		
접수일자	2010.02.01	개시결정일자	2010.02.02
담당계	경매4계 전화 : 3271-1324		
청구금액	120,000,000원	사건항고/정지여부	
종국결과	배당종결	종국일자	2010.04.16
송달료,보관금 잔액조회	▶ 잔액조회		

    경매초보를 노리는 이러한 물건이 간혹 눈에 띄는데, 멋모르고 덤벼들었다가는 패가망신은 아닐지라도 두고두고 후회하는 시간을 보낼 수도 있기에 "경매부동산 소유자의 부동산 취득원인"은 반드시 확인하는 습관을 가지도록 하자. 짜고 치는 고스톱에 휘말려서는 결코 아니 된다!!!

5) 제3자의 강제경매신청 - 2

2009 타경 57124 (강제)		매각기일 : 2010-03-10 10:30~ (수)		경매2계 (031)210-1262	
소재지	경기도 오산시 원동 552-4 한주아파트 동 9층 904호			사건접수 2009-10-21	
물건종별	아파트	채권자	서 OO	감정가	180,000,000원
대지권	57,84㎡ (17,5평)	채무자	서**	최저가	(80%) 144,000,000원
전용면적	124,53㎡ (37,67평)	소유자	서**	보증금	(10%)14,400,000원
평형	46평형	매각대상	토지/건물일괄매각	청구금액	100,000,000원
입찰방법	기일입찰	배당종기일	2010-01-08	개시결정	2009-10-21

기일현황

회차	매각기일	최저매각금액	결과
신건	2010-01-28	180,000,000원	유찰
2차	2010-03-10	144,000,000원	매각
김OO /입찰1명/매각157,750,000원(88%)			

임차인현황 ☞ 건물소멸기준 : 2007-06-20 ☞ 배당종기일 : 2010-01-08

순위	성립일자	권리자	권리종류(점유부분)	권리금액	신고	대항	예상배당여부
1	전입 없음 확정 없음 배당 2009-12-17	제OO	주택임차인 전부	[보] 78,000,000원	O	없음	미배당 : 78,000,000원 미배당금 소멸예상

- (주)제OO : 전세권자임
부동산 등기부 등본 사본1부

건물 등기부현황 ☞ 건물열람일 : 2010-01-14

구분	성립일자	권리종류	권리자	권리금액	인수/소멸	비고
갑1	1992-05-22	(현)소유권	서**		이전	매매
을5	2005-11-15	전세권	제OO	78,000,000원	인수	미배당요구로 전액인수
갑2	2007-06-20	가압류	중소기업중앙회	273,000,000원	소멸기준	
갑5	2009-10-22	강제경매	서OO	청구:100,000,000원	소멸	2009타경57124

???

① 해설

본 사건은 서 모 씨가 2009년 10월 22일 강제경매신청을 하였는데, 선순위 전세권 (주)제OO은 법원이 공고한 배당요구종기일인 2010년 1월 8일 이전인 2009년 12월 17일에 배당요구를 하였기에 (주)제00 전세권은 경매시 매각으로 소멸하여 낙찰자와 아무런 관계가 없다. 경매정보지상 전세권을 낙찰자가 인수하여야 한다고 표시되어 있으나 이는 잘못된 것이다.

참고로 본 경매사건의 매각물건명세서 내용은 다음과 같다.

〈매각물건명세서〉

사건	2009타경57124 부동산강제경매	매각물건번호	1	담임법관(사법보좌관)	백**
작성일자	2010.02.24	최선순위 설정일자	2005.11.15.(전세권)		
부동산 및 감정평가액 최저매각가격의 표시	부동산표시목록 참조	배당요구종기	2010.01.08		

부동산의 점유자와 점유의 권원, 점유할 수 있는 기간, 차임 또는 보증금에 관한 관계인의 진술 및 임차인이 있는 경우 배당요구 여부와 그 일자, 전입신고일자 또는 사업자등록신청일자와 확정일자의 유무와 그 일자

점유자의 성명	점유부분	정보출처 구분	점유의 권원	임대차기간 (점유기간)	보증금	차임	전입신고일자, 사업자등록신청일자	확정일자	배당요구 여부 (배당요구일자)
(주)제00	전부	현황조사	주거 임차인	2005.11.15 ~ 24개월	78,000,000				
	전부	권리신고	주거 임차인	2005.11.15 ~ 2007.11.15.까지	78,000,000				2009.12.17

〈비고〉
(주)제00 : 전세권자임

② 정리

본 사건은 서 모 씨가 서** 명의의 아파트에 대해 강제경매 신청한 사건으로서, 2010년 3월 10일 김 모 씨가 1억 5천 7백여만 원에 단독 낙찰 받았다.

본 사건의 전세권 (주)제00은 비록 선순위이기는 하나, 배당요구 하였기에 소멸하는 권리에 해당되며(=민사집행법 제91조 제4항 단서), 강제경매신청권자인 서 모 씨는 청구채권액 1억 원 중 2천여만 원이 배당[=배당금액을 1억 5천 5백만 원으로 보고, 전세권 (주)제00가 7천 8백만 원 배당받고, 잔여 배당금 7천 7백만 원으로 가압류권자 중소기업중앙회와 동순위에 의한 비례배당]받게 된다.

6) 형식적 경매 : 유치권자의 경매신청 - 1

2009 타경 45534	물번 2	매각기일 : 2010-05-25 10:00~ (화)	경매6계 590-1817 (구내:1817)	
소재지	부산광역시 부산진구 부전동 394-0 **오피스텔 10층 1009호		사건접수	2009-11-02
물건종별	오피스텔(업무)	채권자	**건업 (유치권자)	감정가	52,000,000원
대지권	3.8855㎡ (1.18평)	채무자	00건설외1명	최저가	(80%) 41,600,000원
전용면적	30.4㎡ (9.2평)	소유자	황00	보증금	(10%)4,160,000원
평형		매각대상	토지/건물일괄매각	청구금액	163,772,728원
입찰방법	기일입찰	배당종기일	2010-02-08	개시결정	2009-11-11

기일현황

회차	매각기일	최저매각금액	결과
신건	2010-04-20	52,000,000원	유찰
2차	2010-05-25	41,600,000원	매각

김00 외3/입찰2명/매각43,000,000원(83%)

건물 등기부현황 / 건물열람일 : 2010-02-26

구분	성립일자	권리종류	권리자	권리금액	인수/소멸	비고
갑1	2004-04-16	(전)소유권	00건설		이전	보존
갑16	2009-08-04	(현)소유권	황00		이전	강제경매로 인한 매각
갑18	2009-11-13	임의경매	**건업	청구: 163,772,728원	소멸기준	2009타경45534

① 해설

본 경매사건은 유치권자 (주)**건업이 경매신청 하였는데, 이러한 경매는 형식적 경매로서 권리분석시 소멸주의 또는 인수주의를 따져 보아야 하나, 본사건의 부동산등기부상 낙찰자의 부담으로 되는 권리가 없기에 소멸주의 또는 인수주의를 따질 필요 없이 그냥 입찰하면 되는 것이다.

여기서 채권자 (주)**건업은 유치권자로서 청구채권액이 1억 6천여만 원이나 유치권 실행으로 유치물을 경매 신청하여 낙찰된 후 낙찰자가 매각대금을 완납하였다면 유치권은 소멸하기에 부담 없이 입찰하는 것이다.

참고로 유치권 소멸사유는 ▶유치권 목적물 멸실, ▶유치권 포기, ▶유치물 경매, ▶선량한 관리자로서의 의무위반, ▶점유상실 등이 해당된다.

그리고 부동산등기부를 보면 임의경매개시결정으로 표시되어 있어 실질적 경매인지 형식적 경매인지가 혼란스러울 수 있다.

그러나 간단하게 해결할 수 있는 방법으로서, 아래 등기부등본상 채권자가 (주)**건업으로 되어 있다면, (주)**건업 명의로 된 근저당권이나 담보가등기가 있는지 여부를 파악하면 된다.

그런데 본 사건의 경매신청권자인 (주)**건업 명의로 된 근저당권이 없는데도 임의경매개시결정이 났다면? 이는 형식적 경매로 보면 된다.

〈부동산등기부상 일부내용〉

| 18 | 임의경매개시결정 | 2009년11월13일 제55256호 | 2009년11월11일 부산지방법원의 유치권에 의한 부동산경매 개시결정(2009타경45534) | 채권자 주식회사**건업 180111-000000 부산광역시 부산진구 전포동 635-00 **빌딩 |

나아가 집행법원이 작성한 매각물건명세서의 비고란 등을 보면 경매의 종류를 보다 확실하게 알 수 있는데, 비고란에는 "유치권(신청인 주식회사 **건업)에 의한 부동산경매임"으로 표시되어 있다.

〈매각물건명세서 중에서...〉

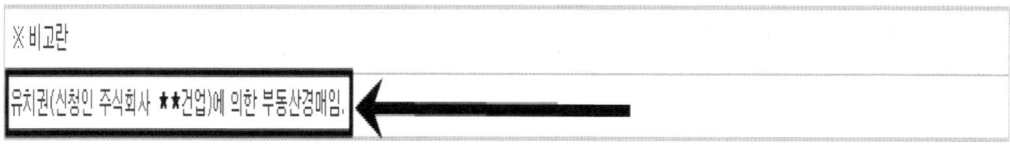

② 본 사건 낙찰 후...

2차 매각기일인 2010년 5월 25일 김 모 씨 외 3명이 4천 3백만 원에 낙찰 받았으나, 동년 6월 29일 이들에 대해 무슨 이유인지는 모르겠으나 매각불허가결정이 났다.

〈매각기일내역 중 일부〉

2010.05.25 (10:00)	매각기일	2층 256호 입찰법정	41,600,000원	매각
2010.06.01 (13:30)	매각결정기일	3층 356호 입찰법정		변경
2010.06.29 (13:30)	매각결정기일	3층 356호 입찰법정		최고가매각불허가결정

이에 낙찰자는 2010년 7월 9일 매각불허가결정에 대한 즉시항고를 제기하였고, 2011년 8월 25일 본 사건은 경매취하 되었다.

〈매각불허가결정에 대한 즉시항고 내역〉

▶ 기본내용 » 청사배치

사건번호	2010라380	사건명	매각불허가결정에대한즉시항고
항고인	김OO 외 4명 (1,2번 낙찰자)	상대방	
재판부	제4민사부(항고) 다 (전화:051)590-1641~1640)		
접수일	2010.07.09	종국결과	
수리구분	제소	병합구분	없음
기록송부일		재항고인	
재항고일		재항고결과	
송달료,보관금 종결에 따른 잔액조회		사건이 종결되지 않았으므로 송달료, 보관금 조회가 불가능합니다.	

▶ 심급내용

법 원	사건번호	결 과
부산지방법원	2009타경45534	(유치권에 의한 부동산경매)

③ 본 경매사건 직전의 경매사건(부산지법 2007타경28054호 강제)

2007 타경 28054 (강제) 2007타경44209	물번 67	매각기일 : 2009-06-23 10:00~ (화)		경매7계 590-1819 (구내:1819)
소재지	부산광역시 부산진구 부전동 394-0		**오피스텔 10층 1009호	사건접수 2007-06-15
물건종별	오피스텔(주거)	채권자	정00	감정가	55,000,000원
대지권	3.8855㎡ (1.18평)	채무자	00건설외1명	최저가	(51%) 28,160,000원
전용면적	30.4㎡ (9.2평)	소유자	00 건설	보증금	(10%)2,816,000원
평형		매각대상	토지/건물일괄매각	청구금액	300,000,000원
입찰방법	기일입찰	배당종기일	2008-08-22	개시결정	2007-06-19

기일현황

회차	매각기일	최저매각금액	결과
신건	2009-03-10	55,000,000원	유찰
2차	2009-04-14	44,000,000원	유찰
3차	2009-05-19	35,200,000원	유찰
4차	2009-06-23	28,160,000원	매각
황00/매각28,570,000원(52%)			
	2009-08-04	대금지급기한	납부

주의사항	00건설주식회사(공사대금 1,954,157,542원), 000전력주식회사(공사대금130,000,000원), 00장식(공사대금 31,500,000원),(주)**건업(공사대금 258,000,000원)(으)로부터 각 유치권 신고 있으며 그 성립여부는 불분명함. ※미납관리비(공용)를 인수할수 있으니 입찰전에 확인 하시기 바랍니다.

　본 사건은 부산지방법원 2009타경 45534호 임의경매사건(물번 2) 이전의 경매사건으로서, 그 당시 2009타경 45534호 경매신청권자인 (주)**건업이 공사대금조로 유치권 신고를 하였는데, 황 모 씨가 4차 매각기일인 2009년 6월 23일에 2천 8백여만 원에 낙찰 받았다.

　요즈음 경매시장에서는 일반물건은 낙찰받기도 힘들고 큰 수익이 나지 않기 때문에 특수물건에 관심가지는 경매인이 많은 것으로 안다. 주변에서 특수물건! 특수물건! 하니까 일천한 지식으로 특수물건에 투자했다가는 때로는 낭패를 볼 수 있다.

본 사건의 낙찰자 황 모 씨는 2천 8백여만 원을 고스란히 손해를 보는데, 왜냐하면 유치권자 (주)**건업이 본건 부동산을 2009년 11월 13일 경매 신청하여 이 부동산이 제3자 앞으로 이전되면 자기 소유권을 상실하기 때문이다.

경매투자하는 필자의 지인들에게 이러한 이야기를 간혹 한다. "모르면 경매투자 하지 마!" 그것도 반말로...

④ 사건요약

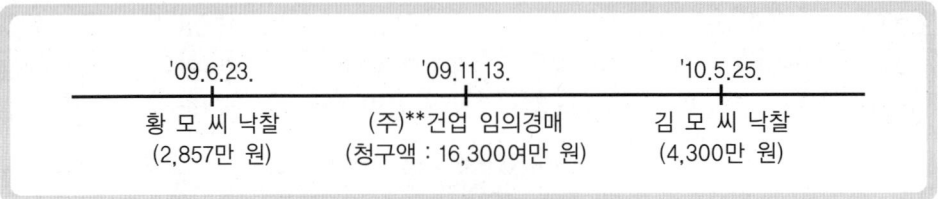

i. 2009년 6월 23일 황 모 씨는 부산지방법원 2007타경28054호(물번 67번) 강제경매절차에서 2,857만 원에 1009호를 낙찰 받았으며, 동년 8월 4일 황 모 씨 명의로 소유권이전등기.

ii. 2009년 11월 13일 (주)**건업 유치권자가 본건 1009호를 경매신청.

iii. 2010년 5월 25일 김 모 씨외 3명이 부산지방법원 2009타경45534호(물번 2번) 유치권에 의한 부동산경매절차에서 본건을 4천 3백만 원에 낙찰 받았으나 집행법원은 동년 6월 29일 매각불허가결정을 내렸으며, 이에 낙찰자는 즉시항고를 제기하였는데, 2011년 8월 25일 본 사건은 경매취하 되었음.

7) 형식적 경매 : 유치권자의 경매신청 - 2

	춘천지방법원 원주지원 대법원바로가기			가로보기 세로보기 세로보기(2) 세로보기(3)
2005 타경 8233 (임의)		매각기일 : 2008-02-11 10:00~ (월)		경매1계 033-749-6631
소재지	강원도 횡성군 둔내면 둔방내리 227-00			사건접수 2005-10-11
물건종별	주택	채권자	신00	감정가 103,822,440원
토지면적	496㎡ (150.04평)	채무자	김00	최저가 (6%) 5,986,000원
건물면적	187.32㎡ (56.66평)	소유자	농업회사법인합자회사 0000	보증금 (20%) 1,198,000원
제시외면적		매각대상	토지/건물일괄매각	청구금액 73,804,000원
입찰방법	기일입찰	배당종기일	2006-01-17	개시결정 2005-10-12

기일현황

회차	매각기일	최저매각금액	결과
신건	2006-04-03	103,822,440원	유찰
	2007-05-22	대금지급기한	미납
8차	2007-09-03	8,551,000원	매각
	매각15,120,000원(15%)		
	2007-10-18	대금지급기한	미납
8차	2007-12-03	8,551,000원	유찰
9차	2008-02-11	5,986,000원	매각
	탄00/매각6,680,000원(6%)		

건물 등기부현황 (건물열람일 : 2007-08-22)

구분	성립일자	권리종류	권리자	권리금액	인수/소멸	비고
갑7	2003-03-03	(전)소유권	김00		이전	임의경매로 인한 낙찰
을4	2003-03-03	(근)저당	에스케이생명보험	37,700,000원	인수	특별매각조건에의한 인수
갑9	2004-11-05	(현)소유권	농업회사법인합자회사0000		이전	매매
갑10	2005-02-04	가압류	김00	60,807,360원	인수	특별매각조건에의한 인수
을5	2005-10-05	(근)저당	배00	110,000,000원	인수	특별매각조건에의한 인수
갑11	2005-10-14	임의경매	신00	청구: 73,804,000원	소멸기준	2005타경8233

토지 등기부현황 (토지열람일 : 2007-08-22)

구분	성립일자	권리종류	권리자	권리금액	인수/소멸	비고
갑6	2003-03-03	(전)소유권	김00		이전	임의경매로 인한 낙찰
을3	2003-03-03	(근)저당	에스케이생명보험	37,700,000원	인수	특별매각조건에의한 인수
갑8	2004-11-05	(현)소유권	농업회사법인합자회사0000		이전	매매
갑9	2005-02-04	가압류	김00	60,807,360원	인수	특별매각조건에의한 인수
을4	2005-10-05	(근)저당	배00	110,000,000원	인수	특별매각조건에의한 인수
갑10	2005-10-14	임의경매	신00	청구: 73,804,000원	소멸기준	2005타경8233

주의사항

매각으로 소멸되지 않는 등기부권리	2003.3.3.접수제2823호 근저당권(채권최고액 37,700,000원), 2005.10.5.접수제17727호 근저당권(채권최고액 110,000,000원), 2005.2.4.접수제1910 가압류(청구금액 60,807,360원)
매각으로 설정된 것으로 보는 지상권	해당사항없음
주의사항	일괄매각, 본사건은 유치권 실행을 위한 형식적경매로 부동산위의 부담인 가압류 및 근저당권은 낙찰자에게 인수됨. 특별매각조건 매수보증금 20%

춘천지방법원 원주지원 2005타경8233호 임의경매사건은 유치권자 신 모 씨가 자기 채권 7천 3백여만 원을 회수하기 위해 경매신청 하였는데, 이를 형식적 경매라 한다. 형식적 경매는 집행법원에 따라 소멸주의 또는 인수주의에 의해 사건이 진행되기에 입찰 전에 집행법원에서 작성한 매각물건명세서를 확인한 후 분석하여야 한다.

본 사건은 부동산등기부상 설정된 가압류와 근저당권은 매수인의 인수사항이라고 매각물건명세서상에 표시되어 있기에 인수주의에 의해 본 경매사건은 진행된다.

본 경매사건의 1차 최저매각금액이 1억 3백여만 원이었고, 9차 매각기일인 2008년 2월 11일, 668만 원에 탄 모 씨가 낙찰 받았다. 그러나 근저당권 2건(채권최고액 14,770만 원)과 가압류 1건(청구액 6천여만 원)은 배당절차에 참여할 수 없고 낙찰자의 인수사항이 되는데… 이러한 사정을 알고 입찰하였는지 심히 의문이 간다.

낙찰 후 2억여 원에 가까운 채권을 인수하는데 탄 모 씨는 왜 낙찰 받았을까요? 답은 둘 중 하나일 것이다. 경매를 전혀 모르는 초보이거나, 아니면 경매절차를 교묘히 이용할 줄 아는 고수일 것이다.

만약 낙찰자 탄 모 씨가 근저당권 및 가압류를 인수하는 줄 알면서도 낙찰 받았다면 그 속내는 무엇일까? 한 마디로 퉁 치기 위한 것이 아닐까? 아니 고스톱 판도 아닌데, 퉁 치다니 이 무슨 소리인가? 궁금하시지요?

말씀드리겠습니다. 유치권자는 자기 채권을 회수하기 위해서 유치물을 경매 처분할 수 있습니다. 그런데 유치물을 경매처분 하면 자기 채권 전액의 회수여부를 떠나서 유치권이라는 권리는 영원히 사라지게 됩니다. 이즈음에서 '퉁'의 의미를 아시겠는지요? 모르신 다구요?

본 사건 유치권자의 청구채권액은 7천 3백여만 원인데, 탄 모 씨가 6백여 만 원에 낙찰 받았다면 유치권자는 유치물을 경매신청 했기에 유치권은 소멸되고, 6백여만 원을 배당 받은 후 잔여 채권액에 대해서는 낙찰자에게 반환청구 할 수 없게 됩니다. 왜냐고요? 유치권이 소멸되었기 때문이지요. 이제는 완전히 아시겠지요?

경매공부를 조금만 더 하시다 보면 소위 "먹을 물건?" 많습니다. 나아가 불법이 아닌 편법에 의한 접근방법도 알 수 있지요~~~

8) 형식적 경매 : 공유물전부 경매신청

열기 ▶ 서울서부지방법원 대법원바로가기				가로보기	세로보기	세로보기(2)	세로보기(3)
2010 타경 398 (임의)			매각기일 : 2010-06-09 10:00~ (수)			경매2계 3271-1322 (구내:1322)	
소재지	서울특별시 은평구 불광동 391-0 **주택 지하층 2호					사건접수 2010-01-11	
물건종별	다세대(빌라)	채권자	신청인 홍00		감정가		70,000,000원
대지권	13.42㎡ (4.06평)	채무자	상대방 장00		최저가		(80%) 56,000,000원
전용면적	30.76㎡ (9.3평)	소유자	장00외1명		보증금		(10%) 5,600,000원
평형	9.3평형	매각대상	토지/건물일괄매각		청구금액		1원
입찰방법	기일입찰	배당종기일	2010-03-29		개시결정		2010-01-12

▶ 기일현황

회차	매각기일	최저매각금액	결과
신건	2010-04-30	70,000,000원	유찰
2차	2010-06-09	56,000,000원	매각

김00 /입찰1명/매각58,000,000원(83%)

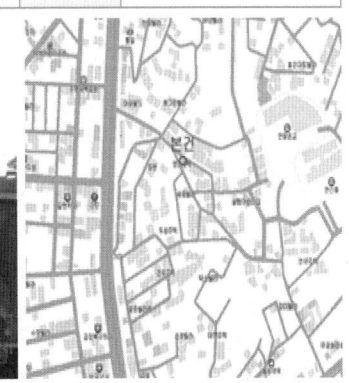

▶ 건물 등기부현황 ☞ 건물열람일 : 2010-04-16   등기부등본열람

구분	성립일자	권리종류	권리자	권리금액	인수/소멸	비고
갑2	2004-04-07	(전)소유권	장00 외		이전	매매
갑3	2004-10-20	압류	서울특별시은평구		소멸기준	
갑8	2007-07-19	압류(지분) 장00 지분	국민건강보험공단		소멸	
갑9	2008-02-13	(현)소유권(전부)	홍00 외		이전	강제경매로 인한 매각
갑11	2010-01-12	임의경매	신청인 홍00	청구:1원	소멸	2010타경398

① 해설

경매신청권자 홍 모 씨가 청구액 1원으로 위 부동산을 임의경매신청 하였다. 청구액이 1원이라~~~ 경매정보지를 보다 보면 청구액 1원짜리가 간혹 눈에 띈다. 이는 부동산등기부를 볼 필요 없이 형식적 경매로 보아도 무방하다.

통상 경매신청을 하면 채권자는 자기 채권을 회수하기 위함인데, 채권액이 1원이라면 이는 채권회수 목적의 경매가 아니고, 단지 경매부동산을 금전으로 환가하기 위한 경매로 보면 되고, 이러한 경매를 형식적 경매라 한다.

형식적 경매의 경우, 소멸주의 또는 인수주의는 집행법원마다 틀리기에 먼저 법원이 작성한 매각물건명세서와 법원문건 접수내역을 확인하고, 그래도 미심쩍다면 담당 경매계에 직접 문의해 보아야 한다.

본 경매사건의 매각물건명세서와 법원문건 접수내역은 다음과 같다.

〈매각물건명세서 중에서...〉

※ 등기된 부동산에 관한 권리 또는 가처분으로 매각허가에 의하여 그 효력이 소멸되지 아니하는 것
해당사항 없음

※ 매각허가에 의하여 설정된 것으로 보는 지상권의 개요
해당사항 없음

위 매각물건명세서에 의하면 인수주의라는 문구가 없어 일단 본 사건은 소멸주의에 의해 진행되는 것으로 보면 된다.

〈법원문건 접수내역〉

2010-02-01	교부권자 은평구청 교부청구 제출
2010-02-02	압류권자 국민건강보험공단 은평지사 교부청구 제출

위 법원문건 접수내역에 의하면 압류권자인 은평구청과 국민건강보험공단이 교부청구(=채권계산서 제출)한 것으로 미루어 보아 이들은 매각대금에서 배당받을 수 있기에 소멸주의에 의해 접근하면 된다.

참고로 다음의 부동산등기부 내용을 보면 장 모 씨 형제가 각 2분의 1 지분 형태로 본건 부동산을 소유하였다가, 그 중 형인 장 모 씨의 지분 2분의 1이 경매신청(서울서부지방법원 2007타경6402호 강제경매)되자, 홍 모 씨가 2007년 12월 18일, 1천 7백여만 원에 낙찰 받아 본건 부동산의 2분의 1에 대한 지분 소유권을 취득하였다.

그 후 2010년 1월 12일 홍 모 씨는 **주택 지하층 2호 전부를 경매신청 하였는데, 자기 집을 자기가 경매신청 한다? 이러한 경우가 있을 수 있나요? 있지요!!!

2007년 12월경 위 주택의 지분 2분의 1을 낙찰 받은 홍 모 씨는 타지분권자인 장 모 씨를 상대로 공유물분할청구소송을 제기하여 판결문으로 공유물 전부를 경매에 붙였던 것이었다.

<부동산등기부 중 소유권 관계 흐름>

2	소유권이전	2004년4월7일 제17449호	2004년3월15일 매매	공유자 지분 2분의 1 장○○ 771127-1****** 서울 은평구 녹번동 153-○ 2층 지분 2분의 1 장** 810520-1****** 서울 은평구 녹번동 153-○ 2층
9	2번장○○지분전부이전	2008년2월13일 제8610호	2008년1월29일 강제경매로 인한 매각	공유자 지분 2분의 1 홍○○ 790123-1****** 서울특별시 은평구 불광동 170-○○ 102호
11	임의경매개시결정	2010년1월12일 제1315호	2010년1월12일 서울서부지방법원의 임의경매개시결정(2010 타경398)	채권자 신청인 홍○○ 790123-1****** 서울 구로구 오류동 46-○○ ***에이동 308호

② 그렇다면 홍 모 씨는 먼저 1/2 지분을 낙찰 받았는데...

아파트나 빌라 등 지분이 경매시장에 간혹 나오는 경우가 있다. 지분 경매에 대해서는 나중에 자세히 언급하기로 하고, 본 사건 경매신청권자 홍 모 씨는 2007년 12월경 본건 부동산의 2분의 1 지분을 17,265,000원에 취득하였고, 공유자를 상대로 공유물분할청구소송을 제기하여 공유부동산 전부를 경매신청 하였다.

본 사건은 비록 형식적 경매이지만 소멸주의에 의해 진행되었기에 투자자는 부담 없이 입찰하였는데, 5천 8백만 원에 단독 낙찰되었다.

여기서 경매신청권자 홍 모 씨는 얼마를 벌었을까? 5천 8백만 원에 낙찰되었으니 경매비용과 압류권자의 채권액을 대략 3백만 원으로 보고, 5천 5백만 원이 배분할 금액이라면 홍 모 씨는 자기 지분 2분의 1에 해당하는 금액인 2천 7백 5십만 원을 배당받을 것이다.

그렇다면 2년 반 만에 1천여만 원의 수익을 올린 셈이어서, 홍 모 씨는 투자금액 대비하여 그리 나쁘지만은 않다고 본다.

③ 지분경매 내용(서울서부지방법원 2007타경6402호 강제경매)

2007 타경 6402 (강제)		매각기일 : 2007-12-18 10:00~ (화)		경매7-1계 02-3271-1338	
소재지	서울특별시 은평구 불광동 391-0 지하층 2호			사건접수 2007-04-13	
물건종별	다세대(빌라)	채권자	국민은행	감정가	18,000,000원
지분대지권	6.7145㎡ (2.03평)	채무자	장00	최저가	(80%) 14,400,000원
지분전용	15.38㎡ (4.65평)	소유자	장00	보증금	(10%) 1,440,000원
평형		매각대상	토지/건물지분매각	청구금액	12,714,000원
입찰방법	기일입찰	배당종기일	2007-08-13	개시결정	2007-04-16

▶ 기일현황

회차	매각기일	최저매각금액	결과
신건	2007-11-20	18,000,000원	유찰
2차	2007-12-18	14,400,000원	매각
홍00/입찰4명/매각17,265,000원(96%)			

▶ 감정평가현황 ☞ 수 감정 : 2007-05-16

토지	건물	제시외건물(포함)	제시외건물(제외)	기타(기계기구)	합계
7,200,000원	10,800,000원	x	x	x	18,000,000원
비고	※실측면적:건물면적(30.76㎡), 토지면적(13.89㎡) 지분경매로 1/2만 진행합니다.				

3 권리분석 쉽게 하는 방법

(1) 권리분석 쉽게 하는 방법

권리분석이란 경매부동산을 내 것으로 만든 후 나를 괴롭히는 권리가 있는지 여부에 대하여 파악하는 과정을 말한다. 경매부동산을 낙찰 받은 후 낙찰자를 괴롭히는 권리가 있다면 그리 성공한 투자로 볼 수 없다. 그러나 무조건 실패했다고 단언할 수도 없다.

경매 투자시 권리분석을 쉽게 하기 위해서는 어떻게 해야만 하는가? 권리분석은 어려운 것이 아니다. 그럼 어떻게 쉽게 하는가? 권리분석을 쉽게 하기 위해서는 먼저 "소멸기준권리"만 안다면 권리분석은 끝!

그렇다면 소멸기준권리란 무엇인가? 소멸기준권리란 경매부동산의 소유자가 바뀌었을 경우, 소멸기준권리를 기준하여 그 권리보다 나중에 설정된 "부동산등기부상에 등기된 권리"와 나중에 성립한 "부동산상의 권리"는 소멸(⇨낙찰자와 아무런 관계가 없음)되고, 그 반대의 경우에는 인수(⇨낙찰자를 괴롭힘)되는지를 판단하는 권리를 말한다.

참고로 소멸기준권리는 ▶근저당권 ▶가압류등기 ▶담보가등기 ▶강제경매기입등기일이 해당되며, 이들 권리 중에서 선착순에 의해 경매부동산의 등기부상에 제일 먼저 등기된 권리를 해당 경매부동산의 소멸기준권리로 보고 권리분석을 하면 된다.

(2) 부동산등기부상 권리분석

근저당권이 경매부동산의 소멸기준권리에 거의 해당된다. 따라서 경매부동산 상에 제일 먼저 설정(=등기)된 근저당권을 소멸기준권리로 보고 권리의 소멸, 인수여부를 따지면 되는데, 만약 근저당권이 아닌 가압류등기 등 소멸기준권리에 해당되는 다른 권리가 부동산등기부 상에 제일 먼저 설정되었다면 그 권리를 소멸기준권리로 보고 분석하면 된다.

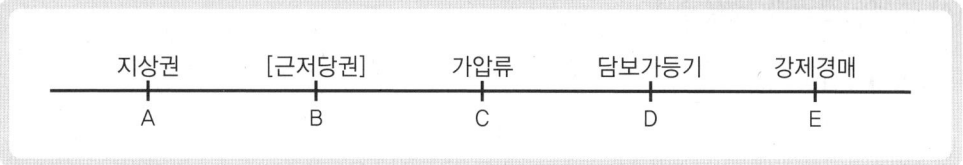

위 사안의 경우 B 근저당권, C 가압류, D 담보가등기, E 강제경매신청등기는 각각 소멸기준권리에 해당되나, 이들 소멸기준권리 중 가장 먼저 부동산등기부상 등기된 B 근저당권이 진정한 소멸기준권리에 해당되어, 이 권리보다 먼저 설정 또는 성립된 권리는 낙찰자의 인수사항이 되며, 나중에 설정 내지 성립된 권리는 소멸하게 되는 것이다. 따라서 A 지상권은 B 근저당권보다 먼저 등기되었기에 경매시 매각으로 소멸되지 않는다.

(3) 부동산상 권리분석

경매부동산의 소멸기준권리보다 먼저 부동산 자체에 권리를 취득한 경우(⇨예로서 주거용 부동산의 임차인이 소멸기준권리보다 먼저 전입신고 하여 임차권을 취득한 경우)에 그 임차인은 낙찰자에게 큰소리(⇨인수)를 칠 수 있다. 그렇다면 그 반대 경우의 임차인은 낙찰자에게 쨱소리(⇨소멸)도 못하게 된다.

```
임차인      [근저당권]     임차인      임차인       임의경매
─┼──────────┼──────────┼──────────┼──────────┼─
A 전입        B         C 전입      D 전입      B 근저당권
```

위 사안의 경우 소멸기준권리인 B 근저당권이 임의경매신청을 하였는데, 임차인 A는 B 근저당권보다 먼저 전입신고 하였다는 이유 하나만으로 낙찰자에게 대항할 수 있다.

여기서 낙찰자에게 대항할 수 있다는 것은, 예로서 임차인 A의 보증금액이 1억 원인데, 경매결과 5천만 원만 배당받았다면 잔여 보증금 5천만 원을 낙찰자에게 청구할 권리가 있음을 의미한다.

그렇다면 임차인 C와 D는 소멸기준권리인 B 근저당권 등기일보다 나중에 전입신고 하였기에 그들은 전세보증금 전액회수를 하든지 말든지 경매로 소멸하기에 낙찰자와는 아무런 관계가 없는 것이다.

(4) 소멸기준권리 유형분석

1) 근저당권이 소멸기준권리인 경우

경매부동산에 A 근저당권 ⇨ B 임차인 전입 ⇨ C 가압류 ⇨ A 근저당권의 임의경매신청 순으로 되어 있다면, A 근저당권이 소멸기준권리에 해당되어 A 근저당권 이후의 모든 권리들은 매각(=낙찰자의 대금완납)으로 소멸하게 되어 낙찰자가 따로 부담하여야 하는 것은 없게 된다.

2) 담보가등기가 소멸기준권리인 경우

경매부동산에 A 가등기 ⇨ B 임차인 전입 ⇨ C 근저당권 ⇨ C 근저당권의 임의경매신청 순으로 되어 있다면, 최선순위에 설정된 가등기가 가등기담보등에 관한 법률에 의한 "담보가등기"라면, 이 법률 13조 규정에 의해 가등기는 근저당권으로 보기에 A 담보가등기가 소멸기준권리에 해당되어 낙찰자가 인수하는 권리는 없다.

그러나 최선순위에 설정된 가등기가 담보가등기가 아닌 부동산등기법에서 규정한 소

유권이전청구권에 대한 "보전가등기"라면, 이 때 소멸기준권리는 C 근저당권이 되어 낙찰자는 A 가등기와 B 임차인을 인수하여야 하는 실패한 경매투자가 될 수 있다.

　　이에 최선순위로 가등기가 설정되었을 경우, 이 가등기가 [담보가등기]인지 [보전가등기]인지 여부를 반드시... 꼭... 확인한 후 입찰참여 여부를 결정 하여야 한다.

　　이는 부동산등기부상에 가등기가 설정되었더라도 그 등기형식만으로는 담보가등기인지 보전가등기인지를 구분할 수 없기에 최선순위에 가등기가 설정되었을 경우, 법원의 기록(=매각물건명세서, 문건접수내역)에 의해 조사를 철저히 하여야 한다. 그러나 선순위 가등기권자가 임의경매신청 하였다면 이는 담보가등기로 보아도 무난할 것이다.

3) 강제경매기입등기가 소멸기준권리인 경우

　　경매부동산에 A 임차인 전입 ⇨ B 임차인 전입 ⇨ C 임차인 전입 ⇨ D 강제경매 신청 한 경우, 소멸기준권리는 D 강제경매기입등기가 되어, 이보다 먼저 전입신고 한 임차인 A와 B, C는 낙찰자가 인수하여야 한다.

4) 가압류등기가 소멸기준권리인 경우

　　경매부동산에 A 가압류 ⇨ B 전세권 ⇨ C 임차인 전입 ⇨ D 근저당권 ⇨ D 근저당권의 임의경매신청 순으로 되어 있다면, 소멸기준권리는 A 가압류로서 후순위 권리인 B 전세권, C 임차인, D 근저당권은 매각으로 소멸하기에 낙찰자는 입찰금액 이외에 추가로 인수하여야 할 권리는 없게 된다.

　　그러나 소멸기준권리인 가압류의 채권액을 후순위 전세권이나 임차인이 대신하여 갚아 버린다면(⇨대위변제) 소멸기준권리는 근저당권이 되어, 가압류가 소멸기준권리일 때에 소멸하는 전세권과 임차인이, 변동된 소멸기준권리인 근저당권보다 먼저 권리를 취득한 결과가 되어 낙찰자가 인수하여야 하는 경우가 발생될 수도 있다.

　　경매 투자시 후순위 권리자들의 대위변제 가능성 여지에 대한 분석이 필요한데, 이는 후순위 권리자들의 입장에서 선순위 권리자의 채권액을 대위변제할 실익이 있는지 여부를 따져 보면 된다. 소멸기준권리는 움직인다!!!

(5) 부동산등기부 상의 권리인수 사례분석

1) 전세권 인수

2009 타경 18820 (임의)		매각기일 : 2010-08-31 10:00~ (화)		경매7계 (02)2192-1337 (구내:1337)	
소재지	서울특별시 구로구 오류동 336 동부아파트***동 4층 402호			사건접수 2009-07-21	
물건종별	아파트	채권자	한국자산관리공사	감정가	380,000,000원
대지권	36.32㎡ (10.99평)	채무자	00어패럴	최저가	(33%) 124,518,000원
전용면적	114.98㎡ (34.78평)	소유자	정00	보증금	(10%) 12,452,000원
평형	43평형	매각대상	토지/건물일괄매각	청구금액	129,233,423원
입찰방법	기일입찰	배당종기일	2009-10-05	개시결정	2009-07-23

▶ 기일현황

회차	매각기일	최저매각금액	결과
신건	2009-11-12	380,000,000원	유찰
5차	2010-04-01		미진행
5차	2010-05-07	155,648,000원	매각
이00/입찰4명/매각171,000,000원(45%)			
	2010-06-23	대금지급기한	미납
5차	2010-07-27	155,648,000원	유찰
6차	2010-08-31	124,518,000원	매각
문00/입찰1명/매각153,000,000원(40%)			

▶ 건물 등기부현황 ☞ 건물열람일 : 2009-10-29

구분	성립일자	권리종류	권리자	권리금액	인수/소멸	비고
갑1	1998-10-12	(전)소유권	심00		이전	보존
을4	2007-04-09	전세권	김00	150,000,000원	인수	미배당요구로 전액인수
갑2	2007-04-19	(현)소유권	정00		이전	증여
을11	2008-08-26	(근)저당	한국자산관리공사	156,000,000원	소멸기준	
갑3	2009-03-06	가압류	신용보증기금	90,000,000원	소멸	
갑4	2009-07-23	임의경매	한국자산관리공사	청구: 129,233,423원	소멸	2009타경18820

본 사건은 소멸기준권리인 2008년 8월 26일 근저당권자의 임의경매신청이 있었고, 6차 매각기일에 문 모 씨가 단독으로 1억 5천여만 원에 낙찰 받았다. 이는 선순위 전세권 1억 5천만 원을 낙찰자가 인수해야 하기 때문에 낮은 금액으로 낙찰된 것이다.

소멸기준권리보다 먼저 등기된 전세권이 있을 경우, 이를 선순위 전세권이라고도 하는데, 이 자가 법원이 공고한 배당요구 종기일까지 배당신청을 하였는지 여부에 따라 낙찰자의 부담금액이 달라진다. 만약 배당요구하지 않았다면 낙찰자는 이 자의 전세금 100%를 입찰금액과는 별도로 부담해 주어야 한다.

참고로 아래 내용은 본 경매사건의 매각물건명세서 일부인데, 법원의 배당요구 종기일인 2009년 10월 5일까지 선순위 전세권자인 김 모 씨의 배당요구가 없었음을 알 수 있다. 이러한 선순위 전세권은 낙찰자가 무조건 인수해야 한다.

나아가 선순위 전세권자가 법원이 공고한 배당요구 종기일 이전에 배당신청을 하였다가 배당요구 종기일 직전에 배당철회신청을 하는 경우가 왕왕 있다. 이러한 경우에도 낙찰자는 전세권자의 전세금 전액을 입찰금액과는 별도로 인수하여야 한다.

따라서 선순위 전세권자가 있을 경우, 입찰하기에 앞서 매각물건명세서를 확인하여 그 자의 배당요구사항에 변동이 있는지 여부를 최종적으로 확인한 후 입찰 참여 여부를 결정해야만 한다.

〈본 사건 매각물건명세서〉

사건	2009타경 18820 부동산임의경매	매각물건번호	1	담임법관(사법보좌관)	김**
작성일자	2010.08.16	최선순위 설정일자	2008.8.26.(근저당)		
부동산 및 감정평가액 최저매각가격의 표시	부동산표시목록 참조	배당요구종기	2009.10.05		

부동산의 점유자와 점유의 권원, 점유할 수 있는 기간, 차임 또는 보증금에 관한 관계인의 진술 및 임차인이 있는 경우 배당요구 여부와 그 일자, 전입신고일자 또는 사업자등록신청일자와 확정일자의 유무와 그 일자

점유자의 성명	점유 부분	정보 출처 구분	점유의 권원	임대차 기간 (점유기간)	보증금	차임	전입신고일자, 사업자등록 신청일자	확정 일자	배당요구 여부 (배당요구 일자)
김○○	목적물 전부	등기부 등본 (법정국)	주거전세권자	2007.4.9 ~2009.2.5	1억5천만 원		2007.4.9		

2) 가등기 인수

2009 타경 24506 (강제)		매각기일 : 2010-03-24 10:00~ (수)		경매13계 (051)590-1827 (구내:1827)	
소재지	부산광역시 연제구 연산동 415-00 **원룸 4층 403호				사건접수 2009-06-01
물건종별	다세대(빌라)	채권자	박00	감정가	32,770,000원
대지권	13.9㎡ (4.2평)	채무자	00주택건설	최저가	(51%) 16,778,000원
전용면적	24.5㎡ (7.41평)	소유자	00주택건설	보증금	(10%)1,678,000원
평형		매각대상	토지/건물일괄매각	청구금액	55,000,000원
입찰방법	기일입찰	배당종기일	2009-08-24	개시결정	2009-06-02

▶ 기일현황

회차	매각기일	최저매각금액	결과
신건	2009-12-02	32,770,000원	유찰
2차	2010-01-12	26,216,000원	유찰
3차	2010-02-17	20,973,000원	유찰
4차	2010-03-24	16,778,000원	변경

최종기일 결과 이후 기각된 사건입니다.

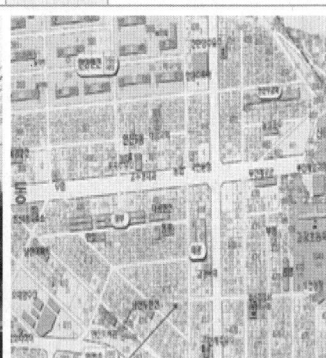

▶ 건물 등기부현황 ▶ 건물열람일 : 2009-10-10

구분	성립일자	권리종류	권리자	권리금액	인수/소멸	비고
갑1	2001-08-31	(전)소유권	전00		이전	보존
갑13	2006-08-30	(현)소유권	00주택건설		이전	강제경매로 인한 매각
갑15	2006-09-01	가등기	조00		인수	특별매각조건에의한 인수
갑16	2006-09-20	압류	부산광역시연제구		소멸기준	
갑17	2007-04-11	압류	부산광역시		소멸	
갑18	2007-09-05	압류	부산광역시서구		소멸	
갑19	2009-06-02	강제경매	박00	청구: 55,000,000원	소멸	2009타경24506

본 사건의 가등기는 소멸기준권리인 2006년 9월 20일 압류등기보다 먼저 등기되었다. 이러한 가등기를 선순위 가등기라고도 하는데, 선순위로 가등기가 되어 있을 경우 담보가등기인지, 아니면 보전가등기인지 여부를 정확하게 파악한 후 입찰참여 하여야 한다.

본 사건의 가등기는 집행법원이 작성한 매각물건명세서상에 "갑구 15번 소유권이전등기청구권가등기(2006.9.1등기)는 말소되지 않고 매수인이 인수함. 만약 가등기된 매매예약이 완결되는 경우에는 매수인이 소유권을 상실하게 됨."으로 표시되어 있어 이 가등기는 100% 보전가등기로 보아 이러한 물건은 쳐다보아서는 절대 아니 되는 물건에 해당된다.

〈매각물건명세서 내용 중에서...〉

※ 등기된 부동산에 관한 권리 또는 가처분으로 매각허가에 의하여 그 효력이 소멸되지 아니하는 것

갑구15번 소유권이전등기청구권가등기(2006.9.1.등기)는 말소되지 않고 매수인이 인수함. 만약 가등기된 매매예약이 완결되는 경우에는 매수인이 소유권을 상실하게 됨.

참고로 본 사건은 2010년 3월 11일 기각결정 되었는데, 본 사건의 강제경매신청권자인 박 모 씨는 선순위 가등기에 대한 사해행위 취소를 원인으로 하는 가등기말소청구의 소송을 제기하여 먼저 가등기를 말소시킨 후, 강제경매신청 하여야 하는데… 인수되는 가등기가 있는 경매물건을 누가 낙찰 받겠는가? 하기야 이런 물건도 낙찰 받는 사람이 있으니 할 말이 없을 따름이다.

〈본 경매사건의 사건내역〉

기일별검색

▶ 검색조건 법원 : 부산지방법원 | 사건번호 : 2009타경24506

사건내역

사건기본내역

사건번호	2009타경24506	사건명	부동산강제경매
접수일자	2009.06.01	개시결정일자	2009.06.02
담당계	경매13계 전화 : (051)590-1827(구내:1827)		
청구금액	55,000,000원	사건항고/정지여부	
종국결과	기각	종국일자	2010.03.11

3) 지상권 인수

2006 타경 2297 (임의)	물번 2	매각기일 : 2007-02-05 10:00~ (월)	경매3계 041-660-0696
소재지	충청남도 당진군 순성면 봉소리 1004-0		사건접수 2006-03-08
물건종별	답	채권자	현대스위스상호저축은행	감정가	366,201,000원
토지면적	3699㎡ (1118.94평)	채무자	한00	최저가	(70%) 256,341,000원
건물면적		소유자	최00	보증금	(10%) 25,635,000원
제시외면적		매각대상	토지매각	청구금액	304,655,337원
입찰방법	기일입찰	배당종기일	2006-05-18	개시결정	2006-03-09

기일현황

회차	매각기일	최저매각금액	결과
신건	2006-07-18	366,201,000원	변경
신건	2006-08-21	366,201,000원	변경
신건	2007-01-02	366,201,000원	유찰
2차	2007-02-05	256,341,000원	매각

매각 289,000,000원 (79%)

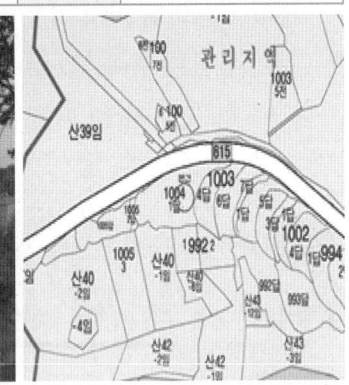

토지 등기부현황

구분	성립일자	권리종류	권리자	권리금액	인수/소멸	비고
을1	1989-05-10	지상권	한국송유관		인수	
을2	1995-06-09	(근)저당	현대상호저축은행	450,000,000원	소멸기준	
갑1	1996-07-01	(현)소유권	최00		이전	명의신탁 해지
을5	2004-07-21	(근)저당	새누리상호저축은행	450,000,000원	소멸	
을6	2004-08-20	(근)저당	우리은행	84,000,000원	소멸	
을7	2005-07-12	(근)저당	00기술	600,000,000원	소멸	
갑4	2005-10-27	가압류	신용보증기금	458,500,000원	소멸	
갑5	2005-10-28	가압류	기술신용보증기금	146,483,000원	소멸	
갑6	2006-03-13	임의경매	현대스위스상호저축은행	청구: 304,655,337원	소멸	2006타경2297

주의사항 ☞ 최선순위 설정일자 89.5.10

매각으로 소멸되지 않는 등기부권리	해당사항 없음
매각으로 설정된 것으로 보는 지상권	해당사항 없음
주의사항	말소되지 않는 지상권 있음

본 경매사건은 필자의 지인이 낙찰 받은 사례인데, 소멸기준권리인 1995년 6월 9일 근저당권 이전에 지상권등기(1989년 5월 10일)가 되어 있었다.

이 지상권은 경매결과 말소되지 않는 권리에 해당되는데, 지인은 이 부동산을 왜 낙찰 받았을까? 결론은 돈이 되기에 낙찰 받은 것이다.

우리는 부동산등기부상 어떤 권리가 말소되지 않는다면 그것에 신경을 쓰는 경향이 있다. 그러나 권리상 하자가 있더라도 물건의 가치가 더 높다면 당연히 투자해야만 하는 것이다.

본 경매사건의 선순위 지상권자는 한국송유관(주)이다. 한국송유관(주)에서 본건 토지에 왜 지상권등기를 하였을까? 이는 아마도 본건 토지 밑으로 송유관이 매설되었을 것이고, 지하에 매설된 송유관의 토지에 대한 적법한 사용권을 확보하는 차원에서 지상권을 설정하였을 것이다.

그렇다면 이러한 물건에 대한 조사는 지하에 매설된 송유관의 위치를 파악하면 되는데, 지인은 당진군청에서 확인해 본 결과 아래 지적도상 남측 하단에 위치한다는 사실을 알고 낙찰 받은 것이다. 부동산 투자시 권리상 하자 부분에 신경을 쓸 수도 있으나, 물건의 가치분석에 치중하여야 할 것이다.

〈본건 지적도〉

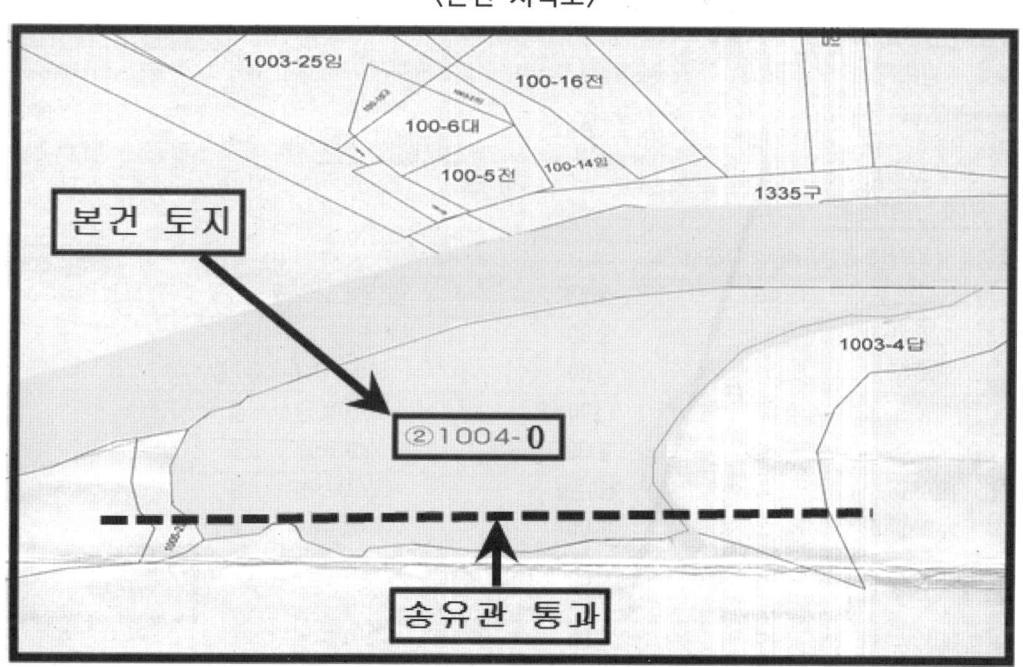

4) 후순위 가처분 인수 - 1

열기 ▶ 서울북부지방법원 대법원바로가기				가로보기 세로보기 세로보기(2) 세로보기(3)
2009 타경 3869 (강제)		매각기일 : 2009-10-12 10:00~ (월)		경매6계 3399-7326 (구내 :7326)
소재지	서울특별시 중랑구 면목동 000 5층 502호			사건접수 2009-02-17
물건종별	다세대(빌라)	채권자	박00	감정가 110,000,000원
대지권	토지 매각제외	채무자	오00	최저가 (80%) 88,000,000원
전용면적	62.88㎡ (19.02평)	소유자	오00	보증금 (10%)8,800,000원
평형	28평형	매각대상	건물만매각	청구금액 100,000,000원
입찰방법	기일입찰	배당종기일	2009-05-18	개시결정 2009-02-18

기일현황

회차	매각기일	최저매각금액	결과
신건	2009-08-03	220,000,000원	변경
신건	2009-09-07	110,000,000원	유찰
2차	2009-10-12	88,000,000원	매각

최00 /입찰1명/매각100,000,000원(91%)

임차인현황 ☞ 건물소멸기준 : 2003-03-05 ☞ 배당종기일 : 2009-05-18

순위	성립일자	권리자	권리종류(점유부분)	권리금액	신고	대항	예상배당여부
1	전입 2002-12-09 확정 2009-10-28 배당 2009-03-12	박00	주택임차인 전부	[보] 100,000,000원	○	있음	배당금 : 22,869,200원 인수금 : 77,130,800원 일부배당(미배당금 인수)예상

- 박00 : 신청채권자임.

건물 등기부현황 ☞ 건물열람일 : 2009-08-24

구분	성립일자	권리종류	권리자	권리금액	인수/소멸	비고
갑1	2003-01-28	(현)소유권	오00		이전	보존
갑3	2003-03-05	가압류	김00	50,000,000원	소멸기준	
갑5	2003-05-24	가압류	나00	30,000,000원	소멸	
갑7	2003-06-20	가압류	홍00	64,000,000원	소멸	
갑8	2003-06-21	가압류	우리은행	472,932,139원	소멸	
갑11	2004-07-03	가압류	이00	40,000,000원	소멸	
갑14	2008-02-18	가처분	최00		인수	특별매각조건에의한 인수 가처분등기보기
갑15	2009-02-18	강제경매	박00	청구: 100,000,000원	소멸	2009타경3869

44 제1편. 경매입문편

가처분등기는 상대방에게 어떤 행위를 요구하는, 즉 청구권에 해당된다.

가처분등기 중 피보전권리가 "**소유권말소청구**"일 경우, 소멸기준권리 이후에 설정되었다면 경매절차상에서 말소되었다가 나중에 회복등기 되는 경우가 있을 수 있으며, 피보전권리가 "**건물철거 및 토지인도청구**"일 경우, 소멸기준권리 이후에 설정되었더라도 낙찰자에게 무조건 인수되기에 상당히 주의해야 한다.

특히 본 사건처럼 "토지 소유자"가 건물에 대해 건물철거를 주장하는 가처분등기를 하였다면 비록 소멸기준권리보다 후순위일지라도 속된 표현으로 "죽었다 깨어나도" 그 가처분등기는 말소되지 않기에 이러한 사정을 감안하여 입찰참여 여부를 결정하여야 한다.

본 경매물건은 2009년 10월 12일 낙찰되었으며, 그 후 부동산등기부를 확인해 보니 본 건에 설정된 가처분등기가 "일부해제"를 등기원인으로 2010년 1월 13일 말소되었는데, 이는 아마도 전유부분 낙찰자가 가처분권자(=토지 소유자)로부터 토지 일부를 매입하였기 때문일 것이다.

〈매각물건명세서 중에서...〉

※ 등기된 부동산에 관한 권리 또는 가처분으로 매각허가에 의하여 그 효력이 소멸되지 아니하는 것
갑구 14번 가처분:서울북부지방법원 북부등기소 2008. 2. 18. 접수 제16044호 가처분 (이 법원 2008카합127호 가처분결정) 소유권 방해배제청구로 인한 건물철거 청구권

※ 매각허가에 의하여 설정된 것으로 보는 지상권의 개요
해당사항없음

※ 비고란
현황조사서) 임차인 점유 이 사건 부동산과 관련하여 이 법원 2008가단23214호 건물철거 등 청구사건의 확정판결이 있으므로 입찰시 주의 바람.

〈경매진행 중 건물 부동산등기부상 가처분 내용〉

가처분	2008년2월18일 제16044호	2008년2월15일 서울북부지방법원의 가처분결정(2008카합127)	피보전권리 소유권에 방해배제청구로 인한 건물철거청구권 채권자 (선정당사자)최○○ 서울특별시 강동구 암사동 201호 금지사항 매매, 증여, 전세권, 저당권, 임차권의 설정 기타일체의 처분행위 금지

〈낙찰 후 가처분등기 내역〉

14	가처분	2008년2월18일 제16044호	2008년2월15일 서울북부지방법원의 가처분결정(2008카합127)	피보전권리 소유권에 방해배제청구로 인한 건물철거청구권 채권자 (선정당사자)최○○ 서울특별시 강동구 암사동 460-201호 금지사항 매매, 증여, 전세권, 저당권, 임차권의 설정 기타일체의 처분행위 금지
18	소유권이전	2009년12월7일 제123295호	2009년11월20일 강제경매로 인한 매각	소유자 최○○ 570517-1****** 서울특별시 양천구 목동○○ 목동 이편한세상 아파트 ***-504
20	14번 가처분 등기말소	2010년1월13일 제2257호	2010년1월7일 일부해제	

건물 낙찰자 최 모 씨 명의로 2009년 12월 7일 건물에 대한 소유권이전 등기가 된 후, 가처분등기는 일부해제를 원인으로 2010년 1월 13일 말소되었다.

〈토지 소유자 최 모 씨의 건물철거가처분 내역〉

▶ 기본내용   » 청사배치

사건번호	2008카합127	사건명	부동산처분금지가처분
채권자	최00(토지 소유자)	채무자	오00 외 8명(건물 소유자)
제3채무자		청구금액	113,495,300원
재판부	제 11 민사부(다)	담보내용	113,495,300원
접수일	2008.01.28	종국결과	2008.02.15 인용
수리구분		병합구분	없음
기록보존인계일			
항고인		항고일	
항고신청결과		해제내용	

〈토지 소유자 최 모 씨의 건물철거소송 내역〉

기본내용 » 청사배치

사건번호	2008가단23214	사건명	건물철거 등
원고	최00(토지 소유자)	피고	오00 외 17명(건물 소유자)
재판부	민사7단독		
접수일	2008.04.10	종국결과	2009.06.03 원고승
원고소가	97,608,000	피고소가	
수리구분	제소	병합구분	없음
상소인	피고	상소일	2009.06.17
상소각하일		보존여부	기록보존됨
송달료,보관금 종결에 따른 잔액조회		» 잔액조회	

심급내용

법 원	사건번호	결 과
서울고등법원	2009나62525	2010.04.29 원고승

　토지 소유자 최 모 씨는 건물 소유자 18명을 상대로 2008년 4월 10일 건물철거소송을 제기하였는데, 원고 즉, 토지 소유자 최 모 씨가 승소하였다.

　그렇다면 지상 건물은 토지를 적법하게 사용할 수 있는 권리, 즉 법정지상권을 가지지 못하기에 지상 건물은 철거되어야 하나, 이는 어디까지나 법리적인 측면이고, 건물 소유자가 토지 소유자로부터 대지지분을 매입한다면 이러쿵저러쿵하고 따질 필요가 있을까?

5) 후순위 가처분 인수 - 2

춘천지방법원						
2008 타경 3882 (강제)		매각기일 : 2009-12-28 10:00~ (월)			경매4계 033-259-9713 (구내:713)	
소재지	강원도 춘천시 효자동 000				사건접수 2008-04-18	
물건종별	주택	채권자	김00		감정가	57,948,370원
토지면적	토지 매각제외	채무자	최00 외11명		최저가	(24%) 13,914,000원
건물면적	199.515㎡ (60.35평)	소유자	최00 외11명		보증금	(20%) 2,783,000원
제시외면적	2.3㎡ (0.7평)	매각대상	건물만매각		청구금액	3,604,300원
입찰방법	기일입찰	배당종기일	2008-07-30		개시결정	2008-05-01

기일현황

회차	매각기일	최저매각금액	결과
신건	2009-06-29	57,948,370원	유찰
3차	2009-08-31	28,395,000원	유찰
4차	2009-09-28	19,877,000원	매각
	입찰1명/매각25,200,000원(43%)		
	2009-11-09	대금지급기한	미납
4차	2009-11-30	19,877,000원	유찰
5차	2009-12-28	13,914,000원	매각
	(주)건000 / 입찰3명/매각17,899,000원(31%)		

건물 등기부현황 건물열람일 : 2009-06-15

구분	성립일자	권리종류	권리자	권리금액	인수/소멸	비고
갑1	1994-11-15	(전)소유권	이00		이전	보존
갑2	1994-11-25	가압류	퇴계동새마을금고		소멸기준	
갑5	2003-09-15	압류	춘천시장		소멸	
갑6	2006-10-19	가처분	김00		인수	가처분등기보기
갑7	2008-04-03	(현)소유권	최00 외		이전	상속
갑8	2008-05-01	강제경매	김00	청구: 3,604,300원	소멸	2008타경3882

① 해설

　본 경매사건은 건물만 매각대상이고, 건물을 강제경매 신청한 김 모 씨는 춘천지방법원 2005타경10230호 임의경매사건에서 2006년 8월 7일 토지를 2천 2백여만 원에 낙찰받았던 사람이었다.

김 모 씨는 토지를 먼저 낙찰 받은 후 지상 건물에 대해 피보전권리를 "건물철거청구권"으로 하여 가처분등기를 하였는데, 이러한 가처분은 소멸기준권리 전후를 불문하고 소멸되지 않는다.

〈건물 가처분등기 내용〉

| 6 | 가처분 | 2006년10월19일 제46631호 | 2006년10월19일 춘천지방법원의 가처분결정(2006카단2178) | 피보전권리 2006년9월18일자 경락부동산 소유권취득에 의한 건물의 철거청구권
채권자 김○○ 750201-1******
　　　서울 관악구 봉천3동 ○○○
금지사항 매매, 증여, 전세권, 저당권, 임차권의 설정
　　　기타일체의 처분행위 금지 |

〈토지 소유자 김 모 씨의 건물철거가처분 내역〉

▶ 기본내용 » 청사배치

사건번호	2006카단2178	사건명	부동산처분금지가처분
채권자	김00(토지소유자)	채무자	이00(건물소유자)
제3채무자		청구금액	52,472,000원
재판부	신청 23 단독()	담보내용	52,472,000원
접수일	2006.10.11	종국결과	2006.10.19 인용
수리구분		병합구분	없음
기록보존인계일			
항고인		항고일	
항고신청결과		해제내용	

지상 건물이 집합건물이 아닌 일반건물이라면, 그리고 토지 소유자가 건물에 대하여 건물철거청구권을 피보전권리로 하는 가처분등기를 한 후, 건물이 경매진행 된다면 지상 건물의 임자는 토지 소유자인 것이다.

왜냐하면 토지 소유자가 건물에 대해 이러한 가처분등기를 하였다는 것은 지상 건물이 토지를 적법하게 사용할 권원이 없기 때문인데, 이러한 건물을 제3자가 낙찰 받는다면 건물에 가처분등기를 한 토지 소유자는 건물 낙찰자를 상대로 건물철거를 요청할 수 있기에, 건물은 토지 소유자가 낙찰 받아야만 하는 것이다. 일정한 경우 부동산에는 임자가 반드시 있다.

② 그런데...

그런데 건물 낙찰자는 토지 소유자가 아닌 법인에서 낙찰 받았다. 필자는 잠시나마 이런 생각을 했다. 아! 토지 소유자가 건물 낙찰자인 법인과 관계가 있겠구나~~~ 법인의 대표이사나 이사 또는 감사인줄 알았다.

그러나 2009년 12월 28일 1천 7백여만 원에 입찰한 법인에 대해 2010년 1월 4일 매각허가결정이 났으나, 대금지급기한인 동년 2월 2일까지 대금을 미납한 것으로 미루어 보아 건물 낙찰자와 토지 소유자와는 아무런 관계가 없다는 것을 알았다.

〈매각기일내역 중 일부〉

2009.12.28 (10:00)	매각기일	경매법정	13,914,000원	매각 (17,899,000원)
2010.01.04 (14:00)	매각결정기일	경매법정		최고가매각허가결정
2010.02.02 (14:00)	대금지급기한	민사신청과 경매 4계		미납

본 경매사건 건물을 낙찰 받은 자의 투자행태는 도저히 이해할 수 없는데, 부동산은 임자가 있다는 이야기를 조금 전에 했다. 본 경매사건의 건물은 토지 소유자 이외의 다른 사람은 아예 쳐다보아서는 아니 된다. 앞에서도 언급한 바와 같이 건물을 제3자가 낙찰 받으면 토지 소유자는 건물 낙찰자를 상대로 건물을 철거하라고 압박할 수 있기에 하는 이야기이다.

건물 낙찰자는 이러한 사실을 낙찰 받은 후 알았던 모양이다. 이에 2010년 1월 4일 매각허가결정에 대해 취소해 달라고 동년 2월 8일 춘천지방법원에 신청하였고, 아마도 춘천지방법원은 매각허가결정을 취소해 주었던 모양이다. 그런데 2011년 4월 현재 본 경매사건은 집행정지되었다가, 2012년 4월 24일 배당종결 되었다.

〈건물낙찰자의 매각허가결정취소신청 내역〉

■ 기본내용 » 청사배치

사건번호	2010타기68	사건명	매각허가결정취소신청
재판부	경매4계 (전화:033-259-9713)		
접수일	2010.02.08	종국결과	2010.02.08 인용
항고접수일	2010.02.12	항고인	피신청인
항고종국일		항고결과	

■ 당사자내용

구 분	이 름	결정문송달일
신청인	1. 근OOO 주식회사 대표이사 김OO (건물낙찰자)	
피신청인	2. 이OO (차순위매수신고인)	

〈본 경매사건 집행정지내역〉

■ 사건기본내역

사건번호	2008타경3882	사건명	부동산강제경매
접수일자	2008.04.18	개시결정일자	2008.05.01
담당계	경매4계 전화 : 033-259-9713(구내:713)		
청구금액	3,604,300원	사건항고/정지여부	집행정지됨
종국결과	미종국	종국일자	

③ 정리

본 사건과 관련하여 토지와 건물이 경매진행 된 시간 순으로 정리해 보았다.

〈토지경매(춘천지방법원 2005타경10230호 임의경매사건)〉

'98.6.24	'98.10.29	'02.2.16	'05.11.10	'06.8.7
A소유권	B근저당권	C근저당권	D임의경매	[김OO 낙찰]

3. 권리분석 쉽게 하는 방법

〈토지 경매정보지 일부〉

2005 타경 10230 (임의)		매각기일 : 2006-08-07 10:00~ (월)		경매3계 033-259-9712	
소재지	강원도 춘천시 효자동				사건접수 2005-11-08
물건종별	대지	채권자	농업협동조합중앙회	감정가	62,330,000원
토지면적	135.5㎡ (40.99평)	채무자	최OO	최저가	(34%) 21,379,000원
건물면적	건물 매각제외	소유자	최OO	보증금	(10%) 2,138,000원
제시외면적		매각대상	토지만매각	청구금액	10,726,250원
입찰방법	기일입찰	배당종기일	2006-02-14	개시결정	2005-11-09

▶ 기일현황

회차	매각기일	최저매각금액	결과
신건	2006-05-01	62,330,000원	유찰
2차	2006-06-05	43,631,000원	유찰
3차	2006-07-03	30,542,000원	유찰
4차	2006-08-07	21,379,000원	매각

김OO 매각22,560,000원(36%)

기호 (1) 본건 동측에서 촬영

〈김OO 토지낙찰 후 소유권이전등기 내역〉

[토지] 강원도 춘천시 효자동 ○○○   고유번호 1401-1996-049538

순위번호	등 기 목 적	접 수	등 기 원 인	권 리 자 및 기 타 사 항
			결정(2005타경10230)	
4	소유권이전	2006년9월13일 제40524호	2006년9월8일 임의경매로 인한 매각	소유자 김○○ 750201-1****** 서울 관악구 봉천동 ○○○

⟨건물경매(춘천지방법원 2008타경3882호 강제경매사건)⟩

```
'94.11.25     '03.9.15    '06.10.19    '08.4.3       '08.5.1
    ├───────────┼───────────┼───────────┼───────────┤
  甲가압류      乙압류       가처분     소유권이전(상속)   강제경매
```

ⅰ. 2006년 8월 7일 건물을 제외한 토지를 김 모 씨가 2,200여만 원에 낙찰받았다.

ⅱ. 2006년 10월 19일 토지 낙찰자 김 모 씨는 지상 건물에 대하여 가처분등기(피보전권리 : 건물철거청구권)를 하였다.

ⅲ. 2008년 5월 1일 토지 낙찰자 김 모 씨는 지상 건물을 강제경매신청(=청구액이 360여만 원인데, 이는 토지 낙찰자가 건물 소유자에 대해 토지의 불법점유를 원인으로 한 손해배상청구소송을 제기 한 것으로 보여 짐.) 하였다.

ⅳ. 2009년 9월 28일 지상 건물은 2천 5백여만 원에 낙찰되었으나, 대금 미납되어 재매각 실시되었다.

ⅴ. 2009년 12월 28일 재매각절차에서 법인이 1천 7백여만 원에 낙찰 받았고, 2010년 1월 4일 매각허가결정이 났으며, 대금납부기한일인 동년 2월까지 건물 낙찰자인 법인은 매각대금을 납부하지 않았다.

ⅵ. 2010년 2월 8일 건물 낙찰자의 매각허가결정 취소신청(=춘천지방법원 2010타기68)에 의한 취소결정이 났고, 차순위매수신고인이 매각대금을 완납한 것으로 추정되며, 건물은 차순위매수신고인 이○○ 명의로 2012년 4월 2일 소유권이전등기 되었다.

ⅶ. 2012년 4월 24일 배당종결로 본 경매사건은 막을 내렸다.

(6) 부동산 상의 권리인수 사례분석

1) 인수하는 임차인 - 1

	서울서부지방법원			가로보기 / 세로보기 / 세로보기(2) / 세로보기(3)
2009 타경 6673 (임의)		매각기일 : 2010-02-11 10:00~ (목)		경매4계 3271-1324
소재지	서울특별시 용산구 후암동 55-0 2층 201호			사건접수 2009-04-14
물건종별	다세대(빌라)	채권자	중앙농업협동조합	감정가	360,000,000원
대지권	36.37㎡ (11평)	채무자	신OO	최저가	(51%) 184,320,000원
전용면적	38.35㎡ (11.6평)	소유자	신OO	보증금	(10%)18,432,000원
평형		매각대상	토지/건물일괄매각	청구금액	245,400,000원
입찰방법	기일입찰	배당종기일	2009-07-06	개시결정	2009-04-15

기일현황

회차	매각기일	최저매각금액	결과
신건	2009-10-29	360,000,000원	유찰
2차	2009-12-03	288,000,000원	유찰
3차	2010-01-07	230,400,000원	유찰
4차	2010-02-11	184,320,000원	매각
남OO /입찰2명/매각225,500,100원(63%)			

임차인현황 ☞ 건물소멸기준 : 2008-08-11 ☞ 배당종기일 : 2009-07-06   매각물건명세서 예상배당표

순위	성립일자	권리자	권리종류(점유부분)	권리금액	신고	대항	예상배당여부
1	전입 2007-07-12 확정 2007-07-12 배당 2009-04-22	이OO	주택임차인 201호(원룸)	【보】65,000,000원	O	있음	배당금 : 65,000,000원 전액배당으로 소멸예상

임차인 이OO 가 201호(원룸)전부를 점유함. 임차인의 진술과 주민등록표등본을 참고로 하여 조사함.

건물 등기부현황 ☞ 건물열람일 : 2009-10-15   등기부등본열람

구분	성립일자	권리종류	권리자	권리금액	인수/소멸	비고
갑1	2007-05-21	(전)소유권	디앤씨OO		이전	보존
갑2	2007-08-10	(현)소유권	신OO		이전	매매
을4	2008-08-11	(근)저당	중앙농업협동조합	245,400,000원	소멸기준	
갑3	2008-10-07	가등기	최OO		소멸	담보가등기
갑4	2009-02-17	압류	서울특별시용산구		소멸	
갑5	2009-04-15	임의경매	중앙농업협동조합	청구: 245,400,000원	소멸	2009타경6673

① 대항력 있는 임차인 이 모 씨 분석

본 사건은 임차인 이 모 씨는 소멸기준권리인 2008년 8월 11일 근저당권보다 앞서 2007년 7월 12일 전입신고를 하여 낙찰자에게 대항할 수 있다.

그런데 법원이 공고한 배당요구종기일인 2009년 7월 6일 이전인 동년 4월 22일에 배당요구를 하여 1순위로 보증금 전액을 배당받을 수 있기에 2010년 2월 11일 본 물건을 낙찰 받은 남 모 씨는 임차인 이 모 씨에 대해 부담해야 할 부분은 없다.

〈매각물건명세서 중에서...〉

사건	2009타경6673 부동산임의경매			매각물건번호		1		담임법관(사법보좌관)		박**
작성일자	2009.12.23			최선순위 설정일자			2008.8.11.근저당			
부동산 및 감정평가액 최저매각가격의 표시	부동산표시목록 참조			배당요구종기			2009.07.06			

부동산의 점유자와 점유의 권원, 점유할 수 있는 기간, 차임 또는 보증금에 관한 관계인의 진술 및 임차인이 있는 경우 배당요구 여부와 그 일자, 전입신고일자 또는 사업자 등록신청일자와 확정일자의 유무와 그 일자

점유자의 성명	점유부분	정보출처 구분	점유의 권원	임대차 기간 (점유기간)	보증금	차임	전입신고일자, 사업자등록신청일자	확정일자	배당요구 여부 (배당요구 일자)
이○○	201호(원룸)	현황조사	주거 임차인	07.5.15.부터	65,000,000원	없음	2007.07.12.	2007.07.12	
	201호(원룸)	권리신고	주거 임차인	07.5.15.부터 2009.05.15.	65,000,000원	없음	2007.07.12.	2007.07.12	2009.04.22

② 가등기권자 최 모 씨 분석

2008년 10월 7일자 가등기 최 모 씨는 소멸기준권리인 동년 8월 11일 근저당권보다 나중에 설정하여 경매시 매각으로 소멸하는 권리이기에 낙찰자의 부담사항이 아니다. 참고로 아래 법원 문건접수내역에 의하면 가등기권자 최 모 씨는 2009년 12월 2일 권리신고 및 채권계산서를 제출하였기에 담보가등기로 보면 된다.

〈법원 문건접수내역 중에서...〉

2009-12-02	가등기권자 최○○ 권리신고및채권계산 제출

2) 인수하는 임차인 - 2

열기 ▶ 수원지방법원 대법원바로가기			가로보기 세로보기 세로보기(2) 세로보기(3)	
2009 타경 34077 (강제)		매각기일 : 2010-02-26 10:30~ (금)		경매8계 (031)210-1268
소재지	경기도 용인시 처인구 양지면 남곡리 376-0 **빌 1층 103호			사건접수 2009-06-08
물건종별	다세대(빌라)	채권자	OO건설	감정가	145,000,000원
대지권	133.5㎡ (40.38평)	채무자	김OO 외3명	최저가	(64%) 92,800,000원
전용면적	96.6㎡ (29.22평)	소유자	김OO 외3명	보증금	(10%) 9,280,000원
평형		매각대상	토지/건물일괄매각	청구금액	94,791,801원
입찰방법	기일입찰	배당종기일	2009-09-14	개시결정	2009-06-09

▶ 기일현황

회차	매각기일	최저매각금액	결과
신건	2009-12-17	145,000,000원	유찰
2차	2010-01-26	116,000,000원	유찰
3차	2010-02-26	92,800,000원	매각

최OO / 입찰4명 / 매각117,000,200원(81%)

▶ 임차인현황 ▶ 건물소멸기준 : 2009-04-08 ▶ 배당종기일 : 2009-09-14   매각물건명세서 예상배당표

순위	성립일자	권리자	권리종류(점유부분)	권리금액	신고	대항	예상배당여부
1	전입 2009-03-31 확정 2009-03-31 배당 2009-07-03	김OO	주택임차인 103호	【보】 65,000,000원	O	있음	배당금: 65,000,000원 전액배당으로 소멸예상

- 김OO : 점유자 김OO 은 등기된 전세권자임.

▶ 건물 등기부현황 ▶ 건물열람일 : 2009-12-03   등기부등본열람

구분	성립일자	권리종류	권리자	권리금액	인수/소멸	비고
갑4	2004-06-16	(전)소유권	김OO		이전	매매
갑12	2009-04-08	(현)소유권	이OO 외		이전	상속
을7	2009-04-08	전세권	김OO	65,000,000원	소멸기준	배당요구로 소멸
갑13	2009-06-09	강제경매	OO건설	청구: 94,791,801원	소멸	2009타경34077

① 전세권자 겸 임차인 김 모 씨 분석

본 사건은 채권자 OO건설이 강제경매신청을 하여 2009년 6월 9일 강제경매기입등기가 되었는데, 김 모 씨는 소멸기준권리보다 먼저 전세권등기(동년 4월 8일)를 하여 선순위 전세권에 해당되고, 나아가 전입신고(동년 3월 31일) 또한 소멸기준권리인 OO건설의

강제경매기입등기일보다 빨라 대항력 있는 임차인의 지위를 가지게 된다.

정리하자면 김 모 씨는 선순위 전세권자이면서 동시에 낙찰자에게 대항할 수 있는 임차인의 지위를 동시에 가지는 것이다. 아래 매각물건명세서상에서 보면 김 모 씨는 배당요구종기일인 2009년 9월 14일 이전인 동년 7월 3일 배당요구를 하였기에 전세보증금 6천 5백만 원 전액을 배당받을 수 있어 낙찰자가 추가로 부담하여야 할 부분은 없게 된다.

〈매각물건명세서 중에서...〉

사건	2009타경34077 부동산강제경매	매각물건번호	1	담임법관(사법보좌관)	김★★
작성일자	2010.02.15	최선순위 설정일자	2009.4.8 전세권		
부동산 및 감정평가액 최저매각가격의 표시	부동산표시목록 참조	배당요구종기	2009.09.14		

부동산의 점유자와 점유의 권원, 점유할 수 있는 기간, 차임 또는 보증금에 관한 관계인의 진술 및 임차인이 있는 경우 배당요구 여부와 그 일자, 전입신고일자 또는 사업자등록신청일자와 확정일자의 유무와 그 일자

점유자의 성명	점유부분	정보출처 구분	점유의 권원	임대차 기간 (점유기간)	보증금	차임	전입신고일자 사업자등록신청 일자	확정일자	배당요구 여부 (배당요구 일자)
김OO	103호	권리신고	주거 임차인	2009.3.31.- 2011.3.30	65,000,000		2009.3.31.	2009.3.31.	2009.07.03

〈비고〉
김OO : 점유자 김OO 은 등기된 전세권자임.

② 그런데 주의할 사항은...

본 경매사건처럼 소멸기준권리보다 먼저 전입신고 및 전세권등기를 한 자가 배당요구를 하였다면 전세보증금 전액을 배당받을 수 있기에 낙찰자의 부담부분이 없으나, 만약 A 전입신고 ⇨ B 근저당권 ⇨ A 전세권 ⇨ B 임의경매신청의 경우, A가 임차인이 아닌 전세권자로서 배당요구를 하였을 경우이다. 이때 배당순위는 B 근저당권 ⇨ A 전세권으로 되는데, A 전세권이 B 근저당권보다 후순위인 관계로 전세금 전액을 배당받지 못한다면, A는 대항력 있는 임차인의 지위로서 잔여 전세금을 낙찰자에게 반환 요청할 권리가 주어지기에 임차인으로서... 아니면 전세권자로서... 배당요구를 하였는지 여부를 법원 문건 접수내역에 의해 반드시 확인하여야 한다.

전세권 사례는 경매실전 편에서 보다 자세하게 다루고자 하며, 아래 법원문건 접수내역은 본 경매사건의 김 모 씨가 전세권자로서 2009년 7월 3일 권리신고 및 배당요구신청

을 하였다는 것을 알 수 있다.

〈법원문건 접수내역 중에서...〉

| 2009-07-03 | 전세권자 김OO 권리신고및배당요구신청 제출 |

4 경매정보지에 의한 점검사항

매년 수십만 건의 경매물건이 쏟아져 나오고 있다. 이러한 상황에서 경매투자로 돈을 벌기 위해서는 어떻게 해야 하나? 어떤 물건이... 얼마에... 어디에 있는지를 알아야 할 것 아닌가? 이를 알기 위해서는 사설 경매정보지를 통해 경매물건 검색을 많이... 정말로 많이 해야 한다. 그리고 검색한 물건 중 입찰할 가치가 있는 물건에 대한 현장조사가 필히 곁들여져야 한다.

그런데 경매정보지를 보면서 그 경매물건이 취하가 될 것인지... 매각불허가가 날 것인지... 대위변제의 가능성이 있는지... 세대합가의 여지가 있는지... 혹은 낙찰 받은 후 낙찰자를 골탕 먹이는 권리가 있는지... 어떠한 경매의 함정이 도사리고 있는지... 어렵게 낙찰 받은 후 일반 매물로 중개업소에 내놓았을 경우 잘 팔릴지... 입찰가격으로 얼마를 써야 할지... 등등을 알아야만 헛고생을 하지 않을 것이다.

이러한 사항조차도 모르고 미련하게 현장조사만 한다면 매번 헛물을 들이킬 것이다. 경매투자를 하기 전에 1차적인 분석은 경매정보지에 의해 이루어져야 하기에 경매정보지에 의해 점검해야 할 사항에 대해 언급하기로 한다.

(1) 관할법원 및 경매의 종류 확인

경매관할 법원과 경매시작 시간, 그리고 경매의 종류로서 임의경매인지 강제경매인지 여부를 확인하여야 한다. 특히 경매의 종류를 알아야 하는 이유는 잉여 없는 경매로 인한 매각불허가사유가 되는지 여부를 파악하기 위함이다.

경매신청 누가 했노? 임의경매의 경우, 선순위 근저당권이 경매 신청한 것인지 여부 등에 대한 확인이 필요하며, 강제경매의 경우, 부동산상에 흔적이 있는 자, 예로서 확정일자를 받은 임차인이 경매신청을 하였는지, 아니면 부동산상에 흔적이 전혀 없는 자가 경매신청 하였는지 여부까지도 확인해 보아야 한다.

1) 선순위 근저당권의 임의경매신청

\[열기\] 서울동부지방법원 \[대법원바로가기\]				가로보기 세로보기 세로보기(2) 세로보기(3)	
2009 타경 11819 (임의)		매각기일 : 2010-06-28 10:00~ (월)		경매3계 02-2204-2407 (구내:2407)	
소재지	서울특별시 송파구 방이동 89 올림픽선수기자촌아파트 ★★동 6층 602호			사건접수 2009-05-15	
물건종별	아파트	채권자	한국상호저축은행	감정가	1,600,000,000원
대지권	109.22㎡ (33.04평)	채무자	○○○브릿지	최저가	(64%) 1,024,000,000원
전용면적	131.76㎡ (39.86평)	소유자	선○○	보증금	(10%) 102,400,000원
평형	50평형	매각대상	토지/건물일괄매각	청구금액	1,899,873,035원
입찰방법	기일입찰	배당종기일	2009-08-24	개시결정	2009-05-18

▶ 기일현황   ▼전체보기

회차	매각기일	최저매각금액	결과
신건	2009-09-14	1,600,000,000원	변경
신건	2009-12-14	1,600,000,000원	유찰
2차	2010-02-08	1,280,000,000원	변경
2차	2010-04-05	1,280,000,000원	변경
2차	2010-05-17	1,280,000,000원	유찰
3차	2010-06-28	1,024,000,000원	매각

낙○○ /입찰2명/매각1,148,970,000원(72%)

▶ 건물 등기부현황 ☞ 건물열람일 : 2009-08-31   등기부등본열람

구분	성립일자	권리종류	권리자	권리금액	인수/소멸	비고
갑1	1993-11-20	(전)소유권	고○○		이전	매매
갑2	2002-10-11	(현)소유권	선○○		이전	매매
을15	2007-05-29	(근)저당	한국자산관리공사	2,226,000,000원	소멸기준	
갑7	2009-05-18	임의경매	한국자산관리공사		소멸	

근저당권이 한국상호저축은행에서 한국자산관리공사로 이전되었고, 한국자산관리공사가 임의경매 신청한 사건으로서, 1순위 근저당권가 경매신청 하였기에 민사집행법 제102조 규정에 의한 잉여 없는 경매와는 관계가 없고, 따라서 마음 놓고 입찰하여도 된다.

2) 후순위 근저당권의 임의경매신청

열기 ▶ 서울동부지방법원 대법원바로가기		가로보기 세로보기 세로보기(2) 세로보기(3)
2009 타경 22758 (임의)	매각기일 : 2010-10-04 10:00~ (월)	경매3계 02-2204-2407 (구내 :2407)

소재지	서울특별시 송파구 잠실동 27 잠실주공아파트 ★★동 7층 703호			사건접수 2009-10-14
물건종별	아파트	채권자	OO공업	감정가	1,200,000,000원
대지권	74.5㎡ (22.54평)	채무자	안 OO	최저가	(80%) 960,000,000원
전용면적	103.54㎡ (31.32평)	소유자	김 OO	보증금	(10%)96,000,000원
평형	34평형	매각대상	토지/건물일괄매각	청구금액	150,000,000원
입찰방법	기일입찰	배당종기일	2009-12-28	개시결정	2009-10-15

▶ 기일현황

회차	매각기일	최저매각금액	결과
신건	2010-04-05	1,200,000,000원	변경
신건	2010-06-28	1,200,000,000원	변경
신건	2010-08-16	1,200,000,000원	유찰
2차	2010-10-04	960,000,000원	취하

최종기일 결과 이후 취하된 사건입니다.

▶ 임차인현황 ☞ 건물소멸기준 : 2005-02-23 ☞ 배당종기일 : 2009-12-28   매각물건명세서

순위	성립일자	권리자	권리종류(점유부분)	권리금액	신고	대항	예상배당여부
1	전입 2004-01-17 확정 없음 배당 없음	김OO	주택임차인		X	있음	현황조사 권리내역

- 김OO (주민등록등재자) : 현황조사서에 의하면 점유자 김OO 는 소유자의 동생임

▶ 건물 등기부현황 ☞ 건물열람일 : 2010-03-22   등기부등본열람

구분	성립일자	권리종류	권리자	권리금액	인수/소멸	비고
갑1	1996-11-29	(현)소유권	김OO		이전	낙찰
을4	2005-02-23	(근)저당	우리은행	60,000,000원	소멸기준	
을6	2006-02-23	(근)저당	우리은행	540,000,000원	소멸	
을7	2006-04-11	(근)저당	OO공업	150,000,000원	소멸	
을8	2009-02-26	(근)저당	우리은행	120,000,000원	소멸	
갑4	2009-03-13	압류	서울특별시송파구		소멸	
갑5	2009-10-15	임의경매	OO공업	청구: 150,000,000원	소멸	2009타경22758

본 경매사건의 경우, 3순위 근저당권자가 경매신청 하였기에 낙찰가격은 1, 2순위 근저당권자의 실채권액과 경매비용, 예로서 1, 2순위 근저당권자의 채권액이 6억 원이고, 경매비용이 5백만 원이라면 6억 5백만 원 이상으로 입찰가격을 제시하여야지만 매각불허가결정이 나지 않는다.

따라서 매각기일 당일의 최저매각금액에 신경 쓸 것이 아니라, 본인이 입찰하는 금액으로 낙찰 받았을 경우, 집행법원의 매각허가여부에 신경을 써야 한다. 그런데 본 사건은 2차 매각기일 이전에 경매취하 되었다.

참고로 본 사건의 2004년 1월 17일 전입자 김 모 씨는 1순위 근저당권보다 먼저 전입신고 되어 있으나, 집행법원이 작성한 "부동산의 현황 및 점유관계조사서"에 의하면 김 모 씨는 소유자의 동생으로 되어 있고, 거주하지 않는다고 하여 본 사건이 경매취하가 되지 않았다면 낙찰 후 매각대금 완납과 동시에 주민센터에 가서 그 자의 주민등록을 직권 말소신청 해버리자! 조금 과격한가?

〈부동산의 현황 및 점유관계조사서〉

부동산의 현황 및 점유관계 조사서

1. 부동산의 점유관계

소재지	1. 서울특별시 송파구 잠실동 27 잠실주공아파트 **동 7층 703호
점유관계	채무자(소유자)점유
기타	본건 목적물 소재지에 출장하여 소유자의 처 하OO와 면담 조사한 바, 소유자 세대만 거주하고 있고 전입자 김OO는 소유자의 동생으로 주민등록만 되어 있지 실제 거주하지 않는다고 진술함. 관할 동사무소에 주민등록등재자를 조사한 바, 소유자 김OO 세대주 김OO 가 등재되어있음.

3) 일반채권자의 강제경매신청

2008 타경 5585 (강제)		입찰기간 2009-04-14 ~ 2009-04-21 개찰기일 : 2009-04-28 (화)		경매9계 3399-7330 (구내:7330)	
소재지	서울특별시 동대문구 장안동 342-00 *****아파트 7층 702호				사건접수 2008-03-26
물건종별	아파트	채권자	장OO	감정가	400,000,000원
대지권	32.14㎡ (9.72평)	채무자	김OO	최저가	(64%) 256,000,000원
전용면적	113.74㎡ (34.41평)	소유자	김OO	보증금	(10%) 25,600,000원
평형	46평형	매각대상	토지/건물일괄매각	청구금액	182,000,000원
입찰방법	기간입찰	배당종기일	2008-06-23	개시결정	2008-03-27

▶ 기일현황

회차	개찰기일	최저매각금액	결과
신건	2008-09-23	400,000,000원	유찰
2차	2008-10-28	320,000,000원	유찰
3차	2008-12-02	256,000,000원	변경
3차	2009-04-28	256,000,000원	매각
김 * /입찰10명/매각320,378,000원(80%)			
	2009-05-04	매각결정기일	불허가

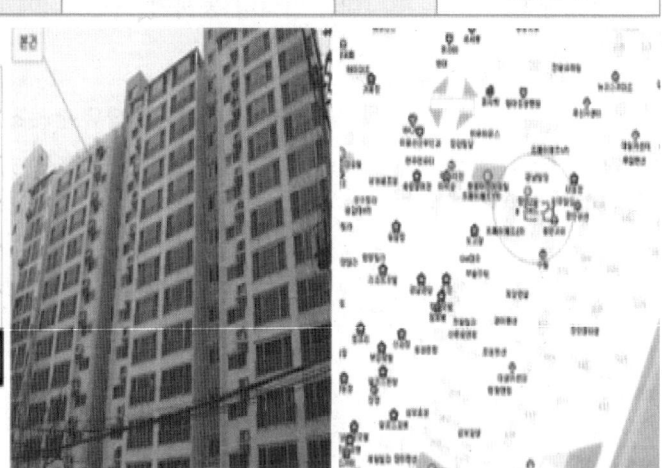

▶ 건물 등기부현황 ☞ 건물열람일 : 2008-08-26

구분	성립일자	권리종류	권리자	권리금액	인수/소멸	비고
갑2	2005-02-21	(전)소유권	최OO 외		이전	매매
갑3	2005-02-25	(현)소유권	김OO		이전	매매
을1	2005-02-25	(근)저당	한국주택금융공사	280,800,000원	소멸기준	
을2	2006-10-27	(근)저당	조OO	120,000,000원	소멸	
갑8	2007-08-09	압류	국민건강보험공단		소멸	
갑11	2008-03-27	강제경매	장OO	청구: 182,000,000원	소멸	2008타경5585

※ 정리

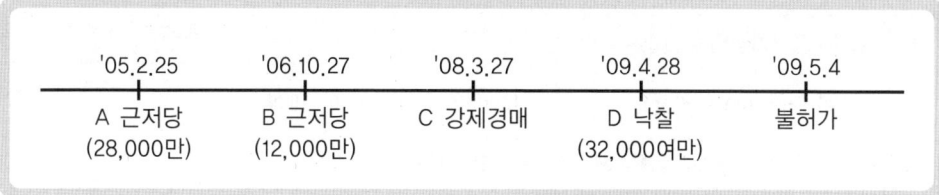

본 경매사건은 C(=장 모 씨)가 강제경매신청을 하자, D(=김 모 씨)가 3억 2천여만 원에 낙찰 받았으나, 매각불허가결정과 함께 본 경매사건은 2009년 6월 22일 기각결정이 났다.

왜 그랬을까? 이는 경매신청권자인 C보다 먼저 우선변제권을 가지는 A(=한국주택금융공사)와 B(=조 모 씨) 근저당권자의 채권액을 낙찰금액으로 충족시키지 못했기 때문일 것이다.

잉여 없는 경매에 해당되는 경매물건은 100번 낙찰 받더라도 매각불허가결정이 난다. 이러한 점을 감안하여 소위 경매투자자가 경매법원으로부터 태클 당하지 않을 금액으로 입찰하려면 <u>경매신청 채권자보다 앞서 우선변제권을 가지는 자들의 채권액을 만족시키는 금액으로 입찰하여야만</u> 한다.

참고로 본 경매사건은 기간입찰이다. 기간입찰은 기일입찰과 달리 법원이 정하는 입찰기간 안에 <u>기간입찰표</u>를 작성하여 법원에 등기우편으로 발송하여야 하며, 입찰보증금은 법원이 지정하는 금융기관에 납부한 후 영수증을 입찰봉투 안에 넣어야 한다. 그런 후 개찰기일에 법원에 출석하여 당락여부를 확인한 후, 입찰에서 떨어지면 금융기관에 가서 입찰보증금을 돌려받아야 한다. 사견이지만 기간입찰은 약간 번거롭다고 생각한다.

4) 임차인의 강제경매신청 - 1

열기 ▶ 서울중앙지방법원 대법원바로가기				가로보기 세로보기 세로보기(2) 세로보기(3)	
2009 타경 7442 (강제)		매각기일 : 2010-04-28 10:00~ (수)		경매3계 530-1815 (구내:1815)	
소재지	서울특별시 서초구 양재동 84-0 ★★빌라 4층 402호			사건접수	2009-02-24
물건종별	다세대(빌라)	채권자	김OO	감정가	190,000,000원
대지권	17.83㎡ (5.39평)	채무자	김★★	최저가	(80%) 152,000,000원
전용면적	36.03㎡ (10.9평)	소유자	김★★	보증금	(10%)15,200,000원
평형		매각대상	토지/건물일괄매각	청구금액	63,387,273원
입찰방법	기일입찰	배당종기일	2009-05-15	개시결정	2009-02-25

▶ 기일현황

회차	매각기일	최저매각금액	결과
신건	2010-03-24	190,000,000원	유찰
2차	2010-04-28	152,000,000원	매각
이OO /입찰3명/매각181,290,000원(95%)			

▶ 임차인현황 ▶ 건물소멸기준 : 2007-04-12 ▶ 배당종기일 : 2009-05-15   매각물건명세서 예상배당표

순위	성립일자	권리자	권리종류(점유부분)	권리금액	신고	대항	예상배당여부
1	전입 2006-05-26 확정 2006-05-26 배당 O	김OO	주택임차인 전부	【보】 60,000,000원	O	있음	배당금: 60,000,000원 전액배당으로 소멸예상

▶ 건물 등기부현황 ▶ 건물열람일 : 2010-03-10   등기부등본열람

구분	성립일자	권리종류	권리자	권리금액	인수/소멸	비고
갑2	1998-10-21	(전)소유권	서OO		이전	매매
갑8	2005-09-22	(현)소유권	김★★		이전	강제경매로 인한 매각
을6	2006-05-26	주택임차권	김OO	60,000,000원	있음	경매신청채권자 전입: 2006-05-26 확정: 2006-05-26
갑10	2007-04-12	가등기	조OO		소멸기준	담보가등기
을5	2007-05-04	(근)저당	조OO	400,000,000원	소멸	
갑11	2009-02-26	강제경매	김OO	청구: 63,387,273원	소멸	2009타경7442

① 해설

위 사건은 임차인 김 모 씨가 2008년 4월 18일 주택임차권등기를 하였는데, 임차인

김 모 씨는 2006년 5월 26일 전입신고 및 확정일자를 받았다.

임차인 김 모 씨의 전입 이후 조 모 씨의 가등기와 과다한 근저당권이 설정되어 아마도 소유자 김 모 씨는 임차인의 보증금을 반환해 줄 의사가 없었을 것이며, 임차인이 부동산 중개업소에 방을 내놓아도 방이 빠지지 않았을 것이다. 가등기와 4억 원이라는 과다한 근저당권 때문에…

이에 임차인 김 모 씨는 소유자를 상대로 보증금반환청구소송에 의한 판결문으로 임차주택을 2009년 2월 26일 강제경매신청에 의한 경매기입등기가 되었고, 2010년 4월 28일 이 모 씨가 1억 8천여만 원에 낙찰 받았다.

② 임차인 김 모 씨 및 가등기 조 모 씨 분석

2007년 4월 12일 가등기가 보전가등기라면 소멸기준권리는 동년 5월 4일 근저당권이 되고, 따라서 낙찰자가 가등기를 인수해야 하기에 본 경매사건은 진행되지 않았을 것이다. 그런데 가등기는 아래 법원 문건접수내역에 의하면 배당 요구한 것으로 되어 있어, 담보가등기로 보면 되고, 이에 이 모 씨가 1억 8천여만 원에 낙찰 받은 것이다.

〈가등기권자의 배당요구내역〉

2009-05-11	가등기권자 조OO 배당요구신청 제출

위 가등기가 배당요구에 의한 담보가등기로 판명 났기에 소멸기준권리는 담보가등기가 되는데, 임차인 김 모 씨의 전입일자(2006년 5월 26일)가 가등기 설정일자(2007년 4월 12일)보다 빠르기에 김 모 씨는 낙찰자에게 대항할 수 있는 지위를 가지게 된다.

임차인이 낙찰자에게 대항할 수 있다는 것은 자기 보증금 전액을 배당받지 못했을 경우, 잔여 보증금을 낙찰자로부터 반환받을 권리가 있다는 것을 의미한다. 그런데 본 사건 임차인 김 모 씨는 확정일자까지도 가등기보다 먼저 받아 놓았기에 1순위로 자기 보증금 6천만 원 전액을 배당받게 된다.

이렇게 되면 비록 김 모 씨가 낙찰자에게 대항할 수는 있으나, 보증금 전액을 배당받기에 낙찰자의 추가 부담은 없게 된다. 나아가 낙찰자에게 대항할 수 있는 임차인이 전세보증금 전액을 배당받을 수 있다면 낙찰자로부터 명도확인서를 받아 집행법원에 제출해야 하기에 명도부분은 아주 깔끔히 해결될 수 있어, 경매 처음 입문하는 사람이라면 낙찰자에게 대항할 수 있는 임차인이 있는 물건을 타깃으로 삼으면 어떨까?

참고로 아래 내용은 부동산등기부상 임차인 김 모 씨의 주택임차권등기 내역이다.

〈주택임차권등기 내역〉

| 6 | 주택임차권 | 2008년4월18일

제19796호 | 2008년2월12일

서울중앙지방법원의
임차권등기명령
(2008카기1017) | 임차보증금 금60,000,000원
차　임　금170,000원
범　위　건물의 전부
임대차계약일자 2006년 5월 13일
주민등록일자 2006년 5월 26일
점유개시일자 2006년 5월 26일
확정일자 2006년 5월 26일
임차권자 김○○ 740705-1******
　　　서울특별시 서초구 양재동 84-○, 402호 |

③ 임차권등기권자는 배당요구를 반드시 하여야 하는가?

경매기입등기일 이전에 임차권등기를 한 자는 배당요구하지 않더라도 당연 배당권자에 해당되어 배당절차에 참여할 수 있다[=대법원 2005다33039 판결 : 임차권등기명령에 의하여 임차권등기를 한 임차인은 우선변제권을 가지며, 위 임차권등기는 임차인으로 하여금 기왕의 대항력이나 우선변제권을 유지하도록 해 주는 담보적 기능을 주목적으로 하고 있으므로, <u>위 임차권등기가 첫 경매개시결정등기 전에 등기된 경우, 배당받을 채권자의 범위에 관하여 규정하고 있는 민사집행법 제148조 제4호의 "저당권·전세권, 그 밖의 우선변제청구권으로서 첫 경매개시결정 등기 전에 등기되었고 매각으로 소멸하는 것을 가진 채권자"</u>에 준하여, <u>그 임차인은 별도로 배당요구를 하지 않아도 당연히 배당받을 채권자에 속하는 것으로 보아야 한다.</u>].

그렇다면 경매기입등기일 이후에 임차권등기를 하였다면 이 자는 법원이 공고한 배당요구 종기일까지 배당요구를 해야만 배당절차에 참여할 수 있다.

5) 임차인의 강제경매신청 - 2

열기	서울중앙지방법원	대법원바로가기			가로보기 세로보기 세로보기(2) 세로보기(3)

2010 타경 3286 (강제)		매각기일 : 2010-10-20 10:00~ (수)		경매3계 530-1815 (구내:1815)	
소재지	서울특별시 관악구 신림동 1462-00 ★★★1차 5층 510호			사건접수 2010-02-03	
물건종별	오피스텔(주거)	채권자	이★★	감정가	100,000,000원
대지권	7.446㎡ (2.25평)	채무자	송OO	최저가	(80%) 80,000,000원
전용면적	21.84㎡ (6.61평)	소유자	송OO	보증금	(10%)8,000,000원
평형		매각대상	토지/건물일괄매각	청구금액	63,000,000원
입찰방법	기일입찰	배당종기일	2010-04-20	개시결정	2010-02-04

▶ 기일현황

회차	매각기일	최저매각금액	결과
신건	2010-09-15	100,000,000원	유찰
2차	2010-10-20	80,000,000원	매각

이OO /입찰11명/매각108,880,000원(109%)

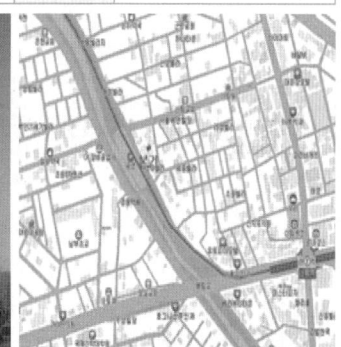

▶ 임차인현황 ▶ 건물소멸기준 : 2005-03-22 ▶ 배당종기일 : 2010-04-20   매각물건명세서 예상배당표

순위	성립일자	권리자	권리종류(점유부분)	권리금액	신고	대항	예상배당여부
1	전입 2003-12-27 확정 2003-12-27 배당 2010-04-15	이★★	주택임차인 전부	[보] 63,000,000원	O	있음	배당금 63,000,000원 전액배당으로 소멸예상

▶ 건물 등기부현황 ▶ 건물열람일 : 2010-09-01   등기부등본열람

구분	성립일자	권리종류	권리자	권리금액	인수/소멸	비고
갑1	2003-11-28	(현)소유권	송OO		이전	보존
을6	2003-12-27	주택임차권	이★★	63,000,000원	있음	경매신청채권자 전입 : 2003-12-17 확정 : 2003-12-27
을3	2005-03-22	(근)저당	수산업협동조합중앙회	52,000,000원	소멸기준	
갑4	2005-07-29	가압류	최OO	210,000,000원	소멸	
갑5	2005-08-11	가압류	변OO	456,000,000원	소멸	
갑7	2005-12-06	가압류	제일은행	98,655,616원	소멸	
갑8	2006-08-30	압류	금천세무서		소멸	
갑9	2008-05-30	압류	서울특별시관악구		소멸	
갑11	2010-02-04	강제경매	이★★	청구: 63,000,000원	소멸	2010타경3286

① 해설

이 모 씨는 전세보증금을 6천 3백만 원으로 하여 본건 주택을 임대차계약 체결한 후 2003년 12월 17일(경매정보지상 12월 27일로 잘못 표시됨.) 전입신고와 동년 12월 27일 확정일자를 받았다.

그 후 근저당권과 과다한 가압류가 설정되었으며, 이 모 씨는 2009년 10월 23일 임차권등기를 하였고, 2010년 2월 4일 강제경매신청에 의한 경매기입등기가 되었는데, 2차 매각기일인 동년 10월 20일, 11명이 입찰하여 이 모 씨가 1억 8백여만 원에 낙찰 받았다.

임차인 이 모 씨의 전입 이후 8억여 원의 근저당권과 가압류가 설정되었다면 이러한 부동산은 경매절차를 통해서만이 소유권을 달리할 수밖에 없는데, 배보다 배꼽이 큰 부동산은 낙찰 후 경매취하의 가능성은 제로로 보아도 될 것이다.

〈임차권등기내역〉

| 6 | 주택임차권 | 2009년10월23일
제39098호 | 2009년9월17일
서울중앙지방법원의
임차권등기명령
(2009카기8071) | 임차보증금 금63,000,000원
범　위　건물의 전부
임대차계약일자 2003년12월16일
주민등록일자 2003년12월17일
점유개시일자 2003년12월27일
확정일자 2003년12월27일
임차권자 이★★　760427-2******
　　　서울특별시 관악구 신림동 1462-○○ 502호 |

② 임차인 이 모 씨 분석

앞의 경매정보지를 보다 보면 금천세무서와 관악구청의 압류가 있을 것이다. 이는 소유자가 세금을 체납하였기에 압류를 하는데, 세금은 국세와 지방세로 나누어지며, 당해세와 일반조세로 구분된다. 세무서 압류는 국세! 구청이나 군청, 시청의 압류는 지방세! 이 정도는 알아야 하겠지요?

국세든 지방세든 당해세는 "당해세 우선원칙"에 의해 우선변제권을 가지는 권리 중 제일 먼저 배당받는다. 그리고 일반조세는 법정기일이라는 것이 있는데, 법정기일을 기준하여 배당순위가 정해진다. 다시 한 번 더 설명하자면…

i. 당해세의 경우

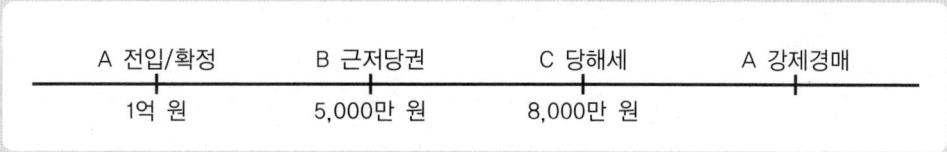

　　권리가 설정 내지 성립된 순위로 보면 A 임차인 ⇨ B 근저당권 ⇨ C 당해세가 된다. 그러나 경매결과 배당받을 경우, 그 순위는 C 당해세 ⇨ A 임차인 ⇨ B 근저당권이 된다.

　　그런데 임차인 A는 소멸기준권리인 B 근저당권보다 먼저 전입신고 하여 낙찰자에게 대항할 수 있는데, 예로서 배당금액이 1억 2천만 원이라면 당해세가 8천만 원을 먼저 배당 받아간 후, 임차인 A가 잔여 배당금 4천만 원을 배당받을 것이고, 따라서 임차인 A의 잔여 보증금 6천만 원은 낙찰자가 부담해야 하는 불미스러운 사태가 발생될 수도 있다.

　　여기서 근저당권은 자기 채권을 회수하지 못하더라도 경매시 매각으로 소멸하게 되어(=민사집행법 제91조 제2항), 낙찰자와는 아무런 관계가 없으나, 때로는 대항력 있는 임차인이 애물단지로 남을 수 있다.

ⅱ. 일반조세의 경우

　　당해세가 아닌 것이 일반 조세다. 일반조세의 경우 부동산등기부상 등기된 날에 그 순위가 확정되는 것이 아니라, <u>법정기일에 의해 순위가 확정</u>된다.

　　위 사례처럼 C 일반조세의 압류일이 A 임차인과 B 근저당권보다 나중일지라도 법정기일이 빠르다면 배당순위는 C 일반조세 ⇨ A 임차인 ⇨ B 근저당권이 된다.

　　예로서 배당금액이 1억 2천만 원이라면 배당은 C 조세채권 8천만 원 ⇨ A 임차인 4천만 원으로 되는데, 문제는 임차인 A는 소멸기준권리인 B 근저당권보다 먼저 전입신고 하였다는 것이다. 대항력이 있다는 이야기인데…

　　임차보증금 1억 원 중 4천만 원만 배당받았으니 잔여 보증금 6천만 원은 낙찰자가 인수하여야 한다.

　　따라서 조세체납에 따른 압류등기가 되어 있는 부동산에 입찰할 경우, 체납된 세액과

세목을 알아 볼 수 있다면(⇨ 그러나 현실은 그리 쉽지 않다.) 알아 본 후 입찰참여 여부를 결정하여야 한다.

그런데 만약 이러한 부분을 간과하고 낙찰 받았는데, 조세채권의 과다로 대항력있는 임차인의 보증금을 낙찰자가 입찰금액 이외에 추가로 인수하여야 할 상황이 발생되었다면, 집행법원에 매각불허가신청 또는 매각허가결정의 취소신청 등을 해 보는 것이다. 이러한 신청에 집행법원이 매각불허가결정 또는 매각허가결정의 취소결정을 내려 줄지는 의문이 가나, 우는 애에게 젖을 주지 않겠는가?

③ 기타

조세채권에 대해 간단히 언급했다. 그런데 조세채권보다 더 신경 써야 하는 것이 근로자의 임금채권에 대한 압류이다.

통상 근로복지공단이 압류를 하는데, 근로자의 임금채권은 배당시 최우선변제를 받을 수 있기에, 특히 대항력 있는 임차인이 있는데, 근로복지공단의 압류가 되어 있다면 근로자의 임금채권에 의한 압류금액이 얼마인지를 반드시 알아 본 후(⇨그러나 이 역시 현실은 그리 녹녹하지 않다.) 입찰여부를 결정해야 한다.

예로서, A 전입 및 확정일자(1억 원) ⇨ B 근저당권 ⇨ C 근로복지공단 압류(임금채권 1억 원) ⇨ A 강제경매신청의 경우, 배당금액이 1억 5천만 원이라면 배당은 근로자 임금채권 1억 원 ⇨ A 임차인 5천만 원을 배당받아, 이 때 임차인 A는 잔여 보증금 5천만 원을 낙찰자에게 반환 청구할 수 있다.

참고로 근로자의 임금채권은 최종 3개월분의 임금과 재해보상금(=근로기준법 제38조), 최종 3년간 퇴직급여(=근로자퇴직급여보장법 제12조 제2항)가 해당된다.

그리고 경매기입등기일 이전에 임차권등기를 한 자는 집행법원에 배당요구하지 않아도 당연 배당권자의 지위를 가져 배당 참여할 수 있다. 그런데 본 사건의 임차인은 법원이 공고한 배당요구 종기일 이전에 배당요구를 하여 보다 확실하게 배당절차에 참여할 수 있다.

〈매각물건명세서 중에서...〉

사건	2010타경3286 부동산강제경매	매각물건번호	1	담임법관(사법보좌관)	민○○
작성일자	2010.10.05	최선순위 설정일자	2005.3.22.근저당권		
부동산 및 감정평가액 최저매각가격의 표시	부동산표시목록 참조	배당요구종기	2010.04.20		

부동산의 점유자와 점유의 권원, 점유할 수 있는 기간, 차임 또는 보증금에 관한 관계인의 진술 및 임차인이 있는 경우 배당요구 여부와 그 일자, 전입신고일자 또는 사업자등록신청일자와 확정일자의 유무와 그 일자

점유자의 성명	점유부분	정보출처 구분	점유의 권원	임대차기간 (점유기간)	보증금	차임	전입신고일자, 사업자등록신청일자	확정일자	배당요구 여부 (배당요구일자)
이**	전부	현황조사	주거 임차인	미상	6,300만원		미상	있음	
	전부	권리신고	주거 임차인	2003.12.28.	6,300만원		2003.12.27.	2003.12.27.	2010.04.15

※ 등기된 부동산에 관한 권리 또는 가처분으로 매각허가에 의하여 그 효력이 소멸되지 아니하는 것

매수인에게 대항할 수 있는 을구 순위 6번 임차권등기(2009.10.23.등기) 있음(임대차보증금 6,300만원, 전입일 2003.12.17., 확정일자2003.12.27.). 배당에서 보증금이 전액 변제되지 아니하면 잔액을 매수인이 인수함.

(2) 경매취하 가능성 타진

제 아무리 권리분석 열심히 하고... 현장조사 또한 확실히 하여... 매각기일에 입찰하여 우여곡절 끝에 낙찰 받았으나 경매사건이 취하된다면? 상당히 허무할 것이다. 따라서 어떠한 유형의 경매물건이 취하 되는지에 대하여 약간의 고민이 필요하다고 본다.

절대적이지는 않지만 ▶강제경매사건과 ▶매각기일의 변경이 많은 사건, ▶경매신청권자의 청구채권액이 부동산 가액 대비하여 소액인 경우, ▶지분경매의 경우, 경매취하의 가능성이 있다고 보아야 한다.

경매진행 중 경매절차의 취하는 채무자가 채권자로부터 "경매취하서"를 받아 집행법원에 제출하면 되나, 낙찰된 후 경매취하는 채권자의 "경매취하서" 뿐만 아니라 낙찰자(➪차순위 매수인이 있을 경우, 그 자도 포함)의 "경매취하동의서"가 필요하다.

임의경매와 강제경매의 경우, 경매절차를 취하시키는 방법이 상이한데... **중요한 것은** 임의경매든 강제경매든 간에 낙찰자의 경매취하동의서가 없더라도 채무자는 낙찰자의 매각대금 완납일 이전에 경매절차를 취하시킬 수 있다는 것이다.

1) 낙찰 후 임의경매 취하방법

　　낙찰자로부터 경매취하동의서를 받아서 경매취하서와 함께 집행법원에 제출하면 되나, 채무자와 낙찰자간 협의가 잘 되지 않아 낙찰자로부터 경매취하동의서를 받지 못할 경우, 채무자는 "경매개시결정에 대한 이의신청"과 함께 "경매절차정지 가처분신청"을 하면 된다.

　　실무에서는 채무자가 채무변제를 한 후 근저당권이 말소된 부동산등기부등본을 집행법원에 제출함으로서 낙찰자 모르게 경매절차가 취하되곤 한다.

　　경매절차가 취하되면 집행법원으로부터 한 통의 전화가 온다. "경매취하 되었으니까 입찰보증금 찾아 가세요~~~"라고...

2) 낙찰 후 강제경매 취하방법

　　이 역시 임의경매와 마찬가지로 낙찰자로부터 경매취하동의서를 받아서 경매취하서와 함께 집행법원에 제출하면 되나, 채무자와 낙찰자간 협의가 잘 되지 않아 낙찰자로부터 경매취하동의서를 받지 못할 경우, 채무자는 "청구이의 소"와 함께 "경매절차정지 가처분신청"을 하면 된다.

　　통상 실무에서는 채무자 측에서 낙찰자에게 연락이 오곤 한다. "경매취하동의서" 한 장 써달라고... 채무자로부터 이러한 제안을 받으면 낙찰자는 못이기는 척 하면서 경매취하동의서를 작성해 주는 것이 좋다.

　　만약 경매취하동의서를 작성해 주지 않으면 채무자는 번거롭더라도 위에서 언급한 청구이의 소 제기 등의 수순을 밟아 경매절차를 취하시킬 수 있기 때문이다.

3) 경매취하동의서는 어떻게 작성하나?

　　경매취하동의서와 관련하여 일부러 경매 취하되는 물건만 골라서 입찰하는 것이다. 모로 가도 서울만 가면 되지 않는가?

　　낙찰 후 경매취하동의서 작성에 대하여 채무자 측으로부터 연락이 오면 그리 유쾌하지는 않을 것이다. 그러나 싫더라도 낙찰자는 이에 응하는 것이 정신 건강에 좋다고 본다.

　　경매취하동의서에는 채권자, 채무자, 경매사건번호, 그리고 누가, 언제, 어디서, 무엇을, 얼마에 낙찰 받았는바, 채무자의 요청에 의해 경매취하동의서를 작성한다! 라는 내용으로 작성하고, 낙찰자의 인감도장 날인 후 인감증명을 첨부해 주면 된다.

4) 잦은 매각기일의 변경과 경매취하

① 취하사례 1

2009 타경 6819 (임의)		매각기일 : 2010-03-19 10:00~ (금)		경매7계 3271-1327 (구내:1327)	
소재지	서울특별시 서대문구 북아현동 1-00 북아현동 **** 아파트 5층 502호				사건접수 2009-04-17
물건종별	빌라형아파트	채권자	(주)000	감정가	550,000,000원
대지권	81,671㎡ (24,71평)	채무자	000	최저가	(64%) 352,000,000원
전용면적	129,22㎡ (39,09평)	소유자	000	보증금	(10%)35,200,000원
평형		매각대상	토지/건물일괄매각	청구금액	174,969,860원
입찰방법	기일입찰	배당종기일	2009-07-03	개시결정	2009-04-20

기일현황 ▼전체보기

회차	매각기일	최저매각금액	결과
신건	2009-08-18	550,000,000원	유찰
2차	2009-09-22	440,000,000원	변경
2차	2009-10-27	440,000,000원	변경
2차	2009-12-01	440,000,000원	변경
2차	2010-01-05	440,000,000원	변경
2차	2010-02-09	440,000,000원	유찰
3차	2010-03-19	352,000,000원	취하

최종기일 결과 이후 취하된 사건입니다.

② 취하사례 2

2008 타경 4209 (임의)		매각기일 : 2009-12-28 10:00~ (월)		경매1계 3399-7321	
소재지	서울특별시 동대문구 장안동 131-00 ***** 3층 303호				사건접수 2008-03-05
물건종별	빌라형아파트	채권자	솔로몬상호저축은행	감정가	450,000,000원
대지권	46,54㎡ (14,08평)	채무자	000	최저가	(64%) 288,000,000원
전용면적	119,15㎡ (36,04평)	소유자	000	보증금	(10%)28,800,000원
평형		매각대상	토지/건물일괄매각	청구금액	200,000,000원
입찰방법	기일입찰	배당종기일	2008-06-03	개시결정	2008-03-06

기일현황 ▼전체보기

회차	매각기일	최저매각금액	결과
신건	2008-08-11	450,000,000원	변경
2차	2009-03-23	360,000,000원	변경
2차	2009-07-06	360,000,000원	변경
2차	2009-08-10	360,000,000원	유찰
3차	2009-09-14	288,000,000원	변경
3차	2009-11-23	288,000,000원	변경
3차	2009-12-28	288,000,000원	매각

최종기일 결과 이후 취하된 사건입니다.

앞의 취하사례 1과 2의 매각기일의 결과를 보면 제법 많은 "변경"이 있었다. 변경이란 채무자가 채권자한테 가서 손이 발이 되도록 빌어서 매각기일을 연기시켜 달라고 요청하여 채권자가 이에 응하면 채권자는 매각기일 연기서를 채무자에게 주고, 채무자가 이를 경매법원에 제출하면 법원은 지정한 매각기일에 경매를 진행시키지 않는 것을 말한다.

하여튼 채무자가 경매진행중임에도 불구하고 왜 채권자에게 가서 아쉬운 소리를 했을까? 이는 경매부동산에 대하여 포기하지 않았기 때문일 것이다.

그렇다면 설사 낙찰 되더라도 경매취하의 가능성은 상존하는 것으로 보아야 한다.

제아무리 명도를 잘하면 뭐하나? 현장조사에 목숨 걸면 뭐하게? 권리분석을 똑! 소리나게 한다고?

그런데... 낙찰 후 경매가 취하된다면? 고인이 되신 가수 이남이의 "울고 싶어라!"라는 노래를 부를 것인가?

우리는 경매정보지를 볼 때마다 경매취하의 가능성 타진, 낙찰 후 매각불허가결정이 날 것인지 여부 등을 판단한 후 현장조사를 가더라도 결코 늦지 않다고 본다.

참고로 아래 사건기본내역은 앞의 취하사례 2 관련한 것으로서, 2009년 12월 28일 정모 씨가 3억 4천여만 원에 낙찰 받았으나, 동년 12월 31일 경매취하 되었다.

〈취하사례 2 사건기본내역〉

사건기본내역

사건번호	2008타경4209	사건명	부동산임의경매
접수일자	2008.03.05	개시결정일자	2008.03.06
담당계	경매1계 전화: 910-3671		
청구금액	200,000,000원	사건항고/정지여부	
종국결과	취하	종국일자	2009.12.31

5) 지분매각과 경매취하

2007 타경 8253 (강제)				매각기일 : 2007-12-17 10:00~ (월)		경매4계 2204-2408 (구내:2408)	
소재지	서울특별시 송파구 풍납동 000 ***** 아파트 102동 5층 504호					사건접수 2007-05-30	
물건종별	아파트	채권자		현대캐피탈		감정가	275,000,000원
지분대지권	13,155㎡ (3,98평)	채무자		○○○		최저가	(80%) 220,000,000원
지분전용	42,48㎡ (12,85평)	소유자		○○○		보증금	(10%)22,000,000원
평형	33평형	매각대상		토지/건물지분매각		청구금액	8,431,471원
입찰방법	기일입찰	배당종기일		2007-09-05		개시결정	2007-05-31

▶ 기일현황

회차	매각기일	최저매각금액	결과
신건	2007-11-05	275,000,000원	유찰
2차	2007-12-17	220,000,000원	취하

최종기일 결과 이후 취하된 사건입니다.

▶ 감정평가현황 ▶ 청학감정:2007-06-07

토지	건물	제시외건물(포함)	제시외건물(제외)	기타(기계기구)	합계
82,500,000원	192,500,000원	X	X	X	275,000,000원
비고	대금지급기한후 지연이자 연2할※실측면적:건물면적(84,96㎡)토지면적(26,31㎡)중 지분경매로2/1만진행합니다.				

　　지분 매각일지라도 강제경매사건이고, 청구액이 소액이라면 1차 매각기일에 입찰해 보는 것도 나쁘지만은 않을 것이다. 경매취하를 염두에 두면서...

　　아래 내용은 사건기본내역으로서, 2차 매각기일인 2007년 12월 17일 이전인 동년 12월 13일 경매절차가 취하되었음을 알 수 있다.

〈사건기본내역〉

● 사건기본내역

사건번호	2007타경8253	사건명	부동산강제경매
접수일자	2007.05.30	개시결정일자	2007.05.31
담당계	경매4계　전화 : 2204-2408(구내:2408)		
청구금액	8,431,471원	사건항고/정지여부	
종국결과	취하	종국일자	2007.12.13

(3) 매각대상물 확인

경매대상물이 어떤 것인지를 확인해야 한다. 즉, ▶토지 및 건물 일괄매각, ▶토지만 매각, ▶건물만 매각, ▶지분매각, ▶전세권 매각 등 경매시 매각대상물이 무엇인지를 경매정보지에 의해 확인해야 한다.

나아가 제시외(=현상은 존재하나, 등기되지 않은 물건) 또는 매각외(=아예 경매대상이 아닌 물건)가 있는지 여부도 확인해야 한다.

1) 토지 및 건물 일괄매각

① 집합건물

2010 타경 8154 (임의)		매각기일 : 2011-02-07 10:00~ (월)		경매2계 2204-2406 (구내:2406)	
소재지	서울특별시 광진구 자양동 227-7 더샵스타시티 ★동 37층 3701호				사건접수 2010-06-04
물건종별	아파트	채권자	우리은행	감정가	1,150,000,000원
대지권	25,976㎡ (7,86평)	채무자	이 00	최저가	(80%) 920,000,000원
전용면적	119,41㎡ (36,12평)	소유자	이 00	보증금	(10%)92,000,000원
평형	48평형	매각대상	토지/건물일괄매각	청구금액	708,185,504원
입찰방법	기일입찰	배당종기일	2010-08-13	개시결정	2010-06-07

▶ 기일현황

회차	매각기일	최저매각금액	결과
신건	2010-12-13	1,150,000,000원	유찰
2차	2011-02-07	920,000,000원	매각
	안00/입찰1명/매각990,010,000원(86%)		
	2011-03-24	대금지급기한	

▶ 감정평가현황 ☞ 이룸감정:2010-06-14

토지	건물	제시외건물(포함)	제시외건물(제외)	기타(기계기구)	합계
345,000,000원	805,000,000원	X	X	X	1,150,000,000원

본 사건 집합건물인 아파트의 매각대상물이 토지 및 건물로서, 낙찰 후 매각대금 완납과 동시에 낙찰자는 매각대상물인 *동 3701호에 대한 소유권을 취득할 수 있다.

② 일반건물

2009 타경 10069 (임의)		매각기일 : 2010-05-10 10:00~ (월)		경매5계 2204-2409 (구내:2409)	
소재지	서울특별시 송파구 방이동 168-0			사건접수 2009-04-24	
물건종별	근린주택	채권자	우리은행	감정가	2,803,314,280원
토지면적	306.5㎡ (92.72평)	채무자	강00	최저가	(64%) 1,794,121,000원
건물면적	427.15㎡ (129.21평)	소유자	강00	보증금	(10%) 179,413,000원
제시외면적	54㎡ (16.33평)	매각대상	토지/건물일괄매각	청구금액	1,488,000,000원
입찰방법	기일입찰	배당종기일	2009-08-03	개시결정	2009-04-27

▶ 기일현황

회차	매각기일	최저매각금액	결과
신건	2010-02-01	2,803,314,280원	유찰
2차	2010-03-29	2,242,651,000원	유찰
3차	2010-05-10	1,794,121,000원	매각

이00 외3/입찰5명/매각2,118,881,000원(76%)

▶ 감정평가현황 ☞ 안국감정:2009-05-15

토지	건물	제시외건물(포함)	제시외건물(제외)	기타(기계기구)	합계
2,654,290,000원	143,684,280원	5,340,000원	X	X	2,803,314,280원

▶ 제시외건물현황

	지번	층별	구조	용도	건물면적	감정가격	매각여부
1	방이동 168-0	(ㄱ)	조립식판넬조	사무실일부	24㎡ (7.26평)	1,920,000원	매각포함
2	방이동 168-0	(ㄴ)	조립식판넬조	다용도실등	12㎡ (3.63평)	1,800,000원	매각포함
3	방이동 168-0	(ㄷ)	조립식판넬조	옥탑,창고등	18㎡ (5.44평)	1,620,000원	매각포함

본 사건 일반건물인 근린주택의 매각대상물이 토지 및 건물로서, 낙찰 후 매각대금 완납과 동시에 낙찰자는 매각대상물에 대한 소유권을 취득할 수 있다.

그런데 본 경매물건에 제시 외 건물이 있는데, 등기되지 않은 물건을 제시 외라는 이야기를 했다. 본 사건의 제시 외 건물은 사무실 일부와 다용도실, 옥탑, 창고 등으로 구성되어 있으나 감정인이 이를 평가하였고, 이 금액이 본 사건 1차 최저매각금액에 포함되었기에 낙찰자는 제시 외 건물까지도 소유권을 취득하게 된다.

2) 건물만 매각

① 토지 낙찰 후 건물 매각 - 1(집합건물)

2009 타경 5369 (강제)		물번 2	매각기일 : 2010-02-25 10:30~ (목)		경매6계 (031)210-1266	
소재지	경기도 수원시 팔달구 우만동 504-0 ★★빌라 에이동 지층 비02호					사건접수 2009-01-23
물건종별	다세대(빌라)		채권자	이 00	감정가	21,000,000원
대지권	토지 매각제외		채무자	박00외1명	최저가	(41%) 8,602,000원
전용면적	24,465㎡ (7.4평)		소유자	박 00	보증금	(10%)861,000원
평형			매각대상	건물만매각	청구금액	24,091,643원
입찰방법	기일입찰		배당종기일	2009-05-15	개시결정	2009-02-09

▼ 기일현황 [전체보기]

회차	매각기일	최저매각금액	결과
신건	2009-06-25	21,000,000원	유찰
4차	2009-10-16	10,752,000원	유찰
5차	2009-11-17	8,602,000원	변경
5차	2009-12-16	13,440,000원	유찰
6차	2010-01-22	10,752,000원	유찰
7차	2010-02-25	8,602,000원	매각
서00/입찰1명/매각8,990,000원(43%)			
	2010-04-05	기한후납부	

▼ 건물 등기부현황 ☞ 건물열람일 : 2009-06-11   [등기부등본열람]

구분	성립일자	권리종류	권리자	권리금액	인수/소멸	비고
갑1	2000-08-24	(전)소유권	박00외		이전	보존
갑2	2000-08-24	(현)소유권	박00		이전	공유물 분할
갑5	2009-02-12	강제경매	이00	청구: 24,091,643원	소멸기준	2009타경5369

ⅰ. 해설

위 사건의 경매신청 채권자 이 모 씨는 수원시 팔달구 우만동 504-0 토지를 수원지방법원 2005타경26894호 임의경매사건에서 2006년 8월 29일 4차 매각기일에 1억여 원에 낙찰 받았다.

그 후 이 모 씨는 건물 소유자들을 상대로 손해배상청구의 소(⇨지상 건물은 토지를 적법하게 사용할 권리가 없어 철거되어야 하는데, 철거되지 않음으로 인해 토지 소유자가 제3자에게 토지를 임대하였을 경우, 발생되는 수익 부분에 대한 손해배상청구의 소로 보여 진다.)를 제기하여 2009년 2월 12일 강제경매신청에 의한 기입등기가 되었다.

그리고 이 모 씨는 2009년 9월 16일 수원지방법원 2009가단77057호로 건물등 철거소송을 제기하여 2010년 6월 10일 승소판결을 받았다.

〈건물등 철거소송 내역〉

▶ 사건번호 : 수원지방법원 2009가단77057

▣ 기본내용 》 청사배치

사건번호	2009가단77057	사건명	건물등철거
원고	이OO	피고	박OO 외 2명
재판부	민사5단독		
접수일	2009.09.16	종국결과	2010.06.10 원고승
원고소가	30,634,200	피고소가	
수리구분	제소	병합구분	없음
상소인		상소일	
상소각하일		보존여부	기록보존됨

ⅱ. 토지 소유자의 건물철거 승소판결이 났는데...

토지 소유자가 지상 건물 소유자를 상대로 건물철거소송을 제기하였고, 법원으로부터 승소판결을 받아 냈다. 그렇다면 토지 소유자는 독한 마음만 먹으면 지상 건물을 철거할 수 있는 것이다.

그러나 파괴적 경제활동보다는 생산적 경매활동이 낫지 않는가? 법원의 판결대로 지상 건물을 부숴버린다? 글쎄... 소송을 제기하는 목적은 두 가지라고 본다.

즉, 하나는 소장상에 표시된 청구내용의 실현을 목적으로 하는 경우가 있고, 다른 하나는 소송이라는 무기를 앞세워 상대방을 압박하여 협상시 유리한 지위를 차지하기 위해서 제기하는 경우일 것이다.

우리 경매인들은 협상을 잘 해야 할 것이다. 싸움을 하더라도 상대를 골라 가면서 싸우도록 하자. 아파트나 빌라를 낙찰 받은 후 점유자와의 명도에 실랑이를 벌이는 시간에 소송 등의 방법으로 법원을 이용하여 우회적으로 상대방을 압박하여 유리한 고지를 점한다면 좋지 않겠는가?

ⅲ. 이러한 물건에 투자를 해야 하나?

토지 소유자의 건물철거 승소판결이 났음에도 불구하고 이러한 하자있는 물건에 투자를 해야 할지에 대해서는 각자 알아서 판단하면 될 일이다. 본 사건은 서 모 씨가 8백 9십여만 원에 낙찰 받았는데, 서 모 씨 이 양반 정신 나간 것 아닌가? 라고 생각하신다면 글쎄요... 건물 경매신청권자가 건물 철거소송을 제기한 것은, 그리고도 건물을 강제경매 신청하였다는 것은, 진정 건물을 철거할 목적일까요? 아닐 것입니다. 그럼 무엇 때문에? 답은 간단하지요. "전유부분 낙찰자에게 대지지분을 팔아먹을라꼬~~~"

ⅳ. 토지 경매내역(수원지방법원 2005타경26894호 임의경매)

2005 타경 26894 (임의)	물번 1	매각기일 : 2006-08-29 10:30~ (화)	경매20계 (031)210-1277 (구내:1277)
소재지	경기도 수원시 팔달구 우만동 504-0		사건접수 2005-05-20
물건종별	대지	채권자	국민은행	감정가	197,640,000원
토지면적	219.6㎡ (66.43평)	채무자	이**	최저가	(51%) 101,192,000원
건물면적		소유자	이**	보증금	(30%)30,358,000원
제시외면적		매각대상	토지매각	청구금액	139,807,496원
입찰방법	기일입찰	배당종기일	2005-09-08	개시결정	2005-05-24

▶ 기일현황 ▼전체보기

회차	매각기일	최저매각금액	결과
신건	2006-03-21	197,640,000원	변경
신건	2006-04-27	197,640,000원	유찰
2차	2006-06-08	158,112,000원	유찰
3차	2006-07-18	126,490,000원	유찰
4차	2006-08-29	101,192,000원	매각
이OO/매각102,220,000원(52%)			
	2006-10-13	대금지급기한	납부

 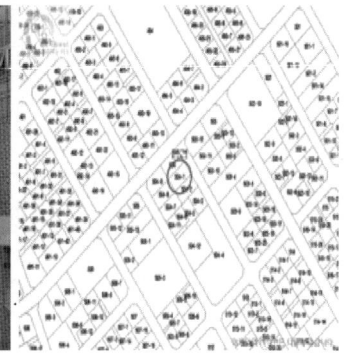

위 토지 경매사건은 경매신청권자 국민은행이 1999년 9월 29일 토지에 대하여 근저당권 1억 9천 5백만 원과 지상권등기를 하였고(⇨근저당권 설정당시 지상에 건물이 없었던 것으로 추정됨), 2000년 1월 19일 근저당권 1억 2천만 원을 설정한 후, 2005년 5월 27일 토지를 임의경매 신청한 사건으로서, 이 모 씨가 4차 매각기일인 2006년 8월 29일 1억여 원에 낙찰 받았다.

V. 낙찰 후 부동산등기부 추적결과

낙찰 후 2009타경5369호(물건번호 2번)의 부동산등기부를 추적해 보았다. 그런데 전유부분 낙찰자가 대지지분을 매입했을 거라는 필자 생각과는 거꾸로 사건이 진행되었다. 협상이 잘 안된 모양이다.

가. 2010년 4월 15일, 낙찰자 서 모 씨 명의로 소유권이전등기가 되었다.

〈낙찰자 서 모 씨 명의의 소유권이전등기 내역〉

6	소유권이전	2010년4월15일 제36015호	2010년4월8일 강제경매로 인한 매각	소유자 서○○ 791023-2****** 경기도 수원시 팔달구

나. 2010년 8월 20일, 경매신청권자 이 모 씨는 본건 빌라에 "건물철거 및 토지인도청구권"을 피보전권리로 하는 가처분등기를 하였다.

〈이 모 씨의 가처분등기 내역〉

8	가처분	2010년8월20일 제79392호	2010년8월19일 수원지방법원의 가처분결정 (2010카단6484)	피보전권리 건물철거 및 토지인도청구권 채권자 이○○ 속초시 교동 금지사항 매매, 증여, 전세권, 저당권, 임차권의 설정 기타일체의 처분행위 금지
	피보전권리 ⇒ 건물철거 및 토지인도청구권			

다. 2010년 11월 24일, 거래가액을 9백만 원으로 하여 가처분등기권자 이 모 씨 명의로 소유권이전등기가 되었다.

〈가처분등기권자 이 모 씨 명의의 소유권이전등기 내역〉

11	소유권이전	2010년11월24일 제111720호	2010년11월24일 매매	소유자 이○○ 590122-1****** 강원도 속초시 교동 거래가액 금9,000,000원 〈가처분권자 이○○이 소유권이전 받음.〉
	거래가액 : 900만원			

② 토지 낙찰 후 건물 매각 - 2(일반건물)

2010 타경 3041 (강제)		매각기일 : 2010-07-19 10:00~ (월)		경매1계 729-2151	
소재지	제주특별자치도 서귀포시 대정읍 상모리 4085-00				사건접수 2010-03-04
물건종별	주택	채권자	김OO(토지낙찰자)	감정가	42,595,200원
토지면적	토지 매각제외	채무자	오OO	최저가	(70%) 29,817,000원
건물면적	83.52㎡ (25.26평)	소유자	오OO	보증금	(10%) 2,982,000원
제시외면적		매각대상	건물만매각	청구금액	2,000,000원
입찰방법	기일입찰	배당종기일	2010-05-24	개시결정	2010-03-08

▣ 기일현황

회차	매각기일	최저매각금액	결과
신건	2010-06-14	42,595,200원	유찰
2차	2010-07-19	29,817,000원	취하
최종기일 결과 이후 취하된 사건입니다.			

왜 취하되었을까?

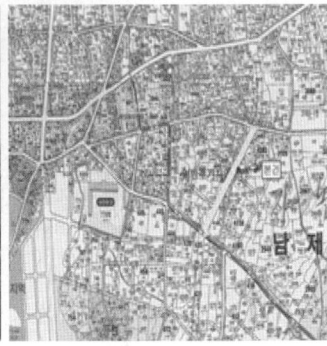

▣ 건물 등기부현황 ☞ 건물열람일 : 2010-05-31 [등기부등본열람]

구분	성립일자	권리종류	권리자	권리금액	인수/소멸	비고
갑1		(전)소유권	오★★		이전	보존
갑2	2005-10-13	가압류	남제주군	12,200,000원	소멸기준	
갑3	2006-01-18	(현)소유권	오OO		이전	증여
을1	2006-01-18	(근)저당	남제주축산업협동조합	35,100,000원	소멸	
갑4	2010-03-09	강제경매	김OO	청구: 2,000,000원	소멸	2010타경3041

ⅰ. 해설

위 사건은 김 모 씨가 제주특별자치도 서귀포시 대정읍 상모리 4085-00 토지를 제주지방법원 2007타경7517호 임의경매사건에서 3차 매각기일인 2008년 3월 17일 8백 6십여만 원에 낙찰 받았었다.

그 후 김 모 씨는 2010년 3월 9일 위 지상 건물만 강제경매 신청하였다가 동년 6월 23일 강제경매 취하서를 제출하였다. 왜 취하서를 제출했을까?

아마도 건물 소유자와 원만한 합의가 이루어져서 토지와 건물의 소유자가 동일인으로 되어 더 이상 경매진행의 실익이 없기에 건물에 대한 강제경매절차를 취하시켰을 것이다.

⟨건물 경매신청권자 김 모 씨의 경매취하서 제출 내역⟩

2010-06-23		채권자 김 00 취하서 제출

ii. 토지 낙찰 당시 지상 건물은 법정지상권을 가질까?

김 모 씨가 토지를 낙찰 받을 3차 매각기일(2008년 3월 17일) 당시 지상에 건물이 존재 했을까? 건물은 존재(2005년 10월 13일 보존등기)했었다.

⟨건물 보존등기 내역⟩

1	소유권보존			소유자 오** 320212-1****** 남제주군 대정읍 상모리 4085-00 가압류등기 촉탁으로 인하여 2005년10월13일 등기

그러나 아래 등기부 내용을 보면 2001년 8월 24일 근저당권자는 본건 토지와 다른 토지만을 공동담보로 취득했고, 지상권등기까지 설정한 것으로 미루어 보아 토지상에 근저당권 설정될 당시 지상에 건물이 없었을 것이다.

⟨토지상 근저당권 및 지상권 설정내역⟩

[토지] 제주특별자치도 서귀포시 대정읍 상모리 4085-00   고유번호 2241-1996-026490

【 을 구 】			(소유권 이외의 권리에 관한 사항)	
순위 번호	등 기 목 적	접 수	등 기 원 인	권 리 자 및 기 타 사 항
1	근저당권설정	2001년8월24일 제30799호	2001년8월23일 설정계약	채권최고액 금26,000,000원 채무자 오## 　　　남제주군 대정읍 상모리**** 근저당권자 남제주축산업협동조합 　　　224137-0000027 　　　서귀포시 동홍동 1499-22 　　　(남서부지소)
1-1				공동담보 토지 제주도 남제주군 대정읍 상모리 4085-24 분할로 인하여 2002년11월25일 부기
2	지상권설정	2001년8월27일 제31113호	2001년8월23일 설정계약	목 적 건물 기타 공작물이나 수목의 소유 범 위 토지의 전부 존속기간 설정등기일부터 만30년 지상권자 남제주축산업협동조합 　　　224137-0000027 　　　서귀포시 동홍동 1499-22

이러하다면 2001년 8월 24일 근저당권 설정 당시 지상에 건물이 없었던 관계로 임의경매에 의한 토지와 건물의 소유권이 달라지면 지상 건물은 토지를 적법하게 사용할 권리가 없기에, 토지 소유자는 건물 철거요청이라는 칼자루를 쥐고 건물 소유자를 압박할 수 있는 것이다.

ⅲ. 토지 경매내역(제주지방법원 2007타경7517호 임의경매)

2007 타경 7517 (임의)		매각기일 : 2008-03-17 10:00~ (월)		경매4계 729-2154 (구내:154)	
소재지	제주특별자치도 서귀포시 대정읍 상모리 4085-00				사건접수 2007-05-09
물건종별	대지	채권자	변경전:남제주축산업협동조합	감정가	14,678,000원
토지면적	180㎡ (54.45평)	채무자	오 ##	최저가	(49%) 7,193,000원
건물면적	건물 매각제외	소유자	오00	보증금	(10%)720,000원
제시외면적	제외 : 84.24㎡ (25.48평)	매각대상	토지만매각	청구금액	20,000,000원
입찰방법	기일입찰	배당종기일	2007-09-10	개시결정	2007-05-10

▶ 기일현황

회차	매각기일	최저매각금액	결과
신건	2007-12-17	14,678,000원	유찰
2차	2008-02-11	10,275,000원	유찰
3차	2008-03-17	7,193,000원	매각
김00/매각8,650,000원(59%)			

 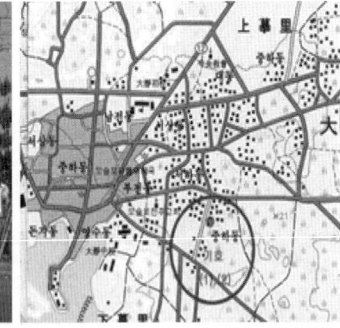

▶ 토지 등기부현황

구분	성립일자	권리종류	권리자	권리금액	인수/소멸	비고
갑1	1984-12-03	(전)소유권	오★★		이전	매매
을1	2001-08-24	(근)저당	남제주축산업협동조합	26,000,000원	소멸기준	
을2	2001-08-27	지상권	남제주축산업협동조합		소멸	
갑2	2005-10-13	가압류	남제주군	12,200,000원	소멸	
갑3	2006-01-18	(현)소유권	오00		이전	증여
을3	2006-01-18	(근)저당	남제주축산업협동조합	35,100,000원	소멸	
갑4	2007-05-14	임의경매	서귀포시축산업협동조합		소멸	

건물을 경매 신청한 토지 낙찰자 김 모 씨가 경매진행중 경매취하서를 제출하여 건물경매가 취하되었는데, 나중에 토지 등기부등본을 확인해 보니, 토지 소유권이 매매를 원인으로 2010년 6월 17일 건물 소유자 오 모 씨 명의로 변경되었다. 거래가액은 1천 3백만원!!! 원만한 협상이 최고인 것 같다.

들짐승을 사냥하듯이 상대방을 옴짝달싹 못하게 만든 후 유유히 경매를 즐기는… 이러한 경지까지 올라가야 하지 않겠는가?

〈건물 경매신청 후 토지 소유자 변동내역〉

4	임의경매개시결정	2007년5월14일 제19644호	2007년5월10일 제주지방법원의 경매개시결정(2007타경7517)	채권자 서귀포시축산업협동조합 224137-0000027 서귀포시 동홍동 1499-22
5	소유권이전	2008년5월13일 제18609호	2008년4월21일 임의경매로 인한 매각	소유자 김○○ 520502-1****** 서울특별시 강동구 암사동 413*****
6	2번가압류, 4번임의경매개시결정 등기말소	2008년5월13일 제18609호	2008년4월21일 임의경매로 인한 매각	
7	소유권이전	2010년6월17일 제21518호	2010년5월26일 매매	소유자 오○○ 570704-1****** 제주특별자치도 서귀포시 대정읍 상모리 4085-00 거래가액 금13,000,000원

위 토지등기부를 보면 김 모 씨가 2008년 5월 13일 임의경매로 인한 매각으로 토지 소유권을 취득하였다.

그 후 김 모 씨가 토지상의 건물을 강제경매신청(제주지방법원 2010타경3041호)하여 2010년 3월 9일 경매기입 등기된 후, 동년 6월 17일 토지의 소유권이 매매를 원인으로 건물 소유자인 오 모 씨 명의로 등기되었고, 동년 6월 23일 건물의 강제경매는 취하 되었다.

3) 지분매각

① 제3자가 낙찰

2008 타경 16572 (강제)		매각기일 : 2009-06-22 10:00~ (월)		경매1계 02-2204-2405 (구내 :2405)
소재지	서울특별시 송파구 거여동 291 거여2단지효성아파트 **동 12층 1201호			사건접수 2008-10-29
물건종별	아파트	채권자	문00	감정가	400,000,000원
지분대지권	31,6635㎡ (9,58평)	채무자	민00	최저가	(64%) 256,000,000원
지분전용	67,44㎡ (20,4평)	소유자	민00	보증금	(10%)25,600,000원
평형	23,5평형	매각대상	토지/건물지분매각	청구금액	400,000,000원
입찰방법	기일입찰	배당종기일	2009-02-03	개시결정	2008-10-30

▶ 기일현황

회차	매각기일	최저매각금액	결과
신건	2009-03-23	400,000,000원	유찰
2차	2009-05-11	320,000,000원	유찰
3차	2009-06-22	256,000,000원	매각

정00 /입찰7명/매각295,600,000원(74%)

본건은 47평형임.

▶ 감정평가현황 ☞ 한미감정:2008-12-02

토지	건물	제시외건물(포함)	제시외건물(제외)	기타(기계기구)	합계
120,000,000원	280,000,000원	X	X	X	400,000,000원
비고	대금지급기한 지연이자는 연 2할※실측사정:건물면적(134,88㎡),토지면적(63,327㎡) (47평형)중 지분경매로 2분의1 만진행합니다.				

위 사건은 서울시 송파구 거여동 소재 47평형 아파트로서, 그 중 2분의 1 지분만 강제경매 신청되었고, 3차 매각기일인 2009년 6월 22일 7명이 입찰하여 정 모 씨가 3억여 원에 낙찰 받았다.

지분경매에 대해서는 나중에 언급하겠지만 그 접근방법만 안다면 조용히 재테크를 할 수 있는 아주 좋은 투자처라고 본다.

필자가 아는 지인이 있었다. 이 분은 몇 년 전부터 아파트나 빌라 지분경매만을 입찰하였는데, 제법 괜찮은 수익을 올린 것으로 안다. 여담이지만 필자가 본서를 정리한다고 하였더니, 그 분 표현대로 옮겨 본다. "다 까발리지 마세요!"라고… 그러나 표현이 뭐하지만 다 까발리기로 마음먹었다.

이 분은 지분을 낙찰 받은 후 간단한 이삿짐을 꾸려서 그 집에 가서 같이 살자! 라는 식으로 엄포를 놓아 상대방 지분을 매입하거나, 아니면 전체를 같이 팔자! 라는 식으로 접근하였다고 한다. 하여튼 요즈음처럼 일반물건의 경쟁률이 뜨거울 때 지분경매에 관심을 가져 보는 것? 나쁘지 않다고 본다.

그런데 앞의 경매물건이 아래와 같이 1년여 후에 또다시 경매시장에 나왔다. 경매신청권자는 정 모 씨! 그런데… 정 모 씨가 누구더라? 아하 바로 앞의 사례 지분 낙찰자였던 것이었다.

〈또다시 경매시장에…〉

2010 타경 2217 (강제)		매각기일 : 2011-01-03 10:00~ (월)		경매1계 02-2204-2405 (구내 :2405)
소재지	서울특별시 송파구 거여동 291 거여2단지효성아파트 **동 12층 1201호			사건접수 2010-02-11
물건종별	아파트	채권자	정 OO	감정가	400,000,000원
지분대지권	31.66㎡ (9.58평)	채무자	민 OO	최저가	(64%) 256,000,000원
지분전용	67.44㎡ (20.4평)	소유자	민 OO	보증금	(10%) 25,600,000원
평형		매각대상	토지/건물지분매각	청구금액	7,003,400원
입찰방법	기일입찰	배당종기일	2010-04-23	개시결정	2010-02-12

▶ 기일현황

회차	매각기일	최저매각금액	결과
신건	2010-10-11	400,000,000원	유찰
2차	2010-11-22	320,000,000원	유찰
3차	2011-01-03	256,000,000원	매각
김OO /입찰5명/매각291,770,000원(73%)
2011-02-17	대금지급기한		납부

▶ 감정평가현황 ☞ 삼상감정:2010-02-18 감정평가서

토지	건물	제시외건물(포함)	제시외건물(제외)	기타(기계기구)	합계
120,000,000원	280,000,000원	X	X	X	400,000,000원
비고	대금지급기한 지연이자는 연 2할 ※실측면적:건물면적(134.88㎡) 토지면적(63.327㎡) 중 지분경매로 2분의 1만 진행합니다.				

사실 지분경매에 대해 할 말이 많다. 법원경매하다 보면 사람 성질 버리기 십상이다. 이 물건에 입찰한 사람은 5명으로서, 그 중 필자의 지인인 김 모 씨가 최고가격을 제시하였으나, 집행법원은 공유자였던 정 모 씨에게 우선매수권을 인정하여, 정 모 씨는 2011년 1월 19일 매각대금을 완납한 후, 위 아파트 전부에 대한 소유권을 취득하였다. 동년 1월 3일이 매각기일이고 대금납부가 동년 1월 19일이라~~~ 초스피드로 경매사건이 진행되었는데… 뭔가 찜찜한 기분이… 본 사례에 대해서는 나중에 자세히 기술하기로 한다.

4. 경매정보지에 의한 점검사항

② 공유자의 우선매수신고

2007 타경 14838 (임의)		매각기일 : 2008-06-16 10:00~ (월)		경매3계 02-2204-2407 (구내:2407)	
소재지	서울특별시 송파구 풍납동 391극동아파트 *동 9층 908호			사건접수 2007-10-09	
물건종별	아파트	채권자	최OO	감정가	300,000,000원
지분대지권	18,509㎡ (5,6평)	채무자	백OO	최저가	(80%) 240,000,000원
지분전용	39,9725㎡ (12,09평)	소유자	백OO	보증금	(10%)24,000,000원
평형		매각대상	토지/건물지분매각	청구금액	180,000,000원
입찰방법	기일입찰	배당종기일	2008-01-14	개시결정	2007-10-10

▶ 기일현황

회차	매각기일	최저매각금액	결과
신건	2008-03-10	300,000,000원	유찰
2차	2008-04-21	240,000,000원	변경
2차	2008-06-16	240,000,000원	매각

김OO/입찰2명/매각260,000,000원(87%)

본건 지분권자

▶ 감정평가현황 ☞ (주)에이원감정:2007-11-15

토지	건물	제시외건물(포함)	제시외건물(제외)	기타(기계기구)	합계
180,000,000원	120,000,000원	X	X	X	300,000,000원
비고	대금지급기한후 지연이자 연2할※실측면적:건물면적(79,945㎡),토지면적(37,018㎡)중 지분경매로 1/2만 진행합니다.				
주의사항	특별매각조건 : 공유자 우선매수신고 1회로 제한, 즉, 공유자의 우선매수권(민사집행법 제140조) 행사에 따른 매수신고가 매수보증금의 미납으로 실효된 경우, 그 우선매수신고를 한 공유자는 이후 해당 부동산의 매각에 있어서는 우선매수권을 행사할 수 없음. 2008-04-17 채권자 최OO 기일연기신청 제출 ※미납관리비(공용)를 인수할수 있으니 입찰전에 확인 하시기 바랍니다.				

　　본 사건은 서울시 송파구 풍납동 소재 아파트의 2분의 1 지분만 경매신청 되었는데, 2차 매각기일인 2008년 6월 16일 2명이 입찰하였으나 공유자 김 모 씨가 우선매수권 행사를 하여 동년 7월 29일 접수번호 제53829호로 김 모 씨 명의로 소유권이전이 되었다.

　　경매정보지의 하단 화살표를 보면 특별매각조건이 있다. 즉, 공유자 우선권 제한사항으로서, 지분이 경매되었을 경우 공유자가 매각기일 이전에 공유자 우선매수신고서를 제출하였으나, 유찰되었다면 차기 매각기일에는 우선권을 행사하지 못하도록 한 내용이다.

　　민사집행법 제140조와 민사집행규칙 제76조 규정을 보더라도 공유자의 우선매수권제한은 당연하며, 대법원 2008마1189결정을 보면 공유자가 매각기일 이전에 우선매수신고서를 제출하였으나, 매각기일에 유찰이 되자 입찰보증금을 제공함이 없이 차기 매각기일까지 기다렸다가, 차기 매각기일에 입찰자가 나타나자 공유자의 우선매수권을 행사한 것은 매각의 적정한 실시를 방해한 사람에 해당된다는 내용이다.

그런데 본 사건의 공유자 우선매수권 행사는 정당하다. 즉, 공유자 김 모 씨는 매각기일 이전에 공유자 우선매수신고서를 제출하지 않았고, 매각기일 당일에 경매법정에 출석하였다가 타인이 입찰하자 우선권을 행사한 것이다.

아래 법원문건 접수내역을 보더라도 공유자가 우선매수신고서를 제출했다는 내용이 없다.

〈법원문건 접수내역〉

문건접수내역

접수일	접수내역
2007-10-11	등기소 송파등기소 등기필증 제출
2007-10-22	기타 문OO 현황조사서 제출
2007-11-19	기타 (주)에인원감정평가법인 감정평가서 제출
2007-12-05	근저당권자 주식회사 한국외환은행 채권계산서 제출
2008-04-17	채권자 최OO 기일연기신청 제출
2008-05-30	채권자 최OO 주소보정 제출

4) 전세권 매각

2009 타경 3798 (임의)		매각기일 : 2009-10-08 10:00~ (목)		경매2계	
소재지	대구광역시 달서구 상인동 171-000 ★★★스카이렉스 101동 6층 603호			사건접수 2009-03-09	
물건종별	아파트	채권자	강00(전세권부 저당권자)	감정가	130,000,000원
대지권	22,541㎡ (6,82평)	채무자	임00(전세자)	최저가	(70%) 91,000,000원
전용면적	96,54㎡ (29,2평)	소유자	배00(소유권자)	보증금	(10%)9,100,000원
평형		매각대상	토지/건물일괄매각	청구금액	80,050,000원
입찰방법	기일입찰	배당종기일	2009-05-20	개시결정	2009-03-11

▶ 기일현황

회차	매각기일	최저매각금액	결과
신건	2009-09-11	130,000,000원	유찰
2차	2009-10-08	91,000,000원	매각

백00/입찰22명/매각122,800,000원(94%)

▶ 감정평가현황 ㈜하나감정:2009-05-15 감정평가서

토지	건물	제시외건물(포함)	제시외건물(제외)	기타(기계기구)	합계
×	130,000,000원	×	×	×	130,000,000원
비고	※ 본사건은 전세권 부분의 경매이므로 소유권은 상관이 없습니다. 입찰시 확인요함.				

▶ 건물 등기부현황 건물열람일 : 2009-08-28 등기부등본열람

구분	성립일자	권리종류	권리자	권리금액	인수/소멸	비고
갑3	2008-02-29	(전)소유권	00씨앤디유한회사		이전	신탁재산의귀속
갑4	2008-02-29	(현)소유권	배00		이전	매매
을1	2008-02-29	(근)저당	국민은행	36,000,000원	소멸기준	
을2	2008-02-29	전세권	임00	130,000,000원	소멸	
을2-2	2008-07-02	(근)저당	강00	91,000,000원	소멸	
을2-3	2009-03-13	임의경매	강00	청구: 80,050,000원	소멸	2009타경3798

① 해설

위 경매사건은 소유권이 아닌 전세권을 경매대상물로 하였다. 따라서 낙찰 받으면 단지 전세권을 양도받을 따름이다. 그런데 언뜻 경매정보지만 보면 근저당권 실행으로서, 이 물건에 입찰할 경우 소유권 자체를 취득하는 것으로 착각할 수 있다. 그러나 그건 아

니기에 경매대상물이 무엇인지를 정확히 파악한 후 입찰참여 여부를 결정해야 한다.

② 부동산등기부 내역

주택임대차계약서를 담보로 잡히고 금전을 차용할 수 있듯이, 전세권을 담보 제공한 후 돈을 빌릴 수도 있다. 본 사건의 전세권자 임 모 씨는 2008년 2월 29일 본건 아파트에 전세금 1억 3천만 원으로 전세권등기를 하였고, 동년 7월 2일 전세권부 저당권을 설정하였는데, 저당권자는 강 모 씨였다.

전세권부 저당권자 강 모 씨는 전세권 임의경매신청을 하였고, 경매개시결정등기가 2009년 3월 13일 되었으며, 2차 매각기일인 동년 10월 8일, 22명이 입찰하여 백 모 씨가 1억 2천여만 원에 낙찰 받았다.

낙찰 후 부동산등기부를 확인해 본 결과, 2009년 11월 16일 낙찰자 백 모 씨 명의로 전세권이 이전등기 되었으며, 2010년 2월 12일 해지를 원인으로 전세권등기는 말소되었다.

〈경매진행 중 부동산등기부 일부 내역〉

2	전세권설정	2008년2월29일 제23326호	2008년2월19일 설정계약	전세금 금130,000,000원 범 위 주거용,건물의 전부 존속기간 2008년2월29일부터 2010년2월28일까지 전세권자 임○○ 740806-2****** 　　　대구광역시 달서구 도원동 　　　1429 한실들마을 **동 305호
2-1	2번등기명의인표시변경	2008년7월2일 제75000호	2008년3월12일 전거	임○○의 주소 대구광역시 달서구 상인동 171-000 ***스카이맥스 101-603
2-2	2번전세권저당권설정	2008년7월2일 제75001호	2008년6월30일 설정계약	채권액 금91,000,000원 변제기 2008년 9월 29일 이 자 연30퍼센트 이자지급시기 2008년 6월 30일 채무자 임○○ 　　　대구광역시 달서구 상인동 171- 　　　○○○ ***스카이맥스 101-603 저당권자 강○○ 780702-1****** 　　　대구광역시 수성구 범어동 　　　135-○ 101호
2-3	2번전세권임의경매개시결정	2009년3월13일 제25409호	2009년3월11일 대구지방법원 서부지원의 경매개시 결정(2009타경3798)	채권자 강○○ 　　　대구광역시 수성구 범어동 　　　135-○ 101호

⟨낙찰 후 전세권등기 내역⟩

2-4	2번전세권이전	2009년11월16일 제122165호	2009년11월4일 임의경매로 인한 매각	전세권자 백○○ 750208-1****** 대구광역시 동구 신서동 543 영조아름다운나날 ***-1505
4	2번전세권설정등기말소	2010년2월12일 제14643호	2010년2월12일 해지	

③ 전세권이 경매대상물인 경우 점검사항

ⅰ. 부동산 시세를 조사해야 한다.

전세목적물인 부동산의 시세 및 전세금에 대한 면밀한 조사가 뒤따라야 한다. 왜냐하면 부동산등기부상 전세권 설정금액보다 전세금액이 떨어졌다면 소유자가 전세금 반환을 지체할 수도 있고, 중개업소에 전세로 내놓은 후 새로운 세입자로부터 전세금을 반환받으라고 하는 경우가 있을 수도 있다.

만약 이렇게 되면 투자금의 원활한 회수에 애로가 있기에 부동산이 소재하는 지역의 전세수요와 전세금의 움직임을 조사해야 한다.

ⅱ. 부동산등기부상 전세권등기의 순위 파악

위 ⅰ처럼 전세기간이 만료되었음에도 불구하고 소유자가 전세금 반환을 지연시키면 전세권에 의한 임의경매(⇨이 때의 경매대상물은 전세권이 아닌 소유권이 되며, 토지 및 건물 전부에 전세권의 효력이 미치는 경우에 한하여 임의경매신청이 가능하다.) 또는 전세금반환청구소송에 의한 강제경매절차를 밟아 전세금을 회수해야 하는데, 전세권보다 앞서 많은 권리들이 있다면 전세권에 의한 순위 배당시 불리할 수 있기 때문이다. 특히 단독주택 등 일반 건축물일 경우, 소유자의 전세금 반환지체에 따른 전세금반환청구소송까지 갈 수도 있다는 생각 하에 이러한 유형의 물건에 임해야 한다.

ⅲ. 명도책임

전세목적물을 前 전세권자가 계속 점유·사용할 경우, 소유자는 전세권을 낙찰 받은 사람에게 전세금을 주지 않을 것이다. 이에 전세권이 경매대상물일 경우, 前 전세권자가 낙찰 후 전세목적물을 계속 점유하고 있다면 이 자에 대한 명도책임은 전세권을 낙찰 받은 사람에게 있다.

iv. 기타

전세권을 낙찰 받는다면 전세권 이전등기를 해야 한다. 그렇다면 세금을 납부해야 하는데, 소유권 자체를 취득할 경우 취득세, 등록세 등을 납부하지만 전세권을 낙찰 받을 경우에는 부동산등기부상 전세권 이전등기만 하면 되기에 등록세 0.2%만 납부하면 된다.

그리고 전세권 만료 후 전세금 반환과 동시에 양도소득세를 납부해야 하는지에 대해서… 아니올시다! 납부하지 않습니다! 양도소득세는 부동산의 소유권을 취득하였다가 이를 매각함으로 인해 양도차익이 발생되었을 때에 보유기간과 주택 보유수에 따라 납부하는 것으로서, 소유권이 아닌 전세권을 취득하였다면 양도소득세 납부와는 무관하다.

참고로 전세권을 낙찰 받은 백 모 씨는 낙찰금액 1억 2천 2백 8십만 원과 제 경비를 합쳐 총 1억 2천 5백만 원이 소요되었다고 가정하면, 2009년 11월에 매각대금을 완납하였고, 전세금 1억 3천만 원은 2010년 2월 12일 회수하였으니, 약 3개월 만에 5백여만 원의 수익을 올린 셈이다. 나쁘지는 않다고 본다.

그런데 전세권 경매는 잘 나오지도 않고, 나왔다손 치더라도 경매진행 중 취하되는 경우가 많기에, 여기서는 전세권도 경매대상이 된다는 사실을 소개한 것뿐이다.

(4) 배당요구종기일 확인

경매절차상의 이해관계인은 법원이 공고한 배당요구 종기일까지 배당요구를 하여야지만 배당절차에 참여할 수 있다. 관련 민사집행법은 다음과 같다.

1) 민사집행법 제84조(배당요구의 종기결정 및 공고)

① 경매개시결정에 따른 압류의 효력이 생긴 때(=그 경매개시결정전에 다른 경매개시결정이 있는 경우를 제외한다)에는 집행법원은 절차에 필요한 기간을 감안하여 배당요구를 할 수 있는 종기를 첫 매각기일 이전으로 정한다.

② 배당요구의 종기가 정하여진 때에는 법원은 경매개시결정을 한 취지 및 배당요구의 종기를 공고하고, 제91조 제4항 단서의 전세권자 및 법원에 알려진 제88조 제1항의 채권자에게 이를 고지하여야 한다.

⑤ 제148조 제3호(=첫 경매개시결정등기 전에 등기된 가압류채권자) 및 제4호(=저당권·전세권, 그 밖의 우선변제청구권으로서 첫 경매개시결정등기 전에 등기되었고 매각으로 소멸하는 것을 가진 채권자)의 채권자가 경매법원의 최고에 대한 신고를 하지 아니한 때에는 그 채권자의 채권액은 등기부등본등 집행기록에 있는 서류

와 증빙에 따라 계산한다. 이 경우 다시 채권액을 추가하지 못한다.

⑥ 법원은 특별히 필요하다고 인정하는 경우에는 배당요구의 종기를 연기할 수 있다.

2) 민사집행법 제88조(배당요구)

① 집행력 있는 정본을 가진 채권자, 경매개시결정이 등기된 뒤에 가압류를 한 채권자, 민법·상법, 그 밖의 법률에 의하여 우선변제청구권이 있는 채권자는 배당요구를 할 수 있다.

② 배당요구에 따라 매수인이 인수하여야 할 부담이 바뀌는 경우 배당요구를 한 채권자는 배당요구의 종기가 지난 뒤에 이를 철회하지 못한다.

3) 배당절차

매각기일에 최고가격을 제시한 자에 대한 법원의 매각허가결정이 난 후 7일 이내에 경매부동산의 이해관계인이 즉시항고를 제기하지 않으면 30일의 기간 안에 낙찰자는 매각대금을 납부하여야 한다.

낙찰자의 매각대금 납부가 있으면 법원은 통상 30일 이후에 배당기일을 지정하여 경매부동산의 이해관계인에게 순위에 의한 배당을 실시하고 경매사건을 종결시킨다.

① 배당요구

배당요구란 다른 채권자가 경매 신청하였을 경우, 그 부동산의 이해관계인이 경매절차에 참가하여 자기 채권을 변제받고자 하는 의사표시를 말한다.

② 권리신고

권리신고는 배당요구와 달리 경매부동산의 이해관계인이 자기 권리를 증명하기 위해서 하는 행위로서, 권리신고를 하면 경매절차상에서 이해관계인의 지위를 가지기는 하나 (=민사집행법 제90조 제4호), 권리신고를 하였다 하여 당연히 배당받을 수 있는 것이 아니기에 별도로 배당요구를 하여야 한다.

③ 배당요구를 하지 않아도 배당절차에 참여할 수 있는 자

ⅰ. 이중경매신청인

선행 경매사건의 배당요구 종기일까지 이중경매신청을 한 채권자는 배당요구를 하지 않아도 배당참여를 할 수 있다.

ⅱ. 최초 경매개시결정등기 전에 등기된 부동산 가압류권자

최초 경매개시결정등기 전에 경매부동산에 가압류등기를 한 자는 배당요구를 하지 않아도 된다[=대법원 94다57718 판결 참조].

ⅲ. 최초 경매개시결정등기 전에 등기된 우선변제권자

가. 경매로 소멸되는 권리

경매개시결정등기 이전에 설정된 저당권[=대법원 98다21946 판결 참조]이나, 소멸기준권리 이후에 설정된 전세권은 경매시 매각으로 소멸하기에 별도의 배당요구를 하지 않더라도 순위에 의해 배당 참여할 수 있다.

나. 가등기담보권

부동산등기부상 가등기의 형식만 가지고서는 담보가등기인지 보전가등기인지를 알 수 없기에, 만약 담보가등기라면 채권신고를 한 경우에만 배당 참여할 수 있다(=가등기담보등에 관한 법률 제16조 제2항). 따라서 담보가등기이면서 채권신고를 하지 않았다면 경매시 매각으로 소멸하기에(=동 법률 제15조) 낙찰자의 부담이 되지 않는다[=대법원 91다41996 판결 참조].

다. 선순위 전세권

소멸기준권리보다 먼저 설정된 전세권은 경매시 매각으로 소멸되지 않는다(=민사집행법 제91조 제4항). 그러나 이러한 전세권이 배당요구 종기일까지 동법 제88조 규정에 의한 배당요구를 하였다면 경매시 매각으로 소멸하게 된다(=동법 제91조 제4항 단서).

따라서 선순위 전세권이 배당 참여하려면 법원이 공고한 배당요구 종기일까지 배당요구를 하여야 한다. 투자자 입장에서는 선순위 전세권이 배당요구를 하였는지 여부를 반드시 확인한 후 입찰참여결정을 하여야 한다.

라. 임차권등기

주택 및 상가건물임대차보호법에 의한 임차권등기가 경매개시결정등기 이전에 되어 있다면 이들은 별도의 배당요구를 하지 않더라도 배당 참여할 수 있다[=대법원 2005다33039 판결 참조]. 그러나 경매개시결정등기 이후에 임차권등기를 하였다면 임차권등기가 된 부동산등기부와 함께 법원이 공고한 배당요구 종기일까지 채권계산서를 제출하여야만 배당절차에 참여할 수 있다.

ⅳ. 최초 경매개시결정등기 이전의 조세체납처분에 의한 압류권자

최초 경매개시결정등기 이전에 조세체납에 따른 압류등기는 배당요구를 하지 않더라

도 배당 참여할 수 있다[=대법원 96다51585 판결 참조]. 그러나 첫 경매개시결정등기 이후에 체납처분에 의한 압류등기가 된 경우에는 배당요구로서 교부청구를 하여야만 배당받을 수 있다[=대법원 99다22311 판결 참조].

④ 반드시 배당요구를 하여야 하는 자

ⅰ. 집행력 있는 정본을 가진 채권자

판결문 등 집행력 있는 정본을 가진 채권자는 채무자 명의의 부동산에 대하여 직접 경매신청을 하든지, 아니면 제3자의 경매신청이 있을 경우, 배당요구 종기일까지 배당요구를 하여야만 배당절차에 참여할 수 있다.

ⅱ. 경매개시결정등기 이후의 가압류권자

최초 경매개시결정등기 이전에 가압류한 자는 배당요구를 하지 않더라도 배당절차에 참여할 수 있으나(=민사집행법 제148조 제3호), 경매개시결정등기 이후에 가압류한 자는 경매신청 채권자에게 대항할 수 없고, 집행법원도 가압류 등기된 사실을 알 수 없기에 가압류 등기된 등기부를 법원에 제출함과 동시에 배당요구 종기일까지 배당요구를 하여야만 배당절차에 참여할 수 있다.

ⅲ. 민법·상법, 그 밖의 법률에 의하여 우선변제청구권이 있는 채권자

가. 등기되지 않은 우선변제권자

주택 및 상가건물임대차보호법상의 최우선변제권 및 확정일자부 임차인의 보증금액과 근로자의 임금채권은 우선변제권이 인정되기는 하나, 부동산등기부상에 등기되지 않기에 배당요구를 하지 않으면 집행법원은 그 채권액을 알 수 없어, 그들은 배당요구 종기일까지 반드시 배당요구를 하여야만 배당 참여할 수 있다.

나. 최초 경매개시결정등기일 이후에 설정된 저당권 등

최초 경매개시결정등기일 이후에 설정된 저당권, 전세권, 등기된 임차권은 당연히 배당받을 수 있는 채권자가 아니기에 배당요구 종기일까지 배당요구를 하여야만 배당받을 수 있다(=법원행정처 2014년 刊, 법원실무제요 민사집행Ⅱ 454쪽 하단).

ⅳ. 조세 기타 공과금

조세 기타 공과금 채권은 일반채권자보다 앞서는 경우와 그렇지 않은 경우가 있고, 담보권과 우선순위를 달리하는 경우가 있어 이들은 압류 또는 교부청구를 하여야만 배당받을 수 있다.

⑤ 배당요구의 철회

경매부동산의 이해관계인은 법원이 공고한 배당요구 종기일까지 배당신청을 하여야 한다. 그런데 배당요구의 철회는 채권자가 마음대로 할 수 있으나, 다만 배당요구에 따라 낙찰자가 인수하여야 할 내용이 바뀌는 경우에 배당요구한 채권자는 배당요구 종기일이 지난 후에 이를 철회할 수 없다(=민사집행법 제88조 제2항). 따라서 채권자가 배당신청을 철회하려면 법원이 공고한 배당요구 종기일까지 하여야 한다.

⑥ 배당의 순위

경매부동산의 채권자간의 배당순위는 민법·상법, 그 밖의 법률에 의한 우선순위에 따라 정해진다(=민사집행법 제145조 제2항). 배당순위는 다음과 같다.

▶ 1순위 : 집행비용.
▶ 2순위 : 저당물의 제3취득자가 그 부동산의 보존·개량을 위하여 지출한 필요비·유익비(=민법 제367조).
▶ 3순위 : 소액임차보증금 채권(=주택임대차보호법 제8조 제1항, 상가건물임대차보호법 제14조 제1항), 근로자의 최종 3개월분 임금과 재해보상금(=근로기준법 제38조 제2항)과 최종 3년간 퇴직급여(=근로자퇴직급여보장법 제12조 제2항)로 이들은 동등한 순위의 채권으로 보아 배당.
▶ 4순위 : 집행 목적물에 대하여 부과된 국세, 지방세와 가산금으로서 소위 당해세가 해당된다(=국세기본법 제35조 제1항, 지방세기본법 제99조 제1항).
▶ 5순위 : 국세 및 지방세의 법정기일 전에 설정된 저당권·전세권에 의하여 담보되는 채권. 여기서 확정일자를 갖춘 주택 또는 상가건물의 임차보증금반환채권, 임차권 등기된 주택 또는 상가건물의 임차보증금반환채권은 저당권부 채권과 같은 성질의 채권으로 취급되며, 다만 주의할 점은 임차권등기의 경우, 그 등기 전에 대항요건과 확정일자를 모두 갖춘 경우에는 임차권 등기된 때가 아니라 위 요건을 모두 갖춘 때에 순위가 확정된다.
▶ 6순위 : 근로기준법 제38조 제2항의 임금 등을 제외한 임금, 기타 근로관계로 인한 채권(=근로기준법 제38조 제1항).
▶ 7순위 : 국세·지방세 및 이에 관한 체납처분비, 가산금 등의 징수금.
▶ 8순위 : 국세 및 지방세의 다음 순위로 징수하는 공과금 중 산업재해보상보험료, 국민건강보험료, 국민연금보험료, 고용보험료, 의료보험료, 국민의료보험료.

▶ 9순위 : 일반채권.

4) 배당요구종기일 이후 배당요구 - 1

2009 타경 42040 (임의)		매각기일 : 2010-03-04 10:00~ (목)		경매3계 032-860-1603 (구내:1603)	
소재지	인천광역시 부평구 청천동 000 ******아파트 101동 3층 304호				사건접수 2009-08-07
물건종별	아파트	채권자	전일상호저축은행	감정가	370,000,000원
대지권	54,625㎡ (16,52평)	채무자	최00	최저가	(70%) 259,000,000원
전용면적	133,71㎡ (40,45평)	소유자	최00	보증금	(10%)25,900,000원
평형	49평형	매각대상	토지/건물일괄매각	청구금액	351,429,932원
입찰방법	기일입찰	배당종기일	2009-10-19	개시결정	2009-08-10

▶ 기일현황

회차	매각기일	최저매각금액	결과
신건	2010-02-02	370,000,000원	유찰
2차	2010-03-04	259,000,000원	매각

전00 /입찰3명/매각285,770,000원(77%)

▶ 임차인현황 ☞ 건물소멸기준 : 2008-07-23 ☞ 배당종기일 : 2009-10-19   매각물건명세서 예상배당표

순위	성립일자	권리자	권리종류(점유부분)	권리금액	신고	대항	예상배당여부
1	전입 2009-03-23 확정 2009-03-23 배당 2010-01-22	김00	주택임차인	[보] 22,000,000원	○	없음	배당종기이후배당요구함

주민등록등본상 조사사항임

▶ 건물 등기부현황 ☞ 건물열람일 : 2010-01-19   등기부등본열람

구분	성립일자	권리종류	권리자	권리금액	인수/소멸	비고
갑1	1999-10-11	(전)소유권	원00		이전	매매
갑2	2002-10-30	(현)소유권	최00		이전	매매
을17	2008-07-23	(근)저당	전일상호저축은행	416,000,000원	소멸기준	
갑17	2008-12-15	가압류	하나은행	3,363,569원	소멸	
갑18	2009-04-22	압류	인천광역시부평구		소멸	
갑19	2009-08-10	임의경매	전일상호저축은행	청구: 351,429,932원	소멸	2009타경42040
갑20	2009-11-06	압류	인천광역시부평구		소멸	
갑21	2009-11-26	압류	국민건강보험공단		소멸	

낙찰자에게 대항할 수 있는, 즉 소멸기준권리보다 먼저 전입 신고한 임차인은 법원이 공고한 배당요구 종기일까지 권리신고 및 배당요구 신청을 하지 않아도 낙찰자로부터 보증금 전액을 반환받을 수 있기에 큰 문제가 되지 않으나...

그러나 낙찰자에게 대항할 수 없는, 즉 소멸기준권리보다 나중에 전입 신고한 임차인은 법원이 공고한 배당요구 종기일까지 반드시... 반드시... 권리신고 및 배당요구 신청을 하여야지만 배당 참여할 수 있다.

혹자는 최우선변제대상이 되는 임차인은 집행법원에 배당요구하지 않아도 최우선변제 받는 줄로 알고 있는데, 이는 큰 착각이다. 집행법원은 할 일이 많기 때문에 경매부동산의 최우선변제대상 임차인이 누구인지는 본인이 신고하지 않는 한 알 수 없고, 또한 알려고 하질 않는다.

본 사건의 임차인 김 모 씨는 언뜻 냄새나는 임차인이다. 그러나 냄새가 남에도 불구하고 법원이 공고한 배당요구 종기일까지 배당요구 하였더라면 얼마나 예쁠까? 왜냐하면 이 자가 일정금액을 최우선변제 받기 위해서는 낙찰자로부터 명도확인서를 받아서 법원에 제출하여야만 하기에 명도 협상시 수월하게 진행될 수 있기 때문이다. 어쨌든 안타깝다. 냄새나는 임차인일지라도...

〈매각물건명세서 중에서...〉

사건	2009타경 42040 부동산임의경매	매각물건번호	1	담임법관(사법보좌관)	박**
작성일자	2010.01.19	최선순위 설정일자	2008.7.23. 근저당권		
부동산 및 감정평가액 최저매각가격의 표시	부동산표시목록 참조	배당요구종기	2009.10.19		

부동산의 점유자와 점유의 권원, 점유할 수 있는 기간, 차임 또는 보증금에 관한 관계인의 진술 및 임차인이 있는 경우 배당요구 여부와 그 일자, 전입신고일자 또는 사업자등록신청일자와 확정일자의 유무와 그 일자

점유자의 성명	점유부분	정보출처 구분	점유의 권원	임대차 기간 (점유기간)	보증금	차임	전입신고일자, 사업자등록신청일자	확정일자	배당요구 여부 (배당요구일자)
김OO		현황조사	주거 임차인				2009.03.23.		
		권리신고	주거 임차인	2009.3.23.-2011.3.22	22,000,000		2009.3.23	2009.3.23	2010.01.22

5) 배당요구종기일 이후 배당요구 - 2

2009 타경 4351 (임의)		매각기일 : 2010-03-24 10:00~ (수)		경매3계 530-1815 (구내:1815)	
소재지	서울특별시 강남구 논현동 00 ** 인텔렉스빌딩 13층 1301호			사건접수 2009-02-04	
물건종별	아파트	채권자	우리은행	감정가	800,000,000원
대지권	16.04㎡ (4.85평)	채무자	00 프랜차이즈	최저가	(64%) 512,000,000원
전용면적	133.49㎡ (40.38평)	소유자	00 프랜차이즈	보증금	(10%) 51,200,000원
평형	56평형	매각대상	토지/건물일괄매각	청구금액	677,016,566원
입찰방법	기일입찰	배당종기일	2009-04-27	개시결정	2009-02-05

▶ 기일현황

회차	매각기일	최저매각금액	결과
신건	2009-09-30	800,000,000원	유찰
2차	2009-11-04	640,000,000원	유찰
3차	2009-12-09	512,000,000원	변경
3차	2010-02-17	512,000,000원	변경
3차	2010-03-24	512,000,000원	매각

서 00 / 입찰 6명 / 매각 675,600,000원 (84%)

▶ 임차인현황 ☞ 건물소멸기준 : 2005-07-13 ☞ 배당종기일 : 2009-04-27   매각물건명세서 예상배당표

순위	성립일자	권리자	권리종류(점유부분)	권리금액	신고	대항	예상배당여부
1	전입 2004-12-30 확정 없음 배당 없음	유00	주택임차인 1301호	【보】 미상	X	없음	
2	전입 2005-01-10 확정 없음 배당 2010-02-05	김00	주택임차인 건물전부	【보】 200,000,000원 【월】 1,500,000원	○	있음	

- 보증금합계 : 200,000,000원 - 월세합계 : 1,500,000원

- 김00 : 임차인 김00은 임차인 유00의 배우자임 유00 : 임차인 유00은 소유자 주식회사 00프랜차이즈의 대표이사임

▶ 건물 등기부현황 ☞ 건물열람일 : 2009-09-16   등기부등본열람

구분	성립일자	권리종류	권리자	권리금액	인수/소멸	비고
갑1	1997-07-14	(전)소유권	임00		이전	매매
갑2	2003-08-28	(현)소유권	00 프랜차이즈		이전	매매
을2	2005-07-13	(근)저당	우리은행	849,600,000원	소멸기준	환율계산처리됨
을4	2009-01-12	(근)저당	국민은행	260,000,000원	소멸	
갑3	2009-01-19	가압류	신용보증기금	791,000,000원	소멸	
갑4	2009-02-09	임의경매	우리은행	청구: 677,016,566원	소멸	2009타경4351
을5	2009-02-10	(근)저당	신용보증기금	960,000,000원	소멸	
갑5	2009-06-15	압류	양천세무서		소멸	
갑6	2009-09-11	압류	서울세관		소멸	

① 해설

본 경매사건의 소멸기준권리는 2005년 7월 13일 우리은행 근저당권이 된다. 그런데 김 모 씨의 전입일자가 2005년 1월 10일이어서 표면적으로 김 모 씨는 낙찰자에게 대항할 수 있어 보인다.

김 모 씨는 보증금액이 2억 원이고, 확정일자를 받지 않았으며, 2009년 4월 27일 법원이 공고한 배당요구 종기일 이후인 2010년 2월 5일에 배당요구를 했다. 뭔가 구린내가 난다.

경매인은 냄새를 잘 맡아야 한다. 돈 냄새, 경매취하냄새, 구린내 등등.

법원이 작성한 매각물건명세서를 찬찬히 읽어 보니, 소유자 겸 채무자가 (주)00프랜차이즈이고, 법인의 대표이사가 유 모 씨이며, 임차인으로 권리신고 한 김 모 씨는 유 모 씨와 부부관계인데…

〈매각물건명세서 중에서…〉

사건	2009타경4351 부동산임의경매		매각물건번호	1	담임법관(사법보좌관)	강00
작성일자	2010.03.09		최선순위 설정일자	2005.7.13.근저당		
부동산 및 감정평가액 최저매각가격의 표시	부동산표시목록 참조		배당요구종기	2009.04.27		

부동산의 점유자와 점유의 권원, 점유할 수 있는 기간, 차임 또는 보증금에 관한 관계인의 진술 및 임차인이 있는 경우 배당요구 여부와 그 일자, 전입신고일자 또는 사업자등록신청일자와 확정일자의 유무와 그 일자

점유자의 성명	점유부분	정보출처 구분	점유의 권원	임대차 기간 (점유기간)	보증금	차임	전입신고일자, 사업자등록신청 일자	확정일자	배당요구 여부 (배당요구 일자)
김00	건물전부	권리신고	주거 임차인	2004.12.10.~	2억원	150만원	2005.1.10.	없음	2010.02.05
유00	1301호	현황조사	주거 임차인	미상	미상		2004.12.30.	미상	

〈비고〉
김00 : 임차인 김00은 임차인 유00의 배우자임
유00 : 임차인 유00은 소유자 주식회사 00프랜차이즈의 대표이사임

본 경매물건은 3차 매각기일인 2010년 3월 24일 6명이 입찰하여 서 모 씨가 6억 7천여만 원에 낙찰 받았는데, 낙찰자 서 모 씨는 김 모 씨가 대항력 있는 임차인이 아니라는 전제하에서 입찰하였을 것이다.

만약 필자가 낙찰자 서 모 씨라면 매각대금 완납과 동시에 이들에 대하여 집행법원에

인도명령신청을 할 것이다. 법원 입장에서 봐도 이들을 진정한 임차인으로 보겠는가? 아마도 인도명령결정이 날 것이고, 상대방이 명도에 협조하지 않는다면 그냥 "세게!" 나가는 것이다.

그러나 만약 그 자가 진정 대항력 있는 임차인이고, 배당요구 종기일 이후에 배당신청 하였다면, 비록 배당신청을 하였더라도 배당절차에 참여하지 못하기에 낙찰자가 보증금 전액을 반환해 주어야 한다.

② 정리

소멸기준권리보다 먼저 전입신고 한 임차인, 즉 낙찰자에게 대항할 수 있는 임차인이 집행법원의 배당요구 종기일 이후에 배당신청을 하였다면 그 자는 배당절차에 참여할 수 없으나, 전세보증금 전액을 낙찰자가 인수하여야 하기에 임차인 입장에서 답답하지 않을 것이다.

본 사건의 경우, 소유자 겸 채무자가 법인으로 되어 있고, 주민등록 등재자 두 명 중, 한 명인 유 모 씨는 법인의 대표이사이며, 나머지 한 명인 김 모 씨는 법인 대표 유 모 씨의 남편인데, 그 자는 집행법원이 공고한 배당요구 종기일 이후에 배당요구를 하였다.

경매사건에서 이러한 유형의 임대차관계가 종종 나타난다. 단지 소멸기준권리보다 먼저 전입신고 하였다는 그 이유 하나만으로 투자자 입장에서 "어머나!" 할 필요가 있을까? 소위 냄새나는 임차인의 유형을 보면 보증금액은 장난이 아니고, 소멸기준권리보다 전입신고일이 빠르나, 확정일자는 나중에 받은 경우, 그리고 배당요구 종기일 이후에 배당신청한 경우가 이에 해당된다고 본다.

그러나 소멸기준권리보다 먼저 전입신고한 자가 진정한 임차인이라면 ▶경매법원이 공고한 배당요구종기일 이후에 배당요구 하였거나, ▶아예 배당요구를 하지 않은 경우, 또는 ▶배당요구 하였다가 배당요구종기일 이전에 배당철회신청을 한 경우에는 배당절차에 참여할 수는 없어도 대항력을 앞세워 전세보증금 전액을 낙찰자에게 반환 요청할 수 있다.

따라서 대항력 있는 임차인이 있다면 그 자의 배당신청일과 경매법원이 공고한 배당요구 종기일을 찬찬히 살펴보아야 한다.

6) 배당요구종기일 이후 배당요구 - 3

2009 타경 3858 (강제)		매각기일 : 2010-06-09 10:00~ (수)		경매6계 3271-1326 (구내:1326)	
소재지	서울특별시 서대문구 홍은동 191-00 ***주택 3층 301호				사건접수 2009-03-05
물건종별	다세대(빌라)	채권자	박 00	감정가	150,000,000원
대지권	40,44㎡ (12,23평)	채무자	김 00	최저가	(51%) 76,800,000원
전용면적	48,86㎡ (14,78평)	소유자	김 00	보증금	(10%) 7,680,000원
평형		매각대상	토지/건물일괄매각	청구금액	20,000,000원
입찰방법	기일입찰	배당종기일	2009-06-09	개시결정	2009-03-06

기일현황

회차	매각기일	최저매각금액	결과
신건	2010-02-17	150,000,000원	유찰
2차	2010-03-24	120,000,000원	유찰
3차	2010-04-30	96,000,000원	유찰
4차	2010-06-02	76,800,000원	변경
4차	2010-06-09	76,800,000원	매각

(주) ****/입찰10명/매각87,600,000원(58%)

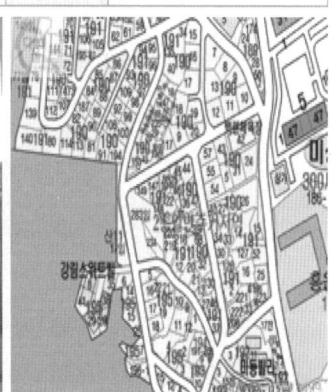

임차인현황 건물소멸기준 : 2005-07-28 배당종기일 : 2009-06-09

순위	성립일자	권리자	권리종류(점유부분)	권리금액	신고	대항	예상배당여부
1	전입 2002-04-26 확정 2010-04-19 배당 2010-04-21	김 ##	주택임차인 301호	[보] 40,000,000원	O	있음	인수금: 40,000,000원 전액매수인 인수예상
2	전입 2009-03-17 확정 2009-03-18 배당 2009-03-18	배 00	주택임차인 3층 전부	[보] 130,000,000원	O	없음	경매기입등기이후전입

- 보증금합계 : 170,000,000원

건물 등기부현황 건물열람일 : 2010-02-03

구분	성립일자	권리종류	권리자	권리금액	인수/소멸	비고
갑1	2003-01-13	(현)소유권	김 00 외		이전	보존
갑2	2003-01-13	(현)소유권(전부)	김 00		이전	공유물 분할
을1	2005-07-28	(근)저당	하나은행	12,000,000원	소멸기준	
갑9	2009-03-06	강제경매	박 00	청구: 20,000,000원	소멸	2009타경3858

① 해설

서울시 서대문구 홍은동에 소재하는 다세대주택을 4차 매각기일인 2010년 6월 9일 법인인 (주)****이 8천 7백여만 원에 낙찰 받았다.

② 임차인 김## 분석

임차인 김##은 소멸기준권리인 2005년 7월 28일 하나은행 근저당권보다 먼저 전입 신고하여 낙찰자에게 대항할 수 있다. 이렇듯이 대항할 수 있는 임차인의 경우 보증금 전액을 회수하지 못하면 잔여 보증금은 낙찰자의 인수사항이 된다.

그런데 임차인 김##은 법원이 공고한 배당요구 종기일인 2009년 6월 9일보다 늦은 2010년 4월 21일에 배당요구를 하였는데, 배당요구 종기일 이후에 배당요구한 자는 배당절차에 전혀 참여할 수 없다. 그렇다면 김##이 가짜가 아닌, 진정한 임차인이라면 낙찰자는 이 자의 보증금을 인수하여야 한다.

〈매각물건명세서상 임차인 현황〉

사건	2009타경3858 부동산강제경매			매각물건번호		1	담임법관(사법보좌관)		이OO
작성일자	2010.05.25			최선순위 설정일자			2005.07.28. 근저당권		
부동산 및 감정평가액 최저매각가격의 표시	부동산표시목록 참조			배당요구종기			2009.06.09		

부동산의 점유자와 점유의 권원, 점유할 수 있는 기간, 차임 또는 보증금에 관한 관계인의 진술 및 임차인이 있는 경우 배당요구 여부와 그 일자, 전입신고일자 또는 사업자등록신청일자와 확정일자의 유무와 그 일자

점유자의 성명	점유부분	정보출처 구분	점유의 권원	임대차 기간 (점유기간)	보증금	차임	전입신고일자 사업자등록신청일자	확정일자	배당요구 여부 (배당요구일자)
김##	미상	현황조사	주거 임차인	미상	미상	미상	2002.4.26.	미상	
	301호	권리신고	주거 임차인	2002.4.26.~	40,000,000원		2002.4.26.	2010.4.19.	2010.04.21
배OO	미상	현황조사	주거 임차인	미상	미상	미상	2009.03.17.	미상	
	3층 전부	권리신고	주거 임차인	2009.03.05.~2010.03.05.	1억3천만원		2009.03.17.	2009.03.18.	2009.03.18

〈비고〉 경매기입등기일인 '09.3.6. 이후 전입

그런데 임차인 김##은 약간 구린내가 난다. 왜냐하면 확정일자를 받은 날짜와 배당요구일자를 보면 2차 매각기일 이후 3차 매각기일 이전으로서, 김##이 진정한 임차인이라

면 과연 이러한 행태를 보일지가 의문이 가기 때문이다.

어쨌든 본 사건의 낙찰금액에서 경매비용을 감한 배당금액을 8천 5백만 원으로 보았을 때, 근저당권자와 강제경매신청권자에게 배당되고 나서, 5천여만 원의 배당잉여금이 있는데, 이 금액은 채무자에게 배당될 것이다.

이에 낙찰 후 임차인 김##을 면담하여 배당잉여금에 대하여 임대차계약서로 채권가압류 조치를 하라고 이야기하면서 그 자의 진정성을 파악해 보는 것이다. 진정한 임차인이라면 낙찰자의 조언에 의해 채권가압류를 할 것이나, 가짜 임차인이라면 상당히 소극적으로 나올 것이다.

그리고 경매물건의 소유자 김00의 주소지를 확인해 보니 본 사건 부동산으로 되어 있었다. 빌라에 소유자와 임차인이 같이 산다? 물론 같이 살 수도 있겠지만 경험칙상 이러한 경우의 임차인은 허위 임차인인 것을 많이 느꼈다.

〈부동산등기부상 소유자의 주소지〉

1	소유권보존	2003년1월13일 제1274호		공유자 지분 2분의 1 　김○○ 470102-2****** 　서울 서대문구 홍은동 191-○○ 지분 2분의 1 　배○○ 610328-2****** 　서울 서대문구 홍은동
2	1번배○○지분전부이전	2003년1월13일 제1277호	2002년12월10일 공유물 분할	공유자 지분 2분의 1 　김○○ 470102-2****** 　서울 서대문구 홍은동 191-○○

③ 임차인 배00 분석

임차인 배00은 경매기입등기일 이후에 전입신고 하였기에 이 자는 임차인도 아니고, 나아가 배당절차에도 참여할 수 없다. 낙찰 후 인도명령에 의해 명도집행을 하면 그만이다. 채무자 측에서는 엄청 급했던 모양이다.

7) 대항력 있는 임차인의 배당철회신청 - 1

2009 타경 19309 (임의)		매각기일 : 2010-03-08 10:00~ (월)		경매6계 (031)737-1326 (구내:1326)	
소재지	경기도 성남시 분당구 정자동 9 아이파크분당1 ★★동 14층 1401호				사건접수 2009-08-27
물건종별	아파트	채권자	승계인 솔로몬상호저축은행	감정가	1,650,000,000원
대지권	37,054㎡ (11,21평)	채무자	이00	최저가	(51%) 844,800,000원
전용면적	196,38㎡ (59,4평)	소유자	이00	보증금	(10%) 84,480,000원
평형	74평형	매각대상	토지/건물일괄매각	청구금액	515,974,364원
입찰방법	기일입찰	배당종기일	2009-11-06	개시결정	2009-08-28

기일현황

회차	매각기일	최저매각금액	결과
신건	2009-12-07	1,650,000,000원	유찰
2차	2010-01-05	1,320,000,000원	유찰
3차	2010-02-01	1,056,000,000원	유찰
4차	2010-03-08	844,800,000원	매각
	황00 /입찰1명/매각881,000,000원(53%)		
	2010-04-08	대금지급기한	

임차인현황 / 건물소멸기준 : 2009-03-30 / 배당종기일 : 2009-11-06

순위	성립일자	권리자	권리종류(점유부분)	권리금액	신고	대항	예상배당여부
1	전입 2009-03-26 확정 2009-03-24 배당 철회	최00	주택임차인 전체	[보] 500,000,000원	X	있음	인수금 : 500,000,000원 전액매수인 인수예상
-	최00 : 2009. 11. 5. 배당요구 철회						

건물 등기부현황 / 건물열람일 : 2009-11-23

구분	성립일자	권리종류	권리자	권리금액	인수/소멸	비고
갑1	2003-07-18	(전)소유권	현대산업개발		이전	보존
갑2	2003-08-29	(현)소유권	이00		이전	매매
을10	2009-03-30	(근)저당	하나은행	600,000,000원	소멸기준	
을11	2009-05-01	(근)저당	금00	300,000,000원	소멸	
갑5	2009-05-11	가처분(지분)	정00		소멸	가처분등기보기
갑6	2009-08-31	가압류	삼화두리상호저축은행	300,000,000원	소멸	
갑7	2009-09-01	임의경매	하나은행		소멸	
갑8	2009-09-17	가압류	삼성카드	6,346,104원	소멸	

① 해설

본 경매사건의 임차인 최 모 씨는 전입일자(2009년 3월 26일)가 1순위 근저당권자 하나은행(동년 3월 30일)보다 빠르기에 낙찰자에게 대항할 수 있다.

대항력 있는 임차인 최 모 씨는 2009년 9월 10일 권리신고 및 배당요구 신청서를 집행법원에 제출하였다가 배당요구 종기일인 동년 11월 6일 하루 전인 동년 11월 5일 집행법원에 배당요구 철회신청을 하였다.

이렇게 되면 최 모 씨의 전세금 5억 원은 낙찰자가 전액 부담하여야 하기에, 본 경매사건 4차 매각기일인 2010년 3월 8일, 황 모 씨가 8억 8천여만 원에 단독 낙찰 받은 것이다.

〈매각물건명세서 중에서...〉

사건	2009타경19309 부동산임의경매	매각물건번호	1	담임법관(사법보좌관)	박 OO
작성일자	2010.02.24	최선순위 설정일자	2009.03.30		
부동산 및 감정평가액 최저매각가격의 표시	부동산표시목록 참조	배당요구종기	2009.11.06		

부동산의 점유자와 점유의 권원, 점유할 수 있는 기간, 차임 또는 보증금에 관한 관계인의 진술 및 임차인이 있는 경우 배당요구 여부와 그 일자, 전입신고일자 또는 사업자등록신청일자와 확정일자의 유무와 그 일자

점유자의 성명	점유부분	정보출처 구분	점유의 권원	임대차 기간 (점유기간)	보증금	차임	전입신고일자, 사업자등록신청일자	확정일자	배당요구 여부 (배당요구일자)
최 OO	전체	현황조사	주거임차인	2009.03.27	500,000,000		2009.03.26	2009.03.24	
		권리신고	주거임차인		500,000,000		2009.3.26.	2009.3.24.	

〈비고〉
최 OO : 2009. 11. 5. 배당요구 철회

〈법원문건 접수내역 중에서...〉

2009-09-10	배당요구권자 최 OO 권리신고및배당요구신청 제출
2009-11-05	임차인 최 OO 배당요구철회 제출

② 대항력 있는 임차인의 배당요구 관계

소멸기준권리보다 먼저 전입 신고하여 대항력을 가지는 임차인이 있을 경우, 그 자의 배당요구여부에 따라 낙찰자의 인수부분이 유동적이다. 따라서 배당요구 종기일과 배당요구여부 확인을 하여야 한다.

ⅰ. 배당요구를 하지 않은 경우

대항력 있는 임차인이 아예 권리신고 및 배당요구를 하지 않았다면 그 자의 보증금 전액을 낙찰자가 인수하여야 한다.

ⅱ. 배당요구를 한 경우

가. 배당요구 종기일 이전에 배당요구 한 경우

배당절차에 참여할 수 있는데, 이때에는 그 자의 배당금액이 얼마인지를 파악해야 한다.

나. 배당요구 종기일 이전에 배당요구 하였다가 배당철회 한 경우

배당요구 종기일 이전에 배당요구를 하였다가 역시 배당요구 종기일 이전에 배당철회를 하면 그 자는 배당절차에 참여할 수 없기에 보증금 전액을 낙찰자가 인수하여야 한다.

그러나 배당요구 종기일 이전에 배당요구를 하였다가 배당요구 종기일 이후에 배당철회를 하면 배당철회의 효과가 없어 그 자는 순위에 의해 배당받는다.

다. 배당요구 종기일 이후에 배당요구 한 경우

배당요구 종기일 이후에 배당요구를 하였다면 그 자의 배당요구는 효력이 없으나, 대항력이 있기에 낙찰자가 보증금 전액을 부담하여야 한다.

8) 대항력 있는 임차인의 배당철회신청 - 2

2009 타경 8682 (임의)		매각기일 : 2010-06-14 10:00~ (월)		경매18계 032-860-1618 (구내:1618)	
소재지	인천광역시 연수구 연수동 536 연수동남아파트 **동 13층 1306호			사건접수 2009-02-20	
물건종별	아파트	채권자	최00	감정가	300,000,000원
대지권	86.5755㎡ (26.19평)	채무자	정00	최저가	(34%) 102,900,000원
전용면적	104.88㎡ (31.73평)	소유자	정00	보증금	(20%) 20,580,000원
평형	39평형	매각대상	토지/건물일괄매각	청구금액	150,000,000원
입찰방법	기일입찰	배당종기일	2009-04-27	개시결정	2009-02-23

▶ 기일현황 ▽전체보기

회차	매각기일	최저매각금액	결과
신건	2009-10-14	300,000,000원	유찰
2차	2010-02-10	210,000,000원	유찰
3차	2010-03-12	147,000,000원	매각
김00/입찰2명/매각205,100,000원(68%)			
	2010-04-21	대금지급기한	미납
3차	2010-05-12	147,000,000원	유찰
4차	2010-06-14	102,900,000원	매각
최00/입찰3명/매각135,000,000원(45%)			

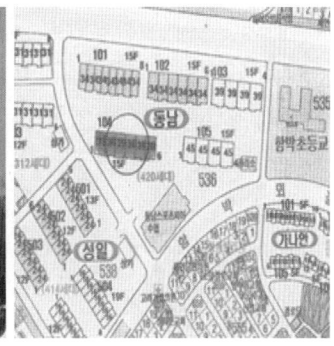

▶ 임차인현황 ☞ 건물소멸기준 : 2008-05-30 ☞ 배당종기일 : 2009-04-27   매각물건명세서 예상배당표

순위	성립일자	권리자	권리종류(점유부분)	권리금액	신고	대항	예상배당여부
1	전입 2004-11-18 확정 2006-12-26 배당 철회	이00	주택임차인 전부	[보] 130,000,000원	X	있음	인수금: 130,000,000원 전액매수인 인수예상
-	이00 : 임차인 이00는 2009. 4. 9.자로 배당요구신청 취하서를 제출하였음.						

▶ 건물 등기부현황 ☞ 건물열람일 : 2009-09-30   등기부등본열람

구분	성립일자	권리종류	권리자	권리금액	인수/소멸	비고
갑4	2000-04-10	(전)소유권	최**		이전	매매
갑11	2006-12-27	(현)소유권	정00		이전	증여
을11	2008-05-30	(근)저당	최00	170,000,000원	소멸기준	
갑14	2009-02-23	임의경매	최00	청구: 150,000,000원	소멸	2009타경8682

본 경매사건의 임차인 이 모 씨는 소멸기준권리보다 먼저 전입신고 하였기에 낙찰자에게 대항할 수 있는 임차인에 해당된다. 그런데 이 모 씨는 배당요구 종기일 이전인 2009년 3월 27일 집행법원에 권리신고 및 배당요구를 하였다가, 배당요구 종기일 이전인 동년 4월 9일에 배당요구 취하서를 제출하였다.

그렇다면 임차인 이 모 씨의 보증금 1억 3천만 원은 낙찰자가 인수하여야 하는데, 3차 매각기일인 2010년 3월 12일에 김 모 씨가 2억 5백여만 원에 훅! 하고 질러 버렸다.

여기서 날짜를 비교해 보자! 임차인 이 모 씨의 배당요구 취하서 제출일자가 2009년 4월 9일! 3차 매각기일이 2010년 3월 12일! 3차 매각기일에 입찰한 사람은 대항력 있는 임차인의 배당취하서 제출여부를 충분히 파악할 수 있었을 텐데…

왜 입찰하였을까? 흘러넘치는 것이 시간과 돈밖에 없어서일까? 씁쓸할 따름이다.

참고로 본 경매물건은 경매신청권자인 최 모 씨가 4차 매각기일인 2010년 1억 3천 5백만 원에 낙찰 받았다. 여기서 최 모 씨 본인의 청구채권액이 1억 5천만 원이니 매각허가기일까지 채권상계신청에 의해 소유권을 취득하면 된다.

경매투자? 애들 장난치는 것이 아니다! 모르면 차라리 입찰을 하지 말든지… 아니면 경매 좀 아는 사람한테 물어나 봐야 하지 않는가? 前 낙찰자 김 모 씨는 1천 4백여만 원짜리 떡을 사 먹었는데… 엄청 비싸다는 생각이 들지 않습니까? 떡은 재래시장에 가서 2천 원짜리 바람 떡을 사먹어야지… 바람 떡이요? 맛 좋습니다!!!

〈법원문건 접수내역 중에서…〉

| 2009-03-27 | 임차인 이 OO 권리신고및배당요구신청 제출 |
| 2009-04-09 | 임차인 이 OO 배당요구 취하 제출 |

〈매각물건명세서 중에서…〉

사건	2009타경8682 부동산임의경매	매각물건번호	1	담임법관(사법보좌관)	맹 OO
작성일자	2010.04.28	최선순위 설정일자	2008.5.30.근저당권		
부동산 및 감정평가액 최저매각가격의 표시	부동산표시목록 참조	배당요구종기	2009.04.27		

부동산의 점유자와 점유의 권원, 점유할 수 있는 기간, 차임 또는 보증금에 관한 관계인의 진술 및 임차인이 있는 경우 배당요구 여부와 그 일자, 전입신고일자 또는 사업자등록신청일자와 확정일자의 유무와 그 일자

점유자의 성명	점유부분	정보출처 구분	점유의 권원	임대차 기간 (점유기간)	보증금	차임	전입신고일자, 사업자등록신청일자	확정일자	배당요구 여부 (배당요구일자)
이 OO	전부	권리신고	주거 임차인	2004.11.18~	130,000,000		2004.11.18	2006.12.26	

〈비고〉
이 OO : 임차인 이 OO는 2009. 4. 9.자로 배당요구신청 취하서를 제출하였음.

이러한 실수를 하는 사람들은 가뭄에 콩 나듯이 별로 없을 것이라고 생각할 수도 있다. 그러나 종종 이러한 사례가 발생되는데, 경매투자해서 돈 좀 벌어 보겠다고 덤벼들었다가 오히려 돈을 까먹는 결과를 초래하는 것이다.

9) 대항력 있는 임차인의 배당철회신청 - 3

2009 타경 8491 (임의)		매각기일 : 2010-09-06 10:00~ (월)		경매6계 (031)737-1326 (구내:1326)	
소재지	경기도 성남시 중원구 하대원동 190 하대원동현대아파트 ***동 7층 701호			사건접수 2009-04-10	
물건종별	아파트	채권자	한국상호저축은행	감정가	230,000,000원
대지권	26.527㎡ (8.02평)	채무자	오 00	최저가	(33%) 75,366,000원
전용면적	59.91㎡ (18.12평)	소유자	오 00	보증금	(20%)15,074,000원
평형	24평형	매각대상	토지/건물일괄매각	청구금액	101,370,902원
입찰방법	기일입찰	배당종기일	2009-06-15	개시결정	2009-04-13

기일현황

회차	매각기일	최저매각금액	결과
신건	2009-08-03	230,000,000원	유찰
2차	2009-09-07	184,000,000원	변경
2차	2009-11-02	184,000,000원	변경
2차	2010-01-05	184,000,000원	매각
하00/입찰1명/매각191,821,000원(83%)			
	2010-01-12	매각결정기일	불허가
2차	2010-03-08	184,000,000원	유찰
3차	2010-04-05	147,200,000원	매각
김00/입찰1명/매각152,000,000원(66%)			
	2010-05-13	대금지급기한	미납
3차	2010-06-07	147,200,000원	유찰
4차	2010-07-05	117,760,000원	유찰
5차	2010-08-09	94,208,000원	유찰
6차	2010-09-06	75,366,000원	매각
조00/입찰2명/매각87,650,000원(38%)			

> 잘 빠져 나왔군요 ㅋㅋ

> 1,472만원 짜리 떡!!!

임차인현황 ☞ 건물소멸기준 : 2008-06-02 ☞ 배당종기일 : 2009-06-15

순위	성립일자	권리자	권리종류(점유부분)	권리금액	신고	대항	예상배당여부
1	전입 2008-04-03 확정 2008-04-03 배당 철회	변 00	주택임차인 701호 전체	【보】120,000,000원	○	있음	인수금 120,000,000원 전액매수인 인수예상
-	변 00 : 2009.06.03. 배당요구 철회						

건물 등기부현황 ☞ 건물열람일 : 2009-07-20

구분	성립일자	권리종류	권리자	권리금액	인수/소멸	비고
갑1	1995-05-12	(현)소유권	오 00		이전	매매
을7	2008-06-02	(근)저당	한국상호저축은행	126,000,000원	소멸기준	
갑2	2009-02-03	가압류	★★★ 크레디트	3,787,662원	소멸	
갑3	2009-04-13	임의경매	한국상호저축은행	청구 : 101,370,902원	소멸	2009타경8491
갑4	2009-04-27	가압류	대우캐피탈	34,309,288원	소멸	
갑5	2009-05-06	가압류	유 00	10,000,000원	소멸	
갑5	2009-05-06	가압류	전주농업협동조합	5,099,361원	소멸	
갑6	2009-05-13	가압류	전주농업협동조합	10,843,951원	소멸	
갑7	2009-06-04	압류	국민건강보험공단		소멸	

① 임차인 변 모 씨 분석

본 경매사건 역시 직전 사례와 유사하다. 대항력 있는 임차인 변 모 씨는 2009년 4월 29일 권리신고 및 배당요구를 하였다가, 동년 6월 3일 배당요구 철회신청을 하였다.

〈법원문건 접수내역〉

2009-04-29	임차인 변 00 권리신고및배당요구신청 제출
2009-06-03	임차인 변 00 권리신고및배당요구신청철회 제출

② 2010년 1월 5일 입찰자 하 모 씨 분석

대항력 있는 임차인 변 모 씨는 배당요구를 하였다가, 배당요구 종기일 이전에 배당철회신청을 하였다. 그렇다면 그 자의 보증금 1억 2천만 원은 낙찰자가 인수하여야 한다. 그런데 그 자의 배당철회 일자가 언제인가? 2009년 6월 3일이다.

하 모 씨가 입찰한 2010년 1월 5일보다 7개월 전에 대항력 있는 임차인의 배당철회사실이 있었는데, 하 모 씨는 이를 확인하지 않은 모양이다. 이러한 부분을 확인하지 못한다면 경매할 자격이 없다고 본다.

그런데 참 재주도 용하다. 집행법원에 매각불허가신청을 하여 불허가결정을 받아 냈으니 말이다. 만약 허가결정이 났다면 하 모 씨는 1,840만 원짜리 떡을 사먹었을 텐데… 대단히 다행스러운 일인가?

〈하 모 씨의 매각불허가신청〉

2010-01-07	최고가매수신고인 매각불허가신청 제출 (2차 매각기일 낙찰자 하00)

〈하 모 씨의 입찰보증금 반환신청〉

2010-01-20	최고가매수신고인 매각보증금 반환신청 제출

〈하 모 씨 관련 매각기일내역〉

2010-01-05 10:00	매각기일	제3별관 제5호 법정	184,000,000	매각(191,821,000원)
2010-01-12 00:00	매각결정기일	제3별관 제5호 법정	0	최고가매각불허가결정

③ 2010년 4월 5일 입찰자 김 모 씨 분석

그런데 3차 매각기일인 2010년 4월 5일 김 모 씨가 1억 5천여만 원에 또 입찰하였다가 매각대금을 납부하지 않았는데, 김 모 씨는 직전 낙찰자 하 모 씨처럼 집행법원에 매각불허가신청 등 몸부림을 치지 않아, 입찰보증금 1천 4백여만 원을 손해 보았다.

〈김 모 씨 관련 매각기일내역〉

2010-04-05 10:00	매각기일	제3별관 제5호 법정	147,200,000	매각(152,000,000원)
2010-04-12 00:00	매각결정기일	제3별관 제5호 법정	0	최고가매각허가결정
2010-05-13 16:00	대금지급기한	민사신청과 경매6계	0	미납

④ 정리

대항력 있는 임차인의 배당신청과 배당철회신청에 대해 이미 언급하였다.

필자 생각인데, 입찰법정 몇 번 왔다 갔다 하면 모두 경매선수가 된다고 생각하는가? 착각하지 마시라! 결코 아니다. 기본에 충실해야 한다.

집행법원이 그렇게 친절하게 작성한 문건을 찬찬히 읽어 보면 삼척동자도 다 알 수 있는 사실인데... 어떻게 보면 극히 일반적인 사안인데도 이렇게 남 좋은 일시키는 경매인이 아직도 있으니... 그저 안타까울 따름이다.

이러한 실수를 해서는 아니 되나, 사람이기에 실수를 할 수도 있다. 만약 내가 이러한 실수를 한다면 나는 어떻게 하지? 라고 반문해 보시기 바란다.

비록 매각불허가 사유가 아닐지라도 *前前* 낙찰자 하 모 씨처럼 말도 되지 않는 사유로 해서 집행법원에 매각불허가신청을 하는 것이다.

(5) 기타 점검사항

1) 세대합가 - 1

2009 타경 28902 (강제)		매각기일 : 2010-06-08 10:00~ (화)		경매8계 (02)2192-1338 (구내:1338)	
소재지	서울특별시 강서구 화곡동 1033-0 **주택 지하층 3호				사건접수 2009-11-23
물건종별	다세대(빌라)	채권자	도OO	감정가	97,000,000원
대지권	22.39㎡ (6.77평)	채무자	이OO	최저가	(80%) 77,600,000원
전용면적	36.81㎡ (11.13평)	소유자	이OO	보증금	(10%) 7,760,000원
평형		매각대상	토지/건물일괄매각	청구금액	18,180,372원
입찰방법	기일입찰	배당종기일	2010-02-05	개시결정	2009-11-24

▶ 기일현황

회차	매각기일	최저매각금액	결과
신건	2010-05-04	97,000,000원	유찰
2차	2010-06-08	77,600,000원	매각
이OO/입찰2명/매각82,777,100원(85%)			

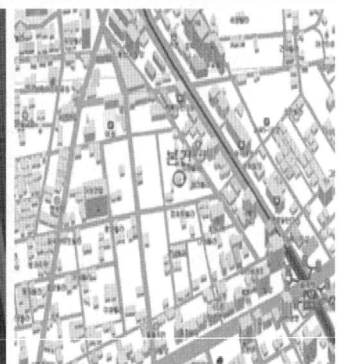

▶ 임차인현황 ☞ 건물소멸기준 : 2004-05-04 ☞ 배당종기일 : 2010-02-05   매각물건명세서 예상배당표

순위	성립일자	권리자	권리종류(점유부분)	권리금액	신고	대항	예상배당여부
1	전입 2007-10-08 확정 2003-07-23 배당 2009-12-14	임OO	주택임차인	【보】35,000,000원	○	없음	배당금: 35,000,000원 전액배당 소멸예상

▶ 건물 등기부현황 ☞ 건물열람일 : 2010-04-20   등기부등본열람

구분	성립일자	권리종류	권리자	권리금액	인수/소멸	비고
갑1	1992-01-24	(전)소유권	김OO		이전	매매
갑2	2002-01-23	(현)소유권	이OO		이전	매매
갑3	2004-05-04	가압류	중소기업은행	12,561,917원	소멸기준	
갑4	2004-05-08	가압류	국민은행	5,718,406원	소멸	
갑5	2004-07-19	가압류	국민은행	11,274,597원	소멸	
갑6	2008-07-01	가압류	도OO외 2명	87,186,048원	소멸	
갑7	2009-11-24	강제경매	도OO외 2명	청구: 18,180,372원	소멸	2009타경28902

① 해설

임차인 임모 씨는 2004년 5월 4일 소멸기준권리인 가압류등기보다 나중에 전입신고하여 일응 낙찰자에게 대항할 수 없는 임차인으로 보여 진다. 그러나 전입세대 열람내역을 보면 낙찰자에게 대항할 수 있는 임차인에 해당되는데, 주거용 부동산에 입찰할 경우 임차인의 세대합가 부분에 신경을 많이 써야 한다.

〈전입세대 열람내역〉

위 자료가 전입세대 열람내역이다. 희미하게 표시되었지만 임 모 씨가 세대주로 2007년 10월 8일 전입신고 하였으나, 김 모 씨는 2003년 7월 21일 전입신고 한 것으로 나타나 있다. 전입일자가 이러하다면 전입일자가 빠른 것을 기준하여 임차인의 대항력여부를 따지는데, 이들의 임차인으로서의 대항력은 김 모 씨가 전입신고 한 2003년 7월 21일의 다음 날부터 대항력이 발생되는 셈이다.

따라서 임차인은 2004년 5월 4일 소멸기준권리인 가압류등기보다 먼저 대항력을 갖춘 것이 되어 경매결과 이들이 보증금 전액을 배당받지 못할 경우 잔여 보증금은 낙찰자가 인수하여야 한다.

② 세대합가란?

예로서, 부부가 가정공동생활을 하다가 다른 주택을 임차하면서 남편을 임차인으로 하여 임대차계약 체결하였다면, 임대차계약서상 임차인인 남편이 새로운 임차주택으로 전입신고를 하여야 임차인으로 대항력이 발생된다.

그런데 부득이한 사정으로 남편이 새로운 임차주택에 전입신고를 하지 못할 경우에는 원래 하나의 세대였던 주민등록을 분리하여 임차인의 부인이 단독세대를 구성하여 전입신고 하였다가 나중에 남편이 전입할 경우, 남편을 세대주로 하여 세대를 합쳐버린다.

이를 세대합가라 하는데, 예로서 부인 전입(2011년 2월 1일) ⇨ A 근저당권(2012년 2월 1일) ⇨ 남편 전입(2014년 2월 1일) ⇨ A 임의경매신청의 경우, 부부가 가정공동생활을 하기에 남편을 세대주로 하여 주민등록을 정리한다. 이렇게 되면 부인은 남편의 세대원이 되고, 표면적으로는 A 근저당권 이후에 임차인으로 전입신고 한 것처럼 보인다.

단지 보이는 부분만 가지고 임차인에 대한 분석을 하였다가는 세대합가라는 함정을 만날 수도 있어, 전입일자가 늦고, 확정일자가 빠르다면 혹시 세대합가의 경우가 아닌지를 짚어 본 후 투자여부를 결정하도록 하자.

③ 본 사건 분석

주택임대차보호법에서 규정하고 있는 임차인의 대항요건 중 하나인 주민등록은 임차인 본인의 주민등록뿐만 아니라 그의 배우자나 자녀 등 가족의 주민등록까지 포함된다[= 대법원 87다카14판결, 대법원 87다카3093판결 각 참조]. 주거용 부동산에 입찰할 경우, 세대합가 여부에 대해 항상 신경을 써야 하는데, 세대합가 여부는 전입세대 열람내역을 찬찬히 보면 금방 알 수 있기에 약간의 주의를 요하면 된다.

즉, 경매정보지와 신분증을 지참한 후 자치센터(=동사무소)를 방문하여 전입세대 열람신청을 하는 것이다. 열람결과 거주자의 이름이 동일하면 세대합가가 아니나, 만약 거주자의 이름이 틀리면 세대합가에 해당되기에 우측에 기재된 거주자의 전입일자를 기준하여 분석하여야 한다. 본 사건을 보면 다음과 같다.

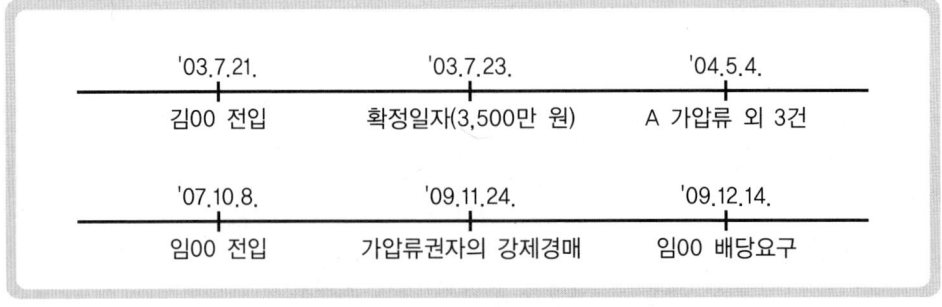

본 사건의 임차인은 세대합가로서 낙찰자에게 대항할 수 있는 임차인에 해당되나, 배당요구

를 하여 1순위로 보증금 전액을 배당받을 수 있어 낙찰자의 추가 부담부분은 없게 된다.

그러나 만약 A 전입신고 ⇨ B 근저당권 ⇨ A의 남편 전입신고 및 **확정일자** ⇨ B 근저당권자의 임의경매신청의 경우, A가 남편과 세대합가 한 사실을 모르고 입찰하였다가는 자칫 실패한 투자로 이어질 수 있어, 주거용 부동산에 입찰할 경우, 세대합가 부분은 반드시 짚고 넘어가야 한다. 참고로 전입세대 열람내역신청 관련한 근거 법은 다음과 같다.

④ 주민등록법 시행규칙 제14조(주민등록전입세대의 열람) 제1항

열람 또는 등·초본 교부기관의 장은 다음 각 호의 어느 하나에 해당하는 경우로서 별지 제15호 서식에 따라 전입세대 열람을 신청한 자에게는 해당 물건소재지에 주민등록이 되어 있는 세대주와 동일 세대별 주민등록표 상의 동거인(말소 또는 거주불명 등록된 사람을 포함한다)의 성명과 전입일자만 열람하게 할 수 있다. <u>다만, 동일 세대별 주민등록표 상의 세대원이 세대주보다 전입일자가 빠른 경우에는 그 세대원의 성명과 전입일자를 열람하게 할 수 있다.</u>

1. 법 제29조 제2항 제2호(=관계 법령에 따른 소송·비송사건·경매목적 수행상 필요한 경우)에 따라 경매참가자가 경매에 참가하기 위하여 신청하는 경우

⑤ 기타

세대합가의 경우 매각물건명세서 상에 자세히 표시해 주는 법원이 있는 반면 그러하지 않은 경우도 있다. 아래는 본 경매사건의 매각물건명세서로서 언뜻 보면 세대합가와 무관한 듯 보인다. 이때에는 임차인의 전입일자와 점유기간 및 확정일자를 비교하여 상당한 시차가 있다면 세대합가일지도 모른다는 생각을 해보자.

〈매각물건명세서 중에서…〉

사건	2009타경28902 부동산강제경매	매각물건번호	1	담임법관(사법보좌관)	최
작성일자	2010.05.06	최선순위 설정일자		2004.5.4. 근저당권	
부동산 및 감정평가액 최저매각가격의 표시	부동산표시목록 참조	배당요구종기		2010.02.05	

부동산의 점유자와 점유의 권원, 점유할 수 있는 기간, 차임 또는 보증금에 관한 관계인의 진술 및 임차인이 있는 경우 배당요구 여부와 그 일자, 전입신고일자 또는 사업자등록신청일자와 확정일자의 유무와 그 일자

점유자의 성명	점유부분	정보출처 구분	점유의 권원	임대차 기간 (점유기간)	보증금	차임	전입신고일자, 사업자등록신청 일자	확정일자	배당요구 여부 (배당요구 일자)
(전입인)임OO		현황조사	주거 임차인				2007.10.8.		
		권리신고	주거 임차인	2003.7.17.~2009. 12.14.	3,500만원		2007.10.8.	2003.7.23.	2009.12.14

2) 세대합가 - 2

2009 타경 56091 (임의)		매각기일 : 2011-03-11 10:30~ (금)		경매3계 (031)210-1263 (구내:1263)	
소재지	경기도 용인시 수지구 풍덕천동 1027 신정마을 ***동 10층 1002호			사건접수 2009-10-14	
물건종별	아파트	채권자	한국자산관리공사	감정가	380,000,000원
대지권	46,9912㎡ (14,21평)	채무자	신 ##	최저가	(51%) 194,560,000원
전용면적	84,99㎡ (25,71평)	소유자	신 00	보증금	(30%)58,368,000원
평형	33평형	매각대상	토지/건물일괄매각	청구금액	242,257,682원
입찰방법	기일입찰	배당종기일	2009-12-30	개시결정	2009-10-15

기일현황

회차	매각기일	최저매각금액	결과
신건	2010-08-17	380,000,000원	유찰
2차	2010-09-28	304,000,000원	유찰
3차	2010-10-22	243,200,000원	유찰
4차	2010-11-18	194,560,000원	매각
방00/입찰1명/매각226,000,000원(59%)			
	2011-01-07	대금지급기한	미납
4차	2011-01-28	194,560,000원	변경
4차	2011-03-11	194,560,000원	매각
박00/입찰4명/매각210,770,000원(55%)			
	2011-04-20	대금지급기한	

임차인현황 ☞ 건물소멸기준 : 2007-09-17 ☞ 배당종기일 : 2009-12-30

순위	성립일자	권리자	권리종류(점유부분)	권리금액	신고	대항	예상배당여부
1	전입 2007-08-22 확정 없음 배당 없음	최00	주택임차인		X	있음	현황조사 권리내역

- 최00 : 배우자(송00)의 전입일자임.

건물 등기부현황 ☞ 건물열람일 : 2010-08-03

구분	성립일자	권리종류	권리자	권리금액	인수/소멸	비고
갑2	2006-03-24	(전)소유권	장00		이전	매매
갑4	2007-01-12	(현)소유권	신00		이전	상속
을3	2007-09-17	(근)저당	한국자산관리공사	325,000,000원	소멸기준	
을4	2008-04-23	(근)저당	이00	90,000,000원	소멸	
갑10	2009-10-15	임의경매	한국자산관리공사	청구: 242,257,682원	소멸	2009타경56091
갑11	2010-05-26	압류	용인시수지구		소멸	

① 해설

경매정보지를 보면 최 모 씨가 2007년 8월 22일 전입신고 하였고, 확정일자 미상! 그리고 배당요구를 하지 않았는데, 소멸기준권리인 동년 9월 17일 근저당권보다 빠르기에 대항력 있는 임차인으로 간주하여야 한다.

본 사건의 전입세대 열람내역을 보면 최 모 씨는 2009년 8월 31일 전입신고 하였고, 송 모 씨가 2007년 8월 22일 전입신고 한 것으로 나타났는데, 이들은 부부지간이다.

〈전입세대 열람내역〉

〈임대차관계조사서〉

임대차관계조사서
1. 임차 목적물의 용도 및 임대차 계약등의 내용

[소재지] 1. 경기도 용인시 수지구 풍덕천동 ** 신정마을 **동 10층 1002호				
1	점유인	최 00	당사자구분	임차인
	점유부분		용도	주거
	점유기간			
	보증(전세)금		차임	
	전입일자	2007.8.22(최00 처 송00 의 최초전입일자)	확정일자	

따라서 최 모 씨의 부인 송 모 씨가 먼저 전입신고 하였고, 그 후 남편 최 모 씨가 전입신고한 후 세대를 합쳤는데, 본 사건은 부인 송 모 씨 2007년 8월 22일 전입 ⇨ 근저당권 한국자산관리공사 2007년 9월 17일 설정 ⇨ 남편 최 모 씨 2009년 8월 31일 전입 ⇨ 2009

년 10월 15일 한국자산관리공사가 임의경매신청을 하였다.

이와 같은 경우 임차인의 대항력은 임차인 최 모 씨의 처 송 모 씨의 전입일 그 다음 날인 2007년 8월 23일 오전 0시부터 발생되는데, 소멸기준권리인 동년 9월 17일 근저당권보다 빠르기에 임차인은 낙찰자에게 대항할 수 있는 것이다.

② 이 물건에 입찰하려면?

최 모 씨는 대항력 있는 임차인에 해당된다. 그런데 집행법원에 권리신고 및 배당요구 신청을 하지 않아 낙찰자에게 보증금 전액을 반환받을 수 있다. 이러한 경우 입찰가격은 아래 KB아파트시세에 나와 있는 전세금 수준에서 낙찰자가 인수한다는 전제하에서 결정하여야 할 것이다. 가능하면 현장 방문을 하여 그 자의 임대차계약서를 확인해 보는 것도 한 방법이다.

〈KB아파트시세〉

KB아파트시세

경기도 > 용인시 > 풍덕천동 > 신정마을(진흥)

□ 신정마을(진흥) 109.09㎡/ 84.99㎡

■ 시세검색 정보

시세갱신일 : 2011-04-08 (단위 : 만원)

매매가			전세가		
하위 평균가	일반 평균가	상위 평균가	하위 평균가	일반 평균가	상위 평균가
33,750	35,750	36,500	17,500	18,250	19,000

③ 박 모 씨는 낙찰을 잘 받았을까?

경매부동산 소유자의 주소지는 본건이 아닌 부산으로 되어 있어, 최 모 씨의 임대차는 진정한 것으로 보여 지며, 앞의 국민은행 시세정보에 의해 전세금을 1억 8천만 원으로 보면, 낙찰가 2억 1천만 원과 인수 전세금 1억 8천만 원을 합쳐서 총 투입금액이 3억 9천만 원 이상이 되는데… 최초 매각금액이 3억 8천만 원! 시세는 그 이하! 낙찰자 박 모 씨는 잘 받았는지 모르겠다.

〈소유자 신 모 씨의 주소지 내역〉

4	소유권이전	2007년1월12일 제7264호	2006년8월9일 상속	소유자 신○○ 860918-1****** 부산 수영구 남천동 ←

참고로 본건 옆에 있는 동의 12층이(=본건과 면적이 동일함) 2010년 1월 12일에 3억 5천만 원으로 낙찰되었는데, 권리상 하자가 없는 물건이다.

〈본건 옆 동 12층 낙찰사례〉

2009 타경 22920 (임의)		매각기일 : 2010-01-12 10:30~ (화)		경매14계 (031)210-1374 (구내:1374)	
소재지	경기도 용인시 수지구 풍덕천동 1027 신정마을 (진흥아파트) ***동 12층 1201호			사건접수 2009-04-10	
물건종별	아파트	채권자	정 00	감정가	330,000,000원
대지권	46.9912㎡ (14.21평)	채무자	최 00	최저가	(100%) 330,000,000원
전용면적	84.99㎡ (25.71평)	소유자	김 ##	보증금	(10%) 33,000,000원
평형	33평형	매각대상	토지/건물일괄매각	청구금액	350,000,000원
입찰방법	기일입찰	배당종기일	2009-07-07	개시결정	2009-04-10

기일현황

회차	매각기일	최저매각금액	결과
신건	2010-01-12	330,000,000원	매각

김00/입찰1명/매각350,000,000원(106%)

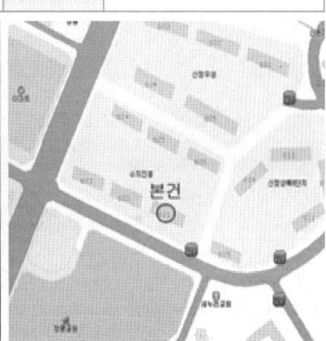

3) 근로복지공단의 압류등기 - 1

2008 타경 35458 (임의)		물번 1	매각기일 : 2010-05-27 10:00~ (목)		경매10계 032-860-1610 (구내:1610)	
소재지	인천광역시 남구 주안동 1574-2 삼영아파트 **동 5층 502호				사건접수 2008-07-17	
물건종별	아파트	채권자	영등포중앙새마을금고	감정가	110,000,000원	
대지권	44,874㎡ (13,57평)	채무자	○○○	최저가	(100%) 110,000,000원	
전용면적	53,34㎡ (16,14평)	소유자	박○○	보증금	(10%)11,000,000원	
평형		매각대상	토지/건물일괄매각	청구금액	150,779,170원	
입찰방법	기일입찰	배당종기일	2008-10-07	개시결정	2008-07-25	

▶ 기일현황

회차	매각기일	최저매각금액	결과
신건	2010-04-27	110,000,000원	유찰

최종기일 결과 이후 취하된 사건입니다.

▶ 임차인현황 ☞ 건물소멸기준 : 2005-11-30 ☞ 배당종기일 : 2008-10-07   매각물건명세서

순위	성립일자	권리자	권리종류(점유부분)	권리금액	신고	대항	예상배당여부
1	전입 2005-06-16 확정 2005-06-16 배당 2008-08-05	김○○	주택임차인 전부	[보] 40,000,000원	○	있음	배당금 : 40,000,000원 전액배당으로 소멸예상

▶ 건물 등기부현황 ☞ 건물열람일 : 2010-04-13   등기부등본열람

구분	성립일자	권리종류	권리자	권리금액	인수/소멸	비고
갑1	1990-05-01	(현)소유권	박○○		이전	매매
을3	2005-06-15	전세권	김○○	40,000,000원	인수	미배당요구로 전액인수
을4	2005-11-30	(근)저당	영등포중앙새마을금고	156,000,000원	소멸기준	
갑2	2008-07-28	임의경매	영등포중앙새마을금고	청구: 150,779,170원	소멸	2008타경35458
갑3	2010-03-22	압류	근로복지공단		소멸	

122 제1편. 경매입문편

근로복지공단에서 압류등기를 하였다면 일단은 조심해야 한다. 근로복지공단의 압류가 근로자의 최종 3개월분의 임금과 재해보상금(=근로기준법 제38조 제2항 참조), 최종 3년간 퇴직급여(=근로자퇴직급여보장법 제12조 제2항)에 대한 것이라면, 이는 배당시 최우선변제권을 가진다.

따라서 낙찰자에게 대항할 수 있는 임차인이 있다면… 그리고 그 자의 보증금액이 최우선변제를 받을 수 있는 금액을 초과하였다면… 배당순위는 ▶1순위 근로복지공단 ▶2순위 대항력 있는 임차인 순으로 된다.

배당결과 대항력 있는 임차인이 보증금 전액을 배당받지 못할 경우, 잔여 보증금액은 낙찰자가 인수하여야 하는 사태가 발생될 수 있기에 조심하여야 한다. 본 사건은 1차 매각기일 이후 경매취하 된 사건인데, 권리관계는 다음과 같다.

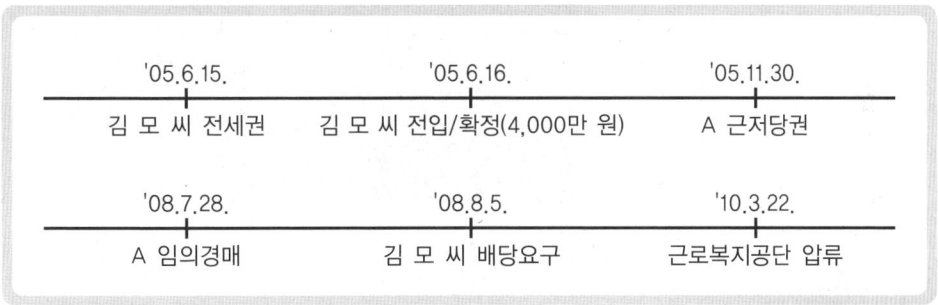

A 근저당권이 임의경매신청을 하자, 전세권자 겸 임차인인 김 모 씨는 법원에 배당요구를 하였는데, 김 모 씨는 소멸기준권리인 A 근저당권보다 먼저 전입신고 및 전세권등기를 하여 낙찰자에게 대항할 수 있는 자이다.

그런데 김 모 씨의 전세금 4천만 원은 최우선 변제대상이어서(⇨2005년 11월 30일 A 근저당권 설정당시 인천광역시의 최우선변제범위는 보증금 4천만 원 이하인 임차인은 1천 6백만 원임), 배당순위는 김 모 씨 1천 6백만 원(=최우선변제), 근로복지공단 압류(=최우선변제) ⇨ 김 모 씨 2천 4백만 원(=우선변제 1순위) ⇨ A 근저당권(우선변제 2순위) 순으로 되는데, 근로복지공단의 압류금액이 과다하여 대항력 있는 김 모 씨가 전세금 4천만 원 전액을 배당받지 못한다면 잔여 전세금은 낙찰자가 인수하여야 한다.

4) 근로복지공단의 압류등기 - 2

2009 타경 4852 (임의)		매각기일 : 2009-10-13 10:00~ (화)		경매3계	
소재지	대구광역시 달서구 본동 616 월성주공5단지***동 6층 612호			사건접수	2009-03-23
물건종별	아파트	채권자	도00	감정가	53,000,000원
대지권	31.099㎡ (9.41평)	채무자	이00	최저가	(70%) 37,100,000원
전용면적	44.94㎡ (13.59평)	소유자	이00	보증금	(10%) 3,710,000원
평형		매각대상	토지/건물일괄매각	청구금액	40,000,000원
입찰방법	기일입찰	배당종기일	2009-06-02	개시결정	2009-03-24

▣ 기일현황

회차	매각기일	최저매각금액	결과
신건	2009-09-10	53,000,000원	유찰
2차	2009-10-13	37,100,000원	매각

박00/입찰13명/매각46,238,000원(87%)

▣ 임차인현황 ☞ 건물소멸기준 : 2005-10-18 ☞ 배당종기일 : 2009-06-02　　　　매각물건명세서 예상배당표

순위	성립일자	권리자	권리종류(점유부분)	권리금액	신고	대항	예상배당여부
1	전입 2005-10-10 확정 2005-10-10 배당 2009-04-01	도00	주택임차인 전부	[보] 40,000,000원	○	있음	배당금: 40,000,000원 전액배당으로 소멸예상

▣ 건물 등기부현황 ☞ 건물열람일 : 2009-08-27　　　　등기부등본열람

구분	성립일자	권리종류	권리자	권리금액	인수/소멸	비고
갑1	1995-06-01	(현)소유권	이00		이전	협의분할상속
을4	2005-10-18	전세권	도00	40,000,000원	소멸기준	경매신청채권자
갑4	2006-12-08	가압류	이00	17,639,275원	소멸	
갑5	2006-12-18	압류	근로복지공단대구북부지사		소멸	
갑6	2006-12-29	가압류	중소기업진흥공단	87,500,000원	소멸	
갑7	2007-01-11	가압류	신용보증기금	555,900,000원	소멸	
갑8	2007-01-19	가압류	대구신용보증재단	117,000,000원	소멸	
갑9	2007-02-05	압류	국민연금관리공단서대구지사		소멸	
갑10	2007-03-09	압류	대구광역시수성구		소멸	
갑11	2007-04-27	가압류	중소기업진흥공단	250,000,000원	소멸	
갑12	2007-09-04	가압류	근로복지공단	377,436,770원	소멸	
갑13	2008-04-11	압류	국민건강보험공단		소멸	
갑14	2008-04-18	압류	서대구세무서		소멸	
갑15	2008-10-10	압류	대구광역시서구		소멸	
갑16	2009-03-24	임의경매	도00	청구: 40,000,000원	소멸	2009타경4852

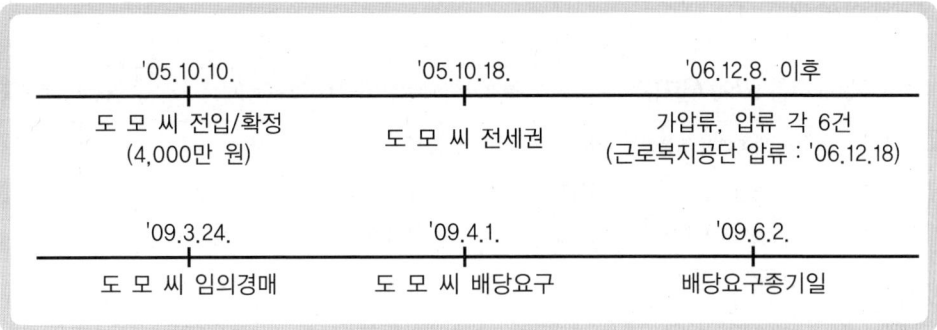

낙찰자에게 대항할 수 있는 임차인이 있고, 근로복지공단의 압류등기(=근로자 임금채권)가 되어 있을 경우, 배당순위는 근로복지공단이 최우선변제 받고나서, 임차인이 확정일자에 의한 우선변제를 받는데, 대항력 있는 임차인이 근로복지공단에 밀려 보증금 전액을 배당받지 못할 경우, 잔여 보증금은 낙찰자가 인수하여야 하기에 근로복지공단에서 압류등기를 하였다면 주의하여야 한다.

본 사건은 1차 말소기준권리인 2006년 12월 8일 가압류등기 이전에 도 모 씨는 전입신고 및 전세권등기를 하였는데, 도 모 씨가 전세권에 의한 임의경매신청을 하여 **전세권이 소멸기준권리化 되나,** 도 모 씨는 본인의 전세권등기일보다 먼저 전입신고를 하였기에 전세금 4천만 원 전액을 배당받지 못하면 낙찰자에게 잔여 전세금에 대하여 반환 청구할 권리가 있다.

정리하자면 근로복지공단의 압류등기가 되어 있고, 낙찰자에게 대항할 수 있는 임차인이 있다면 근로복지공단의 압류내역에 대한 조사가 뒤따라야만 한다.

5) 대위변제 - 1

2009 타경 5790 (강제)		매각기일 : 2010-09-30 10:30~ (목)		경매3계 031-828-0323	
소재지	경기도 의정부시 의정부동 536-0 **그린 1층 104호			사건접수 2009-02-13	
물건종별	다세대(빌라)	채권자	서울보증보험	감정가	85,000,000원
대지권	38.33㎡ (11.59평)	채무자	지 OO	최저가	(64%) 54,400,000원
전용면적	57.55㎡ (17.41평)	소유자	지 OO	보증금	(20%) 10,880,000원
평형		매각대상	토지/건물일괄매각	청구금액	15,500,000원
입찰방법	기일입찰	배당종기일	2009-05-21	개시결정	2009-02-17

▶ 기일현황

회차	매각기일	최저매각금액	결과
신건	2010-03-04	85,000,000원	유찰
2차	2010-04-08	68,000,000원	매각
문OO/입찰3명/매각77,299,000원(91%)			
	2010-04-15	매각결정기일	불허가
2차	2010-05-13	68,000,000원	매각
고OO/입찰1명/매각77,387,200원(91%)			
	2010-05-20	매각결정기일	불허가
2차	2010-06-17	68,000,000원	유찰
3차	2010-07-22	54,400,000원	매각
정OO/입찰3명/매각60,199,990원(71%)			
	2010-09-02	대금지급기한	미납
3차	2010-09-30	54,400,000원	매각
이OO/입찰1명/매각54,500,000원(64%)			

▶ 임차인현황 ☞ 건물소멸기준 : 1991-01-29 ☞ 배당종기일 : 2009-05-21

순위	성립일자	권리자	권리종류(점유부분)	권리금액	신고	대항	예상배당여부
1	전입 2003-03-13 확정 없음 배당 없음	김 OO	주택임차인 미상	[보] 미상	X	없음	현황조사 권리내역

▶ 건물 등기부현황 ☞ 건물열람일 : 2010-02-18

구분	성립일자	권리종류	권리자	권리금액	인수/소멸	비고
갑1	1991-01-29	(현)소유권	지 OO		이전	매매
을1	1991-01-29	(근)저당	국민은행	13,000,000원	소멸기준	'10.4.6.말소
갑4	2007-07-11	압류	노원세무서		소멸	
갑5	2007-09-11	가압류	서울보증보험	9,450,000원	소멸	
갑6	2007-11-19	가압류	서울보증보험	22,608,300원	소멸	
갑7	2009-02-17	강제경매	서울보증보험	청구: 15,500,000원	소멸	2009타경5790

① 2차 매각기일 이전에는 근저당권이 말소되지 않았다.

1 (전 2)	근저당권설정	1991년1월29일 제3654호	1991년1월29일 설정계약	채권최고액 금13,000,000원 채무자 지○○ 　서울 노원구 상계동 **-117 근저당권자 한국주택은행 111235-0001908 　서울 영등포구 여의도동 36-3(의정부지점) 부동산등기법시행부칙 제3조 제1항의 규정에 의하여 1998년 11월 03일 전산이기

서울보증보험의 강제경매신청 후 2차 매각기일 이전에는 1순위 근저당권이 말소되지 않았다.

② 2차 매각기일 당일에는 근저당권이 이미 소멸되었다.

~~1~~ ~~(전 2)~~	근저당권설정	~~1991년1월29일~~ ~~제3654호~~	~~1991년1월29일~~ ~~설정계약~~	채권최고액 금13,000,000원 채무자 자○○ 　~~서울 노원구 상계동 **-117~~ ~~근저당권자 한국주택은행 111235-0001008~~ 　~~서울 영등포구 여의도동 30-3~~ 　~~(의정부지점)~~
1-1	1번근저당권이전	2010년4월6일 제29840호	2001년11월1일 회사합병	근저당권자 주식회사국민은행 110111-2365321 　서울특별시 중구 남대문로2가 9-1 　(담보지원센터)
2	1번근저당권 설정등기말소	2010년4월6일 제29841호	2010년4월5일 해지	

　2차 매각기일이 2010년 4월 8일이었으나 1순위 근저당권은 동년 4월 6일에 말소되었고, 법원문건 접수내역에는 임차인 김 모 씨가 동년 4월 5일 대위변제확인서를 집행법원에 제출한 것으로 나타나 있다.

〈법원문건 접수내역 중 임차인의 대위변제확인서 제출〉

2010-04-05　　　　　임차인 김 00 대위변제확인서 제출

③ 그런데 2차 매각기일인 2010년 4월 8일에 입찰자가...

　임차인이 1순위 근저당권을 대위변제에 의해 근저당권을 말소(2010년 4월 6일)시켰는데도 2차 매각기일인 동년 4월 8일에 문 모 씨가 입찰하였다가 동년 4월 12일에 낙찰불허가신청을 하여 집행법원으로부터 낙찰불허가결정을 받아 냈다. 십년감수 했군~~~

〈법원문건 접수내역 중 문 모 씨의 낙찰불허가신청서 제출〉

2010-04-12　　　　최고가매수신고인 낙찰불허가신청 제출 → 불허가결정

④ 그런데... 또 입찰 들어 왔네~~~

도대체 뭘 알고 입찰하는 것인지... 2차 매각기일인 2010년 5월 13일 고 모 씨가 또 입찰하여 낙찰 받은 후 매각불허가신청을 하였고, 집행법원은 또 매각불허가결정을 내렸다. 집행법원의 담당자님이 누군지는 몰라도 참 고마운 분인가?

〈법원문건 접수내역 중 고 모 씨의 낙찰불허가신청서 제출〉

| 2010-05-19 | 최고가매수신고인 매각불허가신청 제출 ➡ 불허가결정 |

⑤ 3차 매각기일에 또 입찰 들어 왔다.

애들 장난치는 것도 아니고... 3차 매각기일인 2010년 7월 22일 정 모 씨가 또 입찰하였다. 그런데 집행법원은 매각허가결정을 내린 모양이다. 이에 낙찰자는 매각허가결정취소신청서를 제출하였으나 법원은 이를 무시하였고, 낙찰자는 매각잔금을 납부하지 못했다. 낙찰자 정 모 씨는 544만 원짜리 떡을 사 먹었다. 에궁~~~

〈법원문건 접수내역 중 정 모 씨의 매각허가결정취소신청서 제출〉

| 2010-08-23 | 최고가매수신고인 매각허가결정취소신청서 제출 ➡ 허가확정 |

⑥ 입찰시 부동산등기부는 최소 3번 확인하여야 한다.

ⅰ. 입찰하기 직전에...

경매정보지상에 표시된 부동산등기부의 권리관계 내용은 최초매각기일 이전의 권리관계이기에 입찰하기 전에 부동산등기부를 반드시 확인해 보아야 한다. 경매기입등기 이후에도 권리관계의 변수가 있을 수 있기에 하는 이야기이다.

ⅱ. 매각허부기일 전에...

매각기일로부터 7일 후에는 매각허부결정이 난다. 법원의 매각허부기일 직전에 부동산등기부를 확인해 보자. 그리하여 부동산등기부상 낙찰자에게 불리한 상황이 발생되었다면 집행법원에 "매각불허가신청" 등을 하여 빠져 나와야 한다.

ⅲ. 매각대금 납부 직전에...

민법 제469조 제1항 규정에 의해 채무의 변제는 제3자도 할 수 있다. 본 사례처럼 대위변제를 할 수 있는 종기는 낙찰자의 매각대금 완납 전까지 이다. 따라서 매각대금을 납부하기 전에 대위변제 등으로 낙찰자에게 유리하지 않은 일이 일어났을 경우, "매각허가결정의 취소신청" 등의 방법에 의해 위기탈출을 하기 위함이다.

6) 대위변제 - 2

2008 타경 12546 (강제)			매각기일 : 2011-05-03 10:00~ (화)		경매1계 530-1813 (구내:1813)	
소재지	서울특별시 강남구 일원동 719수서푸른마을아파트 ***동 14층 1403호				사건접수 2008-04-25	
물건종별	아파트	채권자	신용보증기금	감정가	900,000,000원	
대지권	38.3812㎡ (11.61평)	채무자	최OO	최저가	(51%) 460,800,000원	
전용면적	84.93㎡ (25.69평)	소유자	최OO	보증금	(20%) 92,160,000원	
평형	31평형	매각대상	토지/건물일괄매각	청구금액	2,121,095,919원	
입찰방법	기일입찰	배당종기일	2008-06-30	개시결정	2008-04-28	

기일현황 ⊘ 입찰22일전

회차	매각기일	최저매각금액	결과
신건	2008-08-12	900,000,000원	유찰
2차	2008-09-16	720,000,000원	유찰
3차	2008-10-21	576,000,000원	매각
박OO/입찰1명/매각601,500,000원(67%)			
	2008-12-04	대금지급기한	미납
3차	2008-12-30	576,000,000원	변경
3차	2009-02-03	576,000,000원	변경
3차	2009-03-10	576,000,000원	변경
3차	2011-03-29	576,000,000원	유찰
4차	2011-05-03	460,800,000원	

입찰 前에 등기부 확인은 필수!!!

임차인현황 ▶ 채무자 점유

건물 등기부현황 ☞ 건물열람일 : 2008-07-29

구분	성립일자	권리종류	권리자	권리금액	인수/소멸	비고
갑1	1994-03-30	(현)소유권	최OO		이전	매매
을1	1994-03-30	(근)저당	삼성생명보험	50,000,000원	소멸기준	
갑2	1994-03-31	가등기	원OO		인수	특별매각조건예에의한 인수
갑3	1994-10-29	가압류	신용보증기금		소멸	
갑4	1995-01-09	가압류	대한보증보험		소멸	
갑5	1996-03-09	가압류	신한은행	50,000,000원	소멸	
갑6	1996-08-02	가압류	제일은행	100,000,000원	소멸	??????
갑7	1997-05-17	가압류	우리은행	160,000,000원	소멸	
갑8	2003-08-16	가압류	서울보증보험	557,318,160원	소멸	
갑9	2006-09-11	예고등기	2번가등기말소예고등기		인수	예고등기보기
갑10	2006-12-26	가압류	한국리스여신	1,160,000,000원	소멸	
갑11	2008-04-28	강제경매	신용보증기금	청구: 2,121,095,919원	소멸	2008타경12546

4. 경매정보지에 의한 점검사항

① 해설

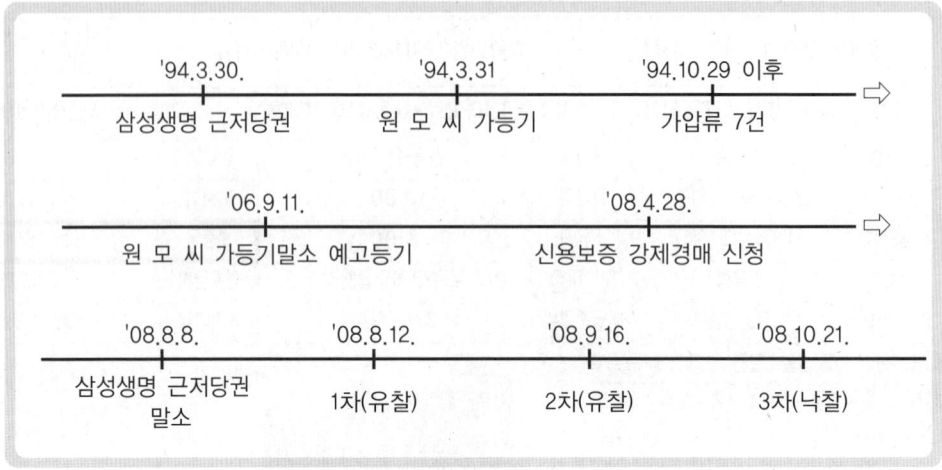

　경매투자시 주의하여야 할 사항으로서, 이해관계인의 대위변제와 세대합가 등이 있다. 여기서 대위변제라 함은 경매부동산과 이해관계가 있는 자가 채무자를 대신해서 빚을 갚는 것을 말한다. 빚을 갚는 종기는 낙찰자의 매각대금 완납 전이면 되는데, 직전 사례에서 이야기하였듯이 경매투자시 최소한 세 번의 부동산등기부는 열람해야 한다.
　본 경매사건의 권리관계는 위에 표시한 대로이다. 신용보증기금이 강제경매신청을 하였더라도 소멸기준권리는 1994년 3월 30일 근저당권이 되어, 근저당권보다 하루 늦게 설정된 가등기는 무조건 소멸하게 된다.
　그런데 소멸기준권리였던 삼성생명 근저당권이 신용보증기금의 강제경매신청 이후인 2008년 8월 8일 해지를 원인으로 말소되었는데, 동년 10월 21일 3차 매각기일에 박 모 씨가 6억여 원에 용감하게 입찰하여 단독 낙찰 받았다. 아마도 삼성생명 근저당권이 말소되지 않은 것으로 알고 입찰한 것으로 보여 진다.
　여기서 낙찰자 박 모 씨는 땅을 치고 통곡을 해야 한다. 왜냐하면 한순간의 실수로 입찰보증금 5천 7백 6십만 원이 사라졌기 때문이다.
　그리고 경매정보지 상에는 삼성생명의 근저당권이 표시되어 있으나, 이는 2008년 7월 29일 당시 부동산등기부 내용이기 때문이다. 삼성생명 근저당권은 동년 8월 8일 말소되었다. 필자 생각으로는 소멸되지 않는 가등기가 있다면 이러한 물건에 입찰할 사람이 없을 것이고, 나아가 가등기권자가 본등기하면 가등기 이후의 가압류는 모두 소멸되기에 경매진행의 실익이 없어 채권자의 경매취하가 예상된다.

만약 경매 취하가 된다면 2008년 10월 21일 낙찰자 박 모 씨는 입찰보증금을 돌려받을 수 있기에 한 가닥 희망의 줄을 놓지 않고 있을 것이다.

〈1차 매각기일 이전에 말소된 근저당권〉

1 (전 1)	근저당권설정	1994년3월30일 제22487호	1994년3월28일 설정계약	채권최고액 금오천만원정 채무자 최○○ 서울 강남구 일원동 수서택지개발지구 13브릭 푸른마을아파트 근저당권자 삼성생명보험주식회사 110111-0005953 서울 중구 태평로2가 150
2	1번근저당권 설정등기말소	2008년8월8일 제56383호	2008년8월8일 해지	삼성생명 근저당권 '08.8.8. 해지!!!

가등기권자 원 모 씨는 2008년 8월 8일 삼성생명 근저당권을 말소시킨 후 근저당권이 말소된 부동산등기부등본을 첨부하여 법원에 권리신고서를 제출한 듯하다.

〈가등기권자의 권리신고서 제출〉

2008-08-11	가등기권자 원○○권리신고서 제출

그런데도 박 모 씨는 3차 매각기일인 2008년 10월 21일 6억여 원에 입찰하여 최고가매수신고인이 된 후, 집행법원에 "매각불허가신청", "경락대금납입연기신청", "매각허가결정취소신청"을 하여 몸부림을 친 모양이다.

〈낙찰자 박 모 씨의 몸부림 흔적〉

2008-10-27	최고가매수신고인 매각불허가신청서 제출
2008-12-02	최고가매수신고인 경락대금납입연기신청 제출
2008-12-26	최고가매수신고인 매각허가결정취소신청 제출

〈낙찰자 박 모 씨 관련 매각기일내역〉

2008-10-21 10:00	매각기일	경매법정(별관211호)	576,000,000	매각(601,500,000원)
2008-10-28 14:00	매각결정기일	경매법정(별관211호)	0	최고가매각허가결정
2008-12-04 14:00	대금지급기한	민사집행과 경매1계	0	미납

낙찰자의 몸부림에도 불구하고 집행법원은 2008년 10월 28일 매각허가결정을 내렸고, 그 후 박 모 씨는 매각대금을 납부하지 못해 재매각이 진행되었으나, 2011년 5월 23일 경매취하 되었다.

② 원 모 씨 가등기 말소예고등기 관련
ⅰ. 1심 결과

▶ 사건번호 : 서울중앙지방법원 2006가단313747 **(1심)**

사건번호	2006가단313747	사건명	가등기말소
원고	★★★★★★★★ 이천일년제일 차자산유동화전문 유한회사	피고	원 ○○
재판부	민사33단독		
접수일	2006.08.21	종국결과	2007.12.18 원고승
원고소가	20,606,578	피고소가	
수리구분	제소	병합구분	없음
상소인	피고	상소일	2008.01.11
상소각하일		보존여부	기록보존됨
송달료, 보관금 종결에 따른 잔액조회		≫ 잔액조회	

원고는 피고의 가등기를 말소하라는 소송을 제기하였고, 1심 결과 2007년 12월 18일 원고 승의 판결이 났었다. 이에 피고 원 모 씨는 2008년 1월 11일 항소하였다.

ⅱ. 2심 결과

▶ 사건번호 : 서울중앙지방법원 2008나4260 **(2심)**

사건번호	2008나4260	사건명	가등기말소
원고	★★★★★★★★ 이천일년제일 차자산유동화전문 유한회사	피고	원 ○○
재판부	제3민사부(나) (전화:02-530-2373)		
접수일	2008.01.24	종국결과	2008.12.02 원고패
원고소가		피고소가	20,606,578
수리구분	제소	병합구분	없음
상소인	원고	상소일	2008.12.23
상소각하일			
송달료, 보관금 종결에 따른 잔액조회		≫ 잔액조회	

2008년 12월 2일 2심 결과는 1심 판결과 달리 원고 패로 판결이 났다. 이번에는 원고가 2008년 12월 23일 대법원으로 상고하였다.

iii. 3심 결과

▶ 사건번호 : 대법원 2009다4503 **(3심)**

기본내용

사건번호	2009다4503	사건명	가등기말소
원고	********이천일년제일 차자산유동화전문 유한회사	피고	원00 (피고 승!!!)
재판부	민사1부(타)		
접수일	2009.01.14	종국결과	2009.04.09 심리불속행기각
원고소가	20,606,578	피고소가	
수리구분	제소	병합구분	없음
상고기록접수통지서 발송일	2009.01.19	보존여부	기록보존됨

송달료, 보관금 종결에 따른 잔액조회 》 잔액조회

원고의 상고에 대법원은 2009년 4월 9일 원고의 청구를 기각하였다. 그렇다면 원 모 씨의 가등기는 효력을 상실하지 않고, 가등기보다 먼저 설정된 근저당권이 말소되었기에 본 경매사건은 그 진행의 실익이 없어 보인다.

③ 등기부등본은 최소한 세 번 확인하자!!!

부동산관할 등기소를 방문할 필요 없이 대법원 홈페이지를 방문하면 소액의 열람료를 지급하면 전국에 있는 부동산등기부를 열람할 수 있다. 직전 사례에서도 언급했지만 입찰 전에, 매각허가결정 전에, 매각대금납부 전에 경매부동산의 등기부를 확인하는 습관을 기르도록 하자.

나아가 입장을 잠깐 바꿔서 생각하면 대위변제의 여지가 있는지 그 여부를 알 수 있다. 역지사지(易地思之)!!!

독자 여러분에게 진정으로 부탁드리는 바이다.

무엇보다도 입찰하기 직전에 반드시 경매부동산의 등기부를 열람하여 권리상 변수가 있는지 여부를 확인한다면 큰 실수 없이 경매물건에 입성할 수 있다.

7) 前 소유자가 現 임차인 - 1

2009 타경 30015 (임의)		매각기일 : 2010-06-15 10:00~ (화)		경매5계 530-1817 (구내:1817)	
소재지	서울특별시 서초구 양재동 350-0 ***베스트 빌 지층 02호			사건접수	2009-07-29
물건종별	다세대(빌라)	채권자	중앙농업협동조합	감정가	320,000,000원
대지권	24.07㎡ (7.28평)	채무자	박00	최저가	(51%) 163,840,000원
전용면적	53.61㎡ (16.22평)	소유자	박00	보증금	(10%) 16,384,000원
평형		매각대상	토지/건물일괄매각	청구금액	156,000,000원
입찰방법	기일입찰	배당종기일	2009-11-02	개시결정	2009-07-30

▶ 기일현황

회차	매각기일	최저매각금액	결과
신건	2010-03-02	320,000,000원	유찰
2차	2010-04-06	256,000,000원	유찰
3차	2010-05-11	204,800,000원	유찰
4차	2010-06-15	163,840,000원	매각
한00/입찰4명/매각217,790,000원(68%)			

 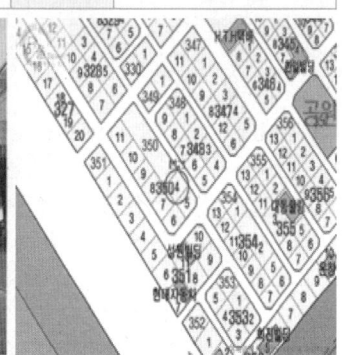

▶ 임차인현황 ▶ 건물소멸기준 : 2007-03-22 ▶ 배당종기일 : 2009-11-02   [매각물건명세서] [예상배당표]

순위	성립일자	권리자	권리종류(점유부분)	권리금액	신고	대항	예상배당여부
1	전입 2001-04-13 확정 2007-04-12 배당 2009-08-20	김00	주택임차인 방3칸	[보] 50,000,000원	○	없음	배당금: 50,000,000원 전액배당 소멸예상 전소유권자임

- 김00 : 전세권자임

▶ 건물 등기부현황 ▶ 건물열람일 : 2010-02-16   [등기부등본열람]

구분	성립일자	권리종류	권리자	권리금액	인수/소멸	비고
갑2	2001-04-27	(전)소유권	김00		이전	매매
갑3	2007-03-22	(현)소유권	박00	(거래가) 250,000,000원	이전	매매
을2	2007-03-22	(근)저당	중앙농업협동조합	156,000,000원	소멸기준	
을4	2007-04-06	전세권	김00	50,000,000원	소멸	
을5	2007-04-12	(근)저당	손00	50,000,000원	소멸	
갑4	2007-08-30	압류	성동세무서		소멸	
갑5	2007-09-14	압류	근로복지공단서울동부지사		소멸	
갑6	2007-10-11	압류	서울특별시서초구		소멸	
갑7	2008-04-24	압류	서울특별시광진구		소멸	
갑8	2009-04-17	압류	국민연금공단성동광진지사		소멸	
갑9	2009-07-31	임의경매	중앙농업협동조합	청구: 156,000,000원	소멸	2009타경30015

① 해설

본 사건을 정리해 보면 다음과 같다.

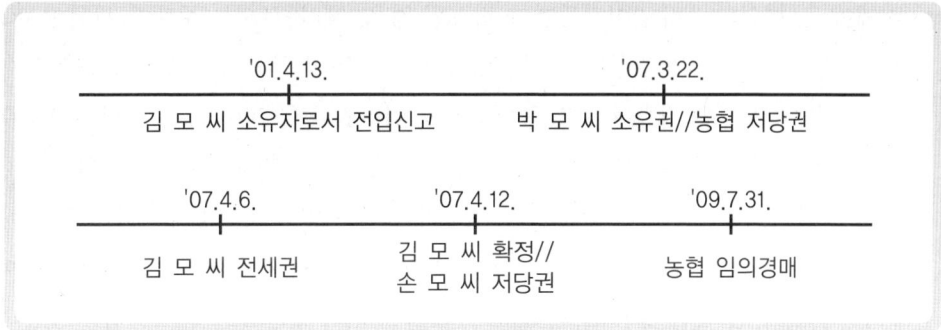

본 사건 김 모 씨는 2001년 4월 13일 전입신고 하였으나, 그 당시 주민등록은 소유자로서의 주민등록이기에 주택임대차보호법에서 규정한 대항요건으로서의 주민등록이 아니다.

전입일자와 확정일자를 받은 일자의 차이가 심할 경우, 혹시 그 자가 前 소유자인지에 대하여 부동산등기부를 통해 분석해야 한다.

만약 근저당권보다 먼저 전입신고한 자가 前 소유자라면… 그리고 주택이 경매진행 중이라면… 그 자의 임차인으로서의 대항력은 언제 발생될 것인가?

대법원 판결에 의하면 前 소유자가 現 임차인일 경우, 임차인으로서의 대항력은 <u>現 소유자 명의로 소유권이전 등기 된 날의 "다음 날부터"</u> 발생된다고 하였다[=대법원 99다59306 판결 참조].

따라서 본 사건의 임차인(=前 소유자) 김 모 씨의 대항력 발생은 전입일의 다음 날인 2001년 4월 14일이 아니라, 현재 소유자 박 모 씨 명의로 소유권 이전된 날의 다음 날인 2007년 3월 23일부터이다.

그런데 본 사건의 말소기준권리인 근저당권은 2007년 3월 22일에 설정되었기에 임차인(=前 소유자 김 모 씨)은 소멸기준권리 이후에 대항력이 발생되어 낙찰자의 인수사항이 아니 된다. 참고로 2007년 9월 14일 근로복지공단의 압류등기가 되어 있는데, 경매투자자 입장에서 신경을 써야 할까? 글쎄… 경매결과 낙찰자의 부담으로 남는 임차인이 있지 않는 한 신경 쓸 필요가 없다.

② 前 소유자가 現 임차인일 경우, 대항력 발생시기 관련 대법원 판결

甲(=前 소유자)이 주택에 관하여 소유권이전등기를 경료하고 주민등록 전입신고까지

마친 다음 처와 함께 거주하다가 乙(=現 소유자)에게 매도함과 동시에 그로부터 이를 다시 임차하여 계속 거주하기로 약정하고 임차인을 甲의 처로 하는 임대차계약을 체결한 후에야 乙 명의의 소유권이전등기가 경료된 경우, 제3자로서는 주택에 관하여 甲으로부터 乙 앞으로 소유권이전등기가 경료되기 전에는 甲의 처의 주민등록이 소유권 아닌 임차권을 매개로 하는 점유라는 것을 인식하기 어려웠다 할 것이므로, 甲의 처의 주민등록은 주택에 관하여 乙 명의의 소유권이전등기가 경료되기 전에는 주택임대차의 대항력 인정의 요건이 되는 적법한 공시방법으로서의 효력이 없고, 乙 명의의 소유권이전등기가 경료된 날에야 비로소 甲의 처와 乙 사이의 임대차를 공시하는 유효한 공시방법이 된다고 할 것이며, 주택임대차보호법 제3조 제1항에 의하여 유효한 공시방법을 갖춘 다음날인 **乙(=現 소유자) 명의의 소유권이전등기일 익일부터 임차인으로서 대항력을 갖는다**[= 대법원 99다59306 판결].

8) 前 소유자가 現 임차인 - 2

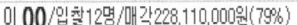

임차인현황 ☞ 건물소멸기준 : 2007-02-27 ☞ 배당종기일 : 2009-12-31							매각물건명세서 예상배당표
순위	성립일자	권리자	권리종류(점유부분)	권리금액	신고	대항	예상배당여부
1	전입 2002-05-27 확정 2009-11-04 배당 2009-11-04	장 OO	주택임차인 전체	[보] 100,000,000원 [월] 300,000원	O	없음	미배당 : 100,000,000원 미배당금 소멸예상 전소유권자임

건물 등기부현황 ☞ 건물열람일 : 2010-03-17						등기부등본열람
구분	성립일자	권리종류	권리자	권리금액	인수/소멸	비고
갑2	2002-07-15	(전)소유권	장 OO		이전	매매
을8	2007-02-27	(근)저당	삼성생명보험	255,600,000원	소멸기준	
갑3	2007-04-06	(현)소유권	곽 OO		이전	매매
갑6	2009-10-22	임의경매	삼성생명보험	청구: 229,132,592원	소멸	2009타경57285

수원지방법원 2009타경57285호 임의경매사건을 정리해 보면 다음과 같다.

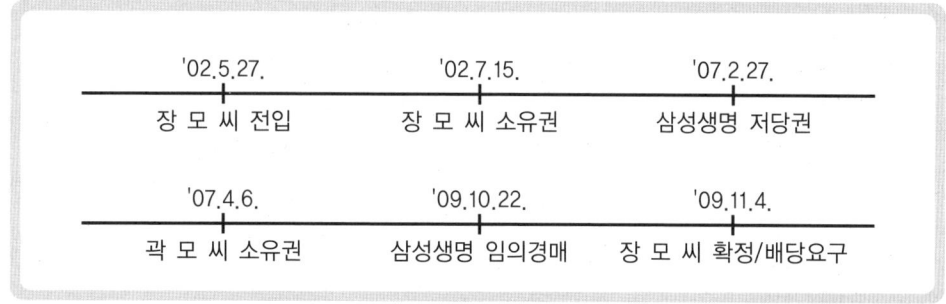

前 소유자가 現 임차인일 경우, 임차인으로서의 대항력은 현재 소유자 앞으로 소유권이전등기 된 날의 다음날부터 발생된다. 따라서 본 경매사건을 보면 이전에는 소유자였으나 현재는 임차인인 장 모 씨의 임차인으로서의 대항력은 곽 모 씨 명의로 소유권이전 등기된 2007년 4월 6일 그 다음날인 4월 7일 오전 0시부터 발생되기에 삼성생명의 근저당권 설정일인 동년 2월 27일보다 나중이어서 낙찰자에게 대항할 수 없게 된다.

참고로 임차인 장 모 씨의 보증금액이 1억 원인데, 확정일자를 경매기입등기일 이후에 받았다? 경매결과 보증금을 한 푼도 배당받지 못하고, 낙찰자에게 대항할 수도 없는데... 냄새가 약간 나는 듯하다.

제 **2** 편

경매실전편

1. 어? 하면 당합니다!
2. 실전 전세권분석
3. 입찰표 작성할 때 정신 똑바로 차리고~~~
4. 실전 지분경매분석
5. 실전 가등기분석
6. 실전 법정지상권분석
7. 실전 선순위 임차인분석
8. 실전 가처분등기분석
9. 기타 낙찰사례분석

법원경매와 친해지기 위해서는 보다 많은 경매물건을 검색하고, 보다 많은 임장활동을 하여야 한다.

그리고 일반부동산은 경제적 가치(economic value) 측면에서 바라보면 되나, 경매물건은 경제적 가치 측면뿐만 아니라 법률적 가치(legal value) 측면에서 바라볼 필요가 있다.

대체로 경매인들은 입찰할 물건을 선정한 후, 권리분석에 의해 임장활동을 하고, 입찰하여 낙찰 받은 후, 점유자에 대한 명도집행, 그리고 판매(=매매 또는 임대)를 법원경매라고 보는 경향이 짙다고 본다.

틀린 이야기는 아니다. 그러나 부동산이라는 물건에 투여되는 자금은 상당하기에 낙찰 후 판매까지 염두에 둔다면 언젠가는 자금의 한계를 반드시 느낄 것이다.

따라서 이러한 한계를 뛰어 넘기 위해서는 법원경매와 관련한 법과 판례에 능통해야 한다. 경매부동산이 법률적 가치가 있는지를 알기 위해서는 관련 법률과 대법원 판례를 거꾸로 읽을 줄 아는 능력을 갖추어야 한다. 이러하여야만 남들이 생각하지 못하는 부분에 접근하여 수익을 올릴 수 있는 것이다.

작금의 경매시장 분위기로 미루어 보면... 제 아무리 열심히 경매공부하면 무엇할 것인가? 죽자 살자 질러 버리는데... 이를 어떻게 감당할 것인가?

그렇다고 두 손을 놓고 남들이 돈 버는 꼴을 쳐다만 봐야 하는가? 내가 경매시장에서 주인공이 될 수는 없을까? 고민을 해 볼 문제이다.

경매투자를 통해 부자의 꿈을 꾼다면 남들이 생각하는 것과는 반대로... 예로서 경매물건에 하자가 있다고 남들이 쳐다보지 않는 물건에 관심 가지기! 경매 취하될 가능성이 있는 물건을 찾아 1차 매각기일에 입찰하기! 등 청개구리 같은 투자마인드의 확립이 절대적으로 필요하다.

본 경매실전 편에서는 실제 진행 중인 물건, 낙찰된 물건 등 다양한 사례를 중심으로 구성하였다.

법원경매를 통해 경제적 자유를 누리기 위해서는 보다 많은 간접경험을 하고, 보다 열심히 공부하여 기본에 충실한 후, 경매선수가 되어야만 한다.

혹자는 이론은 필요 없다! 저리 가라! 라고들 이야기하는 모양인데, 필자 생각으로는 그러한 이야기를 하는 본인 자신이 기본적인 사항을 모르기에 하는 이야기인 것이다. 독자 여러분은 이러한 말에 결코 현혹되지 마시고...

기본적인 사항을 알고 나면 이론은 큰 비중을 차지하지 않는다. 경매 공부한 후에 이론

이 큰 비중을 차지하지 않는다는 사실을 본인이 스스로 느껴야 한다. 초등학교를 다니지 않고 어떻게 대학교를 다닐 수 있는가? 물론 검정고시를 보면 되겠지만...

하여튼 경매공부 열심히 한 후, 때가 되면 앞뒤 잴 필요 없이 과감히 입찰하여 낙찰받아 부자로 가는 특급열차의 특등승객이 되어야 하는 것이다. 이것이 경매 공부의 진정한 목적인 것이다!

1 어? 하면 당합니다!

경매투자자 입장에서 경매투자로 수익을 올릴 수 있는 방법은 크게 세 가지로 나누어 볼 수 있다. 경매 지식이 대중화되다 보니 재테크 수단으로 너나 나나 할 것 없이 얄팍한 경매지식으로... 앞뒤 가리지 않고... 아무 생각 없이 덤벼들었다가는 괜히 경매투자를 했다는 후회의 날을 보낼 수도 있다. 경매투자로 돈을 벌려면 기본에 충실한 후, 법원경매 전반적인 흐름을 알아야만 한다.

(1) 1단계 : 낙찰 후 명도, 그리고 판매

일반적인 물건을 대상으로 권리분석에 의한 낙찰, 그리고 명도한 후 중개업소 등에 매물 등록시킨 후 판매하여 수익을 올리는 것이다. 전형적인 경매 투자행태이다.

(2) 2단계 : 낙찰 후 이해관계인에게 재매각

법정지상권 관련한 물건이나 지분경매 물건을 낙찰 받은 후, 상대방에게 각종 소송(=건물철거소송, 부당이득금반환소송, 공유물분할청구소송 등)절차를 밟을 것을 고지하고, 나아가 대상물건을 경매신청 하겠다고 한 후 협상에 의해 이해관계인에게 되파는 것이다.

(3) 3단계 : 어리바리한 자의 주머니를 노린다.

경매투자를 통한 수익 실현은 A부터 시작해서 Z까지 끝맺은 후 수익을 실현시킬 수도 있으나, 작업(?)을 통한 생초보자의 주머니를 노릴 수도 있다.

경매인은 다음과 같은 유형의 경매물건이 나왔을 경우, 단순히 소멸기준권리에 의한 권리분석만 한 후 입찰하였다가는 두고두고 후회하는 일이 발생될 것이다.

(4) 경매부동산의 소유권 취득원인 확인 - 1

2008 타경 16327 (임의)		매각기일 : 2009-12-14 10:00~ (월)		경매3계 (031)737-1323	
소재지	경기도 성남시 중원구 성남동 000 **** 타운 9층 911호				사건접수 2008-09-10
물건종별	오피스텔(주거)	채권자	이 00	감정가	63,000,000원
대지권	4,74㎡ (1,43평)	채무자	김 00	최저가	(33%) 20,644,000원
전용면적	27,2㎡ (8,23평)	소유자	김 00	보증금	(20%) 4,129,000원
평형		매각대상	토지/건물일괄매각	청구금액	30,000,000원
입찰방법	기일입찰	배당종기일	2008-11-21	개시결정	2008-09-22

▶ 기일현황

회차	매각기일	최저매각금액	결과
신건	2008-12-08	63,000,000원	유찰
2차	2009-01-12	50,400,000원	매각
박**/입찰2명/매각51,499,000원(82%)			
	2009-01-19	매각결정기일	불허가
2차	2009-04-13	50,400,000원	유찰
3차	2009-05-11	40,320,000원	매각
이**/입찰1명/매각51,650,000원(82%)			
	2009-06-26	대금지급기한	미납
3차	2009-09-14	40,320,000원	유찰
4차	2009-10-12	32,256,000원	유찰
5차	2009-11-09	25,805,000원	유찰
6차	2009-12-14	20,644,000원	매각
박00/입찰1명/매각23,788,000원(38%)			

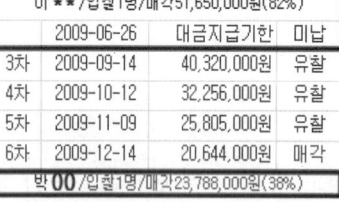

▶ 임차인현황 ▶ 건물소멸기준 : 2005-12-26 ▶ 배당종기일 : 2008-11-21   매각물건명세서 예상배당표

순위	성립일자	권리자	권리종류(점유부분)	권리금액	신고	대항	예상배당여부
1	전입 2002-05-28 확정 2002-05-28 배당 2008-11-11	김 00	주택임차인	[보] 40,000,000원	○	있음	배당금 : 22,545,700원 인수금 : 17,454,300원 일부배당(미배당금 인수)예상

거주자가 폐문부재하여 동사무소에 방문하여 전입세대열람및주민등록등본을 발급받아 첨부함.

▶ 건물 등기부현황 ▶ 건물열람일 : 2008-11-24   등기부등본열람

구분	성립일자	권리종류	권리자	권리금액	인수/소멸	비고
갑3	2005-04-04	(전)소유권	박 00		이전	임의경매로 인한 매각
갑5	2005-12-08	(현)소유권	김 00		이전	매매
을3	2005-12-26	(근)저당	이 00	30,000,000원	소멸기준	
을4	2006-04-07	(근)저당	박 00	20,000,000원	소멸	
갑6	2006-06-07	압류	성남시중원구		소멸	
갑7	2006-10-19	가압류	유	4,540,000원	소멸	
갑8	2007-03-05	가압류	엘지카드	9,068,874원	소멸	
갑9	2007-05-10	가압류	삼성카드	7,469,732원	소멸	
갑10	2007-09-10	가압류	엘지카드	29,960,124원	소멸	
갑11	2008-01-21	압류	국민건강보험공단		소멸	
갑12	2008-09-22	임의경매	이 00	청구: 30,000,000원	소멸	2008타경16327

① 경매로 소유권이 변동되었다면?

2	임의경매개시결정	2003년12월18일 제82001호	2003년12월16일 수원지방법원 성남지원의 경매개시결정(2003타경22013)	채권자 산온캐피탈주식회사 110111-0137558 서울 영등포구 여의도동 16
3	소유권이전	2005년4월4일 제13162호	2005년3월28일 임의경매로 인한 매각	소유자 박○○ 400227-1****** 경기 양평군 단월면 덕수리 73-***
4	2번임의경매 개시결정 등기말소	2005년4월4일 제13162호	2005년3월28일 임의경매로 인한 매각	
5	소유권이전	2005년12월8일 제58620호	2005년11월1일 매매	소유자 김○○ 470122-2****** 서울 성북구 안암동1가 11-***
5-1	5번등기명의인 표시변경	2005년12월26일 제62426호	2005년12월23일 전거	김○○의 주소 경기도 성남시 중원구 성남동 ○○○ ****타운 9층 911호

현재 소유자 김 모 씨 이전의 소유자 박 모 씨는 수원지방법원 성남지원 2003타경 22013호 임의경매사건에서 본건 오피스텔을 낙찰 받아 2005년 4월 4일 소유권이전등기를 하였다.

그런데 박 모 씨가 낙찰 받을 당시 대항력 있는 임차인이 있었는데, 그 자는 보증금 4천만 원 중 2백여만 원만 배당받았고, 3천 8백여만 원은 낙찰자 박 모 씨가 반환해 주어야 하나, 반환해 주지 않은 채 2005년 12월경 김 모 씨 명의로 소유권변동이 있었고, 근저당권자 이 모 씨의 임의경매신청에 이르렀다.

경매정보지만 보면 임차인 김 모 씨의 전입일자와 확정일자가 1순위 근저당권보다 빠르고, 법원이 공고한 배당요구 종기일 이전에 배당요구를 하여 언뜻 보면 1순위로 보증금 전액을 배당받아 갈 수 있어 보인다.

이러한 유형의 물건 중에는 경매초보자들을 노리는 물건이 있다. 전입일자와 확정일자가 근저당권보다 빠르고 배당요구까지 하였으니 임차인은 보증금 전액을 배당받아 갈 것이고, 명도 하는데 전혀 문제가 없겠구나! 하고 입찰하였다가는 큰 코 다친다.

경매정보지를 보는 순간! 현재 소유자 또는 前 소유자가 부동산을 취득한 원인이 무엇인지를 반드시 확인해야 한다. 매매나 상속, 증여 또는 부동산교환 등이 취득원인이면 별 문제가 없으나… 경매로 부동산을 취득하였다면…

그 때는 전입신고 한 임차인이 있을 경우, <u>경매로 부동산을 취득한 날짜와 비교하여 임차인의 전입일자가 빠르다면</u>, 경매 당시 그 자가 낙찰자에게 대항할 수 있었는지 여부와 아울러 그 자의 배당요구 여부를 확인해야 한다.

본 사건의 경우 매각물건명세서상에 임차인과 낙찰자와의 관계를 집행법원이 아주 친절하게 표시해 놓았다. 즉 "임차인 김OO은 前 소유자의 임차인으로 대항력은 있으나 우선변제권이 있는 배당요구권자에는 해당되지 아니하며, 임차보증금 40,000,000원 중 37,857,784원을 매수인이 인수함."으로…

그러나 모든 경매물건이 다 그렇다는 것은 아니다. 만약 표시되어 있지 않다면 직전 경매사건을 추적하여 임차인에 대한 분석을 하여야 한다.

〈매각물건명세서 중에서…〉

※ 비고란

임차인김OO은전소유자의임차인으로,대항력은있으나우선변제권이있는배당요구권자에는해당되지아니하며,임차보증금 40,000,000원중 37,857,784원을매수인이인수함.

② 직전 경매사건에서 낙찰자에게 대항할 수 있는 임차인이라면?

그 자의 배당요구여부를 확인해야만 한다. 배당요구 한 경우와 그렇지 않은 경우로 나누어 보자.

ⅰ. 배당요구 한 경우

직전 경매사건에서 대항력 있었던 임차인이 배당요구를 하였으나 보증금 전액을 배당받지 못했다면 잔여 보증금은 낙찰자의 인수사항이다. 그런데 낙찰자가 그 자의 보증금을 인수하지 않은 채 또다시 경매에 붙여졌을 때 그 자는 <u>현재 진행 중인 경매절차에서 배당요구를 할 수도 있다.</u>

그러나… 그러나… 그 자는 직전 경매사건에서 배당요구를 했기에 우선변제권이 상실되어 현재 진행 중인 경매절차에서는 배당참여 할 수 없으나, 대항력은 소멸되지 않기에[=대법원 2005다21166 판결 참조], 낙찰자는 그 자의 보증금 전액을 인수하여야만 한다.

ⅱ. 배당요구를 하지 않은 경우

직전 경매절차에서 대항력이 있었던 임차인이 배당요구를 하지 않았고, 현재 경매진행중인 부동산에 거주하던 중 배당요구 하였다면, 이때에는 배당절차에 참여할 수 있어 때로는 낙찰자의 부담부분이 없을 수도 있다.

③ 직전 경매사건에서 낙찰자에게 대항할 수 없는 임차인이라면?

직전 경매사건에서 대항력 없는 임차인이었고, 그 자가 다른 곳으로 이사하였다면 큰 문제는 없다. 그러나 그 자가 낙찰자와 재계약을 체결하여 경매부동산에 계속 거주할 경우 대항력 발생시기가 문제이다.

ⅰ. 낙찰자가 매각대금을 완납하기 전에 재계약 체결한 경우

민사집행법 제135조 규정에 의해 낙찰자가 소유권을 취득하는 시기는 매각대금을 완납한 때이다. 그렇다면 낙찰자가 매각대금을 완납하지 않았다면 소유권을 취득하지 못하고, 소유자가 아니면 임대인의 지위를 가지지 못하기에 매각대금 완납 이전에 재계약을 체결하였더라도 임차인의 지위는 발생되지 않다가 낙찰자가 매각대금을 완납하여 소유권을 취득하는 즉시 임차인으로서의 대항력을 가지게 된다[=대법원 2002다38361,38378 판결 참조].

ⅱ. 낙찰자가 매각대금을 완납한 후에 재계약 체결한 경우

보통은 낙찰자가 매각대금을 완납한 후에 재계약을 체결하곤 한다. 그렇다면 임차인으로서의 대항력은 비록 그 자의 전입일자가 빠르더라도 재계약을 체결한 때에 임차인의 지위가 확정되는 것으로 볼 수도 있다.

(5) 경매부동산의 소유권 취득원인 확인 - 2

2010 타경 12015 (임의)		매각기일 : 2011-04-13 10:00~ (수)		경매7계 249-7307 (구내 :7307)	
소재지	충청북도 청원군 강내면 탑연리 301-1 ****아파트 102동 1층 102호				사건접수 2010-06-25
물건종별	아파트	채권자	***재테크	감정가	108,000,000원
대지권	107.3561㎡ (32.48평)	채무자	황00	최저가	(64%) 69,120,000원
전용면적	84.9896㎡ (25.71평)	소유자	황00	보증금	(10%)6,912,000원
평형	32평형	매각대상	토지/건물일괄매각	청구금액	10,000,000원
입찰방법	기일입찰	배당종기일	2010-09-27	개시결정	2010-06-28

▶ 기일현황   ▽전체보기

회차	매각기일	최저매각금액	결과
신건	2010-11-03	108,000,000원	유찰
2차	2010-12-08	86,400,000원	유찰
3차	2011-01-26	69,120,000원	매각
최00/입찰1명/매각76,190,000원(71%)			
	2011-03-02	대금지급기한	미납
3차	2011-04-13	69,120,000원	매각
이00/입찰2명/매각73,010,000원(68%)			
	2011-04-20	매각결정기일	

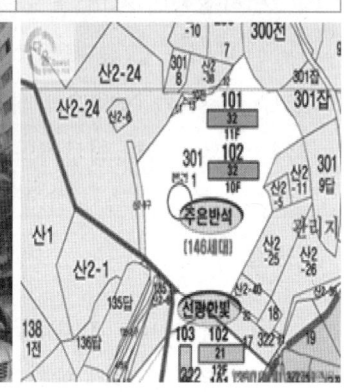

▶ 임차인현황 ☞ 건물소멸기준 : 2010-06-11 ☞ 배당종기일 : 2010-09-27   매각물건명세서 예상배당표

순위	성립일자	권리자	권리종류(점유부분)	권리금액	신고	대항	예상배당여부
1	전입 2007-03-06 확정 2008-05-26 배당 2010-08-31	박00	주택임차인	[보] 48,000,000원	○	있음	배당금 : 48,000,000원 전액배당으로 소멸예상
-	박00 : 전경매사건에서 대항력있으나 배당받지 못한 임차권등기명령에 의한 주택임차권등기임						

▶ 건물 등기부현황 ☞ 건물열람일 : 2010-10-20   등기부등본열람

구분	성립일자	권리종류	권리자	권리금액	인수/소멸	비고
을6	2007-03-06	주택임차권	박00	48,000,000원	있음	전입 : 2007-03-06 확정 : 2008-05-26
갑17	2010-04-16	(전)소유권	황00		이전	임의경매로 인한 매각
을8	2010-06-11	(근)저당	***재테크	10,000,000원	소멸기준	
갑19	2010-06-28	임의경매	***재테크	청구: 10,000,000원	소멸	2010타경12015
갑20	2010-07-07	(현)소유권	*****리츠	(거래가) 80,000,000원	이전	매매
을9	2010-07-14	(근)저당	임00	90,000,000원	소멸	

① 2011년 1월 26일, 낙찰자 최 모 씨 분석

충청북도 청원군 강내면 탑연리 소재 32평형 아파트에 최 모 씨가 3차 매각기일인 2011년 1월 26일에 7천 6백여만 원에 낙찰 받았는데, 1차 최저매각금액인 1억 8백만 원 대비하여 71%선으로 낙찰 받았기에 표면적으로는 큰 실수가 없어 보인다.

그러나 낙찰자는 본 사건 아파트를 낙찰 받은 후 어머나! 라고 했었던 모양이다. 이는 7천 6백여만 원으로 낙찰 받았다가는 낭패를 본다는 사실을 뒤늦게 깨달았기 때문이다.

그래서 낙찰자 최 모 씨는 2011년 1월 28일 청주지방법원에 매각불허가신청서를 제출하였으나 집행법원은 매각허가결정을 내렸는데, 매각대금의 미납으로 재매각 진행되었다.

〈법원문건 접수내역〉

| 2011-01-28 | 최고가매수신고인 매각불허가신청 제출 → 매각허가결정 |

〈매각기일내역 중에서...〉

2011.01.26(10:00)	매각기일	경매법정(121호)	69,120,000원	매각 <76,190,000원>
2011.02.01(10:00)	매각결정기일	경매법정(121호)		최고가매각허가결정
2011.03.02(10:00)	대금지급기한	민사집행계 경매7계		미납

낙찰자 최 모 씨는 어렵게 낙찰 받은 후 왜 매각불허가신청서를 집행법원에 제출했을까? 이러한 유형의 물건에는 경매초보자를 조용히... 그리고 애타게 기다리는... 개미지옥 같은 함정이 도사리고 있다.

초보자는 본 경매사건 임차인 박 모 씨의 전입일자와 확정일자가 소멸기준권리인 2010년 6월 11일 근저당권보다 빠르고, 법원에 배당요구를 하였기에 1순위로 배당받아 가는 것으로 착각 아닌 착각을 할 수도 있다.

만약 그러한 생각을 한 상태에서 이러한 유형의 부동산에 대한 분석을 한다면 정말로... 정말로... 낭패를 볼 수 있다.

② 2011년 4월 13일, 낙찰자 이 모 씨 분석

재매각 되는 물건이라면 前 낙찰자가 매각대금을 납입하지 못한 이유가 분명히 있을 것이다. 재매각 사유를 정확히 진단한 후 입찰참여여부를 결정해야 한다.

2011년 1월 26일 최 모 씨가 7천 6백여만 원에 본건을 낙찰 받은 후 "매각불허가신청" show를 했는데도 불구하고 집행법원은 매각허가결정을 내렸고, 前 낙찰자 최 모 씨는 법원이 지정한 대금납부기한 안에 대금납부를 못해 본 경매사건은 재매각 되었는데…

최 모 씨는 왜 매각대금을 납입하지 않아 6백 9십여만 원의 입찰보증금을 손해 봤을까? 이 점에 경매인은 신경을 써야 하는데, 안타깝게도 2011년 4월 13일 이 모 씨는 7천 3백여만 원으로 낙찰 받았다. 왜 그랬을까?

본 경매사건의 매각물건명세서를 보면 "위 주택임차권등기의 효력에 관하여는 검토, 확인을 요함(2008타경25735호 前 경매사건에서 대항력 있으나 권리신고 후 배당받지 못한 주택임차권자)"이라고 표시되어 있다.

〈매각물건명세서 중에서…〉

※ 비고란
위 주택임차권등기의 효력에 관하여는 검토,확인을 요함(2008타경25735 전경매사건에서 대항력있으나 권리신고 후 배당받지 못한 주택임차권자)

매각물건명세서상에 前 경매사건의 대항력 있는 임차인 어쩌고저쩌고 라고 표시되어 있으면 임차인에 대한 정확한 분석이 뒤따라야 한다. 그런데 본 사건의 낙찰자 최 모 씨와 이 모 씨는 임차인에 대한 분석을 면밀히 하지 않고 그냥 입찰한 모양이다. 안타까울 따름이다.

앞의 사례에서도 언급했지만, 1차 경매사건의 대항력 있는 임차인이 배당요구를 하면 2차 경매사건에서 비록 그 자가 배당요구를 하였더라도 우선변제권이 없어 배당참여를 할 수는 없으나, 대항력에 의해 낙찰자로부터 보증금 전액을 반환받을 수 있는 것이다.

③ 1차 경매사건

2008 타경 25735 (임의)		매각기일 : 2009-12-28 10:00~ (월)		경매1계 249-7301 (구내:7301)	
소재지	충청북도 청원군 강내면 탑연리 301-00 ****아파트 102동 1층 102호			사건접수 2008-12-17	
물건종별	아파트	채권자	내율사새마을금고	감정가	110,000,000원
대지권	107,3561㎡ (32,48평)	채무자	정 00	최저가	(33%) 36,045,000원
전용면적	84,9896㎡ (25,71평)	소유자	정 00	보증금	(10%) 3,605,000원
평형	32평형	매각대상	토지/건물일괄매각	청구금액	60,661,494원
입찰방법	기일입찰	배당종기일	2009-03-02	개시결정	2008-12-18

기일현황 [간략보기]

회차	매각기일	최저매각금액	결과
신건	2009-04-30	110,000,000원	유찰
2차	2009-06-04	88,000,000원	유찰
3차	2009-07-09	70,400,000원	유찰
4차	2009-08-14	56,320,000원	유찰
5차	2009-09-17	45,056,000원	유찰
6차	2009-10-22	36,045,000원	매각
윤 00/입찰5명/매각51,312,000원(47%)			
	2009-12-03	대금지급기한	미납
6차	2009-12-28	36,045,000원	매각
황 00/입찰3명/매각41,198,000원(37%)			

 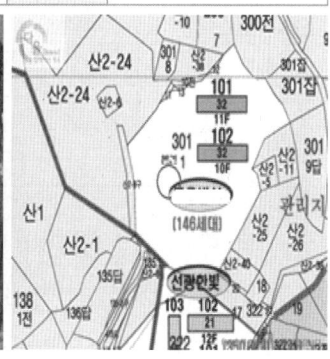

임차인현황 ☑ 건물소멸기준 : 2008-03-26 ☑ 배당종기일 : 2009-03-02   매각물건명세서 예상배당표

순위	성립일자	권리자	권리종류(점유부분)	권리금액	신고	대항	예상배당여부
1	전입 2007-03-06 확정 2008-05-28 배당 2009-01-08	박 00	주택임차인 전체	[보] 40,000,000원	O	있음	인수금 : 40,000,000원 전액매수인 인수예상

건물 등기부현황 ☑ 건물열람일 2009-04-16   등기부등본열람

구분	성립일자	권리종류	권리자	권리금액	인수/소멸	비고
갑1	2000-11-15	(전)소유권	주은건설		이전	보존
을6	2007-03-06	주택임차권	박 00	48,000,000원	있음	전입 : 2007-03-06 확정 : 2008-05-26 확정일자 소멸기준 이후
갑7	2008-03-26	(현)소유권	정 00		이전	매매
을4	2008-03-26	(근)저당	내율사새마을금고	78,000,000원	소멸기준	
갑9	2008-09-22	가처분	박 00		소멸	
갑10	2008-10-30	가압류	한국주택금융공사	144,248,910원	소멸	
갑11	2008-11-17	가압류	하나로상호저축은행	100,000,000원	소멸	
갑12	2008-12-18	임의경매	내율사새마을금고	청구:60,661,494원	소멸	2008타경25735
갑13	2009-02-18	가압류	충북신용보증재단	20,000,000원	소멸	
갑14	2009-03-03	압류	청원군		소멸	
갑15	2009-03-23	가압류	안 00	60,000,000원	소멸	

1차 경매사건의 임차인 박 모 씨는 2007년 3월 6일 전입신고 하여 소멸기준권리인 2008년 3월 26일 근저당권보다 빠르고, 확정일자는 2008년 5월 26일(경매정보지상 28일은 26일로 잘못 표시된 듯함)에 받아 소멸기준권리보다 나중이다.

〈박 모 씨의 임차권등기 내역〉

| 6 | 주택임차권 | 2009년1월29일 제8777호 | 2009년1월9일 청주지방법원의 임차권등기명령 (2008카기1058) | 임차보증금 금48,000,000원
차 임 없음
범 위 건물의 전부
임대차계약일자 2004. 3. 8.
주민등록일자 2007. 3. 6.
점유개시일자 2004. 3. 8.
확정일자 2008. 5. 26.
임차권자 박○○ 670625-1******
　　　　충청북도 청원군 강내면 탑연리 301-○○
　　　　****아파트 102-102 |

위 사건은 1순위 근저당권자 내율사새마을금고의 임의경매신청에 의해 6차 매각기일인 2009년 12월 28일 황 모 씨가 4천 1백여만 원에 낙찰 받았는데, 배당은 0순위 경매비용 ⇨ 1순위 내율사새마을금고 근저당권 ⇨ 2순위 임차인 박 모 씨 순으로 되나, 낙찰금액으로는 경매신청권자의 채권액조차 충족시키지 못하기에 임차인 박 모 씨는 한 푼도 배당받지 못했을 것이다.

그러하다면 위 사건의 낙찰자 황 모 씨는 임차인 박 모 씨의 전세금 4천 8백만 원(경매정보지상 보증금 4천만 원은 오기인 듯함)을 부담해야 하나, 그러하지 않은 채 위 아파트가 또다시 청주지방법원 2010타경12015호로 경매시장에 나온 것이다.

④ 정리

앞에서 언급하였듯이 경매부동산의 소유자가 경매절차를 통해서 소유권을 취득하였다면 그 자가 낙찰 받을 당시 대항력 있는 임차인 유무 확인과 아울러, 대항력 있는 임차인이 있었다면 그 자가 1차 경매사건에서 배당요구를 하였는지 여부를 확인한 후, 2차 경매사건의 입찰금액을 결정해야 한다.

본 사건의 경우, 대항력 있는 임차인 박 모 씨는 청주지방법원 2008타경25735호 임의경매사건(=1차 경매사건)에서 보증금 4천 8백만 원을 배당받기 위해서 2009년 1월 8일 배당요구를 하였으나 순위에 밀려 전혀 배당받지 못했다.

그러한 상태에서 또다시 근저당권자 ***재테크의 경매신청으로 청주지방법원 2010타경12015호로 경매에 붙여졌고(=2차 경매사건), 임차인 박 모 씨는 2010년 8월 31일 배당요구를 하였다. 그러나 임차인이 단지 배당요구 하였다 하여 당연히 배당절차에 참여할 수 있다고 생각하여 입찰하면 결코 아니 된다.

직전 경매절차(=1차 경매사건)의 대항력 있는 임차인이 배당요구를 하였다면, 현재 진행 중인 경매절차에서 배당참여가 되지 않는다는 대법원 판례를 앞에서 언급하였다.

그렇다면 청주지방법원 2010타경12015호 임의경매사건에서 적정 입찰가격은 얼마일까? 이는 투자자 개인의 수익률과 연관되겠지만 임차인 박 모 씨의 보증금 4천 8백만 원을 인수한다는 전제하에서 입찰가격을 결정하여야 한다.

참고로 초보자를 노리는 비슷한 사례 몇 가지를 더 이야기하고자 하니, 독자 제위께서는 이러한 구렁텅이에 제발 빠지지 않도록 정말로 주의하기 바란다.

(6) 경매부동산의 소유권 취득원인 확인 - 3

2010 타경 9240 (임의)		매각기일 : 2011-05-09 10:00~ (월)		경매6계 259-5536 (구내:536)	
소재지	전라북도 전주시 완산구 서서학동 983-00, ******* 임대아파트 2층 211호			사건접수	2010-06-03
물건종별	아파트	채권자	이 00	감정가	29,000,000원
대지권	15240㎡ (4610.08평)	채무자	***** 리츠	최저가	(80%) 23,200,000원
전용면적	38.88㎡ (11.76평)	소유자	***** 리츠	보증금	(10%) 2,320,000원
평형		매각대상	토지/건물일괄매각	청구금액	25,000,000원
입찰방법	기일입찰	배당종기일	2010-09-06	개시결정	2010-06-04

▶ 기일현황 | ◎ 입찰28일전 | ▽간략보기

회차	매각기일	최저매각금액	결과
신건	2010-10-11	29,000,000원	매각
김00/입찰1명/매각30,000,000원(103%)			
	2010-11-19	매각결정기일	허가취소
신건	2011-01-24	29,000,000원	매각
장00/입찰1명/매각29,390,000원(101%)			
	2011-03-04	대금지급기한	미납
신건	2011-04-04	29,000,000원	유찰
2차	2011-05-09	23,200,000원	

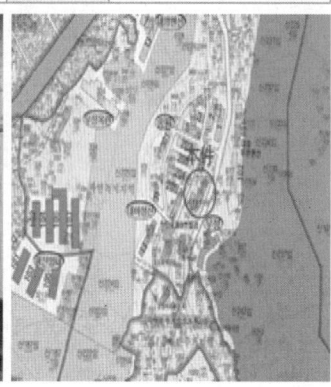

▶ 임차인현황 ☞ 건물소멸기준 : 2010-03-11 ☞ 배당종기일 : 2010-09-06   [매각물건명세서] [예상배당표]

순위	성립일자	권리자	권리종류(점유부분)	권리금액	신고	대항	예상배당여부
1	전입 1997-03-31 확정 1999-03-13 배당 2010-08-02	정 00	주택임차인 전부	【보】 21,798,000원	O	있음	배당금 : 21,798,000원 전액배당으로 소멸예상

- 정 00 : 위 임차인은 이 사건 부동산에 대한 전 경매(2006타경24204)절차에서 권리신고 및 배당요구를 하였던 임차인으로 이 사건에 있어서는 우선변제의 대상이 되지 아니하고 대항력있는 임차인으로서의 지위만을 가지고 있음

▶ 건물 등기부현황 ☞ 건물열람일 : 2010-09-27   [등기부등본열람]

구분	성립일자	권리종류	권리자	권리금액	인수/소멸	비고
갑1	1997-04-02	(전)소유권	000주택건설		이전	보존
갑7	2010-02-24	(현)소유권	***** 리츠		이전	임의경매로 인한 매각
을4	2010-03-11	(근)저당	이 00	25,000,000원	소멸기준	
갑9	2010-06-04	임의경매	이 00	청구: 25,000,000원	소멸	2010타경9240
갑10	2010-08-20	압류	전주시완산구		소멸	

① 2010년 10월 11일 낙찰자 김 모 씨 분석

위 사건은 최초 1차 매각기일인 2010년 10월 11일 김 모 씨가 3천만 원에 낙찰 받았으나, 동년 11월 19일 김 모 씨는 매각허가결정 취소신청을 하여 집행법원으로부터 매각허가결정 취소결정을 받아 냈다.

〈김 모 씨 관련 법원문건 접수내역〉

| 2010-11-19 | | 최고가매수신고인 취소신청서 제출 ➡ | 취소결정 |

〈김 모 씨 관련 매각기일 내역〉

2010.10.11 (10:00)	매각기일	제1호(경매) 법정	29,000,000원	매각 (3천만원)
2010.10.18 (10:00)	매각결정기일	제5호법정		최고가매각허가결정
2010.11.19 (10:00)	매각결정기일	제5호법정		최고가매각허가취소결정

② 2011년 1월 24일 낙찰자 장 모 씨 분석

그 후 2011년 1월 24일 장 모 씨가 2천 9백여만 원에 단독입찰 하였고, 낙찰 후 동년 1월 25일 장 모 씨는 매각허가결정에 대한 취소신청을 하였으나 집행법원은 이를 받아들이지 않았으며, 동년 1월 31일 매각허가결정이 났고, 동년 3월 4일이 대금지급기한 마지막 날인데, 장 모 씨는 매각대금을 납부하지 않았고, 4차 매각기일인 동년 9월 26일 1천 5백여만 원에 낙찰되었다.

〈장 모 씨 관련 법원문건 접수내역〉

| 2011-01-25 | | 최고가매수신고인 매각허가결정취소신청서 제출 ➡ | But 허가결정 |

〈장 모 씨 관련 매각기일 내역〉

2011.01.24(10:00)	매각기일	제1호(경매) 법정	29,000,000원	매각(2939만원)
2011.01.31(10:00)	매각결정기일	제5호법정		최고가매각허가결정
2011.03.04(15:00)	대금지급기한	경매6계		미납

만약 장 모 씨가 매각대금을 완납하여 본 사건 부동산의 소유권을 취득하더라도 임차

인 정 모 씨의 보증금 2천 1백여만 원을 추가로 부담하여야 하고, 이렇게 되면 낙찰가 2천 9백여만 원과 임차인 인수금 2천 1백여만 원을 합치면 전체 투입금액이 5천만 원 이상 되는데, 본 사건 최초매각금액은 2천 9백만 원이어서, 차라리 입찰보증금 2백 9십만 원을 포기하는 것이 나은 것이다.

〈매각물건명세서 중에서...〉

사건	2010타경9240 부동산임의경매	매각물건번호	1	담임법관(사법보좌관)	김00
작성일자	2011.01.14	최선순위 설정일자	2010.3.11. 근저당		
부동산 및 감정평가액 최저매각가격의 표시	부동산표시목록 참조	배당요구종기	2010.09.06		

부동산의 점유자와 점유의 권원, 점유할 수 있는 기간, 차임 또는 보증금에 관한 관계인의 진술 및 임차인이 있는 경우 배당요구 여부와 그 일자, 전입신고일자 또는 사업자등록신청일자와 확정일자의 유무와 그 일자

점유자의 성명	점유부분	정보출처 구분	점유의 권원	임대차 기간 (점유기간)	보증금	차임	전입신고일자, 사업자등록신청일자	확정일자	배당요구 여부 (배당요구일자)
정00	전부	현황조사	주거 임차인	1997.3.31-	2160만원		1997.3.31		
	전부	권리신고	주거 임차인	1997.3.31.-2010.8.1.	21,798,000		1997.3.31.	1999.3.13.	2010.08.02

〈비고〉
정00 : 위 임차인은 이 사건 부동산에 대한 전 경매(2006타경24204)절차에서 권리신고 및 배당요구를 하였던 임차인으로 이 사건에 있어서는 우선변제의 대상이 되지 아니하고 대항력있는 임차인으로서의 지위만을 가지고 있음

본 사건의 매각물건명세서를 보면 "정00 : 위 임차인은 이 사건 부동산에 대한 前 경매(2006타경24204)절차에서 권리신고 및 배당요구를 하였던 임차인으로 이 사건에 있어서는 우선변제의 대상이 되지 아니하고 대항력 있는 임차인으로서의 지위만을 가지고 있음."이라고 되어 있다.

이러할 경우, 임차인 정00에 대한 前 경매사건을 반드시 검토한 후 입찰참여여부를 결정하여야 하는데, 본 사건 낙찰자 장 모 씨는 이러한 사항을 검토하지 않은 채 입찰한 모양이다. 애석한 일이다.

③ 1차 경매사건

2006 타경 24204 (임의)		물번 2	매각기일 : 2009-11-09 10:00~ (월)		경매7계 063-259-5711 (구내:711)	
소재지	전라북도 전주시 완산구 서서학동 983-00 ******** 아파트 2층 211호				사건접수 2006-09-25	
물건종별	아파트	채권자	국민은행		감정가	35,000,000원
대지권	15.24㎡ (4.61평)	채무자	000 주택건설		최저가	(21%) 7,340,000원
전용면적	38.88㎡ (11.76평)	소유자	000 주택건설		보증금	(10%) 734,000원
평형		매각대상	토지/건물일괄매각		청구금액	1,470,000,000원
입찰방법	기일입찰	배당종기일	2007-01-15		개시결정	2006-09-27

▶ 기일현황   ▽간략보기

회차	매각기일	최저매각금액	결과
신건	2008-12-22	35,000,000원	유찰
2차	2009-01-19	28,000,000원	유찰
3차	2009-02-23	22,400,000원	유찰
4차	2009-03-30	17,920,000원	유찰
5차	2009-05-11	14,336,000원	유찰
6차	2009-06-15	11,469,000원	유찰
7차	2009-07-20	9,175,000원	유찰
8차	2009-08-31	7,340,000원	매각
민00 /입찰2명/매각10,110,000원(29%)			
	2009-09-30	대금지급기한	미납
8차	2009-11-09	7,340,000원	매각
*****리츠 /입찰4명/매각9,189,800원(26%)			
	2009-12-09	대금지급기한	납부

▶ 임차인현황 ☞ 건물소멸기준 : 1997-04-08 ☞ 배당종기일 : 2007-01-15   매각물건명세서 예상배당표

순위	성립일자	권리자	권리종류(점유부분)	권리금액	신고	대항	예상배당여부
1	전입 1997-03-31 확정 1999-03-13 배당 2007-01-11	정00	주택임차인 전부	[보] 21,798,000원 [월] 42,000원	○	있음	인수금 : 21,798,000원 전액매수인 인수예상

▶ 건물 등기부현황 ☞ 건물열람일 : 2008-12-08   등기부등본열람

구분	성립일자	권리종류	권리자	권리금액	인수/소멸	비고
갑1	1997-04-02	(현)소유권	000 주택건설		이전	보존
을1	1997-04-08	(근)저당	국민은행	4,086,600,000원	소멸기준	
을2	1997-04-24	전세권	정00	20,760,000원	소멸	
갑2	1999-09-01	압류	전주시		소멸	
갑3	2001-06-07	가압류	대한주택보증	931,145,514원	소멸	
갑6	2006-10-04	임의경매	국민은행	청구: 1,470,000,000원	소멸	2006타경24204

　1차 경매사건의 임차인 정 모 씨는 낙찰자에게 대항할 수 있는 임차인이었다. 그리고

1. 어? 하면 당합니다!

집행법원이 공고한 배당요구종기일 이전에 배당요구까지 하였음에도 불구하고 확정일자가 근저당권보다 나중인 관계로 배당절차에서 보증금을 한 푼도 회수하지 못했다.

이를 8차 매각기일인 2009년 11월 9일 *****리츠 라는 회사에서 9백 1십여만 원에 낙찰받았다.

④ 2차 경매가 진행되다!

그 후 위 아파트는 전주지방법원 2010타경9240호(=2차 경매사건)로 임의경매 신청되었다.

이에 임차인 정 모 씨는 역시 집행법원이 공고한 배당요구 종기일 이전인 2010년 8월 2일 배당요구를 하였으나, 그 자는 前 경매절차에서 배당요구를 하였기에 우선변제권을 상실하여 현재 경매절차에서 배당참여 할 수 없지만, 임차인으로서의 대항력은 부인되지 않아 낙찰자에게 보증금 21,798,000원 전액을 반환 요청할 수 있는 것이다.

따라서 이러한 물건에 대한 입찰가격은 낙찰자가 인수하는 금액인 임차인의 보증금 전액을 감안하여 정해야 하는데... 이러한 사실도 모르고 더러운 덫에 걸리는 경매인이 아직도 있으니... 오호 통재라~~~

(7) 경매부동산의 소유권 취득원인 확인 - 4

2009 타경 47812 (강제)		매각기일 : 2011-03-18 10:00~ (금)		경매19계 239-1609	
소재지	광주광역시 북구 오치동 957-0,3층 303호			사건접수 2009-12-10	
물건종별	다세대(빌라)	채권자	한00	감정가	41,700,000원
대지권	39.07㎡ (11.82평)	채무자	★★★재테크	최저가	(45%) 18,682,000원
전용면적	53.28㎡ (16.12평)	소유자	★★★재테크	보증금	(10%)1,869,000원
평형	17평형	매각대상	토지/건물일괄매각	청구금액	23,154,704원
입찰방법	기일입찰	배당종기일	2010-03-17	개시결정	2009-12-11

▶ 기일현황 ▼간략보기

회차	매각기일	최저매각금액	결과
신건	2010-10-01	41,700,000원	유찰
2차	2010-11-12	29,190,000원	유찰
3차	2010-12-24	23,352,000원	매각
봉00/입찰1명/매각24,200,000원(58%)			
	2010-12-31	매각결정기일	불허가
3차	2011-02-11	23,352,000원	유찰
4차	2011-03-18	18,682,000원	매각
장00/입찰2명/매각25,659,900원(62%)			
	2011-04-22	대금지급기한	

??

▶ 임차인현황 ☞ 건물소멸기준 : 2009-09-15 ☞ 배당종기일 : 2010-03-17   매각물건명세서 예상배당표

순위	성립일자	권리자	권리종류(점유부분)	권리금액	신고	대항	예상배당여부
1	전입 2003-01-11 확정 2003-01-11 배당 ○	한00	주택임차인 전부	[보] 25,000,000원	○	있음	

- 한00 : 신청채권자이며 주택임차권자(2008.08.08.등기)로서 종전 경매절차(2007타경4606)에서 보증금 25,000,000원 중 1,930,256원을 배당받았고, 현재 우선변제권은 소멸하고 대항력만 있는 상태임.

▶ 건물 등기부현황 ☞ 건물열람일 : 2010-09-17   등기부등본열람

구분	성립일자	권리종류	권리자	권리금액	인수/소멸	비고
을4	2003-01-11	주택임차권	한00	25,000,000원	있음	경매신청채권자 전입 : 2003-01-11 확정 : 2003-01-11
갑6	2005-12-02	(전)소유권	최00		이전	매매
갑9	2009-09-09	(현)소유권	★★★재테크		이전	임의경매로 인한 매각
을6	2009-09-15	(근)저당	이00	19,900,000원	소멸기준	
갑11	2009-12-11	강제경매	한00	청구: 23,154,704원	소멸	2009타경47812

① 해설

위 경매사건은 3차 매각기일인 2010년 12월 24일에 봉 모 씨가 2천 4백여만 원에 입찰하였으나, 법원문건 접수내역상 낙찰자 봉 모 씨는 매각불허가신청서를 제출하지 않았는데도 집행법원은 동년 12월 31일 매각불허가결정을 내렸다. 낙찰자 봉 모 씨 입장에서는 대단히 다행스러운 일이었다.

〈前 낙찰자 봉모 씨 관련 매각기일내역〉

2010.12.24 (10:00)	매각기일	입찰법정	23,352,000원	매각(2420만원)
2010.12.31 (16:00)	매각결정기일	사법보좌관실(310호실)		최고가매각불허가결정

그리고 본 경매사건의 매각물건명세서상의 임차인 사항을 보면 "한 OO : 신청채권자이며, 주택임차권자(2008.08.08. 등기)로서, 종전 경매절차(2007타경4606호)에서 보증금 2천 5백만 원 중 1,930,256원을 배당받았고, 현재 우선변제권은 소멸하고 대항력만 있는 상태임."으로 되어 있다.

〈매각물건명세서 중에서...〉

사건	2009타경47812 부동산강제경매	매각물건번호	1	담임법관(사법보좌관)	하OO
작성일자	2011.01.28	최선순위 설정일자	2008.08.08 임차권		
부동산 및 감정평가액 최저매각가격의 표시	부동산표시목록 참조	배당요구종기	2010.03.17		

부동산의 점유자와 점유의 권원, 점유할 수 있는 기간, 차임 또는 보증금에 관한 관계인의 진술 및 임차인이 있는 경우 배당요구 여부와 그 일자, 전입신고일자 또는 사업자등록신청일자와 확정일자의 유무와 그 일자

점유자의 성명	점유부분	정보출처 구분	점유의 권원	임대차 기간 (점유기간)	보증금	차임	전입신고일자, 사업자등록신청일자	확정일자	배당요구 여부 (배당요구일자)
한OO	전부	등기부등본 (법정국)	주거 임차권자	03.01.10.~	25,000,000		03.01.11.	03.01.11.	
	전부	현황조사	주거 임차인	03.1~현재	23,000,000		2003.1.11		

〈비고〉
한OO : 신청채권자이며 주택임차권자(2008.08.08.등기)로서 종전 경매절차(2007타경4606)에서 보증금 25,000,000원 중 1,930,256원을 배당받았고, 현재 우선변제권은 소멸하고 대항력만 있는 상태임.

② 또 낙찰 되었네?

4차 매각기일인 2011년 3월 18일에 장 모 씨가 2천 5백여만 원에 낙찰 받았다. 매각물건명세서상에 임차인 한 모 씨의 잔여 보증금 2천 3백여만 원을 낙찰자가 인수하여야 한다고 분명히 명기해 놓았는데…

본 사건의 최초매각금액은 4천 1백 7십만 원! 장 모 씨의 낙찰금액은 2천 5백 6십 5만 9천 9백 원! 만약 장 모 씨가 매각대금을 완납한다는 전제하에서 수지분석을 해 보자.

낙찰금액에서 경매비용을 감한 순수 배당금액을 2천 3백만 원으로 보면, 2009년 9월 15일 근저당권 이 모 씨가 2천여만 원을 배당받고, 임차인 한 모 씨는 강제경매신청권자의 지위로서 잔여 배당금 3백여만 원을 배당 받는다.

그러나 잔여 보증금 2천여만 원은 낙찰자 장 모 씨가 인수하여야 하는데, 이렇게 되면 장 모 씨는 낙찰가 및 등기비용 2천 7백여만 원, 임차인 한 모 씨 인수보증금 2천여만 원이면 4천 7백만 원이 총 투입비용이 된다.

최초매각금액이 4천 1백 7십만 원! 총 투입비용이 4천 7백여만 원! 과연 낙찰자 장 모 씨는 매각대금을 납부할 것인지, 아니면 입찰보증금 186만여 원을 포기할 것인지에 대한 판단을 해야 할 것이다.

참고로 집행법원은 2011년 3월 25일 장 모 씨에 대해 매각허가결정을 내렸으며, 동년 4월 22일이 대금지급기한 마지막 날인데, 본 사건 낙찰자 장 모 씨는 매각대금을 납부하지 못하였고, 그 후 본건 경매물건은 8차 매각기일인 2012년 2월 29일 9백 2십여만 원에 낙찰 되었다.

〈낙찰자 장 모 씨 관련 매각기일내역〉

2011.03.18(10:00)	매각기일	입찰법정	18,682,000원	매각 (25,659,900원)
2011.03.25(16:00)	매각결정기일	사법보좌관실(310호실)	매각대금을 납부할까?	최고가매각허가결정
2011.04.22(16:00)	대금지급기한	민사집행과 사무실		진행

③ 직전 경매절차에서 임차인은 보증금 얼마를 받았네~~~

매각물건명세서상에 위와 같은 문구가 있으면 일단은 조심하자! 그리고 직전 경매사건을 반드시 검색하도록 하자!

1. 어? 하면 당합니다!

어찌되었든 직전 경매절차에서 대항력을 가지는 임차인이 보증금 중 일부만 배당받았다면, 그리고 나중에 다시 경매진행 될 경우, 직전 경매절차상의 대항력을 가지는 자가 임차인의 지위로서 집행법원에 배당요구를 하였다면 우선변제권이 소멸되어 배당절차에 참여할 수 없게 된다.

그러나 임차인으로서의 대항력이 인정되기에 낙찰자는 이 자의 보증금 전액을 입찰금액과는 무관하게 인수하여야 하는 것이다.

④ 한 모 씨의 임차권등기

직전 경매절차상에서 낙찰자에게 대항할 수 있었던 임차인 한 모 씨는 직전 경매가 진행되던 중에 임차권등기(2008년 8월 8일)를 하였다.

그런데 임차인 한 모 씨는 직전 경매절차에서 1,930,256원을 배당받았다는 것은 배당요구를 한 결과가 되고, 대항력을 가지는 임차인이 배당요구 하면 우선변제권을 상실하기에 나중에 진행되는 경매의 배당절차 참여는 불가하다. 그렇다면 본 사건 임차인 한 모 씨의 보증금 중 회수하지 못하는 부분은 낙찰자가 인수하여야만 한다.

〈임차인 한 모 씨의 임차권등기내역〉

| 4 | 주택임차권 | 2008년8월8일 제133546호 | 2008년7월8일 광주지방법원의 임차권등기명령 (2008카기1162) | 임차보증금 금25,000,000원
범 위 건물 전부
임대차계약일자 2002년 12월 31일
주민등록일자 2003년 1월 11일
점유개시일자 2003년 1월 10일
확정일자 2003년 1월 11일
임차권자 한○○ 650702-1******
　　　　　광주광역시 북구 오치동 957-○ 다세대주택 3층 303호 |

⑤ 1차 경매사건

2007 타경 4606 (임의)		물번 10	매각기일 : 2009-07-01 10:00~ (수)		경매11계 239-1611 (구내:1611)	
소재지	광주광역시 북구 오치동 957-0 3층 303호				사건접수 2007-01-31	
물건종별	다세대(빌라)	채권자	광주재활신용협동조합		감정가	32,142,800원
대지권	39.07㎡ (11.82평)	채무자	정00외1명		최저가	(8%) 2,415,000원
전용면적	53.28㎡ (16.12평)	소유자	최00		보증금	(10%)242,000원
평형		매각대상	토지/건물일괄매각		청구금액	312,000,000원
입찰방법	기일입찰	배당종기일	2007-05-10		개시결정	2007-02-01

▶ 기일현황   ▼전체보기

회차	매각기일	최저매각금액	결과
신건	2007-12-11	32,142,800원	유찰
8차	2008-12-16	7,373,000원	유찰
9차	2009-01-29	5,898,000원	유찰
10차	2009-03-05	4,718,000원	유찰
11차	2009-04-10	3,774,000원	유찰
12차	2009-05-21	3,019,000원	유찰
13차	2009-07-01	2,415,000원	매각

★★★ 재테크/입찰2명/매각2,465,000원(8%)

▶ 임차인현황 ☞ 건물소멸기준 : 2003-07-23 ☞ 배당종기일 : 2007-05-10   매각물건명세서 예상배당표

순위	성립일자	권리자	권리종류(점유부분)	권리금액	신고	대항	예상배당여부
1	전입 2003-01-11 확정 2003-01-11 배당 2007-04-03	한00	주택임차인 303호	【보】25,000,000원	○	있음	배당금 : 2,465,000원 인수금 : 22,535,000원 일부배당(미배당금 인수)예상

임차인과 소유자 최00에게 문의하고 권리신고안내서는 교부 및 투입함.

▶ 건물 등기부현황 ☞ 건물열람일 : 2007-11-27   등기부등본열람

구분	성립일자	권리종류	권리자	권리금액	인수/소멸	비고
갑2	2003-07-23	(전)소유권	정00		이전	매매
을1	2003-07-23	(근)저당	광주재활신용협동조합	312,000,000원	소멸기준	
갑5	2005-11-30	가압류	광주은행	7,448,594원	소멸	
갑6	2005-12-02	(현)소유권	최00		이전	매매
갑7	2007-02-05	임의경매	광주재활신용협동조합	청구: 312,000,000원	소멸	2007타경4606

13차 매각기일에 2백 4십여만 원에 낙찰 되었기에 대항력 있는 임차인 한 모 씨는 보증금 전액을 배당받지 못했고, 그 후 이 물건이 광주지방법원 2009타경47812호(=2차 경매

1. 어? 하면 당합니다! **161**

사건)로 강제경매 신청되었는데, 경매결과 임차인 한 모 씨가 보증금 전액을 배당받지 못하면 낙찰자의 인수사항이 된다.

(8) 경매부동산의 소유권 취득원인 확인 - 5

2008 타경 9750 (임의)		매각기일 : 2009-08-06 10:00~ (목)		경매8계 (055)239-2118 (구내:2118)	
소재지	경상남도 마산시 완월동00 ★★파크맨션 1호동 13층 1303호				사건접수 2008-04-08
물건종별	아파트	채권자	황00	감정가	80,000,000원
대지권	32,18㎡ (9,73평)	채무자	★★★★★리츠	최저가	(21%) 16,777,000원
전용면적	78,03㎡ (23,6평)	소유자	★★★★★리츠	보증금	(10%)1,678,000원
평형		매각대상	토지/건물일괄매각	청구금액	40,000,000원
입찰방법	기일입찰	배당종기일	2008-06-30	개시결정	2008-04-10

기일현황

회차	매각기일	최저매각금액	결과
신건	2008-09-04	80,000,000원	유찰
2차	2008-10-09	64,000,000원	유찰
3차	2008-11-06	51,200,000원	변경
3차	2009-01-06	51,200,000원	유찰
4차	2009-02-03	40,960,000원	유찰
5차	2009-03-03	32,768,000원	유찰
6차	2009-04-07	26,214,000원	유찰
7차	2009-05-08	20,971,000원	유찰
8차	2009-06-09	16,777,000원	매각
박00/입찰1명/매각21,287,000원(27%)			
2009-07-15	기한후납부		

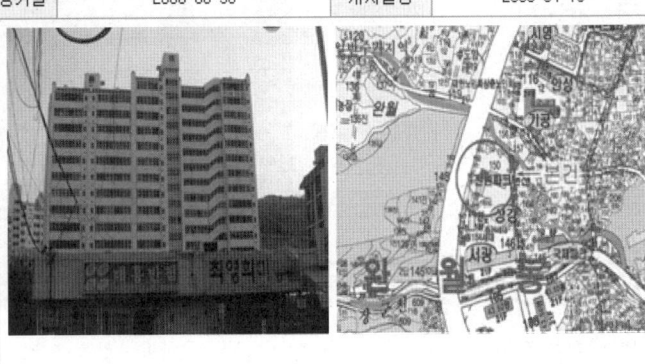

임차인현황 건물소멸기준 : 2008-03-31 배당종기일 : 2008-06-30

순위	성립일자	권리자	권리종류(점유부분)	권리금액	신고	대항	예상배당여부
1	전입 2003-12-03 확정 2003-12-03 배당 2008-05-06	이00	주택임차인 일부(13층 방3칸)	[보] 65,000,000원	○	있음	배당금 : 15,519,700원 인수금 : 49,480,300원 일부배당(미배당금 인수)예상

건물 등기부현황 건물열람일 : 2008-10-09

구분	성립일자	권리종류	권리자	권리금액	인수/소멸	비고
갑1	2000-08-16	(전)소유권	강00		이전	매매
을5	2003-12-03	주택임차권	이00	65,000,000원	있음	특별매각조건에의한 인수 전입 : 2003-12-03 확정 : 2003-12-03
갑10	2008-03-27	(현)소유권	★★★★★리츠		이전	강제경매로 인한 매각
을6	2008-03-31	(근)저당	정00	10,000,000원	소멸기준	
을6	2008-03-31	(근)저당	황00	50,000,000원	소멸	
갑12	2008-04-22	임의경매	황00	청구: 40,000,000원	소멸	2008타경9750

① 해설

본 경매사건 이전인 2008년 3월 27일 *****리츠 라는 회사가 강제경매로 인한 매각으로 본 사건 부동산의 소유권이전등기를 마쳤다(=1차 경매사건). 그 후 근저당권자 황 모 씨의 임의경매신청이 있었는데, 8차 매각기일인 2009년 6월 9일 박 모 씨가 2천 1백여만 원에 낙찰 받았다(=2차 경매사건).

본 사건의 임차인 이 모 씨는 1차 경매사건에서 낙찰자에게 대항할 수 있었던 임차인이었는데, 이 모 씨는 2차 경매사건 진행당시인 2008년 5월 6일 집행법원에 권리신고 및 배당요구 신청을 하였다.

〈매각물건명세서 중에서...〉

사건	2008타경9750 부동산임의경매	매각물건번호	1	담임법관(사법보좌관)	이**
작성일자	2009.07.20	최선순위 설정일자	2006.4.12. 임차권		
부동산 및 감정평가액 최저매각가격의 표시	부동산표시목록 참조	배당요구종기	2008.06.30		

부동산의 점유자와 점유의 권원, 점유할 수 있는 기간, 차임 또는 보증금에 관한 관계인의 진술 및 임차인이 있는 경우 배당요구 여부와 그 일자, 전입신고일자 또는 사업자등록신청일자와 확정일자의 유무와 그 일자

점유자의 성명	점유부분	정보출처 구분	점유의 권원	임대차 기간 (점유기간)	보증금	차임	전입신고일자, 사업자등록신청 일자	확정일자	배당요구 여부 (배당요구 일자)
이00	전체	현황조사	주거 임차인	2003년 12월 03일 ~ 현재	6500만원	없음	2003.12.03	2003.12.03	
	일부(13층 방3칸)	권리신고	주거 임차권자	2003.12.3 - 현재	6500만원		2003.12.3	2003.12.3	2008.05.06

〈비고〉

※ 등기된 부동산에 관한 권리 또는 가처분으로 매각허가에 의하여 그 효력이 소멸되지 아니하는 것

2006.4.12. 임차권 ━━▶ 종전 경매기입등기일인 2006년 7월 27일 이전임!!!

② 임차인 이 모 씨 분석

임차인 이 모 씨는 1차 경매사건에서 소멸기준권리인 2004년 6월 11일 압류등기보다 먼저 전입신고를 하여 낙찰자에게 대항할 수 있는 지위를 가졌다. 그리고 1차 경매신청은 임차인 이 모 씨가 하였는데, 이 모 씨는 강제경매 기입등기일인 2006년 7월 27일보다 빠른 동년 4월 12일 주택임차권등기를 하였다.

〈임차인 이 모 씨의 주택임차권등기 내역〉

| 5 | 주택임차권 | 2006년4월12일
제21630호 | 2006년4월5일
창원지방법원마산시법원의
임차권등기명령
(2006카기61) | 임차보증금 금65,000,000
범 위 주거용건물의 전부
임대차계약일자 2003.11.21
주민등록일자 2003.12.03
점유개시일자 2003.12.03
확정일자 2003.12.03
임차권자 이○○
마산시 완월동○○ **파크맨션 1-1303 |

〈종전 경매기입등기일 내역〉

| 7 | 강제경매개
시결정 | 2006년7월27일
제42450호 | 2006년7월26일
창원지방법원의
강제경매개시결정
(2006타경24731) | 채권자 이○○ 520904-2******
마산시 완월동○○ **파크맨션 1-1303 |

참고로 압류의 효력이 발생하는 첫 경매개시결정등기 이전에 임차권등기를 한 자는 법원이 공고한 배당요구 종기일까지 배당요구를 하지 않았다 하더라도 당연 배당권자[= **대법원 2005다33039 판결** : 임차권등기가 첫 경매개시결정등기 전에 등기된 경우, 배당받을 채권자의 범위에 관하여 규정하고 있는 민사집행법 제148조 제4호의 "저당권·전세권, 그 밖의 우선변제청구권으로서 첫 경매개시결정 등기 전에 등기되었고 매각으로 소멸하는 것을 가진 채권자"에 준하여, 그 임차인은 별도로 배당요구를 하지 않아도 당연히 배당받을 채권자에 속하는 것으로 보아야 할 것이다.]에 해당되어 경매결과 배당절차에 당연히 참여할 수 있게 된다.

그렇다면 임차인 이 모 씨는 1차 경매사건에서 임차권등기를 하였기에 배당요구를 하지 않았다 하더라도 당연 배당권자로서 배당절차에 참여할 수 있었을 것이며, 이로서 이 모 씨는 이미 우선변제권을 행사한 것으로 되어, 1차 경매사건에서 보증금 전액을 배당받는 것과는 관계없이 현재 진행 중인 2차 경매절차상에서는 배당참여가 불가할 것인데, 법원문건 접수내역 상 이상한 점을 발견했다.

즉, 창원지방법원 2008타경9750호 임의경매사건(=2차 경매사건)의 경매신청권자인 황 모 씨가 2009년 8월 10일 배당배제신청서를 제출하였다. 이는 아마도 임차인 이 모 씨의 배당에 대한 것으로 보여 진다.

〈배당배제신청 관련 문건접수내역〉

2009-08-10	채권자 황00 배당배제신청서 제출 → 임차인 배당배제?

③ 1차 경매사건

2006 타경 24731 (강제)		매각기일 : 2007-11-27 10:00~ (화)		경매7계 (055)239-2117 (구내:2117)	
소재지	경상남도 마산시 완월동00 ** 파크맨션 1호동 13층 1303호				사건접수 2006-07-25
물건종별	아파트	채권자	이 00	감정가	82,000,000원
대지권	32.18㎡ (9.73평)	채무자	강 00	최저가	(17%) 13,758,000원
전용면적	78.03㎡ (23.6평)	소유자	강 00	보증금	(10%) 1,376,000원
평형	29.68평형	매각대상	토지/건물일괄매각	청구금액	67,671,232원
입찰방법	기일입찰	배당종기일	2006-10-24	개시결정	2006-07-26

기일현황

회차	매각기일	최저매각금액	결과
신건	2006-11-28	82,000,000원	유찰
2차	2006-12-27	65,600,000원	유찰
3차	2007-01-25	52,480,000원	유찰
4차	2007-02-27	41,984,000원	유찰
5차	2007-03-28	33,587,000원	유찰
6차	2007-04-26	26,870,000원	매각
차00/입찰3명/매각33,590,000원(41%)			
	2007-06-08	대금지급기한	미납
6차	2007-06-27	26,870,000원	유찰
7차	2007-07-27	21,496,000원	유찰
8차	2007-08-27	17,197,000원	유찰
9차	2007-09-27	13,758,000원	매각
*****리츠/입찰1명/매각14,800,000원(18%)			

임차인현황 ☞ 건물소멸기준 : 2004-06-11 ☞ 배당종기일 : 2006-10-24

순위	성립일자	권리자	권리종류(점유부분)	권리금액	신고	대항	예상배당여부
1	전입 2003-12-03 확정 2003-12-03 배당 없음	이 00	주택임차인 전체	【보】 65,000,000원	X	있음	배당금 : 12,098,700원 인수금 : 52,901,300원 일부배당(미배당금 인수)예상

건물 등기부현황 ☞ 건물열람일 : 2006-11-13

구분	성립일자	권리종류	권리자	권리금액	인수/소멸	비고
갑1	2000-08-16	(현)소유권	강 00		이전	매매
을5	2003-12-03	주택임차권	이 00	65,000,000원	있음	전입 : 2003-12-03 확정 : 2003-12-03
갑3	2004-06-11	압류	국민건강보험공단		소멸기준	
갑4	2004-11-25	압류	마산시		소멸	
갑5	2005-05-02	가압류	성 00	5,000,000원	소멸	
갑7	2006-07-27	강제경매	이 00	청구: 67,671,232원	소멸	2006타경24731

④ 정리

앞의 창원지방법원 2006타경24731호 강제경매사건(=1차 경매사건)은 창원지방법원 2008타경9750호 임의경매사건(=2차 경매사건) 직전의 경매사건으로서, 임차인 이 모 씨는 강제경매(=1차 경매사건) 기입등기일 이전인 2006년 4월 12일 임차권등기를 하였다.

그렇다면 앞에서 이야기했듯이 임차권등기권자 이 모 씨는 1차 경매사건에서 당연 배당권자에 해당되기에, 그 후에 진행된 2차 경매사건인 창원지방법원 2008타경9750호 임의경매사건에서는 설사 그가 배당요구를 하였다 하더라도 배당절차에 참여 시켜서는 아니 되고, 낙찰자의 인수로 사건이 종결되어야 하는데, 그렇지 않았던 모양이다.

1차 경매사건의 경매정보지와 매각물건명세서를 보면 임차인이 배당요구하지 않은 것으로 표시되어 있다.

그렇다면 집행법원은 임차인이 1차 경매사건에서 배당요구를 하지 않은 것으로 알고 나중에 경매 진행된 2차 경매사건인 창원지방법원 2008타경9750호 임의경매사건에서 임차인 이 모 씨의 배당 요구에 의해 배당참여 시켰던 모양이다.

그러나 이는 잘못된 것이다. 임차권등기에 대한 이해를 잘못했나? 누가? 집행법원이~~~

〈1차 경매사건의 매각물건명세서〉

(9) 낙찰 받아 또다시 경매진행 시킨다면? - 1

2009 타경 16223 (강제)		매각기일 : 2011-03-07 10:00~ (월)		경매1계 470-1801	
소재지	대전광역시 서구 만년동 389 리체스오피스텔 ***호				사건접수 2009-05-25
물건종별	오피스텔(주거)	채권자	구 00	감정가	90,000,000원
대지권	6,783㎡ (2,05평)	채무자	박 00	최저가	(12%) 10,588,000원
전용면적	29,91㎡ (9,05평)	소유자	박 00	보증금	(10%) 1,059,000원
평형		매각대상	토지/건물일괄매각	청구금액	60,000,000원
입찰방법	기일입찰	배당종기일	2009-09-09	개시결정	2009-06-05

기일현황 ⓘ 입찰당일 간략보기

회차	매각기일	최저매각금액	결과
신건	2010-03-02	90,000,000원	유찰
2차	2010-04-05	63,000,000원	유찰
3차	2010-05-10	44,100,000원	매각
최 00/입찰1명/매각48,300,000원(54%)			
	2010-06-07	대금지급기한	미납
3차	2010-07-19	44,100,000원	유찰
4차	2010-08-30	30,870,000원	유찰
5차	2010-10-11	21,609,000원	매각
김 00/입찰3명/매각25,613,000원(28%)			
	2010-11-08	대금지급기한	미납
5차	2010-12-20	21,609,000원	유찰
6차	2011-01-24	15,126,000원	유찰
7차	2011-03-07	10,588,000원	매각
(주) ****** /입찰4명/매각15,129,000원(17%)			

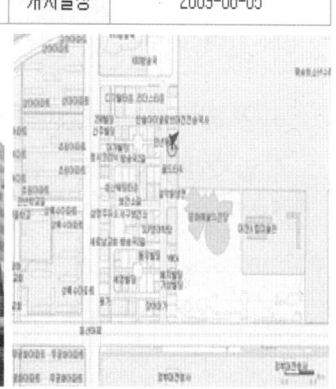

임차인현황 ⓘ 건물소멸기준 : 2009-06-05 ⓘ 배당종기일 : 2009-09-09 매각물건명세서 예상배당표

순위	성립일자	권리자	권리종류(점유부분)	권리금액	신고	대항	예상배당여부
1	전입 2008-05-26 확정 2009-06-10 배당 2009-06-19	김 0	주택임차인 613호	[보] 60,000,000원	○	있음	인수금 60,000,000원 전액매수인 인수예상

건물 등기부현황 ⓘ 건물열람일 : 2010-02-16 등기부등본열람

구분	성립일자	권리종류	권리자	권리금액	인수/소멸	비고
갑10	2007-08-29	(전)소유권	***		이전	강제경매로 인한 매각
갑13	2008-01-24	(현)소유권	박 00		이전	매매
갑14	2009-06-05	강제경매	구 00	청구: 60,000,000원	소멸기준	2009타경16223

1. 어? 하면 당합니다! **167**

① 해설

위 경매사건에는 낙찰자에게 대항할 수 있는 임차인 김 모 씨가 있는데, 7차 매각기일인 2011년 3월 7일 법인이 1천 5백여만 원에 낙찰 받았다.

경매인은 낙찰자에게 대항할 수 있는 임차인이 있다면 그 자가 얼마를 배당받아 가는지를 알아야만 한다.

본 사건은 3차와 5차 매각기일에 낙찰되었으나, 낙찰자가 매각대금을 납부하지 않았기에 몰수된 입찰보증금이 있을 것이다. 대략 6백여만 원으로 보고... 7차 매각기일의 낙찰금액 1천 5백만 원을 합치면 2천 1백여만 원이 되는데, 경매비용 3백여만 원을 감한 후 잔여 배당금 1천 8백만 원으로 이해관계인에게 배당이 될 것이다.

② 임차인 김 모 씨의 배당금 분석

임차인 김 모 씨의 전입일자는 소멸기준권리인 강제경매기입등기일 보다 빠르나, 확정일자는 늦다. 여기서 임차인이 배당절차에 참여하기 위해서는 전입신고는 경매기입등기일 이전에 반드시 하여야 하나, 확정일자는 경매기입등기일 이후 배당요구종기일 이전에 받더라도 관계가 없다는 사실이다.

본 경매사건의 예상배당금 1천 8백만 원으로 임차인 김 모 씨와 강제경매신청권자 간 어떻게 배당하는지에 대하여... 임차인 김 모 씨와 강제경매신청권자는 동등한 순위를 가지기에 각자 자기 채권액별 비례해서 배당받을 것이다. 따라서 임차인 김 모 씨는 9백만 원을 배당받고, 잔여 보증금 5천 1백만 원은 낙찰자가 인수하여야 한다.

그런데 낙찰자가 잔여 보증금을 김 모 씨에게 반환해 주지 않고 매각대금 완납과 동시에 근저당권을 설정한 후, 다시 경매에 붙인다면?(대전 2011타경16493호 사건으로 임의경매가 진행되어 2012년 9월 2천 2백만 원에 낙찰되었다.)

아니면 임차인 김 모 씨가 낙찰자를 상대로 보증금반환청구소송을 제기하여 강제경매신청을 한다면? 그 경매절차에서 임차인 김 모 씨의 배당순위는 어떻게 될까?

③ 임차인 김 모 씨와 강제경매신청권자 구 모 씨가 왜 동순위인가?

이들 간의 권리 순서를 시간별로 나열해 보면 임차인 김 모 씨 전입신고 ⇨ 구 모 씨 강제경매신청 ⇨ 임차인 김 모 씨 확정일자인데, 다음의 예로서 설명하고자 한다.

> "甲" 전입신고 ⇨ "乙" 강제경매 ⇨ "甲" 확정일자

강제경매신청은 판결문 등 집행권원에 의한다. 그런데 판결문 등 집행권원은 일반채권으로서 우선변제권이 없고, 확정일자는 물권화 된 권리로서 우선변제권을 가진다.

예로서 물권이 채권보다 먼저 설정되었다면 물권은 우선변제권에 의해 후순위 채권보다 먼저 배당받을 수 있다.

그러나 그 반대로 채권이 물권보다 먼저 설정되었을 경우, 선순위 채권은 후순위 물권과 동등한 순위를 가져 각자의 채권액에 비례하여 배당받게 되는 것이다.

이는 채권은 채권자평등주의 원칙에 의해 우선변제권이 없으며, 물권은 우선변제권을 가지기는 하나, 우선변제권은 후순위 권리자에 대하여만 주장할 수 있을 뿐이다. 그렇다면 물권 내지 물권화 된 권리는 자기보다 먼저 설정된 채권에 대하여 우선변제권을 주장할 수 없는 것이다.

정리하자면 채권은 애당초 우선변제권이 없고, 물권은 우선변제권을 가지기는 하나, 물권보다 앞선 채권에 대하여는 우선변제권을 주장할 수 없다.

이러하기에 先 채권(=강제경매)과 後 물권화 된 권리(=확정일자)는 서로 우선변제권을 주장할 수 없기에 동등한 순위를 가지게 되는 것이다.

④ 만약 경매취하 된다면?

낙찰자 모르게 경매 취하되는 경우가 왕왕 있다. 채무자는 낙찰자의 매각대금 완납 전까지는 경매절차를 취하시킬 수 있다. 본 사건의 경우 만약 경매 취하된다면? 본 사건은 강제경매이기에 낙찰자의 경매취하동의서가 있으면 간단히 취하되기에 경매취하동의서에 의한 협상의 여지가 있을 수 있다.

(10) 낙찰 받아 또다시 경매진행 시킨다면? - 2

2009 타경 28646 (임의)		매각기일 : 2011-02-28 10:00~ (월)		경매5계 910-3675	
소재지	서울특별시 중랑구 중화동00 ** 아파트 12층 1211호				사건접수 2009-12-17
물건종별	아파트	채권자	송 00	감정가	300,000,000원
대지권	43.44㎡ (13.14평)	채무자	양 00	최저가	(51%) 153,600,000원
전용면적	84.13㎡ (25.45평)	소유자	양 00	보증금	(20%) 30,720,000원
평형	33평형	매각대상	토지/건물일괄매각	청구금액	200,000,000원
입찰방법	기일입찰	배당종기일	2010-03-17	개시결정	2009-12-18

기일현황

회차	매각기일	최저매각금액	결과
신건	2010-06-07	300,000,000원	유찰
2차	2010-07-05	240,000,000원	유찰
3차	2010-08-16	192,000,000원	매각
하 00/입찰2명/매각231,100,000원(77%)			
	2010-09-17	대금지급기한	미납
3차	2010-10-18	192,000,000원	유찰
4차	2010-11-22	153,600,000원	매각
오 00/입찰2명/매각178,000,000원(59%)			
	2010-12-29	대금지급기한	미납
4차	2011-01-31	153,600,000원	매각
문 00/입찰1명/매각203,000,000원(68%)			
	2011-02-07	매각결정기일	불허가
4차	2011-02-28	153,600,000원	매각
신 00/입찰1명/매각154,000,000원(51%)			

임차인현황 건물소멸기준 : 2004-05-13 배당종기일 : 2010-03-17

순위	성립일자	권리자	권리종류(점유부분)	권리금액	신고	대항	예상배당여부
1	전입 2003-02-28 확정 2006-03-07 배당 2010-03-12	김 00	주택임차인 전부	[보] 125,000,000원	○	있음	인수금 : 125,000,000원 전액매수인 인수예상

- 김 00(남편:지 00) : 임차인 김 00와 지 00는 동일세대임. 배당에서 보증금이 전액 변제되지 아니하면 잔액을 매수인이 인수할 수 있음. 매수인에게 대항할 수 있는 임차인 있음(주의요망).

건물 등기부현황 건물열람일 : 2010-05-24

구분	성립일자	권리종류	권리자	권리금액	인수/소멸	비고
갑1	1991-06-10	(전)소유권	홍 00		이전	보존
갑2	2001-10-25	(현)소유권	양 00		이전	증여
을8	2004-05-13	(근)저당	송 00	200,000,000원	소멸기준	
갑3	2004-08-16	가압류	하나은행	18,158,994원	소멸	
갑4	2004-10-29	가압류	국민은행	6,388,671원	소멸	
갑5	2005-03-03	압류	서울특별시중랑구청		소멸	
갑7	2006-03-31	압류	광명시		소멸	
갑9	2008-04-29	가압류	국민은행	20,076,087원	소멸	
갑16	2009-12-18	임의경매	송 00	청구: 200,000,000원	소멸	2009타경28646
갑18	2010-05-11	압류	구로세무서		소멸	

① 해설

본 사건은 서울북부지방법원 2009타경28646호 임의경매사건으로서, 세 번의 낙찰 중 두 번의 대금미납과 한 번의 매각불허가결정에 이어 4차 매각기일인 2011년 2월 28일, 신 모 씨가 1억 5천여만 원에 낙찰 받았다. 그동안 두 번 매각대금 미납에 의해 몰수된 입찰보증금은 5천여만 원! 이 금액은 배당재단에 귀속되어 경매부동산의 채권자들에게 순위에 의해 배분된다. 이 물건의 임차인 김 모 씨는 소멸기준권리인 2004년 5월 13일 근저당권보다 먼저 전입 신고하여 낙찰자에게 대항할 수 있는데, 안타깝게도 확정일자가 후순위인 관계로 배당절차에서 보증금을 전혀 회수해 가지 못할 것이다.

② 임차인 김 모 씨 분석

임차인 김 모 씨는 보증금 1억 2천 5백만 원을 한 푼도 배당받지 못하나, 낙찰자에게 대항할 수 있어 어떻게 보면 보증금 회수에 애로가 없어 보일 수도 있다. 그러나 낙찰자 신 모 씨가 보증금을 반환해 주지 않는다면 임차인 김 모 씨는 자구책으로 본건 아파트를 직접 경매 신청하는 수밖에 달리 방법이 없을 것이다.

③ 나중에 임차인 김 모 씨가 경매신청을 한다면?

나중에 임차인 김 모 씨가 경매신청을 한다면 경매정보지상에는 임차인 김 모 씨의 전입일자 2003년 2월 28일, 확정일자 2006년 3월 7일, 그리고 낙찰자 신 모 씨의 소유권이전과 그 측근에서 근저당권을 설정한다면 근저당권 설정, 그 후 임차인 김 모 씨의 강제경매신청 순으로 기재될 것이다. 정리하자면 임차인 김 모 씨 전입 및 확정 ⇨ 신 모 씨 임의경매로 인한 매각으로 소유권 취득 ⇨ 신 모 씨 측근의 근저당권 ⇨ 김 모 씨의 강제경매신청으로 되는데, 만약 본 사건의 아파트가 임차인 김 모 씨 등의 경매신청으로 나중에 또다시 경매시장에 나왔을 때, 혹시 임차인 김 모 씨가 1순위로 배당받아 가는 줄로 알고 분석 후 입찰하였다가는 엄청 낭패를 볼 수 있다. 무슨 말인지 이해가 가지 않는 독자는 앞부분에서 기술한 "경매부동산의 소유권취득 원인 확인사례"를 찬찬히 한 번 더 읽어 보시기 바란다. 사실 경매시장에서 이러한 유형의 물건에 대해 소위 작업(?)을 해서 경매시장에 다시 나오는 경우가 있다. 그러한 사실도 모르고 덥석 물었다가는? 엄청 비싼 치과에 가야 할 것이다. 본 사건은 그 후 북부지방법원 2013타경4012호 임의경매사건으로 또다시 진행되어 3차 매각기일인 2014년 3월 3일 1억 6천여만 원에 이 모 씨가 낙찰 받았으며, 2차 경매사건의 낙찰자 이 모 씨로부터 본 사건 임차인 김 모 씨가 2016년 2월 2억 9천 3백 5십만 원에 매입하였다.

(11) 낙찰 받아 또다시 경매진행 시킨다면? - 3

2010 타경 7859 (임의)		매각기일 : 2011-03-29 10:30~ (화)		경매9계 (031)210-1269	
소재지	경기도 용인시 기흥구 언남동 490 언동마을아파트***동 1층 104호			사건접수 2010-02-22	
물건종별	아파트	채권자	변경전:기은캐피탈	감정가	230,000,000원
대지권	53.69㎡ (16.24평)	채무자	정 00	최저가	(64%) 147,200,000원
전용면적	84.914㎡ (25.69평)	소유자	정 00	보증금	(10%) 14,720,000원
평형		매각대상	토지/건물일괄매각	청구금액	217,452,054원
입찰방법	기일입찰	배당종기일	2010-05-25	개시결정	2010-02-23

▶ 기일현황 | ⊙ 입찰21일전

회차	매각기일	최저매각금액	결과
신건	2010-07-02	230,000,000원	유찰
2차	2010-08-12	184,000,000원	유찰
3차	2010-09-09	147,200,000원	변경
3차	2010-10-20	147,200,000원	변경
3차	2011-03-29	147,200,000원	

▶ 임차인현황 ☞ 건물소멸기준 : 2007-01-29 ☞ 배당종기일 : 2010-05-25

순위	성립일자	권리자	권리종류(점유부분)	권리금액	신고	대항	예상배당여부
1	전입 2003-11-10 확정 2009-11-30 배당 2010-03-02	정 **	주택임차인 104호	[보] 80,000,000원	○	있음	인수금 : 80,000,000원 전액매수인 인수예상

▶ 건물 등기부현황 ☞ 건물열람일 : 2010-06-18

구분	성립일자	권리종류	권리자	권리금액	인수/소멸	비고
갑1	2001-12-26	(전)소유권	이 00		이전	보존
갑2	2003-11-04	(현)소유권	정 00		이전	매매
을6	2007-01-29	(근)저당	기은캐피탈	260,000,000원	소멸기준	
갑19	2009-07-08	압류	근로복지공단		소멸	
을8	2009-10-08	(근)저당	중소기업은행	80,000,000원	소멸	
갑21	2009-10-26	가압류	**	23,596,979원	소멸	
갑22	2010-01-29	압류	용인시기흥구		소멸	
갑23	2010-02-23	임의경매	변경전:기은캐피탈	청구: 217,452,054원	소멸	2010타경7859
갑24	2010-02-25	압류	국민건강보험공단		소멸	

① 해설

본 사건의 소멸기준권리는 2007년 1월 29일 기은캐피탈인데, 경매정보지상 임차인으로 표시된 정**의 전입일자가 소멸기준권리보다 빨라 일단은 낙찰자에게 대항할 수 있는 임차인으로 보아야 한다.

진정한 임차인이라면 전입신고와 함께 확정일자를 받는 것이 일반 상식이다. 그런데 본 경매사건의 임차인 정**는 보증금이 8천만 원인데, 2003년 11월 10일 전입신고를 하였고, 2009년 11월 30일 확정일자는 받았다.

심증적으로는 허위 임차인으로 보여 지나, 그렇다고 무조건 허위 임차인이라고 단정 짓자니 뭔지는 몰라도 찜찜할 것이다.

참고로 경매신청 채권자인 기은캐피탈은 임차인 정**를 상대로 임차권부존재확인 소송을 제기한 상태이다.

〈매각물건명세서〉

사건	2010타경 7859 부동산임의경매	매각물건번호	1	담임법관(사법보좌관)	장 00
작성일자	2010.10.06	최선순위 설정일자	2007.1.29.근저당권		
부동산 및 감정평가액 최저매각가격의 표시	부동산표시목록 참조	배당요구종기	2010.05.25		

부동산의 점유자와 점유의 권원, 점유할 수 있는 기간, 차임 또는 보증금에 관한 관계인의 진술 및 임차인이 있는 경우 배당요구 여부와 그 일자, 전입신고일자 또는 사업자등록신청일자와 확정일자의 유무와 그 일자

점유자의 성명	점유부분	정보출처 구분	점유의 권원	임대차 기간 (점유기간)	보증금	차임	전입신고일자, 사업자등록신청 일자	확정일자	배당요구 여부 (배당요구 일자)
정**	104호	현황조사	주거 임차인	2003.11.10-24개월	80,000,000		2003.11.10	2009.11.30	
	104호	권리신고	주거 임차인	2003.11.10.부터 24개월	80,000,000		2003.11.10	2009.11.30.	2010.03.02

※ 비고란

신청채권자가 임차인 정**를 상대로 임차권부존재확인 소송(수원지방법원 2010가합16338호)을 제기하여 계류중.

그런데 경매신청 채권자가 임차권부존재확인 소송을 제기하였다는 것만 가지고서 채권자의 승소를 점칠 수 없는 노릇이다. 채권자가 이기면 정**는 임차인의 지위를 상실하

여 낙찰자의 부담이 되지 않으나, 만약 채권자가 소송에서 진다면 정**는 임차인의 지위를 가지게 되는… 확률은 50%이지만 소송결과를 보지 않고서 섣불리 입찰한다는 것은 그리 쉽지만은 않을 것이다. 이러한 경우 과연 어떻게 해야 할까?

〈임차권부존재확인소송내역〉

사건번호	2010가합16338	사건명	임차권부존재확인
원고	주식회사아이비케이캐피탈	피고	정 ★★
재판부	제11민사부(나) (전화:031-210-1361)		
접수일	2010.08.30	종국결과	
원고소가	20,000,100	피고소가	
수리구분	제소	병합구분	없음
상소인		상소일	
상소각하일			
송달료, 보관금 종결에 따른 잔액조회		사건이 종결되지 않았으므로 송달료, 보관금 조회가 불가능합니다.	

※ 사건번호 : 수원지방법원 2010가합16338
前 기은캐피탈

② 사건내역

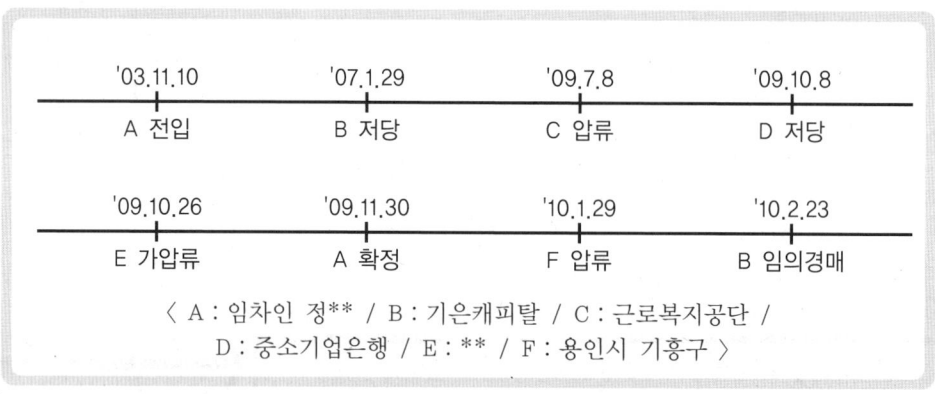

〈 A : 임차인 정** / B : 기은캐피탈 / C : 근로복지공단 / D : 중소기업은행 / E : ** / F : 용인시 기흥구 〉

보증금이 8천만 원인 임차인 정**의 전입일자와 확정일자의 시차는 6년이다. 심증적으로는 가짜 임차인으로 보여 지나, 그렇다고 단정 지어서는 아니 된다는 말을 했다.

본 사건 아파트는 전체 층수 15층 중 1층으로서 비로얄층에 해당되는데, 최초매각금액인 2억 3천만 원은 경매당시 적당한 시세로 보여 진다. 본건 아파트는 남향으로서 단지 내 유사 평형 물건의 낙찰가율이 85% ~ 90%선으로 미루어 보아 본건 아파트는 하자가 없다면 최초매각금액의 85%선인 2억 원대의 낙찰을 점쳐 본다.

그런데 대항력이 있어 보이는 임차인 정** 때문에 2억 원 선에 입찰한다는 것은 위험한 게임을 하는 것이다. 경매진행 중에 경매신청 채권자가 정**에 대한 임차권부존재확인소송에서 이겼다면 안심하고 입찰해도 무방하나, 경매진행 당시 소송이 진행 중인데, 만용을 부릴 필요가 있을까? 참고로 본 사건은 2011년 10월 27일 경매 취하된 사건이다.

③ 낙찰자가 인수하여야 하는 임차인이 있다면?

답은 두 가지이다. 낙찰자가 인수하는 것과 인수하지 않는 것! 다시 말하면 낙찰자가 임차인의 보증금을 반환해 주는 것과 반환해 주지 않는 것이다.

여기서 경매 내공이 있는 사람이라면 대항력 있는 임차인의 보증금을 반환하지 않는 쪽으로 가닥을 잡을 수도 있다. 아니! 대항력 있는 임차인의 보증금을 반환해 주지 않으면 도대체 어떻게 해서 수익을 실현시키란 말인가? 라고 생각하는 독자는 분명히 있을 것이다. 그러한 생각? 틀리지 않다!

그런데 손바닥 뒤집듯이 조금만 더 생각하다보면 대항력 있는 임차인의 보증금을 인수하지 않고도 수익을 실현시킬 수 있는 방법이 있는데, 그 내용은 앞부분에서 언급하였기에 이를 참조하셔서 독자 제위께서는 스스로 터득해 보시기 바란다. 더 이상 언급하면 도덕적(?)으로 지탄을 받을까 두려워서이다. 우리 경매인은 낙찰 후 명도 그리고 판매를 통한 수익을 실현시킬 수도 있지만, 낙찰 후 이해관계인에게 재매각, 또는 겁을 상실한 경매인에게 경종을 울리는 투자패턴으로 수익을 실현시킬 수 있는 것이다. 현실은 냉정하기에 독자 제위께서는 상당한 연구를 하셔야만 한다.

2 실전 전세권분석

타인의 주택이나 상가, 사무실 등을 사용할 목적으로 부동산등기부상에 전세권등기를 하는 경우가 있다. 전세권은 주택임대차보호법이나 상가건물임대차보호법에 의한 임대차계약을 체결한 후, 전입신고 또는 사업자등록신청을 하는 임차권과는 다르다. 전세권은 물권계약이고, 임대차계약은 채권계약이라는 차이가 있다.

(1) 전세권이란?

전세권이란 전세금을 건물 소유자에게 지급하고 전세권이라는 물권을 부동산등기부상에 등기한 후, 전세권자가 전세목적물을 사용(用)하고 수익(益)할 수 있는 권리다. 따라서 전세권은 용익(用益)물권이나, 전세권 설정기간이 만료되었음에도 불구하고 건물 소유자가 전세금을 반환하지 않으면 일정한 경우, 전세권자는 전세권에 의해 전세목적물을 처분(=임의경매신청)할 수 있는 담보물권적인 성격도 있어, 전세권을 특수한 용익물권이라고도 한다.

(2) 전세권과 경매신청

1) 임의경매신청

아파트나 다세대주택, 연립주택, 오피스텔 등 각 세대별로 구분등기 된 집합건물에 설정된 전세권은 전세권 설정기간이 만료된 후 소유자가 전세금을 반환해 주지 않으면 전세권에 기해 직접 임의경매신청을 할 수 있다. 즉, 전세권은 용익물권이나 집합건물에 설정된 전세권의 효력은 전유부분뿐만 아니라 대지권에까지 미치기에 담보권에 준하여 임의경매 신청이 가능한 것이다[=대법원 2001다63839 판결 참조].

2) 강제경매신청

각 세대별로 구분등기 되지 않은 일반건물에 전세권을 설정한 경우, 전세권은 건물부분에만 효력이 미치고 토지에는 그 효력이 미치지 않기에 집합건물에 설정된 전세권처럼 전세권에 기한 임의경매 신청을 할 수 없다.

따라서 전세권자는 소유자를 상대로 전세금반환 청구소송을 제기하여 판결문으로 토지 및 건물 전부를 강제경매 신청하여야 한다.

경매결과 배당시 토지에는 전세권의 효력이 미치지 않기에 토지 경매대금을 제외한 건물 경매대금 전부에 대하여만 후순위 권리자보다 우선 변제받을 수 있다[=대법원 2001마212 결정, 민법 제303조 제1항 참조].

※ 민법 제303조 제1항 : 전세권자는 전세금을 지급하고 타인의 부동산을 점유하여 그 부동산의 용도에 좇아 사용·수익하며, <u>그 부동산 전부에 대하여 후순위권리자 기타 채권자보다 전세금의 우선변제를 받을 권리가 있다.</u>

(3) 소멸하는 전세권

1) 후순위 전세권

　근저당권 등 소멸기준권리 이후에 설정된 전세권, 즉 후순위 전세권은 민사집행법 제91조 제3항 규정에 의해 경매시 매각(=낙찰자의 매각대금 완납)으로 소멸하게 된다. 따라서 소멸하는 전세권의 경우, 전세금 전액을 배당받는 것과는 무관하게 낙찰자와는 아무런 관계가 없다.

　그리고 경매절차상 이해관계인은 법원이 공고한 배당요구 종기일까지 배당요구를 하여야 하며, 만약 배당요구하지 않으면 배당절차에 참여하지 못하나, 후순위 전세권은 배당요구를 하지 않더라도 배당절차에 참여할 수 있는데, 이는 부동산등기부상에 전세금액이 표시되어 있기 때문이다.

　나아가 이러한 전세권자가 전세금을 배당받기 위해서는 낙찰자로부터 명도확인서를 받아 법원에 제출하여야 할 것이며, 이 자가 부동산을 낙찰자에게 자진해서 명도하지 않을 경우, 후순위 전세권은 낙찰자에게 대항할 수 없는 권리이기에 낙찰자는 매각대금 완납일로부터 6월 이내에 인도명령신청을 하여 강제명도집행을 하여야 한다.

2) 선순위 전세권

① 배당요구 한 경우

　선순위 전세권이라 함은, 소멸기준권리보다 먼저 설정된 전세권을 의미하며, 민사집행법 제91조 제4항 규정은 선순위 전세권과 지상권, 지역권 그리고 등기된 임차권은 매각으로 소멸하지 않는다고 하였다.

　그러나 동법 동조 동항 단서는 선순위 전세권의 경우에 동법 제88조 규정에 따라 법원이 공고한 배당요구 종기일까지 배당요구를 하면 매각으로 소멸하는 것으로 되어 있다.

　그렇다면 선순위 전세권이 배당요구하지 않으면 경매결과 소멸되지 않기에 낙찰자는 전세권자의 전세금 전액을 인수하여야 한다.

　예로서 A 전세권(1억 원) ⇨ B 근저당권 ⇨ B 임의경매신청의 경우, 선순위 전세권인 A가 법원에 배당 요구하였으나 8천만 원밖에 배당받지 못했다면, 잔여 전세금 2천만 원을 낙찰자가 인수하여야 하는지에 대하여…

　낙찰자의 인수사항이 되지 않는다. 왜냐하면 선순위 전세권일지라도 배당요구하면 매각으로 소멸된다는 동법 제91조 제4항 단서에 의하기 때문이다.

단, 선순위 전세권자가 임차인의 지위로서 근저당권보다 먼저 전입신고 하였다면, 전세권은 배당요구 하여 그 권리가 소멸될지라도, 임차권은 불소멸 하기에, 전세금 전액을 배당받지 못했다면 잔여 전세금은 대항력 있는 임차권자로서 낙찰자에게 반환 요청할 수 있다.

② 임의경매신청 한 경우

전세권에 의해 임의경매신청을 할 수도 있고, 그렇지 않은 경우도 있다.

즉, 전세권을 설정한 목적물에 따라 달라지는 것으로서, 전세권 설정목적물이 아파트 등 집합건물과 일반건물로 나누어 볼 수 있다.

아파트나 다세대주택, 빌라 등 각 세대별로 구분등기 된 집합건물에 전세권이 설정되었다면 전세권의 효력은 전유부분뿐만 아니라 대지권에까지 미치기에 전세권에 의해 임의경매신청을 할 수 있다. 즉, 토지 및 건물 전부에 전세권의 효력이 미치면 전세권에 의한 임의경매신청이 가능하다. 이렇듯이 전세권에 의한 임의경매신청의 경우, 그 전세권은 경매시 매각으로 소멸하게 된다.

그러나 일반건물에 설정된 전세권으로 전세목적물에 대하여 경매신청을 하려면 집합건물 등에 설정된 전세권처럼 임의경매신청을 할 수는 없고, 소유자를 상대로 전세금반환청구소송에 의한 판결문으로 강제경매신청을 하여야 한다.

(4) 인수되는 전세권

아파트 등 집합건물과 단독주택 등 일반건물을 가리지 않고, 소멸기준권리보다 먼저 설정된 전세권으로서, 이러한 선순위 전세권이 경매절차상에서 법원이 공고한 배당요구 종기일까지 배당요구를 하지 않았다면 무조건 낙찰자가 인수하여야 한다.

(5) 전세권 접근방법

1) 전세권 설정 대상물을 확인하자!

아파트나 빌라, 오피스텔 등 집합건물에 전세권이 설정되어 있으면 현장조사 및 환금성 측면에서 일반건물보다 유리할 수도 있다.

2) 전세권자의 동태를 파악하자!

아파트 등 집합건물에 설정된 선순위 전세권(⇨후순위 전세권은 신경 쓸 필요가 없다!)이 임의경매신청을 하였는지, 강제경매신청을 하였는지, 아니면 전세권보다 후순위인 권리자가 경매신청 하였는지를 확인하자.

3) 전세권자가 전입신고 등을 하였는지 여부를 조사하자!

선순위 전세권자가 주택임대차보호법상 전입신고 또는 상가건물임대차보호법상 사업자등록신청을 하였는지 여부와 전입신고 또는 사업자등록신청을 하였다면 전세권과의 선후를 조사해 보자.

4) 유형별 분석기법

▶아파트 등 집합건물에 ▶선순위로 전세권이 설정되었으며 ▶전세권에 의한 <u>임의경매신청</u>을 하였다면 전세권은 소멸기준권리化 되는데, 이 때 중요한 것은 전세권자가 주택임차인으로서의 전입일자가 전세권보다 **빠른지**, 아니면 늦는지 여부를 확인한 후 전입일자가 전세권등기일보다 늦으면 very good!!!

전세권이 설정된 부동산을 아파트나 연립주택, 오피스텔 등 각 세대별로 구분등기 된 주거용 <u>**집합건물**</u>로 보고, 다음의 예를 들어 보자.

① 전세권자의 임의경매신청

■ 유형 1

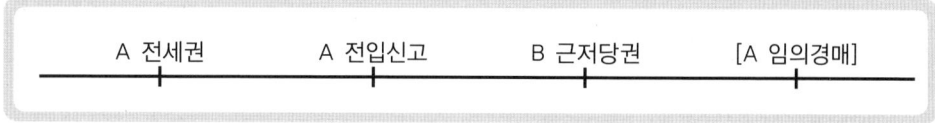

A 전세권이 임의경매신청 하였는데, 경매결과 A가 전세금 전액을 회수하지 못하더라도 전세권은 경매시 매각으로 소멸하고, A가 전세권등기 이후에 전입신고 하였더라도 A 전세권이 소멸기준권리化 되어 임차인으로서의 A는 소멸기준권리 이후에 대항력이 발생된 결과 A가 회수하지 못한 전세금을 낙찰자가 인수하지 않아도 된다[=대법원 2008마212결정 참조].

■ 유형 2

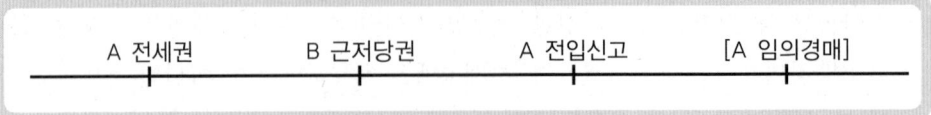

A 전세권이 임의경매신청 하였다면 경매결과 A가 전세금 전액을 돌려받지 못했을 경우, 잔여 전세금에 대해 낙찰자에게 반환요청을 할 수 없다. 반복되는 내용이지만 A 전세권의 임의경매신청으로 A 전세권이 소멸기준권리化 되는데, A의 전입일자가 나중이기에 전세권 및 임차권은 모두 소멸하게 된다. 앞의 유형 1과 유사하다고 보면 된다.

유형 1, 2는 속된 표현으로 "털도 안 뽑고 먹을 수 있는 물건"에 해당된다. 100원 투자해서 200원 벌 수 있는...

■ 유형 3

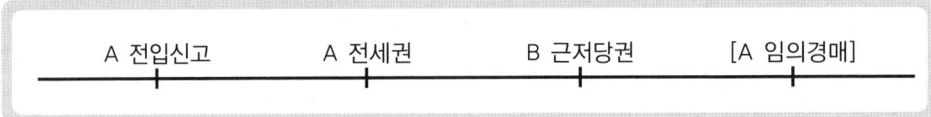

권리관계가 이러한 집합건물의 전세권자 겸 임차인 A는 보증금회수 걱정은? 뚝!!! 즉, A 전세권에 의해 임의경매신청 되었을 경우, A 전세권이 소멸기준권리化 되나, A는 자기 전세권보다 먼저 전입신고를 하였기에 전세권은 소멸하더라도 임차권은 불소멸 한다. 따라서 배당절차에서 전세금 전액을 회수하지 못했다면 잔여 전세금은 대항력 있는 임차권으로서 낙찰자에게 대항할 수 있기 때문에 보증금회수 걱정? 뚝!!! 인 것이다.

② 전세권자의 강제경매신청 또는 후순위 권리자의 경매신청
■ 유형 1

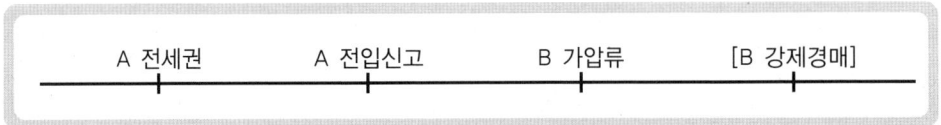

B 가압류권자가 본안소송에 의한 판결문으로 강제경매 신청하였고, A가 임차인이 아닌 전세권자로서 법원에 배당요구 하였는데, A가 전세금 전액을 회수하지 못했을 경우, 잔여 전세금을 낙찰자가 인수하여야 하는지에 대해서...

대법원 2010마900결정에 의하면 "최선순위 전세권자로서 배당요구를 하여 전세권이 매각으로 소멸되었다 하더라도 변제받지 못한 나머지 보증금에 기하여 대항력을 행사할

수 있고, 그 범위 내에서 임차주택의 매수인은 임대인의 지위를 승계한 것으로 보아야 한다."라고 하였다.

참고로 위 대법원 결정 관련한 낙찰사례는 부산지방법원 2008타경41054호(물건번호 1번) 강제경매사건인데, A 전세권은 배당요구 하여 매각으로 소멸되나, A의 전입일자가 비록 전세권보다 나중일지라도 대항력이 소멸되지 않기에, A는 임차인의 대항력을 주장하여 잔여 전세금을 낙찰자로부터 반환받을 수 있는 것이다.

■ 유형 2

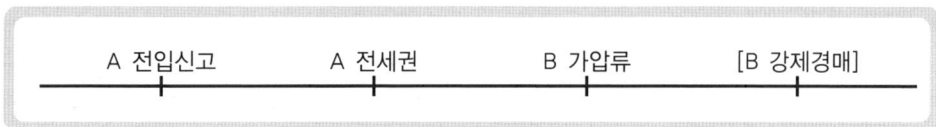

후순위 권리자 B 가압류권자가 강제경매신청 하였을 경우, A가 전세권에 의해 배당요구를 하면 전세권은 매각으로 소멸하나, A의 임차권은 불소멸 하기에 A의 전세금은 무조건 안전하다.

만약 A가 임차인으로서 배당요구를 하였다면 소멸기준권리가 B 가압류이기에 전세권은 불소멸 하고, 따라서 A는 편안한 마음으로 경매절차를 지켜보면 될 뿐이다.

■ 유형 3

A가 전세권에 기한 임의경매신청을 하면 경매결과 전세금 전액을 회수하지 못하더라도 A의 전세권이 소멸하면 임차권 역시 소멸하게 되어 잔여 전세금에 대해 낙찰자로부터 반환청구를 할 수 없다[=대법원 2008마212결정 참조].

이렇듯이 전세금 전액이 안전한 것으로 알고 전세권등기를 하였으나 전세금이 불안전할 경우, A 전세권자는 조금 번거롭더라도 임의경매신청이 아닌 전세금반환소송에 의한 판결문으로 강제경매신청을 하는 것이다.

이에 A가 강제경매신청을 하면 이 때 소멸기준권리는 B 가압류가 되어 A의 전세금은 100% 안전하게 된다.

■ 유형 4

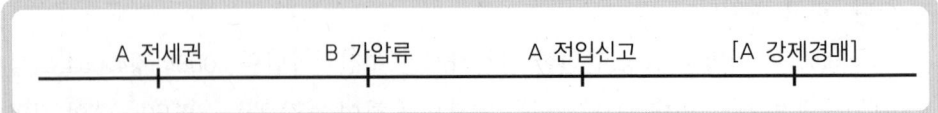

A가 판결문에 의해 강제경매신청 하였다 하더라도 소멸기준권리는 B 가압류이기에 A의 전세권은 선순위로서 매각으로 소멸하지 않기에 A의 전세금은 안전하다.

■ 유형 5

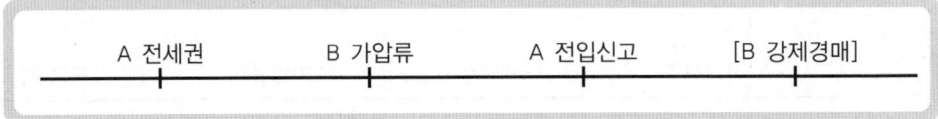

B 가압류권자가 강제경매 신청한 유형인데, A가 임차인의 지위로서 권리신고 및 배당요구 신청을 하면 전세권은 B 가압류보다 선순위이기에 불소멸 하고, 경매결과 A가 전세금 전액을 회수하지 못할 경우, 잔여 전세금은 낙찰자가 인수하여야 한다.

그러나 A가 전세권자로서 집행법원에 배당요구를 하면 이는 민사집행법 제91조 제4항 단서조항에 의해 전세권은 매각으로 소멸하게 되고, A의 임차권은 소멸기준권리인 B 가압류 이후에 발생되었기에 역시 소멸하게 된다.

A 입장에서 보면 전세권에 의한 배당요구냐, 아니면 임차인에 의한 배당요구냐에 따라 전세금 전액을 보호받을 수도, 받지 못할 수도 있다.

그렇다면 이러한 유형의 물건에 접근함에 있어서 A가 어떠한 지위로서 배당요구 하였는지를 반드시 확인한 후 입찰참여 여부를 결정해야 한다.

(6) 전세권 관련 판례 등

1) 일반건물에 설정된 전세권의 효력이 미치는 범위

건물의 일부에 대하여 전세권이 설정되어 있는 경우, 그 전세권자는 민법 제303조 제1항의 규정에 의하여 그 건물 전부에 대하여 후순위권리자 기타 채권자보다 전세금의 우선변제를 받을 권리가 있고, 민법 제318조의 규정에 의하여 전세권설정자가 전세금의 반환을 지체한 때에는 전세권의 목적물의 경매를 청구할 수 있는 것이나, 전세권의 목적물이 아닌 나머지 건물부분에 대하여는 우선변제권은 별론으로 하고 경매신청권은 없으므로, 위와 같은 경우 전세권자는 전세권의 목적이 된 부분을 초과하여 건물 전부의 경매를 청구할 수 없다고 할 것이고...[=대법원 2001마212 결정, 부동산임의경매].

2) 집합건물에 설정된 전세권의 효력이 미치는 범위

집합건물이 되기 전의 상태에서 건물 일부 만에 관하여 전세권이 설정되었다가 그 건물이 집합건물로 된 후, 그 전세권이 구분건물의 전유 부분 만에 관한 전세권으로 이기된 경우, 구분소유자가 가지는 전유 부분과 대지사용권의 분리처분이 가능하도록 규약으로 정하는 등의 특별한 사정이 없는 한, 그 전유 부분의 소유자가 대지사용권을 취득함으로써 전유 부분과 대지권이 동일소유자에게 귀속하게 되었다면, 위 전세권의 효력은 그 대지권에까지 미친다고 보아야 할 것이다[=대법원 2001다63839 판결, 배당이의].

3) A 전세권 ⇨ B 전입 ⇨ C 저당권 ⇨ C 경매신청 ⇨ A 배당요구

건물의 일부를 목적으로 하는 전세권은 그 목적물인 건물 부분에 한하여 그 효력을 미치므로, 건물 중 일부(2층 부분)를 목적으로 하는 전세권이 임차인이 대항력을 취득하기 이전에 설정되었다가 경락으로 인하여 소멸하였다고 하더라도, 임차인의 임차권이 전세권의 목적물로 되어 있지 아니한 주택 부분(1층의 일부)을 그 목적물로 하고 있었던 이상 경락으로 인하여 소멸한다고 볼 수는 없다[=대법원 96다53628 판결, 건물명도등].

4) 소멸하는 전세권이 전세금 전액을 배당받지 못할 경우

민사소송법 제608조 제1항(=現 민사집행법 제91조 제1항 : 압류채권자의 채권에 우선하는 채권에 관한 부동산의 부담을 매수인에게 인수하게 하거나, 매각대금으로 그 부담을 변제하는 데 부족하지 아니하다는 것이 인정된 경우가 아니면 그 부동산을 매각하지 못한다.), 동조 2항의 규정에 의하면 존속기간의 정함이 없거나, 경매개시결정의 등기 후 6개월 이내에 그 기간이 만료되는 전세권은 낙찰로 인하여 소멸하지만, 그 전세권에 기한 전세금 반환채권이 압류채권자의 채권에 우선하는 경우에는 매각대금으로 이를 변제함에 부족 없음이 인정된 경우가 아니면 매각을 하지 못하도록 되어 있으므로, 경매법원이 이 규정에 위배하여 낙찰을 허가하였다면 이는 같은 법 제633조(=現 민사집행법 제121조 제1호 : 강제집행을 허가할 수 없거나 집행을 계속 진행할 수 없을 때)에서 규정한 낙찰허가에 대한 이의사유가 된다고 할 것이다. 이 사건 낙찰허가결정은 민사소송법 제608조 제1항을 위반한 것으로서 이 점에서 위법하다. 따라서 재항고인에 대한 낙찰허가결정을 취소하고 낙찰을 허가하지 아니한 원심결정은 그 결론에서는 정당하다[=대법원

97마2935 결정, 낙찰허가결정].

(7) 실전 전세권 사례분석

1) 이 맛에 전세권 물건 경매하지~~~ - 1

2007 타경 11477 (임의)		매각기일 : 2007-10-05 10:00~ (금)		경매9계 757-6779 (구내:779)	
소재지	대구광역시 동구 검사동 743-0 ★★빌라 4층 402호				사건접수 2007-03-29
물건종별	다세대(빌라)	채권자	최 00	감정가	65,000,000원
대지권	26㎡ (7.86평)	채무자	김 00	최저가	(34%) 22,295,000원
전용면적	59.95㎡ (18.13평)	소유자	김 00	보증금	(10%) 2,230,000원
평형	20.59평형	매각대상	토지/건물일괄매각	청구금액	55,000,000원
입찰방법	기일입찰	배당종기일	2007-06-20	개시결정	2007-04-11

▶ 기일현황

회차	매각기일	최저매각금액	결과
신건	2007-07-11	65,000,000원	유찰
2차	2007-08-17	45,500,000원	변경
2차	2007-08-21	45,500,000원	유찰
3차	2007-09-13	31,850,000원	유찰
4차	2007-10-05	22,295,000원	매각
최★★/입찰3명/매각27,830,000원(43%)			

▶ 임차인현황 ☞ 건물소멸기준 : 2005-10-11 ☞ 배당종기일 : 2007-06-20   매각물건명세서 예상배당표

순위	성립일자	권리자	권리종류(점유부분)	권리금액	신고	대항	예상배당여부
1	전입 2005-10-11 확정 2005-10-11 배당 2007-05-04	최 00	주택임차인 건물 전부	【보】55,000,000원	○	있음	배당금: 26,320,700원 미배당: 28,679,300원 일부배당(미배당금 인수)예상

- 최 00 : 전세권설정되어있음.
조사 참여인: 임차인 최 00

▶ 건물 등기부현황 ☞ 건물열람일 : 2007-06-27   등기부등본열람

구분	성립일자	권리종류	권리자	권리금액	인수/소멸	비고
갑1	2004-03-17	(현)소유권	김 00		이전	보존
을9	2005-10-11	전세권	최 00	55,000,000원	소멸기준	경매신청채권자
을10	2006-01-12	(근)저당	최 00	30,000,000원	소멸	
갑6	2006-05-08	가압류	★★산업	16,200,000원	소멸	
갑7	2006-06-27	압류	근로복지공단		소멸	
갑8	2007-04-12	임의경매	최 00	청구: 55,000,000원	소멸	2007타경11477

184 제2편. 경매실전편

① 해설

본 경매사건은 필자의 지인인 최 모 씨가 낙찰 받은 사례인데, 필자는 그 분에게 약간의 도움을 드렸다. 참고로 본 사건은 다음과 같이 전개되었다.

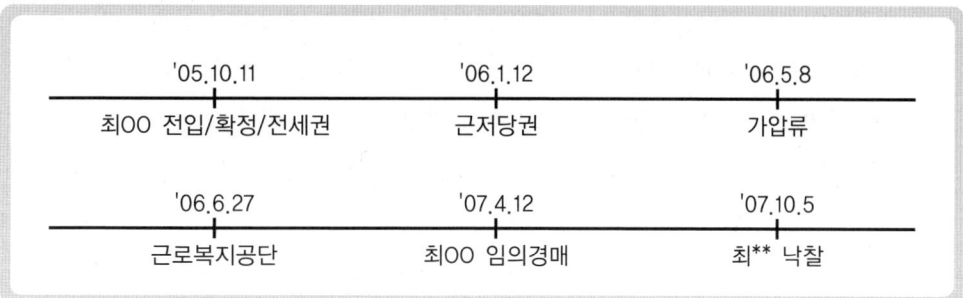

최OO은 2005년 10월 11일 전세금을 5천 5백만 원으로 하여 전입신고 및 확정일자를 받았으며, 같은 날짜에 전세권등기까지 마쳤다. 그 후 근저당권 등의 권리가 설정되었고, 최OO은 2007년 4월 12일 전세권에 의한 임의경매신청을 하여 동년 10월 5일 최**가 2천 8백여만 원에 낙찰 받았다.

경매결과 임차인 겸 전세권자인 최OO는 전세금 5천 5백만 원 중 2천 5백만 원(⇨경매비용을 3백여만 원으로 추정)을 배당받았다면 잔여 전세금 3천만 원을 낙찰자가 인수하여야 하는지가 문제이다. 결론부터 이야기하자면 낙찰자 최**은 최OO의 잔여 전세금 3천만 원을 부담하지 않았다.

② 전세권자 최OO의 미회수 전세금 인수여부 문제

필자의 지인은 이 물건에 입찰하기 전에 수차에 걸쳐 필자와 이야기를 나누었는데, 이야기 내용인즉슨 최OO의 전세금 5천 5백만 원 이하로 낙찰 받더라도 잔여 전세금을 낙찰자가 부담해야 하는지에 대한 것이었다.

필자는 단호히 이야기했다. 부담하지 않습니다! 라고…

즉, 집합건물에 설정된 전세권자가 전세금 회수를 위해 전세권에 의해 임의경매신청을 할 경우, 전세권은 경매시 매각으로 소멸하기에 부담하지 않는 것이다. 단, 전세권자가 전입신고를 언제 했느냐가 관건인 것이다.

본 사건의 경우, 최OO는 2005년 10월 11일에 전입신고를 하고 전세권등기를 하였는데, 나중에 전세권에 의한 임의경매신청까지 하였다면 이때에는 전세권이 소멸기준권리化 되고, 임차인 최OO의 대항력은 동년 10월 12일이기에 전세권자가 전세금 전액을 회수문제와 낙찰자와는 아무런 관계가 없는 것이다.

만약 최OO가 전세권등기일보다 먼저 전입신고 하였다면 그 때는 상황이 달라진다. 예로서, 2005년 10월 10일 전입신고 ⇨ 동년 10월 11일 전세권등기 ⇨ 그 후 전세권에 의한 임의경매신청의 경우, 경매결과 최OO가 전세금 전액을 배당받지 못한다면 잔여 전세금은 낙찰자가 인수해야 하는 것이다.

왜냐하면 전세권에 의해 임의경매신청을 하였다면 이는 배당 요구한 것으로 보아 민사집행법 제91조 제4항 단서조항에 의해 전세권은 경매시 매각으로 소멸하게 된다. 그러나 동일인이지만 주택임차인으로서의 최OO의 대항력은 2005년 10월 11일 오전 0시에 발생되어, 소멸기준권리化 된 전세권등기(=동년 10월 11일 주간)보다 빠르기 때문이다.

③ 1 라운드

지인은 위와 같은 내용을 필자로부터 들은 후 4차 매각기일인 2007년 10월 5일 입찰하여 운 좋게 2천 8백여만 원에 낙찰 받았다. 낙찰 후 지인은 전세권자 최OO를 만나서 위로금(?)조로 1천여만 원 이상을 제시하였으나, 전세권자는 이를 정중히 거절하였다고 한다.

전세권자 최OO 왈 "전세금 5천 5백만 원 중 배당금 2천 5백만 원을 감한 3천만 원을 낙찰자 당신으로부터 반환받을 수 있는데, 내가 왜 1천만 원을 받고 이사 나가느냐?" "낙찰자 당신 마음대로 해 봐라!" 등 험한 말이 오고간 듯하였다.

이에 지인은 필자에게 전화하여 전후사정 이야기를 하기에 전세권자 최OO를 상대로 인도명령신청을 하라고 하였고, 지인은 대구지방법원에 인도명령신청을 하였으나, 보기 좋게 기각결정(=대구지방법원 2007타기2568 결정)이 났다.

그러자 지인은 불같이 전화를 걸어 왔다. "인도명령이 기각결정 났는데요?"라고... 이에 필자는 "즉시항고를 제기하시지요?"라고 이야기하였더니 즉시항고장을 어떻게 작성하는지에 대해 묻기에 다음과 같은 내용을 지인에게 보내 주었다.

즉 시 항 고 장

항고인(신청인) 최 * *
주 소 :

  위 항고인은 대구지방법원 2007타경11477호 부동산임의경매사건에 관하여 2007년 10월 5일 최고가매수신고인으로 낙찰받았으며, 항고인(낙찰자)이 전세권자 최OO에 대한 인도명령신청을 하였으나, 2007년 11월 20일 동 지방법원의 기각결정에 대하여 불복하므로 다음과 같이 항고를 제기합니다.

항 고 취 지

  대구지방법원 2007타경11477호 부동산임의경매사건에 관하여 동 법원이 항고인(낙찰자)의 전세권자 최OO에 대한 인도명령신청의 기각결정에 대하여 이를 취소하고 다시 상당한 재판을 구합니다.

항 고 이 유

1. 전세권자 최OO은 2005년 10월 11일자로 위 부동산임의경매사건의 부동산에 전세권등기를 하였고 동일자에 전입신고를 하였으며, 전세권자가 경매신청하여 2007년 4월 12일(접수번호 제13131호) 임의경매개시결정등기가 되었습니다.

2. 선순위 전세권자가 전세목적물을 임의경매신청할 경우, 이는 배당요구한 것으로 갈음하며, 이는 민사집행법 제91조 제4항 단서조항에 의해 전세권은 경매시 매각으로 소멸하게 됩니다.

3. 전세권자인 최OO은 전세권설정일자에 전입신고를 하였으나 임차인으로서의 대항력은 전입신고일의 다음 날인 2005년 10월 12일 오전 0시부터 발생되는데, 주택임차인으로서의 대항력은 전세권의 효력발생일인 2005년 10월 11일보다 나중이어서 전세권이 경매로 소멸되면 주택임차권도 자동 소멸됩니다.

4. 따라서 전세권자 겸 주택임차인 최OO은 항고인(낙찰자)에게 대항할 수 없으며, 낙찰자에게 대항할 수 없는 자는 인도명령신청대상임에도 불구하고 동 법원은 낙찰자인 항고인의 인도명령신청을 기각하였기에 이에 불복하여 다시 상당한 재판을 구하기 위해 본 항고에 이르렀습니다.

2007. 11.   .

위 항고인(낙찰자) : 최 * *(인)

대구지방법원 귀중

④ 2 라운드

경매투자로 수익을 올리려면 소송능력과 등기능력을 갖추어야 한다. 약은 약사에게… 진료는 의사에게… 라는 마인드로 경매물건을 처리하다보면 남 좋은 일시키기 십상이다. 팔방미인이 되어야 하는데, 필요하다면 내가 직접 소장을 작성하여 법정에서 적극적인 변론도 해보겠다는 공격적인 마음가짐이 필요하다. 하여튼, 지인은 인도명령 기각결정에 대해 즉시항고를 제기하였고, 2심 결정내용은 다음과 같다.

대 구 지 방 법 원
제 3 민 사 부
결 정

사 건 2007라328 경락부동산인도명령

신청인, 항고인
피신청인, 상대방
제1심결정, 대구지방법원 2007.11.20.자 2007타기2568 결정

주 문
1. 제1심 결정을 취소한다.
2. 피신청인은 신청인에게 별지 기재 부동산을 인도하라.

이 유
1. 인정사실
  이 사건 기록에 의하면 다음과 같은 사실이 소명된다.
  가. 피신청인은 2005.9.10. 신청외 000와 사이에 위 000로부터 별지 기재 부동산(이하 '이 사건 부동산'이라 한다)을 임차보증금 5,500만원, 임차기간은 2005.10.11.부터 2007.10.10.까지로 정하여 임차하는 내용의 임대차계약(이하 '이 사건 임대차계약'이라 한다)을 체결하고 위 000에게 임대차보증금 5,500만원을 지급하였다.
  나. 같은 날 위 000는 2005.10.11. 피신청인에게 이 사건 부동산에 관하여 대구지방법원 00등기소 2005.10.11. 접수 제000호로 전세권등기(이로 인하여 성립한 전세권을 이하 '이 사건 전세권'이라 한다)를 마쳐 주었다.
  다. 한편 피신청인은 2005.10.11. 위 임대차계약의 계약서에 확정일자를 받고, 2005.10.11. 이 사건 부동산에 관하여 전입신고를 하였다.
  라. 이후 피신청인은 2007.1.10. 위 000와 위 임대차계약을 해지하기로 합의하고 2007.2.15.까지 위 임대차보증금을 돌려받기로 약정하였다.
  마. 위 '라'항 약정에도 불구하고 피신청인은 위 000로부터 임대차보증금을 돌려받지 못하게 되자, 2007.3.29. 대구지방법원 2007타경11477호로 이 사건 부동산에 관하여 이 사건 전세권에 기한 임의경매를 신청(이하 '이 사건 경매절차'라 한다)하였다.
  바. 신청인은 이 사건 경매절차의 2007.10.5. 입찰기일에서 최고가인 금 2천 7백 8십 3만원으로 매수신고를 하여, 같은 달 12. 위 법원으로부터 매각허가결정을 받고, 같은

달 22. 위 매수대금을 모두 완납하였다.
사. 그 후 위 최고가매수대금에서 피신청인에게 24,913,128원이 배당되었으나, 피신청인과 신청인 사이에 명도확인서 등의 작성, 제출 문제로 분쟁이 생기자, 2007.11.28. 위 금원은 대구지방법원 2007년 금제000호로 공탁되었다.

2. 당사자의 주장 및 이에 대한 판단

가. 신청인의 주장

신청인은, 이 사건 부동산에 관하여 1순위로 설정된 이 사건 전세권에 기하여 실시된 이 사건 경매절차에서 최고가로 매수신고를 하여 매각허가결정을 받은 후 매수대금 27,830,000원을 모두 완납하였으므로 이로써 자신은 이 사건 부동산의 소유권을 취득하였다고 할 것이고, 따라서 이 사건 부동산을 점유하고 있는 피신청인은 신청인에게 이 사건 부동산을 인도할 의무가 있다는 취지로 주장한다.

나. 피신청인의 주장

이에 대하여 피신청인은 이 사건 부동산의 전세권자이자, 임대차보호법상의 대항력을 갖춘 임차인이므로 이 사건 전세권이 임의경매로 인하여 소멸되었다고 하더라도 임대차보호법 상의 대항력을 갖춘 이상 이 사건 부동산을 적법하게 점유할 수 있는 권한이 있다는 취지로 주장한다.

다. 판단

살피건대, 임차인이 주택임대차보호법상의 대항력을 갖춘 주택임차인이자, 전세권자인 경우 주택임대차보호법상의 대항력 및 우선변제권, 전세권자로서의 우선변제권을 모두 행사할 수 있다고 할 것이지만, 주택임대차보호법상의 대항력은 주택임차인이 주택의 인도와 주민등록을 마친 날의 익일부터 제3자에 대해 효력이 생긴다고 할 것인바(주택임대차보호법 제3조 제1항, 주택임대차보호법상의 우선변제권 역시 인도, 주민등록, 확정일자의 요건을 갖춘 날의 익일부터 발생한다), 이 사건의 경우 ①피신청인이 000와 사이에 이 사건 임대차계약을 체결하고, 2005.10.11. 이 사건 부동산에 관하여 1의 나.항과 같이 전세권설정등기를 마침으로써 이 사건 전세권을 취득하게 된 사실, ② 피신청인은 2005.10.11. 위 임대차계약의 계약서에 확정일자를 받고 전입신고를 하였던 사실, ③ 피신청인은 이 사건 전세권에 기하여 이 사건 경매를 신청하였고, 그 절차에서 신청인이 이 사건 부동산의 매각허가를 받아 그 매각대금을 모두 납입한 사실은 위에서 살펴 본 바와 같은바, 사정이 이러하다면, <u>피신청인의 이 사건 전세권은 2005년 10월 11일에, 주택임대차보호법상의 대항력 및 우선변제권은 2005년 10월 12일에 각 발생하였다고 할 것이므로</u>, 이 사건 전세권에 기하여 개시된 이 사건 경매절차에서 신청인이 이 사건 부동산을 낙찰받아 이 사건 전세권이 소멸한 이상 이 사건 전세권보다 후순위인 위 주택임대차보호법상의 대항력 및 우선변제권은 소멸하였다고 할 것이다. 그렇다면, 피신청인은 신청인에게 이 사건 부동산을 인도할 의무가 있다고 할 것이다.

3. 결론

그렇다면 신청인의 이 사건 부동산인도명령신청은 이유 있어 이를 인용하여야 할 것인바, 제1심 결정은 이와 결론을 달리하여 부당하므로 이를 취소하고 피신청인에게 이 사건 부동산의 인도를 명하기로 하여 주문과 같이 결정한다.

2008.1.28.

⑤ 3 라운드

전세권자 최OO 입장에서는 황당했을 것이다. 전세권을 선순위로 설정하였고, 전입신고까지 마쳤는데, 전세금 전액을 회수하지 못하니 말이다. 이에 전세권자 최OO는 대법원에 재항고를 제기하였고, 대법원의 판단은 다음과 같다.

대 법 원

제 2 부

결 정

사 건	2008마212 경락부동산인도명령
신청인, 상대방	최 * *(낙찰자)
	대구 북구 ○○
피신청인, 재항고인	최 ○ ○(전세권자)
	대구 동구 ○○
원 심 결 정	대구지방법원 2008. 1. 28.자 2007라328 결정

주 문
<u>재항고를 기각한다.</u>

이 유

이 사건 기록과 원심결정 및 재항고이유를 모두 살펴보았으나, 이 사건 재항고는 상고심절차에관한특례법 제7조, 제4조에 해당하여 이유 없음이 명백하므로, 같은 법 제5조에 의하여 재항고를 기각하기로 하여, 관여 대법관의 일치된 의견으로 주문과 같이 결정한다.

2008. 8. 21.

⑥ 마지막에 웃어야 한다.

지인은 본 사건 빌라를 낙찰 받은 후 10개월 정도 마음고생을 했지만 어쨌든 마지막에 미소를 머금었다. 전세권자 최00에게는 인정상 5십만 원의 이사비용을 주고 내 보냈다고 한다. 참고로 아래 등기부내용을 보면 지인은 2008년 10월 경 본건 빌라를 박 모 씨에게 5천 5백만 원으로 전세 놓았으며, 2013년 1월경 7천 8백만 원으로 매각하였다.

〈낙찰 후 신규 전세권등기 내역〉

| 12 | 전세권설정 | 2008년10월16일 제34595호 | 2008년10월6일 설정계약 | 전세금 금55,000,000
범　위 주거용, 건물의 전부
존속기간 2008년 10월16일부터 2010년 10월16일
전세권자 박○○ 800809-2******
　　　　　경상북도 경산시 백천동 571-2 경산백천월
드메르디앙 ***동 1405호 |

2) 이 맛에 전세권 물건 경매하지~~~ - 2

2006 타경 6514 (임의)		매각기일 : 2007-05-17 10:00~ (목)		경매3계 (051)590-1814 (구내:1814)	
소재지	부산광역시 사하구 하단동 521-0 ****빌 7층 702호				사건접수 2006-02-07
물건종별	아파트	채권자	김OO	감정가	95,000,000원
대지권	16,431m² (4,97평)	채무자	** 산업개발	최저가	(41%) 38,912,000원
전용면적	62,98m² (19,05평)	소유자	** 산업개발	보증금	(20%) 7,783,000원
평형	25,08평형	매각대상	토지/건물일괄매각	청구금액	75,000,000원
입찰방법	기일입찰	배당종기일	2006-05-22	개시결정	2006-02-08

기일현황   ▼간략보기

회차	매각기일	최저매각금액	결과
신건	2006-09-26	95,000,000원	유찰
2차	2006-11-03	76,000,000원	유찰
3차	2006-12-06	60,800,000원	유찰
4차	2007-01-09	48,640,000원	유찰
5차	2007-02-14	38,912,000원	매각
허0/입찰2명/매각43,300,000원(46%)			
	2007-03-21	대금지급기한	미납
5차	2007-05-17	38,912,000원	매각
전OO/입찰2명/매각45,370,000원(48%)			

임차인현황 ☞ 건물소멸기준 : 2004-02-06 ☞ 배당종기일 : 2006-05-22   [매각물건명세서] [예상배당표]

순위	성립일자	권리자	권리종류(점유부분)	권리금액	신고	대항	예상배당여부
1	전입 2004-02-07 확정 2004-02-07 배당 2006-03-14	김OO	주택임차인 전부	[보] 75,000,000원	O	있음	배당금: 43,660,700원 미배당: 31,339,300원 일부배당(미배당금 인수)예상
- 김OO : 전세권자이며, 경매신청채권자임.							

????????

건물 등기부현황 ☞ 건물열람일 : 2006-09-12

구분	성립일자	권리종류	권리자	권리금액	인수/소멸	비고
갑1	2003-08-26	(현)소유권	** 산업개발		이전	보존
을3	2004-02-06	전세권	김OO	75,000,000원	소멸기준	경매신청채권자
갑2	2004-12-13	가압류	서울보증보험	500,000,000원	소멸	
갑3	2005-08-31	가압류	신용보증기금	9,000,000원	소멸	
갑4	2005-09-15	가등기	안OO		소멸	담보가등기
갑5	2006-02-13	임의경매	김OO	청구: 75,000,000원	소멸	2006타경6514

① 해설

본 경매사건은 필자가 daum에서 운영하고 있는 경매동호회 "건강한 부자클럽" 회원이셨던 분이 낙찰 받은 사례인데, 직전 낙찰사례와 거의 동일하다. 참고로 본 사건은 다음과 같이 전개되었다.

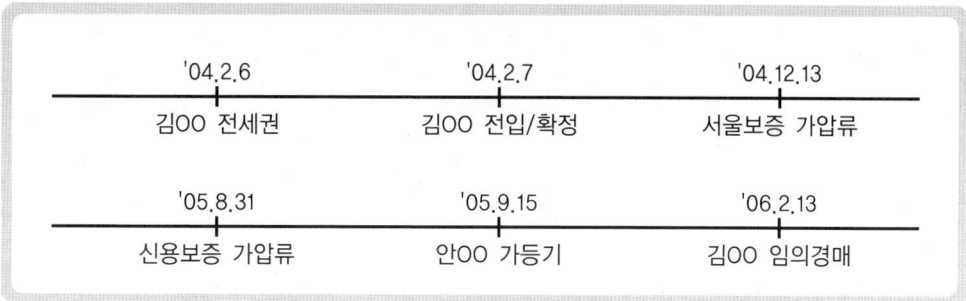

본 사건은 <u>전세권자인 김OO이 임의경매신청을 하였는데</u>, 대법원 2008마212결정에 의하면 소멸기준권리는 2004년 2월 6일 김OO 전세권이 되고, 임차인으로서의 김OO은 동년 2월 8일 오전 0시부터 대항력이 발생되어, 소멸기준권리보다 나중이어서 낙찰자에게 대항할 수 없게 된다.

따라서 5차 매각기일인 2007년 5월 17일, 4천 5백여만 원에 본건을 낙찰 받은 전OO은 전세권자 김OO의 잔여 전세금을 반환해 주어야 하는지에 대하여… 반환해 주지 않아도 된다!

이렇듯이 전세권자 김OO의 전세금은 7천 5백만 원인데, 경매결과 전세금 전액을 회수하지 못한다면 전세권자는 집행법원의 매각허가결정에 대해 즉시항고를 하여 다투어야 하나[=대법원 97마2935 결정 참조], 현실은 이러한 부분을 아는 부류가 별로 없기에, 투자자 입장에서는 매각허가결정이 난 후 집행법원에 매각대금 완납과 동시에 인도명령신청을 하여 속전속결로 명도 집행해 버리는 것이다.

참고로 본 사건의 낙찰자 전OO는 낙찰 후 이OO에게 7천만 원에 본건 아파트를 임대한 후 2007년 9월 4일 전세권등기를 해 주었으며, 그 후 이OO의 전세권 등기는 2009년 6월 22일 해지를 등기원인으로 말소되었으며, 전OO는 현재까지 본건 아파트의 소유권을 가지고 있다.

낙찰가 4천 5백여만 원에 제비용이 5백만 원 소요되었더라도 낙찰자 전OO의 총 투입비용은 5천만 원!

2007년 6월 소유권 취득 후 동년 9월에 7천만 원의 전세금 수입이 생겼다면 자기 자본

한 푼도 들이지 않고 3개월 만에 2천만 원의 수익이 발생된 셈인데… 이러한 유형의 경매물건이 있다고 지인들에게 간혹 이야기하면 하나들같이 "사기 친다!"라는 식의 반응이 있었다. 그러나 필자가 지금까지 이야기한 것은 3류 소설 쓰는 것은 아니며, 사기 치는 것은 더더욱 아니다!

〈낙찰 후 부동산등기부 일부 내역〉

7	소유권이전	2007년6월18일 제20735호	2007년6월13일 임의경매로 인한 매각	소유자 전○○ 550125-1****** 서울 동대문구 전농동 155 **** 아파트 **동 1505호
3	전세권설정	2004년2월6일 제4150 1호	2004년2월5일 설정계약	전세금 금75,000,000원 범 위 건물전부 존속기간 2006년 2월 5일 반환가 2006년 2월 5일까지 전세권자 김○○ 700105-2****** 부산 사하구 하단동 524 ○○
4	3번전세권설정 등기말소	2007년6월18일 제20735호	2007년6월13일 임의경매로 인한 매각	
5	전세권설정	2007년9월4일 제29096호	2007년9월4일 설정계약	전세금 금70,000,000원 범 위 건물전부 존속기간 2007년9월29일부터 2009년9월27일까지 전세권자 이○○ 800323-1****** 부산광역시 사하구 다대동 98-1 도개공4지구아파트 ***-705
5-1				5번 등기는 건물안에 관한 것임 2007년9월4일 부가
6	5번전세권설정 등기말소	2009년6월22일 제20579호	2009년6월19일 해지	

3) 전세권? 정말로 헛갈리네~~~

2008 타경 41054 (강제)		물번 1	매각기일 : 2009-06-16 10:00~ (화)		경매15계 590-1835 (구내:1835)	
소재지	부산광역시 금정구 구서동 87-00 ★★스카이빌 2층 202호					사건접수 2008-10-10
물건종별	오피스텔(주거)		채권자	신용보증기금	감정가	53,000,000원
대지권	12㎡ (3,63평)		채무자	★★주택	최저가	(51%) 27,136,000원
전용면적	35,72㎡ (10,81평)		소유자	★★주택	보증금	(10%) 2,714,000원
평형			매각대상	토지/건물일괄매각	청구금액	324,408,147원
입찰방법	기일입찰		배당종기일	2009-01-05	개시결정	2008-10-13

▶ 기일현황

회차	매각기일	최저매각금액	결과
신건	2009-03-03	53,000,000원	유찰
2차	2009-04-07	42,400,000원	유찰
3차	2009-05-12	33,920,000원	유찰
4차	2009-06-16	27,136,000원	매각

김○○/입찰1명/매각31,220,000원(59%)

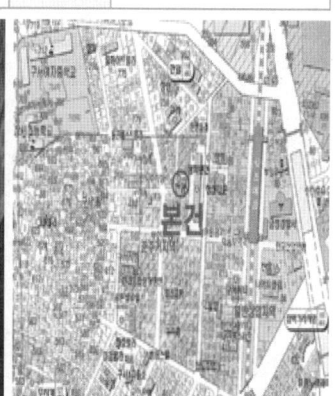

▶ 임차인현황 ▶ 건물소멸기준 : 2007-09-14 ▶ 배당종기일 : 2009-01-05   매각물건명세서 예상배당표

순위	성립일자	권리자	권리종류(점유부분)	권리금액	신고	대항	예상배당여부
1	전입 2007-09-18 확정 2007-09-14 배당 2008-10-30	황○○	주택임차인 건물전부	[보] 50,000,000원	○	있음	배당금: 28,152,700원 미배당: 21,847,300원 일부배당(미배당금 인수)예상
-	황○○ : 2007.9.14,전세권설정등기함,						

▶ 건물 등기부현황 ▶ 건물열람일 : 2009-02-16   등기부등본열람

구분	성립일자	권리종류	권리자	권리금액	인수/소멸	비고
갑1	2004-03-18	(현)소유권	★★주택		이전	보존
을5	2007-09-14	전세권	황○○	50,000,000원	소멸기준	배당요구로 소멸
갑4	2007-12-10	압류	부산광역시		소멸	
갑5	2007-12-11	가압류	신용보증기금	274,054,888원	소멸	
갑6	2008-03-24	압류	부산광역시		소멸	
갑7	2008-10-13	강제경매	신용보증기금	청구: 324,408,147원	소멸	2008타경41054

① 해설

본 사건의 낙찰자 김 모 씨는 필자가 daum에서 운영하는 경매동호회 회원으로서, 매우 활발한 경매투자를 하고 있는 것으로 안다. 이 분의 경우, 일반적인 물건보다는 법정지상권이나 지분경매 등 특수물건에 상당한 관심을 가지고 있고, 투자를 하고 있다. 본 경매사건은 다음과 같이 전개되었다.

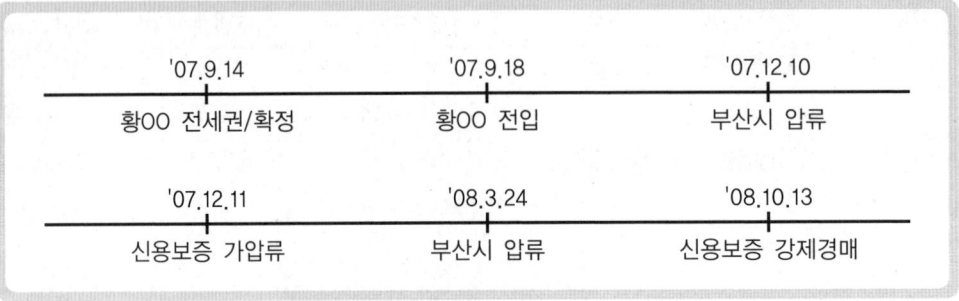

본 사건은 부산지방법원 2008타경41054호(물건번호 1번) 강제경매사건으로서, 김 모 씨는 4차 매각기일인 2009년 6월 16일, 3천 1백여만 원에 단독 낙찰 받았으며, 황OO가 전세권에 의해 배당요구 하였다면 전세권은 매각으로 소멸하며, 황OO의 전입일자는 전세권등기일 이후이기에 임차권에 의한 대항력이 없다는 내용으로 인도명령신청을 하였다.

〈전세권자 황OO의 배당요구 법원문건내역〉

2008-10-30	전세권자 황OO 권리신고및배당요구신청 제출

그러나 전세권자 황OO는 낙찰자에게 대항할 수 있는 지위를 가진다는 이유로 집행법원은 기각결정(=부산지방법원 2009타기1447 결정)을 내렸고, 기각결정에 의해 낙찰자 김 모 씨는 임차인 황OO의 보증금 5천만 원 중 배당금을 감한 잔여 보증금을 부담해야 하는데…

김 모 씨는 인도명령신청이 기각 결정된 후 필자에게 쪽지로 SOS를 타전해 왔는데, 김 모 씨에게 누가 되지 않기를 바라면서 쪽지 내용을 밝힌다.

〈인도명령 기각결정 후 받은 쪽지내용〉

안녕하세요? 안종현 교수님
교수님 공개강의를 들었던 학생입니다
결례를 무릅쓰고 문의 드릴게 있어서 부득이 쪽지를 보내니 혜량 바랍니다.
저는 선순위 전세권 물건 부산지방법원 2008타경41054 부동산강제경매사건 물건 1번 부산시 금정구 구서동 87-00 **스카이빌 2층 202호를 2009년 6월 16일에 받았습니다. 선순위 전세권설정이후의 전입신고 되어 있어서 전세권소멸로 미배당금이 소멸되는 것으로 알고 낙찰을 받고 인도명령을 신청하였는데 기각이 되었습니다. 쪽지를 드리는 오늘까지도 아직 명도를 시키지 못하여, 미배당금을 제가 변제해야 하는지? 비용을 들여서라도 전문가의 도움으로 해결할 수 있는 문제인지 여쭙습니다. 교수님의 자문 구합니다. 감사합니다.

김OO 배상

② 1 라운드

위 쪽지를 받은 후 김 모 씨에게 인도명령기각결정에 대해 즉시항고를 제기하라고 쪽지로 발송해 드렸다. 즉시항고 결과 법원은 다음과 같이 낙찰자의 주장을 받아들이지 않았다. 기각결정 내용이 조금 길더라도 인내하고 읽어 보시기 바란다[=부산지방법원 2010라45 결정 참조].

〈즉시항고 결과〉

부산지방법원 2010라45 결정【부동산인도명령결정에대한즉시항고】

【항고인, 신청인】 항고인
【상대방, 피신청인】 상대방
【제1심결정】 부산지방법원 2009. 12. 31.자 2009타기1447 결정
【주 문】 이 사건 항고를 기각한다.

【이 유】
1. 전제사실
기록에 의하면 다음과 같은 사실을 인정할 수 있다.
가. 피신청인은 2007. 9. 14. 별지 목록 기재 부동산(이하 '이 사건 주택'이라 한다)에 전세권을 설정하고, 2007. 9. 18. 전입신고를 마쳤다.
나. 신용보증기금의 신청으로 2008. 10. 13. 이 사건 주택에 대한 강제경매 절차(부산지방법원 2008타경41054호)가 개시되었다.
다. 항고인이 위 절차에서 매각허가결정을 받아 2009. 8. 25. 매각대금을 전액 납부하였다.

2. 항고이유의 요지

피신청인은 이 사건 주택에 관하여 전세권설정등기를 마치고 이후 전입신고를 하였는데, 이 사건 주택에 대한 강제경매절차에서 권리신고 및 배당요구를 하여 전세권이 매각으로 소멸한 이상 후순위 임차권도 소멸하게 되므로, 피신청인은 이 사건 주택을 매수한 항고인에게 대항할 수 없음에도 불구하고 항고인의 피신청인을 상대로 한 부동산인도명령 신청을 기각한 제1심 결정은 부당하다.

3. 판단

이 사건과 같이 동일인이 같은 주택에 대한 전세권과 임차권을 겸유하고 전세권설정일자가 임차권의 대항력 구비시점보다 앞서는 경우 위 임차권으로 매수인에게 대항할 수 있는지 여부에 관하여 본다.

주택임대차보호법 제3조에 따라 임대차등기가 없는 경우에도 임차인이 주택의 인도와 주민등록을 마친 때에는 그 다음날부터 제3자에 대하여 효력이 생기고, 임차주택의 양수인은 임대인의 지위를 승계한 것으로 보게 된다.

다만, 예외적으로 임차권보다 먼저 설정된 전세권 등의 담보권이 경매로 인하여 소멸하게 되면 그보다 후순위의 임차권은 선순위 담보권이 확보한 담보가치의 보장을 위하여 그 대항력을 상실한다. 이와 같은 예외는 선순위 권리가 나중에 성립된 임차권으로 인하여 담보력이 약화되는 것을 방지하기 위한 것이므로, 동일인이 같은 주택에 대한 전세권과 임차권을 겸유하는 경우 위 임차권에 대항력을 인정할 것인지 여부는 그로 인하여 위 전세권으로 확보한 담보가치가 약화되는지에 따라 판단하여야 한다.

일반적으로 주택임대차보호법상 대항력을 구비하기까지 발생하는 공백을 메우고 임차권을 적극적으로 보호하기 위하여 전세권설정등기를 마치는 경우가 많은 점, 주택임대차보호법이 오랜 기간 시행된 결과 선순위 담보권 등의 부담이 없는 임차인이 전입신고를 마친 경우 매수인이 임대차보증금을 인수한다는 것이 보편적으로 알려져 있는 상황에서 그러한 대항력을 포기하면서까지 전세권을 선순위로 설정할 아무런 이유가 없는 점, 피신청인의 전세권설정등기와 전입 신고가 근접하여 이루어진 점 등에 비추어 보면, 피신청인은 임차권을 강화하기 위한 수단으로 전세권설정등기를 마친 것이므로, 임차권에 대항력이 인정된다고 하더라도 피신청인이 전세권으로 확보하고자 한 담보가치를 떨어뜨린다고 볼 수 없다. 이와 달리 동일인이 같은 주택에 대한 전세권과 임차권을 겸유하는 경우에도 임차권의 부담이 없는 주택의 가치를 전세권의 담보로 삼은 것이라고 보고 임차권의 대항력이 인정되지 않는다고 해석한다면 적극적으로 자신의 권리를 보호하고자 한 자를 주택임대차보호법상의 대항력만을 갖춘 자보다 오히려 불리하게 취급하는 결과가 되어 불합리하다.

또한, 전세권설정과 전입신고의 효력 발생일 사이에 다른 이해관계인이 존재하는 사정을 찾아볼 수 없고, 계약당사자, 보증금액과 전세금액 등이 동일하며, 피신청인이 임차권에 기한 권리신고를 하였고, 매각물건명세서에도 피신청인의 점유권원이 주거임차인으로 기재되어 있었던 이 사건에서 임차권의 대항력을 인정한다고 하더라도 제3자 또는 매수인에게 불측의 손해를 가하는 것이라고 보기도 어렵다.

<u>따라서 피신청인은 임대차보증금을 전액 반환받을 때까지 항고인에게 대항할 수 있는 임차권자에 해당한다.</u>

4. 결론
그렇다면, 제1심 결정은 정당하고 이 사건 항고는 이유 없으므로 이를 기각하기로 하여 주문과 같이 결정한다.

판사　000(재판장),　000,　000

③ 2 라운드

본 사건처럼 A 전세권 ⇨ A 전입신고 ⇨ B 가압류 ⇨ B 강제경매신청 ⇨ A 전세권으로 배당 요구한 경우, 선순위 전세권은 배당요구하면 매각으로 소멸(=민사집행법 제91조 제4항 단서)하나, A가 전세권등기 이후에 전입신고를 하였더라도 임차권은 소멸하지 않기에 A가 회수하지 못한 잔여 보증금은 낙찰자가 인수하라는 즉시항고 결과가 나왔다.

이에 낙찰자 김 모 씨는 즉시항고 결과에 불복하여 대법원에 재항고를 제기하였으나, 대법원 결정내용은 낙찰자는 임차인 황OO의 잔여 보증금을 인수하라는 내용이었다[=대법원 2010마900 결정 참조].

〈대법원 결정내용〉

대법원 2010마900 결정 【부동산인도명령결정에대한즉시항고】

【판시사항】
최선순위 전세권자로서의 지위와 주택임대차보호법상 대항력을 갖춘 임차인으로서의 지위를 함께 가지고 있는 사람이 전세권자로서 배당요구를 하여 전세권이 매각으로 소멸된 경우, 변제받지 못한 나머지 보증금에 기하여 대항력을 행사할 수 있는지 여부(적극)

【결정요지】
주택에 관하여 최선순위로 전세권설정등기를 마치고 등기부상 새로운 이해관계인이 없는 상태에서 전세권설정계약과 계약당사자, 계약목적물 및 보증금(전세금액) 등에 있어서 동일성이 인정되는 임대차계약을 체결하여 주택임대차보호법상 대항요건을 갖추었다면, 전세권자로서의 지위와 주택임대차보호법상 대항력을 갖춘 임차인으로서의 지위를 함께 가지게 된다. 이러한 경우 전세권과 더불어 주택임대차보호법상의 대항력을 갖추는 것은 자신의 지위를 강화하기 위한 것이지 원래 가졌던 권리를 포기하고 다른 권리로 대체하려는 것은 아니라는 점, 자신의 지위를 강화하기 위하여 설정한 전세권으로 인하여 오히려 주택임대차보호법상의 대항력이 소멸된다는 것은 부당하다는 점, 동일인이 같은 주택에 대하여 전세권과 대항력을 함께 가지므로 대항력으로 인하여 전세권 설정 당시 확보한 담보가치가 훼손되는 문제는 발생하지 않는다는 점 등을 고려하면, 최선순위 전세권자로서 배당요구를 하여 전세권이 매각으로 소멸되었다 하더라도 변제받지 못한 나머지 보증금에 기하여 대항력을 행사할 수 있고, 그 범위 내에서 임차주택의 매수인은 임대인의 지위를 승계한 것으로 보아야 한다.

【참조조문】 주택임대차보호법 제3조, 민사집행법 제91조 제3항, 제4항

【재항고인】 재항고인

【원심결정】 부산지법 2010. 5. 20.자 2010라45 결정

【주 문】 <u>재항고를 기각한다.</u> 재항고비용은 재항고인이 부담한다.

【이 유】 재항고이유를 본다.
주택에 관하여 최선순위로 전세권설정등기를 마치고 등기부상 새로운 이해관계인이 없는 상태에서 전세권설정계약과 계약당사자, 계약목적물 및 보증금(전세금액) 등에 있어서 동일성이 인정되는 임대차계약을 체결하여 주택임대차보호법상 대항요건을 갖추었다면, 전세권자로서의 지위와 주택임대차보호법상 대항력을 갖춘 임차인으로서의 지위를 함께 가지게 된다. 이러한 경우 전세권과 더불어 주택임대차보호법상의 대항력을 갖추는 것은 자신의 지위를 강화하기 위한 것이지 원래 가졌던 권리를 포기하고 다른 권리로 대체하려는 것은 아니라는 점, 자신의 지위를 강화하기 위하여 설정한 전세권으로 인하여 오히려 주택임대차보호법상의 대항력이 소멸된다는 것은 부당하다는 점, 동일인이 같은 주택에 대하여 전세권과 대항력을 함께 가지므로 대항력으로 인하여 전세권 설정 당시 확보한 담보가치가 훼손되는 문제는 발생하지 않는다는 점 등을 고려하면, 최선순위 전세권자로서 배당요구를 하여 <u>전세권이 매각으로 소멸되었다 하더라도 변제받지 못한 나머지 보증금에 기하여 대항력을 행사할 수 있고, 그 범위 내에서 임차주택의 매수인은 임대인의 지위를 승계한 것으로 보아야 할 것이다.</u>
기록에 의하면, 원심이 그 판시와 같은 이유로 이 사건 인도명령 신청을 기각한 제1심을 유지한 것은 위 법리에 따른 것으로 정당하고, 거기에 재항고이유로 주장하는 법리오해 등의 위법이 없다.
그러므로 <u>재항고를 기각하고</u> 재항고비용은 패소자가 부담하기로 하여 관여 대법관의 일치된 의견으로 주문과 같이 결정한다.

대법관　000(재판장)　000　000(주심)

④ 3 라운드
　재항고 결과 대법원은 낙찰자의 손을 들어 준 것이 아니라, 전세권자 겸 임차인의 손을 들어 주었다. 그러나 낙찰자 김 모 씨는 대법원의 결정을 순순히 따르지 않고 2010년 9월 8일 "부산지방법원 2010재라1 부동산인도명령결정"에 대한 즉시항고로 재심청구를 하였

다. 그런데 동년 12월 24일 항고장 각하결정이 났다.

〈대법원 2010마900 결정에 대한 재심청구 사건내역〉

▶ 사건번호 : 부산지방법원 2010째라1

■ 기본내용 》 청사배치

사건번호	2010째라1	사건명	부동산인도명령결정에대한즉시항고
항고인	김OO	상대방	
재판부	제4민사부(항고) 나 (전화:051)590-1641~1640)		
접수일	2010.09.08	종국결과	2010.12.24 항고장각하
수리구분	제소	병합구분	없음
기록송부일		재항고인	항고인
재항고일	2011.01.08	재항고결과	

송달료, 보관금 종결에 따른 잔액조회 》 잔액조회

■ 심급내용

법 원	사건번호	결 과
부산지방법원	2010라45	2010.05.20 기각(부동산인도명령결정에대한 즉시항고)
대법원	2011마116	

〈부산지방법원 2010재라1 결정 원문〉

부 산 지 방 법 원
제 4 민 사 부
결   정

사   건   2010재라1 부동산인도명령결정에 대한 즉시항고
준재심신청인   김OO
준재심피신청인 황OO
준재심대상결정 부산지방법원 2010.5.20.자 2010라45결정

주 문

이 사건 준재심신청을 각하한다.

이 유

1. 준재심대상결정의 확정

준재심신청인이 준재심피신청인을 상대로 부산지방법원 2009타기1447호 부동산인도명령신청을 하여 2009.12.31. 부동산인도명령 기각결정을 받았고, 이에 항고(부산지방법원 2010라45호)하였으나 항고심 법원으로부터 2010.5.20. 항고기각결정(이하 '준재심대상결정'이라 한다)을 받았으며, 다시 재항고(대법원 2010마900호)하였으나 대법원으로부터 2010.7.26. 재항고기각결정을 받은 사실은 이 사건 기록상 명백하다.

2. 판 단

준재심신청인은, 준재심대상결정이 이전에 확정된 결정(대구지방법원 2007라328호)과 어긋나는 때에 해당(민사소송법 제451조 제1항 제10호 : 재심을 제기할 판결이 전에 선고한 확정판결에 어긋나는 때)하여 준재심대상결정에는 준재심사유가 존재하므로 이 사건 준재심대상결정이 취소되어야 한다는 취지로 주장한다.

살피건대, 준재심신청인이 들고 있는 민사소송법 제451조 제1항 제10호의 재심사유는 재심대상 판결의 기판력과 전에 선고한 확정판결의 기판력과의 충돌을 조정하기 위하여 마련된 것이므로 그 규정의 '재심을 제기할 판결이 전에 선고한 확정판결과 저촉되는 때'라 함은 전에 선고한 확정판결의 효력이 재심대상판결의 당사자에게 미치는 경우로서 양 판결이 저촉되는 때를 말하고 전에 선고한 확정판결이 재심대상 판결과 그 내용이 유사한 사건에 관한 것이라고 하더라도 그 판결의 기판력이 당사자에게 미치지 아니하는 때에는 위 재심사유에 해당하지 아니하므로(대법원 1998.3.24. 선고 97다32833 판결 등 참조), 위 법리에 비추어 준재심신청인의 위 주장은 그 자체로 민사소송법 제461조(=제220조의 조서 또는 즉시항고로 불복할 수 있는 결정이나 명령이 확정된 경우에 제451조제1항에 규정된 사유가 있는 때에는 확정판결에 대한 제451조 내지 제460조의 규정에 준하여 재심을 제기할 수 있다.), 제451조 제1항 제10호의 준재심사유가 될 수 없고, 달리 재심대상결정에 민사집행법 제23조 제1항(=이 법에 특별한 규정이 있는 경우를 제외하고는 민사집행 및 보전처분의 절차에 관하여는 민사소송법의 규정을 준용한다.)이 준용하는 민사소송법 제461조, 제451조 제1항 각 호의 준재심사유가 있다고 볼 아무런 자료가 없다.

3. 결론

그렇다면 이 사건 준재심신청은 준재심사유가 없어 부적법하므로 이를 각하하기로 하여 주문과 같이 결정한다.

2010.12.24.

⑤ 4라운드

때로는 쇠심줄 같이 질겨야 한다고 본다. 단지 대법원의 판결 내지 결정이 났다고 하여 그냥 주저앉으면 이로서 그만인 것이다. 이에 낙찰자 김 모 씨는 계속 물고 늘어졌다. 재심청구가 각하 되자, 2011년 1월 8일 대법원에 재항고를 제기하였는데, 접수일자는 동년 1월 20일이며, 사건번호는 대법원 2011마116이다.

〈대법원 2011마116 결정 원문〉

대 법 원
제 1 부
결 정

사건 2011마116 부동산인도명령 결정에 대한 이의
준재심신청인, 재항고인 김00
준재심피신청인, 상대방 황00
원심결정 부산지방법원 2010.12.24.자 2010재라1 결정

주 문

<u>재항고를 기각한다.</u>

이 유

이 사건 기록과 원심결정 및 재항고이유를 모두 살펴보았으나, 이 사건 재항고는 상고심절차에관한특례법 제7조, 제4조에 해당하여 이유 없음이 명백하므로, 같은 법 제5조에 의하여 재항고를 기각하기로 하여, 관여 대법관의 일치된 의견으로 주문과 같이 결정한다.

2011. 3. 25

그런데 대법원은 2011년 3월 25일 "심리불속행기각결정"을 내렸다. 따라서 집합건물에 선순위로 전세권 설정 ⇨ 전세권자의 전입신고 ⇨ 제3자의 경매신청 ⇨ 전세권에 의한

배당요구를 하였다면 전세권은 매각으로 소멸되나, 임차권은 불소멸 한다는 생각 하에 물건 분석을 하여야 한다.

〈재심청구 각하에 대한 재항고 : 기각결정〉

사건번호 : 대법원 2011마116

▣ 기본내용

사건번호	2011마116	사건명	부동산인도명령결정에 대한 이의
항고인	김OO	상대방	
재판부	민사1부(나) (전화:02-3480-1339)		
접수일	2011.01.20	종국결과	2011.03.25 심리불속행기각
수리구분	제소	병합구분	없음
기록송부일		재항고인	
재항고일		재항고결과	
송달료,보관금 종결에 따른 잔액조회		» 잔액조회	

▣ 심급내용

법 원	사건번호	결 과
부산지방법원	2010라45	2010.05.20 기각(부동산인도명령결정에대한 즉시항고)
부산지방법원	2010재라1	2010.12.24 항고장각하

참고로 낙찰 후 본 사건 부동산 등기부상 황OO의 전세권등기는 강제경매로 인한 매각으로 2009년 7월 14일 말소되었다. 그러나 임차권이 소멸되지 않기에 낙찰자는 황OO의 잔여 보증금 2천여만 원을 인수하였다.

4) 소멸기준권리는?

2010 타경 17088 (임의)		매각기일 : 2010-11-03 10:00~ (수)		경매3계 032-860-1603 (구내:1603)	
소재지	인천광역시 강화군 강화읍 신문리 557-0 **타운 3층 302호				사건접수 2010-04-05
물건종별	다세대(빌라)	채권자	박00	감정가	55,000,000원
대지권	43.48㎡ (13.15평)	채무자	김00	최저가	(70%) 38,500,000원
전용면적	55.185㎡ (16.69평)	소유자	김00	보증금	(10%) 3,850,000원
평형		매각대상	토지/건물일괄매각	청구금액	25,000,000원
입찰방법	기일입찰	배당종기일	2010-06-28	개시결정	2010-04-22

▶ 기일현황

회차	매각기일	최저매각금액	결과
신건	2010-10-04	55,000,000원	유찰
2차	2010-11-03	38,500,000원	매각
서00외1인/입찰2명/매각47,390,000원(86%)			
	2010-12-15	대금지급기한	납부

▶ 임차인현황 ▶ 건물소멸기준 : 2001-03-09 ▶ 배당종기일 : 2010-06-28   매각물건명세서 예상배당표

순위	성립일자	권리자	권리종류(점유부분)	권리금액	신고	대항	예상배당여부
1	전입 2001-03-24 확정 2001-03-09 배당 2010-04-05	박00	주택임차인 302호 전부	[보] 25,000,000원	○	있음	배당 : 25,000,000원 전액배당으로 소멸예상

▶ 건물 등기부현황 ▶ 건물열람일 : 2010-09-20   등기부등본열람

구분	성립일자	권리종류	권리자	권리금액	인수/소멸	비고
갑1	1998-09-29	(전)소유권	김**		이전	보존
을1	2001-03-09	전세권	박00	25,000,000원	소멸기준	경매신청채권자
갑4	2001-05-23	(현)소유권	김00		이전	매매
갑5	2002-08-26	가등기	성00		소멸	
갑6	2010-04-22	임의경매	박00	청구: 25,000,000원	소멸	2010타경17088

2. 실전 전세권분석

① 해설

본 경매사건은 다음과 같이 전개되었다.

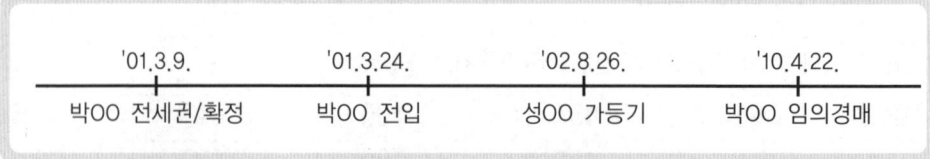

즉, 박OO이 2001년 3월 9일 전세금을 2천 5백만 원으로 전세권등기와 확정일자를 받았고, 동년 3월 24일 전입신고를 하였다. 이 상태에서 2010년 4월 22일 전세권자 박OO가 임의경매신청을 하였는데, 본 사건은 2차 매각기일인 2010년 11월 3일 서 모 씨외 1인이 4천 7백여만 원에 낙찰 받았다.

그런데, 만약 전세권자 박OO의 전세금 2천 5백만 원 이하로 낙찰되었다면, 잔여 전세금을 낙찰자가 인수하여야 하는지에 대해서는 앞의 사례 중 대구광역시 동구 검사동 빌라 사례에 비추어 보아 낙찰자가 인수하지 않아도 될 것이다.

<u>대법원 2008마212 결정</u>과 <u>대법원 2010마900 결정</u>에 대한 이해를 잘 해야 할 것이다. 여기서 한 번 더 정리해 보자.

② 대법원 2008마212 결정 요약

A 전세권/전입신고/확정일자 ⇨ B 근저당권 ⇨ <u>A 임의경매신청</u>의 경우, 전세권은 매각으로 소멸하기에 전세권이 소멸기준권리化 되는데, 임차인의 대항력은 전세권 설정일의 익일이기에 A 전세권자는 전세금 전액을 배당받지 못하더라도 임차인의 지위로서 낙찰자에게 대항할 수 없다.

③ 대법원 2010마900 결정 요약

A 전세권/확정일자 ⇨ A 전입신고 ⇨ B 가압류 ⇨ <u>B 강제경매신청</u>의 경우, A가 전세권자로서 배당요구하면 전세권은 소멸하나, 임차인으로서의 대항력은 소멸하지 않기에 전세권자가 전세금 전액을 배당받지 못한다면 잔여 전세금은 낙찰자가 인수하여야 한다.

5) 소멸하는 전세권

2009 타경 24891 (임의)		매각기일 : 2010-11-01 10:00~ (월)		경매2계 2204-2406 (구내 :2406)	
소재지	서울특별시 송파구 문정동 000 **** 아파트 *동 6층 604호			사건접수	2009-11-19
물건종별	아파트	채권자	에이치케이상호저축은행	감정가	300,000,000원
대지권	26,592㎡ (8,04평)	채무자	최 **	최저가	(64%) 192,000,000원
전용면적	39,69㎡ (12,01평)	소유자	최 00	보증금	(10%)19,200,000원
평형	18평형	매각대상	토지/건물일괄매각	청구금액	104,245,885원
입찰방법	기일입찰	배당종기일	2010-09-10	개시결정	2009-11-20

기일현황

회차	매각기일	최저매각금액	결과
신건	2010-05-03	300,000,000원	유찰
2차	2010-06-14	240,000,000원	유찰
3차	2010-08-02	192,000,000원	매각
정 00/입찰2명/매각227,770,000원(76%)			
	2010-08-09	매각결정기일	불허가
3차	2010-11-01	192,000,000원	매각
전 00/입찰7명/매각233,300,000원(78%)			
	2010-12-09	대금지급기한	납부

임차인현황 / 건물소멸기준 : 2006-05-24 / 배당종기일 : 2010-09-10

순위	성립일자	권리자	권리종류(점유부분)	권리금액	신고	대항	예상배당여부
1	전입 없음 확정 2005-12-15 배당 2010-02-24	이 00 1차	주택임차인 전부	【보】 78,000,000	O	없음	배당금 : 78,000,000원 전액배당 소멸예상
2	전입 없음 확정 2009-03-16 배당 2010-02-24	이 00 2차	주택임차인 전부	【보】 90,000,000	O	없음	미배당 : 12,000,000원 미배당금 소멸예상

- 보증금합계 : 90,000,000원

- 이 00 : 등기부상 전세권자 겸 임차인으로서 1차 2005.12.15.자 전세권등기(전세금 78,000,000), 2차 재계약 12,000,000 증액

건물 등기부현황 / 건물열람일 : 2010-04-19

구분	성립일자	권리종류	권리자	권리금액	인수/소멸	비고
갑1	1995-02-22	(전)소유권	이 **		이전	매매
갑6	2004-04-14	(현)소유권	최 00		이전	증여
을3	2005-12-15	전세권	이 00	78,000,000원	소멸	배당금 : 78,000,000원 전액배당으로 소멸예상
을9	2006-05-24	(근)저당	우리은행	50,400,000원	소멸기준	
을16	2007-06-11	(근)저당	에이치케이상호저축은행	117,000,000원	소멸	
을17	2007-06-11	(근)저당	김 00	90,000,000원	소멸	
갑11	2009-05-04	압류	국민건강보험공단		소멸	
갑12	2009-11-20	임의경매	에이치케이상호저축은행	청구: 104,245,885원	소멸	2009타경24891

① 해설

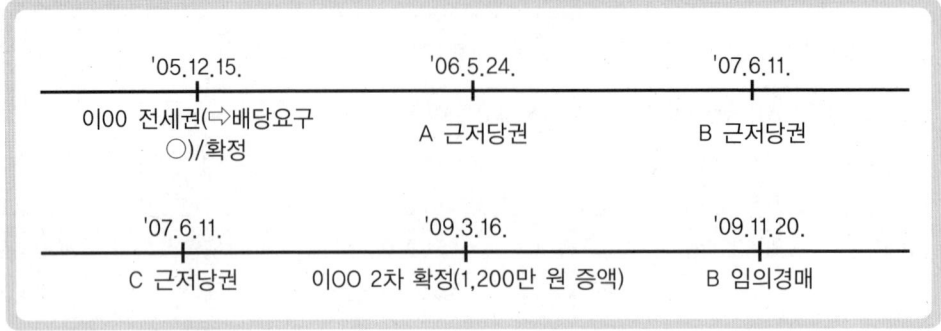

본 사건은 2순위 근저당권자인 에이치케이상호저축은행에서 임의경매신청을 하자, 선순위 전세권자 이 모 씨는 배당요구종기일 이전에 배당요구를 하였다.

〈매각물건명세서〉

사건	2009타경24891 부동산임의경매	매각물건번호	1	담임법관(사법보좌관)	이 **
작성일자	2010.10.15	최선순위 설정일자	2005.12.15.(전세권)		
부동산 및 감정평가액 최저매각가격의 표시	부동산표시목록 참조	배당요구종기	2010.09.10 (연기)		

부동산의 점유자와 점유의 권원, 점유할 수 있는 기간, 차임 또는 보증금에 관한 관계인의 진술 및 임차인이 있는 경우 배당요구여부와 그 일자, 전입신고일자 또는 사업자등록신청일자와 확정일자의 유무와 그 일자

점유자의 성명	점유부분	정보출처 구분	점유의 권원	임대차 기간 (점유기간)	보증금	차임	전입신고일자, 사업자등록신청일자	확정일자	배당요구 여부 (배당요구일자)
이 00	전부	권리신고	주거 전세권자	2005.12.15.-2010.07.14.	90,000,000		미상	1차 2005.12.15, 2차 2009.03.16.	2010.02.24

〈비고〉
이 00 : 등기부상 전세권자 겸 임차인으로서 1차 2005.12.15.자 전세권등기(전세금 78,000,000), 2차 재계약 12,000,000 증액

② 선순위 전세권자 이OO 분석

선순위 전세권자 이 모 씨는 전입신고 없이 2005년 12월 15일 전세금 7천 8백만 원으로 하여 전세권등기를 하였다. 그 후 3건의 근저당권이 설정되었는데, 2009년 3월 16일 확정일자를 받은 것으로 미루어 보아, 이때 전세금 1천 2백만 원을 증액해 준 것으로 보여 진다.

그런데 전입신고 없이 확정일자를 받으면 무엇 하나? 아무런 쓸모가 없는데... 확정일자의 효력이 생기려면 반드시 전입신고를 하여야만 한다.

매각물건명세서상에 이 모 씨는 전세권자로서 집행법원에 배당 요구한 사실이 표시되어 있다. 그렇다면 이 모 씨는 전세금 9천만 원 중 7천 8백만 원만 1순위로 배당받고 전세권은 소멸하게 된다.

〈소멸된 전세권등기〉

3	전세권설정 ⬇	2005년12월15일 제108797호	2005년12월15일 설정계약	전세금 금78,000,000원 범 위 주거용 건물의전부 존속기간 2005년12월15일부터 2007년12월15일까지 전세권자 이OO 640917-1******
18	3번전세권설정, 9번근저당권설정, 16번근저당권설정, 17번근저당권설정 등기말소	2010년11월25일 제64573호	2010년11월25일 임의경매로 인한 매각	

6) 인수되는 전세권 - 1

2009 타경 52594 (임의)		매각기일 : 2010-07-20 10:30~ (화)		경매4계 (031)210-1264 (구내:1264)	
소재지	경기도 수원시 영통구 망포동 702 동수원2차쌍용스윗닷홈 ***동 10층 1005호				사건접수 2009-09-21
물건종별	아파트	채권자	탄동새마을금고	감정가	260,000,000원
대지권	48.28㎡ (14.6평)	채무자	은00	최저가	(41%) 106,496,000원
전용면적	84.8867㎡ (25.68평)	소유자	송00	보증금	(30%)31,949,000원
평형		매각대상	토지/건물일괄매각	청구금액	72,000,000원
입찰방법	기일입찰	배당종기일	2009-12-08	개시결정	2009-09-22

기일현황

회차	매각기일	최저매각금액	결과
신건	2010-01-07	260,000,000원	유찰
2차	2010-02-03	208,000,000원	유찰
3차	2010-03-16	166,400,000원	매각
황00외1/입찰1명/매각213,000,000원(82%)			
	2010-04-29	대금지급기한	미납
3차	2010-05-25	166,400,000원	유찰
4차	2010-06-23	133,120,000원	유찰
5차	2010-07-20	106,496,000원	매각
임00/입찰2명/매각107,000,000원(41%)			

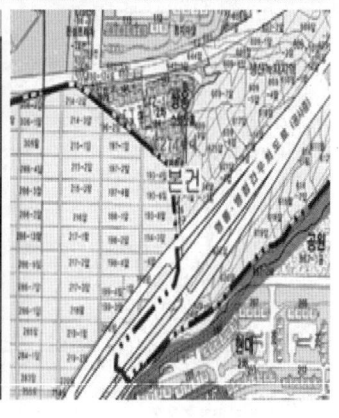

임차인현황 ☞ 건물소멸기준 : 2006-06-30 ☞ 배당종기일 : 2009-12-08

순위	성립일자	권리자	권리종류(점유부분)	권리금액	신고	대항	예상배당여부
1	전입 없음 확정 없음 배당 없음	윤00	주택임차인	[보] 90,000,000원	X	없음	

건물 등기부현황 ☞ 건물열람일 : 2009-12-24

구분	성립일자	권리종류	권리자	권리금액	인수/소멸	비고
갑2	2005-02-28	(전)소유권	양00		이전	매매
을2	2006-02-24	전세권	윤00	90,000,000원	인수	특별매각조건에의한 인수
을4	2006-06-30	(근)저당	탄동새마을금고	93,600,000원	소멸기준	
갑3	2009-07-21	(현)소유권	송00	(거래가) 250,000,000원	이전	매매
을6	2009-08-07	(근)저당	박00	75,000,000원	소멸	
갑4	2009-09-22	임의경매	탄동새마을금고	청구: 72,000,000원	소멸	2009타경52594

① 해설

선순위 전세권에 대한 분석은 아주 간단하다. 즉, 선순위 전세권자가 법원이 공고한 배당요구 종기일까지 배당요구를 하면 전세금 전액 회수 유무를 떠나서 전세권은 무조건 소멸한다(=민사집행법 제91조 제4항 단서).

그러나 배당요구를 하지 않았다면 선순위 전세권자의 전세금 전액을 낙찰자가 무조건 인수하는 것이다(=동법 제91조 제4항 본문).

그렇다면 본 사건의 선순위 전세권자인 윤 모 씨는 법원이 공고한 배당요구 종기일인 2009년 12월 8일까지 배당요구 하지 않았기에, 이 자의 전세금 9천만 원 전액은 낙찰자의 인수사항이 된다.

② 2010년 3월 16일 입찰자 황 모 씨 외 1인 분석

선순위 전세권이 있을 경우 분석은 아주 쉽고 간단한데, 입찰할 당시 선순위 전세권자 윤 모 씨의 배당요구 여부 정도는 확인하는 센스가 필요하다.

초등학교 학생들도 이해할 수 있는 부분을 어른이 모른다면 문제가 있는 것 아닌가? 3차 매각기일에 입찰한 황 모 씨외 1인의 입찰가격은 2억 1천 3백만 원!

그리고 선순위 전세권자 윤 모 씨의 전세금은 9천만 원! 이를 합치면 3억 원을 훌쩍 넘어 버리는데... 본 사건의 최초매각금액은 2억 6천만 원! 그래서 황 모 씨외 1인은 매각대금 납부를 포기한 것이다. 얼마짜리 떡인가? 정답은 1,664만 원 짜리!

③ 2010년 7월 20일 입찰자 임 모 씨 분석

5차 매각기일에 1억 7백만 원에 낙찰 받은 임 모 씨는 전세권자 윤 모 씨의 전세금 9천만 원을 인수하더라도 밑지는 장사는 아니다. 나아가 전세권 인수라는 하자로 인해 낙찰금액이 낮아져서 취·등록세 납부시 절세효과가 있고, 향후 부동산을 매각할 경우, 인수한 9천만 원은 부동산 취득비용으로 인정되기에[=대법원 92누11954판결 참조] 양도소득세 산정시 불리하지 않다.

7) 인수되는 전세권 - 2

2007 타경 9549 (강제)		매각기일 : 2008-03-18 10:00~ (화)		경매2계 (02)2192-1332 (구내:1332)	
소재지	서울특별시 양천구 목동 746-0 ★★★★★빌라 4층 402호			사건접수 2007-04-26	
물건종별	다세대(빌라)	채권자	신용보증기금	감정가	180,000,000원
대지권	28.21㎡ (8.53평)	채무자	이 00	최저가	(64%) 115,200,000원
전용면적	60.65㎡ (18.35평)	소유자	이 00	보증금	(20%) 23,040,000원
평형		매각대상	토지/건물일괄매각	청구금액	27,949,754원
입찰방법	기일입찰	배당종기일	2007-07-13	개시결정	2007-04-27

▶ 기일현황   ▽전체보기

회차	매각기일	최저매각금액	결과
신건	2007-10-09	180,000,000원	유찰
2차	2007-11-13	144,000,000원	매각
박00/입찰1명/매각161,100,000원(90%)			
	2007-12-21	대금지급기한	미납
2차	2008-02-12	144,000,000원	유찰
3차	2008-03-18	115,200,000원	매각
권00/입찰1명/매각117,800,000원(65%)			

▶ 임차인현황 ▷ 건물소멸기준 : 2001-10-10 ▷ 배당종기일 : 2007-07-13   매각물건명세서 예상배당표

순위	성립일자	권리자	권리종류(점유부분)	권리금액	신고	대항	예상배당여부
1	전입 없음 확정 없음 배당 없음	조00	주택임차인 목적물전부	[보] 78,000,000원	X	없음	

*방문시마다 폐문부재중임에 문앞에 경매현황조사 안내문/배당요구 신청안내문을 부착해 두었음. *임대차관계 미상. *전입자 전원 주민등록등본 신청필.

▶ 건물 등기부현황 ▷ 건물열람일 : 2007-09-26   등기부등본열람

구분	성립일자	권리종류	권리자	권리금액	인수/소멸	비고
갑1	1992-10-21	(현)소유권	이00		이전	매매
을6	2001-09-18	전세권	조00	78,000,000원	인수	미배당요구로 전액인수
갑2	2001-10-10	가압류	정00	24,600,000원	소멸기준	
갑3	2001-10-30	가압류	이★★	11,000,000원	소멸	
갑5	2002-03-20	가압류	신용보증기금	25,500,000원	소멸	
갑6	2002-05-06	가압류	농업협동조합중앙회	8,362,421원	소멸	
갑7	2002-05-27	가압류	대우캐피탈	1,827,565원	소멸	
갑8	2002-05-30	가압류	국민은행	7,754,521원	소멸	
갑9	2002-06-04	가압류	외환신용카드	1,970,613원	소멸	
갑10	2002-07-08	압류	근로복지공단서울남부지사		소멸	
갑11	2002-10-24	압류	국민건강보험공단		소멸	
갑13	2003-05-20	압류	양천구		소멸	
갑14	2003-11-06	가압류	한국자산관리공사	7,475,262원	소멸	
갑19	2007-04-27	강제경매	신용보증기금	청구: 27,949,754원	소멸	2007타경9549

```
        '01.9.18.              '01.10.10. 이후           '07.4.27.
        ├─────────────────────┼──────────────────────┤
   조 모 씨 전세권(⇨배당요구 ×)    가압류, 압류              강제경매
```

선순위 전세권 조 모 씨는 제3자의 강제경매신청이 있었음에도 불구하고 법원에 배당요구를 하지 않아 낙찰자는 이 자의 전세금 7천 8백만 원을 인수하여야 한다.

〈매각물건명세서 중 일부〉

≡ 등기된 부동산에 관한 권리 또는 가처분으로 매각허가에 의하여 그 효력이 소멸되지 아니하는 것

매수인이 인수할 최선순위 전세권 금7,800만원 있음.

그럼에도 불구하고 2차 매각기일에 박 모 씨가 1억 6천여만 원에 낙찰 받았다가 매각대금을 미납하였으며, 3차 매각기일에 권 모 씨가 1억 2천여만 원에 낙찰 받았다.

낙찰 후 본건 부동산등기부를 확인해 본 결과 2008년 5월 8일 낙찰자 권 모 씨 명의로 소유권이전 등기되었으며, 선순위 전세권은 동년 8월 29일 "해지"를 등기원인으로 말소등기 되었다. 해지를 원인으로 하였다면 아마도 낙찰자는 전세권자의 전세금 전액을 지급하지 않았나 하는 생각이 든다.

〈낙찰 후 조 모 씨 전세권의 말소사유 : 해지〉

20	소유권이전	2008년5월8일 제24217호	2008년4월28일 강제경매로 인한 매각	소유자 권 00 770706-1****** 대전광역시 유성구 송강동 199 ****아파트 ***-1210
6	전세권설정	2001년9월18일 제70240호	2001년9월14일 설정계약	전세금 금78,000,000원 범 위 주거용 건물의 전부 존속기간 2003년 10월 6일 반환기 2003년 10월 6일 전세권자 조 00 630812-2****** 서울 양천구 목동 028 목동진영아파트 **-601
10	6번전세권설정등기말소	2008년8월29일 제49306호	2008년8월29일 해지	

8) 인수되는 전세권 - 3

2008 타경 24340 (임의)		매각기일 : 2009-10-26 10:00~ (월)		경매3-2계 3399-7323	
소재지	서울특별시 동대문구 장안동 568 장안동신일해피트리아파트 ***동 2층 207호			사건접수	2008-12-18
물건종별	아파트	채권자	중소기업중앙회	감정가	320,000,000원
대지권	43,279㎡ (13,09평)	채무자	윤 **	최저가	(51%) 163,840,000원
전용면적	84,94㎡ (25,69평)	소유자	윤 00	보증금	(20%)32,768,000원
평형	32평형	매각대상	토지/건물일괄매각	청구금액	130,000,000원
입찰방법	기일입찰	배당종기일	2009-03-17	개시결정	2008-12-19

▶ 기일현황 ▽전체보기

회차	매각기일	최저매각금액	결과
신건	2009-05-04	320,000,000원	유찰
2차	2009-06-08	256,000,000원	유찰
3차	2009-07-13	204,800,000원	매각
박00/입찰2명/매각261,990,000원(82%)			
	2009-08-21	대금지급기한	미납
3차	2009-09-21	204,800,000원	유찰
4차	2009-10-26	163,840,000원	매각
송00/입찰4명/매각185,800,000원(58%)			

▶ 임차인현황 ☞ 건물소멸기준 : 2006-07-06 ☞ 배당종기일 : 2009-03-17   매각물건명세서 예상배당표

순위	성립일자	권리자	권리종류(점유부분)	권리금액	신고	대항	예상배당여부
1	전입 없음 확정 없음 배당 없음	신 00	주택임차인 건물전부	[보] 115,000,000원	X	없음	

- 신00 : 최선순위 전세권자인바 배당요구종기이내 배당요구를 하지 않았으므로 매수인이 그 전세권을 인수 하여야함.

▶ 건물 등기부현황 ☞ 건물열람일 : 2009-04-20   등기부등본열람

구분	성립일자	권리종류	권리자	권리금액	인수/소멸	비고
갑2	2006-03-03	(전)소유권	윤 **		이전	매매
을1	2006-06-26	전세권	신 00	115,000,000원	인수	특별매각조건에의한 인수
을2	2006-07-06	(근)저당	중소기업협동조합중앙회	130,000,000원	소멸기준	
을3	2007-11-12	(근)저당	하나은행	390,000,000원	소멸	
갑3	2008-05-08	(현)소유권	윤 00		이전	매매
갑4	2008-12-17	가처분	신용보증기금		소멸	가처분등기보기
갑5	2008-12-19	임의경매	중소기업중앙회	청구: 130,000,000원	소멸	2008타경24340

소멸기준권리보다 먼저 설정된 전세권은 선순위 전세권으로서 원칙은 말소되지 않는다. 다만, 선순위 전세권이 법원이 공고한 배당요구 종기일까지 배당요구를 하면 매각으로 말소된다(=민사집행법 제91조 제4항 및 동법 동조 동항 단서).

본 사건 전세권자 신OO는 소멸기준권리인 2006년 7월 6일 근저당권보다 먼저 전세권 등기를 하였기에 선순위에 해당된다. 선순위 전세권일지라도 배당요구하면 말소된다는 이야기를 했다.

그런데 선순위 전세권 신OO는 법원에 배당요구를 하지 않았다. 그렇다면 신OO의 전세금 1억 1천 5백만 원은 낙찰자가 인수하여야 한다. 그럼에도 불구하고 3차 매각기일에 박 모 씨가 2억 6천여만 원에 퍽! 하고 질러 버렸으니… 박 모 씨는 입찰보증금 2천 4십 8만원을 몰수당했다.

본 사건은 신OO의 전세금 1억 1천 5백만 원을 낙찰자가 인수하여야 하기에 4차 매각기일인 2009년 10월 26일 송 모 씨가 1억 8천 5백여만 원에 입찰한 것이다.

매각물건명세서를 찬찬히 들여다보면 선순위 전세권자인 신OO는 배당요구 한 사실이 없으며, 비고란에 신OO의 전세금을 인수해야 한다고 자세히 설명되어 있지 않는가? 이러한 사실도 모르면서 경매한다고? 어휴~~~

〈매각물건명세서〉

사건	2008타경24340 부동산임의경매		매각물건번호	1	담임법관(사법보좌관)	이OO
작성일자	2009.10.06		최선순위 설정일자		2006.06.26.전세권	
부동산 및 감정평가액 최저매각가격의 표시	부동산표시목록 참조		배당요구종기		2009.03.17	

부동산의 점유자와 점유의 권원, 점유할 수 있는 기간, 차임 또는 보증금에 관한 관계인의 진술 및 임차인이 있는 경우 배당요구 여부와 그 일자, 전입신고일자 또는 사업자등록신청일자와 확정일자의 유무와 그 일자

점유자의 성명	점유부분	정보출처 구분	점유의 권원	임대차기간 (점유기간)	보증금	차임	전입신고일자, 사업자등록신청일자	확정일자	배당요구 여부 (배당요구일자)
신OO	건물전부	등기부등본 (법정국)	주거 전세권자	존속기간 2006년2월20일부터 2008년2월19일, 반환기 2008년2월19일	1억1,500만원	없음			
	전체	현황조사	주거 임차인	미상	1억1,500만원	없음	2006.02.20.	미상	

〈비고〉
신OO: 최선순위 전세권자인바 배당요구종기이내 배당요구를 하지 않았으므로 매수인이 그 전세권을 인수 하여야함.

참고로 낙찰자 송 모 씨 명의로 2009년 11월 25일 소유권이전등기가 되었고, 신 모 씨의 선순위 전세권은 "해지"를 등기원인으로 2010년 4월 20일 말소되었으며, 동년 5월 4일 이 모 씨에게 3억 2천만 원에 매매되었다.

〈낙찰자 송 모 씨 소유권이전등기 내역〉

6	소유권이전	2009년11월25일 제46288호	2009년11월25일 임의경매로 인한 매각	소유자 송○○ 501223-1****** 서울특별시 동대문구 답십리동

〈낙찰 후 신 모 씨 전세권의 말소내역 : 해지〉

±	전세권설정	2006년6월26일 제27013호	2005년12월24일 설정계약	전세금 금115,000,000원 범 위 건물전부 존속기간 2006년2월20일부터 2008년2월19일 반환기 2008년2월19일 전세권자 신○○ 741228-1****** 서울 동대문구 장안동 568 장안동신일해피트리아파트
6	1번전세권설정 등기말소	2010년4월20일 제12481호	2010년4월20일 해지	

〈낙찰 후 매매에 의한 소유권이전등기 내역〉

8	소유권이전	2010년5월4일 제14315호	2010년4월5일 매매	소유자 이○○ 790205-1****** 서울특별시 노원구 중계동 513 중계무지개아파트 ***-903 거래가액 금320,000,000원

9) A 전세권/전입 ⇨ B 가등기 ⇨ C 강제경매

2007 타경 13547 (강제)		매각기일 : 2008-04-15 10:00~ (화)		경매7계 3271-1327 (구내:1327)	
소재지	서울특별시 마포구 성산동000 ★★★타워 1층 101호				사건접수 2007-08-07
물건종별	다세대(빌라)	채권자	김★★	감정가	320,000,000원
대지권	52.2㎡ (15.79평)	채무자	박00	최저가	(80%) 256,000,000원
전용면적	132.39㎡ (40.05평)	소유자	박00	보증금	(10%)25,600,000원
평형		매각대상	토지/건물일괄매각	청구금액	170,000,000원
입찰방법	기일입찰	배당종기일	2007-12-06	개시결정	2007-08-09

▶ 기일현황

회차	매각기일	최저매각금액	결과
신건	2008-03-18	320,000,000원	유찰
2차	2008-04-15	256,000,000원	매각
김00/입찰4명/매각301,790,000원(94%)			

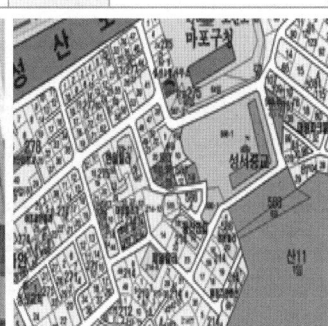

▶ 임차인현황 ▶ 건물소멸기준 : 2006-10-17 ▶ 배당종기일 : 2007-12-06   매각물건명세서 | 예상배당표

순위	성립일자	권리자	권리종류(점유부분)	권리금액	신고	대항	예상배당여부
1	전입 2006-10-17 확정 없음 배당 2007-09-14	이00	주택임차인 건물전부	[보] 80,000,000원	○	있음	배당금: 80,000,000원 전액배당으로 소멸예상

▶ 건물 등기부현황 ▶ 건물열람일 : 2008-03-04   등기부등본열람

구분	성립일자	권리종류	권리자	권리금액	인수/소멸	비고
갑2	2003-09-17	(전)소유권	조00		이전	매매
갑7	2005-12-27	(현)소유권	박00		이전	임의경매로 인한 매각
을9	2006-10-17	전세권	이00	80,000,000원	소멸기준	배당요구로 소멸
갑9	2007-04-13	가등기	윤00		소멸	
갑10	2007-08-09	강제경매	김★★	청구:170,000,000원	소멸	2007타경13547

```
        '06.10.17.              '07.4.13.           '07.8.9.
    ────┼──────────────────┼───────────────┼──────
    이00 전세권(⇨배당요구 ○)/전입   윤00 가등기      김★★ 강제경매
```

서울서부지방법원 2007타경13547호 강제경매사건은 2007년 8월 9일 김**이 강제경매 신청을 하였는데, 선순위 전세권자 이OO은 배당요구 종기일 이전인 동년 9월 14일 배당요구 하였다.

이렇듯이 선순위 전세권일지라도 법원이 공고한 배당요구 종기일까지 배당구하면 경매시 매각으로 소멸하게 된다. 이 때 소멸기준권리는 강제경매기입등기일로 보아야 할 것이다. 그렇다면 윤OO의 가등기는 소멸기준권리보다 앞서 설정되었기에 경매결과 소멸하지 않는 권리로 볼 수도 있으나, 만약 가등기가 소멸하지 않는다면 가등기보다 먼저 설정된 물권인 전세권이 피해를 입을 수도 있기에 가등기는 경매시 매각으로 소멸하게 될 것이다.

그러나 만약 선순위 전세권 이OO이 배당요구를 하지 않았다면 이OO의 전세권뿐만 아니라 윤OO 가등기까지 낙찰자의 인수사항이 되기에 경매가 진행될 수 없을 것이다. 그러하기에 선순위 전세권 이OO는 배당요구를 한 것이다.

〈매각물건명세서〉

서울서부지방법원
매각물건명세서

사건	2007타경13547 부동산강제경매		매각물건번호	1	작성일자	2008.03.31	담임법관	
부동산 및 감정평가액 최저매각가격의 표시	부동산표시목록 참조		최선순위 설정 일자		2006.10.17.전세권			

부동산의 점유자와 점유의 권원, 점유할 수 있는 기간, 차임 또는 보증금에 관한 관계인의 진술 및 임차인이 있는 경우 배당요구 여부와 그 일자, 전입신고일자 또는 사업자등록신청일자와 확정일자의 유무와 그 일자

점유자의 성명	점유부분	정보출처 구분	점유의 권원	임대차기간 (점유기간)	보증금	차임	전입신고일자 사업자등록신청일자	확정일자	배당요구여부 (배당요구일자)
이OO		현황조사	임차인	미상	8,000 만원			미상	
	건물전부	권리신고	전세권자	2006.10.15.-	8,000만원		2006.10.17.전세권등기		2007.09.14

낙찰 후 부동산등기부를 확인해 보았더니 윤OO의 가등기는 "강제경매로 인한 매각"으로 말소되었다.

〈낙찰 후 윤OO의 말소된 가등기 내역〉

9	소유권이전청구권 가등기	2007년4월13일 제17528호	2007년4월12일 매매예약	가등기권자 윤○○ 271027-2****** 서울 마포구 성산동 ○○ ○○○ 타워-101
13	9번가등기말소	2008년5월13일 제29110호	2008년5월2일 강제경매로 인한 매각	

그리고 선순위 전세권 이OO 역시 "강제경매로 인한 매각"을 등기원인으로 말소되었고, 그 후 이OO은 낙찰자 김 모 씨와 전세금 9천만 원으로 하여 전세권등기를 한 후 본건 부동산에 계속 거주하고 있다.

〈낙찰 후 이OO의 말소된 전세권등기와 신규 전세권등기 내역〉

9	전세권설정	2006년10월17일 제51511호	2006년10월16일 설정계약	전세금 금80,000,000원 범 위 건물전부 존속기간 2008년10월15일 반환기 2008년10월15일 전세권자 이○○ 660910-2****** 서울 마포구 성산동 ○○ ***타워1층 101
11	9번전세권설정 등기말소	2008년5월13일 제29110호	2008년5월2일 강제경매로 인한 매각	
12	전세권설정	2008년6월10일 제36731호	2008년6월10일 설정계약	전세금 금90,000,000원 범 위 주거용 건물의 일부 (북서쪽 $60m^2$) 존속기간 2008년6월10일부터 　　　　　2010년6월10일 반환기 2010년6월10일 전세권자 이○○ 660910-2****** 　　　　서울특별시 마포구 성산동 ○○ 　　　　★★★타워 1층 101호 도면편철장 　　　　제2책제57장

10) A 전세권 ⇨ B 저당권 ⇨ A 전입 ⇨ B 임의경매

2008 타경 26774 (임의)		매각기일 : 2009-04-02 10:00~ (목)		경매2계 530-1814 (구내:1814)	
소재지	서울특별시 강남구 대치동 1014 대치삼성아파트***동 6층 604호				사건접수 2008-09-10
물건종별	아파트	채권자	한국자산관리공사	감정가	1,200,000,000원
대지권	44.4372㎡ (13.44평)	채무자	★★코리아	최저가	(80%) 960,000,000원
전용면적	97.35㎡ (29.45평)	소유자	양00	보증금	(10%) 96,000,000원
평형	38평형	매각대상	토지/건물일괄매각	청구금액	714,902,013원
입찰방법	기일입찰	배당종기일	2008-11-24	개시결정	2008-09-11

▶ 기일현황

회차	매각기일	최저매각금액	결과
신건	2009-02-26	1,200,000,000원	유찰
2차	2009-04-02	960,000,000원	매각
틱00 /입찰1명/매각977,000,000원(81%)			

▶ 임차인현황 ▶ 건물소멸기준 : 2008-03-04 ▶ 배당종기일 : 2008-11-24

순위	성립일자	권리자	권리종류(점유부분)	권리금액	신고	대항	예상배당여부
1	전입 2008-03-31 확정 2002-08-08 배당 2008-11-05	이00	주택임차인 604호	[보] 410,000,000원	○	없음	배당금: 42,159,700원 미배당: 367,840,300원 일부배당(미배당금 소멸예상)

- 이00 : 이00:2002.8.6.(전세권설정)
2회 방문하였으나 폐문부재이고, 방문한 취지 및 연락처를 남겼으나 아무런 연락이 없으므로 주민등록 전입된 세대만 임차인으로 보고함.

▶ 건물 등기부현황 ▶ 건물열람일 : 2009-02-12

구분	성립일자	권리종류	권리자	권리금액	인수/소멸	비고
갑1	2000-10-02	(현)소유권	양00		이전	보존
을6	2002-08-06	전세권	이00	410,000,000원	인수	미배당요구로 전액인수
을12	2008-03-04	(근)저당	한국자산관리공사	931,000,000원	소멸기준	
갑2	2008-08-27	가압류	★★★	25,000,000원	소멸	
갑3	2008-09-11	임의경매	진흥상호저축은행		소멸	

① 해설

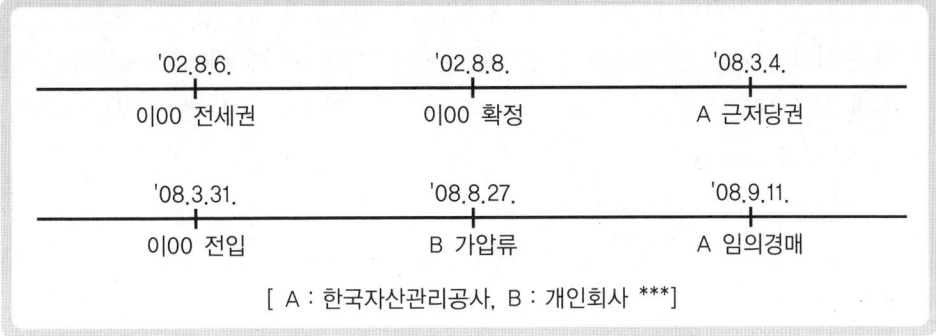

[A : 한국자산관리공사, B : 개인회사 ***]

본 사건을 보다 간략히 설명하면, 이OO 전세권 ⇨ A 근저당권 ⇨ 이OO 전입신고 ⇨ A 임의경매신청인데, 선순위 전세권자 이OO은 전세권자로서 배당요구 한 것이 아닌, 주택임차인으로 배당요구를 하였다. 이는 아래 매각물건명세서와 법원문건 접수내역을 참조하면 된다.

〈매각물건명세서〉

사건	2008타경26774 부동산임의경매	매각물건번호	1
작성일자	2009.03.18	담임법관(사법보좌관)	지OO
부동산 및 감정평가액 최저매각가격의 표시	부동산표시목록 참조	최선순위 설정일자	2002.8.6.(전세권)

부동산의 점유자와 점유의 권원, 점유할 수 있는 기간, 차임 또는 보증금에 관한 관계인의 진술 및 임차인이 있는 경우 배당요구 여부와 그 일자, 전입신고일자 또는 사업자등록신청일자와 확정일자의 유무와 그 일자

점유자의 성명	점유부분	정보출처 구분	점유의 권원	임대차 기간 (점유기간)	보증금	차임	전입신고일자, 사업자등록신청일자	확정일자	배당요구 여부 (배당요구일자)
이OO	604호전부	등기부등본(법정국)	전세권자		41,000만원				
	604호	현황조사	임차인	미상	미상		2008.3.31.	미상	
	604호	권리신고	임차인	2002.8.8.~	41,000만원		2002.8.8.	2002.8.8.	2008.11.05

〈비고
이OO : 이OO:2002.8.6.(전세권설정)

〈법원문건 접수내역 중 일부〉

| 2008-11-05 | 임차인 이OO 권리신고및배당요구신청 제출 |

② 사람은 같을지언정 권리는 분명히 다르다.

이00는 두 가지의 권리를 가지는데, 민법에 의해 전세권을 취득한 물권자이면서 동시에 주택임대차보호법에 의해 전입신고한 채권자이다. 위 매각물건명세서와 법원문건 접수내역을 보면 이00는 전세권에 의한 배당요구를 한 것이 아니라, 임차인으로서 배당요구 한 것이 분명하다.

이00가 임차인으로서 배당요구 하였다면 전입일자가 근저당권보다 나중이기에 임차권은 소멸하나, 전세권은 선순위로서 소멸하지 않기에 이00는 자기 전세금 전액을 배당받지 못하면 잔여 전세금은 전세권으로 낙찰자에게 대항할 수 있는 것이다.

③ 이00가 임차인으로 배당요구 하였을 경우 배당은?

본 사건은 2002년 8월 6일 이00 전세권 4억 1천만 원 ⇨ 동년 8월 8일 이00 확정일자 ⇨ 2008년 3월 4일 한국자산관리공사 근저당권 ⇨ 2008년 3월 31일 이00 전입신고 순인데, 이00는 임차인의 지위로 배당요구 하였기에 배당순위는 한국자산관리공사 근저당권에 이어 2순위로 배당을 받게 된다.

그렇다면 2차 매각기일인 2009년 4월 2일 탁 모 씨의 낙찰금액 9억 7천 7백만 원 중에서 경매비용을 5백만 원으로 보면 배당금액은 9억 7천 2백만 원이 되는데, 배당은 1순위 한국자산관리공사 7억 1천 5백여만 원 ⇨ 2순위 임차인 이00 2억 5천 7백만 원이 될 것이다.

그런데 이00는 선순위 전세권자의 지위를 가지기에 임차인의 지위로서 배당받지 못한 잔여 보증금 1억 5천 3백만 원은 낙찰자가 인수하여야 한다.

④ 경매는 알다가도 모르겠네~~~

이00에 대한 배당결과 보증금 4억 1천만 원 전액을 배당받을 수 없었다면 이00의 선순위 전세권은 소멸되지 않을 것이기에, 이00는 낙찰자로부터 잔여 전세금을 반환받음과 동시에 전세권 말소서류를 낙찰자에게 건네면 되고, 이렇게 되면 부동산등기부상 전세권 말소사유는 "해지"로 나타나야 하는 것이다.

그런데 이00의 전세권 행방을 부동산등기부에 의해 확인해 보니, "임의경매로 인한 매각"을 등기원인으로 2009년 6월 1일 말소되었다. 이는 추측컨대 집행법원이 1순위로 선순위 전세권자인 이00에게 4억 1천만 원 전액을 배당해 주었기 때문일 것이다. 낙찰자만 봉 잡았네~~~

필자가 채권자라면 배당기일에 법원에 출석하여 구두상으로 배당이의를 제기한 후, 정식 소송절차에서 진위여부를 가렸을 것이다.

〈낙찰 후 이OO의 말소된 전세권등기 내역〉

6	전세권설정	2002년8월6일 제82871호	2002년8월6일 설정계약	전세금 금410,000,000원 범　위 주거용 건물의 전부 존속기간 2004년 8월 7일 반환기 2004년 8월 7일 전세권자 이○○ 640723-1******* 　　　서울 강남구 대치동 1014-3 대치삼성아파트 ***-304
15	6번전세권설정, 12번근저당권설정 등기말소	2009년6월1일 제41419호	2009년5월11일 임의경매로 인한 매각	

☞ **임차인의 배당요구와 전세권자의 배당요구는 엄연히 다르다!!!**

11) 전세권은 소멸하나, 임차권은 불소멸!

2009 타경 39606 (임의)		매각기일 : 2010-06-09 10:00~ (수)		경매21계 062-239-1671	
소재지	광주광역시 서구 풍암동 1054 풍암지구신암마을새한센시빌아파트***동 5층 502호				사건접수 2009-10-15
물건종별	아파트	채권자	박00	감정가	140,000,000원
대지권	45,4415㎡ (13,75평)	채무자	이00	최저가	(70%) 98,000,000원
전용면적	82,6212㎡ (24,99평)	소유자	이00	보증금	(10%)9,800,000원
평형	33평형	매각대상	토지/건물일괄매각	청구금액	130,000,000원
입찰방법	기일입찰	배당종기일	2010-02-11	개시결정	2009-11-05

▶ 기일현황

회차	매각기일	최저매각금액	결과
신건	2010-04-28	140,000,000원	유찰
2차	2010-06-09	98,000,000원	매각
강00/입찰2명/매각127,100,000원(91%)			

▶ 임차인현황 ☞ 건물소멸기준 : 2006-11-13 ☞ 배당종기일 : 2010-02-11   매각물건명세서 예상배당표

순위	성립일자	권리자	권리종류(점유부분)	권리금액	신고	대항	예상배당여부
1	전입 2006-10-31 확정 2006-11-13 배당 없음	박00	주택임차인 전부	[보] 130,000,000원	X	있음	배당금 : 124,990,700원 인수금 : 5,009,300원 일부배당(미배당금 인수)예상

- 박00 : 임차인 박00는 접수 제228006호 전세권자 겸 신청채권자임

▶ 건물 등기부현황 ☞ 건물열람일 : 2010-04-14   등기부등본열람

구분	성립일자	권리종류	권리자	권리금액	인수/소멸	비고
갑1	2001-02-13	(전)소유권	**건설		이전	보존
갑2	2006-11-13	(현)소유권	이00		이전	매매
을2	2006-11-13	전세권	박00	130,000,000원	소멸기준	경매신청채권자
갑3	2007-06-15	가압류	화정동새마을금고	46,550,131원	소멸	
갑4	2008-04-10	압류	광주광역시서구		소멸	
갑5	2008-09-02	압류	국민건강보험공단		소멸	
갑6	2009-11-06	임의경매	박00	청구: 130,000,000원	소멸	2009타경39606

① 해설

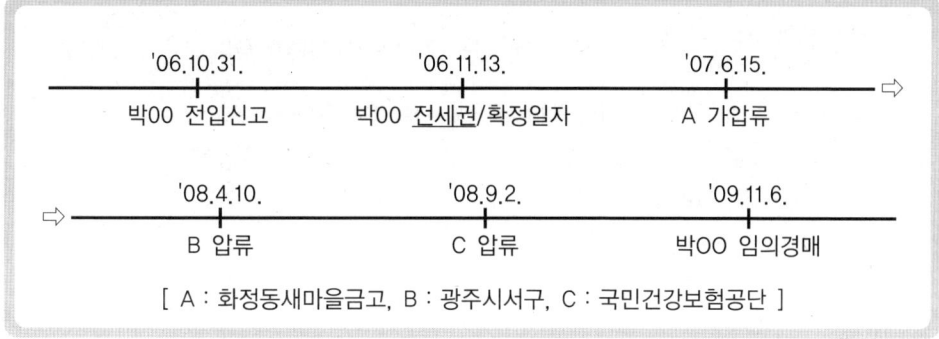

박 모 씨는 선순위 임차인 겸 전세권자인데, 2009년 11월 6일 전세권에 의한 임의경매신청을 하였고, 2차 매각기일인 2010년 6월 9일 강 모 씨가 1억 2천 7백여만 원에 낙찰받았다.

② 선순위 임차인 겸 전세권자 박 모 씨 분석

박 모 씨는 전세권에 의해 본 사건 아파트를 임의경매신청 하였다.

전세권에 의한 경매라면 전세권은 매각으로 소멸하게 된다. 그러나 박 모 씨는 전세권 등기일보다 먼저 전입 신고하여 대항력 있는 임차인의 지위를 겸비하고 있어 보증금 전액을 회수하지 못하면 잔여 보증금에 대해 대항력 있는 임차인으로서 낙찰자에게 반환 청구할 권리가 있는 것이다.

본 사건의 낙찰금액에서 경매비용을 감한 배당금액을 1억 2천 5백만 원으로 보면, 박 모 씨는 1억 2천 5백만 원을 배당받게 된다. 그렇다면 박 모 씨의 잔여 전세금 5백만 원은 어떻게 될까? 위에서 언급하였듯이 박 모 씨는 이 금액을 대항력 있는 임차인의 지위로서 낙찰자 강 모 씨에게 반환 요청할 권리가 있는 것이다.

참고로 본 사건의 1차 투입가격은 1억 3천만 원이다. 왜냐하면 박 모 씨는 둘러치나 메치나 보증금 1억 3천만 원 전액을 회수해 갈 수 있기에, 이러한 유형의 물건에 입찰할 경우, 1억 3천만 원 이상의 가치가 있다면 입찰가 결정에 고민할 필요 없이 그냥 1억 3천만 원을 입찰가격으로 하는 것이다.

12) 전세권자의 강제경매신청

2009 타경 9820 (강제) 2009타경15689		매각기일 : 2009-08-20 10:00~ (목)		경매10계 530-2714	
소재지	서울특별시 서초구 잠원동 50-1 롯데캐슬갤럭시 ***동 16층 1604호				사건접수 2009-03-12
물건종별	아파트	채권자	김00	감정가	1,450,000,000원
대지권	51,266㎡ (15,51평)	채무자	김**	최저가	(80%) 1,160,000,000원
전용면적	132,16㎡ (39,98평)	소유자	김**	보증금	(10%)116,000,000원
평형		매각대상	토지/건물일괄매각	청구금액	500,329,660원
입찰방법	기일입찰	배당종기일	2009-06-11	개시결정	2009-03-13

▶ 기일현황

회차	매각기일	최저매각금액	결과
신건	2009-07-16	1,450,000,000원	유찰
2차	2009-08-20	1,160,000,000원	매각
한00/입찰9명/매각1,283,999,000원(89%)			

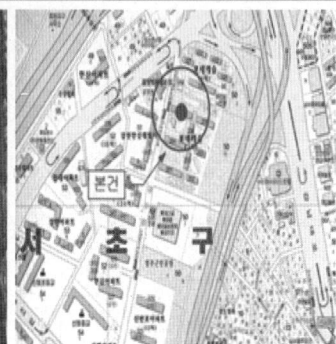

▶ 임차인현황 ▶ 건물소멸기준 : 2005-09-30 ▶ 배당종기일 : 2009-06-11   매각물건명세서 예상배당표

순위	성립일자	권리자	권리종류(점유부분)	권리금액	신고	대항	예상배당여부
1	전입 2004-07-16 확정 2004-06-30 배당 2009-05-18	김00	주택임차인 1604호	[보] 450,000,000원	O	있음	배당금 : 450,000,000원 전액배당으로 소멸예상

- 김00 : - 2004. 7. 30 : 전세권설정등기, 신청채권자임
2회 방문하였으나 폐문부재이고, 방문한 취지 및 연락처를 남겼으나 아무런 연락이 없으므로 주민등록 전입된 세대만 임차인으로 보고함.
임차인 김00은 전세권설정등기를 필함(등기부 사본 참조)으로 전세권설정등기에 의하여 보고함.

▶ 건물 등기부현황 ▶ 건물열람일 : 2009-07-02   등기부등본열람

구분	성립일자	권리종류	권리자	권리금액	인수/소멸	비고
갑1	2004-07-30	(현)소유권	김**		이전	보존
을1	2004-07-30	전세권	김00	450,000,000원	소멸	경매신청채권자
을4	2005-09-30	(근)저당	하나은행	776,100,000원	소멸기준	
을5	2006-07-24	(근)저당	김00	50,000,000원	소멸	
을6	2007-04-10	(근)저당	하나은행	167,700,000원	소멸	
을7	2007-08-31	(근)저당	하나은행	189,800,000원	소멸	
갑2	2009-03-13	강제경매	김00	청구: 500,329,660원	소멸	2009타경9820
갑3	2009-04-17	임의경매	하나은행	청구: 908,518,711원	소멸	2009타경15689

① 해설

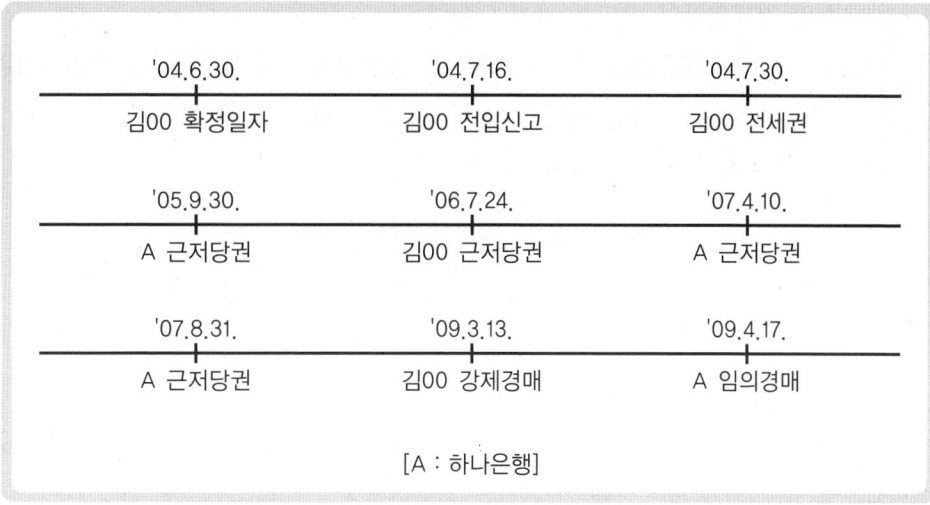

본 사건은 전세권자 겸 임차권자인 김00의 강제경매신청과 하나은행의 임의경매신청 사건으로서 이중경매사건이다. 투자자 입장에서는 이러한 물건을 투자대상으로 삼는다면 경매취하의 가능성이 상대적으로 낮기에 안정적으로 경매부동산에 대한 소유권 취득이 가능하다.

여기서 김00는 선순위 임차인이면서 전세권자의 지위를 가진다. 그런데 아파트 등 집합건물에 전세권등기가 되어 있으면 전세권에 의해 직접 전세목적물을 임의경매신청 할 수 있는데, 김00는 강제경매신청을 하였다.

김00라는 사람은 하나이나, 이 자는 세 가지의 지위를 가지게 되는데, 주택임차인의 지위와 전세권자의 지위, 그리고 강제경매신청권자의 지위를 가지게 된다.

② 임차인 겸 전세권자 겸 강제경매신청권자 겸 저당권자 김00 분석

김00은 세 가지의 지위를 가진다는 이야기를 했다. 그런데 전세권에 의해 직접 임의경매신청을 하면 되지, 번거롭게 강제경매신청(=채무자를 상대로 소송을 제기하여 판결문으로 경매신청)을 왜 했을까? 라고 반문하는 독자가 계실 것이다.

이는 아마도 김00가 전세금 4억 5천만 원 이외에 추가로 받을 돈이 있어 소송에 의한 판결문으로 강제경매신청 한 듯하다.

김00의 권리발생은 확정일자 ⇨ 전입신고 ⇨ 전세권 ⇨ 강제경매신청인데, 임차인으로서의 대항력은 2004년 7월 17일 오전 0시부터이고, 전세권은 동년 7월 30일 설정하여

소멸기준권리인 2005년 9월 30일 하나은행 근저당권보다 빠르기에 대항력 있는 임차인 겸 선순위 전세권자의 지위를 가지게 된다.

김OO는 2009년 3월 13일 강제경매신청 후 동년 5월 18일 임차인으로서 집행법원에 권리신고 및 배당요구 신청을 하였고, 전세권에 의한 배당요구를 하지 않았기에 전세권은 매각으로 소멸하지 않는 것이 당연하다.

〈임차인으로서 배당요구한 법원문건내역〉

2009-05-18   임차인 김OO 권리신고및배당요구신청 제출

그런데 김OO가 임차인의 지위로서 보증금 4억 5천만 원 전액을 배당받는다면 전세권은 의미가 없기에 경매시 매각으로 소멸하나, 보증금 4억 5천만 원 전액을 회수하지 못한다면 그 때는 전세권에 의해 잔여 보증금의 반환청구를 낙찰자에게 할 수 있는 것이다.

본 사건 2차 매각기일인 2009년 8월 20일 한 모 씨가 12억 8천여만 원에 낙찰 받았는데, 이 금액에서 배당은 임차인 김OO 4억 5천만 원 배당받은 후 근저당권 하나은행이 배당받고, 잔여 배당금이 있을 경우 김OO는 2순위로 근저당권을 설정하였기에 잔여 채권 5천만 원을 배당받을 수도 있는 것이다.

단, 하나은행이 배당받아간 후 잔여 배당금이 없다면 김OO는 임차인으로서 배당받은 4억 5천만 원에 만족하여야 하며, 낙찰자의 인수부분은 없다.

사견이지만 김OO이 강제경매신청 한 이유를 모르겠다. 강제경매신청의 실익이 없는데 말이다. 괜히 시간과 비용을 들여서 강제경매신청을 하는 것보다는 전세권에 의한 임의경매신청을 하는 것이 나았을 텐데…

③ 낙찰 후 전세권등기 행방

본 사건은 선순위 임차인 겸 전세권자 김OO가 강제경매신청한 후 임차인으로서 배당요구를 하였고, 전세권자로서 배당요구를 하지 않았더라도 김OO는 보증금 4억 5천만 원 전액을 배당받을 수 있었기에, 김OO의 선순위 전세권은 2009년 9월 22일 "강제경매로 인한 매각"으로 말소되었다.

〈낙찰 후 김OO의 말소된 전세권등기 내역〉

1	전세권설정	2004년7월30일 제43912호	2004년7월16일 설정계약	전세금 금450,000,000원 범 위 주거용 건물의 전부 존속기간 2006년7월15일까지 반환기 2006년7월15일 전세권자 김OO 700611-1****** 　　　서울 강남구 대치동 974 대치 　　　현대아파트***-901
8	1번전세권설정, 4번근저당권설정, 5번근저당권설정, 6번근저당권설정 7번근저당권설정 등기말소	2009년9월22일 제61012호	2009년9월11일 강제경매로 인한 매각	

13) 전세권자가 법인이면? 좋지~~~

2009 타경 13232 (임의)			매각기일 : 2010-02-24 10:00~ (수)		경매6계 530-1818 (구내:1818)	
소재지	서울특별시 동작구 신대방동 719 동작상가빌***동 2층 205호				사건접수 2009-04-01	
물건종별	상가(점포)	채권자	****증권	감정가	670,000,000원	
대지권	32.76㎡ (9.91평)	채무자	**건설	최저가	(51%) 343,040,000원	
전용면적	118.9㎡ (35.97평)	소유자	**건설	보증금	(10%) 34,304,000원	
평형		매각대상	토지/건물일괄매각	청구금액	450,000,000원	
입찰방법	기일입찰	배당종기일	2009-07-03	개시결정	2009-04-10	

기일현황

회차	매각기일	최저매각금액	결과
신건	2009-11-10	670,000,000원	유찰
2차	2009-12-15	536,000,000원	유찰
3차	2010-01-19	428,800,000원	유찰
4차	2010-02-24	343,040,000원	매각

박00/입찰2명/매각356,111,000원(53%)

 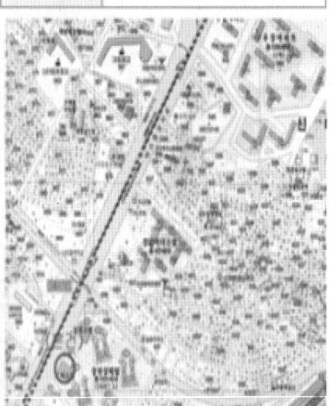

임차인현황 ☞ 건물소멸기준 : 2007-09-11 ☞ 배당종기일 : 2009-07-03

순위	성립일자	권리자	권리종류(점유부분)	권리금액	신고	대항	예상배당여부
1	사업 없음 확정 없음 배당 없음	****증권	상가임차인		○	없음	경매신청채권자

****증권주식회사 : 경매 신청채권자와 동일인임 ←

건물 등기부현황 ☞ 건물열람일 : 2009-10-27

구분	성립일자	권리종류	권리자	권리금액	인수/소멸	비고
갑1	2006-10-09	(전)소유권	OOO종합건설		이전	보존
갑3	2006-11-13	(현)소유권	**건설		이전	매매
을1	2007-09-11	전세권	****증권	450,000,000원	소멸기준	경매신청채권자
갑4	2008-06-30	가압류	00공업	564,755,049원	소멸	
갑7	2009-04-10	임의경매	****증권	청구: 450,000,000원	소멸	2009타경13232
갑8	2009-10-16	가압류	OOOO증권	150,000,000원	소멸	

법인은 자연인처럼 주택임대차보호법에 의한 보호받을 제도적 장치가 없다. 그러나 법인일지라도 상가건물임대차보호법의 적용을 받을 수는 있으나, 전세권자 ****증권(주)의 전세금이 4억 5천만 원이어서 상가건물임대차보호법의 적용대상이 되지 않는다(=상가건물임대차보호법 시행령 제2조 제1항).

나아가 선순위 전세권 ****증권(주)가 임의경매신청 하였다는 것은 배당요구 한 것으로 보고, 따라서 ****증권(주) 전세권은 경매시 매각으로 소멸하게 되어 낙찰자의 부담부분이 없게 된다.

그렇다면 4차 매각기일에 3억 5천 6백여만 원에 낙찰 받은 박 모 씨는 매각대금 완납과 동시에 본건 부동산에 대한 온전한 소유권을 행사할 수 있다.

참고로 본건은 경매 당시 공실이었는데, 설사 ****증권(주)가 본건을 객장으로 사용하고 있더라도 굳이 명도 하라고 실랑이를 벌일 필요 없이 ****증권(주)와 4억 5천만 원에 재계약을 체결한다면?

여기서 채권관리 하는 사람들의 경매지식이 일천하다는 것을 느낀다. 경매시 매각으로 소멸하는 전세권일 경우, 매각대금으로 전세금 전액을 충족시키지 못한다면 법원에 매각불허가신청을 하여 자기 권리를 보호받아야 한다[=대법원 97마2935 결정 참조]. 그런데 두 손 놓고 가만히 앉아 있었으니… 자기 돈이 아닌 회사 돈이라서 그런가?

〈낙찰 후 ****증권(주)의 말소된 전세권등기 내역〉

1	전세권설정	2007년9월11일 제35428호	2007년9월10일 설정계약	전세금 금450,000,000원 범 위 사무실, 건물 전부 존속기간 2007년 10월 11일부터 　　　　　2012년 10월 10일까지 반환기 2012년 10월 10일까지 전세권자 ****증권주식회사 110111-1821423 　　　　　서울특별시 영등포구 여의도동 45-1 ****빌딩
2	1번전세권설정 등기말소	2010년4월12일 제10947호	2010년4월7일 임의경매로 인한 매각	

14) 선순위 전세권과 근로복지공단 압류

2009 타경 31949 (임의)		매각기일 : 2010-04-29 10:00~ (목)		경매5계 757-6775 (구내:775)	
소재지	대구광역시 수성구 만촌동 816 만촌1차우방타운***동 1층 101호			사건접수	2009-10-08
물건종별	아파트	채권자	조00	감정가	180,000,000원
대지권	41,499㎡ (12,55평)	채무자	김00	최저가	(70%) 126,000,000원
전용면적	84,92㎡ (25,69평)	소유자	김00	보증금	(10%)12,600,000원
평형		매각대상	토지/건물일괄매각	청구금액	140,000,000원
입찰방법	기일입찰	배당종기일	2009-12-18	개시결정	2009-10-09

▶ 기일현황

회차	매각기일	최저매각금액	결과
신건	2010-03-25	180,000,000원	유찰
2차	2010-04-29	126,000,000원	매각
신00/입찰5명/매각162,007,000원(90%)			

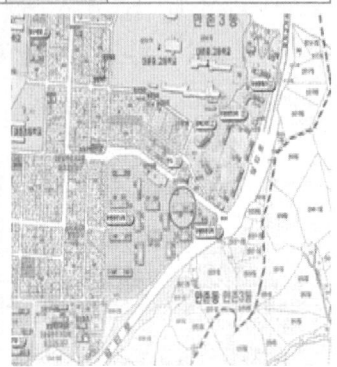

▶ 임차인현황 ☞ 건물소멸기준 : 2006-11-24 ☞ 배당종기일 : 2009-12-18   매각물건명세서 예상배당표

순위	성립일자	권리자	권리종류(점유부분)	권리금액	신고	대항	예상배당여부
1	전입 2006-11-14 확정 2006-11-24 배당 2009-12-03	조00	주택임차인 전부	[보] 140,000,000원	○	있음	배당금 : 140,000,000원 전액배당으로 소멸예상

- 조00 : 전세권자

▶ 건물 등기부현황 ☞ 건물열람일 : 2010-03-11   등기부등본열람

구분	성립일자	권리종류	권리자	권리금액	인수/소멸	비고
갑1	1997-06-16	(전)소유권	김**		이전	매매
갑3	2003-02-25	(현)소유권	김00		이전	매매
을13	2006-11-24	전세권	조00	140,000,000원	소멸기준	경매신청채권자
갑6	2008-04-25	압류	서대구세무서		소멸	
갑7	2008-05-19	압류	국민건강보험공단		소멸	
갑8	2008-05-28	가압류	평촌새마을금고	34,535,252원	소멸	
갑11	2008-09-12	압류	국민연금공단서대구지사		소멸	
갑12	2008-09-30	압류	북대구세무서		소멸	
갑16	2009-07-24	압류	근로복지공단		소멸	
갑17	2009-10-09	임의경매	조00	청구: 140,000,000원	소멸	2009타경31949

① 해설

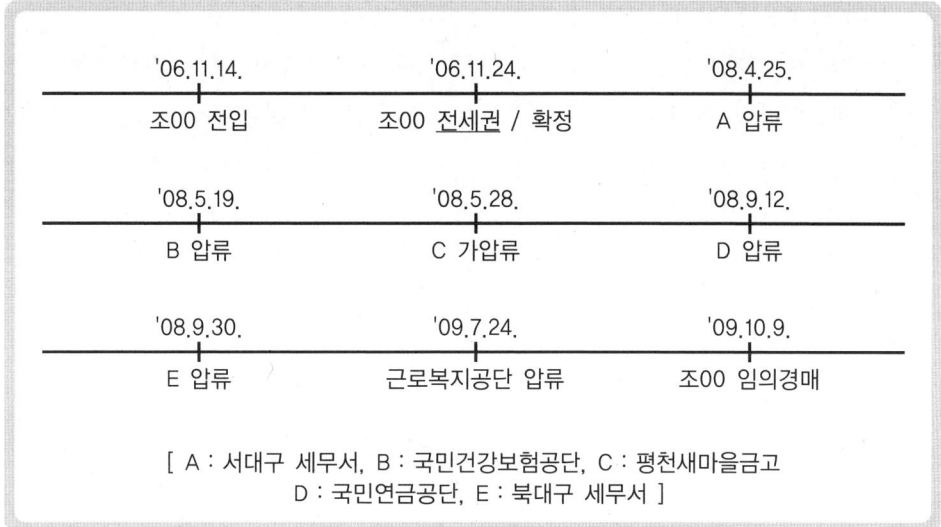

본 사건은 선순위 임차인 겸 전세권자인 조 모 씨가 전세권에 의한 임의경매신청을 하여 2차 매각기일인 2010년 4월 29일, 1억 6천여만 원에 신 모 씨가 낙찰 받았다. 얼핏 보면 평범한 물건으로 보이나, 근로복지공단이 약간 마음에 걸린다.

근로복지공단의 압류내역이 근로자의 임금채권이라면 근로자의 최종 3개월분의 임금과 재해보상금(=근로기준법 제38조 제2항 참조)과 최종 3년간 퇴직급여(=근로자퇴직급여보장법 제12조 제2항)은 최우선변제대상이 된다.

② 선순위 임차인 겸 전세권자 조 모 씨 분석

조 모 씨의 전입일자(2006년 11월 14일)는 전세권등기일(동년 11월 24일)보다 빠르다. 그리고 조 모 씨는 전세권에 의한 임의경매신청을 하였고, 전세권자로서 법원에 배당요구를 하였다.

그런데 2009년 7월 24일자 근로복지공단의 압류등기가 근로자 임금채권에 기한 것이라면 배당은 근로복지공단 ⇨ 조 모 씨 순으로 되는데, 만약 근로복지공단의 압류금액이 과다하여 조 모 씨가 전세금 전액을 배당받지 못한다면, 전세권에 의한 임의경매신청이기에 전세권은 매각으로 소멸한다 하더라도, 조 모 씨는 전세권등기보다 빨리 전입신고를 하였기에 임차권으로서 낙찰자에게 대항할 수 있게 된다.

예로서, 근로복지공단의 압류금액이 6천만 원이고, 낙찰금액에서 경매비용을 감한 배당금액이 1억 6천만 원이라면, 배당은 근로복지공단 6천만 원 ⇨ 조 모 씨 1억 원으로 되며, 조 모 씨는 보증금 1억 4천만 원 중 4천만 원을 회수하지 못했으나, 임차권 불소멸로 이 금액은 낙찰자로부터 반환받을 권리가 있다.

이렇듯이 경매부동산에 근로복지공단의 압류등기가 되어 있고, 압류내역이 근로자의 임금채권이라면, 압류등기 선후를 불문하고 최우선변제 받을 권리가 있기에 당해 경매부동산에 대항력 있는 임차인의 존재를 확인한 후, 만약 존재한다면 근로복지공단의 압류금액 및 그 내역을 상세히 조사한 후 입찰참여 여부를 결정해야만 한다.

그런데, 문제는 근로복지공단의 압류가 되어 있더라도 입찰 전에 압류금액 및 그 내역을 일반적으로 알아보기에는 상당한 어려움이 있다는 것이다.

〈조OO이 배당요구 한 법원문건 접수내역〉

2009-12-03	채권자 조OO 배당요구신청 제출

〈근로복지공단의 채권계산서 제출내역〉

2009-10-20	압류권자 근로복지공단 교부청구 제출

3 입찰표 작성할 때 정신 똑바로 차리고~~~

경매투자? 이거 애들 장난하는 것 아닙니다. 요즈음 가뜩이나 경매인구가 많아서 경매투자로 돈 맛보기가 그리 쉽지만은 않은데, 간혹 보면 기가 차지도 않은 경우를 목격하곤 한다. 입찰금액에 0자 하나 더 붙여 쓴 후, 애꿎은 집행관을 부여잡고 살려 달라고 하니… 집행관이 의사인가? 의사도 아닌데 어떻게 사람을 살려? 정신 똑바로 차려야 한다.

입찰금액에 0을 하나 더 붙여 입찰하여 낙찰 받은 후, 낙찰자는 어머나~~~ 하면서 매각불허가신청 또는 탄원서를 집행법원에 제출하면 때론 매각불허가결정이 나곤 하는데, 이는 대단히 잘못된 관행이다.

그런데 집행법원의 넓디넓은 아량(?)에 의해 매각불허가결정이 났더라도 경매사건의 이해관계인이 이의를 제기하지 않으면 그냥 매각불허가가 확정되는 것이다. 이것이 법원경매인 것인데, 우는 애에게 젖을 주는 법이다.

그러나 채권자 등 이해관계인이 집행법원의 매각불허가결정에 대해 즉시항고 등의 의사표시를 하면 100% 매각허가결정이 날 것이며, 이렇게 되면 낙찰자는 매각대금을 납부하지 못할 것이고, 대금미납의 경우 재매각 절차가 진행됨으로서 前 낙찰자의 입찰보증금은 몰수되어 이 금액까지 배당받을 수 있어 채권자에게 유리할 것이다.

따라서 경매인은 입찰표에 있는 입찰가액란과 보증금액란에 금액을 기재할 때에는, 예로서 3억 원에 입찰한다면 입찰가액란의 "십억" 칸에 ₩ 표시를 하고, 보증금액란의 "억" 칸에 ₩ 표시를 한 후 숫자를 기재하면 잘못된 입찰금액으로 낭패 보는 일은 결코 없을 것이다. 참고로 입찰금액은 아라비아 숫자로 표시하여야지 한글로 표시해서는 "절대" 아니 된다.

제아무리 권리분석을 잘 하고... 임장을 잘하면 무엇 할 것인가? 입찰표를 잘못 작성하여 몇 백만 원, 아니 몇 천만 원을 손해 본다면? 이것처럼 우매한 행동은 없을 것이다. 입찰표 작성시 정신 똑바로 차리자!!!

여기서는 입찰금액을 잘못 기입한 낙찰사례 몇 건을 간단히 소개하고자 한다.

(1) 용인시 소재 아파트 낙찰가가 53억여 원?

2008 타경 1032 (임의)		매각기일 : 2010-10-14 10:30~ (목)		경매5계 (031)210-1265	
소재지	경기도 용인시 기흥구 보정동 1271죽현마을 동원로얄듀크***동 21층 2105호				사건접수 2008-01-08
물건종별	아파트	채권자	국민은행	감정가	750,000,000원
대지권		채무자	송00	최저가	(64%) 480,000,000원
전용면적	125.5037㎡(37.96평)	소유자	송00	보증금	(10%) 48,000,000원
평형		매각대상	토지/건물일괄매각	청구금액	486,519,740원
입찰방법	기일입찰	배당종기일	2008-04-10	개시결정	2008-01-08

기일현황			
회차	매각기일	최저매각금액	결과
신건	2008-10-23	950,000,000원	유찰
2차	2008-11-27	760,000,000원	유찰
3차	2009-01-09	608,000,000원	유찰
4차	2009-02-19	486,400,000원	변경
4차	2009-03-11	486,400,000원	매각
조00/입찰16명/매각5,328,000,000원(710%)			
	2009-03-18	매각결정기일	불허가
4차	2010-04-20	486,400,000원	변경
4차	2010-05-28	486,400,000원	변경
신건	2010-07-23	750,000,000원	유찰
2차	2010-09-03	600,000,000원	유찰
3차	2010-10-14	480,000,000원	매각
김00외1/입찰5명/매각586,130,000원(78%)			

53억2천8백만원?????

3. 입찰표 작성할 때 정신 똑바로 차리고~~~ 235

항고내역

항고제기자	항고장접수일자 접수결과	항고 사건번호	항고결과	재항고 사건번호	재항고결과	확정여부
송00	2009-03-24 취하	수원지방법원 2009라166		법원전체 2009마2252	파기환송 (2010.02.16)	확정
송00	2009-03-24 상소법원으로 송부	수원지방법원 2009라166		법원전체 2009마2252	파기환송 (2010.02.16)	확정

① 해설

경기도 용인시 기흥구 보정동 소재 46평형 아파트가 국민은행의 경매신청에 의해 4차 매각기일인 2009년 3월 11일에 16명이 입찰하여 조 모 씨가 최고가격인 53억 2천 8백만원을 제시하였다. 낙찰자 조 모 씨는 가슴이 철렁 하고 내려앉았을 것이다. 이에 조 모 씨는 동일자에 집행법원에 매각불허가신청서를 제출하였고, 7일 후인 매각허부기일에 집행법원은 매각불허가결정을 내렸다.

〈낙찰자의 매각불허가신청서 제출내역〉

2009-03-11		최고가매수인 매각불허가신청 제출

〈집행법원의 매각불허가결정〉

2009-03-18 14:00	매각결정기일	입찰법정	0	최고가매각불허가결정

이에 채무자는 2009년 3월 24일 집행법원의 매각불허가결정에 대해 즉시항고를 제기하였다. 참고로 매각불허가결정에 대한 즉시항고시 공탁금(=낙찰금액의 10%)을 법원에 제공할 필요는 없다.

〈매각불허가결정에 대한 채무자의 즉시항고장 제출〉

2009-03-24		채무자겸소유자 송00 즉시항고장 제출

② 매각불허가결정에 대한 채무자의 즉시항고

채무자의 즉시항고 결과는 "입찰자가 실수로 0을 하나 더 표시하였더라도 입찰가격 기재에 중대한 오기가 있어 집행법원의 매각불허가결정"은 정당하다고 하였다. 2심 결정 원문은 다음과 같다.

수원지방법원 2009.12.14. 2009라166 결정, 부동산임의경매

【항 고 인】 항고인 1외 1인
【제1심결정】 수원지방법원 2009. 3. 30.자 2008타경1032 결정
【주 문】 이 사건 항고를 기각한다.
【이 유】

1. 기초사실

기록에 의하면 다음의 각 사실이 인정된다.

가. 별지 목록 기재 아파트(이하 '이 사건 아파트'라고 한다)에 관하여 개시된 부동산임의경매절차에서, 제1심 법원의 감정인은 그 감정평가액을 9억 5천만 원으로 감정하였고, 그 결과 제1심 법원은 이 사건 아파트의 최저매각가격을 위 금액으로 정하여 경매절차를 진행하였다.

나. 제1심 법원의 사법보좌관은 2008년 10월 9일 기일입찰의 방법으로 매각명령을 하면서 제4회에 걸친 매각기일을 지정하였으나 제3회 매각기일에 이르기까지 입찰자가 없어 입찰불능이 되었고, 이에 제1심 법원의 사법보좌관은 2009년 2월 25일 다시 매각기일을 정하여 매각명령을 하였고, 이때의 최저매각가격은 4억 8,640만 원이었다.

다. 이 사건 경매절차의 제2차 매각명령에 의한 제1회 매각기일인 2009년 3월 11일 소외 1(대법원 판결의 소외인)이 53억 2,800만 원으로 최고가매수신고를 하였으나, 당일 소외 1은 "5억 3,280만 원을 입찰가격으로 기재하려 하였는데 실수로 '0'을 하나 더 기재하였고, 그 결과 도저히 53억 2,800만 원의 대금을 지불할 수 없다."는 이유로 제1심 법원에 매각불허가신청을 하였다. 당시 차순위매수신고인은 608,899,000원을 매수신고한소외 2, 3이었다.

라. 제1심 법원의 사법보좌관은 2009. 3. 18. 소외 1이 입찰가격에 중대한 오기를 한 것으로 보인다는 이유로 매각불허가 결정을 하였고, 제1심 법원은 2009년 3월 30일 위 매각불허가결정을 인가하였다.

2. 항고이유의 요지 및 판단

가. 항고이유의 요지

항고인들은, 매각불허가결정을 해야 할 특별한 사정이 없고, 입찰가격의 오기를 이유로 매각불허가결정을 한다면 정당한 입찰자의 권리가 침해될 수 있으며, 나아가 제1심 결정은 제2순위 근저당권자의 배당받을 권리와 채무자의 채권변제 이익을 침해하여 부당하므로, 취소되어야 한다고 주장한다.

나. 판단

민사집행법 제123조 제1항은 "법원은 이의신청이 정당하다고 인정한 때에는 매각을 허가하지 아니한다."고 규정하고 있는바, 이 사건 아파트의 감정평가액이 9억 5,000만 원인 점, 이 사건 경매매수신고절차에서 제3회 매각기일에 이르기까지 입찰자가 없어 최저매각가격이 점차 감액되었고, 소외 1의 최고가 당시 이 사건 아파트의 최저매각가격은 4억 8천 6백 4십만 원이었던 점, 소외 1의 최고가매수신고 당시 차순위매수신고액은 608,899,000원에 불과하였던 점, 소외 1은 자신이 최고가매수신고인으로 밝혀

진 직후 입찰가격의 기재에 중대한 오기가 있었다는 이유로 매각불허가신청을 하였던 점 등의 제반 사정을 종합하면, 이 사건 매각불허가결정은 정당하다고 할 것이다.

3. 결론
그렇다면 항고인들의 이 사건 항고는 이유 없어 이를 기각한다.

③ 즉시항고의 기각결정, 그 후 재항고

즉시항고가 이유 없다 하여 기각결정이 나자, 채무자 측에서는 대법원에 재항고를 제기하였다. 다음은 대법원 결정 원문이다.

대법원 2010.2.16. 2009마2252 결정, 부동산임의경매

【판시사항】
민사집행법에 의한 부동산 경매절차에서 최고가매수신고인이 착오로 본래 기재하려고 한 입찰가격보다 높은 가격을 기재하였다는 사유로 매각을 불허할 수 있는지 여부(소극)

【결정요지】
민사집행법에 의한 부동산 경매절차에서는 민사집행법 제121조 각 호 및 제124조 제1항에 규정된 사유가 아닌 이상 매각을 불허할 수 없고, 최고가매수신고인이 착오로 자신이 본래 기재하려고 한 입찰가격보다 높은 가격을 기재하였다는 사유는 민사집행법 제121조 각 호 및 제124조 제1항의 어디에도 해당한다고 볼 수 없으므로, 결국 그러한 사유로는 매각을 불허할 수 없다.

【참조조문】 민사집행법 제121조, 제124조 제1항

【재항고인】 재항고인

【원심결정】 수원지법 2009. 12. 14.자 2009라166 결정

【주 문】 원심결정을 파기하고, 사건을 수원지방법원 본원 합의부로 환송한다.

【이 유】 재항고이유를 살펴본다.
원심결정 이유에 의하면, 원심은, 이 사건 아파트의 감정평가액이 950,000,000원인 점, 이 사건 경매절차에서 제3회 매각기일에 이르기까지 입찰자가 없어 최저매각가격이 점차 감액되었고, 소외인의 최고가매수신고 당시 이 사건 아파트의 최저매각가격은 486,400,000원이었던 점, 소외인의 최고가매수신고 당시 차순위매수신고액은 608,899,000원에 불과하였던 점, 소외인은 자신이 최고가매수신고인으로 밝혀진 직후 입찰가격의 기재에 중대한 오기가 있었다는 이유로 매각불허가 신청을 하였던 점 등에 비추어 이 사건 매각불허가결정은 정당하다고 판단하였다.
그러나 민사집행법에 의한 부동산 경매절차에서는 민사집행법 제121조 각 호 및 제124조 제1항에 규정된 사유가 아닌 이상 매각을 불허할 수 없고, 최고가매수신고인이 착오로 자신이 본래 기재하려고 한 입찰가격보다 높은 가격을 기재하였다는 사유는 민사집행법 제121조 각 호 및 제124조 제1항의 어디에도 해당한다고 볼 수 없으므로, 결국 그러한 사유로는 매각을 불허할 수 없다고

할 것이다. 그럼에도 불구하고 이와 달리 입찰가격의 기재에 중대한 오기가 있다는 이유로 매각을 불허한 것이 정당하다고 본 원심의 판단에는 부동산 경매절차에서의 매각불허가사유에 대한 법리를 오해하여 결정에 영향을 미친 잘못이 있다. 이 점을 지적하는 재항고이유의 주장은 이유 있다.

그러므로 원심결정을 파기하고, 사건을 다시 심리·판단하게 하기 위하여 원심법원으로 환송하기로 하여, 관여 대법관의 일치된 의견으로 주문과 같이 결정한다.

④ 법원경매는 알다가도 모르겠네~~~

입찰자가 입찰금액을 잘못 기재한 것은 매각불허가사유가 되지 못한다는 대법원 결정이 있은 후, 본 사건은 최저매각금액을 달리하여(⇨최초 9억 5천만 원에서 7억 5천만 원으로 변경되었음), 3차 매각기일인 2010년 10월 14일 김 모 씨외 1인이 5억 8천여만 원에 낙찰 받았다.

대법원까지 사건이 올라갔다가 원심법원으로 파기환송 된 사건인데, 그 후 최저매각금액이 바뀌어서 경매가 다시 진행된 것을 보면서… 법원경매? 알다가도 모르겠네~~~

(2) 남양주시 소재 아파트 낙찰가가 49억여 원?

2009 타경 33085 (임의)			매각기일 : 2010-08-06 10:30~ (금)		경매9계 031-828-0362	
소재지	경기도 남양주시 와부읍 도곡리 985 덕소두산위브아파트***동 1층 102호					사건접수 2009-08-24
물건종별	아파트	채권자	인천수산업협동조합		감정가	650,000,000원
대지권	73,967㎡ (22.37평)	채무자	송 00		최저가	(51%) 332,800,000원
전용면적	169.788㎡ (51.36평)	소유자	송 00		보증금	(20%)66,560,000원
평형	68평형	매각대상	토지/건물일괄매각		청구금액	583,501,286원
입찰방법	기일입찰	배당종기일	2009-11-30		개시결정	2009-08-26

▶ 기일현황

회차	매각기일	최저매각금액	결과
신건	2010-01-08	650,000,000원	유찰
2차	2010-02-12	520,000,000원	유찰
3차	2010-03-19	416,000,000원	매각
	김**/입찰9명/매각4,939,900,000원(760%)		
	2010-05-25	대금지급기한	미납
3차	2010-07-02	416,000,000원	유찰
4차	2010-08-06	332,800,000원	매각
	김OO/입찰7명/매각416,600,000원(64%)		

경기도 남양주시 와부읍 도곡리 소재 68평형 아파트가 3차 매각기일인 2010년 3월 19일, 9명이 입찰하였고, 그 중 김**이 49억 4천여만 원을 제시하여 최고가매수신고인이 되었다.

그러나 김**은 동년 3월 22일 매각불허가신청서를 집행법원에 제출하였고, 불허가결정이 나자 경매신청 채권자인 인천수협이 동년 4월 1일 즉시항고를 제기하였는데, 법원문건으로 보아 상급심까지 올라가지 않고 불허가결정이 허가결정으로 바뀐 듯하다. 그렇다면 前 낙찰자 김**의 입찰보증금 4천 1백 6십만 원은 허공 속으로 훨훨 날아갔나?

〈법원문건내역 중에서...〉

2010-03-22	최고가매수신고인 매각불허가신청 제출
2010-04-01	채권자 인천수산업협동조합 즉시항고장 제출

(3) 울산시 소재 아파트 낙찰가가 5천 8백억여 원?

2005 타경 36207 (강제)		매각기일 : 2006-07-27 10:00~ (목)		경매5계 (052)228-8265 (구내:8265)	
소재지	울산광역시 남구 야음동 619-13★동 1층 101호			사건접수 2005-12-19	
물건종별	아파트	채권자	신용보증기금	감정가	50,000,000원
대지권	46.35㎡ (14.02평)	채무자	남00	최저가	(100%) 50,000,000원
전용면적	65.69㎡ (19.87평)	소유자	남00	보증금	(10%) 5,000,000원
평형		매각대상	토지·건물 일괄매각	청구금액	278,508,799원
입찰방법	기일입찰	배당종기일	2006-03-27	개시결정	2005-12-20

▶ 기일현황

회차	매각기일	최저매각금액	결과
신건	2006-05-25	50,000,000원	매각
	매각585,000,000,000원(1,170,000%)		
	2006-06-01	매각결정기일	불허가
신건	2006-07-27	50,000,000원	매각
	매각96,000,000원(192%)		

본 사건은 1차 매각기일에 5천 8백 5십억 원으로 입찰한 자가 나타났으나 매각불허가 결정이 난 후, 또다시 경매진행 되어 9천 6백만 원에 낙찰되었다.

1차 매각기일인 2006년 5월 25일에 입찰한 자는 아마도 5천 8백 5십만 원을 입찰금액으로 생각하였으나, 입찰표 기재시 0을 4개 더 표시하였거나, 아니면 58,500,000만원! 즉 아라비아 숫자 뒤에 '만'자를 표시한 한 모양이다.

사실 입찰자 본인의 잘못으로 입찰금액을 기재 했더라도 이는 매각불허가사유에 해당되지 않는다는 대법원 결정을 소개한 바 있다.

본 사건의 경매신청권자인 신용보증기금에서 2006년 5월 25일 입찰한 사람에 대해 집행법원의 매각불가결정에 즉시항고를 제기하였다면 결과는 어떻게 나왔을까?

(4) 시흥시 소재 아파트 낙찰가가 14억여 원?

2005 타경 32800 (강제)		매각기일 : 2006-09-04 10:30~ (월)		경매1계 031-481-1193	
소재지	경기도 시흥시 장곡동 807숲속마을아파트***동 16층 1603호			사건접수 2005-08-30	
물건종별	아파트	채권자	현대캐피탈	감정가	165,000,000원
대지권		채무자	이00	최저가	(70%) 115,500,000원
전용면적	88.63㎡ (26.81평)	소유자	이00	보증금	(10%) 11,550,000원
평형	33평형	매각대상	토지/건물일괄매각	청구금액	3,122,034원
입찰방법	기일입찰	배당종기일	2005-12-13	개시결정	2005-08-31

▣ 기일현황

회차	매각기일	최저매각금액	결과
신건	2006-06-26	165,000,000원	유찰
2차	2006-07-31	115,500,000원	매각
	매각1,450,000,000원(879%)		
	2006-08-07	매각결정기일	불허가
2차	2006-09-04	115,500,000원	매각
	매각164,900,000원(100%)		

이미지 준비중입니다.

　위 사건 2차 매각기일인 2006년 7월 31일에 14억 5천만 원으로 입찰한 사람은 아마도 1억 4천 5백만 원을 입찰가격으로 생각하였을 것이다. 그런데 어떻게 하다 보니 본인이 생각한 금액에 0을 하나 더 표시하여 위와 같은 경매결과가 나타난 듯하다.

　아마도 그 자는 집행법원에 탄원서 또는 매각불허가신청서 등을 제출하는 … 갖은 show를 다 했을 것이 뻔하다. 앞에서도 이야기 했지만 입찰자 본인이 입찰금액을 잘못 기재한 것만 가지고서는 매각불허가사유가 절대 되지 않는다.

　그런데 아직도 이러한 일들이 발생되고 있으며, 앞으로도 이러한 일이 발생될 것이다. 입찰표 작성? 정신 똑바로 차리고 하자!

(5) 천안시 소재 빌라 낙찰가가 7억여 원?

2010 타경 11414 (임의)		매각기일 : 2010-12-20 10:00~ (월)		경매2계 (041)620-3072	
소재지	충청남도 천안시 서북구 성정동 724-0 **주택 5층 501호			사건접수 2010-06-16	
물건종별	다세대(빌라)	채권자	제일은행	감정가	75,000,000원
대지권	30.29㎡ (9.16평)	채무자	박00	최저가	(70%) 52,500,000원
전용면적	64.11㎡ (19.39평)	소유자	박00	보증금	(10%) 5,250,000원
평형		매각대상	토지/건물일괄매각	청구금액	13,341,143원
입찰방법	기일입찰	배당종기일	2010-08-26	개시결정	2010-06-17

▶ 기일현황   ▶전체보기

회차	매각기일	최저매각금액	결과
신건	2010-10-11	75,000,000원	유찰
2차	2010-11-15	52,500,000원	매각
박★★/입찰6명/매각707,990,000원(944%)			
	2010-11-22	매각결정기일	불허가
2차	2010-12-20	52,500,000원	매각
이00/입찰5명/매각72,200,000원(96%)			
	2011-01-26	대금지급기한	납부

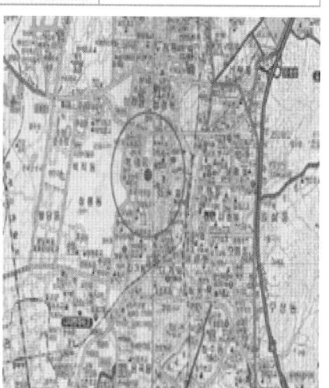

박**는 2차 매각기일인 2010년 11월 15일 최초매각금액 7천 5백만 원짜리 빌라를 7억 7백여만 원에 입찰한 후, 동년 11월 17일 집행법원에 낙찰불허가신청서를 제출하였다. 아마도 0을 하나 더 붙였던 모양이다.

〈법원문건 접수내역 중에서...〉

2010-11-17	최고가매수신고인 낙찰불허가신청 제출

낙찰자의 매각불허가신청에 집행법원은 친절하게도 동년 11월 22일 매각불허가결정을 내렸다. 자꾸 이야기하지만 매각불허가결정은 잘못된 것이다.

〈매각기일내역 중에서...〉

2010-11-15 10:00	매각기일	제2호 법정	52,500,000	**매각(707,990,000원)**
2010-11-22 16:00	매각결정기일	제2호 법정	0	**최고가매각불허가결정**

(6) 은평구 소재 빌라 낙찰가가 1천 8백억여 원?

2009 타경 17840 (임의)		매각기일 : 2010-09-10 10:00~ (금)		경매6계 3271-1326 (구내:1326)	
소재지	서울특별시 은평구 갈현동 522-0 **빌라 3층 302호			사건접수 2009-10-15	
물건종별	다세대(빌라)	채권자	박OO	감정가	200,000,000원
대지권	38.225㎡ (11.56평)	채무자	김OO	최저가	(80%) 160,000,000원
전용면적	76.27㎡ (23.07평)	소유자	김OO	보증금	(20%) 32,000,000원
평형		매각대상	토지/건물일괄매각	청구금액	103,500,000원
입찰방법	기일입찰	배당종기일	2010-01-04	개시결정	2009-10-16

▶ 기일현황

회차	매각기일	최저매각금액	결과
신건	2010-02-17	200,000,000원	유찰
2차	2010-03-24	160,000,000원	매각
김★★/입찰7명/매각182,700,000,000원(91,350%)			
	2010-07-30	대금지급기한	미납
2차	2010-09-10	160,000,000원	매각
송OO/입찰1명/매각165,000,000원(83%)			

▶ 임차인현황   ▶ 매각물건명세서상 조사된 임차내역이 없습니다 ◀   매각물건명세서 예상배당표

▶ 건물 등기부현황 ☞ 건물열람일 : 2010-02-03   등기부등본열람

구분	성립일자	권리종류	권리자	권리금액	인수/소멸	비고
갑1	2003-06-03	(전)소유권	박OO		이전	보존
갑2	2004-08-26	(현)소유권	김OO		이전	매매
을1	2004-08-26	(근)저당	우리은행	100,100,000원	소멸기준	
을2	2006-04-27	(근)저당	박OO	130,000,000원	소멸	
갑5	2009-10-16	임의경매	박OO	청구: 103,500,000원	소멸	2009타경17840

① 해설

본 사건은 2차 매각기일인 2010년 3월 24일, 7명이 입찰하여 김**이 1천 8백 2십 7억 원에 입찰가를 제시하여 최고가매수인이 되었다. 아마도 김**은 1억 8천 2백 7십만 원을 입찰금액으로 생각하였을 것이다.

그런데 0을 세 개 더 붙여버렸으니... 입찰금액에 0자 하나 더 붙인 경우는 왕왕 발생되나, 이러한 경우는 극히 드문데…

② 낙찰자 김**의 몸부림

김**은 낙찰 후 매각기일 당일인 2010년 3월 24일 오후에 허겁지겁 매각불허가신청서를 제출하였으나, 집행법원은 동년 3월 31일 매몰차게(?) 매각허가결정을 내렸다.

이에 김**는 동년 4월 1일 매각허가결정에 대한 이의신청을 하였으나 받아들여지지 않았고, 대금납부기한인 동년 7월 30일까지 매각대금을 납부하지 않아 재매각 진행되어 동년 9월 10일 송 모 씨가 1억 6천 5백만 원에 낙찰 받았다.

〈낙찰자 김**의 몸부림 흔적〉

2010-03-24	최고가매수신고인 매각불허가신청서 제출
2010-04-01	최고가매수신고인 매각허가결정에대한이의 제출

〈매각기일내역 중에서…〉

2010-03-24 10:00	매각기일	408호 법정	160,000,000	매각 (182,700,000,000원)
2010-03-31 14:00	매각결정기일	408호 법정	0	최고가매각허가결정
2010-07-30 10:00	대금지급기한	경매6계	0	미납

③ 前 낙찰자 김**은 얼마 손해 보았나?

김** 입장에서는 대단히 안타깝지만 서울서부지방법원 경매6계는 올바른 법 집행을 한 것이다. 김**은 2차 매각기일의 최저매각금액인 1억 6천만 원의 10%인 1천 6백만 원을 손해를 보았는데, 금전적인 손해는 그렇다손 치더라도 정신적인 피해에 따른 보상은 어떻게 받아야 하나요? 에궁~~~

(7) 대구시 소재 아파트 낙찰가가 14억여 원?

2008 타경 20706 (임의)		매각기일 : 2009-03-19 10:00~ (목)		경매1계 757-6771 (구내:771)
소재지	대구광역시 수성구 지산동 1271 지산우방타운 ***동 3층 303호			사건접수 2008-07-23
물건종별	아파트	채권자	가창새마을금고	감정가	200,000,000원
대지권	57.66㎡ (17.44평)	채무자	김00	최저가	(70%) 140,000,000원
전용면적	120.24㎡ (36.37평)	소유자	김00	보증금	(20%) 28,000,000원
평형	43평형	매각대상	토지/건물일괄매각	청구금액	148,402,530원
입찰방법	기일입찰	배당종기일	2008-10-02	개시결정	2008-07-24

▶ 기일현황

회차	매각기일	최저매각금액	결과
신건	2008-12-19	200,000,000원	유찰
2차	2009-01-16	140,000,000원	매각
김★★/입찰4명/매각1,452,120,000원(726%)			
	2009-02-20	대금지급기한	미납
2차	2009-03-19	140,000,000원	매각
전00/입찰4명/매각150,680,000원(75%)			

2차 매각기일에 네 명이 입찰하였고, 김**이 14억 5천여만 원에 입찰하여 최고가매수인이 되었다. 그러나 김**는 아마도 1억 4천 5백 2십 1만 2천 원을 입찰금액으로 생각했었으나, 잠시 한 눈파는 사이에 0을 하나 더 붙여 입찰표를 작성한 듯하다.

그러나 대구지방법원 경매1계는 2009년 1월 23일 최고가매각허가결정을 내렸고, 낙찰자 김**는 매각대금을 납부하지 않아 재매각 진행되었는데, 전 모 씨가 1억 5천여만 원에 낙찰 받았다.

김**는 입찰보증금 1천 4백만 원을 그놈의 0 하나 때문에 일순간에 홀라당 날려 버렸다.

〈매각기일내역 중에서...〉

2009-01-16 10:00	매각기일	신관 지하2층 입찰법	140,000,000	매각(1,452,120,000원)
2009-01-23 13:40	매각결정기일	신관 지하2층 입찰법	0	최고가매각허가결정
2009-02-20 15:00	대금지급기한	민사집행과 경매1계	0	미납

(8) 의정부시 소재 오피스텔 낙찰가가 32억여 원?

2006 타경 52078 (임의)		물번 2	매각기일 : 2007-09-07 10:30~ (금)		경매12계 031-828-0364	
소재지	경기도 의정부시 의정부동 431-24 **타워11층 1101호				사건접수 2006-12-05	
물건종별	오피스텔(업무)	채권자	신한은행		감정가	600,000,000원
대지권	24.29㎡ (7.35평)	채무자	**종합건설		최저가	(51%) 307,200,000원
전용면적	255.1㎡ (77.17평)	소유자	**종합건설		보증금	(10%) 30,720,000원
평형		매각대상	토지/건물일괄매각		청구금액	519,996,362원
입찰방법	기일입찰	배당종기일	2007-04-03		개시결정	2006-12-07

▶ 기일현황 ▼전체보기

회차	매각기일	최저매각금액	결과
신건	2007-04-20	600,000,000원	유찰
2차	2007-05-25	480,000,000원	유찰
3차	2007-06-29	384,000,000원	유찰
4차	2007-08-03	307,200,000원	매각
	입찰6명/매각3,220,000,000원(537%)		
	2007-08-10	매각결정기일	불허가
4차	2007-09-07	307,200,000원	매각
함○○/입찰7명/매각387,700,000원(65%)			

2007년 8월 3일, 4차 매각기일에 32억여 원으로 입찰한 사람이 낙찰 후 동년 8월 6일 "매각허가에 관한 이의신청서"를 집행법원에 제출하여 동년 8월 10일 매각불허가결정을 받아 냈으며, 동년 8월 20일 예납금(=입찰보증금) 환부신청에 의해 입찰보증금을 반환받고 유유히 사라졌나?

〈낙찰자의 몸부림〉

2007-08-06	최고가매수신고인 매각허가에관한이의신청서 제출
2007-08-20	최고가매수신고인 예납금환부신청 제출

〈매각기일내역 중에서...〉

2007-08-03 10:30	매각기일	6호 입찰법정	307,200,000	매각(3,220,000,000원)
2007-08-10 14:00	매각결정기일	6호 입찰법정	0	최고가매각불허가결정

3. 입찰표 작성할 때 정신 똑바로 차리고~~~ **247**

(9) 울산시 소재 빌라 낙찰가가 1조 1천 5백억 원?

2005 타경 6503 (강제)		매각기일 : 2006-11-07 10:00~ (화)		경매6계 228-8266 (구내 :8266)	
소재지	울산광역시 남구 무거동 572-0★★빌라 3층 302호			사건접수	2005-03-21
물건종별	다세대(빌라)	채권자	신용보증기금	감정가	115,000,000원
대지권	960㎡ (290,4평)	채무자	손 O	최저가	(100%) 115,000,000원
전용면적	115.93㎡ (35,07평)	소유자	손 O	보증금	(10%)11,500,000원
평형	46,33평형	매각대상	토지/건물일괄매각	청구금액	208,233,698원
입찰방법	기일입찰	배당종기일	2005-06-29	개시결정	2005-03-22

▶ 기일현황

회차	매각기일	최저매각금액	결과
신건	2006-08-08	115,000,000원	매각
	매각1,150,000,000,000원(1,000,000%)		
	2006-08-14	매각결정기일	불허가
신건	2006-11-07	115,000,000원	매각
	매각161,500,000원(140%)		

1조1천5백억 원

    본 사건은 2006년 8월 16일 일간신문에 뉴스로 나온 사건이었는데, "낙찰가율이 100만%"라는 제목으로… 낙찰가격이 얼마인가? 1조 원을 훌쩍 넘겨 버렸다.

    입찰표를 작성해 본 분들은 의구심을 가질 것이다. 입찰표상의 입찰가액란에는 천억 원대 까지만 입찰금액을 표시할 수 있는데, 어떻게 1조 원 이상의 입찰결과가 나오는지에 대해서 말이다.

    2006년 8월 8일에 입찰한 사람은 입찰표상에 115,000,000(원)으로 표시하면 되는데, 115,000,000만(원)으로 표시하였다. '만'자를 입찰금액 뒤에 표시한 것이다.

    이에 낙찰자는 법원에 매각불허가신청을 하였고, 집행법원은 낙찰자의 실수로 간주하여 매각불허가결정을 내렸다고 한다. 재차 이야기하지만 입찰자 본인의 실수로 입찰금액을 잘못 기재하였더라도 이는 매각불허가사유와는 아주 먼 이야기이다.

    다시 한 번 더 이야기하지만 집행법원의 재량에 의해서 매각불허결정을 내려서는 결코 아니 된다. 이와 관련한 대법원 결정이 있지 않는가? 그런데 대법원 결정사항을 무시하고 하급 법원에서 마음대로 매각불허가결정을 내려서 되겠는가? 아래는 본 사건 관련한 2006년 8월 16일자 신문기사 내용이다.

〈본 경매사건 관련 신문기사 내용〉

경매 낙찰가율이 100만%

법원 경매에 나온 한 빌라의 낙찰가율(감정가 대비 낙찰가)이 '100만%'에 달하는 해프닝이 벌어졌다. 16일 경매 업계에 따르면 지난 8일 울산지방법원 경매6계에서 감정가 1억1500만원에 입찰된 울산 무거동 소재 **빌라 46.33평형이 무려 100만%의 낙찰가율을 기록하며 1조1500억 원에 낙찰됐다.

이는 낙찰자가 숫자만 쓰도록 돼있는 입찰표의 입찰가 기재 란에 '만'자를 덧붙여 써냈기 때문. 즉 '115,000,000(원)'으로 써야 할 것을 '115,000,000만(원)'으로 써낸 것이다. <u>다행히 법원은 이를 낙찰자의 실수로 간주해 지난 14일 매각불허가결정을 내려 해프닝으로 끝났다.</u> 그러나 매각 허가 결정이 내려졌다면 낙찰자는 대금납부에 곤욕을 치르는 것은 물론 입찰보증금도 떼일 뻔 했다.

숫자 끝에 '만'자를 덧붙여 발생한 해프닝은 울산지법 한 곳에서만 올 들어 세 번째다. 지난 2월10일에는 감정가 6400만 원짜리 양산시 웅상읍 소재 32평형 아파트의 낙찰가가 5055억 원(낙찰가율 79만%)에 달하는 일이 발생했으며 5월25일에는 감정가 5000만원인 울산 야음동 소재 20.3평형 아파트가 5850억원(낙찰가율 117만%)에 낙찰되기도 했다. 그러나 법원의 매각 불허가 결정으로 실제로 낙찰되지는 않았다.

4 실전 지분경매분석

부동산의 소유권 형태는 1인이 소유하는 "단독소유"와 2인 이상이 소유하는 "공동소유"가 있다. 하나의 부동산을 공동소유의 형태로 소유하던 중 소유권 전부가 경매신청된 것이 아닌 지분(持分 : 공동으로 소유하는 재산 중 개인이 가지는 부분)이 경매 신청된 경우가 있다.

지분이 경매대상일 경우, 다른 지분권자는 경매진행중인 지분에 대해 우선매수청구를 할 수 있는 권리가 주어지고, 이러한 권리행사는 경매진행 중 또는 매각기일 당일에 할 수 있다.

(1) 공유부동산의 다른 지분권자의 우선매수권

공유부동산의 지분 일부가 경매 신청되었을 경우, 다른 지분권자는 경매지분에 대한 우선매수권을 행사할 수 있다. 이에 타 지분권자가 우선매수권을 행사하기 위해서는 매각기일까지 의사표시를 하면 된다.

여기서 "매각기일까지"라 함은 매각기일 이전부터 매각기일 당일 집행관이 매각절차를 종결하는 때까지로 이해해야 하는데, 우선매수권 행사방법은 다음과 같다.

1) 매각기일 이전에 우선매수신고서 제출

공유자가 매각기일 이전에 우선매수신고서를 집행법원에 제출하는 경우로서, 매각기일 당일에 제3자가 입찰하지 않을 경우, 그 날의 최저매각가격으로 공유자가 매수하는 것으로 된다(=민사집행규칙 제76조 제2항 참조).

공유자가 매각기일 이전에 우선매수신고서를 집행법원에 제출한 경우, 매각기일에 입찰자가 있는 경우와 없는 경우로 나누어 보자.

① 매각기일에 입찰자가 있는 경우

예로서, 최저매각가격이 1억 원이었는데, 제3자가 1억 1천만 원으로 매수신고를 하였다면 공유자에게 제3자가 입찰한 동일한 금액인 1억 1천만 원으로 매수할 수 있는 우선매수권이 주어진다.

② 매각기일에 입찰자가 없는 경우

예로서, 최저매각가격이 1억 원이었는데, 매각기일에 입찰자가 없다면 유찰되는 것이 아니라, 최저매각가격인 1억 원에 타 지분권자가 매입하는 것으로 된다(=민사집행규칙 제76조 제2항 참조).

그러나 실무에서는 유찰시키는 경우가 간혹 있는데 이는 대단히 잘못된 것이다. 이와 관련한 대법원 결정이 있는데, 실무에서는 관행에 의해 유찰을 시킨다고 한다. 웃기는 소리다! 관련 법규와 관련 대법원 결정이 있는데도 집행법원은 이를 무시해 버리니 안타까울 따름이다.

2) 매각기일 당일에 우선매수권 행사

공유자의 우선매수권 행사는 매각기일 당일에 행사하는 것이 취득가격 측면에서 유리하다. 그리고 공유자가 우선매수권을 행사하기 위해서는 매각기일에 반드시 출석하여야 하며, 그 날의 최저매각가격의 10%에 해당하는 입찰보증금을 준비하여야 한다. 참고로 매각기일 당일에 우선매수권을 행사하는 방법으로서, 다음과 같이 나누어 볼 수 있다.

① 매각기일에 입찰자가 있는 경우

민사집행법 하에서의 입찰은 "사전 입찰"이다. 즉, 입찰에 참여하고자 하는 자는 입찰표를 작성하여 집행관의 확인을 받아 입찰함에 입찰표를 투여하는데, 공유부동산의 지분이 경매될 경우, 공유자는 "사후 입찰"을 한다.

즉, 공유자는 매각기일에 경매법정에 출석하여 최고가격으로 입찰한 자가 있는지를 확인하고, 최고가입찰자가 있으면 그 자리에서 그 자와 동일한 금액으로 입찰하겠다는 의사표시를 집행관에게 하면 된다.

그리고 공유자가 우선매수권 행사를 하였을 경우, 최고가입찰자는 더 높은 입찰가격을 제시할 수 없다[=대법원 2004마581 결정 참조].

② 매각기일에 입찰자가 없는 경우

매각기일에 입찰한 자가 없다면 공유자는 우선매수권 행사를 할 필요 없이 경매법정을 유유히 빠져 나오면 된다. 입찰자가 없다면 유찰되어 다음 매각기일에 20% 혹은 30% 저감된 가격으로 경매가 다시 시작되기에, 다음 매각기일에 경매법정에 출석하여 입찰자가 있는지 여부를 확인하면 된다. 물론 최저매각가격의 10%에 해당되는 입찰보증금을 준비해야 한다.

(2) 지분 부동산에 입찰할 경우, 점검사항 및 사후관리

경매투자 목적은 돈을 버는 것이다. 불완전한 부동산에 투자를 한다면 먼저 그 권리를 취득한 후 어떻게 진행시켜야 할지에 대해... 시나리오 작성을 잘 해야 한다.

1) 지분 경매사실의 송달여부 확인

공유자에게 지분부동산의 경매사실이 송달되었는지 여부를 확인하여야 한다. 이는 송달내역을 보면 알 수 있다.

2) 우선매수신청 여부확인

공유자의 우선매수신청 여부를 확인하자. 이는 법원문건 접수내역을 보면 알 수 있다.

3) 공유부동산의 요리방법

지분경매는 일반적인 부동산에 비해 약간의 수고를 할 생각을 해야 한다.

일반 부동산의 경우 낙찰 받고, 잔금 대출받아 소유권이전등기하고, 점유자에 대해 명도한 후 매매 등 처분을 하여 수익을 올릴 수 있다.

그러나 지분경매의 경우 입찰하여 최고가매수인이 되더라도 공유자가 우선매수권을 행사하면 속칭 "꽝"이 되며, 공유자가 우선매수권을 행사하지 않아 낙찰 받더라도 잔금대출이 용이하지 않기에 자금여력이 있어야 한다.

그리고 낙찰 후에는 공유자와 협상 또는 소송절차를 밟아야 하기에 공유자를 요리하는 방법을 알아야 한다. 요리방법은 다음과 같다.

① 지분매각

낙찰 받은 지분을 공유자에게 다시 매각하는 것이다. 비록 큰 수익은 아니지만 속전속결로 진행되기에 나쁘지만은 않다.

② 경매취하를 노리고…

특히 빌라의 경우 지분이 상당히 적더라도 강제경매이면서, 채권자의 청구채권액이 소액이고, 부동산등기부상 근저당권 등의 채권액이 부동산 가격 대비하여 소액이며, 상속부동산이면, 때로는 경매취하를 노림수로 하여 1차 매각기일에 단독 입찰하는 것이다. 경매취하서 작성 관련하여 경험을 해 보는 것도 나쁘지는 않다고 본다.

③ 공유자에게 선전포고

공유자와의 협상이 결렬된다면? 그 때부터는 전쟁이다. 전쟁이라고 하여 상대방을 물리적으로 죽이라는 것은 아니다. 전쟁은 다음과 같이 진행시키는 것이다.

ⅰ. 손해배상청구소송 제기

자기 지분에 대해 상대방이 점유하여 사용한다는 것은 불법점유(=불법행위)로서, 상대방의 불법행위로 낙찰자는 손해를 입었기에 他 공유자를 상대로 손해배상청구소송을 제기하여 공유자의 지분에 대해 판결문으로 강제경매 신청하여 수익을 실현시킨다.

ii. 공유물분할청구소송 제기

가. 공유물분할청구소송을 제기하는데, 공유물의 분할이 불가능한 물건, 예로서 아파트 등의 경우, 소송이 끝난 후 법원에 공유물 전부를 경매에 붙여 달라고 요청한다.

그러나 분할이 가능한 물건, 예로서 토지의 경우 분필(分筆)절차를 밟아 지적도상 자기 지분에 대해 정리하거나, 공유물 전부를 경매에 붙여 달라고 법원에 요청할 수 있다.

나. 공유물 전부가 경매에 붙여지면 이를 "**형식적 경매**"라고 한다. 형식적 경매의 경우, 소멸주의냐... 인수주의냐... 라는 의견들이 분분하나, 집행법원이 작성한 매각물건명세서상에 부동산 및 부동산등기부상 권리는 낙찰자가 인수하여야 한다고 되어 있으면 이는 인수주의로 보면 된다.

이때 공유부동산에 대한 제3자의 관심을 배제시키기 위해서는 자기 지분에 대해 가압류 또는 가등기 등의 권리를 설정하고, 공유자의 지분에 대해서는 "처분금지 가처분등기" 조치를 취한 후, 지분 낙찰자의 지인이 낙찰받는다면 결코 나쁘지는 않을 것이다.

참고로 공유부동산 전부가 경매진행 될 경우, 공유부동산의 지분권자는 우선매수권이 없다[=대법원 91마239 결정 : 공유물분할판결에 기하여 공유물전부를 경매에 붙여 그 매득금을 분배하기 위한 환가의 경우에는 공유물의 지분경매에 있어 다른 공유자에 대한 경매신청통지와 다른 공유자의 우선매수권을 규정한 민사소송법 제649조, 제650조(=現 민사집행법 제140조, 민사집행규칙 제76조)는 적용이 없다.].

(3) 실전 지분경매 사례분석

1) 공유자 우선매수제한 - 1

① 물건번호 1번

2007 타경 3287 (임의) 2007타경7524		물번 1	매각기일 : 2010-08-16 10:00~ (월)		경매3계 (031)737-1323	
소재지	경기도 하남시 초일동 000				사건접수 2007-02-23	
물건종별	대지	채권자	**스텐레스	감정가	265,990,000원	
지분토지	198.5㎡ (60.05평)	채무자	홍 00	최저가	(64%) 170,234,000원	
건물면적	건물 매각제외	소유자	홍 00 외	보증금	(10%)17,024,000원	
제시외면적	제외 : 93.7㎡ (28.34평)	매각대상	토지지분매각	청구금액	120,000,000원	
입찰방법	기일입찰	배당종기일	2007-06-15	개시결정	2007-02-24	

기일현황 ▽간략보기

회차	매각기일	최저매각금액	결과
신건	2007-12-10	265,990,000원	유찰
2차	2008-01-14	212,792,000원	유찰
3차	2008-02-11	170,234,000원	유찰
4차	2008-03-10	136,187,000원	매각
입찰2명/매각161,000,000원(61%)			
	2008-03-17	매각결정기일	불허가
4차	2010-05-10	136,187,000원	변경
신건	2010-06-14	265,990,000원	유찰
2차	2010-07-12	212,792,000원	유찰
3차	2010-08-16	170,234,000원	매각
강00 /입찰1명/매각170,234,000원(64%)			

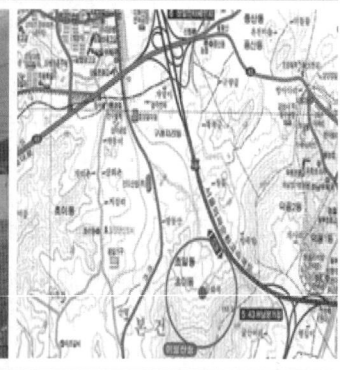

강00은 1/2 지분권자임.

토지현황 [토지이용계획확인/공시지가] [부동산정보 통합열람]

	지번	지목	토지이용계획	비교표준지가	(지분)면적	단가(㎡당)	감정가격	비고
1	초일동 000	대지	건축한계선 제1종일반주거지역	900,000원	198.5㎡ (60.05평)	1,340,000원	265,990,000원	397면적중 홍00 지분 198.5전부

기타 | 상화울마을 내에 위치 / 부근은 농경지 및 자연림 단독주택 등 형성된 근교농촌지대임 / 차량 접근은 가능 북측 인근에 버스정류장 이 위치함 / 부정형의 토지 단독주택 건부지로 이용중 / 지적도상 맹지이나 인접토지를 이용 진출입 가능함 / 제1종지구단위계획구역 / 토지거래계약허가구역

제시외건물현황

	지번	층별	구조	용도	건물면적	감정가격	매각여부
1	초일동 000	단층	경량철골조	주택	93.7㎡ (28.34평)	42,165,000원	매각제외

② 물건번호 2번

2007 타경 3287 (임의) 2007타경7524		물번 2	매각기일 : 2010-08-16 10:00~ (월)		경매3계 (031)737-1323	
소재지	경기도 하남시 초일동 000-0				사건접수 2007-02-23	
물건종별	전		채권자	**스텐레스	감정가	428,640,000원
지분토지	446.5㎡ (135.07평)		채무자	홍00	최저가	(64%) 274,330,000원
건물면적	건물 매각제외		소유자	홍00 외	보증금	(10%)27,433,000원
제시외면적	제외 : 51㎡ (15.43평)		매각대상	토지지분매각	청구금액	120,000,000원
입찰방법	기일입찰		배당종기일	2007-06-15	개시결정	2007-02-24

▶ 기일현황   ▼간략보기

회차	매각기일	최저매각금액	결과
신건	2007-12-10	428,640,000원	유찰
2차	2008-01-14	342,912,000원	유찰
3차	2008-02-11	274,330,000원	유찰
4차	2008-03-10	219,464,000원	매각
입찰2명/매각280,010,000원(65%)			
	2008-03-17	매각결정기일	불허가
4차	2010-05-10	219,464,000원	변경
신건	2010-06-14	428,640,000원	유찰
2차	2010-07-12	342,912,000원	유찰
3차	2010-08-16	274,330,000원	매각
강00/입찰1명/매각274,330,000원(64%)			

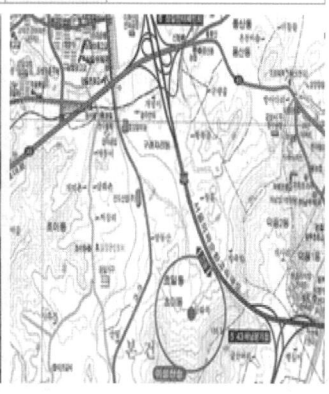

강00은 1/2 지분권자임.

▶ 토지현황   토지이용계획확인/공시지가 부동산정보 통합열람

	지번	지목	토지이용계획	비교표준지가	(지분)면적	단가(㎡당)	감정가격	비고
1	초일동 000-0	전	건축한계선 제1종일반주거지역	600,000원	446.5㎡ (135.07평)	960,000원	428,640,000원	893면적중 홍00 지분 446.5전부

상화울마을 내에 위치 / 부근은 농경지 및 자연림 단독주택 등 형성된 근교농촌지대임 / 차량 접근은 가능 북측 인근에 버스정류장
기타 이 위치함 / 부정형의 토지 전 및 일부 구거로 이용중 / 남서측 노폭 약 3~4미터 도로와 접함 / 제1종지구단위계획구역 / 토지거래
     계약허가구역 / 도시계획시설도로저촉 / 도시계획시설주차장저촉

▶ 제시외건물현황

	지번	층별	구조	용도	건물면적	감정가격	매각여부
1	초일동000-0	단층	철파이프조	창고, 계사, 주차장	51㎡ (15.43평)	7,650,000원	매각제외

③ 해설

경기도 하남시 초일동 000, 000-0 2필지는 홍OO와 강OO이 각 2분의 1씩 지분 형태로 소유권을 가지고 있었는데, 수원지방법원 성남지원 2007타경3287호(물건번호 1, 2번) 임의경매사건은 채무자를 홍OO로 하여 근저당권자 **스텐레스의 임의경매신청과 서OO의 강제경매신청으로서(=이중경매), 지상 건물을 제외한 토지 2분의 1 지분(=홍OO 지분)이 경매대상물 이었다.

④ 공유자 강OO의 우선매수권 행사

공유자 강OO는 2차 매각기일(=2008년 1월 14일) 이전인 동년 1월 11일에 공유자우선매수신고서를 집행법원에 제출하였으나 2차 매각기일에 입찰자가 없자 매수신청보증금을 제공하지 않았다.

그리고 3차 매각기일(=동년 2월 11일)에 유찰된 후 4차 매각기일(=동년 3월 10일) 이전인 동년 2월 26일 재차 공유자우선매수신고서를 제출하였는데, 4차 매각기일에 입찰자가 나타나자, 그때서야 공유자우선매수권을 행사하였고, 매각기일인 동년 3월 10일에 최고가매수인으로 되었는데, 집행법원인 수원지방법원 성남지원은 7일 후인 동년 3월 17일 공유자 강OO에 대하여 매각불허가결정을 내렸다.

〈공유자 강OO의 우선매수신고서 제출내역〉

2008-01-11	공유자 강 OO 우선매수신청 제출
2008-02-26	공유자의 우선매수신고서 제출

〈물건번호 1번 매각기일내역 중에서...〉

2008-03-10 10:00	매각기일	1층 5호 입찰법정	136,187,000	매각(16100만원 : 강OO우선매수)
2008-03-17 00:00	매각결정기일	입찰법정	0	최고가매각불허가결정

참고로 공유자우선매수신고서 양식은 다음과 같다.

〈공유자 우선매수신고서 양식〉

공유자 우선매수신고서

사　건　20○○타경○○○○○ 부동산강제(임의)경매
채권자
채무자 (소유자)
공유자
■ 매각기일　20○○. ○. ○. ○○:○○
부동산의 표시 : 별지와 같음

공유자는 민사집행법 제140조 제1항의 규정에 의하여 매각기일까지(집행관이 민사집행법 제115조 제1항에 따라 최고가매수신고인의 성명과 가격을 부르고 매각기일을 종결한다고 고지하기 전까지) <u>민사집행법 제113조에 따른 매수신청보증을 제공하고</u> 최고매수신고가격과 같은 가격으로 채무자의 지분을 우선매수하겠다는 신고를 합니다.

첨부서류

1. 공유자의 주민등록표 등본 또는 초본 1통
2. 기타(　　　　　　　　　)

200 . .

우선매수신고인(공유자)　　　　　㊞
(연락처 :　　　　　　　　　　)

○○지방법원 경매○계 귀중

⑤ 매각불허가결정에 대한 강○○의 즉시항고

　강○○는 매각기일 이전에 공유자 우선매수신고서만 제출하였고, 매각기일에 입찰자가 없자 매수신청보증금을 납부하지 않았다가 차기 매각기일에 입찰자가 나타나자 우선매수권 행사를 하여 최고가매수인이 되었으나 집행법원은 매각불허가결정을 내렸는데, 강○○는 집행법원의 매각불허가결정에 불복하여 즉시항고를 제기하였다.

　그러나 2심은 "항고인은 우선매수제도를 이용하여 이 사건 지분을 저가에 매수키 위해

2차례에 걸쳐 우선매수신고만 하여 일반인들이 매수신고를 꺼릴만한 상황을 만들어 놓은 뒤 매수신고인이 나타나지 않자 매수신청보증금을 납부하지 않는 방법으로 유찰이 되게 한 다음, 최저매각가격이 수차 저감된 제4회 매각기일에 매수신고인이 나타나자, 비로소 매수신청보증금을 납부하여 최고가매수인의 지위를 얻은 것 공유자의 우선매수권을 남용한 행위에 해당되며, 항고인은 '매각의 적정한 실시를 방해한 사람'에 해당한다고 봄이 상당하므로 이를 이유로 한 제1심의 매각불허가결정은 정당하다."라는 결정을 내렸다. 2심 결정 원문내용은 다음과 같다.

〈2심 결정문〉

수 원 지 방 법 원
제2민사부
결 정

사 건	2008라184 부동산임의경매
항 고 인	강 O O(공유자)
원심결정	수원지방법원 2008.4.1.자 2007타경3287,7524(중복) 결정

주 문

이 사건 즉시항고를 기각한다.

이 유

1. 매각불허가결정의 경위

  기록에 의하면 다음의 사실이 인정된다.

  가. 관계법령

  (1) ① 민사집행법 제140조 제1항, 민사집행규칙 제76조 제1항에 의하면, 공유자는 집행관이 매각기일을 종결한다는 고지를 하기 전까지 제113조에 따른 보증(매수신청보증)을 제공하고, 최고매수신고가격과 같은 가격으로 채무자의 지분을 우선매수하겠다는 신고를 할 수 있도록 되어 있다. ② 민사집행법 제140조 제2항, 민사집행규칙 제76조 제2항에 의하면, 집행법원은 위와 같은 공유자우선매수신고가 이루어진 상태에서 최고가매수신고가 있을 경우 그 공유자에게 신고된 최고가로 매각을 허가하여야 하고, 매수신고인이 없을 경우에는 최저매각가격을 최고가매수신고가격으로 보아 그 공유자에게 매각을 허가하도록 되어 있다. ③ 민사집행법 제140조 제4항, 민사집행규칙 제76조 제3항에 의하면, 위와 같이 공유자매수신고가 이루어진 상태에서 최고가매수신고가 있을 경우 최고가매수신고인을 차순위매수신고인으로 보되, 그 매수신고인은 집행관이 매각기일을 종결한다는 고지를 하기 전까지 차순위매수신고인의 지위를 포기할 수 있도록 되어 있다.

(2) 한편, 민사집행법 제108조 제1호, 제2호, 제121조 제4호, 제123조 제2항에 의하면, 다른 사람의 매수신청을 방해하거나, 부당하게 다른 사람과 담합하거나 그 밖의 매각의 적정한 실시를 방해한 사람에 대하여는 직권으로 매각을 허가하지 않도록 되어 있다(민사집행법 제138조에 의하면, 매수인이 매각대금을 납부하지 아니하여 재매각을 하는 경우 전의 매수인은 매수신청을 할 수 없도록 되어 있다).

나. 임의경매 등

(1) 홍00는 항고인과 공동으로 하남시 초일동 000 대 397㎡ 및 그 지상의 목조 스레트지붕 단층주택 20.91㎡, 초일동 000-0 전 893㎡를 소유하고 있던 자로서(공유지분은 각 1/2) 2004.12.10. 그 중 자신의 1/2 지분에 관하여 주식회사 **스텐레스(이하 **스텐레스라 한다) 앞으로 채권최고액 1억 2,000만원으로 하는 근저당권설정등기를 마쳐주었다.

(2) **스텐레스는 2007.2.23. 위 근저당권에 기해 위 각 토지 중 홍00의 지분(이하 이 사건 지분이라 한다)에 대하여 수원지방법원 성남지원 2007타경3287호로 임의경매를 신청하여 2007.2.24. 경매개시결정을 받았다(당초 위 각 부동산 중 홍00의 지분 전체에 관하여 경매개시결정이 내려졌으나, 초일동 000 지상 주택에 관하여는 경매신청이 취하되었다. 한편, 서00도 약속어음공정증서에 기해 위 각 부동산 중 홍00의 지분에 대하여 성남지원 2007타경7524호로 강제경매개시결정을 받은 후 주택에 대한 경매신청을 취하하였다).

(3) 위 경매절차에서 이 사건 지분 중 초일동 000 토지의 1/2 지분은 2억 6,599만원으로, 초일동 000-0 토지 중 1/2 지분은 4억 2,864만원으로 평가되었다.

다. 매각불허가결정(제1심 결정)

(1) 집행법원은 이 사건 지분에 대해 제1~4회 매각기일을 각각 2007년 12월 10일, 2008년 1월 14일, 2008년 2월 11일, 2008년 3월 10일로, 최저매각가격은 초일동 000토지의 1/2 지분에 관하여 각 265,990,000원, 212,792,000원, 170,234,000원, 136,187,000원으로, 초일동 000-0 토지 중 1/2 지분에 관하여 각 428,640,000원, 324,912,000원, 274,330,000원, 219,464,000원으로 각 지정하였다. 제1회 매각기일에는 입찰자가 없어 유찰이 되었다.

(2) ① 항고인은 제2, 제3회 매각기일이 진행되기 수일 전에 각각 공유자우선매수신고서만 제출하고, 매수신청보증금을 납부하지 않고 있다가 입찰자가 나타나지 않자 자신도 매수신청보증금을 납부하지 않았다. 이에 따라 제2, 제3회 기일에도 유찰이 되었다. ② 항고인은 제4회 매각기일 전인 2008.2.26. 앞서와 마찬가지로 매수신청보증금을 납부하지 않은 채 우선매수신고서만 제출하였다가 제4회 매각기일에 이르러 이 사건 지분 중 초일동 000 토지의 지분에 관하여는 권00가 1억 6,100만원으로, 초일동 000-0 토지의 지분에 관하여는 권**이 2억 8,001만원으로 각 최고가매수신고를 하자, 매수신청보증금을 납부하여 위 민사집행법 규정에 따라 최고가매수신고인이 되었다. 이에 따라 차순위매수신고인이 된 권00, 권**은 그 즉시 그 지위를 포기하였다.

(3) 집행법원의 사법보좌관은 매각결정기일인 2008.3.17. 항고인이 민사집행법에서 정하는 매각불허가 사유에 해당하는 사람, 즉, '매각의 적정한 실시를 방해한 사람'에 해당한다는 이유로 항고인에 대하여 매각불허가결정을 하였고, 집행법원의 판사는 2008.4.1. 사법보좌관의 위 처분을 인가하는 결정(이하 제1심 결정이라 한다)을 하였다.

2. 항고인의 주장 및 판단

가. 항고인의 주장

항고인은 민사집행법 제140조에 따라 적법하게 최고가매수신고인이 되었다. 항고인이 그 이전인 제2, 제3회 매각기일에 매수신청보증금을 납부하지 않은 상태에서 공유자우선매수신고를 하였다고 하여도 이를 가리켜 민사집행법에서 정하는 매각불허가사유에 해당한다고 볼 수 없다. 따라서 제1심 결정은 위법하므로 취소되어야 한다.

나. 우선매수권제도의 한계

(1) 공유관계는 공유자들 사이의 일정한 유대관계에 따라 성립하거나 유지되는 것이 일반적이고, 공유자는 다른 공유자와 협의하여 공유물을 이용관리하도록 되어 있으므로(민법 제265조), 공유지분에 대한 경매가 이루어지는 경우 공유물의 이용관리를 둘러싼 분쟁의 발생을 억제하기 위해서 기존의 공유자에게 이를 우선 매수할 기회를 줄 사회경제적 필요가 있다(공유자우선매수권제도는 이와 같은 이유로 도입된 것으로 보인다).

(2) 그러나 모든 매수신청인들이 입찰경쟁에 의해 최고가매수신고인에 선정되는 경매절차에서, 공유자에게 최고가매수신고인보다 우선하여 매수할 수 있는 권리를 부여하는 공유자우선매수권은 평등의 원칙에 대하여 예외적으로 인정된 제도인 점, 공유자의 우선매수청구권을 제한 없이 인정할 경우 일반 매수자들이 우선매수권에 따른 무용한 매수신고를 꺼리게 되어 공유지분에 대한 경매가 지연되고, 매각가격이 하락하게 되어 채권자, 소유자 등의 이익을 해치는 결과가 초래되는 점 등에 비추어 볼 때, 공유자의 우선매수권은 무제한적인 권리가 아니라 내재적인 한계 내지는 민사집행법상 경매제도의 입법취지 등에 따른 한계가 있다고 보아야 한다(민사집행법 시행규칙 제76조 제2항 등에 의하면, 공유자가 매수신청보증금을 납부하는 등 적법한 우선매수신고를 하였으나 다른 매수신고인이 없을 경우 최저매각가격을 최고가매수신고가격으로 보아 공유자에게 매각허가결정을 하도록 되어 있으나, 이 사건과 같이 공유자가 매수신청보증금을 납부하지 않은 채 우선매수신고만 한 경우에는 이를 적법한 우선매수신고로 볼 수 없으므로 위 규정이 적용될 수 없다).

다. 판단

(1) 이 사건의 경우, 위 인정사실과 경험칙을 종합해 보면, 항고인은 우선매수제도를 이용하여 이 사건 지분을 저가에 매수키 위해 2차례에 걸쳐 우선매수신고만 하여 일반인들이 매수신고를 꺼릴만한 상황을 만들어 놓은 뒤 매수신고인이 나타나지 않자 매수신청보증금을 납부하지 않는 방법으로 유찰이 되게 한 다음 최저매각가격이 수차 저감된 제4회 매각기일에 매수신고인이 나타나자 비로소 매수신청보증금을 납부하여 최고가매수인의 지위를 얻은 것으로 봄이 상당하다(일반적으로 공유지분에 대한 경매절차에서 우선매수를 원하는 다른 공유자들이 위와 같은 편법적인 방법으로 최저매각가격을 저감시키는 사례가 적지 않은 것으로 보인다).

(2) 나아가, 앞서 본 공유자 우선매수권제도의 취지 내지 한계나 경매제도의 입법취지 등을 종합해 볼 때, 항고인의 위와 같은 행위는 공유자의 우선매수권을 남용한 행위에 해당한다고 봄이 상당하다.

(3) 따라서, 항고인의 우선매수권행사는 권리남용으로서 더 이상 허용하여서는 안 될 뿐만 아니라 항고인은 민사집행법 제108조 제2호, 제121조, 제123조에서 정하는 매각불허가사유가 있는 사람, 즉, '매각의 적정한 실시를 방해한 사람'에 해당한다고 봄이

　　　　상당하므로 이를 이유로 한 제1심의 매각불허가결정은 정당하다.
3. 결론
　　그렇다면, 이 사건 항고는 이유 없으므로 이를 기각하기로 하여 주문과 같이 결정한다.

2008. 7. 22.

⑥ 강OO는 즉시항고가 기각되자, 대법원에 재항고를 제기하였다.

강OO는 대법원에 재항고를 제기하였으나 이 역시 기각되었다.

대 법 원
제 3 부
결 정

사　　　건　　2008마1189 부동산매각불허가결정에 대한 이의
재항고인　　강OO
원심결정　　수원지방법원 2008. 7. 22.자 2008마184 결정

주　문

<u>재항고를 기각한다.</u>

이　유

재항고이유를 판단한다.
　원심은, 판시 사실을 인정한 다음, 관계 법령과 공유자우선매수권 제도의 취지 내지 한계, 경매제도의 입법취지 등에 비추어, 재항고인이 우선매수제도를 이용하여 이 사건 지분을 저가로 매수하기 위해 2차례에 걸쳐 우선매수신고만 하여 일반인들이 매수신고를 꺼릴 만한 상황을 만들어 놓은 뒤 매수신고인이 나타나지 않자 매수신청보증금을 납부하지 않는 방법으로 유찰이 되게 하였다가 최저매각가격이 수차례 저감된 제4회 매각기일에 매수신고인이 나타나자 비로소 매수신청보증금을 납부하여 최고가매수인의 지위를 얻은 것은 민사집행법 제108조 제2호, 제121조, 제123조에서 정하는 매각불허가사유가 있는 사람, 즉 '매각의 적정한 실시를 방해한 사람'에 해당한다는 등의 이유로 제1심의 매각불허가결정이 정당하다고 판단하였다. 관련 법령과 기록에 비추어 살펴보면, 원심의 이러한 판단은 정당하고 거기에 재판에 영향을 미친 헌법·법률·명령 또는 규칙의 위반이 없다.
　그러므로 재항고를 기각하기로 하여 관여 대법관의 일치된 의견으로 주문과 같이 결정한다.

2010. 3. 1.

⑦ 정리

공유자의 우선매수권 행사방법은 두 가지이다. 즉, 매각기일 이전에 우선매수신고서를 집행법원에 제출하는 경우와 매각기일 당일에 우선매수권을 행사하는 것이다.

매각기일 당일에 공유자가 우선매수권을 행사하는 것은 당연하다.

그러나 매각기일 이전에 우선매수신고서만 제출한 상태에서 매각기일에 입찰자가 없으면 유찰시켰다가 차기 매각기일에 입찰자가 나타나면 그때 가서 공유자가 우선권을 주장했을 경우, 이를 인정해 주는 집행법원이 있다면, 이는 정말로 잘못된 것이다.

공유자가 우선매수신고서만 제출한 상태에서 유찰 후 차기 매각기일에 공유자의 우선권을 인정해 주는 집행법원의 관행에 경매인들은 익숙하다 보니, 지분부동산에 대한 투자의욕 격감과 아울러 유찰에 따른 채권자의 채권회수에 도움이 되지 않는 것이다.

2011년 4월 현재 서울서부지방법원, 수원지방법원과 대구지방법원 등 일부 법원에서는 공유자의 우선매수제한을 매각조건으로 하는데, 요즈음은 각 법원마다 지분경매시 공유자우선매수제한 규정을 두어 공유자는 우선매수권을 1회에 한하여만 행사할 수 있게 되었다.

〈본 사건 매각물건명세서 중 공유자우선매수제한 관련내용〉

※비고란
위 토지상에 등기되지않은 매각외 건물있음, 법정지상권성립여부 알 수 없음, 공유자우선매수신청은 1회에 한함, 홍OO지분 2분의 1지분 전부매각

⑧ 그 후...

본 사건 경매대상물인 홍OO의 2분의 1 지분은 공유자인 강OO가 낙찰 받아 2010년 9월 29일 소유권이전등기를 마쳤다. 강OO가 낙찰 받은 것은 공유자의 지위가 아닌 일반 입찰자 입장에서 낙찰 받은 듯하다.

2) 공유자 우선매수제한 - 2

2010 타경 13264 (강제)		입찰기간 2011-03-10 ~ 2011-03-17 개찰기일 : 2011-03-23 (수)		경매1계 3271-1321 (구내:1321)	
소재지	서울특별시 용산구 효창동 5-00 **그린빌라 3층 303호				사건접수 2010-08-24
물건종별	다세대(빌라)	채권자	이 00	감정가	280,000,000원
지분대지권	54,155㎡ (16,38평)	채무자	황 00	최저가	(64%) 179,200,000원
지분전용	71,01㎡ (21,48평)	소유자	황 00	보증금	(10%)17,920,000원
평형		매각대상	토지/건물지분매각	청구금액	167,286,168원
입찰방법	기간입찰	배당종기일	2010-11-18	개시결정	2010-08-25

▶ 기일현황 ⓘ 개찰당일

회차	개찰기일	최저매각금액	결과
신건	2010-12-22	280,000,000원	유찰
2차	2011-02-01	224,000,000원	유찰
3차	2011-03-23	179,200,000원	매각

김00/입찰5명/201,110,000원(72%)

매각대상:1/2지분

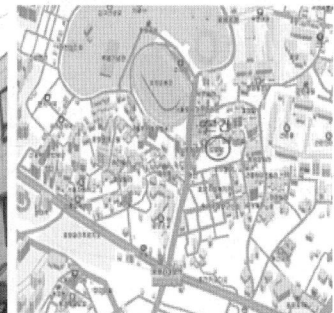

▶ 감정평가현황 ⓘ 성림감정:2010-09-20

토지	건물	제시외건물(포함)	제시외건물(제외)	기타(기계기구)	합계
140,000,000원	140,000,000원	x	x	x	280,000,000원
비고	※ 실측면적 : 건물면적(142,01㎡) 토지면적(108,31㎡) 중 지분경매로 1/2만 진행합니다.				

① 해설

본 사건의 소유자는 황 모 씨와 서 모 씨였는데, 각 2분의 1 지분형태로 소유권을 가지고 있었고, 황 모 씨 지분에 대하여 가압류 13건(=채권총액 6억 4천여만 원)과 압류 3건이 설정되어 있었다.

가압류권자 중 한명인 이 모 씨가 황 모 씨 지분 2분의 1에 대하여 강제경매 신청하였고, 개찰기일인 2011년 3월 23일 5명이 입찰하여 김 모 씨가 2억여 원에 낙찰 받았다.

그런데 본 경매사건에 필자의 지인인 박 모 씨가 입찰하였는데, 입찰금액은 201,005,000원! 낙찰금액과는 정확히 1십만 5천 원 차이로 떨어졌다는 말을 듣고 대단히 안타깝게 생각했었다. 미리 내용증명과 공유물분할청구 및 손해배상청구소장을 준비하고 있었는데... 놓친 고기가 더 커 보이나?

② 본 사건 부동산등기부상 권리관계

구분	성립일자	권리종류	권리자	권리금액	인수/소멸	비고
갑1	1987-06-19	(전)소유권	서OO		이전	매매
갑2	2004-03-27	(현)소유권	황OO 외		이전	매매
갑5	2009-04-30	압류(지분) 황OO지분	국민연금공단		소멸기준	
갑6	2009-09-30	압류(지분) 황OO지분	근로복지공단		소멸	
갑7	2010-03-03	가압류(지분) 황OO지분	안OO	165,000,000원	소멸	
갑8	2010-03-11	가압류(지분) 황OO지분	김OO	32,524,500원	소멸	
갑10	2010-03-22	가압류(지분) 황OO지분	★★★통상	28,962,645원	소멸	
갑11	2010-03-25	가압류(지분) 황OO지분	★★	20,891,200원	소멸	
갑12	2010-04-08	가압류(지분) 황OO지분	김★★	17,540,675원	소멸	
갑13	2010-04-09	가압류(지분) 황OO지분	이OO	162,565,100원	소멸	
갑14	2010-04-09	가압류(지분) 황OO지분	김##	18,724,120원	소멸	
갑15	2010-04-19	가압류(지분) 황OO지분	최OO	36,593,000원	소멸	
갑16	2010-05-06	가압류(지분) 황OO지분	★★★에너지	12,676,448원	소멸	
갑17	2010-06-14	가압류(지분) 황OO지분	중소기업은행	10,138,960원	소멸	
갑18	2010-06-23	가압류(지분) 황OO지분	제일은행	44,090,087원	소멸	
갑19	2010-07-21	가압류(지분) 황OO지분	국민은행	40,380,276원	소멸	
갑20	2010-07-30	가압류(지분) 황OO지분	윤OO	51,848,412원	소멸	
갑21	2010-08-25	강제경매(지분) 황OO지분	이OO	청구: 167,286,168원	소멸	2010타경13264
갑22	2010-11-23	압류(지분) 황OO지분	용산세무서		소멸	

본 사건의 부동산등기부상 황 모 씨에 대한 권리관계인데, 상당히 복잡한 것 같다. 그러나 우리 경매인들은 권리관계가 될 수 있으면 지저분한 물건, 복잡한 물건을 선택하도록 하자! 왜냐하면 속칭 채무자 측에서 "퉁"하고 치는 물건일 경우, 경매취하의 가능성은 거의 제로이기에 낙찰만 받으면 그 때부터 작업(?)을 해서 수익을 올릴 수 있기 때문이다.

③ 공유자 서 모 씨는 우선매수신고서를 두 번이나 제출했다.

공유자 서 모 씨는 성급한 모습을 보인 것 같은데, 누구한테 코치를 받았다면 지분경매에 대해 잘 알지도 못하는 부류로부터 코치를 받은 것 같다.

누구한테 코치를 해 주려면 똑바로 알고 코치를 해주어야지, 잘 알지도 못하면서 코치를 해 주다니... 안타깝다.

진정 서 모 씨가 우선매수권을 행사하고 싶다면 매각기일 또는 개찰기일에 입찰법정에서 행사하면 그만이다. 매각기일 이전에 우선매수신고서를 제출하는 부산을 떨 필요가 없는 것이다.

본 사건의 1차 개찰기일은 2010년 12월 22일이었는데, 서 모 씨는 그 전인 동년 11월 11일 우선매수신고서를 제출하였다.

〈공유자 서OO의 1차 우선매수신고서 제출내역〉

2010-11-11	공유자 서 OO 공유자우선매수신고 제출

1차 개찰기일에 유찰되었고, 2차 개찰기일인 2011년 2월 1일 이전인 동년 1월 6일에 또다시 우선매수신고서를 제출하였다.

〈공유자 서OO의 2차 우선매수신고서 제출내역〉

2011-01-06	공유자 서 OO 우선매수신고서 제출

우선매수권 제한에 관하여 앞에서 이야기했다.

공유자가 매각기일 이전에 우선매수신고서를 제출하였으나, 매각기일 당일에 입찰자가 없을 경우, 공유자는 입찰보증금을 집행법원에 납부하고 경매사건을 종결지어야 하나, 입찰자가 없다 하여 입찰보증금을 납부하지 않았다면 다음 매각기일에는 우선매수권을 인정받지 못하는 것이다[=대법원 2008마1189결정 참조].

우리 경매인 입장에서는 공유자가 매각기일 이전에 우선매수신고서를 제출하였고, 그 후 유찰이 되었다면 70% 전후로 하여 입찰을 하는 것이다. 그런데 집행법원이 공유자에게 우선매수권을 인정한다면 차순위매수신고를 한 후 즉시항고 등으로 자기 권리를 찾도록 하자!

〈매각물건명세서 중에서...〉

※ 비고란
1. 지분경매 2. 특별매각조건 : 공유자의 우선매수권행사에 따른 매수신고가 매수보증금 미납으로 실효되는 경우, 그 우선매수신고를 한 공유자는 그 이후 해당 부동산의 매각에 있어서는 우선매수청구권을 행사할 수 없음 3. 공유자 "서 00" 공유자우선매수청구권 없음 ←

서울서부지방법원은 공유자의 우선매수권제한을 실시하고 있다. 개인적으로 필자는 서울서부지방법원을 I Love You 하고 싶다.

위 매각물건명세서상 화살표 부분에 "공유자 '서00' 공유자우선매수청구권 없음."이라고 표시되어 있다. 이 내용이 무엇일까? 이는 공유자 서 모 씨가 개찰기일 이전에 공유자우선매수신고서만 2회 제출하였고, 입찰보증금을 납부하지 않았기에 차기 기일에는 공유자에게 우선매수권을 인정해 주지 않는다는 것이다. 괘씸죄인가? 아니다! 당연한 것이다!!

④ 지분부동산에 대한 투자전략

먼저 공유자가 매각기일 이전에 우선매수신고서를 제출 하였으나, 유찰된 물건을 고르자. 그리고 최저매각금액보다 부동산등기부상 상당한 채권액이 있는 물건, 한마디로 "배보다 배꼽이 큰 물건"을 고르자.

그러한 물건에 입찰하였으나 집행법원이 공유자에게 우선권을 부여한다면 차순위매수신고를 하여 즉시항고 등으로 싸워야만 한다. 집행법원의 처분에 그냥 "네~~~" 하면 결코 아니 된다.

⑤ 버스 지나간 다음에 손드는 격이지만...

지분부동산에 입찰할 경우 나름 시나리오를 준비해야 한다. 입찰하기 전에 미리 내용증명과 소장 초안을 작성하여 stand-by 하는 것이다. 본 사건 지분을 낙찰 받았을 경우를 대비하여 다음과 같이 내용증명을 미리 작성해 놓았었는데... 다음을 기약하면서 이곳에 옮겨 봅니다.

내 용 증 명

발신인 : 박OO
수신인 : 서OO
제 목 : 2분의 1 지분 소유권이전 통보

귀하의 일익번창하심을 기원 드리면서, 다음과 같이 드릴 말씀이 있어 귀하에게
본 서신을 발송합니다.

=다 음=

1. 2분의 1 지분 낙찰 후 소유권취득 관련
   (1) 발신인은 서울서부지방법원 2010타경13264호 강제경매사건에서 서울 용산구 효창동 5-00, **빌라 303호의 2분의 1 지분을 2011년 3월 23일 서울서부지방법원에서 최고가격을 제시하여 낙찰 받았습니다.
   (2) 그 후 2011년 0월 0일 서울서부지방법원의 대금지급명령에 의해 매각잔금을 완납하고 발신인 명의로 소유권이전등기를 마쳤습니다.

2. 발신인의 조치사항
   (1) 부동산등기부상 서울 용산구 효창동 5-00, **빌라 303호, 2분의 1은 발신인 소유입니다.
   (2) 그런데 귀하는 발신인의 동의 없이 위 빌라 전부를 임의로 사용하고 있습니다.
   (3) 이로서 발신인은 금전적 손해가 막대하여 귀하의 위 빌라 전부에 대한 점유사용을 좌시할 수 없게 되었습니다.
   (4) 이에 발신인은 귀하와 발신인간 공유관계를 해소하기 위하여 공유물분할청구소송을 제기할 것이며, 아울러 발신인 소유인 위 빌라 2분의 1 지분에 대하여 귀하가 불법점유, 사용함으로 인해 발신인은 막대한 금전적 손해를 입었기에 귀하를 상대로 손해배상청구소송을 제기하고자 합니다.
   (5) 발신인의 의견에 귀하의 성의 있는 답변을 기대해 봅니다.

2011년 0월 0일

위 발신인 : 박OO(인)

3) 공유자 우선매수인정

2010 타경 2217 (강제)		매각기일 : 2011-01-03 10:00~ (월)		경매1계 02-2204-2405 (구내 :2405)	
소재지	서울특별시 송파구 거여동 291 거여2단지효성아파트 ***동 12층 1201호			사건접수	2010-02-11
물건종별	아파트	채권자	정00	감정가	400,000,000원
지분대지권	31.66㎡ (9.58평)	채무자	민00	최저가	(64%) 256,000,000원
지분전용	67.44㎡ (20.4평)	소유자	민00	보증금	(10%)25,600,000원
평형	**47평형**	매각대상	**토지/건물지분매각**	청구금액	7,003,400원
입찰방법	기일입찰	배당종기일	2010-04-23	개시결정	2010-02-12

▶ 기일현황

회차	매각기일	최저매각금액	결과
신건	2010-10-11	400,000,000원	유찰
2차	2010-11-22	320,000,000원	유찰
3차	2011-01-03	256,000,000원	매각
	김00/입찰5명/매각291,770,000원(73%)		
	2011-02-17	대금지급기한	납부

차순위매수신고인

▶ 감정평가현황 ☞ 삼상감정:2010-02-18

토지	건물	제시외건물(포함)	제시외건물(제외)	기타(기계기구)	합계
120,000,000원	280,000,000원	X	X	X	400,000,000원
비고	대금지급기한 지연이자는 연 2할 ※실측면적:건물면적(134.88㎡) 토지면적(63.327㎡) 중 지분경매로 2분의 1만 진행합니다.				

▶ 임차인현황 ☞ 건물소멸기준 : 2008-06-16 ☞ 배당종기일 : 2010-04-23

순위	성립일자	권리자	권리종류(점유부분)	권리금액	신고	대항	예상배당여부
1	전입 2010-01-27 확정 없음 배당 없음	이00	주택임차인		X	없음	현황조사 권리내역
- 이00(주민등록등재자) : 실제거주 및 임차관계 미상							

▶ 건물 등기부현황 ☞ 건물열람일 : 2010-09-27

구분	성립일자	권리종류	권리자	권리금액	인수/소멸	비고
갑2	2000-04-20	(전)소유권	민** 외		이전	매매
갑5	2008-06-16	압류(지분) 민00지분	송파세무서		소멸기준	
갑6	2008-08-18	압류(지분) 민00지분	서울특별시		소멸	
갑10	2009-07-31	(현)소유권(전부)	**정00외**		이전	강제경매로 인한 매각
갑12	2009-08-31	가압류(지분) 민00지분	동아효성아파트입주자대표회의	791,320원	소멸	
갑13	2010-02-12	강제경매(지분) 민00지분	정00	청구: 7,003,400원	소멸	2010타경2217

① 해설

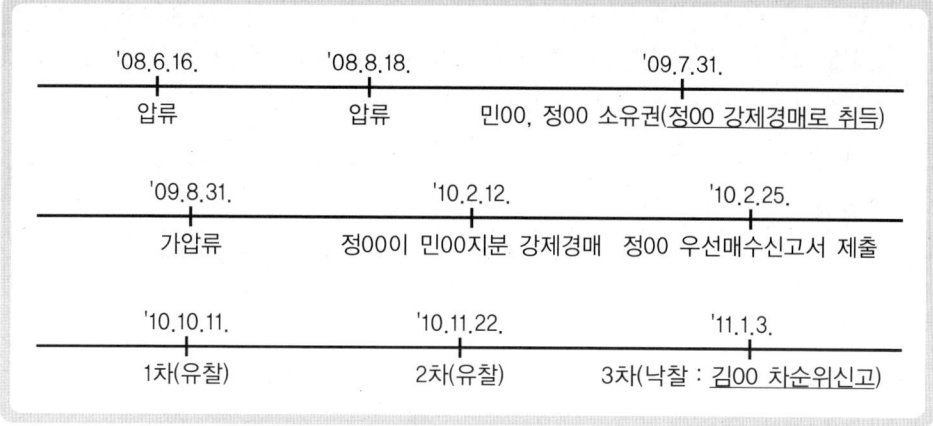

본 사례는 경매입문 편에서 잠깐 언급한 사건인데, 서울동부지방법원 2010타경2217호 강제경매사건의 경매신청권자는 정OO였다. 그런데 정OO는 동 법원 2008타경16572호 강제경매사건에서 2분의 1 지분을 낙찰 받아 2009년 7월 31일 소유권이전등기를 한 사람이다.

즉, 정OO는 본 사건 아파트 2분의 1 지분을 먼저 낙찰 받은 후, 본인이 나머지 지분 2분의 1을 강제경매 신청하였는데, 이는 아마도 공유자 민 모 씨에게 손해배상청구소송을 제기하여 법원으로부터 확정판결을 받아 민 모 씨의 공유지분 2분의 1에 대한 강제경매신청(=청구액 : 7백여만 원)을 하였을 것이다.

정OO는 강제경매신청을 한 후 최초매각기일인 2010년 10월 11일 이전인 동년 2월 25일 집행법원에 공유자우선매수신고서를 제출하였다.

〈정OO의 공유자우선매수신고서 제출내역〉

| 2010-02-25 | 공유자 정OO 공유자우선매수신고서 제출 |

본 사건은 1차 매각기일과 2차 매각기일에는 응찰자가 없어 유찰되었고, 3차 매각기일인 2011년 1월 3일 5명이 입찰하였고, 필자의 지인 김 모 씨가 최고가격을 제시하자, 집행관은 "공유자 정OO씨 나오셨나요?" 하자, 정OO는 "네" 하면서 집행관 앞으로 나갔으며, 집행관이 정OO에게 "우선매수신고 하시겠습니까?"라고 하자, 정OO는 아주 예쁜 목소리로 "네~~~"라고 대답하였다.

4. 실전 지분경매분석 269

② 최고가매수신고인 김 모 씨는 차순위매수신고를 하였다!

집행관의 공유자 정OO에 대한 우선매수권 인정에 최고가격을 제시한 김 모 씨는 민사집행법 제140조와 민사집행규칙 제76조에 의해 공유자 정OO의 우선매수권 인정은 부당하다고 씩씩하게 집행관에게 이야기 했다. 그러자 집행관 왈 "이의가 있으면 차순위신고를 한 후 담당 경매계에 이의신청 하세요!"라고... 그리곤 "차순위신고 하실 겁니까? 라는 말에 김 모 씨는 "네~~~" 라고 조용히 대답했다.

매각기일인 2011년 1월 3일 다음 날에 김 모 씨는 공유자 정OO에 대한 우선매수권 인정이 부당하다는 내용으로 집행법원에 이의신청서를 제출했다.

〈차순위매수신고인 김 모 씨의 이의신청서 제출〉

| 2011-01-04 | 차순위매수신고인 김 OO 이의신청서 제출 |

이 모든 것은 필자가 경매법정에서 목격한 사실이며, 김 모 씨는 필자가 daum에서 운영하고 있는 경매동호회인 "건강한 부자클럽"의 투자클럽회원으로서 수시로 만나 경매와 관련한 토론을 하고, 직접 입찰참여도 하고 있다.

아래는 집행법원에 제출한 이의신청서 내용인데, 무슨 이유인지 받아들여지지 않았다. 받아들여지지 않은 이유가 지금도 대단히 궁금하다.

이 의 신 청 서

존경하옵는 판사님에게 서울동부지방법원 2010타경2217호 강제경매사건(경매1계 담당) 관련하여 다음과 같이 몇 글자 올립니다.

다 음

1. 강제경매 사건내역
   (1) 경매사건 : 서울동부지방법원 2010타경2217호 강제경매사건
   (2) 소 재 지 : 서울시 송파구 거여동 291 거여2단지효성아파트 ***동 1201호
   (3) 매각대상 : 전용면적 134.88㎡, 대지권 63.327㎡ 중 1/2 지분경매.

2. 올리는 말씀
   (1) 본 이의신청인은 2011년 1월 3일(月) 서울동부지방법원 7호 법정에서 위 사건에 291,770,000원으로 입찰하였습니다.
   (2) 최고가격 제시 후 공유자의 우선매수신청이 있었고, 입찰법정에서 공유자를 최고가매수인으로 결정하였기에 저는 차순위매수신고를 하였으며,
   (3) 공유자에 대한 우선매수권 인정에 불복하기에 이에 본 이의신청서를 제출하는 것입니다.

3. 이의신청사유
　(1) 경매부동산의 공유자는 경매진행중인 지분에 대한 우선매수청구권이 인정되는 것으로 압니다(민사집행법 제140조 제1항 내지 제3항).
　(2) 그러나 민사집행규칙 제76조 제2항에 의하면 "공유자가 법 제140조 제1항의 규정에 따른 신고를 하였으나 다른 매수신고인이 없는 때에는 최저매각가격을 법 제140조 제1항의 최고가매수신고가격으로 본다."라고 되어 있습니다.
　(3) 본 경매사건의 공유자인 정00는 1차 매각기일인 2010년 10월 11일 이전인 2010년 2월 25일 공유자우선매수신고서를 귀원에 제출하였습니다.
　(4) 민사집행규칙 제76조 제2항에 의한다면 본 사건의 경우, 1차 매각기일 이전에 공유자 정00는 우선매수신고서를 제출하였는데, 1차 매각기일에 입찰자가 없었다면 공유자 정00에게 최고가매수신고인의 지위를 부여하고, 매수신청보증금을 제공받은 후 본 경매사건을 종결시킴이 마땅하다고 사료됩니다.
　(5) 그런데 3차 매각기일인 2011년 1월 3일에 입찰자가 있자 공유자 정00에게 우선매수권을 인정하였기에 저는 부득불 차순위매수신고를 하였습니다.
　(6) 공유자의 우선매수신고서 제출은 우선매수권 행사의 의사표시로 알고 있습니다. 그러하다면 본 사건의 경우 1차 매각기일에 최저매각금액인 4억 원 이상으로 매수한 자가 없었기에 본 사건의 부동산을 공유자 정00가 4억 원으로 취득하는 것이 타당하다고 사료됩니다.
　(7) 만약 1차 매각기일 이전에 공유자우선매수신고서를 제출한 자에 대하여 수회 유찰된 후 공유자우선매수권을 인정한다면 저가낙찰을 노린 폐단이 발생될 것으로 사료됩니다.

4. 결어
　매각기일 이전에 공유자우선매수신고서를 제출한 자는 우선매수권을 이미 사용한 것으로 봅니다. 그러하다면 매각기일 당일에 최저매각가격으로 입찰한 자가 없다면 공유자가 매각기일의 최저매각가격으로 매수한 것으로 보아야 한다고 봅니다. 그러하지 않고 수회 유찰된 후 공유자에게 우선매수권을 인정한다면 낙찰가 저감에 따른 채권자의 채권 회수금액이 현저히 낮아 질 것이고, 공유자는 이를 노려 저로 매수하려는 폐단이 속출할 것으로 보여 집니다.

　존경하옵는 판사님!
　부디 혜량하셔서 본 경매사건의 공유자에 대한 매각불허가결정과 아울러 본 이의신청인에게 매각허가결정을 내려 주시기 바랍니다. 공유자우선매수권에 대한 현명한 판단을 하여 주시기 바랍니다.

〈첨부서류〉
1. 경매정보지 사본.
1. 대법원 문건접수내역 사본.
1. 입찰보증금 영수증 사본.

　　　　　　　　　　　　　2011. 1.   .

　　　　　이의신청인(차순위매수신고인) : 김00(인)
　　　　　　　　　　　　☎ 010-000-000

서울시 송파구 마천동 000, ***아파트 2차 ***동 705호

서울동부지방법원 귀중

③ 이의신청서를 제출하였음에도 불구하고...

집행법원은 2011년 1월 10일 공유자 정OO에 대해 매각허가결정을 내렸다. 이 결정에 불복하고자 다시 담당 경매계를 찾아 가서 이야기했더니 "매각허가결정에 대한 이의는 즉시항고의 방법으로 하여야 하고, 입찰가격의 10%에 해당하는 금전을 공탁해야 한다."라는 이야기를 하였다. 차순위 매수신고인 김 모 씨는 약간의 고민을 한 후 공탁금 2천 9백여만 원을 몇 달 묵히지 않고 다른 곳에 입찰하기로 하고 즉시항고를 하지 않기로 했다.

〈공유자 정OO에 대한 매각허가결정 및 매각대금납부〉

2011-01-03 10:00	매각기일	입찰법정(7호법정)	256,000,000	매각 (291,770,000원)
2011-01-10 14:00	매각결정기일	입찰법정(7호법정)	0	최고가매각허가결정
2011-02-17 10:00	대금지급기한	경매1계	0	납부(2011.01.19)

④ 직전 경매정보지

2008 타경 16572 (강제)		매각기일 : 2009-06-22 10:00~ (월)		경매1계 02-2204-2405 (구내:2405)	
소재지	서울특별시 송파구 거여동 291 거여2단지효성아파트 ***동 12층 1201호			사건접수 2008-10-29	
물건종별	아파트	채권자	문 OO	감정가	400,000,000원
지분대지권	31.6635㎡ (9.58평)	채무자	민 **	최저가	(64%) 256,000,000원
지분전용	67.44㎡ (20.4평)	소유자	민 **	보증금	(10%)25,600,000원
평형	23.5평형	매각대상	토지/건물지분매각	청구금액	400,000,000원
입찰방법	기일입찰	배당종기일	2009-02-03	개시결정	2008-10-30

▶ 기일현황

회차	매각기일	최저매각금액	결과
신건	2009-03-23	400,000,000원	유찰
2차	2009-05-11	320,000,000원	유찰
3차	2009-06-22	256,000,000원	매각

정OO/입찰7명/매각295,600,000원(74%)

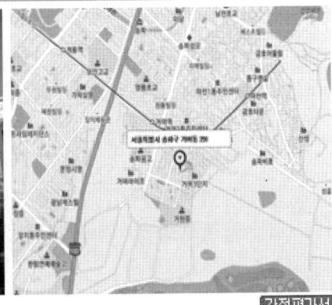

▶ 감정평가현황 ▷ 한미감정:2008-12-02

토지	건물	제시외건물(포함)	제시외건물(제외)	기타(기계기구)	합계
120,000,000원	280,000,000원	X	X	X	400,000,000원
비고	대금지급기한 지연이자는 연 2할 ※실측사정:건물면적(134.88㎡),토지면적(63.327㎡) (47평형)중 지분경매로 2분의1 만진행합니다.				

4) 사이좋게 같이 팔아서… - 1

2008 타경 21182 (강제)		매각기일 : 2009-09-17 10:00~ (목)		경매7계 530-1819 (구내:1819)	
소재지	서울특별시 강남구 도곡동 467-17 타워팰리스 *동 40층 4007호			사건접수 2008-07-18	
물건종별	아파트	채권자	조00	감정가	1,200,000,000원
지분대지권	11,61565㎡ (3,51평)	채무자	김00	최저가	(64%) 768,000,000원
지분전용	81,3㎡ (24,59평)	소유자	김00	보증금	(10%) 76,800,000원
평형		매각대상	토지/건물지분매각	청구금액	444,154,317원
입찰방법	기일입찰	배당종기일	2008-09-23	개시결정	2008-07-21

▶ 기일현황

회차	매각기일	최저매각금액	결과
신건	2009-07-09	1,200,000,000원	유찰
2차	2009-08-13	960,000,000원	유찰
3차	2009-09-17	768,000,000원	매각

박00/입찰1명/매각821,200,000원(68%)

경매대상 : 1/2지분

▶ 감정평가현황 ▷ (주)대한감정 : 2008-09-09

토지	건물	제시외건물(포함)	제시외건물(제외)	기타(기계기구)	합계
360,000,000원	840,000,000원	×	×	×	1,200,000,000원
비고	-임대차 : 물건명세서와 같음 ※실측면적 : 건물면적(162,60㎡), 토지면적(23,2313㎡)중 지분경매로 2분의 1만진행합니다.				

본 사건은 아파트 2분의 1 지분이 경매대상이다.

3차 매각기일인 2009년 9월 17일, 박 모 씨가 8억 2천여만 원에 낙찰 받았다. 지분경매로 수익을 올리는 방법에 대해서는 앞에서 언급하였는데, 쌍방간 법정에서 만나기보다는 원만한 협의에 의해 해결하는 것이 좋다고 본다.

본 사건의 부동산등기부를 확인해 보니, 박 모 씨가 2009년 10월 13일 2분의 1 지분을 강제경매로 인한 매각으로 소유권을 취득하였고, 2010년 7월 30일 거래가액을 18억 원으로 하여 윤 모 씨 명의로 소유권이전등기가 되어 있었다.

이는 아마도 낙찰자 박 모 씨와 공유자간에 원만한 협의에 의해 공유부동산 전부를 일반매매로 전환시킨 듯하다.

박 모 씨는 2분의 1 지분을 8억 2천여만 원에 낙찰 받았고 소유권이전등기에 따른 제비용을 4천여만 원으로 본다면 총 투입금액은 8억 6천만 원이 되는데, 약 10개월 후에 18억 원에 매각하였다면 지분 낙찰자 박 모 씨는 이 금액의 2분의 1인 9억 원의 수입이 발생되었을 것이다.

<1/2 지분낙찰 후 부동산등기부 일부내용>

6	2번 김○○지분전부이전	2009년10월13일 제78425호	2009년10월12일 강제경매로 인한 매각	공유자 지분 2분의 1 박○○ 630806-2****** 서울특별시 용산구 이촌동 301-○○○
8	공유자전원지분전부이전	2010년7월30일 제47792호	2010년6월3일 매매	소유자 윤○○ 670128-2****** 서울특별시 강남구 도곡동 467-29 거래가액 금1,800,000,000원

큰 금액은 아닐지 몰라도 비교적 짧은 시간 안에 투자에 따른 수익을 실현시키는 것이 좋다고 본다. 소송에 의해 만신창이가 된 후 수익을 실현시키기 보다는… 그러나 상대방이 협조를 하지 않는다면 소송절차에 의해 수익을 실현시키는 수밖에 달리 방법이 없다.

5) 사이좋게 같이 팔아서... - 2

2010 타경 2146 (강제)		매각기일 : 2010-08-10 10:30~ (화)		경매5계 031-8086-1285	
소재지	경기도 안양시 동안구 호계동 976 주공아파트 ***동 3층 302호			사건접수	2010-02-19
물건종별	아파트	채권자	*****리스	감정가	200,000,000원
지분대지권	36,76m² (11,12평)	채무자	김**	최저가	(64%) 128,000,000원
지분전용	32,29m² (9,77평)	소유자	김**	보증금	(10%)12,800,000원
평형		매각대상	토지/건물지분매각	청구금액	103,393,797원
입찰방법	기일입찰	배당종기일	2010-05-06	개시결정	2010-02-22

▶ 기일현황

회차	매각기일	최저매각금액	결과
신건	2010-06-01	200,000,000원	유찰
2차	2010-07-06	160,000,000원	유찰
3차	2010-08-10	128,000,000원	매각

김OO/입찰2명/매각135,777,000원(68%)

경매대상 : 2/3지분

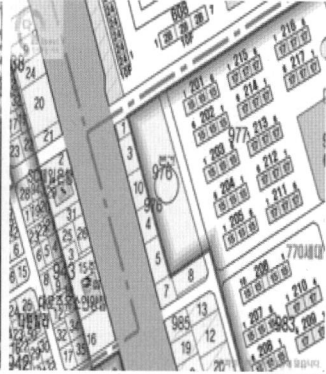

▶ 감정평가현황 ☞ 보람감정 : 2010-02-25

토지	건물	제시외건물(포함)	제시외건물(제외)	기타(기계기구)	합계
100,000,000원	100,000,000원	X	X	X	200,000,000원
비고	※실측면적:건물면적(46,93m²) 토지면적(55,14m²) 중 지분경매로 3분의2 만 진행합니다.				

① 해설

수원지방법원 안양지원 2010타경2146호 강제경매신청사건의 경매대상물은 위 아파트의 3분의 2 지분이다. 이를 3차 매각기일에 김 모 씨가 1억 3천 5백여만 원에 낙찰 받았는데, 참고로 낙찰자 김 모 씨는 필자와는 절친이며, 요즈음 지분경매물건 등 특수물건에 관심을 가지고 있는 모양이다.

아파트나 빌라 등 집합건물의 지분에 입찰하여 낙찰 받으면 일반적인 물건에 투자해서 올리는 수익보다는 나을 것이다. 단, 낙찰가율은 70%를 넘으면 큰 수익은 기대할 수 없다고 본다.

왜냐하면 낙찰 후 공유자와의 때로는 지루한 협상이 필요하며, 협상이 결렬되었을 때에는 소송을 제기해야 하는 경우가 생길 수도 있고, 지분경매의 경우 매각잔금 대출이 일반 물건에 비해 쉽지 않기 때문이다.

어쨌든 지분경매투자는 시간과 자금 측면에서 여유가 있는 사람만이 도전해볼 분야라고 본다.

② 2/3 지분 낙찰 후 김 모 씨는?

지분 낙찰자 김 모 씨는 1/3 지분권자와 만나서 공유 부동산 전부를 "같이 팔자!"라고 제안하였으나, 상대방이 거절하자 다음과 같이 공유물분할청구소장을 작성하여 "당신이 매각에 협조하지 않으면 공유물분할청구소송에 의한 판결문으로 공유부동산 전부를 경매 붙여서 각자 지분만큼 나눠 가지자!"라는 이야기와 함께 소장을 상대방에게 주었다고 한다. 소장내용은 다음과 같다.

〈공유물분할청구소장〉

소 장

원 고 : 김 ○ ○
피 고 : 신 ○ ○
　　　　경기도 의왕시 내손동 **** 아파트 104-0000

공유물분할청구의 소

청 구 취 지

1. 별지목록1기재 부동산을 경매하고, 그 매각대금에서 경매비용을 공제한 금액을 분할하여 별지목록2기재의 공유지분 비율에 따라 원고와 피고에게 각 배당한다.

2. 소송비용은 피고의 부담으로 한다. 라는 재판을 구합니다.

청 구 원 인

1. 원고는 별지목록1기재 부동산 중 3분의 2 지분을 수원지방법원 안양지원 2010 타경2146호 부동산강제경매사건의 낙찰로 인하여 별지목록2기재 지분으로 공유하고 있으며, 위 부동산에 관하여 공유자 사이에는 분할하지 않는다는 특약을 한 바 없습니다.

2. 원고는 2010년 9월 말경 별지목록1기재 부동산을 팔아서 매각대금을 지분대로 분할하려고 하였으나 피고는 이 요구에 응하지 않고 있습니다.

3. 위와 같이 원고와 피고 사이에 공유물분할에 관한 합의가 이루어지지 아니하고 있으며,

이 사건 부동산은 그 성질상 현물로의 분할이 불가능하기에 별지목록1 기재 부동산을 경매하여 그 매각대금을 공유지분비율에 따라 분할하는 것이 최선의 방법으로 사료 됩니다.

4. 따라서 원고는 별지목록1기재 부동산을 경매에 붙여 그 매각대금 중에서 경매비용을 공제한 다음, 별지목록2기재 공유지분 비율에 따라 원·피고에게 배당되도록 하여 공유관계를 해소하기 위해 이 사건 청구에 이른 것입니다.

입 증 방 법

1. 갑제1호증 부동산등기부등본
1. 갑제2호증 매각허가결정사본

첨 부 서 류

1. 위 입증방법 각 1통
1. 소장부본 1통
1. 송달료 납부서 1통

2010. . .

위 원고 : 김 0 0(인)

수원지방법원 귀중

③ 공유물분할청구소장을 받아 본 1/3 지분권자는?

공유자는 김 모 씨가 작성한 소장을 가지고서 여기저기 돌아다니면서 많이 알아본 모양이었다. 그 이후에 만났더니 상대방은 낙찰자 김 모 씨에게 "우리 그냥 통째로 팔아요~~~"라고 이야기를 하더란다.

김 모 씨는 속으로 쾌재를 부르면서 인근 중개업소에 매물 접수를 시켰다고 한다. 그런데, 일이 잘 풀리는 것인지, 그 아파트 단지가 2010년 12월 13일 재건축조합 설립인가가 나면서 아파트의 가치가 상승곡선을 긋고 있다는 것을 알고서는 매물을 회수하였다고 한다.

그런데 최근 김 모 씨의 마음은 또 변했다고 한다. 3분의 1 지분권자를 설득시켜 그 자의 지분을 매입하려 하고 있고, <u>그 후 상대방 지분을 매입하였다.</u>

④ 소장 작성 관련

소장 작성에는 두 가지 목적이 있다고 본다. 하나는 소장상의 청구내용을 실현시키기 위해서이고, 다른 하나는 상대방으로 하여금 협조를 잘 하게끔 하기 위한 도구로 쓰기 위함일 것이다. 상대방과 싸우기 위한 소장 작성보다는 협상용으로의 소장 작성이 좋다고 본다.

⑤ 소유권이전촉탁등기

경락잔금을 대출받지 않는 이상, 소유권이전촉탁등기를 낙찰자가 직접 해 보는 것도 나쁘지는 않다고 본다. 소위 나 홀로 등기신청인데, 어지간한 자료는 인터넷을 뒤지면 다 있다. 나아가 대법원 홈페이지를 방문해 보면 법원경매와 관련한 양식이 있지 않는가?

모르면 물어 가면서 해 보는 것이다. 본 사건의 3분의 2 지분을 낙찰 받은 김 모 씨는 다음과 같은 양식에 의해 나 홀로 등기까지 마쳤다. 경매인으로서 돈 좀 벌어 보려면 팔방미인이 되어야만 한다.

〈본 사건 소유권이전촉탁등기신청서〉

부동산소유권이전등기 촉탁신청서

사건번호　　2010타경2146호 부동산강제경매
채 권 자　　○○○(주)
채 무 자(소유자)　　김 ** (김 ** / 신 ○○)
매 수 인　　김 ○ ○

위 사건에 관하여 매수인 김○○은 귀원으로부터 매각허가결정을 받고 2010년 0월 0일 대금 전액을 완납하였으므로 별지목록기재 부동산에 대하여 소유권이전 및 말소등기를 촉탁하여 주시기 바랍니다.

　　　　　　　　　　　　　　첨부서류

1. 부동산목록　　　　　4통
1. 부동산등기부등본　　1통
1. 토지대장등본　　　　1통
1. 건축물대장등본　　　1통
1. 주민등록등본　　　　1통
1. 제1종국민주택채권매입필증 및 산출근거
1. 등록세 영수증(이전, 말소)
1. 대법원수입증지-이전 14,000원, 말소 1건당 3,000원(토지, 건물 각각임)
1. 말소할 사항(말소할 각 등기를 특정할 수 있도록 접수일자와 접수번호) 4부

　　　　　　　　　　　2010년　　　　월　　　　일

신청인(매수인) 김 0 0 (인)
연락처(☎) 010-000-0000

수원지방법원 안양지원 귀중

6) 지분 낙찰 후 타공유자에게 매각 - 1

본 경매사건은 경기도 광명시 하안동 주공아파트 24평형 아파트로서, 이 중 4분의 1 지분이 경매대상물인데, 이를 3차 매각기일인 2007년 12월 24일 신 모 씨가 3천 5백여만 원에 낙찰 받았다.

낙찰자 신 모 씨 명의로 지분 소유권 이전일이 2008년 1월 21일이었고, 신 모 씨는 자기 지분을 20여일 후인 동년 2월 11일 공유자 김 모 씨에게 팔았는데, 거래가액은 4천 7백만 원이었다.

이 정도의 수익이면 나쁘지 않다고 본다. 낙찰자 신 모 씨는 낙찰 후 등기비용 등을 포함하여 총 투입금액이 3천 7백만 원이라면 매매가 4천 7백만 원 대비하여 1천만 원의 수익이 발생한 셈이다.

그런데, 부동산을 매각하였으니 양도소득세를 납부하여야 하지 않는가? 매매차액의 50%를 세금으로 납부하더라도 20여일 만에 5백만 원의 수익을 발생시켰다면?

참고로 아래 부동산등기부는 낙찰자 신 모 씨 명의로 4분의 1 지분 소유권이 이전된 내용과 20여일 후에 신 모 씨의 지분이 공유자인 김 모 씨 명의로 이전된 내용이다. 거래가액은 4천 7백만 원!

〈낙찰 후 부동산등기부 일부내용〉

12	2번김○○지분전부이전	2008년1월21일 제2802호	2008년1월11일 강제경매로 인한 매각	공유자 지분 4분의 1 신○○ 590915-2****** 인천광역시 남동구 만수동 933-○
14	12번신○○지분전부이전	2008년2월11일 제5868호	2008년2월4일 매매	공유자 지분 4분의 1 김○○ 581222-2****** 경기도 용인시 기흥구 동백동 602 거래가액 금47,000,000원

7) 지분 낙찰 후 타공유자에게 매각 - 2

2010 타경 17144 (강제)		매각기일 : 2011-02-28 10:00~ (월)		경매5계 2192-1335 (구내 :1335)	
소재지	서울특별시 구로구 개봉동 69-00 지층 비04호				사건접수 2010-08-18
물건종별	다세대(빌라)	채권자	김OO	감정가	33,000,000원
지분대지권	6.61㎡ (2평)	채무자	박OO	최저가	(80%) 26,400,000원
지분전용	14.75㎡ (4.46평)	소유자	박OO	보증금	(10%) 2,640,000원
평형		매각대상	토지/건물지분매각	청구금액	58,672,197원
입찰방법	기일입찰	배당종기일	2010-11-01	개시결정	2010-08-19

▶ 기일현황

회차	매각기일	최저매각금액	결과
신건	2011-01-24	33,000,000원	유찰
2차	2011-02-28	26,400,000원	매각
전OO/입찰1명/매각26,500,000원(80%)			
	2011-04-08	대금지급기한	

매각대상 : 3/7 지분

 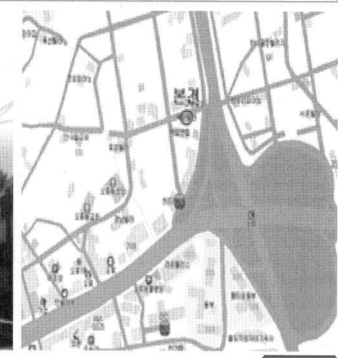

▶ 감정평가현황 ▶ 김일수감정 : 2010-08-25

토지	건물	제시외건물(포함)	제시외건물(제외)	기타(기계기구)	합계
11,550,000원	21,450,000원	X	X	X	33,000,000원
비고	※실측면적:건물면적(34.42㎡) 토지면적(15.44㎡) 중 지분경매로 7분의3 만 진행합니다.				

▶ 임차인현황   ▶ 매각물건명세서상 조사된 임차내역이 없습니다 ◀

▶ 건물 등기부현황 ▶ 건물열람일 : 2011-01-10

구분	성립일자	권리종류	권리자	권리금액	인수/소멸	비고
갑1	1995-05-24	(전)소유권(전부)	김**		이전	매매
갑2	2003-02-27	(현)소유권	박OO 외		이전	상속
갑3	2010-08-19	강제경매(지분) 박OO지분	김OO	청구:58,672,197원	소멸기준	2010타경17144

본 사건은 필자가 운영하고 있는 한빛부동산문화원의 투자클럽회원이신 전 모 씨가 낙찰 받은 사례이다. 2차 매각기일인 2011년 2월 28일 2천 6백 5십만 원 단독으로 낙찰 받았다.

사실 개찰결과 단독 낙찰이면 무엇인지는 몰라도 찜찜한 기분이 드는데, 이는 너나 나나 할 것 없이 같다고 본다. 아마 낙찰자 전 모 씨도 마찬가지였을 것이다.

본 사건은 서울 구로구 개봉동에 소재하는 빌라 지하층으로서, 7분의 3 지분경매이다. 지분경매를 잘 모르는 분들은 "요즈음 빌라 낙찰받기도 어렵고, 낙찰 받더라도 매수자가 없어 고생하는데, 빌라 지하! 그것도 전부가 아닌 7분의 3 지분을 낙찰 받아 어디다 쓸려고?"라는 생각을 할 것이다.

틀린 생각은 아니다. 그러나 돈이 되기에 낙찰 받는 것 아닐까요?

어쨌든 본건 빌라는 상속부동산으로서 3/7, 2/7, 2/7 지분으로 세 명이 공동소유하고 있는데, 이들은 본건 빌라에 거주하고 있었다.

〈경매당시 본건 소유권 관계〉

| 2 | 소유권이전 | 2003년2월27일 제15190호 | 2002년5월22일 상속 | 공유자
지분 7분의 3
박○○ 620315-2******
   서울특별시 구로구 개봉동 69-○○ **빌라 비04
지분 7분의 2
김## 900225-1******
   서울특별시 구로구 개봉동 69-○○ **빌라 비04
지분 7분의 2
김&& 910311-2******
   서울특별시 구로구 개봉동 69-○○ **빌라 비04 |

본건 주소지에 타지분권자 거주함.

공유자가 경매부동산에 거주한다면 상대방 압박 수단으로서 앞에서 언급한 내용대로 접근한다면 온전한 부동산을 낙찰 받은 후, 점유자들을 쫓아내고, 중개업소에 매물로 내놓아 수익을 올리는 것보다 훨씬 나은 경우가 있다.

본 사건 7분의 3 지분을 낙찰 받은 전 모 씨는 공유물분할청구소송에 의한 판결문으로 본건 빌라를 경매 신청하여 수익을 올리기 위해 지분을 낙찰 받았을까? 아닐 것이다. 다른 방법으로 수익을 실현시키기 위한 전단계로 지분을 낙찰 받은 것이다.

경매투자시 온전한 부동산을 낙찰 받아 생고생을 해가면서 수익을 올릴 수도 있다. 그러나 약간의 경매지식을 토대로 접근한다면 비교적 빠른 시간 안에, 흔적도 없이 꽤 짭짤한 수익을 올릴 수 있는 물건이 제법 많이 있다고 본다.

8) 지분 낙찰 후 잔여 지분매입

2006 타경 41373 (강제)		매각기일 : 2007-07-10 10:00~ (화)		경매9계 530-2712 (구내:2712)	
소재지	서울특별시 서초구 우면동★ 3층 301호			사건접수 2006-11-30	
물건종별	다세대(빌라)	채권자	나OO	감정가	135,000,000원
지분대지권	20.68㎡ (6.26평)	채무자	이OO	최저가	(80%) 108,000,000원
지분전용	39.19㎡ (11.85평)	소유자	이OO	보증금	(10%)10,800,000원
평형	26.86평형	매각대상	토지/건물지분매각	청구금액	200,000,000원
입찰방법	기일입찰	배당종기일	2007-03-09	개시결정	2006-12-01

▶ 기일현황

회차	매각기일	최저매각금액	결과
신건	2007-06-05	135,000,000원	유찰
2차	2007-07-10	108,000,000원	매각

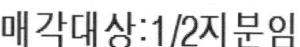
이★★/입찰3명/매각121,999,000원(90%)

매각대상:1/2지분임.

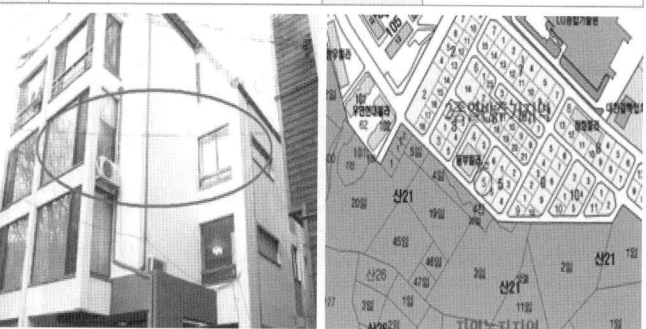

지분경매? 어렵게 생각하지 말자! 앞부분에서 언급하였듯이 다섯 가지 접근방법이 있다. 즉, 다음과 같은 접근방법에 의한다면 지분경매라 하여 어렵게 생각할 필요는 없다고 본다.

① 원만한 협상에 의해 해결
 ⅰ. 지분을 낙찰 받은 후 공유자와 합심하여 공유부동산을 매각.
 ⅱ. 낙찰 받은 지분을 공유자에게 매각.
 ⅲ. 공유자의 지분을 매입.

② 원만한 협상이 이루어지지 않으면?
 ⅰ. 공유물분할청구소송에 의한 판결문으로 공유부동산 전부를 경매 처분하여 매각대금으로 각자 지분비율로 배당.
 ⅱ. 공유자가 공유부동산 전부를 점유하고 있을 경우, 상대방은 낙찰자에게 손해를 끼치는 결과가 되어, 지분 낙찰자는 상대방에 대하여 손해배상청구소송을 제기하여 판결문으로 상대방 지분에 대한 강제경매신청과 아울러 공유자의 지위로서 공유자 우선매수청구권 행사.

③ 2분의 1 지분에 대한 이**의 낙찰

본 사건은 서울시 서초구 우면동에 소재하는 빌라 2분의 1 지분이 경매대상물이다. 이를 2차 매각기일인 2007년 7월 10일 이**가 1억 2천여만 원에 낙찰 받아 동년 9월 11일 소유권이전등기를 마쳤다.

〈이**의 2분의 1 지분 낙찰 후 소유권이전〉

16	5번이○○지분전부이전	2007년9월11일 제52359호	2007년8월28일 강제경매로 인한 매각	공유자 지분 2분의 1 이★★ 350224-2****** 서울특별시 서초구 반포동 742

④ 이**은 공유자 이@@의 지분을 매입

이**은 2007년 12월 20일 매매를 원인으로 타 지분권자 이@@의 2분의 1 지분을 1억 5천만 원에 매입하여 이**은 본 사건 빌라의 전부에 대한 소유권을 취득했다.

〈타 지분권자 이@@의 지분을 매입〉

19	5번이@@지분전부이전	2007년12월20일 제69337호	2007년12월10일 매매	공유자 지분 2분의 1 이★★ 350224-2****** 경상북도 포항시 북구 송라면 거래가액 금150,000,000원

⑤ 이**은 이&&에게 매각

이**은 2008년 2월 28일 이&&에게 본건 빌라 전부를 3억 4천만 원에 매각하였다. 여기서 낙찰자 이**의 투자에 따른 수익분석을 해 보자.

이**의 지분 낙찰가 1억 2천여만 원, 지분 매입가 1억 5천만 원, 제세금 1천여만 원이면 총 투입금액은 2억 8천만 원!

2007년 7월에 지분을 낙찰 받은 후, 소유권이전등기는 동년 9월에 했고, 2008년 2월에 본건 부동산 전부를 3억 4천만 원에 매각하였으니, 5개월여 만에 세전 6천여만 원의 수익이 발생되었다면 괜찮지 않은가?

〈이**은 이&&에게 매각〉

21	소유권이전	2008년2월28일 제9599호	2008년2월16일 매매	소유자 이&& 730330-2****** 서울특별시 강남구 개포동 1215 거래가액 금340,000,000원

⑥ 여담

싸움을 잘 하는 사람보다는 협상을 잘 하는 사람이 현명하다고 본다.

협상을 잘하기 위해서는 전체적인 흐름을 인지한 상태에서, 즉 바둑 고수가 바둑알을 놓을 때 몇 수 앞을 보고 놓는 것처럼, 경매인은 권리분석(물론 권리분석도 중요하지만 경매 투자시 보다 더 중요한 부분이 무엇인지를 고민해야 한다.) 이라는 극히 미미한 부분에 신경 쓰기보다는, 보다 큰 틀에서 경매부동산을 바라보는 연습이 필요하다.

지분부동산이나 법정지상권 관련한 물건 또는 선순위 임차인이 있는 물건을 낙찰 받았을 때, 상대방과 협상의 여지가 있는 물건인지, 아니면 소송절차에서 맞붙어야 할 상대인지를 사전에 분석한 후, 접근한다면 경매물건이 괴물로 보이지는 않을 것이다.

9) 공유물분할 청구소송에 의한 공유물 전부경매 - 1

서울시 마포구 서교동에 소재하는 주상복합 아파트의 지하 상가 2분의 1을 필자의 지인인 오 모 씨가 7차 매각기일인 2009년 12월 9일 2천 3백여만 원에 낙찰 받았다.

⟨낙찰 후 부동산등기부상 소유권변동사항⟩

2	1번김○○지분임의경매 개시결정	2006년9월18일 제57247호	2006년9월18일 서울서부지방법원와 경매개시 결정(2006타경14479)	채권자 어○○ 351019-1****** 서울특별시 마포구 성산동
3	1번김○○지분전부이전 (1/2지분)	2010년2월25일 제7116호	2010년1월20일 임의경매로 인한 매각	공유자 지분 4분의 2 오○○ 630618-1****** 서울특별시 용산구 갈월동

상가 면적은 약 5평으로서, 낙찰 후 공유자와 협의 하에 보증금 1천만 원에 월세 6십만 원으로 임대하였다고 한다. 지인은 등기비용을 포함하여 2천 5백여만 원이 투입되었을 것이다. 그런데 임대 후 보증금 5백만 원(자기 지분이 2분의 1이기에…)과 매월 3십만 원의 월세가 입금되고 있다고 하였다.

그렇다면 2천만 원 투자하여 연 3백 6십만 원의 월세수익이 발생된다면 년 수익율은 18%인 셈이다. 그런데, 지인은 본건 상가를 매각하자고 공유자에게 요청하였으나 공유자의 반응은? No! 였다고 한다.

이에 지인이 필자를 찾아 와서 어떻게 해야 할지에 대해 묻기에… "공유물분할청구소송에 의한 판결문으로 공유물 전부를 경매 신청해 버리시지요."라고 대답해 주었다.

그리고 소장을 서울서부지방법원 민사과에 접수시킨 후 "소접수증명원"을 발급받아 공유자와 최종적인 협상을 해 보라는 말도 곁들였다. 소송을 제기하겠다는 말에 상대방이 화들짝 놀라서 일반매매로 전환할지 모르기에 하는 말이다.

본 건은 공유자와 협의가 잘 되지 않아 2011년 4월 현재 소송이 진행 중인 것으로 안다. 조만간 본 사례 상가물건이 경매시장에 나오든지, 아니면 일반매물로 나와서 적과의 동침인 공유관계를 해소할 것으로 보여 진다. 아래는 공유물분할청구소장인데 참조하기 바란다.

〈공유물분할청구소장〉

소 장

원 고 : 오 ○ ○
　　　　서울시 용산구 갈월동 ○○○
피 고 1 : 김 * *
　　　　서울시 마포구 연남동 ○○○
피 고 2 : 박 ○ ○
　　　　서울시 마포구 서교동 ○○○

공유물분할청구의 소

청 구 취 지

1. 별지목록1기재 부동산을 경매하고, 그 매각대금에서 경매비용을 공제한 금액을 분할하여 별지목록2기재의 공유지분 비율에 따라 원고와 피고들에게 각 배당한다.
2. 소송비용은 피고들의 부담으로 한다. 라는 재판을 구합니다.

청 구 원 인

1. 원고는 별지목록1기재 부동산 중 4분의 2 지분을 서울서부지방법원 2008타경 14479호(물건번호 ○○번) 부동산임의경매사건의 낙찰로 인하여 별지목록2 기재 지분으로 공유하고 있으며, 위 부동산에 관하여 공유자 사이에는 분할하지 않는다는 특약을 한 바 없습니다.
2. 원고는 2010년 11월 말경 별지목록1기재 부동산을 팔아서 매각대금을 지분대로 분할하려고 하였으나 피고들은 이 요구에 응하지 않고 있습니다.
3. 위와 같이 원고와 피고들 사이에 공유물분할에 관한 합의가 이루어지지 아니하고 있으며, 이 사건 부동산은 그 성질상 현물로의 분할이 불가능하기에 별지목록1기재 부동산을 경매하여 그 매각대금을 공유지분비율에 따라 분할하는 것이 최선의 방법으로 사료 됩니다.
4. 따라서 원고는 별지목록1기재 부동산을 경매에 붙여 그 매각대금 중에서 경매비용을 공제한 다음, 별지목록2기재 공유지분 비율에 따라 원·피고들에게 배당되도록 하여 공유관계를 해소하기 위해 이 사건 청구에 이른 것입니다.

입 증 방 법

1. 갑제1호증 부동산등기부등본.
1. 갑제2호증 등기권리증사본.

첨 부 서 류

1. 위 입증방법 각 1통.
1. 소장부본 2통.
1. 송달료 납부서 1통.

2011.　.　.

위 원고 : 오 ○ ○ (인)

서울서부지방법원 귀중

10) 공유물분할 청구소송에 의한 공유물 전부경매 - 2

2009 타경 2575 (강제)		매각기일 : 2009-10-28 10:00~ (수)		경매1계 (054) 420-2181 (구내:2181)	
소재지	경상북도 김천시 평화동 51-0 **아파트 *동 5층 501호			사건접수 2009-03-16	
물건종별	아파트	채권자	동양파이낸셜	감정가	7,500,000원
지분대지권	7.7㎡ (2.33평)	채무자	전 ○○	최저가	(70%) 5,250,000원
지분전용	11.14㎡ (3.37평)	소유자	전 ○○	보증금	(20%) 1,050,000원
평형		매각대상	토지/건물지분매각	청구금액	2,289,891원
입찰방법	기일입찰	배당종기일	2009-05-21	개시결정	2009-03-17

▶ 기일현황

회차	매각기일	최저매각금액	결과
신건	2009-07-28	7,500,000원	유찰
2차	2009-08-28	5,250,000원	매각
이 ○○/입찰1명/매각6,375,000원(85%)			
	2009-09-28	대금지급기한	미납
2차	2009-10-28	5,250,000원	매각
박 ○○/입찰1명/매각5,710,000원(76%)			

매각대상 : 2/13 지분

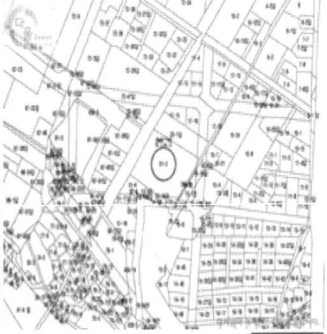

▶ 감정평가현황 ☞ 삼창감정:2009-03-25

토지	건물	제시외건물(포함)	제시외건물(제외)	기타(기계기구)	합계
2,100,000원	5,400,000원	X	X	X	7,500,000원
비고	공유자들점유, 재매각:매수보증금 20%※실측사정:건물면적(72.39㎡),토지면적(50㎡)중지분경매로13분의2만 진행합니다.				

▶ 임차인현황   ▶ 채무자(소유자)점유 ◀

▶ 건물 등기부현황 ☞ 건물열람일 : 2009-07-14

구분	성립일자	권리종류	권리자	권리금액	인수/소멸	비고
갑1	1993-12-16	(전)소유권	전 ○○		이전	매매
갑2	2009-03-06	(현)소유권	유 ○○ 외		이전	**상속**
갑3	2009-03-18	강제경매(지분) 전○○지분	동양파이낸셜	청구: 2,289,891원	소멸기준	2009타경2575
갑4	2009-04-23	압류(지분) 전○○지분	경상북도김천시		소멸	

① 먼저 13분의 2 지분을 낙찰 받다!

경상북도 김천시 평화동 소재 **아파트 13분의 2 지분이 강제경매 신청되자, 2차 매각기일(=재매각기일)인 2009년 10월 28일 박 모 씨가 5백 7십여만 원에 낙찰 받았다. 그런데 미리 이야기하는데, 낙찰자 박 모 씨는 그리 큰 재미를 보지 못했다. 지분경매에 관심을 가진다면 어찌되었든 돈을 벌어야 하지 않겠는가? 박 모 씨가 돈을 벌지 못한 사유를 알아보자.

〈박 모 씨의 13분의 2 지분 낙찰〉

| 6 | 2번전○○지분전부이전 | 2009년11월24일 제27539호 | 2009년11월23일 강제경매로 인한 매각 | 공유자 지분 13분의 2 박○○ 740918-1****** 서울특별시 송파구 삼전동 |

② 지분 낙찰 후 형식적 경매 진행

2010 타경 9282 (임의)			매각기일 : 2011-01-25 10:00~ (화)		경매1계 (054) 420-2091 (구내 :2091)	
소재지	경상북도 김천시 평화동 51-* **아파트 *동 5층 501호				사건접수 2010-09-27	
물건종별	아파트	채권자	박○○(2/13 지분권자)	감정가	48,000,000원	
대지권	50㎡ (15.12평)	채무자	유○○외 5명	최저가	(70%) 33,600,000원	
전용면적	72.39㎡ (21.9평)	소유자	유○○외 5명	보증금	(10%)3,360,000원	
평형		매각대상	토지/건물일괄매각	청구금액	1원	
입찰방법	기일입찰	배당종기일	2010-11-29	개시결정	2010-09-27	

▶ 기일현황

회차	매각기일	최저매각금액	결과
신건	2010-12-23	48,000,000원	유찰
2차	2011-01-25	33,600,000원	매각
김○○/입찰4명/매각37,110,000원(77%)			
	2011-02-24	대금지급기한	납부

▶ 임차인현황   ▶ 채무자(소유자)점유 ◀

▶ 건물 등기부현황 ▷ 건물열람일 : 2010-12-09

구분	성립일자	권리종류	권리자	권리금액	인수/소멸	비고
갑2	2009-03-06	(전)소유권	유 ○○ 외		이전	상속
갑5	2009-11-24	(현)소유권(전부)	박 ○○ 외		이전	강제경매로 인한 매각
갑7	2010-01-12	가처분(지분) 유○○,전○○,전**,전##,전&&지분	박○○		소멸	담당계 문의경매신청채권자 배당후 소멸 [가처분등기보기]
갑8	2010-09-28	임의경매	박○○	청구: 1원	소멸기준	2010타경9282

4. 실전 지분경매분석 289

2009년 10월 28일, 13분의 2 지분을 낙찰 받은 박 모 씨는 2010년 9월 28일 청구금액을 1원으로 하여 본건 501호 전부를 임의경매에 붙였다.

　이는 낙찰자 박 모 씨가 공유자를 상대로 공유물분할청구소송에 의한 판결문으로 임의경매신청(⇨판결문으로는 강제경매신청이지 왜 임의경매신청인가에 대하여 의구심을 가지는 독자가 계실 것이다. 이는 공유물분할청구의소에 의한 경매시 임의경매형식에 의해 경매가 진행되기 때문이다.)을 한 것이다.

　경매결과 2차 매각기일인 2011년 1월 25일 김 모 씨가 3천 7백여만 원에 낙찰 받았는데, 2/13 지분 낙찰자였던 박 모 씨의 배당금액은 <u>5백 4십여만 원</u>(=경매비용을 감한 배당금액 3천 5백만 원 × 2/13)이 되어, 대구지방법원 김천지원 2009타경2575호 강제경매사건(=1차 경매)에서의 낙찰금액이 5백 7십 1만원이고, 이전등기비용과 가처분등기비용 등을 합치면 6백여만 원이 넘었을 텐데…

　본 사건의 경우 지분에 투자하여 자금 회수하는 기간이 1년 이상 걸렸는데, 오히려 마이너스라면? 밑지는 장사이지 않는가? 이런 장사는 하지 않는 것이 좋은데… 독자 여러분은 어떻게 생각하십니까?

③ 공유자에 대한 가처분등기

　13분의 2 지분 낙찰자 박 모 씨는 조치할 것은 다 해 놓았다. 공유물분할청구소송에 의한 공유물 전부를 경매에 붙이면 이를 형식적 경매라 한다.

　형식적 경매의 경우, 소멸주의 또는 인수주의에 의해 사건이 진행된다는 이야기를 앞에서 언뜻 하였다.

　만약 집행법원이 인수주의에 의해 경매사건을 진행시킨다면 공유자가 고의로 자기 지분에 대해 가압류등기나 근저당권을 설정할 경우, 이러한 가압류등기 등은 매각으로 소멸되지 않고, 낙찰자의 부담으로 남을 수 있기에 상대방 지분에 대해 처분금지가처분등기를 하곤 한다.

　그런데 대구지방법원 김천지원은 형식적 경매를 소멸주의에 의해 진행시키는 모양이다. 매각물건명세서를 보면 인수주의라는 문구가 전혀 보이지 않기 때문이다. 만약 인수주의에 의해 경매진행 된다면 매각물건명세서 하단에 있는 ※비고란에 "어떠한 권리는 매수인의 부담으로 됨."이라고 표시된다.

〈매각물건명세서〉

※ 등기된 부동산에 관한 권리 또는 가처분으로 매각허가에 의하여 그 효력이 소멸되지 아니하는 것
해당사항없음

※ 매각허가에 의하여 설정된 것으로 보는 지상권의 개요
해당사항없음

※ 비고란

대구지방법원 김천지원 2010타경9282호 임의경매사건 낙찰 후 부동산등기부를 확인해 본 결과, 공유자에 대한 갑구 7번 가처분등기는 2011년 2월 23일 "임의경매로 인한 매각"을 등기원인으로 말소되었다.

〈박OO의 가처분등기내역〉

| 7 | 2번 유OO지분, 전OO지분, 전**지분, 전##지분, 전&&지분가처분 **공유물분할 청구권 가처분등기** | 2010년1월12일 제712호 | 2010년1월12일 대구지방법원 김천지원의 가처분결정(2010 카단1) | 피보전권리 공유물분할청구권 채권자 박OO 740918-1****** 경기도 고양시 일산서구 주엽동

금지사항 매매, 증여, 전세권, 저당권, 임차권의 설정
　　　　　　기타일체의 처분행위 금지 |

〈7번 가처분등기 말소내역〉

| 10 | 7번가처분, 8번임의경매개시결정 등기말소 | 2011년2월23일 제4224호 | 2011년2월22일 임의경매로 인한 매각 | |

11) 지분 낙찰 후 잔여지분 경매신청하여 낙찰

2007 타경 10308 (임의)		매각기일 : 2008-01-14 10:00~ (월)		경매3계 (031)737-1323	
소재지	경기도 성남시 분당구 이매동 1320아름마을 ***동 4층 401호			사건접수 2007-07-03	
물건종별	아파트	채권자	고 00	감정가	400,000,000원
지분대지권	28.24㎡ (8.54평)	채무자	양 00	최저가	(51%) 204,800,000원
지분전용	54.89㎡ (16.6평)	소유자	양 00外	보증금	(10%)20,480,000원
평형		매각대상	토지/건물지분매각	청구금액	225,000,000원
입찰방법	기일입찰	배당종기일	2007-09-14	개시결정	2007-07-04

기일현황

회차	매각기일	최저매각금액	결과
신건	2007-10-15	400,000,000원	유찰
2차	2007-11-12	320,000,000원	유찰
3차	2007-12-10	256,000,000원	유찰
4차	2008-01-14	204,800,000원	매각

(유)******/입찰8명/매각262,810,000원(66%)

매각대상 : 1/3 지분

감정평가현황 ☞ (주)나라감정:2007-07-20

토지	건물	제시외건물(포함)	제시외건물(제외)	기타(기계기구)	합계
120,000,000원	280,000,000원	X	X	X	400,000,000원
비고	※ 건물면적(164.67㎡),토지면적(84.728㎡)중지분경매로3분의1만진행합니다				

건물 등기부현황 ☞ 건물열람일 : 2007-10-01

구분	성립일자	권리종류	권리자	권리금액	인수/소멸	비고
갑1	1993-06-09	(전)소유권	정 00 외		이전	매매
갑2	2004-04-01	(현)소유권	양 00 외		이전	매매
을10	2006-05-04	(근)저당 양00지분	고 00	225,000,000원	소멸기준	
갑3	2007-06-01	압류 양00지분	국		소멸	
갑4	2007-07-04	임의경매(지분) 양00지분	고 00	청구: 225,000,000원	소멸	2007타경10308

주의사항 ☞ 최선순위 설정일자 06.05.04

매각으로 소멸되지 않는 등기부권리	해당사항 없음
매각으로 설정된 것으로 보는 지상권	해당사항 없음
주의사항	양 00 의3분의1소유지분만의매각 ← 2007-11-29 채무자겸소유자 양 00 기일변경신청 제출 ※미납관리비(공용)를 인수할수 있으니 입찰전에 확인 하시기 바랍니다.

① 먼저 3분의 1 지분을 낙찰 받다!

수원지방법원 성남지원 2007타경10308호(=1차 경매) 임의경매사건에서 4차 매각기일인 2008년 1월 14일 유한회사*******은 3분의 1 지분을 2억 6천여만 원에 낙찰 받았다.

〈3분의 1지분 낙찰 후 소유권내역〉

5	2번 양ㅇㅇ지분전부이전	2008년2월11일 제6230호	2008년1월30일 임의경매로 인한 매각	공유자 지분 3분의 1 유한회사 ********** 160114-○○○○○○○ 대전광역시 서구 월평동 ○○○

② 유한회사*******은 나머지 3분의 2 지분을 강제경매 신청하였다!

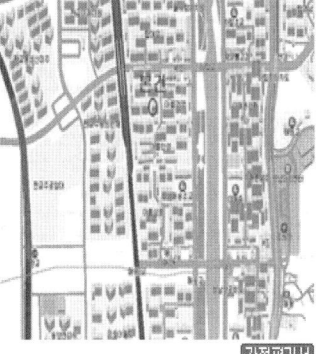

4. 실전 지분경매분석

▶ 건물 등기부현황 ☞ 건물열람일 : 2009-08-31　　　　　　　　　　　　　　　등기부등본열람

구분	성립일자	권리종류	권리자	권리금액	인수/소멸	비고
갑2	2004-04-01	(전)소유권(전부)	양OO 외		이전	매매
갑5	2008-02-11	(현)소유권(전부)	유한회사 ******* 외		이전	임의경매로 인한 매각
갑7	2008-03-11	가등기	김OO외 2명		인수	미배당요구로 전액인수
갑8	2009-06-10	강제경매(지분) 정OO,정**지분	유한회사 *******	청구: 17,720,577원	소멸기준	2009타경12759

▶ 주의사항 ☞ 최선순위 설정일자 2009.06.10.(강제경매)

매각으로 소멸되지 않는 등기부권리	해당사항 없음
매각으로 설정된 것으로 보는 지상권	해당사항 없음
주의사항	2009-11-04 공유자 유한회사 ******* 공유자우선매수신고서 제출

유한회사*******은 먼저 3분의 1 지분을 낙찰 받은 후, 아마도 공유자를 상대로 손해배상청구소송을 제기하여 승소판결문으로 나머지 지분 3분의 2를 강제경매신청(=2차 경매) 하였을 것이고, 3차 매각기일인 2009년 11월 9일, 유한회사*******이 4억 2천여만 원에 단독 낙찰 받았다.

〈3분의 2지분 낙찰 후 소유권이전등기 내역〉

9	1번정OO지분전부, 1번정**지분전부이전	2009년12월22일 제102492호	2009년12월22일 강제경매로 인한 매각	공유자 지분 3분의 2 유한회사 ********** 160114-OOOOOOO 대전광역시 서구 월평동 OOO

③ 유한회사*******의 접근방법

3분의 1 지분을 먼저 낙찰 받은 유한회사*******은 상당히 주도면밀하게 접근한 듯하다. 우리는 낙찰사례를 통해 간접경험을 많이 해야 한다.

그리하여 이러한 부동산의 주인공이 되어야만 할 것이다. 경매고수? 별거 없다! 남들이 생각하지 못하는 부분을 짚을 줄만 안다면 경매고수인 것이다.

3분의 1 지분을 먼저 낙찰 받고나서, 그 후 3분의 2 지분에 대한 작업(?)을 멋지게 해야 하는데, 자칫 잘못하면 죽 쑤어서 개주는 꼴이 될 수도 있기에 유한회사*******이 어떻게 접근하였는지를 함께 풀어 보도록 하자.

ⅰ. 공유자우선매수신청을 하였다.

공유부동산의 지분권자는 타지분이 경매 진행되면 타지분에 대한 우선매수권을 행사할 수 있다. 그런데 우선매수권을 행사함에 있어서 성급한 사람들은 매각기일 전에 우선매수신청서를 제출하는 경우가 있다.

매각기일 이전에 우선매수신청서를 제출하였으나, 매각기일에 입찰자가 없어 매수신청보증금을 법원에 납부하지 않았는데, 차기 매각기일에 입찰자가 나타나자, 그 때가서 우선매수권을 행사한다면 자칫 분쟁의 회오리 속으로 휘말려 들어갈 수 있는 것이다.

그러나 유한회사*******은 2009년 11월 4일 우선매수신고서를 제출했는데, 이 날짜는 3차 매각기일인 2009년 11월 9일 이전이고, 3차 매각기일에 유유히 단독으로 낙찰 받아 갔다. 유한회사*******의 우선매수권 행사는 어느 누구고간에 트집을 잡을 수 없는 것이다.

〈유한회사*******의 공유자우선매수신고서 제출내역〉

| 2009-11-04 | 공유자 유한회사 ******* 공유자우선매수신고서 제출 |

ii. 유한회사******* 지분에 가등기를 설정하였다.

| 7 | 5번유한회사★★★★★★★ 지분전부이전청구권가등가 | 2008년3월11일 제12555호 | 2008년3월10일 매매예약 | 가등가권자
─지분 ○○분의 18
─김○○ 551218-1*******
─경기도 군포시 당정동
─지분 ○○분의 8
─정○○ 520517-2*******
─경기도 수원시 팔달구 화서동

─지분 90분의 4
─문○○ 631012-2*******
─경기도 안양시 만안구 석수1동 |

유한회사*******은 2008년 2월 11일 3분의 1 지분에 대한 소유권이전등기를 한 후 동년 3월 11일 김 모 씨외 2명에게 일부 가등기를 설정해 주었다. 어찌되었든 가등기는 소멸기준권리인 강제경매기입등기일보다 먼저 설정되었기에 집행법원의 직권에 의한 말소

대상이 되지 않는다.

참고로 가등기는 "해제"를 원인으로 2009년 12월 22일 말소되었는데, 이 날짜에 3분의 2 지분에 대한 소유권이전등기도 되었다.

추측컨대 가등기권자는 유한회사*******가 3분의 1 지분을 낙찰 받는데 투자한 투자자였을 것이다. 이에 자기 투자지분에 대한 보전책으로 가등기를 할 수도 있고, 나아가 제3자의 접근을 원천적으로 봉쇄하기 위해 가등기할 수도 있다고 본다. 소설 쓴 것이 아닌지 걱정이 된다.

〈해제를 원인으로 가등기 말소〉

11	7번가등기말소	2009년12월22일 제102496호	2009년12월22일 해제	

④ 그 후…

유한회사*******은 2010년 5월 7일 매매를 원인으로 이 모 씨에게 8억 원에 매각하였다. 2008년 2월경 3분의 1 지분(=1차 경매)에 대한 취득가격을 2억 7천여만 원으로 보고, 2009년 12월경 3분의 2 지분(=2차 경매)에 대한 취득가격을 4억 4천여만 원으로 본다면 총 투입금액은 7억 1천만 원이 되며, 이를 8억 원에 매각하였기에 차액은 9천만 원! 여기서 양도소득세 조금 내더라도 2년여 만에 이 정도의 수익이라면 해볼 만하지 않은가?

〈매각에 따른 소유권이전 후 부동산등기부〉

12	소유권이전	2010년5월7일 제26160호	2010년3월15일 매매	소유자 이○○ 750612-1****** 경기도 성남시 분당구 이매동 ○○○ 거래가액 금800,000,000원

12) 공유자의 우선매수신고서 제출

2007 타경 16698 (임의)		매각기일 : 2008-04-14 10:00~ (월)		경매5계 2204-2409 (구내 :2409)	
소재지	서울특별시 강동구 천호동 410-000 *****상가아파트 1층 1호			사건접수	2007-11-09
물건종별	아파트상가	채권자	이 00	감정가	350,000,000원
지분대지권	45,114㎡ (13,65평)	채무자	**디앤씨	최저가	(100%) 350,000,000원
지분전용	119,39㎡ (36,12평)	소유자	**디앤씨	보증금	(10%)35,000,000원
평형		매각대상	토지/건물지분매각	청구금액	100,000,000원
입찰방법	기일입찰	배당종기일	2008-02-14	개시결정	2007-11-12

▶ 기일현황

회차	매각기일	최저매각금액	결과
신건	2008-04-14	350,000,000원	매각
최00 외1/입찰4명/매각700,310,000원(200%)			
	2008-05-28	대금지급기한	납부

공유자
매각대상 : 45.114/146.62

▶ 감정평가현황 ☞ (주)미래새한감정:2008- 01- 22

토지	건물	제시외건물(포함)	제시외건물(제외)	기타(기계기구)	합계
105,000,000원	245,000,000원	X	X	X	350,000,000원
비고	대금지급기한후 지연이자 연2할※실측면적: 건물면적(388,04㎡),토지면적(146,62㎡)중 지분경매로 45,114/146,62만 진행합니다				

▶ 건물 등기부현황 ☞ 건물열람일 : 2008-03-31

구분	성립일자	권리종류	권리자	권리금액	인수/소멸	비고
갑2	2006-04-26	(전)소유권	신한은행		이전	회사합병
갑3	2007-06-18	(현)소유권	**디앤씨 외		이전	매매
을2	2007-07-20	(근)저당	김 00	150,000,000원	소멸기준	
갑4	2007-08-10	압류 **디앤씨지분	곽 00	70,000,000원	소멸	
갑5	2007-09-18	압류 **디앤씨지분	전 00	600,000,000원	소멸	
을5	2007-10-02	(근)저당	이 00	100,000,000원	소멸	
갑6	2007-10-05	가압류	손00외1	120,000,000원	소멸	
갑7	2007-10-08	압류 **디앤씨지분	홍 00	190,000,000원	소멸	
을6	2007-10-25	(근)저당	유 00	80,000,000원	소멸	
갑10	2008-01-02	압류 **디앤씨지분	김00외3	33,622,400원	소멸	
을7	2008-02-01	(근)저당	최 00	100,000,000원	소멸	
갑12	2008-02-21	가압류	000 상가번영회	18,783,170원	소멸	

본 사건은 1차 매각기일이 2008년 4월 14일이었는데, 공유자 김OO은 매각기일 이전인 2008년 2월 11일에, 공유자 최OO은 동년 3월 3일에, 공유자 최**는 동년 3월 5일에 각 우선매수신고서를 집행법원에 제출했다.

매각물건명세서와 법원문건 접수내역을 보면 우선매수신고서 제출 여부를 확인할 수 있는데, 낙찰 후 부동산등기부를 확인해 보니 공유자 김OO은 우선매수권을 행사하지 않았다.

〈매각물건명세서 중에서...〉

비고란
공유자 우선매수 신고 있음(공유자 김 OO, 공유자 최 OO, 공유자 최 ★★)

〈법원문건 접수내역 중에서...〉

2008-02-11	가압류권자 김 OO 공유자우선매수신고서 제출
2008-03-03	가압류권자 최 OO 공유자우선매수신고서 제출
2008-03-05	공유자 최 ★★ 공유자우선매수신고서 제출

공유자들은 1차 매각기일 이전에 우선매수신고서를 제출하였고, 1차 매각기일 당일에 우선매수권을 행사하였다. 이는 온당한 행사인 것이다. 그런데 1차 매각기일에 4명이 입찰하였고, 낙찰금액은 최저매각금액 대비 200%!

공유자가 우선매수권을 행사한다면 채권자 입장에서 보다 많은 채권 회수를 위해 입찰 참여하여 입찰금액을 높게 제시할 수도 있지 않은가?

〈낙찰 후 소유권이전등기〉

13	3번★★디앤씨주식회사지분전부이전	2008년6월5일 제25674호	2008년5월27일 임의경매로 인한 매각	공유자 지분 146.62분의 22.557 최OO 610102-2****** 서울특별시 강남구 대치동 지분 146.62분의 22.557 최★★ 590223-2****** 경상남도 창원시 남양동

13) 지분경매 취하를 노리고...

2010 타경 11501 (강제)		매각기일 : 2011-03-28 10:00~ (월)		경매5계 2204-2409 (구내:2409)	
소재지	서울특별시 강동구 천호동 49-00 **하이츠빌라 2층 201호			사건접수 2010-08-06	
물건종별	다세대(빌라)	채권자	솔로몬상호저축은행	감정가	14,500,000원
지분대지권	2.26㎡ (0.68평)	채무자	강00	최저가	(100%) 14,500,000원
지분전용	5.01㎡ (1.52평)	소유자	강**외1	보증금	(10%)1,450,000원
평형		매각대상	토지/건물지분매각	청구금액	3,194,929원
입찰방법	기일입찰	배당종기일	2010-10-20	개시결정	2010-08-09

▶ 기일현황 ⊙ 입찰당일

회차	매각기일	최저매각금액	결과
신건	2011-03-28	14,500,000원	매각
전00 /입찰1명/매각14,500,000원(100%)			

매각대상 : 2/22 지분

▶ 감정평가현황 ▶ S·R감정:2010-09-03

토지	건물	제시외건물(포함)	제시외건물(제외)	기타(기계기구)	합계
5,075,000원	9,425,000원	X	X	X	14,500,000원
비고	대금지급기한 후 지연이자 연2할 ※실측면적:건물면적(55.11㎡) 토지면적(24.85㎡) 중 지분경매로 2/22만 진행합니다.				

▶ 임차인현황 ▶ 건물소멸기준 : 2010-08-09 ▶ 배당종기일 : 2010-10-20

순위	성립일자	권리자	권리종류(점유부분)	권리금액	신고	대항	예상배당여부
1	전입 2007-01-18 확정 없음 배당 없음	강**	주택임차인 미상		X	있음	

타지분권자

▶ 건물 등기부현황 ▶ 건물열람일 : 2011-03-14

구분	성립일자	권리종류	권리자	권리금액	인수/소멸	비고
갑3	2007-01-19	(현)소유권	강** 외	(거래가)138,000,000원	이전	매매
갑4	2009-04-13	(현)소유권(전부)	강** 외		이전	협의분할에 의한 상속
갑6	2010-08-09	강제경매(지분) 강00지분	솔로몬상호저축은행	청구: 3,194,929원	소멸기준	2010타경11501

모로 가도 서울만 가면 되고, 꿩을 잡는 매가 되면 되지 않겠는가? 경매투자로 돈 벌기를 원하면서 도덕 운운 한다면? 글쎄요… 그러한 분들은 경매투자 하지 않으시는 것이 좋습니다.

본 사건은 서울 강동구 천호동에 소재하는 빌라인데, 매각대상은 빌라의 22분의 2 지분이다. 매각대상 지분을 보니 상당히 작지 않는가? 그런데 1차 매각기일에 100%로 입찰한 전 모 씨! 사실 이 분 낙찰사례를 앞에서 언급하였지만 이 분은 필자의 지인으로서 현재 지분경매에만 몰두하고 있는 것으로 안다.

상당히 작은 지분에… 그것도 1차 매각기일에… 100%로 질러버린 이유가 무엇일까? 아마도 경매취하를 노리고 입찰하였을 것이다.

본 사건의 경매신청권자 솔로몬상호저축은행의 청구채권액은 3백여만 원인데, 강제경매신청사건이고, 지분은 상당히 작다. 그렇다면 채무자 측에서 경매취하를 시키려고 움직일 것이다.

강제경매의 경우 채권자의 경매취하서와 낙찰자의 경매취하동의서만 있으면 경매절차가 취하된다. 그런데 낙찰자가 경매취하동의서를 작성해 주지 않으면 채무자는 청구이의소를 제기하여야 하는 불편이 있다.

상대방의 불편을 편하게 해주는 방편이 낙찰자의 경매취하동의서인 것이다. 도덕적으로 문제가 있다! 라고 생각하시는 분들은 이러한 물건에 입찰하지 않으면 그만이라고 본다.

참고로 지분이 경매시장에 나왔을 때에 공유자에게 경매진행사실은 반드시 통보되어야 한다[=대법원 97마962 결정 : 경매법원은 공유물의 지분을 경매함에 있어 다른 공유자에게 경매기일과 경락기일을 통지하여야 하므로 경매부동산의 다른 공유자들이 그 경매기일을 통지받지 못한 경우에는 이해관계인으로서 그 절차상의 하자를 들어 항고를 할 수 있다.].

본 사건 공유자 강**에 대한 경매진행 사실 통보내용은 법원문건 접수내역에 의해 확인이 가능하다.

〈법원문건 접수내역 중 공유자 강**에 대한 통보내역〉

| 2010-08-27 | 공유자 강** 통지서 발송 ➡ | 2010.08.31 도달 |

5 실전 가등기분석

　　근저당권 등 소멸기준권리보다 먼저 설정된 가등기는 소멸되지 않고 낙찰자가 인수하는 것이 원칙이다.

　　그러나 그 가등기가 채무자에게 돈을 빌려주고 설정한 가등기 즉, 담보가등기라면 이는 가등기담보 등에 관한 법률 제13조 규정에 의해 저당권으로 보고, 또한 동 법률 제15조에 의해 담보가등기는 경매시 매각으로 소멸된다.

　　따라서 최선순위에 설정된 가등기가 담보목적으로 설정된 가등기, 즉 담보가등기라면 이 가등기는 배당받고 소멸되기에 소멸기준권리에 해당된다.

(1) 가등기의 이해

　　가등기는 두 가지가 있다. 즉, 채권자가 채무자에게 돈을 빌려 주면서 채권자는 담보조로 채무자 명의의 부동산에 저당권을 설정할 수도 있으나, 담보가등기를 설정할 수도 있다.

　　그리고 또 다른 가등기의 예로서, 주택매매를 함에 있어 매수자가 매매대금 전부 또는 일부를 매도자에게 지급한 후, 매수자가 미래에 이전받을 소유권이라는 권리를 보전하기 위해서 매도자 명의의 부동산에 "보전가등기"를 설정하는 것이다.

　　이렇듯이 가등기는 두 가지가 있으나, 부동산등기부상에 가등기가 설정되었을 경우, 채권에 관한 내용(=채권액, 채무자, 변제기, 이자 등)과 가등기가 "담보가등기"인지 "보전가등기"인지 여부가 표시되어 등기되지 않기에 제3자는 그 가등기가 담보가등기인지 보전가등기인지를 알 수 있는 방법이 없다.

　　따라서 가등기가 설정된 부동산이 경매 진행될 경우, 집행법원은 가등기담보등에 관한 법률에 의한 담보가등기인지, 아니면 부동산등기법에 의한 소유권이전청구권 보전가등기인지 여부를 법원에 신고할 것을 가등기권리자에게 최고한다.

(2) 가등기권리자의 배당여부

　　가등기의 경우, 부동산등기부상 등기형식만 가지고서는 "담보가등기"인지 "소유권이전청구권 보전가등기"인지 여부를 전혀 구분할 수가 없음을 이야기했다.

　　소유권이전청구권 보전가등기라면 소유권이라는 권리이전에 대한 청구권이기에 배당절차에 참가할 수 없다. 이에 집행법원은 가등기가 설정된 부동산이 경매개시결정이 나면 가등기권리자에게 담보가등기인지 보전가등기인지 여부를 확인한다.

즉, 담보가등기인 경우에는 그 내용 및 채권의 존부, 원인 및 채권액을, 담보가등기가 아닌 경우에는 담보가등기가 아닌 사실을 법원에 신고하라고 가등기권자에게 최고한다.

만약 부동산등기부상의 가등기가 담보가등기라면 법원의 최고에 의해 채권신고를 한 경우에 한하여 매각대금에서 순위에 의해 배당을 받고 소멸하게 된다.

그러나 법원의 최고가 있었음에도 불구하고 채권계산서를 제출하지 않은 선순위 가등기가 있다면 이는 담보가등기가 아닌 보전가등기일 가능성이 높고, 또한 법원은 이러한 가등기를 보전가등기로 보는 것이 실무의 예이다.

이러한 선순위 보전가등기가 있는 물건은 낙찰자가 인수해야 하기 때문에 주의를 해야 한다. 따라서 매각물건명세서 등을 통하여 가등기의 종류를 반드시 파악해 보아야 한다.

(3) 담보가등기

1) 담보가등기란?

금융기관 등이 채무자에게 돈을 빌려주면서 채권 담보목적으로 채무자 명의의 부동산에 저당권을 설정할 수도 있으나, 담보가등기를 설정할 수도 있다. 즉, 담보가등기는 저당권처럼 채권자가 금전채권을 담보하기 위해 채무자 명의의 부동산에 설정하는 경우가 있다.

담보가등기는 가등기담보등에 관한 법률 제12조 제1항에 의해 저당권으로 보기에 담보가등기가 설정된 부동산이 경매된 경우, 담보가등기권자는 자기 채권을 후순위 채권자보다 우선 변제받을 권리가 있다. 이 때문에 담보가등기가 때로는 소멸기준권리로 될 수 있는 것이다.

참고로 담보가등기를 설정하는 이유는 아마도 채권자의 권리행사 측면에서 저당권보다 운신의 폭이 넓기 때문일 것이다. 즉, 저당권은 채무자가 채무이행을 하지 않을 경우, 단지 저당권 실행으로서 경매신청만 할 수 있으나, 담보가등기는 청산절차를 밟아 가등기권자 명의로 소유권 이전을 할 수도 있고(=귀속청산, 순위보전적 효력), 가등기에 기한 경매신청을 하여 자기 채권을 회수할 수도 있다(=처분청산, 우선변제적 효력). 그리고 설정비용 측면에서 보면 담보가등기가 근저당권보다 저렴하다는 장점이 있다.

2) 가등기는 부동산등기부상의 형식에 의하지 않는다.

가등기가 담보가등기인지 여부는 등기부상에 형식적으로 기재된 것에 의해 결정되는 것이 아니라, 거래의 실질과 당사자의 의사해석에 따라 결정될 문제인 것이다[=대법원 91다36932 판결 참조].

3) 담보가등기가 배당신청을 하지 않았거나, 배당금 받지 못한 경우

가등기담보등에 관한 법률 제15조에 의하면 "담보가등기는 경매시 매각으로 소멸한다."라고 되어 있어, 말소촉탁대상이 될 뿐이기에 배당받는 것과 관계없이 소멸한다[=대법원 91다41996 판결 참조].

4) A 가압류 ⇨ B 담보가등기 ⇨ C 가압류의 경우 배당관계

본 사안과 같을 경우, 먼저 A, B, C간 동순위에 의한 비례배당 후, B는 C의 비례배당액을 흡수한다[=대법원 91다44407 판결].

5) 담보가등기는 경매시 매각으로 소멸한다.

가등기담보등에 관한 법률 제15조에 의해 담보가등기는 경매시 매각으로 소멸하기에 낙찰자가 매각대금을 완납하였음에도 불구하고 담보가등기가 본등기 한다면 이는 원인무효의 등기로서 그 효력이 없다[=대법원 93다52853 판결].

(4) 보전가등기

1) 보전가등기란?

보전가등기란 금전채권을 담보하기 위해 설정하는 담보가등기와 성격을 달리한다. 예로서, 부동산 매매계약에 있어서 매수자가 매매대금을 매도자에게 지급하였으나 매수자 명의로 소유권이전등기를 하지 못할 사정이 있는 상태에서 이를 방치할 경우, 매도자가 다른 사람에게 부동산을 매각할 수도 있다.

따라서 매수자는 이러한 것을 방지하기 위해서 매도자 명의의 부동산에 "소유권이전청구권 보전가등기"를 하는데, 가등기를 한 후 가등기권자가 나중에 본등기 한다면 본등기의 순위는 가등기한 날로 소급된다(=순위보전적 효력).

예로서, 선순위 보전가등기가 된 부동산의 경우로서, A 가등기 ⇨ B 전입신고 ⇨ A

본등기가 되었다면 본등기의 순위는 가등기한 때로 소급되기에 임차인 B는 본등기권자인 A에게 임차권을 주장할 수 없게 된다.

2) 매각대금완납 후 가등기의 본등기와 그 효력

담보가등기의 경우, 낙찰자의 매각대금 완납으로 소멸하기에(=가등기담보등에 관한 법률 제15조) 매각대금 납부 후 가등기가 본등기를 하였다는 것은 아마도 선순위 보전가등기일 것이다. 경매사건에서 낙찰자의 소유권 취득시기는 민사집행법 제135조 규정에 의해 매각대금을 완납하면 등기 없이도 소유권을 취득할 수 있다.

이렇듯이 낙찰자가 매각대금을 납부하였으나, 그 후 가등기에 기한 본등기가 되었을 경우, 본등기의 순위는 가등기한 때로 소급되기에 낙찰자는 소유권을 상실하게 된다. 이러한 경우, 아직 배당이 실시되지 않았다면 낙찰자는 매매계약의 해제신청과 함께 경매대금의 반환을 청구하여 권리구제를 받아야 한다[=대법원 96그64 결정].

3) 가등기 후 보증금 증액

예로서, A 전입신고(보증금 1억 원) ⇨ B 가등기 ⇨ A 보증금 2천만 원 증액의 경우, B 가등기가 본등기 되었다면 가등기 후 증액한 보증금 2천만 원은 B 가등기권자에게 대항할 수 없기에, 임차인 A는 가등기 전의 보증금 1억 원만 가등기권자에게 반환 요청할 수 있다[=대법원 86다카757 판결].

4) 선순위 가등기가 담보 또는 보전가등기인지 파악되지 않은 경우

부동산등기부상 선순위의 담보권이나 가압류가 없는 상태에서 선순위로 가등기가 설정되었을 경우, 법원은 가등기권자에게 담보 또는 보전가등기임을 신고하게끔 최고한다. 그러나 가등기권자가 신고하지 않아 그 가등기가 담보가등기인지 순위보전의 가등기인지 알 수 없을 때에 법원은 매각물건명세서상에 가등기는 낙찰자가 인수할 수도 있다는 사실(=기재 예 : 매각으로 소멸되지 않는 선순위가등기 있음)을 기재한 후 경매절차를 진행시킨다[=대법원 2003마1438 결정].

5) 보전가등기를 담보가등기로 취급한 경우

가등기의 성격상 소유권을 보전하기 위한 선순위 가등기였다면 비록 경매절차상에서 담보가등기로 보아 말소되었더라도 나중에 말소된 가등기의 회복을 구할 수 있다[=대법원 95다51694 판결].

따라서 회복된 가등기에 의해 본등기를 한다면 낙찰자는 소유권을 상실할 수도 있다. 앞에서도 강조했지만 선순위 가등기가 있을 경우, 담보가등기인지 아니면 보전가등기인지를 정확하게 조사 분석한 후 최종적인 투자결정을 하여야 한다.

6) 후순위 보전가등기의 지위

A 저당권 ⇨ B 보전가등기 ⇨ C 강제경매신청의 경우, 매각허가결정의 확정으로 선순위 A 저당권이 소멸하면 후순위의 소유권이전청구권보전을 위한 B 가등기는 말소촉탁대상이 된다[=대법원 89마778 결정, 대법원 89다7443 판결 참조].

7) 가등기의 말소청구

A는 1979년 8월 23일 매매예약체결에 의해 동년 9월 7일 매매예약을 원인으로 하여 채무자의 부동산에 소유권이전청구권가등기를 하였는데, A가 가등기를 한 후 10년간 본등기를 하지 않았다면 매매예약 완결권은 매매예약을 한 때로부터 10년이 경과한 때 즉, 1989년 8월 23일에 소멸하기에 가등기의 말소를 구할 수 있다[=대법원 2000다26425 판결].

(5) 가등기에 대한 접근방법

소멸기준권리보다 나중에 설정된 가등기는 담보가등기 또는 보전가등기를 불문하고 경매시 매각으로 무조건 소멸한다.

그러나 근저당권이나 가압류등기, 강제경매기입등기일 등 소멸기준권리보다 먼저 가등기가 설정되었다면… 그리고 이 가등기가 보전가등기라면 경매시 매각으로 소멸하지 않기에 "법원문건 접수내역"을 확인하여 가등기권자가 채권계산서를 제출하였는지 여부를 확인한 후 입찰참여 여부를 결정해야 한다.

(6) 실전 가등기 사례분석

1) A 가등기 ⇨ B 강제경매

2008 타경 29492 (강제)			매각기일 : 2009-03-31 10:30~ (화)		경매17계 031-828-0337	
소재지	경기도 남양주시 퇴계원면 퇴계원리 288-11 신우가든아파트 *동 5층 509호				사건접수 2008-09-04	
물건종별	아파트	채권자	박00	감정가	190,000,000원	
대지권	54.36㎡ (16.44평)	채무자	김00	최저가	(80%) 152,000,000원	
전용면적	81.81㎡ (24.75평)	소유자	김00	보증금	(10%)15,200,000원	
평형	30평형	매각대상	토지/건물일괄매각	청구금액	225,000,000원	
입찰방법	기일입찰	배당종기일	2008-12-02	개시결정	2008-09-05	

▶ 기일현황

회차	매각기일	최저매각금액	결과
신건	2009-01-20	190,000,000원	변경
신건	2009-02-25	190,000,000원	유찰
2차	2009-03-31	152,000,000원	매각

금00/입찰1명/매각153,500,000원(81%)

▶ 임차인현황   ▶채무자(소유자)점유◀   매각물건명세서 예상배당표

▶ 건물 등기부현황 ☞ 건물열람일 : 2009-02-11   등기부등본열람

구분	성립일자	권리종류	권리자	권리금액	인수/소멸	비고
갑1	1992-06-17	(전)소유권	나00		이전	매매
갑2	2002-05-20	(현)소유권	김00		이전	매매
갑8	2008-05-21	가등기	김**		소멸기준	담보가등기
갑10	2008-09-05	강제경매	박00	청구: 225,000,000원	소멸	2008타경29492

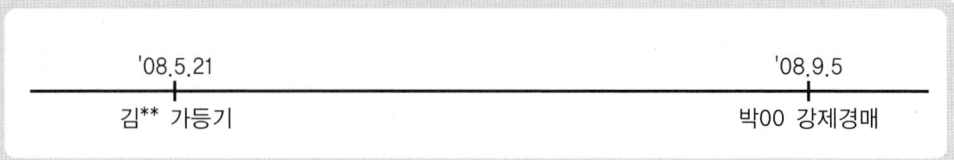

본 사건은 2008년 9월 5일 강제경매개시결정등기가 되었는데, 김** 가등기는 2008년 5월 21일 설정되어, 박OO의 강제경매기입등기일보다 빠른 권리에 해당된다.

여기서 김**의 가등기가 담보가등기라면 이 가등기가 소멸기준권리에 해당되나, 만약 보전가등기라면 소멸기준권리는 박OO의 강제경매기입등기일이 되어 가등기는 매각으로 소멸하지 않고 낙찰자의 인수사항이 된다.

이렇듯이 선순위에 가등기가 설정되었을 경우, 부동산등기부상 등기형식만 가지고서는 "담보가등기" 또는 "보전가등기"인지를 구분할 수 없어, 법원 문건 접수내역을 살펴보아서 가등기권자가 배당요구를 하였는지 여부를 반드시 확인해야만 한다.

〈법원문건 접수내역 중 가등기권자 김**의 권리신고 및 배당요구신청〉

| 2008-11-11 | 가등기권자 김 ** 권리신고및배당요구신청 제출 |

선순위 가등기의 경우, 담보 또는 보전가등기 여부를 확실히 모르면 입찰하지 않는 것이 상책이다. 그런데 가등기권자 김**은 법원에 권리신고 및 배당요구 신청을 하였기에 담보가등기로 보면 된다.

본 사건 김**의 가등기는 낙찰자 금 모 씨 명의로 소유권이전등기 된 날인 2009년 4월 24일 "강제경매로 인한 매각"을 등기원인으로 말소되었다.

〈김** 명의의 가등기말소 내역〉

8	소유권이전청구권가등기	2008년5월21일 제60890호	2008년5월21일 매매예약	가등기권자 김** 480612-2****** 서울특별시 관악구 봉천동
12	8번가등기말소	2009년4월24일 제40485호	2009년4월24일 강제경매로 인한 매각	

2) 선순위 가등기의 임의경매 - 1

2009 타경 3571 (임의)		매각기일 : 2009-07-14 10:00~ (화)		경매3계 228-8263 (구내:8263)	
소재지	울산광역시 중구 반구동 107-00 **아파트 5층 503호				사건접수 2009-02-19
물건종별	아파트	채권자	이 OO	감정가	64,000,000원
대지권	45.59㎡ (13.79평)	채무자	이 **	최저가	(64%) 40,960,000원
전용면적	47.58㎡ (14.39평)	소유자	이 **	보증금	(10%) 4,096,000원
평형	16평형	매각대상	토지/건물일괄매각	청구금액	45,246,027원
입찰방법	기일입찰	배당종기일	2009-04-27	개시결정	2009-02-20

기일현황

회차	매각기일	최저매각금액	결과
신건	2009-05-12	64,000,000원	유찰
2차	2009-06-16	51,200,000원	유찰
3차	2009-07-14	40,960,000원	매각
정OO/입찰3명/매각45,015,000원(70%)			

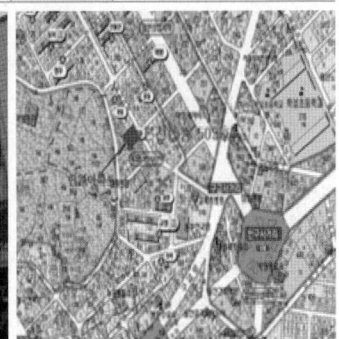

임차인현황   ▶매각물건명세서상 조사된 임차내역이 없습니다◀

건물 등기부현황 ☞ 건물열람일 : 2009-03-30

구분	성립일자	권리종류	권리자	권리금액	인수/소멸	비고
갑1	1993-11-02	(전)소유권	김OO		이전	매매
갑2	2001-10-19	(현)소유권	이 **		이전	매매
갑3	2007-11-02	가등기(변경)	이OO		소멸	경매신청채 배당후 소멸소멸
갑4	2009-02-23	임의경매	이OO	청구: 45,246,027원	소멸기준	2009타경3571

주의사항 ☞ 최선순위 설정일자 2007.11.2.(담보)가등기.

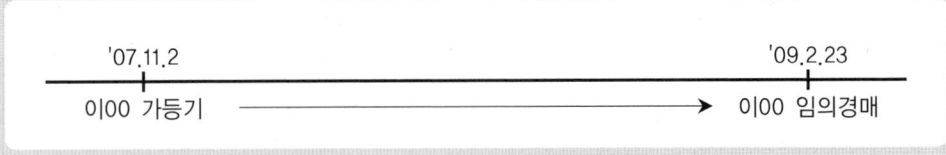

본 사건 가등기는 2007년 11월 2일 최 모 씨가 가등기하였으나, 2008년 7월 17일 매매를 원인으로 이 모 씨 명의로 변경등기 되었다. 그럼에도 불구하고 이 모 씨의 가등기권

자로서의 지위는 최초 가등기가 설정된 날이 된다.

그리고 선순위 가등기권자가 임의경매신청을 하였다면 이 가등기는 "**무조건**" 담보가 등기이다. 즉, 저당권과 담보가등기는 4촌 지간이기에 담보가등기에 의한 임의경매신청이 가능한 것이다.

〈가등기 변경등기내역〉

3	소유권이전청구권가등기	2007년11월2일 제84832호	2007년11월2일 매매예약	가등기권자 최○○ 700211-2****** 울산광역시 남구 신정동
3-1	3번소유권이전청구권의 이전	2008년7월17일 제63266호	2008년7월16일 매매	가등기권자 이○○ 551102-1****** 울산광역시 남구 달동

집행법원에서 작성한 매각물건명세서상에도 담보가등기라고 표기 되어 있기에 본 사건은 낙찰 받는 것이 관건인 사례이다.

〈매각물건명세서 중 일부〉

사건	2009타경3571 부동산임의경매	매각물건번호	1	담임법관(사법보좌관)	서○○
작성일자	2009.06.16	최선순위 설정일자	2007.11.2.(담보)가등기		
부동산 및 감정평가액 최저매각가격의 표시	부동산표시목록 참조	배당요구종기	2009.04.27		

3) 선순위 가등기의 임의경매 - 2

2008 타경 47150 (임의)		매각기일 : 2009-05-27 10:00~ (수)		경매22계 062-239-1672	
소재지	광주광역시 광산구 도산동 840-1 호반청암빌라트 ***호			사건접수 2008-11-17	
물건종별	아파트	채권자	박00	감정가	45,000,000원
대지권	38.14㎡ (11.54평)	채무자	정00	최저가	(70%) 31,500,000원
전용면적	59.79㎡ (18.09평)	소유자	정00	보증금	(10%)3,150,000원
평형		매각대상	토지/건물일괄매각	청구금액	34,000,000원
입찰방법	기일입찰	배당종기일	2009-03-12	개시결정	2008-11-18

기일현황

회차	매각기일	최저매각금액	결과
신건	2009-04-15	45,000,000원	유찰
2차	2009-05-27	31,500,000원	매각

박00/입찰5명/매각47,000,000원(104%)

임차인현황 ▶채무자(소유자)점유◀

건물 등기부현황 ☞ 건물열람일 : 2009-04-01

구분	성립일자	권리종류	권리자	권리금액	인수/소멸	비고
갑1	1993-12-23	(전)소유권	김00		이전	매매
갑2	2003-08-18	(현)소유권	정00		이전	매매
갑5	2006-03-03	가등기	김** (박00로 이전등기)		인수	미배당요구로 전액인수
갑8	2008-07-30	압류	광주광역시광산구		소멸기준	
갑9	2008-09-09	압류	국민건강보험공단		소멸	??????????
갑10	2008-11-19	임의경매	박00	청구: 34,000,000원	소멸	2008타경47150
갑11	2008-12-29	가압류	한국씨티그룹캐피탈	4,851,500원	소멸	

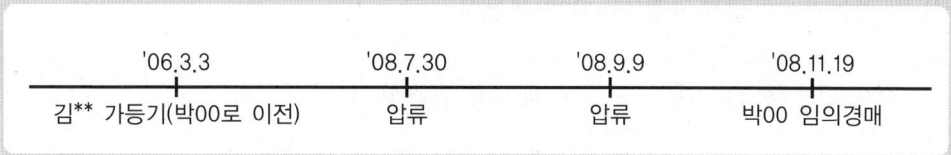

본 사건은 2006년 3월 3일 김 모 씨가 가등기 설정을 하였고, 2008년 7월 18일 "양도"를 원인으로 가등기권자가 박 모 씨로 변경되었으며, 동년 11월 19일 박 모 씨는 가등기에 기한 임의경매신청을 하였다. 가등기권자가 임의경매신청을 한다? 그렇다면 이 가등기는 100% 담보가등기이며, 담보가등기는 경매시 매각으로 소멸하게 되어 낙찰자의 부담은? 제로!!!

〈가등기권자의 변경 및 임의경매신청 관련 부동산등기부 내용〉

5	소유권이전청구권가등기	2006년3월3일 제44601호	2006년3월3일 매매예약	가등기권자 김○○ 540310-2****** 광주 북구 임동
5-2	5번소유권이전청구권의 이전	2008년7월18일 제122256호	2008년7월18일 양도	가등기권자 박○○ 670601-2****** 광주광역시 남구 봉선동
10	임의경매개시결정	2008년11월19일 제190954호	2008년11월18일 광주지방법원의 임의경매개시결정 (2008타경47150)	채권자 박○○ 670601-2****** 광주 남구 봉선동

참고로 본 사건은 가등기권자 박 모 씨가 임의경매신청을 하였고, 2차 매각기일인 2009년 5월 27일, 4천 7백만 원에 가등기권자 본인이 낙찰 받은 후 동일자에 채권상계신청을 하였다.

〈낙찰자의 채권상계신청서 제출〉

2009-05-27	최고가매수신고인 차액지급신고서(상계신청) 제출

4) A 가등기 ⇨ 압류 4건 ⇨ B 강제경매

2008 타경 30339 (강제)		매각기일 : 2009-04-14 10:00~ (화)		경매1계 530-1813 (구내:1813)	
소재지	서울특별시 강남구 역삼동 732-00 ********2차아파트 3층 401호			사건접수 2008-10-14	
물건종별	아파트	채권자	***홀딩스	감정가	730,000,000원
대지권	45.9㎡ (13.88평)	채무자	임00	최저가	(100%) 730,000,000원
전용면적	122.46㎡ (37.04평)	소유자	임00	보증금	(10%)73,000,000원
평형		매각대상	토지/건물일괄매각	청구금액	500,000,000원
입찰방법	기일입찰	배당종기일	2009-01-02	개시결정	2008-10-15

▣ 기일현황

회차	매각기일	최저매각금액	결과
신건	2009-04-14	730,000,000원	매각

전00/입찰1명/매각730,000,000원(100%)

▣ 임차인현황 ▣ 건물소멸기준 : 2006-03-20 ▣ 배당종기일 : 2009-01-02   매각물건명세서 예상배당표

순위	성립일자	권리자	권리종류(점유부분)	권리금액	신고	대항	예상배당여부
1	전입 2008-03-20 확정 없음 배당 없음	남00	주택임차인 401호	【보】 50,000,000원	X	없음	
2	전입 2008-03-20 확정 2008-03-20 배당 2008-12-31	박00	주택임차인 전부	【보】 50,000,000원 【월】 2,700,000원	O	없음	배당금: 50,000,000원 전액배당 소멸예상

- 보증금합계 : 50,000,000원 - 월세합계 : 2,700,000원

- 박00 : 남00와 부부임.

▣ 건물 등기부현황 ▣ 건물열람일 : 2009-03-31   등기부등본열람

구분	성립일자	권리종류	권리자	권리금액	인수/소멸	비고
갑3	2005-05-27	(전)소유권	다올부동산신탁		이전	신탁
갑4	2006-02-07	(현)소유권	임00		이전	신탁재산의귀속
갑5	2006-02-07	가등기	김00		인수	미배당요구로 전액인수
갑6	2006-03-20	압류	서울특별시		소멸기준	
갑7	2006-04-05	압류	반포세무서		소멸	
갑8	2006-05-01	압류	서초세무서		소멸	
갑9	2007-06-14	압류	역삼세무서		소멸	????????
갑10	2007-06-22	압류	서울특별시		소멸	
갑11	2008-10-29	강제경매	***홀딩스	청구: 500,000,000원	소멸	2008타경30339

본 사건의 김 모 씨 명의의 선순위 가등기는 2006년 2월 7일자로 설정되었으며, 2007년 1월 17일 "매매"를 등기원인으로 전 모 씨 명의로 가등기가 이전되었고, 2009년 5월 27일 "강제경매로 인한 매각"을 등기원인으로 말소되었다.

〈부동산등기부상 가등기내역〉

5	소유권이전청구권가등기	2006년2월7일 제11127호	2006년2월3일 매매예약	가등기권자 김○○ 691021-1****** 서울 송파구 가여동
5-1	5번소유권이전청구권의이전	2007년1월17일 제4737호	2006년6월25일 매매	가등기권자 전○○ 560224-2****** 서울 중구 신당동
14	5번가등기말소	2009년5월27일 제39820호	2009년5월13일 강제경매로 인한 매각	

그런데, 경매정보지상에는 가등기가 인수되는 권리로 표시되어 있으나, 매각물건명세서상 최선순위 설정일자란을 보면 "담보"로 표시되어 있어 본 사건의 선순위 가등기는 담보가등기이다.

〈매각물건명세서 일부〉

사건	2008타경30339 부동산강제경매	매각물건번호	1
작성일자	2009.03.30	담임법관(사법보좌관)	지○○
부동산 및 감정평가액 최저매각가격의 표시	부동산표시목록 참조	최선순위 설정일자	2006.2.7.가등기(담보)

5. 실전 가등기분석

나아가 법원문건 접수내역을 보더라도 가등기권자 전 모 씨(=2006년 2월 7일자 김 모 씨 명의의 가등기를 매매로 취득한 자)가 2008년 12월 31일 집행법원에 채권계산서를 제출하였기에, 본 사건의 가등기는 100% 담보가등기로 보더라도 문제없다.

〈법원문건 접수내역 중 가등기권자 전 모 씨의 채권계산서 제출내역〉

2008-12-31	가등기권자 전 00 배당요구신청 제출
2008-12-31	가등기권자 전 00 채권계산서 제출

만약 낙찰 후 선순위 가등기가 담보가등기가 아닌 보전가등기로 판명 났다면 경매인은 어떻게 해야 할까? 진정 보전가등기라면 경매시 매각으로 소멸되지 않고, 가등기에 의해 본등기 해버린다면 낙찰자는 소유권을 상실할 수도 있기에, <u>매각물건명세서상의 하자를 이유로 "매각불허가신청" 또는 "매각허가결정의 취소신청"</u> 등의 조치를 취해야 한다.

따라서 선순위에 가등기가 설정된 물건을 낙찰 받았을 경우, 집행법원에 가서 가등기권자의 채권신고 내역을 꼼꼼히 살펴보아야 한다.

5) 선순위 가등기의 강제경매

2005 타경 31139 (강제)		매각기일 : 2006-06-07 10:00~ (수)		경매1계 (02)2192-1331 (구내:1331)	
소재지	서울특별시 강서구 화곡동 158-00**주택 1층 102호			사건접수 2005-09-02	
물건종별	다세대(빌라)	채권자	배OO(가등기권자)	감정가	110,000,000원
대지권	30.1㎡ (9.11평)	채무자	임OO	최저가	(64%) 70,400,000원
전용면적	61.78㎡ (18.69평)	소유자	임OO	보증금	(10%) 7,040,000원
평형		매각대상	토지/건물일괄매각	청구금액	90,000,000원
입찰방법	기일입찰	배당종기일	2005-12-06	개시결정	2005-09-05

▶ 기일현황

회차	매각기일	최저매각금액	결과
신건	2006-03-28	110,000,000원	유찰
2차	2006-05-02	88,000,000원	유찰
3차	2006-06-07	70,400,000원	매각

박OO/매각 90,000,000원(82%)

▶ 건물 등기부현황 ▶ 건물열람일 : 2005-01-29

구분	성립일자	권리종류	권리자	권리금액	인수/소멸	비고
갑2	2002-08-02	(전)소유권	문O		이전	2002년6월24일 매매
갑6	2005-04-19	(현)소유권	임OO		이전	임의경매로 인한 매각
갑8	2005-04-19	가등기	배OO		소멸기준	담보가등기 경매신청채권자 배당후 소멸
갑9	2005-09-05	가압류	박OO	75,000,000원	소멸	
갑10	2005-09-09	강제경매	배OO	청구: 90,000,000원	소멸	2005타경31139
갑11	2005-11-08	압류	서울특별시강서구		소멸	

담보가등기는 근저당권과 거의 비슷한 효력을 가지기에 담보가등기에 의해 직접 임의경매신청을 할 수 있는데도 선순위 가등기권자인 배 모 씨는 번거롭게 왜 채무자를 상대로 본안소송에 의한 판결문으로 강제경매신청을 하였을까?

아마도 배 모 씨는 담보가등기에 터 잡은 채권액보다 더 많은 채권액이 있었을 것이다. 그럼에도 불구하고 만약 담보가등기에 의해 임의경매신청을 한다면 초과되는 채권에 대

5. 실전 가등기분석 **315**

한 권리를 배 모 씨는 채무자에게 주장할 수 없기 때문에 강제경매신청을 하였을 것이다. 어찌되었던 담보가등기라면 경매시 매각으로 소멸하게 된다.

선순위 가등기가 있을 경우, 매각물건명세서를 꼭 확인하시라는 이야기를 했다. 아래는 본 사건의 매각물건명세서 일부와 법원문건 접수내역 중 가등기권자 배 모 씨의 채권계산서 제출내역이다.

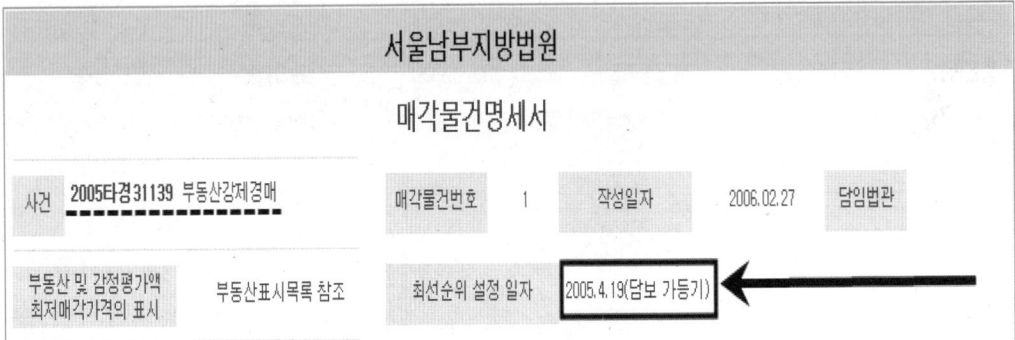

본 사건 배 모 씨의 가등기는 낙찰 후 2006년 7월 19일 "강제경매로 인한 매각"을 등기원인으로 하여 말소되었다

〈말소된 가등기 내역〉

8	소유권이전청구권가등기	2005년4월19일 제26226호	2005년4월19일 매매예약	가등기권자 배○○ 550307-2****** 서울 서초구 반포동
14	8번가등기말소	2008년7월19일 제56147호	2006년7월19일 강제경매로 인한 매각	

6) A 전세권 ⇨ B 가등기 ⇨ A 임의경매 - 1

2009 타경 1982 (임의)		매각기일 : 2009-07-27 10:00~ (월)		경매3계 770-4367 (구내:367)	
소재지	경상북도 경주시 안강읍 산대리 1980-0 ****그린타워아파트 15층 1501호			사건접수 2009-03-17	
물건종별	아파트	채권자	**오토모티브	감정가	50,000,000원
대지권	29.29㎡ (8.86평)	채무자	허 00	최저가	(70%) 35,000,000원
전용면적	84.945㎡ (25.7평)	소유자	허 00	보증금	(10%) 3,500,000원
평형		매각대상	토지/건물일괄매각	청구금액	30,000,000원
입찰방법	기일입찰	배당종기일	2009-05-28	개시결정	2009-03-19

▶ 기일현황

회차	매각기일	최저매각금액	결과
신건	2009-06-22	50,000,000원	유찰
2차	2009-07-27	35,000,000원	매각

윤00/입찰5명/매각47,690,000원(95%)

▶ 임차인현황 ▣ 건물소멸기준 : 1998-09-15 ▣ 배당종기일 : 2009-05-28   매각물건명세서 예상배당표

순위	성립일자	권리자	권리종류(점유부분)	권리금액	신고	대항	예상배당여부
1	전입 없음 확정 없음 배당 없음	**오토모티브	주택임차인 전부	[보] 30,000,000원	X	없음	현황조사 권리내역

- **오토모티브(주) : **오토모티브(주):전세권자이자 신청채권자임 ◀

▶ 건물 등기부현황 ▣ 건물열람일 : 2009-06-08   등기부등본열람

구분	성립일자	권리종류	권리자	권리금액	인수/소멸	비고
갑1	1997-06-26	(현)소유권	허 00		이전	매매
을1	1997-06-26	전세권	**정공	30,000,000원	인수	미배당: 30,000,000원 미배당금 소멸예상
갑2	1998-03-03	가등기	이 00		인수	미배당요구로 전액인수
갑3	1998-09-15	가압류	중앙농업협동조합	10,895,447원	소멸기준	
갑4	2000-10-28	압류	경주시		소멸	???????
갑5	2004-02-10	가압류	신용보증기금	65,269,475원	소멸	
갑6	2009-03-20	임의경매	**오토모티브	청구: 30,000,000원	소멸	2009타경1982

5. 실전 가등기분석 317

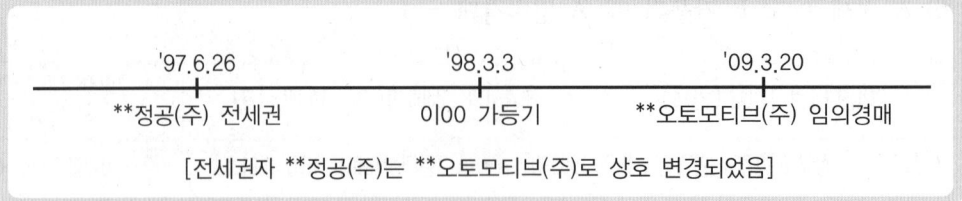

① 전세권자 **정공(주) 분석

아파트 등 집합건물의 전세권자가 전세목적물을 임의경매신청하면 전세권자의 배당요구로 간주되어 전세권은 경매시 매각으로 소멸(=민사집행법 제91조 제4항 단서)하게 된다.

〈선순위 전세권내역과 임의경매로 인한 매각으로 말소된 전세권〉

1 (전 7)	전세권설정	1997년6월26일 제33963호	1997년6월13일 설정계약	전세금 삼천만원 범　위 주택용건물전부 존속기간 1997년6월13일부터 　　　　　1999년6월12일까지 반환기 1999년6월12일까지 전세권자 ★★정공주식회사 　　　　　110111-0529490 　　　서울 서초구 서초동
1-1	1번등기명의인표시변경	2005년1월31일 제6445호	2000년10월1일 상호변경	★★정주식회사의 성명(명칭) ★★오토모리브주식회사
2	1번전세권설정 등기말소	2009년9월9일 제48291호	2009년9월4일 임의경매로 인한 매각	

② 가등기권자 이 모 씨 분석

경매정보지상 가등기는 인수되는 권리로 표시되어 있는데, 법원문건 접수내역을 보아도 담보가등기인지 보전가등기인지를 알 수 없다.

두 가지로 나누어 살펴보자. 먼저 담보가등기라면 당연히 말소되는 권리에 해당 된다. 그런데 보전가등기라면 어떻게 될까? 필자 생각으로는 보전가등기일지라도 말소되어야 한다고 본다.

왜냐하면 가등기보다 앞서 전세권이 설정되었고, 전세권 목적물이 집합건물인데, 집합건물에 전세권이 설정되었다면 전세권의 효력은 전유부분뿐만 아니라 대지권에도 그 효력이 미치며[=대법원 2001다63839 판결 참조], 집합건물에 설정된 전세권이 임의경매 신청을 하면 전세권은 소멸기준권리화 될 수 있는데[=대법원 2008마212결정 참조], 만약 전세권을 소멸기준권리로 보지 않으면 본 사건의 후순위 가등기는 인수되는 권리에 해당되고, 이렇게 되면 가등기보다 먼저 전세권이라는 물권을 취득한 자의 지위는 대단히 불안정해 지기 때문에 가등기는 담보든 보전이든 말소되어야 하는 것이다.

〈법원문건 접수내역〉

문건접수내역

접수일	접수내역
2009-03-23	등기소 대구지방법원 경주지원 등기과 등기필증 제출
2009-03-27	교부권자 경주시장 교부청구 제출
2009-04-06	가압류권자 신용보증기금 배당요구신청 제출
2009-04-07	감정인 고려감정평가법인 감정서 제출
2009-04-13	채권자 **오토모티브주식회사 공시송달신청 제출
2009-04-16	기타 집행관 정00 현황조사서 제출

법원문건 접수내역상 가등기권자의 채권계산서 제출 등의 문구가 발견되지 않았다. 그런데 낙찰 후 이 모 씨 가등기는 "임의경매로 인한 매각"으로 말소되었다. 전세권이 소멸기준권리가 된 모양이다.

〈임의경매로 인한 매각으로 말소된 가등기〉

2 (전 5)	소유권이전청구권가등기 ↓	1998년3월3일 제11447호	1998년3월3일 매매예약	권리자 이○○ 630129-1****** 울산 남구 신정동
9	2번가등기말소	2009년9월9일 제48291호	2009년9월4일 임의경매로 인한 매각	

7) A 전세권 ⇨ B 가등기 ⇨ A 임의경매 - 2

2009 타경 40416 (임의)		매각기일 : 2010-03-25 10:00~ (목)		경매8계 (051)590-1820	
소재지	부산광역시 사하구 괴정동 378-00 세이프빌***동 1층 201호			사건접수	2009-09-18
물건종별	다세대(빌라)	채권자	정 00	감정가	61,000,000원
대지권	90,875㎡ (27.49평)	채무자	박 00	최저가	(80%) 48,800,000원
전용면적	63.425㎡ (19.19평)	소유자	박 00	보증금	(10%) 4,880,000원
평형		매각대상	토지/건물일괄매각	청구금액	65,000,000원
입찰방법	기일입찰	배당종기일	2009-12-18	개시결정	2009-09-25

■ 기일현황

회차	매각기일	최저매각금액	결과
신건	2010-02-18	61,000,000원	유찰
2차	2010-03-25	48,800,000원	매각
정 00/입찰1명/매각50,000,000원(82%)			

■ 임차인현황 ☞ 건물소멸기준 : 2005-03-21 ☞ 배당종기일 : 2009-12-18

순위	성립일자	권리자	권리종류(점유부분)	권리금액	신고	대항	예상배당여부
1	전입 2003-12-08 확정 2003-12-08 배당 2009-10-15	정 00	주택임차인 전부	[보] 65,000,000원	○	있음	배당금: 48,363,700원 인수금: 16,636,300원 일부배당(미배당금 인수)예상

- 정 00 : 신청채권자임.

■ 건물 등기부현황 ☞ 건물열람일 : 2010-01-27

구분	성립일자	권리종류	권리자	권리금액	인수/소멸	비고
갑1	2003-04-30	(현)소유권	박 00		이전	보존
을5	2004-02-04	전세권	정 00	65,000,000원	인수	미배당: 65,000,000원 미배당금 소멸예상
갑2	2005-03-15	가등기	김 00		인수	미배당요구로 전액인수
갑3	2005-03-21	가압류	우리은행	200,000,000원	소멸기준	
갑4	2005-09-02	가압류	신용보증기금	27,485,188원	소멸	
갑5	2009-07-27	가압류	국민은행	32,011,850원	소멸	
갑6	2009-09-25	임의경매	정 00	청구: 65,000,000원	소멸	2009타경40416

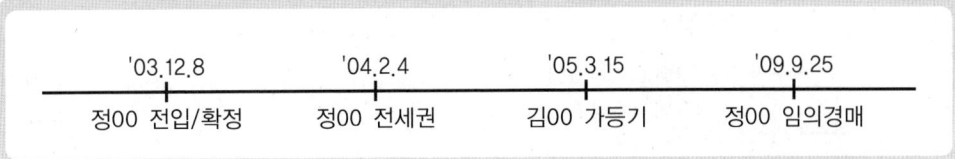

　　정 모 씨는 전세보증금을 6천 5백만 원으로 하여 본건 아파트를 임차하면서 2003년 12월 8일 전입신고 및 확정일자를 마쳤다. 그 후 2004년 2월 4일 전세권등기까지 마쳤다.

　　본 사건은 직전 사례와 똑같다고 보면 된다. 전세권자 정 모 씨가 전세금 회수를 위해 전세권에 의한 임의경매신청을 하였는데, 선순위 전세권뿐만 아니라 후순위 김 모 씨 가등기까지 인수한다고 경매정보지상에 나타나 있으나, 이는 잘못된 것이다.

　　앞에서 언급하였지만 집합건물의 전세권자가 전세권에 의해 임의경매신청을 하면 전세권은 소멸기준권리化 된다고 하였다. 그렇다면 후순위 가등기는 경매시 매각으로 소멸되어야 한다. 참고로 본 사건 매각물건명세서상에도 가등기를 인수한다는 문구가 없다.

〈매각물건명세서〉

사건	2009타경40416 부동산임의경매	매각물건번호	1	담임법관(사법보좌관)	김00
작성일자	2010.01.09	최선순위 설정일자	2004.2.4.전세권		
부동산 및 감정평가액 최저매각가격의 표시	부동산표시목록 참조	배당요구종기	2009.12.18		

부동산의 점유자와 점유의 권원, 점유할 수 있는 기간, 차임 또는 보증금에 관한 관계인의 진술 및 임차인이 있는 경우 배당요구 여부와 그 일자, 전입신고일자 또는 사업자등록신청일자와 확정일자의 유무와 그 일자

점유자의 성명	점유부분	정보출처 구분	점유의 권원	임대차 기간 (점유기간)	보증금	차임	전입신고일자, 사업자등록신청일자	확정일자	배당요구 여부 (배당요구일자)
정 00	전부	권리신고	주거 임차인	2003.11.30.-	65,000,000		2003.12.8.	2003.12.8.	2009.10.15

〈비고〉
정 00 : 신청채권자임.

※ 최선순위 설정일자보다 대항요건을 먼저 갖춘 주택·상가건물 임차인의 임차보증금은 매수인에게 인수되는 경우가 발생할 수 있고, 대항력과 우선 변제권이 있는 주택·상가건물 임차인이 배당요구를 하였으나 보증금 전액에 관하여 배당을 받지 아니한 경우에는 배당받지 못한 잔액이 매수인에게 인수되게 됨을 주의하시기 바랍니다.

※ 등기된 부동산에 관한 권리 또는 가처분으로 매각허가에 의하여 그 효력이 소멸되지 아니하는 것

해당사항 없음

※ 매각허가에 의하여 설정된 것으로 보는 지상권의 개요

해당사항 없음

〈임의경매로 인한 매각으로 말소된 김 모 씨의 가등기〉

2	소유권이전청구권가등기	2005년3월15일 제10721호	2005년3월15일 매매예약	가등기권자 김○○ 761021-1****** 부산 연제구 연산동
8	2번가등기말소	2010년4월27일 제16962호	2010년4월22일 임의경매로 인한 매각	

낙찰 후 김○○의 가등기는 "임의경매로 인한 매각"으로 2010년 4월 27일 말소되었다.

〈선순위 전세권내역과 임의경매로 인한 매각으로 말소된 전세권〉

5	전세권설정	2004년2월4일 제3865호	2004년2월4일 설정계약	전세금 금65,000,000원 범 위 주거용건물의전부 존속기간 2005년12월7일까지 반환기 2005년12월7일 전세권자 정○○ 700315-2****** 부산 사하구 괴정동
6	5번전세권설정 등기말소	2010년4월27일 제16962호	2010년4월22일 임의경매로 인한 매각	

정 모 씨의 전세권등기는 "임의경매로 인한 매각"을 등기원인으로 하여 2010년 4월 27일 말소되었다.

8) A 전세권 ⇨ B 가등기 ⇨ A 임의경매 - 3

2006 타경 41099 (임의)		매각기일 : 2007-04-25 10:00~ (수)		경매6계 757-6776 (구내:776)	
소재지	대구광역시 북구 첨산동 233-000 ********** 아파트***동 17층 1708호			사건접수 2006-08-08	
물건종별	아파트	채권자	박00	감정가	110,000,000원
대지권	23.3321㎡ (7.06평)	채무자	최00	최저가	(70%) 77,000,000원
전용면적	59.76㎡ (18.08평)	소유자	최00	보증금	(10%) 7,700,000원
평형	23평형	매각대상	토지/건물일괄매각	청구금액	79,000,000원
입찰방법	기일입찰	배당종기일	2006-11-23	개시결정	2006-09-14

▶ 기일현황

회차	매각기일	최저매각금액	결과
신건	2007-03-28	110,000,000원	유찰
2차	2007-04-25	77,000,000원	매각
최**/입찰17명/매각101,300,000원(92%)			

▶ 임차인현황 ▣ 건물소멸기준 : 2004-02-06 ▣ 배당종기일 : 2006-11-23   매각물건명세서 예상배당표

순위	성립일자	권리자	권리종류(점유부분)	권리금액	신고	대항	예상배당여부
1	전입 2004-10-26 확정 2004-02-06 배당 2006-08-08	박00	주택임차인 전부	【보】79,000,000원	O	있음	배당금 : 79,000,000원 전액배당으로 소멸예상

- 박00 : 신청채권자겸전세권자
- 조사참여인 : 박00(임차인, 011-***-****)

▶ 건물 등기부현황 ▣ 건물열람일 : 2007-03-14   등기부등본열람

구분	성립일자	권리종류	권리자	권리금액	인수/소멸	비고
갑1	1999-09-28	(전)소유권	대한방직 외		이전	보존
갑2	1999-11-26	(현)소유권	최00		이전	매매
을7	2004-02-06	전세권	박00	79,000,000원	소멸기준	배당금 : 79,000,000원 전액배당으로 소멸예상
갑3	2004-09-14	가등기	정00		소멸	
갑4	2004-11-04	가압류	삼성카드	4,825,155원	소멸	
갑5	2004-11-29	가압류	국민은행	28,591,371원	소멸	
갑6	2004-12-06	가압류	하나은행	4,660,991원	소멸	
갑7	2006-01-20	가압류	한국외환은행	1,394,465원	소멸	
갑8	2006-09-19	임의경매	박00	청구:79,000,000원	소멸	2006타경41099

```
  '04.2.6         '04.9.14        '04.10.26       '06.9.19
박00 전세권/확정   정00 가등기    박00 전입      박00 임의경매
```

5. 실전 가등기분석

전세권은 소멸기준권리가 아닌 것이 원칙이다. 따라서 어떻게 보면 2004년 9월 14일자 정 모 씨 가등기는 경매시 매각으로 소멸하지 않는 권리로 보여 질 수도 있으나, 직전 사례처럼 선순위 전세권자가 임의경매신청을 하였다면 전세권이 소멸기준권리化 된다.

따라서 본 사건의 가등기는 담보가등기이든지, 보전가등기이든지 여부를 따지지 않고 매각으로 소멸하게 된다. 그런데 법원문건 접수내역을 보니 배당요구 종기일 이전인 2006년 11월 16일 가등기권자가 채권계산서를 제출했다. 그렇다면 이 가등기는 어떠한 가등기? 담보가등기이다!

〈법원문건 접수내역 상 가등기권자 정 모 씨의 채권계산서 제출〉

2006-11-16		가등기권자 정○○ 채권계산서 제출

낙찰 후 본 사건 부동산 등기부등본을 확인해 보았다. 정 모 씨의 가등기는 "임의경매로 인한 매각"을 원인으로 2007년 5월 29일 말소되었다.

〈말소된 가등기 내역〉

3	소유권이전청구권가등기	2004년9월14일 제54173호	2004년9월13일 매매예약	가등기권자 정○○ 651205-1****** 영천시 금호읍 냉천리
12	3번가등기말소	2007년5월29일 제25133호	2007년5월22일 임의경매로 인한 매각	

그리고 전세권은 본인이 전세금 회수를 목적으로 전세목적물을 경매신청 하였기에, 이는 배당요구 한 것으로 보며, 선순위 전세권이 배당요구를 하면 민사집행법 제91조 제4항 단서 조항에 의해 전세권은 매각으로 소멸한다. 본 사건의 선순위 전세권은 2007년 5월 29일 "임의경매로 인한 매각"을 등기원인으로 말소되었다.

〈말소된 전세권등기 내역〉

7	전세권설정	2004년2월6일 제8662호	2004년2월2일 설정계약	전세금 금칠천구백만원 범 위 주거용 구분건물전부 존속기간 2004년2월2일부터 　　　　　2006년2월1일까지 반환기 2006년2월1일 전세권자 박○○ 740809-1****** 　　　대구 동구 신암동
8	7번전세권설정 등기말소	2007년5월29일 제25133호	2007년5월22일 임의경매로 인한 매각	

9) A 전입신고 ⇨ B 가등기 ⇨ A 강제경매

2007 타경 27630 (강제)			매각기일 : 2010-01-08 10:00~ (금)		경매15계 062) 239-1605	
소재지	광주광역시 동구 산수동 406-0 **빌라 3층 302호				사건접수 2007-07-04	
물건종별	다세대(빌라)	채권자	이 00	감정가	18,000,000원	
대지권	8,312㎡ (2.51평)	채무자	노 00	최저가	(5%) 866,000원	
전용면적	19.8㎡ (5.99평)	소유자	노 00	보증금	(10%)87,000원	
평형		매각대상	토지/건물일괄매각	청구금액	20,000,000원	
입찰방법	기일입찰	배당종기일	2007-10-15	개시결정	2007-07-05	

▶ 기일현황   ▽ 전략보기

회차	매각기일	최저매각금액	결과
신건	2008-01-25	18,000,000원	유찰
2차	2008-03-07	12,600,000원	유찰
3차	2008-04-18	10,080,000원	유찰
4차	2008-05-23	8,064,000원	매각
정 00/입찰1명/매각10,500,000원(58%)			
	2008-07-07	대금지급기한	미납
4차	2008-08-14	8,064,000원	유찰
5차	2008-09-26	6,451,000원	유찰
6차	2008-11-07	5,161,000원	유찰
7차	2008-12-19	4,129,000원	유찰
8차	2009-01-30	3,303,000원	유찰
9차	2009-03-13	2,642,000원	유찰
10차	2009-04-24	2,114,000원	매각
김 00/입찰1명/매각2,800,000원(16%)			
	2009-05-28	대금지급기한	미납
10차	2009-07-17	2,114,000원	유찰
11차	2009-08-28	1,691,000원	유찰
12차	2009-10-09	1,353,000원	유찰
13차	2009-11-20	1,082,000원	유찰
14차	2010-01-08	866,000원	매각
이★★/입찰2명/매각989,500원(5%)			

▶ 임차인현황 ▣ 건물소멸기준 : 2006-12-01 ▣ 배당종기일 : 2007-10-15   매각물건명세서 예상배당표

순위	성립일자	권리자	권리종류(점유부분)	권리금액	신고	대항	예상배당여부
1	전입 2005-02-11 확정 2005-02-11 배당 2007-07-20	이 00	주택임차인 전부	[보] 20,000,000원	○	있음	배당금: 32,200원 인수금: 19,967,800원 일부배당(미배당금 인수)예상

- 이 00 : 2007.4.17.임차권등기
임차인 이 00(016-400-****)에게 문의하고 권리신고안내서는 문틈으로 투입함.

▶ 건물 등기부현황 ▣ 건물열람일 : 2008-01-11   등기부등본열람

구분	성립일자	권리종류	권리자	권리금액	인수/소멸	비고
갑1	2001-05-22	(전)소유권	윤 00		이전	보존
을1	2005-02-11	주택임차권	이 00	20,000,000원	있음	경매신청채권자 전입 : 2005-02-11 확정 : 2005-02-11
갑2	2006-06-08	(현)소유권	노 00		이전	매매
갑4	2006-06-08	가등기	이 ##		인수	미배당요구로 전액인수
갑6	2006-12-01	압류	광주광역시동구		소멸기준	
갑7	2007-07-09	강제경매	이 00	청구: 20,000,000원	소멸	2007타경27630

5. 실전 가등기분석

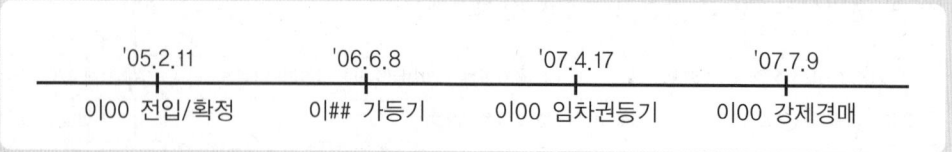

결론부터 이야기하기로 한다. 가등기 이##은 매각으로 소멸되지 않았다. 그리고 본 사건은 14차 매각기일에 이**가 1백여만 원에 낙찰 받아 2010년 2월 23일 소유권이전등기를 하였는데… 1백만 원? 있어도 그만 없어도 그만인가?

〈낙찰 후 말소되지 않은 이##의 가등기〉

4	소유권이전청구권가등기 (낙찰 후 소멸되지 않음)	2006년6월8일 제121100호	2006년6월7일 매매예약	가등기권자 이## 740305-1****** 광주 서구 쌍촌동

〈낙찰 후 소유권이전등기 내역〉

8	소유권이전	2010년2월23일 제28227호	2010년2월4일 강제경매로 인한 매각	소유자 이** 710506-1****** 전라남도 함평군 함평읍

선순위에 가등기가 설정되어 있을 경우 정말로 주의해야 한다. 다른 꿍꿍이속이 있지 않는 한, 입찰은 본인의 자유이겠지만 글쎄… 본 경매사건의 매각물건명세서를 보면 "말소되지 않을 가등기권리가 존재함."이라고 표시되어 있지 않는가?

〈매각물건명세서 중에서…〉

※ 등기된 부동산에 관한 권리 또는 가처분으로 매각허가에 의하여 그 효력이 소멸되지 아니하는 것
말소되지 않을 가등기권리가 존재함. ←

※ 매각허가에 의하여 설정된 것으로 보는 지상권의 개요
해당사항없음

※ 비고란
대항력 있는 임차인이 매각대금에서 임차보증금을 전액 변제받지 못한 경우, 그 나머지는 매수인이 인수함.

10) A 가등기 ⇨ A 매매에 의한 소유권취득 후 경매 – 1

2009 타경 34596 (임의)		매각기일 : 2009-12-04 10:30~ (금)		경매11계 (031)210-1271	
소재지	경기도 용인시 기흥구 구갈동 000 **아파트 ***동 2층 205호			사건접수	2009-06-10
물건종별	아파트	채권자	신갈농업협동조합	감정가	300,000,000원
대지권	45,655㎡ (13,81평)	채무자	박00	최저가	(80%) 240,000,000원
전용면적	88,85㎡ (26,88평)	소유자	박00	보증금	(10%) 24,000,000원
평형	35평형	매각대상	토지/건물일괄매각	청구금액	188,364,828원
입찰방법	기일입찰	배당종기일	2009-09-29	개시결정	2009-06-11

기일현황

회차	매각기일	최저매각금액	결과
신건	2009-11-05	300,000,000원	유찰
2차	2009-12-04	240,000,000원	매각

제00 /입찰3명/매각250,001,000원(83%)

건물 등기부현황 ☞ 건물열람일 : 2009-10-22

구분	성립일자	권리종류	권리자	권리금액	인수/소멸	비고
갑2	2003-08-29	가등기	김##		인수	미배당요구로 전액인수
갑3	2004-02-25	(전)소유권	김##		이전	매매
갑4	2005-08-05	(현)소유권	박00		이전	매매
을5	2005-08-24	(근)저당	신갈농업협동조합	130,000,000원	소멸기준	
을9	2008-05-06	(근)저당	신갈농업협동조합	72,000,000원	소멸	
갑5	2008-10-27	가압류	신갈농업협동조합	3,500,000,000원	소멸	
갑6	2009-06-11	임의경매	신갈농업협동조합	청구: 188,364,828원	소멸	2009타경34596

① 사건개요

본 사건은 2003년 8월 29일 김##이 "매매예약"을 등기원인으로 한 "소유권이전청구권 가등기"를 설정(=순위번호 2번)하였고, 2004년 2월 25일 "매매"를 원인으로 김##는 소유권이전등기(=순위번호 3번)를 하였는데, 이는 가등기에 의한 본등기로 소유권이전을 한 것이 아니라, "매매"를 등기원인으로 하여 소유권이전을 한 것이다.

〈김##의 가등기와 소유권이전등기 내역〉

2	소유권이전청구권가등기	2003년8월29일 제123438호	2003년8월29일 매매예약	권리자 김## 610629-1****** 용인시 고림동
3	소유권이전	2004년2월25일 제22072호	2004년2월25일 매매	소유자 김## 610629-1****** 용인시 고림동

　　김## 명의로 소유권이전등기가 된 후, 2005년 8월 5일 박 모 씨 명의로 소유권이전이 되었으며, 근저당권자 신갈농협의 임의경매신청에 의해 2차 매각기일인 2009년 12월 4일 제 모 씨가 2억 5천여만 원에 낙찰 받아, 2010년 1월 21일 소유권이전등기가 경료 되었다.

〈낙찰자 제 모 씨 명의의 소유권이전등기 내역〉

7	소유권이전	2010년1월21일 제8560호	2010년1월21일 임의경매로 인한 매각	소유자 제 ○○ 671111-1****** 경기도 용인시 기흥구 구갈동

② 2003년 8월 29일 가등기권자 김## 분석

　　가등기권자 김##는 본등기에 의한 소유권이전이 아닌, 매매의 형식으로 소유권이전을 했는데, 김##의 가등기와 소유권이전 사이, 즉 2003년 8월 29일과 2004년 2월 25일 사이에 가압류나 근저당권 등의 권리가 설정되지 않았다면 가등기는 큰 힘(⇨가등기에 의한 본등기청구권)을 발휘하지 못한다.

　　그러나 가등기 설정일자와 소유권 이전일자 사이에 근저당권 등의 권리가 설정되어 있다면 김##는 가등기에 기한 본등기청구권이 상실되지 않을 수도 있다.

　　참고로 본 사건의 가등기는 말소되지 않더라도 가등기에 기한 본등기청구권을 김##이 행사할 수 없기에 마음 놓고 입찰해도 관계가 없다.

③ 가등기와 매매에 의한 소유권취득일 사이에...

　　가등기에 의한 본등기가 되었다면 부동산등기부상 같은 순위번호란에 표시된다. 즉, 가등기 아래 여백에 소유권이전을 표시하는데, 아래는 (주)0000이 "순위번호 2번" 란에 2005년 9월 29일 매매예약에 의한 소유권이전청구권가등기를 하였고, 가등기 바로 아래에 2008년 5월 19일 매매를 원인으로 소유권이전이 되었다.

〈가등기에 의한 본등기 例〉

순위번호	등 기 목 적	접 수	등 기 원 인	권리자 및 기타사항
2	소유권이전청구권가등기	2005년9월29일 제20944호	2005년9월29일 매매예약	가등기권자 주식회사 ○○○○ 160111-******* 대전 서구 둔산동 ○○○
	소유권이전	2008년5월19일 제8369호	2008년5월11일 매매	소유자 주식회사 ○○○○ 160111-******* 대전광역시 서구 둔산동 ○○○ 거래가액 금27,000,000원

그런데 가등기에 의한 본등기 형식이 위와 같지 않고, 본 사건처럼 순위번호 란을 달리 하였다면 가등기 후 소유권이전일 사이에 어떠한 권리가 설정되었는지 여부를 부동산등기부를 통해 "반드시" 확인해 보아야 한다.

예로서 A 가등기(=순위번호 1번) ⇨ A 본등기청구권에 의한 소유권이전이 아닌 "매매" 등에 의한 소유권이전(=순위번호 2번)의 경우, 가등기에 의한 본등기를 할 수 없다. 이는 가등기와 본등기 사이에 근저당권 등의 권리가 없기 때문이다.

그러나 A 가등기(=순위번호 1번) ⇨ B 근저당권 ⇨ A 본등기청구권에 의한 소유권이전이 아닌 "매매" 등에 의한 소유권이전(=순위번호 2번)의 경우, A는 나중에 가등기에 기한 본등기 청구권이 인정되는데(=등기예규 제1408호), 만약 본등기청구권이 인정되지 않는다면 A는 가등기보다 나중에 설정된 B 근저당권을 부담해야 하는 모순이 발생되기 때문이다.

〈가등기에 관한 업무처리지침 4-아, 등기예규 제1408호〉

소유권이전청구권가등기권자가 가등기에 의한 본등기를 하지 않고 다른 원인에 의한 소유권이전등기를 한 후에는 다시 그 가등기에 의한 본등기를 할 수 없다. 다만 가등기 후 위 소유권이전등기 전에 제3자 앞으로 처분제한의 등기가 되어 있거나 중간처분의 등기가 된 경우에는 그러하지 아니하다.

④ 관련 대법원 판례분석

> A 가등기 ⇨ 가압류 4건 설정 ⇨ A 매매에 의한 소유권이전(가등기는 말소되지 않았음) ⇨ A 가등기에 의한 본등기가 가능한지?

가등기 후 가압류가 설정된 상태에서 본등기를 한다면 가등기 후의 가압류는 직권말소된다. 그런데 가등기권자가 본등기절차에 의하지 않고 "매매" 등 다른 원인으로 소유권이전을 하였다 하여 가등기에 기한 본등기청구권이 소멸된다면 가등기 이후의 가압류를 인수하여야 하는 모순이 발생된다.

따라서 가등기 후 본등기 전에 가압류 등 부동산등기부상에 <u>중간처분등기 등이 있을 경우</u>, 가등기권자는 순위보전을 위하여 가등기에 기한 본등기청구를 할 이익이 있는 것이다[=대법원 95다29888 판결, 대법원 87다카1637 판결 각 참조].

〈대법원 95다29888호 가등기에 기한 본등기 판결요지〉

> 부동산에 관한 소유권이전청구권 보전을 위한 가등기 경료 이후에 다른 가압류등기가 경료되었다면, 그 가등기에 기한 본등기 절차에 의하지 아니하고 별도로 가등기권자 명의의 소유권이전등기가 경료 되었다고 하여 가등기 권리자와 의무자 사이의 가등기 약정상의 채무의 본지에 따른 이행이 완료되었다고 할 수는 없으니, 특별한 사정이 없는 한 가등기권자는 가등기의무자에 대하여 그 가등기에 기한 본등기 절차의 이행을 구할 수도 있다.

〈대법원 87다카1637호 가등기에 기한 본등기 판결요지〉

> 가등기에 기하여 본등기가 된 때에는 본등기의 순위가 가등기한 때로 소급함으로써 가등기후 본등기 전에 이루어진 중간처분이 본등기보다 후순위로 되어 실효되는 것이므로, 가등기권자가 가등기된 목적물에 관하여 소유권이전등기를 받고 있다 하더라도 가등기후 그 소유권이전등기전에 중간처분이 있는 경우에는 가등기권자는 그 순위보전을 위하여 가등기에 기한 본등기청구를 할 이익이 있다.

⑤ 정리

본 사건은 가등기에 의한 본등기청구권 행사로 소유권이전이 되지 않고, <u>매매의 형식으로 소유권이 이전되었다</u>. 그런데 가등기와 소유권이전등기일 사이에 근저당권이나 가압류 등 중간처분등기가 없기에 김##의 가등기는 낙찰 후 말소되지 않았음에도 불구하고 본등기를 할 수 없기에(=등기예규 제1408호) 크게 신경 쓸 필요가 없어 보인다.

나아가 본 사건의 매각물건명세서상에 특별매각조건으로 가등기를 인수한다는 문구가 없는 점을 감안하여 향후 이러한 물건에 입찰할 때에는 매각물건명세서 확인 및 가등기와 소유권이전등기일 사이에 어떠한 권리의 설정유무를 확인한 후 입찰참여 여부를 결정하면 된다.

〈본 사건 매각물건명세서〉

※ 등기된 부동산에 관한 권리 또는 가처분으로 매각허가에 의하여 그 효력이 소멸되지 아니하는 것
해당사항 없음

※ 매각허가에 의하여 설정된 것으로 보는 지상권의 개요
해당사항 없음

※ 비고란
<매각조건으로 가등기에 기한 본등기청구권이 있다는 내용이 없음.>

11) A 가등기 ⇨ A 매매에 의한 소유권취득 후 경매 - 2

2010 타경 2103 (임의) 2010타경10197		매각기일 : 2010-07-27 10:00~ (화)		경매7계 920-6317	
소재지	경기도 고양시 일산서구 덕이동 0000 *****빌***동 4층 401호			사건접수	2010-01-25
물건종별	아파트	채권자	00 캐피탈	감정가	460,000,000원
대지권	148.294㎡ (44.86평)	채무자	홍 **	최저가	(51%) 235,520,000원
전용면적	123.7106㎡ (37.42평)	소유자	홍 00	보증금	(10%)23,552,000원
평형		매각대상	토지/건물일괄매각	청구금액	96,000,000원
입찰방법	기일입찰	배당종기일	2010-04-05	개시결정	2010-01-26

▶ 기일현황

회차	매각기일	최저매각금액	결과
신건	2010-04-27	460,000,000원	유찰
2차	2010-05-25	368,000,000원	유찰
3차	2010-06-22	294,400,000원	유찰
4차	2010-07-27	235,520,000원	매각
최00/입찰3명/매각262,000,000원(57%)			

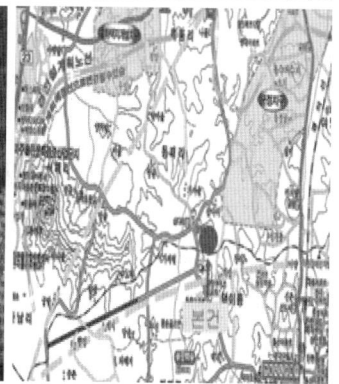

5. 실전 가등기분석

■ 건물 등기부현황 ☞ 건물열람일 : 2010-04-13   등기부등본열람

구분	성립일자	권리종류	권리자	권리금액	인수/소멸	비고
갑14	2005-06-02	(전)소유권	이OO		이전	임의경매로 인한 매각
갑16	2006-09-08	가등기	홍OO		인수	특별매각조건에의한 인수
갑17	2006-11-20	(현)소유권	홍OO		이전	매매
을10	2006-11-20	(근)저당	한국자산관리공사	285,600,000원	소멸기준	
을11	2008-06-11	(근)저당	OO캐피탈	115,200,000원	소멸	
갑20	2010-01-26	임의경매	OO캐피탈	청구: 96,000,000원	소멸	2010타경2103

① 사건개요

2006년 9월 8일 홍 모 씨가 가등기하였고, 동년 11월 20일 홍 모 씨 명의로 소유권이전이 되었는데, 본등기 청구권에 의한 소유권이전이 아니었다.

집행법원이 작성한 매각물건명세서상에도 가등기는 소멸되지 않는 것으로 나타나 있는데… 홍 모 씨의 가등기는 2010년 9월 6일 낙찰자 최 모 씨 명의로 소유권이전 등기된 이후인 동년 10월 11일 "해제"를 원인으로 말소되었다.

〈매각물건명세서 중 일부〉

※ 등기된 부동산에 관한 권리 또는 가처분으로 매각허가에 의하여 그 효력이 소멸되지 아니하는 것
2006.9.8.자 가등기 있음. 단,가등기권자 홍OO 은 소유자임

〈가등기말소 내역〉

16	소유권이전청구권가등기	2006년9월8일 제100799호	2006년9월8일 매매예약	가등기권자 홍OO 360417-1****** 충청북도 청원군 오창면 각리
17	소유권이전	2006년11월20일 제139994호	2006년9월8일 매매	소유자 홍OO 360417-1****** 충청북도 청원군 오창면 각리 거래가액 금240,000,000원
24	16번가등기말소	2010년10월11일 제134929호	2010년10월11일 해제	'10.10.11.' "해제"로 말소됨!

〈낙찰자 최 모 씨의 소유권이전등기 내역〉

| 22 | 소유권이전 | 2010년9월6일
제118972호 | 2010년9월1일
임의경매로 인한 매각 | 소유자 최○○ 721230-1******
경기도 부천시 소사구 소사본동 |

② 홍OO의 가등기는 "해제"를 원인으로 말소되었다.

낙찰 후 부동산등기부상 권리를 말소시키는 방법은 두 가지이다. 즉, 집행법원의 직권에 의한 말소와 해제를 원인으로 하는 말소!

법원의 직권에 의하면 등기부상 "임의(또는 강제)경매로 인한 매각"으로 표시되나, 해제의 경우는 상대방으로부터 말소관련 서류를 받아 낙찰자가 등기소에 직접 제출하여 권리를 말소시키는 것을 의미한다. 본 사건의 부동산등기부상 가등기는 낙찰자 명의로 소유권 이전 등기된 이후에 "해제"를 원인으로 말소된 것으로 미루어 보아, 아마도 낙찰자는 가등기권자로부터 가등기 말소 관련한 서류를 받아 등기소에 제출한 모양이다.

약간 번거로운데… 본 사건과 같은 유형의 가등기는 본등기청구권이 없기에 말소시키지 않아도 큰 문제가 되지는 않는다.

③ 힘없는 가등기를 말소시키려면?

가등기권자가 가등기에 의하지 않고 다른 원인으로 소유권이전등기를 하였을 경우, 그 부동산의 소유권이 제3자에게 이전되기 전에는 가등기권자의 단독신청으로 혼동을 등기원인으로 하여 가등기를 말소할 수 있으나, 그 부동산의 소유권이 제3자에게 이전된 후에는 "통상의 가등기 말소절차"에 따라 가등기를 말소한다(=가등기에 관한 업무처리지침 6-마, 등기예규 제1408호).

낙찰 후 가등기권자의 비협조로 가등기말소 관련한 서류를 받지 못했다면 낙찰자는 "통상의 가등기 말소절차"에 따라 가등기를 말소시켜야 하는데, 부동산등기법 제169조 제1항을 보면 "가등기의 말소는 가등기 명의인이 이를 신청할 수 있다."라고 되어 있고, 동조 제2항을 보면 "신청서에 가등기 명의인의 승낙서 또는 이에 대항할 수 있는 재판의 등본을 첨부한 때에는 등기상의 이해관계인이 가등기의 말소를 신청할 수 있다."라고 규정하고 있다.

따라서 가등기권자가 가등기 말소에 대한 승낙서를 작성해 주지 않는다면 낙찰자는 가등기권자를 상대로 가등기말소청구의 소송을 제기하여 판결문으로 가등기를 말소하는 절차를 밟아야 할 것이다.

6 실전 법정지상권분석

　　필자의 노래방 18번은 가수 김종환의 "존재의 이유"이다. 상당히 좋은 노래다. 그런데 "존재의 이유"라는 노래를 부르면서 법정지상권을 생각한다.

　　이 무슨 생뚱맞은 소리인가? 라고 생각하는 독자가 계실 것이다. 법정지상권과 "존재의 이유"라… 이는 토지만 경매신청 되었는데, 지상에 건물이 있다면 그 건물이 토지상에 존재해야 할 이유 내지 근거가 있는가? 라는 측면에서이다.

　　초보 입장에서 법정지상권이라는 말만 들어도 "어휴~~~ 머리 아파~~~"라고 생각할 수도 있을 것이다. 법정지상권과 관련한 수많은 판례와 민법 제 몇 조 어쩌고저쩌고 하여야 하니 머리가 아플 수밖에…

　　며칠 전에 서울북부지방법원 관내 아파트 경매물건이었는데, 2분의 1 지분경매였다. 시세조사차 인근 중개업소 몇 군데를 방문하여 상담을 받았는데, 부동산 전문가라는 분들의 말씀이 하나같이 "지분경매 그거 돈 됩니까?" "지분 낙찰 받아 뭐하시게요?"라는 질문을 받았다.

　　이에 필자는 속으로 "돈이 되는데…" 라는 생각만 하고 자세히 설명을 해 주지 않고, 그냥 경매시장에 지분경매가 나왔기에 관심을 가져 보는 것뿐이라는 대답만 해 주었다.

　　앞에서 이러한 이야기를 하였을 것이다. 권리에 대한 가치분석! 극히 일반적인 물건이 아닌, 약간의 법률적 지식을 요하는 물건에 대해 책상머리에서 경매정보지를 보고 혼자서 시나리오를 작성하는 것이다.

　　그러한 유형의 물건은 이미 설명한 "지분경매", "전세권", "경매로 낙찰 받아 다시 경매 붙이는 것"과 앞으로 이야기할 "법정지상권"과 "선순위 임차인이 있는 물건" 등이 해당된다.

　　법정지상권? 어렵게 생각하지 말자! 부동산 그 자체를 바라보자! 토지만 낙찰 받은 후에 상대방과 법리적인 논쟁을 법정에서 벌이기 위함이 아닌, 수월하게 돈을 벌기 위한 수단으로서 법정지상권을 바라보도록 하자!

(1) 지상 건물이 토지를 적법하게 사용할 수 있는 권리의 종류

　　토지와 건물의 소유자가 같으면 자기 땅을 본인이 사용하니 분쟁의 여지가 있을 수 없다. 그러나 토지와 건물 소유자가 달라지면 그 때부터 분쟁이 시작되는 것이다.

예로서, 토지상에 건물이 있는데, 토지만 또는 건물만 매매나 경매 등으로 취득하여 토지와 건물의 소유자가 달라졌을 때에 지상 건물이 토지상에 존재해야 하는 이유가 있다면 지상 건물은 철거가 되지 않을 것이나, 만약 사용할 이유 내지 근거가 없다면 토지 소유자는 지상 건물의 철거를 요청할 수 있는 것이다.

그렇다면 지상 건물이 토지를 적법하게 사용할 수 있는 권리에는 어떠한 것들이 있을까? 분묘기지권까지 포함하여 여섯 가지가 있다.

1) 내 땅 위에 내 건물

내 땅 위에 내 건물을 점유하고 있다면 누구한테 물어볼 필요조차도 없지 않는가? 당연히 내 건물은 앞으로… 계속… 쭉… 존재할 것이다.

2) 법정지상권

민법 제366조 규정을 보면 "저당물의 경매로 인하여 토지와 그 지상건물이 다른 소유자에 속한 경우에는 토지 소유자는 건물 소유자에 대하여 지상권을 설정한 것으로 본다. 그러나 지료는 당사자의 청구에 의하여 법원이 이를 정한다."라고 되어 있다. 자세한 내용은 후술하기로 한다.

3) 관습법상 법정지상권

매매나 상속, 증여, 강제경매 등으로 토지와 건물의 소유자가 달라졌고, 지상 건물을 철거한다는 특약이 없었다면 건물 소유자는 토지를 적법하게 점유·사용할 권원을 가지게 된다.

4) 약정지상권

민법 제279조 규정을 보면 "지상권자는 타인의 토지에 건물 기타 공작물이나 수목을 소유하기 위하여 그 토지를 사용할 권리가 있다."라고 되어 있다.

약정지상권이란 타인 토지를 사용할 사람이 토지 소유자와 토지 사용에 대하여 약정한 내용(=지상권 목적, 범위, 존속기간, 지상권자)을 부동산등기부상에 등기하는 것을 말한다.

이렇듯이 타인 토지상에 지상권등기를 한 후, 지상권자 명의로 건물을 건축하였다면 지상권자는 타인 토지를 약정한 범위 내에서 적법하게 사용할 권리가 있는 것이다.

5) 민법 제622조에 의한 차지권(借地權)

건물만 임대차계약의 대상이 되는 것이 아니라, 토지도 임대차계약의 대상이 될 수 있다. 따라서 남의 땅을 사용하고 싶다면 토지 소유자와 임대차계약을 체결하면 된다.

예로서, 남의 땅을 빌린 후 그 땅위에 토지 임차인이 토지 임대인(=토지 소유자)의 승낙 하에 그의 건물을 짓고, 나아가 토지 임차인 명의로 건물을 등기할 수도 있다.

어찌되었든 간에 토지임대차계약에 의했다면 타인 토지를 일정한 경우 적법하게 사용할 수 있는데, 민법 제622조 제1항 규정에 의하면 "건물의 소유를 목적으로 한 토지임대차는 이를 등기하지 아니한 경우(=토지임차권등기를 하지 아니한 경우)에도 <u>임차인이 그 지상건물을 등기한 때에는</u> 제3자에 대하여 임대차의 효력이 생긴다."라고 되어 있다.

이는 토지임대차계약에 터 잡아 토지 임차인이 건물을 건축한 후, 자기 명의로 "보존등기"하면 토지 임차인이 토지에 임차권등기를 하지 않은 상태에서 토지 소유권이 변동되더라도 토지 임차인(=건물 소유자)은 토지 양수인에게 임대차의 효력(=토지 임차인이 토지 임대인과 체결한 계약내용)을 주장할 수 있는 것이다.

약간 복잡하지만 토지임대차계약에 의해 토지 임차인 명의의 지상 건물이 경매로 나왔을 경우, 제3자가 관심을 가지면 한마디로 "쥐약"이다. 반대로 토지가 경매되었을 경우, 지상 건물 소유자 겸 토지 임차인은 前 토지 소유자(=토지 임대인)와 체결한 임대차계약 내용으로 토지 낙찰자에게 주장할 수 있기에, 이 또한 조심해야 한다.

민법 제622조 관련하여 보다 자세한 내용은 후술된 "(2) 법정지상권"의 "5) 법정지상권 case 연구"에서 만나 뵙겠습니다.

6) 분묘기지권

임야가 경매에 붙여졌을 경우, 분묘기지권 어쩌고저쩌고 라고 경매정보지상에 표시되어 있다. 하여튼 법리적인 측면에서 접근하다 보면 머리만 아프다. 머리가 아픈지, 안 아픈지를 법리적으로 접근을 한번 해 보자.

분묘기지권이란 "남의 토지 위에 묘를 쓴 사람에게 관습법상 인정되는 지상권과 비슷한 물권"을 의미한다.

조금 더 길게 표현하자면 "타인 소유의 토지에 시체 또는 유품을 묻는 곳인 분묘라는 특수한 공작물을 설치한 자가 그 분묘를 소유하기 위하여 분묘의 기지부분의 타인 소유의 토지를 사용할 수 있는 권리를 말하는 것으로서, 관습법상 인정되는 지상권과 유사한

일종의 물권"이다.

자! 이번에는 분묘기지권의 성립요건을 따져보자! 그 성립요건은 ▶토지 소유자의 승낙을 얻어 분묘를 설치한 경우, ▶토지 소유자의 승낙 없이 분묘를 설치한 경우로서 20년간 평온, 공연하게 그 분묘를 점유한 경우, ▶자기 토지상에 분묘를 설치한 자가 분묘의 이전을 한다는 특약 없이 토지를 매매한 경우이다.

이외에도 분묘기지권 관련 하여는 존속기간, 분묘기지권의 범위, 지료산정방법 등이 있다. 이 모든 것을 머릿속에 입력하여 충분히 숙지한 후 분묘기지권 관련한 물건에 입찰할 것인가? 만약 이러한 생각을 하고 있다면 이런 말을 해 주고 싶다. "아서라~~~ 다 부질없는 짓거리다!"

법리적으로 따지려면 대학교에서 석·박사 논문 쓸 때에나 필요한 것이지, 실전투자를 함에 있어서는 아무 쓸모가 없기에 하는 이야기이다.

법리적인 측면 보다는 분묘가 있는 임야의 접근성이라든지, 그 지역의 향후 개발가능성, 분묘의 형태와 주변상황의 양호여부 등 사실적인 측면에서 접근해 버리자. 한 번 더 이야기하지만 법은 법률전문가들이나 미주알고주알 따지면 되는 것이고, 우리 경매인은 실물 투자시 어떻게 하면 돈을 많이 벌수 있는가에 feel이 꽂혀야 할 것이다.

(2) 법정지상권

1) 법정지상권이란?

법정지상권이란 무엇일까? 이는 법에서 정한 요건만 갖추면 당연히 성립되는 지상권을 의미한다. 그렇다면 지상권이란 무엇인가? 지상권이란 타인 토지에 대한 적법한 사용권을 말하는데, 이에는 약정지상권과 법정지상권으로 나누어 볼 수 있다.

① 약정지상권

지상권자(=남의 땅을 사용할 사람)와 지상권설정자(=토지 소유자)간 지상권, 즉 토지 사용에 대하여 약정한 사항을 부동산등기부라는 공적 장부에 등기하면 지상권자는 남의 땅을 적법하게 사용할 수 있다.

② 법정지상권

법정지상권은 건물 소유자가 법에서 정한 요건만 갖추면 남의 땅을 적법하게, 당연히 사용할 수 있는 권리가 발생되는 것으로서, 약정지상권과 달리 부동산등기부상에 등기할 필요가 없다.

2) 법정지상권의 종류

현행법 하에서의 법정지상권은 토지와 건물 또는 토지와 입목 등기된 수목의 소유자가 상이할 경우로서, ▶건물 전세권과 법정지상권 ▶법정지상권 ▶입목에 관한 법률에 의한 법정지상권 ▶가등기담보등에 관한 법률에 의한 법정지상권이 있다.

① 건물 전세권과 법정지상권

민법 제305조 제1항을 보면 "대지와 건물이 동일한 소유자에 속한 경우에 건물에 전세권을 설정한 때에는 그 대지소유권의 특별승계인은 전세권 설정자(=건물 소유자)에 대하여 지상권을 설정한 것으로 본다. 그러나 지료는 당사자의 청구에 의하여 법원이 이를 정한다." 라고 되어 있다.

이는 토지와 건물의 소유자가 동일한 상태에서 건물에만 전세권이 설정되었고, 그 후 토지가 매매나 증여 등으로 인해 토지와 건물 소유자와 달라졌더라도 토지 양수인은 지상 건물 소유자에 대하여 지상권을 설정해 준 것으로 본다.

② 법정지상권

민법 제366조를 보면 "저당물의 경매로 인하여 토지와 그 지상건물이 다른 소유자에 속한 경우에는 토지 소유자는 건물 소유자에 대하여 지상권을 설정한 것으로 본다. 그러나 지료는 당사자의 청구에 의하여 법원이 이를 정한다." 라고 되어 있다.

③ 입목에 관한 법률에 의한 법정지상권

입목에 관한 법률 제2조 제1항에 의한 입목이란 "토지에 부착된 수목의 집단으로서, 그 소유자가 이 법에 따라 소유권보존의 등기를 받은 것"을 말하며, 동 법률 제3조 제1항은 "입목은 부동산으로 본다." 라고 되어 있어 입목 등기된 수목은 독립적인 거래객체가 될 수 있다.

그리고 동 법률 제6조를 보면 "입목의 경매나 그 밖의 사유로 토지와 그 입목이 각각 다른 소유자에게 속하게 되는 경우에는 토지소유자는 입목소유자에 대하여 지상권을 설정한 것으로 본다. 지료에 관하여는 당사자의 약정에 따른다." 라고 되어 있다. 따라서 지상의 입목등기 된 수목의 소유자와 토지 소유자가 경매 등으로 달라질 경우, 토지 소유자는 입목 소유자에게 지상권을 설정해 준 것으로 본다.

④ 가등기담보등에 관한 법률에 의한 법정지상권

가등기담보등에 관한 법률 제10조를 보면 "토지와 그 위의 건물이 동일한 소유자에게 속하는 경우 그 토지 또는 건물에 대하여 제4조 제2항(=채권자는 담보목적 부동산에 관하여 이미 소유권이전등기를 마친 경우에는 청산기간이 지난 후 청산금을 채무자등에게 지급한 때에 담보목적 부동산의 소유권을 취득하며, 담보가등기를 마친 경우에는 청산기간이 지나야 그 가등기에 기한 본등기를 청구할 수 있다.)에 따른 소유권을 취득하거나, 담보가등기에 따른 본등기가 행하여진 경우에는 그 건물의 소유를 목적으로 그 토지위에 지상권이 설정된 것으로 본다. 이 경우 그 존속기간 및 지료는 당사자의 청구에 의하여 법원이 정한다."라고 되어 있다.

3) 법정지상권의 성립요건

토지와 건물의 소유자가 동일하였다가 경매로 소유자를 달리할 경우, 다음과 같은 요건을 "<u>모두</u>" 충족해야만 토지 소유자는 지상 건물 소유자를 위해 지상권을 설정해 준 것으로 보는 즉, 법정지상권이 성립된다.

① 토지와 건물의 소유자가 동일하여야 한다.
② 저당권 설정 당시 지상에 건물이 존재해야 한다.

예로서, 토지상에 저당권을 설정할 당시, 지상에 건물이 없었다가 나중에 건물이 신축되었고, 토지만 경매 신청되어 토지와 건물의 소유자가 달라졌을 경우에도 법정지상권을 인정해 줄 것인지가 문제이다.

만약 이러한 경우에 건물 소유자를 위해 법정지상권을 인정해 준다면, 최초 토지에 설정된 저당권의 교환가치를 떨어뜨리는 결과가 되고, 이렇게 되면 토지 저당권자가 예측하지 못하는 손해를 입을 수 있게 된다.

따라서 토지상에 저당권이 설정될 당시 지상에 건물이 존재하여야 한다.

여기서 건물은 반드시 등기를 요하지 않으며, 미등기건물, 무허가건물, 해체가 용이하지 않은 가건물도 포함되는데, 건물이라고 함은 최소한의 기둥과 지붕, 그리고 주벽이 이루어지면 이를 법률상 건물이라 한다[=대법원 86누173 판결 참조].

③ 경매로 토지와 건물 소유자가 달라져야 한다.

여기서 경매란 저당권 실행으로서, 임의경매를 의미한다. 따라서 임의경매로 토지와 건물의 소유자가 달라져야 한다. 참고로 임의경매가 아닌 강제경매로 토지와 건물의 소유자가 달라졌을 경우에는 관습법상 법정지상권이 성립된다[=대법원 70다1454 판결 참조].

④ 법정지상권은 단독저당의 경우에만 성립된다.

토지와 건물에 저당권이 설정된 상태에서 채무자가 지상 건물을 멸실시키고 저당권이 설정되었던 구 건물과는 동일성을 결여하는 새로운 건물을 건축하였다. 이렇게 되면 구 건물에 설정되었던 저당권의 효력은 저당목적물이 없어짐으로 인해 소멸되는 것이다.

이러한 상태에서 채무자가 채무변제를 하지 않으면 저당권자는 경매신청을 하는데, 저당권을 설정하였던 건물이 멸실됨으로 인해 저당권자는 토지만 경매신청 할 수 있을 뿐이다.

이에 토지만 경매 신청하여 건물 소유자와 토지 소유자가 달라진 경우에도 건물 소유자는 토지를 적법하게 사용할 수 있는 법정지상권을 가지게 된다는 것이 과거 대법원 판례의 태도였다.

그러나 2003년 12월 18일 선고된 대법원 판례[=대법원 98다43601 전원합의체 판결 참조]에 의해 공동저당의 경우, 즉 토지 및 건물에 저당권이 설정된 후 채무자가 저당 목적물인 건물을 멸실시키고 새로운 건물을 건축하였고, 그 후 경매로 토지와 건물의 소유자가 달라졌다면, 법정지상권은 성립되지 않는다고 하였다. 위 대법원 판결에 의하면 "단독저당"의 경우에만 법정지상권이 성립되는 것으로 이해해야 한다.

ⅰ. 단독저당

단독저당이란 토지와 그 지상에 건물이 있었으나, 토지에만 저당권을 설정한 경우를 말한다. 지상에 건물이 있었음에도 불구하고 토지만 담보 취득한 것은 아마도 지상 건물이 미등기 또는 무허가 건물로서 등기되지 않았기 때문일 것이다.

ⅱ. 공동저당

공동저당이란 채권자가 토지와 그 지상의 건물을 공동으로 담보 취득한 것을 의미한다. 이러한 상태에서 채무자가 지상 건물을 철거하고 새로운 건물을 신축한 후, 저당권자가 토지 저당권 실행으로 토지와 건물의 소유자가 달라졌을 때에 건물 소유자는 토지에 대한 법정지상권을 취득하지 못한다.

참고로 채무자(=소유자)가 저당권이 설정된 건물을 멸실시킬 수 있는지에 대하여…

저당권은 교환가치만을 지배하고 사용가치 즉, 부동산에 대한 사용권은 채무자에게 있기에, 채무자는 저당권이 설정된 건물을 멸실시킨 후 신축이라는 소유권의 권능 중 사용권을 행사할 수 있기에 가능한 것이다.

4) 법정지상권에 대한 접근방법

지상 건물이 있는 상태에서 토지만 경매시장에 나왔다면 먼저 지상 건물이 등기가 가능한지 여부부터 조사해야 한다. 이는 상대방(=건물 소유자)과의 협상이 잘 진행되지 않거나, 상대방이 채무이행을 하지 않는다면 토지 소유자는 <u>지상 건물을 대위에 의한 보존등기</u>를 한 후, 건물에 대한 강제집행을 하기 위함이다.

미등기 건물을 보존등기하기 위해서는 채무자 명의의 건축물관리대장[=대법원 92그32결정 참조]이나, 민사집행법 제81조 제1항 제2호 단서에서 규정한 채무자 명의의 건축허가 또는 신고를 증명할 서류가 있는지 여부를 입찰 전에 조사하여야 한다.

반대로 건물만 경매에 붙여졌을 경우에는 그 건물이 토지를 적법하게 사용할 권리가 있는지 여부를 정확하게 진단한 후 입찰하여야 한다.

① 법정지상권이 성립되는 경우 접근방법

법정지상권이 성립되는 경우, 즉 지상 건물이 토지를 적법하게 사용할 권리가 있다면 일단 토지 낙찰자는 지상 건물 소유자와 지료에 대한 협의를 하여야 하나, 협의가 잘되지 않을 경우 건물 소유자를 상대로 지료청구소송에 의한 지료를 받을 따름이다.

그런데 지료 받을 목적으로 토지를 낙찰 받지는 않을 것이다. 그렇다면 토지 낙찰자는 아래와 같은 내용으로 건물 소유자를 압박할 수 있을 것이다.

ⅰ. 초스피드로 권리행사 하는 방법

지상 건물에 임차인이 있다면 그 자로 하여금 건물 소유자에 대한 보증금반환청구소송을 제기하게 하여 건물을 강제경매에 붙여 버리는 것이다. 건물을 경매에 붙이려면 지상 건물을 대위에 의한 보존등기가 가능한지 여부를 파악해야 한다는 이야기를 했다.

ⅱ. 낙찰 받고 1년 후에 권리행사

법정지상권이 성립된다면 토지 소유자는 건물 소유자를 상대로 지료에 대한 확정을 지어야 한다. 지료는 쌍방간 합의에 의해야 하나, 합의가 이루어지지 않는다면 법원에 청구하여 지료를 확정지어야 한다.

즉, 지료청구소송을 제기해야 한다는 것인데, 소송결과 법원으로부터 판결문을 받을 것이다. 판결문상에는 아마도 "건물 소유자 아무개는 토지 소유자 아무개에게 年 얼마의 지료를 지급하라!"라고...

그런데 지료의 지급기간은 1년인데(=민법 제633조), 건물 소유자가 법원의 판결이 났음에도 불구하고 1년이 경과된 시점에 지료지급을 하지 않는다면 토지 소유자는 건물 소유자의 채무불이행을 이유로 판결문에 의한 건물을 강제경매 신청하는 것이다.

ⅲ. 낙찰 받고 최소한 2년 후에 권리행사

민법 제287조를 보면 "지상권자가 2년 이상의 지료를 지급하지 아니한 때에는 지상권설정자는 지상권의 소멸을 청구할 수 있다."라고 되어 있다.

이에 터 잡아 건물 소유자가 2년 이상의 지료를 토지 소유자에게 지급하지 않을 경우, 토지 소유자는 건물 소유자에게 내용증명으로 법정지상권의 소멸을 통보만 하면 이로서 법정지상권은 소멸된다.

그런데, 건물 소유자가 토지 소유자로부터 법정지상권의 소멸통보를 받았음에도 불구하고 건물을 철거하고 토지를 인도하여 주지 않는다면, 토지 소유자는 건물 소유자를 상대로 불법점유를 원인으로 한 손해배상청구의 소송을 제기하여 판결문으로 지상 건물을 강제경매신청을 하던지, 아니면 건물철거소송에 의해 지상 건물을 철거하는 수순을 밟아야 한다.

② 법정지상권이 성립되지 않을 경우 접근방법

ⅰ. 건물철거 및 토지인도청구권 가처분등기 집행

지상 건물에 대해 건물철거 및 토지인도청구권을 피보전권리로 하는 가처분등기를 한다.

ⅱ. 건물철거소송제기

지상 건물이 토지에 대한 적법한 사용권이 없음을 이유로 건물철거소송을 제기한다.

ⅲ. 불법점유를 원인으로 한 손해배상청구소송제기

지상 건물이 법정지상권을 가지지 못하면 건물은 없어져야 하나, 철거되지 않은 채 남의 땅을 계속 점유하고 있다면 불법점유에 해당한다. 이는 건물 소유자가 토지 소유자에게 불법행위를 한 결과가 되고, 이로서 토지 소유자가 손해를 입었기에 손해배상청구소송을 제기하는 것이다.

iv. 지상 건물의 점유자에 대한 강제퇴거집행

지상 건물이 법정지상권을 가지지 못한다면 건물은 철거되어야 하고, 건물을 철거하려면 건물 점유자가 없어야 하지 않겠는가? 그런데 건물 점유자가 있다면 건물 철거는 요원할 것이다.

이러한 경우 토지 소유자는 건물 점유자에 대한 퇴거집행이 가능한지에 대해서... 대법원 2010다43801 판결에 의하면 <u>퇴거집행이 가능하다는</u> 판단을 하였다.

대법원 2010.8.19. 선고 2010다43801, 건물퇴거 판결요지

건물이 그 존립을 위한 토지사용권을 갖추지 못하여 토지의 소유자가 건물의 소유자에 대하여 당해 건물의 철거 및 그 대지의 인도를 청구할 수 있는 경우에 라도 건물소유자가 아닌 사람이 건물을 점유하고 있다면 토지소유자는 그 건물점유를 제거하지 아니하는 한 위의 건물 철거 등을 실행할 수 없다. 따라서 그때 토지소유권은 위와 같은 점유에 의하여 그 원만한 실현을 방해당하고 있다고 할 것이므로, <u>토지소유자는 자신의 소유권에 기한 방해배제로서 건물점유자에 대하여 건물로부터의 퇴출을 청구할 수 있다.</u> 그리고 이는 건물점유자가 건물소유자로부터의 임차인으로서 그 건물임차권이 이른바 대항력을 가진다고 해서 달라지지 아니 한다. 건물임차권의 대항력은 기본적으로 건물에 관한 것이고 토지를 목적으로 하는 것이 아니므로 이로써 토지소유권을 제약할 수 없고, 토지에 있는 건물에 대하여 대항력 있는 임차권이 존재한다고 하여도 이를 토지소유자에 대하여 대항할 수 있는 토지사용권이라고 할 수는 없다. 바꾸어 말하면, 건물에 관한 임차권이 대항력을 갖춘 후에 그 대지의 소유권을 취득한 사람은 민법 제622조 제1항이나 주택임대차보호법 제3조 제1항 등에서 그 임차권의 대항을 받는 것으로 정하여진 '제3자'에 해당한다고 할 수 없다.

건물 점유자에 대한 강제퇴거집행을 한 후, 불법점유를 원인으로 한 손해배상청구소송 결과 승소판결문에 의해 지상 건물을 경매신청 한다면? 건물은 누구의 것이 될까?

건물은 법정지상권을 가지지 못하기에 토지 소유자의 것이 될 것이고... 이렇게 된다면 토지 소유자는 급하게 입찰할 필요 없이 느긋하게 기다렸다가 상당히 저감된 금액으로 입찰하여 낙찰 받는다면 참! 좋을 것이다.

5) 법정지상권 case 연구

① 나대지 상태에서 건물 신축된 경우

ⅰ. 토지만 경매 신청된 경우

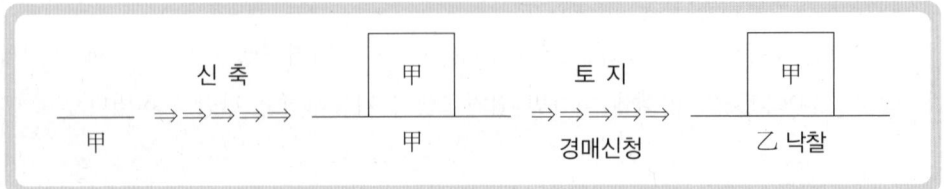

나대지에 근저당권이 설정된 상태에서 甲이 지상건물을 신축하였고, 그 후 토지 근저당권자가 토지만 경매 신청하여 乙이 토지를 낙찰 받았을 경우, 甲은 乙에게 토지의 사용을 주장할 수 없다. 왜냐하면 토지상에 근저당권이 설정될 당시 지상에 건물이 없었기 때문이다. 따라서 토지 낙찰자 乙은 건물 소유자 甲에게 건물의 철거를 주장할 수 있다.

ⅱ. 토지 및 건물이 경매 신청된 경우

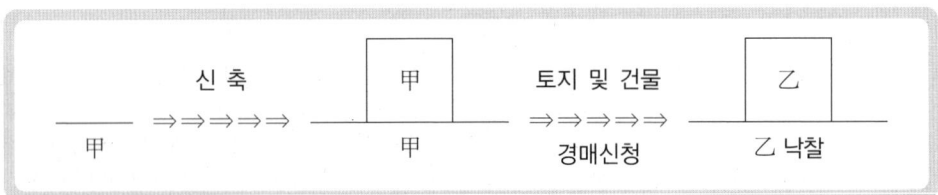

나대지에 근저당권이 설정된 상태에서 甲이 지상건물을 신축하였고, 그 후 토지 및 건물이 일괄경매 신청되어 乙이 낙찰 받았을 때 법정지상권 운운할 필요가 있을까? 필요 없다! 왜냐하면 乙은 자기 땅을 사용하는 결과가 되기 때문이다. 법정지상권과는 전혀 관계가 없으나, 乙은 건물 양수인의 지위를 가지기에 건물 임차인이 있을 경우, 때로는 임차인을 인수하여야 할 사안이 발생될 수 있다는 점을 알아야 한다.

② 건물 멸실 후 신축의 경우

ⅰ. 토지만 경매 신청된 경우

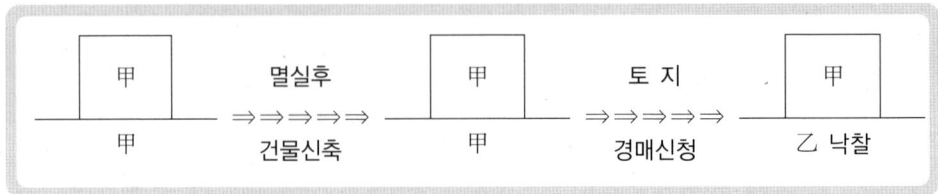

최초 甲 명의로 토지 및 건물이 되어 있을 당시 근저당권이 설정되었고, 그 후 甲은 근저당권이 설정된 건물을 멸실시키고 새로운 건물을 건축하였는데, 토지만 경매신청 되어 乙이 토지를 낙찰 받았을 경우, 건물 소유자 甲은 토지에 대한 적법한 사용권(=법정지상권)을 가질까?

본 사안은 공동저당(=토지 및 건물을 담보 취득한 것)으로서, 대법원 98다43601 판결에 의하면 단독저당의 경우에만 법정지상권이 성립되고, 공동저당의 경우에는 법정지상권이 성립되지 않는다고 판단하였다.

따라서 건물 소유자 甲은 토지에 대한 적법한 사용권을 가지지 못하기에 토지 낙찰자 乙은 지상 건물에 대한 철거를 주장할 수 있다.

ii. 토지 및 건물이 경매 신청된 경우

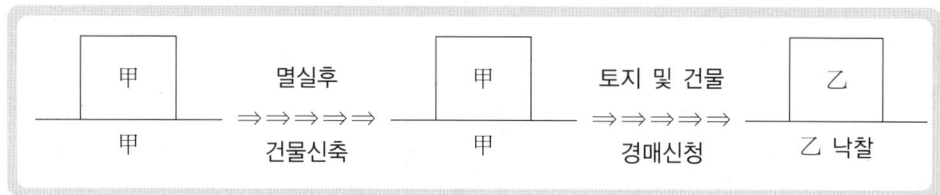

최초 甲이 토지 및 건물의 소유자였을 때 근저당권이 설정되었고, 그 후 甲은 근저당권이 설정된 건물을 멸실시키고 새로운 건물을 건축하였다.

그 후 근저당권이 토지와 건물을 일괄경매 신청하여 乙이 낙찰 받았을 경우, 법정지상권 성립여부에 대하여는 논할 가치조차도 없다. 왜냐하면 법정지상권은 토지와 건물의 소유자가 같았다가 경매로 달라졌을 경우에 그 성립여부에 대하여 논하는 것이지, 경매결과 토지와 건물 소유자가 같다면 자기 땅 자기가 사용하기에 법정지상권을 운운할 필요가 없기 때문인 것이다.

그런데 乙은 주택 양수인의 지위를 가지기에 건물 임차인이 있다면 이들을 인수하여야 하는 경우가 발생될 수도 있다.

③ 법정지상권이 성립되는 경우

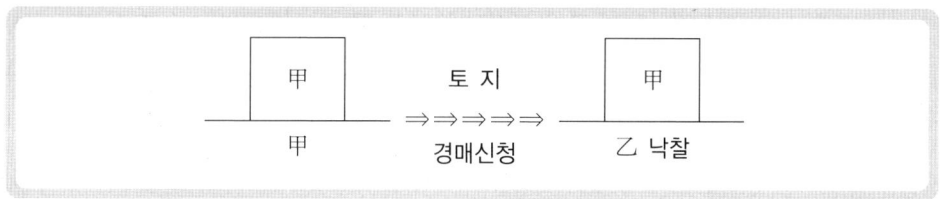

토지상에 근저당권이 설정될 당시 지상에 건물이 있었으나, 미등기 또는 무허가 건물인 관계로 등기되지 않아 토지에만 근저당권을 설정(=단독저당)한 후 토지만 경매 신청되었고, 이를 乙이 낙찰 받았다.

이러한 경우 건물 소유자 甲은 토지 낙찰자 乙에게 법정지상권을 주장할 수 있을까? 있다! 왜냐하면 건물은 법정지상권의 성립요건을 모두 갖추었기 때문이다.

참고로 법정지상권의 성립요건은 ▶토지와 건물의 소유자가 같아야 하고, ▶토지상에 근저당권이 설정될 당시 지상에 건물(=반드시 등기를 요하지 않음)이 있어야 하며, ▶경매로 토지와 건물 소유자가 달라져야 하며, ▶마지막으로 대법원 98다43601호 판결에 의한 단독저당이다.

지상 건물이 법정지상권을 가진다면 토지 낙찰자 乙은 건물 소유자 甲에게 지료청구를 하여야 한다.

④ 민법 제622조에 의한 건물등기 있는 **借地權의 대항력**

ⅰ. 토지 경매신청

甲과 乙은 절친한 사이로서 甲을 토지 임대인으로, 乙을 토지 임차인으로 하여 토지임대차계약을 체결하였다. 토지 사용기간은 5년으로 하고, 토지 사용료는 정상적으로 계산하면 매년 1천만 원으로 책정하여야 하나, 이들은 절친인 관계로 지료는 매년 1백만 원을 지급하기로 계약하였다고 치자! 그리고 乙은 甲 토지상에 건물을 지었고, 지상건물을 乙 명의로 보존등기 하였다.

그런데 토지임대차계약기간 중에 토지가 경매신청 되었고, 丙이 토지를 낙찰 받았다 치자! 그럼 토지 낙찰자 丙은 건물 소유자 乙을 만나서 내 땅이니 乙 당신은 건물을 부수고 나가 달라고 청구할 수 있는지에 대하여...

청구할 수 없다! 왜냐하면 乙은 민법 제622조 제1항(=건물의 소유를 목적으로 한 토지임대차는 이를 등기하지 아니한 경우에도 임차인이 "그 지상 건물을 등기한 때에는" 제3자에 대하여 임대차의 효력이 생긴다.) 규정에 의해 토지임대차계약을 체결하였고, 나아가 지상 건물을 토지 임차인 乙 명의로 등기하였기에 前 토지 소유자와 체결한 임대차를 토지 낙찰자 丙에게 주장할 수 있기 때문이다.

그리고 건물 소유자 乙은 토지임대차계약이 만료되면 토지 낙찰자 丙에게 계약갱신청구를 할 수 있고, 이에 토지 낙찰자 丙이 "No!" 라고 하면 乙은 지상물 매수청구를 丙에게 할 수 있다(=민법 제643조 참조).

ii. 건물 경매신청

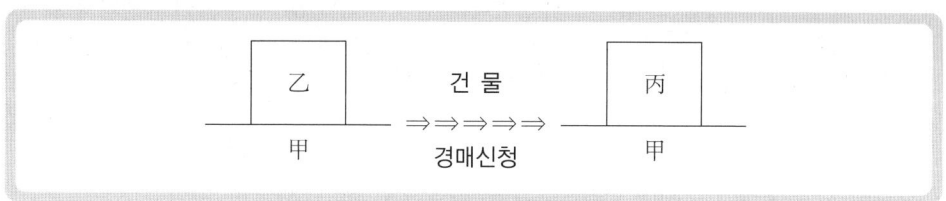

甲을 토지 임대인으로, 乙을 토지 임차인으로 하여 토지임대차계약을 체결하였다. 그리고 乙 명의로 지상건물을 보존등기 하였는데, 건물이 경매신청 되어 丙이 건물을 낙찰 받았을 때에 토지 소유자 甲과 건물 낙찰자 丙간의 관계는 어떻게 될까?

이런 물건 쉽게 생각하고 덥석 물면? 속된 표현으로 "이빨 빠진다!" 왜냐하면 토지 소유자 甲이 건물 낙찰자 丙에게 건물철거 및 토지인도를 구할 수 있기 때문이다.

즉, 토지 소유자 甲은 乙과 토지임대차계약을 체결하였는데, 토지임대차계약은 물권계약인가? 아니면 채권계약인가? 채권계약이지 않는가? 채권이라면 물권처럼 절대권이 아닌 상대권이다.

따라서 토지 소유자 甲은 건물 낙찰자 丙에게 "나의 상대는 乙이었지, 丙 당신이 아니야~~~ 그래서 건물을 철거 하라는 것이야!" 라고 이야기할 수 있는 것이다[=대법원 92다24950 판결 참조].

그런데, 토지 소유자의 심성이 워낙 고와서 건물 낙찰자 丙을 만나서 "원래 내 상대는 乙이었는데, 당신 인생이 정말로 불쌍해서 당신을 나의 파트너로 인정할게~~~"라고 이야기한다면 丙은 그 자리에서 甲에게 넙죽 큰 절을 올려야 할 것이다.

그러나 만약 독자 여러분이 토지 소유자 甲이라면 위에서 이야기한 것처럼 건물 낙찰자 丙에게 대할 것인가? 아마 그러하지는 않을 것이다.

대법원 1993.4.13. 선고 92다24950, 건물철거 판결요지

가. 건물의 소유를 목적으로 하여 토지를 임차한 사람이 그 토지 위에 소유하는 건물에 저당권을 설정한 때에는 민법 제358조 본문에 따라서 저당권의 효력이 건물뿐만 아니라 건물의

소유를 목적으로 한 토지의 임차권에도 미친다고 보아야 할 것이므로, 건물에 대한 저당권이 실행되어 경락인이 건물의 소유권을 취득한 때에는 특별한 다른 사정이 없는 한 건물의 소유를 목적으로 한 토지의 임차권도 건물의 소유권과 함께 경락인에게 이전된다.

나. 위 "가"항의 경우에도 민법 제629조가 적용되기 때문에 <u>토지의 임대인에 대한 관계에서는 그의 동의가 없는 한 경락인은 그 임차권의 취득을 대항할 수 없다고 할 것인바</u>, 민법 제622조 제1항은 건물의 소유를 목적으로 한 토지임 대차는 이를 등기하지 아니한 경우에도 임차인이 그 지상건물을 등기한 때에는 토지에 관하여 권리를 취득한 제3자에 대하여 임대차의 효력을 주장할 수 있음을 규정한 취지임에 불과할 뿐, 건물의 소유권과 함께 건물의 소유를 목적으로 한 토지의 임차권을 취득한 사람이 토지의 임대인에 대한 관계에서 그의 동의가 없이도 임차권의 취득을 대항할 수 있는 것까지 규정한 것이라고는 볼 수 없다.

⑤ 지상권 설정 : 지상 건물 소유를 목적으로 하는 지상권 설정

ⅰ. 토지 경매신청

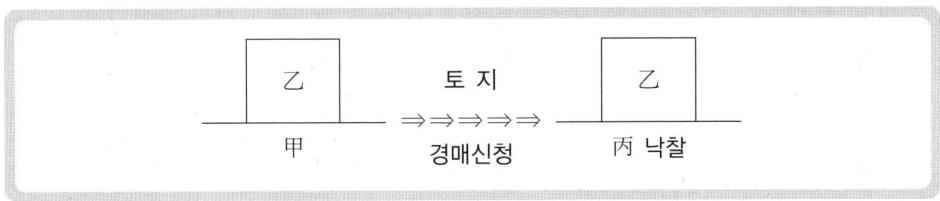

乙은 甲의 토지를 사용하기 위해서 甲 토지상에 지상권등기를 하였고, 지상에 건물을 지어서 乙 명의로 보존등기를 하였다.

그 후 토지 소유자 甲의 채권자(丁이라고 하자!)가 토지만 경매 신청하여 丙이 토지를 낙찰 받았다. 이러하였을 경우 토지 낙찰자 丙과 지상권자 겸 건물 소유자 乙과의 관계는 어떻게 될까?

이는 토지상에 지상권등기가 어떻게 설정되었느냐에 따라 달라질 것이다.

예로서 토지상에 乙 지상권 ⇨ 丁 근저당권 ⇨ 근저당권자 丁의 임의경매신청이라면, 乙 지상권은 소멸기준권리보다 먼저 설정되었기에 乙 지상권은 소멸되지 않을 것이고, 지상 건물의 소유를 목적으로 하는 지상권이 소멸되지 않는다면 지상 건물 역시 존속할 수 있는 것이다.

반대로 丁 근저당권 ⇨ 乙 지상권 ⇨ 丁 임의경매신청이 있었다면 이 때 지상권은 소멸기준권리 이후에 설정되었기에, 매각으로 소멸하게 되고, 지상 건물의 소유를 목적으로 하는 지상권이 소멸되면, 토지 낙찰자 丙은 건물에 대해 철거를 주장할 수 있는 것이다.

ii. 건물 경매신청

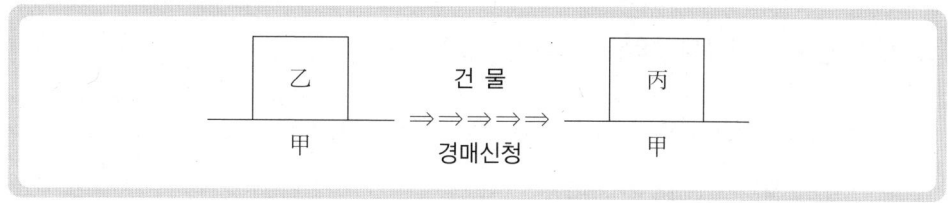

본 사례도 직전 사례처럼 乙은 甲의 토지를 사용하기 위해서 甲 토지상에 지상권등기를 하였다. 그리고 지상 건물을 乙 명의로 보존등기를 하였다. 이 상태에서 乙의 채권자가 지상 건물을 경매 신청하여 丙이 낙찰 받았을 때, 토지 소유자 甲과 건물 낙찰자 丙간의 관계는?

乙은 지상 건물의 소유를 목적으로 甲 명의의 토지에 지상권등기를 하였다. 그렇다면 건물 낙찰자 丙은 지상권자였던 乙의 지위를 등기 없이 당연히 취득하기에[=대법원 95다52864 판결 참조], 설사 토지 소유자 甲이 丙에게 어쩌고저쩌고 라고 이야기하면 대꾸할 필요가 전혀 없는 것이다.

丙은 지상 건물의 소유를 목적으로 하는 乙의 지상권을 승계취득 하였기에 건물을 온전히 소유할 수 있는 것이다.

나아가 지상권 존속기간이 만료되면 건물 낙찰자 丙은 토지 소유자 甲에게 계약갱신 청구를 할 수 있고, 토지 소유자 甲이 계약갱신을 원하지 않을 경우에는 지상물에 대한 매수청구를 할 수 있다(=민법 제283조 참조).

대법원 1996. 4. 26. 선고 95다52864, 건물철거등 판결요지

저당권의 효력이 저당부동산에 부합된 물건과 종물에 미친다는 민법 제358조 본문을 유추하여 보면 건물에 대한 저당권의 효력은 그 건물에 종된 권리인 건물의 소유를 목적으로 하는 지상권에도 미치게 되므로, 건물에 대한 저당권이 실행되어 경락인이 그 건물의 소유권을 취득하였다면 경락 후 건물을 철거한다는 등의 매각조건에서 경매되었다는 등 특별한 사정이 없는 한, 경락인은 건물소유를 위한 지상권도 민법 제187조의 규정에 따라 등기 없이 당연히 취득하게 되고, 한편 이 경우에 경락인이 건물을 제3자에게 양도한 때에는, 특별한 사정이 없는 한 민법 제100조 제2항(=종물은 주물의 처분에 따른다.)의 유추적용에 의하여 건물과 함께 종된 권리인 지상권도 양도하기로 한 것으로 봄이 상당하다.

(3) 실전 법정지상권 사례분석

1) 지상 건물이 완공되었으나, 토지만 경매 - 1

2006 타경 11480 (임의)		매각기일 : 2007-05-23 10:30~ (수)		경매6계 031-828-0326	
소재지	경기도 의정부시 호원동 85-0 외1필지				사건접수 2006-03-15
물건종별	대지	채권자	김 00	감정가	109,624,000원
토지면적	193㎡ (58,38평)	채무자	권 00	최저가	(100%) 109,624,000원
건물면적	건물 매각제외	소유자	권 00	보증금	(20%)21,925,000원
제시외면적	제외 : 377,2㎡ (114,1평)	매각대상	토지만매각	청구금액	75,000,000원
입찰방법	기일입찰	배당종기일	2006-07-13	개시결정	2006-04-07

기일현황

회차	매각기일	최저매각금액	결과
신건	2007-02-07	109,624,000원	매각
김★★/입찰6명/매각165,000,000원(151%)			
	2007-04-20	대금지급기한	미납
신건	2007-05-23	109,624,000원	매각
정 00/입찰1명/매각109,800,000원(100%)			

토지 등기부현황   등기부등본열람

구분	성립일자	권리종류	권리자	권리금액	인수/소멸	비고
갑3	2004-06-24	(전)소유권	전 00 외		이전	매매
갑8	2005-04-29	(현)소유권	권 00		이전	매매
을3	2005-04-29	(근)저당	김 00	75,000,000원	소멸기준	
을3	2005-04-29	(근)저당	임 00	225,000,000원	소멸	
을3	2005-04-29	(근)저당	임 ★★	75,000,000원	소멸	
을4	2005-05-03	(근)저당	현 00	55,000,000원	소멸	
을5	2005-05-06	지상권	김 00		소멸	
갑12	2006-04-10	임의경매	김 00	청구: 75,000,000원	소멸	2006타경11480
갑14	2007-04-10	압류	근로복지공단		소멸	

① 해설

본 사건은 필자의 지인이 낙찰 받은 사례인데, 경기도 의정부시 호원동에 소재하는 토지만 경매대상 이었고, 지상에는 5층 건물이 완공된 상태였다.

지인은 1차 매각기일인 2007년 2월 7일, 1억 6천 5백만 원(151%)으로 입찰하여 최고가매수인이 되었다. 그런데, 동년 4월 20일 매각대금 미납으로 재매각이 진행되어 동년 5월 23일 정 모 씨가 1억 1천여만 원에 낙찰 받아갔다.

② 매각불허가 ⇨ 매각허가 ⇨ 잔금미납

김 모 씨가 2007년 2월 7일 최고가격을 제시하였으나 일주일 후 매각불허가결정이 났다. 집행법원에 가서 매각불허가사유를 알아보니, 건축업자 공 모 씨가 유치권신고에 의한 매각불허가신청을 하였기에 매각불허가결정을 내렸다고 한다. 기가 차지도 않았다.

〈매각물건명세서 중에서...〉

비고란
배당요구종기일 : 2006.7.13. 현황:철근콘크리트조 슬라브붕 5층 신축중인 건물 소재한 각층 약94.3㎡.(매각에서 제외됨) 점유권원등 별도확인 요망함. 07.2.7.공00으로부터 유치권신고 있음.공사대금 금229,720,000원.

〈공00의 유치권신고 및 매각불허가신청 내역〉

2007-02-07	유치권자 공00 유치권신고서 제출
2007-02-08	유치권자 공00 낙찰불허가신청서 제출

이에 즉시항고를 제기하였다. 항고사유는 "유치권은 건축업자가 지상 건물 공사비에 대한 것으로서, 최고가매수인은 토지만 낙찰 받았고, 나아가 지상 건물은 토지를 적법하게 사용할 권리가 없어 철거가 되어야 하며, 건물이 철거된다면 유치목적물의 멸실로 인해 유치권도 소멸하는데, 어떻게 유치권신고가 되었다 하여 매각불허가결정이냐~~~"라는 식으로 항변을 하였다.

〈낙찰자의 즉시항고장 제출내역〉

2007-02-21	최고가매수신고인 즉시항고장 제출

이에 집행법원은 태도를 바꿔서 매각불허가를 매각허가결정으로 내려 주었다. 애들 장난치는 것도 아니고~~~ 어쨌든 매각허가결정이 나면 집행법원은 대금지급기한을 정하여 낙찰자에게 매각대금을 납부하라고 하지 않는가?

그런데 집행법원이 지정한 날까지 매각대금을 납부하지 않았다.

매각대금을 납부하지 않으면 입찰보증금 1천 9십여만 원은 몰수당하는데, 집행법원의 매각불허가결정에 불복하여 즉시항고를 제기하였고, 그 후 매각허가결정으로 돌려놓고서도 왜 매각대금을 납부하지 않았을까?

이 사건을 경험하면서 이러한 생각을 했었는데, "경매? 정말로 모르겠네~~~"였다. 매각허가결정 후 채무자 측에서 연락이 왔다. 자기네들이 토지를 매수할 의사가 있으니 매각대금 납부를 포기하면 어떻겠느냐고… 이에 "매각대금을 납부하지 않으면 입찰보증금 1천여만 원은 몰수당하는데 어떻게 하지요?"라고 물으니 입찰보증금 부분 등을 채무자 측에서 부담하겠다는 말을 듣고 매각대금을 납부하지 않았던 것이었다.

③ 지상 건물의 법정지상권 성립여부

2005년 4월 29일자 근저당권 김 모 씨는 동년 5월 6일에 본건 토지상에 지상권등기를 하였다. 통상 근저당권자가 지상권까지 설정하였다면 토지상에 근저당권이 설정될 당시 지상에는 건물이 없었음을 인지할 수 있는 것이다.

따라서 본 사건 토지를 낙찰 받으면 지상 건물은 토지를 적법하게 사용할 수 있는 권리로서, 법정지상권을 가지지 못하는 것이다.

이렇게 되면 앞에서 언급한 가처분등기와 아울러 건물철거소송 및 손해배상청구소송 등의 절차를 통해 토지 낙찰자는 수익을 만들면 되는 것이다.

2) 지상 건물이 완공되었으나, 토지만 경매 - 2

2006 타경 39378 (임의)		매각기일 : 2007-06-19 10:30~ (화)		경매3계 (031)210-1263 (구내:1263)	
소재지	경기도 안양시 만안구 석수동 139-**			사건접수 2006-08-02	
물건종별	대지	채권자	정 ★	감정가	1,618,400,000원
토지면적	1156㎡ (349.69평)	채무자	정 00	최저가	(41%) 662,897,000원
건물면적	건물 매각제외	소유자	정 00	보증금	(10%)66,290,000원
제시외면적		매각대상	토지만매각	청구금액	6,000,000원
입찰방법	기일입찰	배당종기일	2006-11-29	개시결정	2006-08-03

▣ 기일현황

회차	매각기일	최저매각금액	결과
신건	2006-12-26	1,618,400,000원	유찰
2차	2007-02-01	1,294,720,000원	유찰
3차	2007-03-29	1,035,776,000원	유찰
4차	2007-05-08	828,621,000원	유찰
5차	2007-06-19	662,897,000원	매각

김00/711,110,000원(44%)

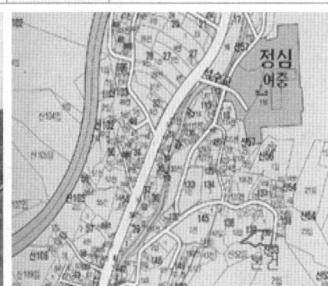

▣ 토지 등기부현황

구분	성립일자	권리종류	권리자	권리금액	인수/소멸	비고
갑1	1997-07-05	(전)소유권	정 ##		이전	
갑2	2003-05-28	(현)소유권	정 00		이전	매매
을9	2004-04-21	(근)저당	안양농업협동조합	550,000,000원	소멸기준	
을12	2004-04-22	지상권	안양농업협동조합		소멸	
을13	2005-09-15	(근)저당	정 ★	6,000,000원	소멸	
갑5	2006-08-10	임의경매	정 ★	청구: 6,000,000원	소멸	2006타경39378

▣ 주의사항 ☞ 최선순위 설정일자 2004.4.21

매각으로 소멸되지 않는 등기부권리	해당사항 없음
매각으로 설정된 것으로 보는 지상권	해당사항 없음
주의사항	가격시점 현재 본건 지상에 철근콘크리트조 슬래브지붕 3층 주상용 건물이 신축중에 있음.

① 해설

토지상에 아주 멋진 건물이 소재하는 경기도 안양시 석수동 소재 토지 약 350평이 매각대상물인데, 지상 건물은 매각대상이 아니다.

필자는 이 물건을 보면서 경매취하가 될 수 있다는 생각을 했었다. 왜냐하면 최초매각금액 대비하여 채권자의 청구채권액이 한마디로 "새 발의 피"이기 때문이었다.

그러나 5차 매각기일인 2007년 6월 19일 김 모 씨가 7억 1천여만 원에 낙찰 받았고, 동년 7월 16일 김 모 씨 명의로 소유권이전등기가 되었다.

⟨낙찰 후 토지 소유권이전등기 내역⟩

6	소유권이전	2007년7월16일 제59019호	2007년7월5일 임의경매로 인한 매각	소유자 김○○ 651022-1****** 전라북도 익산시 함열읍

② 법정지상권 성립여부

근저당권자 안양농협이 본건 토지를 담보취득하면서 지상권까지 설정한 것으로 보아 근저당권 설정 당시 지상에는 건물이 없었던 것으로 보여 진다.

⟨토지상에 설정된 안양농협의 근저당권 및 지상권 등기현황⟩

9	근저당권설정	2004년4월21일 제43927호	2004년4월21일 설정계약	채권최고액 금550,000,000원 채무자 정○○ 　　서울특별시 관악구 봉천동 근저당권자 안양농업협동조합 134136-○○○○○○○ 　　안양시 동안구 관양동
12	지상권설정	2004년4월22일 제44657호	2004년4월22일 설정계약	목 적 건물 기타 공작물이나 수목의소유 범 위 토지의전부 존속기간 2004년 4월 22일부터 만30년 지 료 없음 지상권자 안양농업협동조합 134136-○○○○○○○ 　　안양시 동안구 관양동

참고로 본 사건 토지는 2005년 10월 10일 경매기입 등기되었다 2006년 7월 11일 경매 취하 되었는데, 이 당시 아래 경매정보지의 사진으로 나타난 바와 같이 나대지였다.

⟨직전 경매정보지⟩

2005 타경 56307 (임의)		매각기일 : 2006-07-18 10:30~ (화)		경매2계 (031)210-1262	
소재지	경기도 안양시 만안구 석수동 139-**			사건접수	2005-10-05
물건종별	대지	채권자	정 *	감정가	1,387,200,000원
토지면적	1,156.m²(349.69평)	채무자	○○○	최저가	(64%) 887,808,000원
건물면적		소유자	○○○	보증금	(10%)88,781,000원
제시외면적		매각대상	토지매각	청구금액	6,000,000원
입찰방법	기일입찰	배당종기일	2006-01-25	개시결정	2005-10-06

기일현황

회차	매각기일	최저매각금액	결과
신건	2006-04-27	1,387,200,000원	유찰
2차	2006-06-08	1,109,760,000원	유찰
3차	2006-07-18	887,808,000원	취하

최종기일 결과 이후 취하된 사건입니다.

본건은 '05.10. 경매기입등기가 되었는데 이 당시 나대지였음.

따라서 나대지상에 농협의 근저당권이 설정된 후 지상 건물이 신축되었고, 임의경매로 토지와 건물의 소유자가 달라졌기에 지상 건물은 토지에 대한 법정지상권을 가지지 못한다.

③ 건물 소유자 조 모 씨의 건물보존등기

본 사건 토지의 낙찰일자는 2007년 6월 19일인데, 지상 건물은 동년 2월 14일 건물 소유자 조 모 씨 명의로 보존등기를 마쳤다. 토지 낙찰자 입장에서 보면 건물 소유자가 자기 손으로 건물을 보존등기를 하였으니 이 얼마나 다행스럽고 고마운 일인가?

반대로 건물 소유자는 도대체 어떤 생각을 가지고서 건물을 보존등기 하였는지 이해하기가 쉽지는 않다.

그 후 본 사건 지상 건물은 거래가액 6억 원으로 2009년 6월 3일 토지 낙찰자 명의로 소유권이전등기를 마쳤는데, 토지 낙찰자가 건물의 소유권을 취득하기 위해서 어떠한 조치를 취했는지를 알아보자.

〈조 모 씨 명의의 건물보존등기 및 소유권이전등기 내역〉

【 표 제 부 】 (건물의 표시)				
표시번호	접 수	소재지법 및 건물번호	건 물 내 역	등기원인 및 기타사항
1	2007년2월14일	경기도 안양시 만안구 석수동 139-**	철근콘크리트구조 철근콘크리트지붕 3층 단독주택(다가구주택) 및 제1종 근린생활시설 1층 209.45m^2 2층 196.65m^2 3층 150.91m^2	도면편철장 1책 43장

【 갑 구 】 (소유권에 관한 사항)				
순위번호	등 기 목 적	접 수	등 기 원 인	권 리 자 및 기 타 사 항
1	소유권보존	2007년2월14일 제16190호		소유자 조○○ 660520-2******
3	소유권이전	2009년6월3일 제40112호	2009년6월3일 매매	소유자 김○○ 681022-1****** 전라북도 익산시 함열읍 거래가액 금600,000,000원

④ 토지 낙찰자 김 모 씨의 조치사항

ⅰ. 건물에 대한 가처분등기를 하였다.

토지 낙찰자 김 모 씨는 2007년 7월 16일 토지에 대한 소유권이전등기를 마친 후, 동년 7월 25일 조 모 씨 명의의 지상 건물에 대하여 "소유권에 기한 건물철거청구권"을 피보전권리로 하는 가처분등기를 하였고, 건물이 2009년 6월 3일 토지 낙찰자 김 모 씨 명의로 소유권이전등기 된 이후인 동년 6월 26일 가처분등기는 말소되었다.

〈토지 낙찰자 김 모 씨의 가처분등기 내역〉

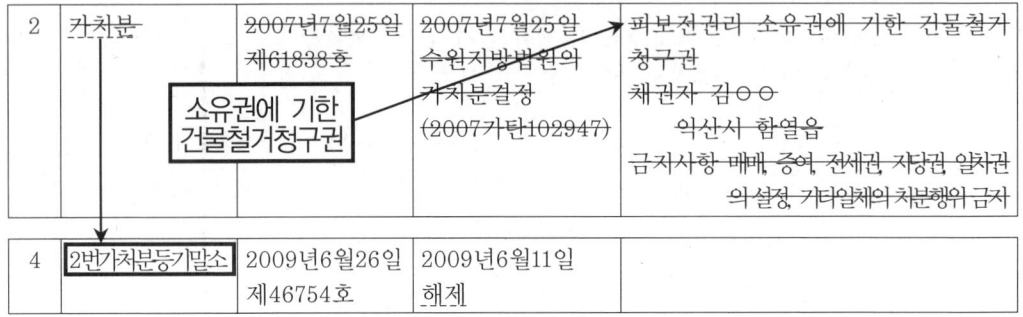

ⅱ. 건물철거 및 토지인도소송을 제기하였다.

토지 낙찰자 김 모 씨는 2007년 8월 10일 건물 소유자 조 모 씨를 상대로 "건물철거 및 토지인도" 소송을 제기하였다. 1심 결과는 2008년 5월 22일 토지 낙찰자인 원고 김 모 씨의 승소로 끝났다.

〈건물철거 및 토지인도소송 1심 내역〉

사건번호 : 수원지방법원 2007가합16789

▶ 기본내용 》 청사배치

사건번호	2007가합16789	사건명	건물철거및토지인도
원고	김OO(토지낙찰자)	피고	조OO(건물소유자)
재판부	제7민사부(다)		
접수일	2007.08.10	종국결과	2008.05.22 원고승
원고소가	163,169,400	피고소가	
수리구분	제소	병합구분	없음
상소인	피고	상소일	2008.06.09

이에 건물 소유자 조 모 씨는 1심 결과에 불복하여 2008년 6월 19일 항소하였으나, 동년 12월 19일 조정성립으로 본 소송은 종결되었는데, 조정성립이 되었다면 아마도 건물을 토지 소유자에게 얼마에 매각하라는 내용 등으로 볼 수 있다. 그러하기에 2009년 6월경 건물이 토지 낙찰자 김 모 씨 명의로 소유권이전등기 되지 않았겠는가?

〈건물철거 및 토지인도소송 2심 내역〉

사건번호 : 서울고등법원 2008나53807

▶ 기본내용 》 청사배치

사건번호	2008나53807	사건명	건물철거및토지인도
원고	김 OO(토지낙찰자)	피고	조 OO(건물소유자)
재판부	제18민사부(나)		
접수일	2008.06.19	종국결과	2008.12.19 조정성립
원고소가		피고소가	163,169,400
수리구분	제소	병합구분	없음
상소인		상소일	
상소각하일		보존여부	기록보존됨

　법정지상권이 성립되지 않을 경우, 그 접근방법에 대하여는 앞에서 언급하였다.
　법정지상권을 가지지 못하는 건물이 있는 토지를 낙찰 받은 후에 토지 낙찰자는 먼저 지상 건물에 대한 가처분등기를 하는 것이다.
　그 후 건물 소유자를 상대로 토지인도 및 건물철거소송, 그리고 합의에 의한 건물매입 또는 토지매각의 수순을 밟아 토지와 건물의 소유권을 1인 명의로 만든다면 법정지상권의 성립여부를 따진다는 것은? 어떻게 보면 아무런 의미가 없는 일일 것이다.
　필자가 토지 낙찰자였다면 건물철거소송보다는 손해배상청구소송에 의한 판결문으로 건물을 강제경매 신청하였을 것이다. 지상 건물이 법정지상권을 가지지 못하는데, 감히… 누가… 이러한 물건에 눈독을 들이겠는가?

3) 지상 건물이 완공되었으나, 토지만 경매 - 3

2010 타경 17997 (임의)			매각기일 : 2010-11-02 10:30~ (화)		경매4계 031-828-0324 (구내:324)	
소재지	경기도 가평군 북면 도대리 462-00				사건접수 2010-05-28	
물건종별	대지	채권자	가평군농업협동조합	감정가	53,053,000원	
토지면적	583㎡ (176,36평)	채무자	손 00	최저가	(100%) 53,053,000원	
건물면적	건물 매각제외	소유자	고 00	보증금	(10%)5,306,000원	
제시외면적	제외 : 174,27㎡ (52,72평)	매각대상	토지만매각	청구금액	56,654,194원	
입찰방법	기일입찰	배당종기일	2010-09-01	개시결정	2010-05-31	

▶ 기일현황

회차	매각기일	최저매각금액	결과
신건	2010-11-02	53,053,000원	매각

전00外3 / 63,700,000원(120%)

매각대상 : 토지

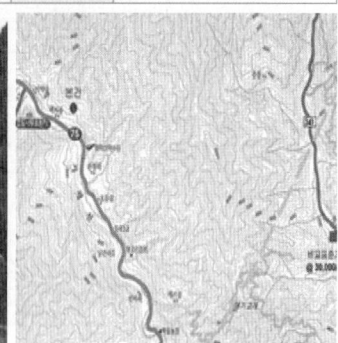

▶ 토지 등기부현황   등기부등본열람

구분	성립일자	권리종류	권리자	권리금액	인수/소멸	비고
갑1	2006-02-24	(전)소유권	이 00 외		이전	매매
을1	2006-10-12	(근)저당	가평군농업협동조합	91,000,000원	소멸기준	
갑2	2007-03-02	(현)소유권(전부)	고 00	(거래가) 52,800,000원	이전	매매
을2	2007-03-02	(근)저당	박 00	200,000,000원	소멸	
을3	2007-10-08	(근)저당	박 00	65,000,000원	소멸	
갑6	2009-06-17	가압류	하나은행	101,397,260원	소멸	
갑8	2010-06-01	임의경매	가평군농업협동조합	청구: 56,654,194원	소멸	2010타경17997

① 해설

경기도 가평군 북면 도대리에 소재하는 토지 176평이 경매대상물인데, 지상에는 매각제외인 예쁜 건물(건평 : 약 53평)이 있었다.

이를 필자의 지인인 전 모 씨외 3인이 1차 매각기일인 2010년 11월 2일 최초매각금액의 120%에 낙찰 받았다.

토지만 경매대상이고, 지상에 건물이 있을 경우, 법정지상권의 성립요건을 따져 보아야 하는데, 본 사건 토지상에 건물이 보존등기(=2009년 9월 8일)되기 훨씬 전에 농협은 본건 토지에 근저당권을 설정(=2006년 10월 12일)하였다.

그렇다면 농협이 근저당권을 설정할 당시 지상에 건물이 존재했는지 여부가 관건이다. 농협은 본건 토지상의 건물을 공동담보로 취득한 것이 아닌, 다른 토지를 공동담보로 취득하였으며, 그 후 토지 공동담보는 말소되었는데, 토지상에 근저당권 설정당시 지상에 건물이 없었기에 현재 지상 건물은 토지에 대한 법정지상권을 가지지 못한다.

〈가평군 북면 도대리 462-00 토지상 근저당권 설정내역〉

| 1
(전 1) | 근저당권설정 | 2006년10월12일
제24633호 | 2006년10월12일
설정계약 | 채권최고액 금91,000,000원
채무자 손○○
가평군 북면 적목리
근저당권자 가평군농업협동조합
　　　　115536-○○○○○○
가평군 가평읍 읍내리
(하면지점)
공동담보 토지 경기도 가평군 북면 도대리 |

지상 건물이 아닌 다른 토지를 공동담보 취득 후 공동담보 말소.

〈가평군 북면 도대리 462-00 지상 건물보존등기 내역〉

| 1 | 소유권보존 | 2009년9월8일
제25006호 | 본건 토지상
건물 보존등기임. | 소유자 송○○ 400218-2******
경기도 가평군 북면 도대리 462-○○ |

② 건물 소유자 송00의 매각불허가신청

1차 매각기일에 낙찰되자, 2010년 11월 8일 유치권을 주장하는 송00(=경매물건 토지상의 건물 소유자)의 매각불허가신청이 있었으나, 집행법원은 동년 11월 9일 최고가매각허가결정을 내렸다. 요즈음 경매시장의 행태를 가만히 보면 아무 때나 유치권 운운 하는 경우가 많다. 본 사건은 토지만 경매되었는데, 무슨 얼어 죽을 놈의 유치권이란 말인가? 정말로 유치한 유치권이라는 생각이 든다.

〈유치권자 송00(=건물 소유자)의 매각불허가신청서 제출〉

| 2010-11-08 | 유치권자 송 00 매각불허가신청서 제출 |

〈집행법원의 매각허가결정〉

| 2010-11-02 10:30 | 매각기일 | 제6호 입찰법정 | 53,053,000 | 매각 (63,700,000원) |
| 2010-11-09 14:00 | 매각결정기일 | 제6호 입찰법정 | 0 | 최고가매각허가결정 |

6. 실전 법정지상권분석　**359**

③ 토지소유자의 항고

유치권에 의한 매각불허가신청 show를 했으나 법원이 매각허가결정을 내리자, 2010년 11월 16일 토지소유자 고OO은 즉시항고를 제기(의정부지방법원 2010라439) 하였는데, 2011년 1월 26일 기각결정이 났으며, 이에 고OO은 재항고(대법원 2011마288)를 제기하였으나, 본인이 동년 3월 28일 재항고를 취하했다.

〈소유자 고OO의 즉시항고〉

| 2010-11-16 | 소유자 고 OO 항고장 제출 |

〈항고결과〉

■ 항고내역

물건번호	항고제기자	항고접수일자 / 접수결과	항고 사건번호	항고결과	재항고 사건번호	재항고결과	확정여부
1	고 OO	2010.11.16 / 상소법원으로 송부	의정부지방법원 2010라439	기각 (2011.01.26)	대법원 2011마288	재항고취하 (2011.03.28)	

④ 협상의 기술

원만한 협상이 가장 좋은 행태라고 본다. 토지 낙찰 후 토지와 건물 소유자가 같은 사람으로 바뀐다면 이처럼 좋은 것은 없다고 본다. 더 이상 리얼한 내용을 활자화하기에는 약간 무리가 있어 이즈음에서 접고자 한다.

여담이지만 최근 인터넷상에 떠도는 경매동영상 중에서 법정지상권 강좌를 들어 보았는데, 강사가 하시는 말씀이 "법정지상권 관련한 물건은 50% 선에 입찰하여야지만 수익이 생긴다!"라는 이야기를 침을 튀기면서 하시 길래... 속으로 "저 양반 법정지상권 관련한 물건에 입찰이나 해 보고나서 저런 말씀을 하시나?"라고...

그 강사의 말씀대로라면 본건의 낙찰가율은 120%이다. 그렇다면 필자의 지인인 전 모씨는 입찰할 당시 잠시 유체이탈을 하셨나? 아닌데~~~ 짧은 시간 안에 투자금액 대비하여 비교적 큰 수익을 올렸는데...

협상의 기술이 필요한 것이다. 법정지상권이 성립되지 않는다고 상대방에게 건물철거 운운하면서 바락바락 악을 쓸 것인가? 그럼 내 목만 아프지...

이에 고함을 지르지 말고, 상대방과 협상을 하라는 것이다. 그런데 협상을 하려면 내가 유리한 고지를 점해야 할 것 아닌가? 상대방과 협상을 한다는 생각 하에서 낙찰 받았는데, 경매취하 된다면? 상당히 허무할 것이다.

따라서 경매부동산의 권리관계를 잠깐 보아야 한다. 본 사건의 최초매각금액은 5천 3백여만 원! 그리고 부동산등기부상 채권자들의 채권액은 4억여 원! 소유자가 소위 "털기 위한 경매"를 생각하기에 경매취하의 가능성은 거의 제로일 것이다.

또 하나, 협상하려고 했는데, 상대방이 "법대로 하쇼!"라고 한다면 이 또한 난감할 것이다. 그러하기에 토지만 경매대상물일지라도 지상 건물의 형태를 보고 나서 입찰참여 여부를 결정해야 한다.

보기 좋은 떡이 먹기도 좋은 것이다. 따라서 기왕이면 지상 건물이 깨끗하고, 깔끔하며, 예쁘장해야 하겠지요? 그래야지만 소유자 측에서 건물에 대한 미련을 버리지 못할 것이고, 이러하여야만 상대방과 원만한 협상이 이루어 질 것이다.

경매투자 목적은 돈을 버는 것이지, 상대방과 싸움하는 것이 아니지요? 따라서 어지간하면 원만하게 해결을 보시기 바랍니다. 그러나 때로는 의도적으로 상대방에게 싸움을 걸 수도 있을 것입니다.

4) 건물 건축 중 토지만 경매신청

임차인현황	▶미상◀			매각물건명세서 예상배당표

제시외 신축중인 3층 건물 소재 ←

토지 등기부현황   등기부등본열람

구분	성립일자	권리종류	권리자	권리금액	인수/소멸	비고
갑2	2003-12-02	(전)소유권	이##		이전	매매
갑3	2005-08-03	(현)소유권	김OO		이전	매매
을5	2005-08-03	(근)저당	**새마을금고	238,000,000원	소멸기준	
을6	2005-08-03	지상권	**새마을금고		소멸	
갑4	2006-01-11	압류	천안시		소멸	
갑5	2006-01-24	가압류	**철강	12,650,000원	소멸	
을7	2006-03-13	(근)저당	김##	150,000,000원	소멸	
갑6	2006-04-12	임의경매	**새마을금고	청구: 173,716,500원	소멸	2006타경5641

① 해설

본 사건은 지상에 건물이 건축 중 토지만 경매신청 되었는데, 2차 매각기일인 2007년 7월 16일 이OO이 2억 3천여만 원에 낙찰 받아, 동년 8월 2일 소유권이전등기 후, 2008년 1월 경 이**에게 2억 6천만 원에 매각하였다.

〈토지 낙찰 후 소유권이전등기 내역〉

7	소유권이전	2007년8월2일 제76334호	2007년8월2일 임의경매로 인한 매각	소유자 이OO 591221-1****** 충청남도 천안시 성환읍 대홍리
9	소유권이전	2008년1월11일 제3607호	2008년1월11일 매매	소유자 이★★ 430706-1****** 충청남도 천안시 성환읍 수향리 거래가액 금260,000,000원

② 법정지상권 성립여부

2005년 8월 3일 **새마을금고에서 본 사건 토지에 근저당권을 설정하면서 동일자에 지상권등기까지 하였다. 따라서 근저당권 설정 당시에는 지상에 건물이 없었던 것으로 보여진다.

〈토지상 근저당권 및 지상권등기 내역〉

5	근저당권설정	2005년8월3일
		제81414호
			2005년8월3일
			설정계약
				채권최고액 금238,000,000원
				채무자 김○○
				    서울 서대문구 홍제동
				근저당권자 ★★새마을금고 161544-○○○○○○○
				    천안시 성환읍 성환리

6	지상권설정	2005년8월3일 제81415호	2005년8월3일 설정계약	목 적 건물 기타 공작물이나 수목의 소유 범 위 토지의 전부 존속기간 2005년 8월 3일부터 만 30년 지 료 무료 지상권자 ★★새마을금고 161544-○○○○○○ 천안시 성환읍 성환리

자! 그렇다면 근저당권 설정당시 지상에 건물이 없었다면 법정지상권 성립요건을 갖추지 못했기에 본 사건 토지를 낙찰 받은 자는 지상 건물에 대하여 철거를 요청할 수 있다.

그런데 본 경매물건에 2006년 9월 14일 ○○종합건설(주)에서 1억 4천여만 원의 유치권 신고를 하였다. 유치권 내역은 지상 건물에 대한 공사대금으로 보여 지는데, 토지 낙찰자와 유치권자와는 어떤 관계가 있을까?

〈○○종합건설(주)의 유치권신고〉

2006-09-14	기타 ○○종합건설주식회사 유치권신고 제출(141,000,000원)

엄밀히 말하면 아무런 관계가 없다. 왜냐하면 토지 낙찰자는 토지만 낙찰 받았을 뿐이며, 지상 건물은 법정지상권을 가지지 못하기에 철거되어야 할 운명으로서, 유치권을 주장하는 자의 유치목적물이 멸실된다면 유치권은 자동 소멸되기 때문이다.

그러나 철거를 통한 수익실현은 어찌 보면 파괴적인 경제활동으로 보여 진다. 생산적인 경제활동 측면에서 지금 당장 땅을 취득하면 유치권자와는 아무런 관계가 없으나, 현재 지상 건물이 건축 중이지 않는가?

그렇다면 유치권자를 잘 달래서 공사를 계속하게 하여 건물 완공 후 수익을 실현시킨다면 누이 좋고 매부 좋은 일 아닌가?

③ 접근방법

ⅰ. 유치권자 설득

먼저 유치권자를 만나서 지상 건물은 법정지상권을 가지지 못하기에 최악의 경우 건물철거가 가능하다는 식으로 은근히 겁을 주면서, 유치권자 당신이 주장하는 금액을 약간 깎아서 낙찰자인 나를 건축주로 하여 계속 공사하자! 라는 식으로 유치권자를 설득할 필요가 있다.

ⅱ. 건축주변경 관련

건축주를 변경하여 공사를 진행시켜야 하기에 건축주를 만나서 건축주 변경에 동의해 달라는 요청을 하는 것이다. 물론 상대방이 쉽게 동의해 주면 좋을 것이나, 그러하지 않을 것을 대비하여 "건축주 당신이 지급하여야 할 유치권자의 공사대금을 내가 대신 지급하지 않느냐?", "만약 건축주 변경에 동의해 주지 않으면 유치권자가 가만있을 것 같으냐?" 라는 식으로 협상을 하여 건축주 변경에 동의를 받아 낼 자신이 있으면 입찰하는 것이다.

④ 토지 낙찰자는 땅을 팔았다!

이00은 2억 3천여만 원에 본 사건 토지를 낙찰 받아, 이**에게 2억 6천만 원에 팔았으며, 이**은 2008년 10월 1일 본인 명의로 아래와 같이 건물을 보존등기 하였다.

〈이** 명의의 건물 보존등기내역〉

[건물] 충청남도 천안시 서북구 두정동 ○○○　　　　고유번호 1615-2006-○○○○○○

【 표 제 부 】			(건물의 표시)	
표시번호	접 수	소재지번 및 건물번호	건 물 내 역	등기원인 및 기타사항
1	2005년10월1일	충청남도 천안시 서북구 두정동 ○○○	철근콘크리트구조 (철근) 콘크리트지붕 7층 업무시설 지층 $27.02m^2$ 1층 장애인화장실 $30.64m^2$ 2층 오피스텔 $129.9m^2$ 3층 오피스텔 $129.9m^2$ 4층 오피스텔 $129.9m^2$ 5층 오피스텔 $129.9m^2$ 6층 오피스텔 $129.9m^2$	

【 갑 구 】			(소유권에 관한 사항)	
순위번호	등 기 목 적	접 수	등 기 원 인	권 리 자 및 기 타 사 항
1	소유권보존	2005년10월1일 제91041호		소유자 이★★ 430706-1****** 충청남도 천안시 서북구 성환읍 수향리

5) 토지 경매신청 후 취하

2008 타경 32380 (임의)		매각기일 : 2009-09-24 10:00~ (목)		경매10계 530-2714	
소재지	서울특별시 동작구 신대방동 597-00				사건접수 2008-10-30
물건종별	대지	채권자	** 우리새마을금고	감정가	648,000,000원
토지면적	180㎡ (54.45평)	채무자	000	최저가	(80%) 518,400,000원
건물면적	건물 매각제외	소유자	000	보증금	(10%) 51,840,000원
제시외면적		매각대상	토지만매각	청구금액	429,000,000원
입찰방법	기일입찰	배당종기일	2009-03-09	개시결정	2008-12-16

기일현황

회차	매각기일	최저매각금액	결과
신건	2009-04-02	648,000,000원	유찰
2차	2009-05-07	518,400,000원	변경
2차	2009-08-20	518,400,000원	변경
2차	2009-09-24	518,400,000원	취하

최종기일 결과 이후 취하된 사건입니다.

지상에 다세대주택(4세대)이 있으나 매각제외!!!!!!!!

토지 등기부현황

구분	성립일자	권리종류	권리자	권리금액	인수/소멸	비고
갑4	2002-09-23	(전)소유권	김00		이전	매매
을5	2002-09-23	(근)저당	** 새마을금고	260,000,000원	소멸기준	
을6	2002-09-23	(근)저당	** 새마을금고	260,000,000원	소멸	
을11	2003-06-20	(근)저당	** 우리새마을금고	169,000,000원	소멸	
을12	2003-06-23	(근)저당	이00	52,500,000원	소멸	
갑8	2003-10-07	(현)소유권	신00		이전	매매
갑12	2008-12-26	임의경매	** 우리새마을금고	청구: 429,000,000원	소멸	2008타경32380

① 해설

본 사건의 매각대상물은 토지만이다. 그런데 지상에 다세대주택이 있다면 토지에 대한 투자성은 어떠할까? 이런 유형의 물건은 없어서 못 먹는다! 라는 마인드로 덤벼들어야 한다. 그러나 본 경매사건은 안타깝게도 취하되었다.

② 법정지상권 성립여부

먼저 법정지상권의 성립여부부터 간단히 짚고 넘어 가야 하는데, 지상에 신축 건물이 있는 상태에서 토지만 경매시장에 나왔다면 99.99999% 법정지상권은 성립되지 않는다.

본 사건의 토지 등기부등본을 보면 근저당권 **새마을금고는 2002년 9월 23일 본건 토지 및 구건물을 담보 취득하였으나, 채무자가 근저당권이 설정된 구건물을 멸실시키고, 다세대주택을 신축하였기에 "서울특별시 동작구 신대방동 597-00 공동담보 건물"이 멸실되어, 2003년 10월 7일 멸실 등기하였다.

<u>단독저당</u>[=대법원 98다43601 판결 참조]인 상태에서 토지와 건물의 소유자가 달라져야지만 건물 소유자는 토지에 대한 법정지상권을 가진다.

그러나 근저당권자 **새마을금고가 담보 취득할 당시 토지 및 건물을 동시에 취득하여 <u>공동저당</u>에 해당되기 때문에 지상 건물은 법정지상권을 가지지 못하는 것이다.

〈부동산등기부상 공동담보인 건물의 멸실내역〉

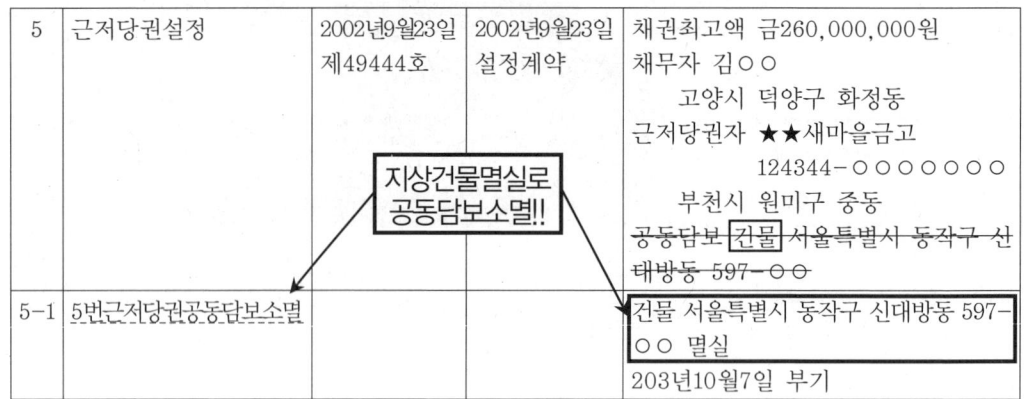

〈본 사건 흐름도〉

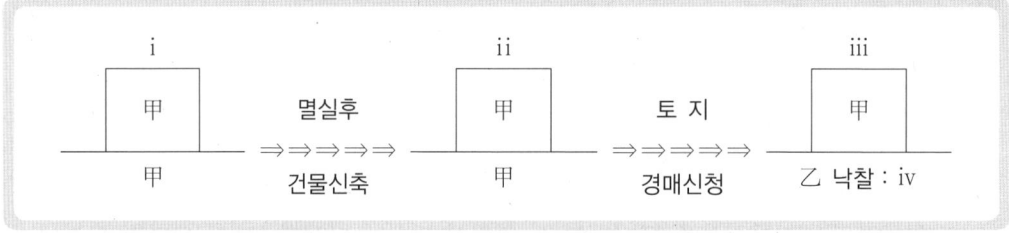

본 사건이 경매 취하되지 않았다는 것을 상정하여 위 그림에 의해 설명하기로 한다.
  i. 최초 토지 및 건물의 소유자는 甲이었고, 甲은 토지 및 건물을 공동담보로 금융기관에 근저당권을 설정해 주었다.
 ii. 甲은 근저당권이 설정된 건물을 멸실시키고, 새로운 건물을 신축하였다.
iii. 최초 토지 및 구건물의 근저당권자가 토지만 경매신청 하였다(=구건물에 근저당권을 설정하였더라도 저당목적물이 멸실되면 저당권의 효력도 소멸되기에, 구 건물에 설정된 근저당권으로 동일성이 없는 신축건물에 대해 경매신청을 할 수 없다. ⇨ 저당권 유용금지).
  iv. 乙이 토지를 낙찰 받았을 경우, 지상 건물은 토지에 대한 적법한 사용권인 법정지상권을 주장할 수 있을까? 주장할 수 없다.

③ 접근방법
ⅰ. 입찰 전에 조사하여야 할 사항
가. 지상 건물을 등기할 수 있는 서류의 존재여부를 확인하여야 하는데, 채무자 명의로 된 건축물대장[=대법원 95마1262 결정 참조] 또는 민사집행법 제81조 제1항 제2호 단서에 규정된 건축허가서 또는 건축신고서가 있는지를 관할 구청에서 확인하여야 한다. 왜냐하면 지상 건물에 대해 강제집행을 하려면 채무자 명의로 채권자가 대위등기하기 위함인 것이다.
나. 전세가격과 매매가격을 조사하여야 한다. 이는 투자에 따른 수익률을 계산하기 위함이다.

ⅱ. 낙찰 후 조치사항
가. 먼저 토지를 낙찰 받은 사실을 내용증명 우편으로 정중히 발송한다. 내용증명서 상에는 아래 표시된 법률적인 조치를 취할 수도 있다는 뉘앙스를 풍겨버리자.
나. 매각대금 완납과 동시에 지상 건물에 대해 "건물철거 및 토지인도청구권"을 피보전권리로 하는 가처분등기를 한다. 만약 지상 건물이 미등기일 경우, 앞에서 언급한 건축물관리대장 등에 의해 건물을 대위에 의한 보존등기 조치를 하여야 한다.
다. 건물소유자의 불법점유(⇨법정지상권이 성립되지 않음에도 불구하고 타인 토지를 점유하기에 불법점유에 해당됨.)를 원인으로 "손해배상청구소송"을 제기하여 판결문을 가지고 있어야 한다.
라. 법정지상권이 없음을 이유로 지상 건물에 대해 "건물철거소송"을 제기한다.
마. 지상 건물 임차인에 대해서는… 지상 건물이 토지를 적법하게 사용할 권리가 없어 건물을 철거하여야 하기에, 그 전에 퇴거명령에 의한 강제명도집행을 하는 방법을 강구하여야 한다. 임차인을 명도집행한 후 지상 건물에 대해 손해배상청구소송에 의한 판결문으로 강제경매 신청한다면? 지상 건물은 누가 입찰하여야 할까?

바. 위와 같이 상대방을 압박하여 두 손 두 발 다 들게 만든 후 협상에 임한다면 누가 유리할까? 그러나 이러한 유형의 물건에 입찰하기 위해서는 먼저 자금력이 뒷받침 되어야 하고, 소송 진행에 따른 시간적인 여유가 있는 자만이 관심을 가져야 할 것이다.

사. 상대방과 협상하는 중간에 일이 해결되면 더할 나위가 없으나, 만약 잘 해결되지 않는다면 판결문으로 지상 건물을 강제경매신청을 해버리자.

아. 지상 건물이 경매시장에 나오면 유유히 낙찰 받고 나서, 집합건물이니 대지권등기를 한 후 일반 부동산시장에 매물로 내 놓아 수익을 챙겨 버리자.

※ 서울서부지방법원 2009타경15578호 임의경매사건도 본 사례와 아주 흡사한 경매사례인데, 중복을 피하기 위해 언급하지 않기로 한다.

6) 토지 낙찰 후 건물 매입

2009 타경 252 (강제) 2009타경4339		매각기일 : 2009-09-28 10:30~ (월)		경매3계 031-481-1195	
소재지	경기도 안산시 단원구 고잔동 623-00			사건접수	2009-01-06
물건종별	대지	채권자	**엘피씨	감정가	388,864,000원
토지면적	303.8㎡ (91.9평)	채무자	****인터내셔날외1명	최저가	(51%) 199,098,000원
건물면적	건물 매각제외	소유자	최00	보증금	(10%)19,910,000원
제시외면적	제외 : 468㎡ (141.57평)	매각대상	토지만매각	청구금액	200,000,000원
입찰방법	기일입찰	배당종기일	2009-04-09	개시결정	2009-01-07

▶ 기일현황

회차	매각기일	최저매각금액	결과
신건	2009-06-22	388,864,000원	유찰
2차	2009-07-27	311,091,000원	유찰
3차	2009-08-31	248,873,000원	유찰
4차	2009-09-28	199,098,000원	매각

조00/입찰13명/매각268,319,160원(69%)

지상건물은 매각제외!!!

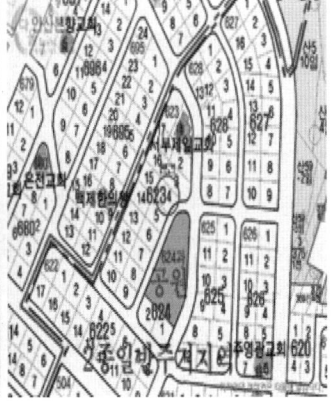

토지 등기부현황

구분	성립일자	권리종류	권리자	권리금액	인수/소멸	비고
갑1	1991-05-01	(현)소유권	최OO		이전	환매특약부 매매
을2	2007-05-14	(근)저당	국민은행	650,000,000원	소멸기준	
갑5	2008-11-25	가압류	**물류	104,611,560원	소멸	
을4	2008-12-02	(근)저당	**실업	464,500,000원	소멸	
갑6	2008-12-18	가압류	이OO	225,689,290원	소멸	
갑7	2009-01-07	강제경매	**엘피씨	청구: 200,000,000원	소멸	2009타경252
갑8	2009-02-05	가압류	국민은행	93,365,823원	소멸	
갑9	2009-03-02	임의경매	국민은행	청구: 650,000,000원	소멸	2009타경4339

주의사항 ☞ 최선순위 설정일자 2007.5.14, 근저당권

매각으로 소멸되지 않는 등기부권리	해당사항 없음
매각으로 설정된 것으로 보는 지상권	
주의사항	매각에서 제외된 제시외 건물로 인하여 법정지상권 성립 여지 있음. 소유자 미상의 매각외 건물(철근콘크리트조 스라브지붕 3층 주택) 소재. 

① 해설

본 사건은 토지상에 3층 다가구주택이 있는 상태에서 토지만 경매시장에 나왔는데, 4차 매각기일인 2009년 9월 28일, 13명이 입찰하여 조 모 씨가 2억 7천여만 원에 낙찰받았다.

지상에 건물이 있는데, 토지만 경매시장에 나왔으면 불완전한 부동산이 아닌가? 그런데도 13명이 입찰하였다면 무엇인지는 몰라도 돈 냄새가 솔솔 났기 때문일 것이다. 자! 그럼 지금부터 돈 냄새 맡으러 출발~~~

② 법정지상권 성립여부

어쨌든 지상에 건물이 있는 상태에서 토지만 경매대상이라면 지상 건물의 토지에 대한 적법한 사용권을 가지는지에 대하여 분석해 보아야 한다.

가장 쉬운 방법이 무엇인가 하면 토지등기부상의 근저당권자가 토지를 담보 취득할 때에 공동담보로 무엇을 같이 취득하였는지를 눈여겨보면 된다.

본 사건의 국민은행은 2007년 5월 14일 1순위로 근저당권을 설정하였다.

토지등기부상 근저당권 설정란을 찬찬히 보니 공동담보 목록이 없었기에 국민은행은 토지만 담보 취득한 것이다. 그러하다면 근저당권 설정 당시 지상에 건물이 없었다고 생각할 수 있다.

〈근저당권자 국민은행은 토지만 담보취득 하였다!〉

2	근저당권설정	2007년5월14일 제54072호	2007년5월14일 설정계약	채권최고액 금650,000,000원 채무자 주식회사 ★★★★인터내셔날 서울 성동구 마장동 근저당권자 주식회사국민은행 110111- 서울 중구 남대문로2가 9-1 (동부기업금융지점)

> 토지상에 건물이 없어 공동담보 표시가 없음.

나아가 본건 토지상의 건축물대장상 구OO가 소유자로 등록한 시점이 2009년 8월 28일 이어서, 근저당권 설정 당시에는 건물이 없었음을 확신할 수는 있으나, 혹시 모르니 "건축물의 착공일자"를 확인하는 것이 좋다고 본다.

〈본 사건 지상의 일반건축물대장〉

고유번호			〈일반건축물대장〉			민원24접수번호	
4127310100-1-00000000						20110409 - 35454601	
대지위치	경기도 안산시단원구 고잔동		지번	623-00	명칭 및 번호		특이사항
대지면적	303.8㎡	연면적	468㎡	지역	일반주거지역	지구 4종미관지구	구역
건축면적	175.5㎡	용적률산정용 연면적	468㎡	주구조	벽돌구조	주용도 다가구주택	층 수 지하 층/지상 3층
건폐율	57.77%	용적율	154.06%	높이	11.5m	지붕 평스라브	부속건축물

건 축 물 현 황					소 유 자 현 황			
구분	층별	구조	용도	면적(㎡)	성명(명칭) 주민등록번호 (부동산등기용등록번호)	주소	소유권 지분	변동일자 변동원인
주1	1층	벽돌구조	다가구주택(3가구)	171.54	구OO 660325-2*****	경기도 안산시단원구 고잔동	1/1	2009.08.28 소유자등록
주1	2층	벽돌구조	다가구주택(3가구)	161.55				
주1	3층	벽돌구조	다가구주택(1가구)	134.91	구OO 660325-2*****	경기도 안산시 단원구 고잔동	1/1	2009.08.31 소유권보존
- 이하여백 -								
토지낙찰자 →					조OO 530916-1*****	경기도 구포시 산본동 1091-1	1/1	2009.12.24 소유권이전

구분	성명 또는 명칭	면허(등록)번호		주차장			승강기	승용 대	허가일자	1995.05.04
건축주	구OO	660325-2*****	옥내	자주식	대	㎡		비상용 대	착공일자	1995.05.10
설계자				기계식	대	㎡	오수정화시설	형식	사용승인일자	2009.08.28
공사감리자	전OO 전##축사사무소	안산시-건축사사무소-**		자주식	2대	23㎡		하수종말처리장연결	관련 지번	
공사시공자 (현장관리인)			옥외	기계식	대	㎡		용량 인용		

본 사건 건축물대장을 확인해 보니, 2009년 8월 31일에 보존등기 되었으나, 착공일자는 1995년 5월 10일이다.

통상의 건축행위는 건축허가 ⇨ 착공신고 ⇨ 사용승인 ⇨ 건물 등기 순으로 진행되는데, 토지상에 근저당권은 2007년 5월 14일 설정되었는데, 부동산등기부상에는 얼핏 보면 공동담보가 없어 지상에 건물이 없었던 것으로 착각할 수 있다.

그러나 건축물 대장상에는 착공일자가 1995년 5월 10일로 나와 있고, 이 날짜를 기준하여 3~4개월 후인 동년 9월 즈음에는 지상 건물이 완공되었을 것이다.

그렇다면 2007년 5월에 근저당권이 설정될 당시 이미 지상에는 건축물대장상에 나와 있는 건축물이 존재하였다는 것을 의미한다.

어이쿠! 토지상에 근저당권이 설정될 당시에 이미 건물이 있었다면, 그리고 경매로 토지와 건물의 소유자가 달라졌다면, 법정지상권이 성립되는 것 아니야? 라고 생각할 수 있다.

그러나 지상 건물은 토지에 대한 적법한 사용권을 주장할 수 없다. 왜냐하면 법정지상권 성립요건 중 하나인 토지와 건물의 소유자가 같아야 하는데, 본 사건 토지 소유자는 최00, 건물 소유자는 구00이지 않는가? 따라서 지상 건물은 토지에 대한 법정지상권을 가지지 못하는 것이다.

③ 본 사건 전개내역

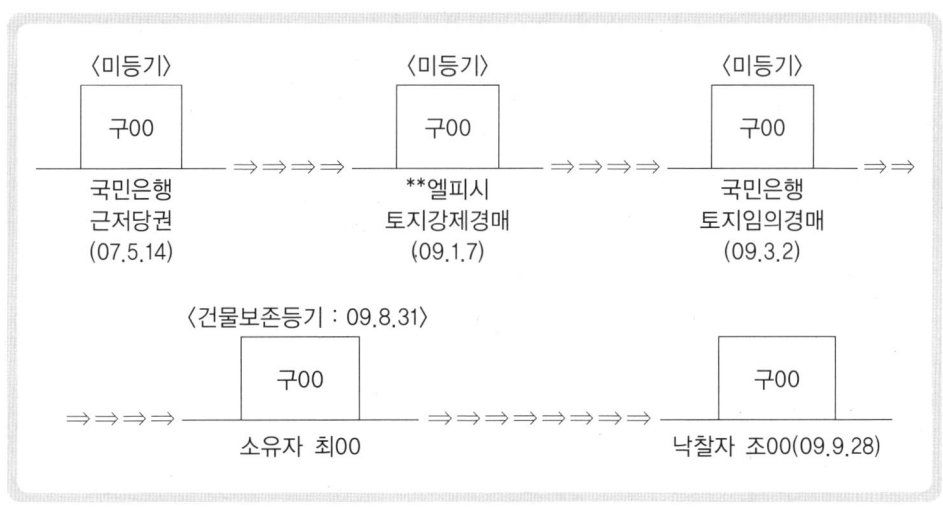

ⅰ. 2007년 5월 14일 국민은행이 본건 토지에 대한 근저당권을 설정하였다.

ii. 2009년 1월 7일 **엘피시가 토지를 강제경매신청 하였다.

iii. 2009년 3월 2일 국민은행이 토지를 임의경매신청 하였다.

iv. 2009년 8월 31일(=본건 3차 매각기일임) 건물 소유자 구OO이 건물에 대한 보존등기를 하였다. 대단히 고마운 일이다.

v. 2009년 9월 28일 조 모 씨가 본건 토지를 낙찰 받았다.

④ 건물 소유자 구OO은 경매진행 중에 건물보존등기를 왜 했을까?

앞에서 살펴보았듯이 지상 건물은 토지에 대한 법정지상권을 가지지 못한다. 그런데 건물 소유자 구OO은 경매진행 중에 등기비용을 들여서 왜 보존등기를 하였을까?

"날 잡아 잡수~~~"하는 식으로 토지 낙찰 전에 건물을 자기 손으로 보존등기를 해 놓았으니… 토지 낙찰자 입장에서는 대단히 고마운 일이나, 건물 소유자가 토지 낙찰자를 골탕 먹이려면 보존등기를 할 필요가 전혀 없는데…

선무당이 사람 잡고, 반풍수가 집안 망친다는 말이 있지 않는가? 아마도 잘 알지 못하는 사람으로부터 이상한 코치를 받은 듯하다. 추측컨대 코치 내용이 무엇이냐 하면… 먼저 법정지상권을 들먹거리다가 안 되니까 민법 제622조 규정을 들먹거리라고 했을 것이다.

여기서 민법 제622조 규정을 잠깐 언급해 보자.

토지임대차계약에 의해 토지 임차인이 지상 건물을 건축하여 <u>토지 임차인 명의로 등기하면</u> 토지 양수인에게 토지 임대차의 효력을 주장할 수 있는데, 토지만 경매시장에 나왔고 지상 건물이 등기되었다면 우리 경매인은 민법 제622조 규정에 의한 토지임대차인지 여부를 반드시 짚고 넘어 가야 한다.

지금부터 소설 쓴다. 토지 낙찰자와 건물 소유자가 만났다.

토지 낙찰자가 건물 소유자에게 "당신은 내 땅을 사용할 권리가 없으니 건물을 철거하고 땅을 나한테 넘기시오!"라고 이야기 하니…

건물 소유자는 배시시 웃으며 하는 말이 "당신은 민법 제622조 내용을 모르시오? 나는 본 사건 토지 소유자였던 최 모 씨와 진작 토지임대차계약을 체결했고, 토지임대차계약에 의해 내가 건물을 지었으며, 내 명의로 건물을 등기했기에, 나는 토지 낙찰자인 당신에게 토지임대차계약 내용을 주장할 수 있소!" "그러하기에 건물은 철거대상이 아니요~~~"라는 이야기를 한다면?

만약 건물 소유자가 이와 같이 말도 되지 않는 억지주장을 하면 "건물 소유자 당신은 대법원 2000다65802 판결을 한 번 읽어 본 후에 나랑 만나서 다시 이야기 합시다!" 라고 대응하면 될 것이다. 대법원 2000다65802 판결요지는 다음과 같다.

〈대법원 2000다65802 판결요지〉

> 민법 제622조 제1항은 '건물의 소유를 목적으로 하는 토지임대차는 이를 등기하지 아니한 경우에도 임차인이 그 지상건물을 등기한 때에는 제3자에 대하여 임대차의 효력이 생긴다.'고 규정하고 있는바, 이는 건물을 소유하는 토지임차인의 보호를 위하여 건물의 등기로써 토지임대차 등기에 갈음하는 효력을 부여하는 것일 뿐이므로 임차인이 <u>그 지상건물을 등기하기 전에</u> 제3자가 그 토지에 관하여 물권 취득의 등기를 한 때에는 임차인이 그 지상건물을 등기하더라도 그 제3자에 대하여 임대차의 효력이 생기지 아니한다.

건물 소유자 구OO가 건물에 대한 보존등기를 한 날은 2009년 8월 31일이고, 토지상에 국민은행과 **실업의 근저당권이 설정된 시점은 2007년 5월과 2008년 12월이지 않는가?

〈구OO의 건물보존등기 내역〉

【 갑 구 】		(소유권에 관한 사항)	
순위번호	등 기 목 적	접 수	등 기 원 인	권 리 자 및 기 타 사 항
1	소유권보존	2009년8월31일 제78927호		소유자 구OO 660325-2****** 경기도 안산시 단원구 고잔동

건물등기가 되기 전에 토지상에 근저당권이 설정되었기에, 설사 구OO가 민법 제622조 어쩌고저쩌고 이야기한다면 앞의 대법원 2000다65802 판결내용을 토대로 상대방의 주장을 무시하고 건물 소유권에 대한 협상을 하는 것이다.

참고로 토지 낙찰자 조 모 씨는 2009년 10월 26일 토지에 대한 소유권 취득을 하였고, 동년 12월 24일 지상 건물을 9천만 원으로 매입하여 현재는 토지와 건물의 소유자는 조 모 씨로 되어 있다.

〈토지 소유권이전등기 내역〉

10	소유권이전	2009년10월26일 제97668호	2009년10월16일 강제경매로 인한 매각	소유자 조○○ 530916-1****** 경기도 군포시 산본동

〈건물 소유권이전등기 내역〉

1	소유권보존	2009년8월31일 제78927호		소유자 구○○ 660325-2****** 경기도 안산시 단원구 고잔동
2	소유권이전	2009년12월24일 제117739호	2009년12월23일 매매	소유자 조○○ 530916-1****** 경기도 군포시 산본동 거래가액 금90,000,000원

 법정지상권이 성립 되네~~~ 성립 안 되네~~~ 라고 판례 찾고, 법리적으로 분석하고, 야단법석 백날 떨어 봐라! 1원 땡전 한 푼이라도 생기는가?

 그렇게 접근하지 말고 이런들 어찌 하리~~~ 저런들 어찌 하리~~~ 라는 식으로 법정지상권이 성립되면 성립되는 대로 좋은 것이고... 성립 안 되면 안 되는 대로 좋은 것이라는 생각을 해 보자.

 경매대상물은 부동산이기에 부동산 그 자체를 뚫어져라 쳐다보고, 부동산과 관련된 권리관계에 대한 가치분석 측면에서 접근하여 상대방과 협상시 유리한 고지를 선점할 줄 안다면 경매투자? 이것만큼 참~~~ 좋은 투자처는 없는데...

7) 지상 건물이 민법 제622조 규정에 의해 토지를 점유한다면?

2009 타경 551 (강제)		매각기일 : 2009-05-22 10:00~ (금)		경매3계 031-880-7533 (구내:7533)	
소재지	경기도 양평군 지평면 옥현리 173-00			사건접수 2009-01-19	
물건종별	대지	채권자	손00	감정가	39,600,000원
토지면적	330㎡ (99.82평)	채무자	장00	최저가	(100%) 39,600,000원
건물면적	건물 매각제외	소유자	장00	보증금	(10%)3,960,000원
제시외면적	제외 : 96.84㎡ (29.29평)	매각대상	토지만매각	청구금액	60,000,000원
입찰방법	기일입찰	배당종기일	2009-04-20	개시결정	2009-01-20

▶ 기일현황

회차	매각기일	최저매각금액	결과
신건	2009-05-22	39,600,000원	매각

김00/입찰1명/매각42,288,000원(107%)

민법 제622조 냄새가,,,

▶ 감정평가현황 ☞ 대산감정 : 2009-02-09   감정평가서

토지	건물	제시외건물(포함)	제시외건물(제외)	기타(기계기구)	합계
39,600,000원	X	X	52,860,960원	X	39,600,000원
비고	아래솔고개마을 동측 인근 소재, 위 지상에 타인소유의 입찰에서 제외되는 건물(단독주택,창고,차고)있음(법정지상권성립여지 있음)				

▶ 토지 등기부현황   <<<토지상에 근저당권이 없음!!!>>>   등기부등본열람

구분	성립일자	권리종류	권리자	권리금액	인수/소멸	비고
갑1	1993-11-12	(전)소유권	이00		이전	매매
갑2	2006-06-26	(현)소유권	장00		이전	매매
갑7	2009-01-20	강제경매	손00	청구: 60,000,000원	소멸기준	2009타경551
갑8	2009-02-10	가압류	신용보증기금	21,600,000원	소멸	
갑9	2009-04-13	가압류	제일은행	25,121,238원	소멸	

① 해설

본 사건은 민법 제622조 냄새가 솔솔... 불길한 생각이 든다. 민법 제622조라... 가물가물 하십니까? 법정지상권 도입부에서 말씀 드렸습니다만, 여기서 한 번 더 언급해 드리겠습니다.

민법 제622조 제1항 규정에는 "건물의 소유를 목적으로 한 토지임대차는 이를 등기하지 아니한 경우에도 임차인이 <u>그 지상 건물을 등기한 때에는</u> 제3자에 대하여 임대차의 효력이 생긴다." 라고 되어 있다. 아래 그림으로 본 사건을 설명하고자 한다.

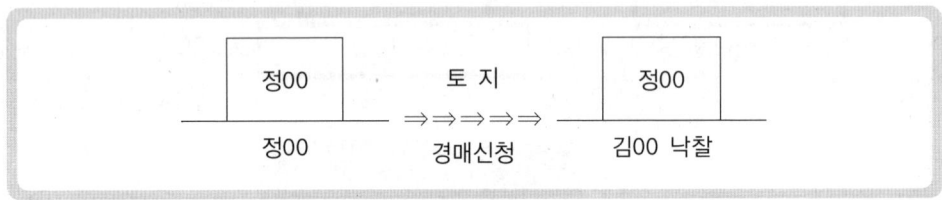

<u>만약이라는 단서를 단다.</u> 정OO은 장OO과 토지임대차계약을 체결했다. 토지임대차계약을 체결한 목적은 정OO이 장OO의 토지를 이용할 목적이었는데, 장OO 명의의 토지상에 정OO이 건물을 짓고, 정OO 명의로 지상 건물을 보존등기하기로 쌍방간 약정하였다.

그 후 장OO의 토지가 경매에 붙여져 김OO이 낙찰 받았다면 토지 낙찰자 김OO과 건물 소유자 정OO간의 관계는 어떻게 될까?

정OO은 종전 토지 소유자 장OO과의 토지임대차계약에 의해 지상 건물을 건축한 후 등기하였기에 민법 제622조 규정에 의해 제3자 즉, 토지 낙찰자에게 종전 토지 소유자 장OO과의 임대차 효력을 주장할 수 있는 것이다.

〈토지 소유자 장OO의 소유권이전등기 내역〉

| 2 | 소유권이전 | 2006년6월26일 제25305호 | 2006년6월21일 매매 | 소유자 장OO 470909-2****** 서울 송파구 삼전동 거래가액 금30,000,000원 |

〈건물 소유자 정OO의 건물보존등기내역〉

[건물] 경기도 양평군 지평면 옥현리 173-○○   고유번호 1343-2007-○○○○○

【 표 제 부 】		(건물의 표시)	
표시번호	접 수	소재지번 및 건물번호	건 물 내 역	등기원인 및 기타사항
1	2007년11월1일	경기도 양평군 지평면 옥현리 173-○○	경량철골구조 기타지붕 1층 72.84m² (단독주택) 2층 4.8m² (창고)	

【 갑 구 】		(소유권에 관한 사항)	
순위번호	등 기 목 적	접 수	등 기 원 인	권 리 자 및 기 타 사 항
1	소유권보존	2007년11월1일 제42065호		소유자 정○○ 431110-1****** 경기도 양평군 지평면 옥현리 173-○○

  장OO이 2006년 6월 26일 토지에 대한 소유권등기를 취득하였고, 정OO이 2007년 11월 1일 본건 토지상의 건물을 보존등기 하였다.

  나아가 토지상에 근저당권 등의 권리가 설정되지 않았으며, 정OO의 건물보존등기일 이후에 손OO이 토지를 강제경매신청 하였는데, 설사 장OO과 정OO이 토지 임대차계약을 체결한 바가 없었음에도 불구하고 토지 임대차계약에 의해 지상 건물이 존재한다! 라고 토지 낙찰자에게 주장한다면 꼼짝없이 앉아서 당하는 수밖에 달리 방법이 없다.

② 이러한 유형의 물건에 접근하기 위해서는?

  법이 제대로만 운용된다면 얼마나 좋을까마는 현실은 그러하지 않다. 시간나면 민사재판 구경을 한번 가보라! 거짓말 경연장 같다는 느낌이 간혹 들 것이다. 없는 사실도 있는 것처럼 주장하여 자기한테 유리한 판결이 나오게끔 난리를 떨지 않는가?

  본 사건처럼 지상 건물이 제3자 명의로 등기되어 있고, 토지만 경매시장에 나왔을 경우, <u>토지상에 근저당권 등이 설정된 시점과 건물의 보존등기 일자를 비교해서 근저당권 등의 설정이 빠르면 큰 문제는 없으나, 만약 늦다면 상대방, 즉 건물 소유자의 농간에 휘둘릴 수 있다는 점</u>을 명심하자! 그런데 민법 제622조 규정에 의한 토지 임대차계약에 의해 지상 건물이 존재하고, 그 토지를 낙찰 받았다 치자! 그럼 건물 소유자는 토지 낙찰자에게 큰 소리를 칠 수 있기에 토지 낙찰자는 큰일 났나요? 글쎄요...

  법테두리 안에서 볼 때에는 때로는 실패한 경매투자가 될 수도 있겠으나, 그 테두리를 벗어나서 부동산 현상을 바라본다면 성공과 실패는 자기하기 나름이라고 본다.

본 경매사건의 토지를 낙찰 받은 김OO은 2009년 6월 26일 토지에 대한 소유권이전등기를 하였다.

〈토지 낙찰자 김OO의 소유권이전등기 내역〉

14	소유권이전	2009년6월26일 제25527호	2009년6월23일 강제경매로 인한 매각	소유자 김OO 740817-1****** 서울특별시 강동구 길동

그 후 김OO은 건물 소유자를 어떻게 구워삶았는지는 몰라도 2010년 3월 11일 매매를 등기원인으로 하여 건물의 소유권까지 취득하였다. 거래가액은 3천만 원! 이는 토지 낙찰자 김OO의 능력이 아니겠는가?

〈건물 소유권이전등기 내역〉

8	소유권이전	2010년3월11일 제8890호	2010년3월9일 매매	소유자 김OO 740817-1****** 서울특별시 강동구 길동 거래가액 금30,000,000원

8) 토지 경매 중 지상 건물의 등기

2009 타경 31765 (임의)			매각기일 : 2010-03-18 10:00~ (목)		경매1계 757-6771 (구내:771)
소재지	경상북도 경산시 계양동 000				사건접수 2009-10-07
물건종별	임야	채권자	★★특수형강	감정가	98,980,000원
토지면적	202㎡ (61.1평)	채무자	##철강	최저가	(100%) 98,980,000원
건물면적	건물 매각제외	소유자	현00	보증금	(10%)9,898,000원
제시외면적		매각대상	토지만매각	청구금액	100,000,000원
입찰방법	기일입찰	배당종기일	2009-12-17	개시결정	2009-10-08

▶ 기일현황

회차	매각기일	최저매각금액	결과
신건	2010-03-18	98,980,000원	매각
박00/입찰2명/매각120,000,000원(121%)			

지상 주유소는 매각기일 이전인 '10.2.22 보존등기 되었음.

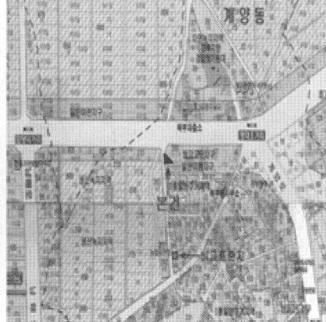

토지 등기부현황

구분	성립일자	권리종류	권리자	권리금액	인수/소멸	비고
갑1	1995-05-08	(현)소유권	현00		이전	매매
을7	2004-03-20	(근)저당	**특수형강	100,000,000원	소멸기준	
갑9	2009-10-08	임의경매	**특수형강	청구: 100,000,000원	소멸	2009타경31765

① 사건개요

본 사건은 2009년 10월 8일, 근저당권자 **특수형강이 토지에 설정된 근저당권 실행으로 토지만 경매신청 하였는데, 토지상의 주유소 건물이 2010년 2월 22일 채 모 씨 명의로 보존등기 되었고, 1차 매각기일인 동년 3월 18일 박 모 씨가 1억 2천만 원에 토지를 낙찰 받았다.

② 법정지상권 성립여부

토지등기부상 2004년 3월 20일 **특수형강이 근저당권을 설정할 때에 공동담보로 지상 건물을 취득하였다는 것이 보이지 않아 나대지상에 근저당권을 설정한 것으로 보여진다. 그렇다고 지상에 건물이 없었다고 생각하면 안 된다. 따라서 <u>건축물대장이 있는지 여부</u>와, 있다면 건축물의 착공일자가 언제인지를 확인해야 한다.

〈토지등기부상 **특수형강의 근저당권 설정내역〉

| 7 | 근저당권설정 | 2004년3월20일 제11311호 | 2004년3월19일 설정계약 | 채권최고액 금100,000,000원
채무자 현○○
   경산시 중방동
근저당권자 ★★특수형강주식회사
   180111-0○○○○○○
   부산 사상구 학장동 |

〈본 사건 지상의 일반건축물대장〉

고유번호	4729011600-1-00000000		〈일반건축물대장〉				민원24접수번호	20110409-35458601	
대지위치	경상북도 경산시 계양동			지번	000외1필지	명칭 및 번호	가동	특이사항	
대지면적	863㎡	연면적	287.9㎡	지역	제1종일반주거지역	지구	일반미관지구	구역	
건축면적	206.77㎡	용적률산정용 연면적	287.9㎡	주구조	철근콘크리트구조	주용도	위험물저장및처리시설	층 수	지하0층/지상2층
건폐율	23.96%	용적률	33.36%	높이	7.15m	지붕	기타지붕	부속건축물	1동 45㎡

구분	층별	구조	용도	면적(㎡)	성명(명칭) 주민등록번호 (부동산등기용등록번호)	주소	소유권 지분	변동일자 변동원인
주1	1층	철근콘크리트구조	위험물저장및처리시설(주유소)	81.13	채OO	경상북도 경산시 삼풍동	100/100	2009.11.18 소유자등록
주1	1층	일반철골구조	위험물저장및처리시설(캐노피)	80.64	520107-1******			
주1	2층	철근콘크리트구조	제2종근린생활시설(사무소)	81.13	채OO	경상북도 경산시 삼풍동	1/1	2010.02.22 소유권보존
부1	1층	경량파이프구조	위험물저장및처리시설(기계식세차설비)	45	520107-1******			

구분	성명 또는 명칭	면허(등록)번호		주차장			승강기	승용	대	허가일자	2009.06.03
건축주	채OO	520107-1******	옥내	자주식	대	㎡		비상용	대	착공일자	2009.06.22
설계자	안OO 건축사사무소 디아트	대구광역시-건축사사무소-***		기계식	대	㎡	오수정화시설	형식		사용승인일자	2009.11.18
공사감리자	안OO 건축사사무소 디아트	대구광역시-건축사사무소-***	옥외	자주식	1대	11.5㎡		접촉산화방법		관련지번	
공사시공자 (현장관리인)	채OO	520107-1******		기계식	대	㎡		용량	40인용	265-	

건축물대장에 의하면 본 사건 토지상의 건축물은 2009년 6월 22일이 착공일자이다. 그런데 토지상의 근저당권이 2004년 3월에 설정되었다면 근저당권이 설정된 후에 건물이 건축된 것으로 짐작할 수 있어, 토지상에 근저당권이 설정될 당시 지상에는 건물이 없었음을 알 수 있다.

그렇다면 나대지상에 근저당권이 설정될 당시 지상에 건물이 없었고, 경매진행 중에 지상 건물(=주유소)이 보존등기 된 상태에서 토지 낙찰로 토지와 건물의 소유자가 달라졌다면 지상 건물은 법정지상권을 가지지 못한다.

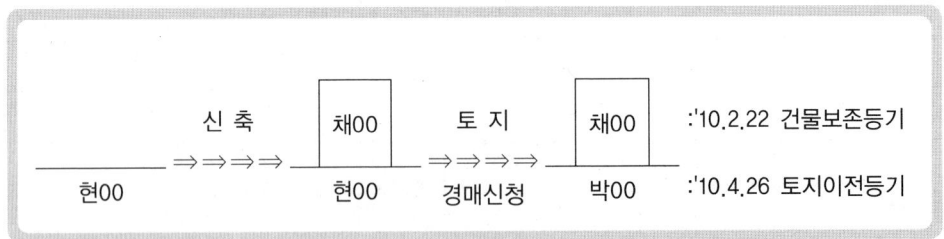

위 그림에 의해 설명하자면, 현OO가 토지 소유자일 때에 2004년 3월 20일 **특수형강이 토지에 근저당권을 설정하였고...

건물 소유자 채OO은 2009년 6월 22일 건물에 대한 공사를 시작하였으며...

동년 10월 8일 **특수형강이 토지를 경매 신청하였는데, 박OO가 2010년 3월 18일 토지를 낙찰받기 전인 동년 2월 22일 지상 주유소건물은 채OO 명의로 보존등기 되었다.

법리적으로 따진다면... 토지상에 근저당권이 설정될 때에 지상에 건물이 없었고, 경매로 토지와 건물이 달라졌다면 건물 소유자는 토지를 적법하게 사용할 권리가 없기에 토지 낙찰자 박OO는 건물 소유자 채OO에 대하여 지상물의 철거를 요청할 수 있다.

〈토지 낙찰자 박OO의 소유권이전등기 내역〉

10	소유권이전	2010년4월26일 제14840호	2010년4월20일 임의경매로 인한 매각	소유자 박OO 560324-1****** 경상북도 경산시 옥산동

〈토지상의 주유소건물 보존등기 내역〉

[건물] 경상북도 경산시 계양동 OOO 고유번호 1748-2010-OOOOOO

【 표 제 부 】 (건물의 표시)

표시번호	접 수	소재지번 및 건물번호	건 물 내 역	등기원인 및 기타사항
1	2010년2월22일 ('10.2.22. 보존등기)	경상북도 경산시 계양동 OOO	철근콘크리트구조, 일반철골구조 기타지붕 2층 위험물저장 및 처리시설 1층 주요소 81.13m^2 1층 캐노피 80.64m^2 2층 제2종근린생활시설(사무소) 81.13m^2 부속건물 경량파이프조 단층 위험물저장 및 처리시설(기계식세차설비) 45m^2	도면편철장 제1책94장

【 갑 구 】 (소유권에 관한 사항)

순위번호	등 기 목 적	접 수	등 기 원 인	권 리 자 및 기 타 사 항
1	소유권보존	2010년2월22일 제5939호		소유자 채OO 520107-1****** 경상북도 경산시 삼풍동

그런데, 만약 토지 낙찰자 박OO와 건물 소유자 채OO가 서로 아는 사이라면 굳이 법정지상권이 성립 되네~~~ 성립 안 되네~~~ 라고 따질 필요가 있겠는가? 없다! 그러나 경매인은 항상 객관적인 입장에서 경매부동산을 바라보아야 할 것이다.

③ 토지 낙찰자와 건물 소유자가 모르는 사이라면?

토지 경매 진행 중 건물 소유자가 지상 건물을 보존등기 하였을 경우, 토지 낙찰자와 건물 소유자가 아는 사이라면 두 말할 필요가 없으나, 설사 모르는 사이일지라도 건물 소유자는 그 건물에 대단한 애착을 가질 것이다.

만약 토지 낙찰자와 건물 소유자가 서로 모르는 사이라면 토지 낙찰자 박OO은 아싸! 해야 한다. 왜냐하면 지상 건물이 보존등기 되어 있기 때문이다.

그렇다면 박OO은 건물에 대하여 가처분등기를 한 후 건물철거소송, 손해배상청구소송 등에 의해 건물 소유자를 정신적으로 압박하는 것이다. 그리하여서 <u>토지를 건물 소유자에게 판다면?</u> 아니면 역으로 건물을 산다면? 법정지상권 관련해서는 이렇게 해결하는 것이 현명하다고 본다.

④ 건물 소유자의 보존등기

토지상에 근저당권이 설정될 당시(=2004년 3월 20일) 건물이 없었고, 토지 경매신청 후 건물이 보존등기(=2010년 2월 22일)되었으며, 토지만 경매 신청되어 낙찰되었는데, 지상 건물(=주유소)의 운명은 어떻게 될까?

토지 낙찰자 박OO은 지상 건물의 법정지상권 없음을 이유로 건물 소유자 채OO을 상대로 토지인도 및 건물철거 가처분등기, 손해배상청구소송, 건물철거소송 등을 제기할 수 있으나, 먼저 건물 소유자와 협상을 시도해 보는 것이 어떠할까?

건물 소유자는 민법 제622조 규정에 의한 토지 임차인의 지위를 가지지 못하는데도 직전 토지 소유자 현OO와 토지임대차계약을 체결했다고 억지주장을 한다면 토지 낙찰자는 어떻게 대처해야 할까? 본 사안의 경우 민법 제622조 규정에 의한 토지임대차계약의 효력이 발생될까?

대법원 2000다65802 판례를 참조해 보면 정답이 나와 있는데, 이는 앞에서 사례를 가미하여 설명하였기에 생략하기로 한다.

9) 토지와 건물이 각각 경매

2009 타경 45352 (임의) 2009타경26023		매각기일 : 2011-02-09 10:00~ (수)		경매3계 530-1815 (구내:1815)	
소재지	서울특별시 성북구 종암동 24-00				사건접수 2009-12-07
물건종별	대지	채권자	국민은행	감정가	979,200,000원
토지면적	204㎡ (61.71평)	채무자	오00	최저가	(80%) 783,360,000원
건물면적	건물 매각제외	소유자	오00	보증금	(10%)78,336,000원
제시외면적		매각대상	토지만매각	청구금액	228,000,000원
입찰방법	기일입찰	배당종기일	2010-05-03	개시결정	2009-12-08

▶ 기일현황

회차	매각기일	최저매각금액	결과
신건	2010-06-03	979,200,000원	유찰
2차	2010-07-07	783,360,000원	변경
2차	2010-09-15	783,360,000원	변경
2차	2010-12-29	783,360,000원	변경
2차	2011-02-09	783,360,000원	매각
이00 /입찰1명/매각813,399,000원(83%)			

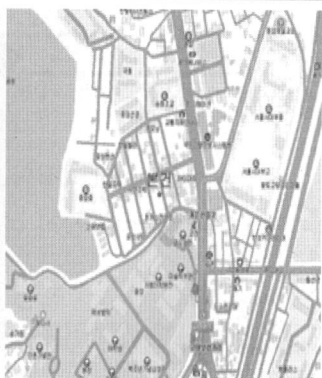

▶ 토지 등기부현황

구분	성립일자	권리종류	권리자	권리금액	인수/소멸	비고
갑1	1981-10-20	(현)소유권	오00		이전	증여
을1	1992-09-03	(근)저당	국민은행	104,000,000원	소멸기준	
을4	2001-01-26	(근)저당	국민은행	124,000,000원	소멸	
갑8	2005-11-04	가압류	이00	100,000,000원	소멸	
갑11	2006-11-08	가압류	서울보증보험	767,377,000원	소멸	
갑12	2006-12-18	가압류	전00	300,000,000원	소멸	
갑13	2007-04-12	가압류	신용보증기금	180,000,000원	소멸	
갑16	2007-09-11	가압류	국민은행	37,713,543원	소멸	
갑17	2009-07-03	강제경매	서울보증보험	청구: 753,391,240원	소멸	2009타경26023
갑18	2009-09-15	가압류	서울보증보험	183,987,260원	소멸	
갑21	2009-12-08	임의경매	국민은행	청구: 228,000,000원	소멸	2009타경45352

① 사건개요

1992년과 2001년 국민은행에서 본 사건 토지 및 구건물을 공동담보로 하여 근저당권을 설정하였다.

그런데 근저당권이 설정되었던 구건물은 2005년 4월 6일 멸실되었고, 구건물과 동일성이 없는 5층 건물이 토지상에 건축되어 있는 상태에서 근저당권 국민은행이 본건 토지만을 임의경매신청 하였는데, 2차 매각기일인 2011년 2월 9일 이 모 씨가 8억 1천여만 원에 낙찰 받았다.

〈부동산현황조사서〉

2. 부동산의 현황
1)지상에 등기부상 건물과는 다른 5층의 신축건물이 있는데 2005.8.30.에 새로 축조한 것인데 소유자는 한00(이 사건 채무자의 아들)라고 함.
2)이 사건 지상 건물은 2005.4.6. 멸실됨.
3)따라서 신.구건물사이의 동일성은 없음.

참고로 본건 토지상의 5층 신축 건물은 토지 소유자의 아들인 한00 명의로 등기되어 있는데, 매각대상물이 아니다.

〈매각물건명세서 중에서...〉

※비고란
본건 지상위에 타인소유의 5층 건물이 소재하나 매각에서 제외

② 사건진행순서

ⅰ. 1981년 10월 20일 오00이 토지 및 구건물에 대한 소유권을 취득하였고, 토지 및 구건물에 1992년과 2001년 국민은행의 근저당권이 설정되었으나, 2005년 4월 6일 구건물 멸실과 함께 2010년 2월 2일 건물에 설정되었던 근저당권이 소멸되었다.

〈1992년 국민은행 근저당권 설정내역〉

1 (전 20)	근저당권설정	1992년9월3일 제33327호	1992년9월3일 설정계약	채권최고액 104,000,000원정 채무자 오○○ 　　　서울성북구종암동 근저당권자 주식회사국민은행 110111-0015655 　　~~서울중구남대문로2가9-1~~ 　　~~(종암동지점)~~ 공동담보 동소동번지건물

| 1-1 | 1번근저당권이전 | 2009년12월17일 제60921호 | 2001년11월1일 회사합병 | 근저당권자 주식회사국민은행 110111-2365321 서울특별시 중구 남대문로2가 9-1 (여신관리부) |

〈2001년 국민은행 근저당권 설정내역〉

| 4번 | 근저당권설정 | 2001년1월26일 제2057호 | 2001년1월26일 설정계약 | 채권최고액 금124,000,000원
채무자 오○○
    서울 성북구 종암동 24-○○
근저당권자 주식회사 국민은행 110111-0015855

    서울 중구 남대문로2가 9-1
    (종암동지점)
공동담보 건물 서울특별시 성북구 종암동 24-○○ |
| 4-1 | 4번근저당권이전 | 2009년12월17일 제60921호 | 2001년11월1일 회사합병 | 근저당권자 주식회사국민은행 110111-2365321 서울특별시 중구 남대문로2가 9-1 (여신관리부) |

〈건물 공동담보 소멸등기내역〉

| 1-2 | 1번근저당권공동담보소멸 | | | 건물 성북구 종암동 24-○○멸실 2010년2월2일 부기 |
| 4-2 | 4번근저당권공동담보소멸 | | | 건물 서울특별시 성북구 종암동 24-○○ 멸실 2010년2월2일 부기 |

ii. 구건물을 멸실시킨 후 5층 건물을 본건 토지상에 신축하여 2005년 8월 30일 한○○ 명의로 보존등기 하였다.

〈한○○(=토지 소유자의 아들) 명의의 건물보존등기 내역〉

[건물] 서울특별시 성북구 종암동 24-○○   고유번호 1144-2005-003543

【 표 제 부 】		(건물의 표시)		
표시번호	접 수	소재지번 및 건물번호	건 물 내 역	등기원인 및 기타사항
1	2005년8월30일 ↑ '05.8.30. 보존등기	서울특별시 성북구 종암동 24-○○	철근콘크리트구조 평스라브지붕 제2종 근린생활시설 및 단독주택 1층 100.91m^2 2층 116.27m^2 3층 116.27m^2 4층 92.11m^2 5층 62.41m^2	

【 갑 구 】		(소유권에 관한 사항)		
순위번호	등 기 목 적	접 수	등 기 원 인	권 리 자 및 기 타 사 항
1	소유권보존	2005년8월30일 제51301호		소유자 한○○ 701103-1****** 서울 노원구 상계동
1-1	1번등기명의인표시변경	2009년10월5일 제47730호	2007년11월7일 전거	한○○의 주소 서울특별시 성북구 종암동 24-○○

iii. 2009년 12월 8일, 근저당권 국민은행이 토지를 임의경매신청 하였다.

iv. 2차 매각기일인 2011년 2월 9일, 이○○ 8억 1천여만 원으로 토지를 낙찰 받았다.

③ 법정지상권 성립여부

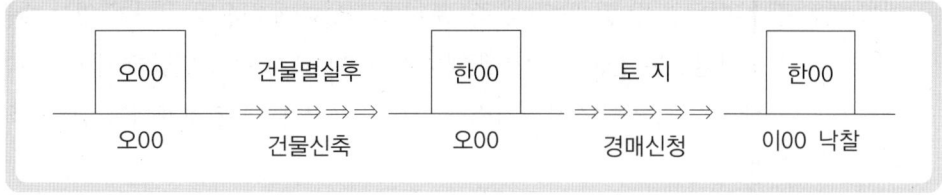

ⅰ. 최초 토지와 건물 소유자는 오OO이었는데, 토지 및 건물에 국민은행의 근저당권이 설정되었다.
ⅱ. 그 후 국민은행의 근저당권이 설정된 건물을 멸실시키고, 새로운 건물을 신축한 후 토지 소유자 오OO의 아들인 한OO 명의로 등기하였다.
ⅲ. 나중에 근저당권자는 토지만 경매신청 하였고, 토지를 이OO이 낙찰 받았는데, 건물 소유자 한OO와 토지 낙찰자 이OO간의 관계는 어떻게 될까?

법정지상권이 성립하려면 토지와 건물 소유자가 동일한 상태에서 경매로 토지와 건물의 소유자가 달라져야 하는 것이다. 여기서 아들 한OO의 건물이 엄마 땅에 대한 사용권원은 무엇일까? 한 번 생각을 해 보자!

법정지상권도 아니고… 관습법상 법정지상권도 아니고… 엄마 땅에 지상권등기를 한 것도 아니고… 민법 제622조 규정에 의해 엄마가 토지 임대인, 그리고 아들이 토지 임차인으로 show를 하자니, 지상 건물의 보존등기일보다 먼저 국민은행 근저당권이 토지상에 설정되어 있어 이 또한 힘들 것 같고…

도대체 아들 건물이 엄마 땅을 점유할 수 있는 권원이 무엇이란 말인가? 답은 "엄마 땅이니까~~~" 이는 모자지간에는 다툼의 여지가 없기에 건물은 존속할 수 있으나, 만약 토지나 건물의 소유권이 바뀌어 제3자가 나타나면 그 때는 다툼이 있게 마련이다.

소설 한 줄 쓰도록 하겠다.

토지 낙찰자와 건물 소유자가 만났다. 토지 낙찰자가 건물 소유자에게 물었다. "당신이 토지를 적법하게 사용할 수 있는 권원이 무엇이요?" 그러자 건물 소유자는 "엄마 땅이었으니까 내 집을 지어서 등기하였소!"라고 대답하였다. 토지 낙찰자는 재차 물었다. "다 큰 양반이 엄마 엄마 하지 말고 법률적으로 당신이 땅을 사용할 수 있는 근거를 대 보시오~~~"

앞에서 이야기했듯이, 법정지상권도 아니고, 관습법상 법정지상권도 아니고, 약정지상권은 더더욱 아니며, 민법 제622조 규정에 의한 것도 아니라면 건물 소유자는 토지 낙찰자에게 큰 소리를 칠 수 없게 된다. 즉, 토지를 적법하게 사용할 근거가 없기 때문이다.

따라서 토지 낙찰자는 건물 소유자에 대하여 앞부분에서 수차 언급한 내용이지만 가처분등기, 손해배상청구소송, 건물철거소송, 건물점유자에 대한 강제퇴거집행 등의 절차를 준비하여야 한다.

④ 건물 임의경매사건 정보지

2010 타경 10680 (임의)		매각기일 : 2010-10-06 10:00~ (수)		경매6계 530-1818 (구내:1818)	
소재지	서울특별시 성북구 종암동 24-00			사건접수 2010-04-12	
물건종별	근린주택	채권자	이00	감정가	464,666,400원
토지면적	토지 매각제외	채무자	한00	최저가	(100%) 464,666,400원
건물면적	487.8㎡ (147.56평)	소유자	한00	보증금	(10%)46,467,000원
제시외면적	60.2㎡ (18.21평)	매각대상	건물만매각	청구금액	120,000,000원
입찰방법	기일입찰	배당종기일	2010-07-05	개시결정	2010-04-13

▣ 기일현황

회차	매각기일	최저매각금액	결과
신건	2010-10-06	464,666,400원	매각
윤00 /입찰1명/매각471,000,000원(101%)			

본 사건은 낙찰 후 '10.12.1 취하됨.

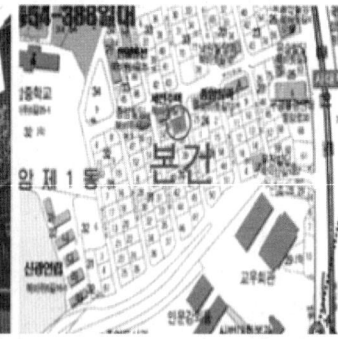

▣ 건물 등기부현황 ☞ 건물열람일 : 2010-09-24

구분	성립일자	권리종류	권리자	권리금액	인수/소멸	비고
갑1	2005-08-30	(현)소유권	한00		이전	보존
을1	2007-09-17	(근)저당	이00	120,000,000원	소멸기준	
을2	2008-01-16	(근)저당	임00	50,000,000원	소멸	
을3	2008-01-16	(근)저당	이##	50,000,000원	소멸	
갑7	2009-09-15	가압류	서울보증보험	183,987,260원	소멸	
을4	2009-10-05	전세권	이**	60,000,000원	소멸	배당금 : 37,278,500원 미배당 : 22,721,500원 일부배당(미배당금 소멸예상)
갑9	2010-04-13	임의경매	이00	청구: 120,000,000원	소멸	2010타경10680

ⅰ. 건물만 경매신청 되었다.

2010타경10680호 임의경매사건의 근저당권자는 전부 개인으로서 건물만 담보취득 하였는데, 2007년 9월 17일 근저당권자 이 모 씨의 임의경매신청으로 1차 매각기일인 2010년 10월 6일, 윤 모 씨가 낙찰 받았으나, 동년 12월 1일 경매취하 되었다.

낙찰자였던 윤 모 씨는 경매취하에 아쉬워해야 하나? 만약 아쉬워한다면 상당한 내공을 쌓은 후 이러한 물건에 입찰해야 한다. 경매취하 된 것이 윤 모 씨 입장에서는 얼마나 다행스런 일이라고…

건물만 경매시장에 나왔다면 상당한 주의를 요한다. 즉, 낙찰로 건물만 취득했는데, 토지를 적법하게 사용할 권리가 없다면 최악의 경우, 건물을 부수고 토지를 토지 소유자에게 돌려 줘야 하는 일이 생길 수 있기 때문이다.

ⅱ. 본건 건물은 법정지상권을 가질까?

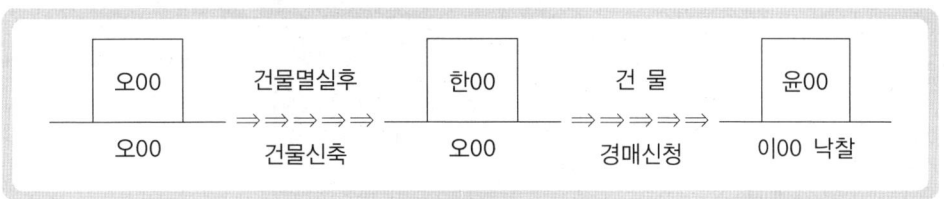

앞에서 언급 하였듯이 본 사건 건물은 엄마 땅을 그냥 사용하고 있다.

즉 건물 소유자 한OO은 제3자에 대하여 본인이 토지를 적법하게 사용할 수 있는 권리가 있다! 라고 주장하지 못한다. 엄마한테는 주장할 수 있을지 몰라도…

그렇다면 본 사건의 1차 매각기일의 낙찰자였던 윤 모 씨 역시 토지를 사용할 권리가 없는 것이다. 왜냐하면 윤 모 씨는 직전 건물 소유자인 한OO의 지위를 승계 하는데, 한OO이 토지에 대한 사용권이 없기에 윤 모 씨 또한 토지에 대한 사용권이 없는 것이다.

만약 본 사건이 취하되지 않아 윤 모 씨가 매각대금을 완납하여 소유권 이전등기를 하였더라도, 토지 소유자가 윤 모 씨에게 건물철거 요청을 하면 윤 모 씨는 눈물을 머금고 건물을 철거해야 하기에, 윤 모 씨 입장에서는 건물의 경매취하가 대단히 다행스러운 일인 것이다.

10) 토지 낙찰 후 집합건물에 가처분등기

2006 타경 7946 (임의)		매각기일 : 2007-09-04 10:00~ (화)		경매12계 530-2717	
소재지	서울특별시 강남구 논현동 10-00 1층 102호			사건접수 2006-03-09	
물건종별	다세대(빌라)	채권자	염00	감정가	570,000,000원
대지권	토지 매각제외	채무자	유00	최저가	(41%) 233,472,000원
전용면적	182.28㎡ (55.14평)	소유자	유00	보증금	(10%)23,348,000원
평형		매각대상	건물만매각	청구금액	250,000,000원
입찰방법	기일입찰	배당종기일	2006-06-21	개시결정	2006-03-10

▶ 기일현황

회차	매각기일	최저매각금액	결과
신건	2007-04-17	570,000,000원	유찰
2차	2007-05-22	456,000,000원	유찰
3차	2007-06-26	364,800,000원	유찰
4차	2007-07-31	291,840,000원	유찰
5차	2007-09-04	233,472,000원	매각
서00/입찰3명/매각274,000,000원(48%)			

매각대상:건물

이미지 준비중입니다.

▶ 건물 등기부현황 ☞ 건물열람일 : 2007-04-03   [등기부등본열람]

구분	성립일자	권리종류	권리자	권리금액	인수/소멸	비고
갑2	2001-12-26	(전)소유권	김00		이전	매매
을1	2002-04-29	전세권	염00	250,000,000원	소멸기준	배당금 : 250,000,000원 전액배당 소멸예상
갑4	2003-01-17	(현)소유권	유00		이전	매매
을2	2003-03-04	(근)저당	김**	250,000,000원	소멸	
갑6	2004-02-12	가처분	오##		인수	특별매각조건에의한 인수 [가처분등기보기]
갑11	2006-03-15	임의경매	염00	청구: 250,000,000원	소멸	2006타경7946
갑12	2006-07-10	가압류	미래상호저축은행	964,942,501원	소멸	

▶ 주의사항 ☞

매각으로 소멸되지 않는 등기부권리	갑구 6번(2004.2.12.접수제9575호) 가처분등기
매각으로 설정된 것으로 보는 지상권	해당사항 없음
주의사항	1. 본건은 토지(대지권)가 제외된 건물만 매각함. 대지권 미등기이며 취득 여부는 불분명함. 2. 2004.2.12.자 토지소유권에 기한 건물철거청구권을 피보전권리로 하는 가처분등기가 있으며, 가처분권자 오## 에 의하면 본건 건물에 대하여 건물철거 확정판결(서울고등법원 2004나74714호)을 받았다고 함.

① 사건개요

ⅰ. 가처분권자 오## 분석

본 사건은 빌라(집합건물)로서 토지를 제외한 102호 전유부분만 경매신청 되었는데, 오##은 2003년 11월 7일 본건 빌라의 토지 전부를 낙찰 받았고, 2004년 2월 12일 지상 빌라 102호에 "토지소유권에 기한 건물철거청구권"을 피보전권리로 하는 가처분등기를 하였다.

〈오##의 가처분등기내역〉

| 6 | 가처분 | 2004년2월12일
제9575호 | 2004년2월7일
서울중앙지방법원의
가처분결정(2004카합296) | 피보전권리 토지소유권에 기한 건물철거청구권
채권자 오##
　　　　미합중국 캘리포니아주

금지사항 양도, 저당권, 전세권, 임차권의 설정
　　　　기타일체의 처분행위 금지 |

ⅱ. 가처분권자 오##의 건물철거소송

가. 1심 소송결과

▶ 사건번호 : 서울중앙지방법원 2004가합8550

▣ 기본내용　》 청사배치

사건번호	2004가합8550	사건명	건물철거 등
원고	오##	피고	백00 외 15명
재판부	제12민사부(나)		
접수일	2004.02.10	종국결과	2004.09.17 원고승
원고소가	221,589,600	피고소가	
수리구분	제소	병합구분	없음
상소인	피고	상소일	2004.10.06
상소각하일		폐기여부	기록폐기됨

가처분등기권자인 오##는 2004년 2월 10일 전유부분 소유자 백 모 씨 외 15명을 상대

로 지상 구분건물에 대한 철거소송을 제기하여 동년 9월 17일 승소판결을 받았으나, 피고 즉 건물 소유자들의 항소로 2심으로 사건이 올라갔다.

나. 2심 소송결과

사건번호 : 서울고등법원 2004나74714

▶ 기본내용 》 청사배치

사건번호	2004나74714	사건명	건물철거 등
원고	오##	피고	백00 외 14명
재판부	제16민사부(나)		
접수일	2004.10.28	종국결과	2005.10.20 항소기각
원고소가		피고소가	371,363,750
수리구분	제소	병합구분	없음
상소인		상소일	
상소각하일		보존여부	기록보존됨

(피고의 항소를 기각 / 원고 오## 勝)

2심 판결은 피고들의 항소를 기각하는 것으로 판결이 나서, 지상 건물은 법정지상권이 없음을 이유로 법리적으로는 철거되어야 함이 마땅하다.

그러나 멀쩡한 건물을 단지 법정지상권을 가지지 못한다는 이유로 건물을 부순다? 아마 대학교 강의실에서 법리적으로 따질 때에 입으로는 부순다고 이야기할 수는 있겠지~~~

그렇다면 오##는 지상 구분건물 소유자들을 상대로 왜 건물철거소송을 제기했을까? 법원의 판결대로 정말로 건물을 부수기 위해서? 아마 아닐 것이다.

소송을 제기한 목적이 있을 것이다. 그 목적은 과연 무엇일까? 아마도 구분소유자들에게 오## 명의로 된 토지를 팔 목적이었을 것이다.

② 토지인도 및 건물철거 가처분등기는?

토지인도 및 건물철거청구권을 피보전권리로 하는 가처분등기는 소멸기준권리 선후를 불문하고 경매시 매각으로 소멸하지 않는다. 자! 그렇다면 독자 여러분 중에서 소멸되지 않는 가처분등기가 되어 있는 경매물건은 쳐다보아서는 절대로 안 되겠네~~~ 라고 생각하는 분이 계시다면? 필자는 이렇게 이야기하고 싶다. "아니지! 쳐다보아야지~~~"

앞에서도 이야기했지만 가처분등기 목적이 진정 건물을 철거하기 위함이 아니라면, 전유부분을 낙찰 받은 후 대지지분을 가처분권자로부터 매입하고, 가처분등기를 말소시키면 그만 아닌가?

본 사건 102호는 5차 매각기일에 서 모 씨가 2억 7천여만 원에 낙찰 받았고, 서 모 씨 명의로 소유권 이전등기 된 날로부터 보름 후에 서 모 씨는 가처분권자 오##로부터 대지지분 101.63/581.6을 3억 7천 5백여만 원에 매입한 후, 오##의 가처분등기는 "일부해제"를 등기원인으로 말소되었다.

〈서 모 씨 명의의 전유부분 소유권이전등기 내역〉

14	소유권이전	2007년10월24일 제80760호	2007년10월24일 임의경매로 인한 매각	소유자 서○○ 581014-2****** 부천시 소사구 괴안동

〈일부해제를 원인으로 오## 가처분등기 말소내역〉

17	6번가처분등기말소	2007년11월8일 제84254호	2007년11월6일 일부해제	

〈서 모 씨가 오##으로부터 대지지분 매입한 등기부내역〉

39	29번오##지분581.6분의283.7 중 일부(581.6분의 101.63) 이전	2007년11월7일 제84215호	2007년11월5일 매매	공유자 지분 581.6분의 101.63 [101.63/581.6] 서○○ 581014-2****** 부천시 소사구 괴안동 거래가액 금375,115,000원

③ 정리

본 사례를 공부함에 있어서… 독자 여러분이 가처분권자 오##가 되시라는 것이다. 즉, 법정지상권을 가지지 못하는 지상 건물이 있는데, 그 토지가 경매대상이라면 토지를 낙찰 받은 후 오##처럼 건물에 대한 건물철거 가처분등기와 아울러 건물 소유자를 상대로 건물철거소송을 제기하고, 나아가 보다 빠른 수익실현을 위해서는 손해배상청구소송에 의해 지상 건물을 직접 강제경매에 붙이는 것이다.

정리하자면... 토지 소유자가 건물 부분에 대해 건물철거를 주장하는 가처분등기를 하였다면 지상건물은 토지에 대한 적법한 사용권, 즉 법정지상권을 가지지 못하기 때문일 것이다.

한 번 생각을 해 보자! 건물철거 관련한 가처분등기를 건물에 하였다면 그 자가 원하는 것이 진정 건물을 철거하기 위함일까? 글쎄... 건물철거라는 파괴적 경제활동보다는 생산적 경제활동 측면에서 접근해 볼 필요가 있다.

아마도 건물에 가처분등기한 자는 건물을 찜해놓는 차원에서 할 수도 있고, 본 사건처럼 전유부분 낙찰자에게 대지지분을 매각할 의도일 수도 있다.

그러나... 그러나... 주의할 사항은 본 사건처럼 집합건물에 가처분등기가 되어 있다면 건물 낙찰 후 토지 소유자와 협상의 여지가 있으나, 만약 일반건물에 가처분등기가 되어 있다면 협상의 여지가 있다 손치더라도 건물 낙찰자의 입지는 상당히 좁아지기에, 가처분 대상 건물이 집합건물인지, 아니면 일반건물인지를 보고 입찰참여 여부를 결정 하여야 할 것이다.

법리적으로 따질 것은 따져야 하겠지만, 그 보다는 현실적인 측면에서 부동산 현상을 고민하고... 연구하는 자세가 필요하다고 본다.

7 실전 선순위 임차인분석

주거용 부동산에 입찰한다면 부동산 관할 주민센터에 가서 세대열람내역서를 발급 받는데, 세대열람내역서에 전입되어 있는 자는 일단 임차인으로 보자!

그리고 그 자의 전입일자가 소멸기준권리보다 앞서는지, 아닌지를 두 눈으로 똑바로 확인하자!

소멸기준권리보다 뒤에 전입한 자는 낙찰자와는 아무런 관계가 없어 신경 쓸 필요가 없고, 소멸기준권리보다 앞서 전입한 자가 있을 경우, 이 자의 정체가 진정한 임차인인지, 아니면 허위 임차인인지 여부를 분석해야 한다.

(1) 상투적인 내용

1) 대항력(=주택임대차보호법 제3조 제1항)

대항요건(전입신고 + 거주)을 갖추면 그 다음날 오전 0시부터 제3자에게 임차권을 주장할 수 있는 힘, 즉 대항력이 발생 된다[=대법원 99다9981 판결 참조].

경매에 있어서 대항력 있는 임차인은 소멸기준권리보다 먼저 전입신고 한 자를 의미하는데, 이 자는 낙찰자에게 대항할 수 있다. 즉, 자기 전세금 전액을 경매절차에서 배당받지 못했다면, 잔여 전세금은 낙찰자에게 반환 요청할 권리가 있는 것이다.

2) 확정일자(=동법 제3조의2 제2항)

임차인이 전입신고 하여 대항력을 갖춘 상태에서 본인의 임대차계약서상에 확정일자를 받아 놓으면 주택이 경매나 공매진행 중일 때에 후순위 채권자, 기타 일반채권자보다 보증금 전액에 대해 우선변제권이 발생된다.

3) 최우선변제(=동법 제8조 제1항·제3항, 동법 시행령 제3조 제3항)

채권자의 경매개시결정등기일보다 먼저 전입신고를 한 임차인 중에서 <u>집행법원이 공고한 배당요구 종기일까지 배당요구를 하면</u> 보증금 중 일정액을 우선변제권자보다 우선해서 배당받을 수 있다.

(2) 실전에서는...

소멸기준권리보다 먼저 전입신고한 자가 남편 혹은 부인, 부모인 경우, 前 소유자인 경우, 전입일은 빠른데 확정일자가 늦은 경우, 부동산 가액 대비 전세금액이 과다한데 전입신고만 하고 확정일자는 받지 않고 배당요구도 하지 않은 경우 등의 전입자는 비록 소멸기준권리보다 먼저 전입신고 하였더라도 주택임대차보호법상의 임차인이 아닐 확률이 높다. 이러한 자에 대해서는 낙찰 후 인도명령신청에 의한 접근이 필요하며, 그 자와 만나서 대화할 경우, "경매방해죄"에 해당될 수도 있음을 넌지시 알려주며, 인도명령에 의한 명도집행이 필요 없다면 굳이 인도명령 신청을 하지 말고 적정선의 이사비용 지급으로 명도 완료하는 것이 좋다고 본다. 그러나 진정한 임차인이라면 그 때부터는 머리가 아플 것이다. 보증금을 인수하지 않고, 다른 사람에게 덤터기를 씌우는 못된 생각을 해야 할 것이다. 어찌되었든 선순위 허위 임차인에 대한 접근? 신중해야 한다!!!

(3) 실전 선순위 임차인 사례분석

1) 소유자는 장인! 선순위 임차인은 사위!

2007 타경 27953 (임의)		매각기일 : 2008-09-02 10:00~ (화)		경매4계 470-1804	
소재지	대전광역시 중구 태평동 422-00 *****아파트***동 3층 304호			사건접수 2007-10-12	
물건종별	아파트	채권자	***** 새마을금고	감정가	170,000,000원
대지권	39.2706㎡ (11.88평)	채무자	이00	최저가	(49%) 83,300,000원
전용면적	84.93㎡ (25.69평)	소유자	이00	보증금	(10%)8,330,000원
평형	33평형	매각대상	토지/건물일괄매각	청구금액	107,900,000원
입찰방법	기일입찰	배당종기일	2008-02-04	개시결정	2007-10-15

▶ 기일현황　▽전체보기

회차	매각기일	최저매각금액	결과
신건	2008-04-15	170,000,000원	유찰
2차	2008-05-20	119,000,000원	매각
서00/입찰1명/매각132,010,000원(78%)			
	2008-06-20	대금지급기한	미납
2차	2008-07-29	119,000,000원	유찰
3차	2008-09-02	83,300,000원	매각
양00/입찰2명/매각98,790,000원(58%)			

▶ 임차인현황 ☞ 건물소멸기준 : 2002-06-07 ☞ 배당종기일 : 2008-02-04　[매각물건명세서] [예상배당표]

순위	성립일자	권리자	권리종류(점유부분)	권리금액	신고	대항	예상배당여부
1	전입 2001-02-22 확정 없음 배당 없음	이##	주택임차인 전부	[보] 75,000,000원	X	있음	인수금　75,000,000원 전액매수인 인수예상

소유자의 사위

▶ 건물 등기부현황 ☞ 건물열람일 : 2008-04-01　[등기부등본열람]

구분	성립일자	권리종류	권리자	권리금액	인수/소멸	비고
갑1	2000-12-21	(전)소유권	한국부동산신탁 외		이전	보존
갑2	2000-12-21	(현)소유권	이00		이전	매매
을2	2002-06-07	(근)저당	*****새마을금고	35,100,000원	소멸기준	
을4	2004-09-03	(근)저당	*****새마을금고	72,800,000원	소멸	
갑5	2005-05-17	압류	종로세무서		소멸	
갑8	2007-10-17	임의경매	*****새마을금고	청구: 107,900,000원	소멸	2007타경27953

① 해설

본 사건은 필자가 daum에서 운영하고 있는 경매동호회의 회원 양 모 씨가 낙찰 받은 사례인데, 소멸기준권리인 2002년 6월 7일 *****새마을금고 근저당권보다 이##의 전입일자가 빠르나, 이 자는 전입신고만 하였고 법원에 배당요구를 하지 않았다.

양 모 씨는 이##이 선순위 임차인이라는 가정 하에서 이 물건에 접근하여 3차 매각기일에 9천 8백여만 원에 낙찰 받았다.

낙찰 후 이##을 만나 보니, 이## 왈 "소유자가 장인이고 장인에게 전세금을 지급하고 임대차계약에 의해 이 아파트에 살고 있소!" "그러하기에 전세금 7천 5백만 원 전액은 낙찰자 당신이 나에게 주어야 하겠소!"라는 이야기를 들었단다.

그러나 낙찰자 양 모 씨는 이##에게 "당신이 전입신고 한 2001년도 당시 본 건의 전세금액은 7천 5백만 원이 아니고, 나아가 낙찰자가 인수하는 임차인의 경우 근저당권이 설정되기 전의 보증금액만 인수하는데[=대법원 90다카11377 판결 참조], 2002년에 1순위 근저당권이 설정되었으니 이 당시의 보증금액만 내가 인수하면 되는 것이요!"라고 이야기하면서…

"진짜 당신 보증금이 얼마요?"라고 물으니 이##는 "7천 5백만 원!"이라는 대답을 하기에 양 모 씨는 이##을 상대로 명도소송을 제기하였다고 한다.

명도소송에서 이##는 소유자인 장인에게 현금 5천만 원을 입금한 입금증을 법원에 제출하니, 법원은 "낙찰자 양 모 씨는 임차인 이##에게 5천만 원을 지급하고, 이##는 이 금원을 수령함과 동시에 주택을 양 모 씨에게 명도 하라!"라는 판결을 내렸다고 한다.

부부지간의 임대차계약은 그 효력이 명백히 부인되지만, 장인과 사위간 임대차계약의 효력은? 엄마와 아들간의 임대차계약의 효력은? 형제지간의 임대차계약의 효력은? 단순히 이들이 인척관계이기에 임대차계약의 효력이 부인된다는 전제하에 접근하였다가는 자칫 낭패를 볼 수 있다.

따라서 소멸기준권리보다 먼저 전입신고 된 자가 있다면 심증적으로는 가짜 냄새가 날지라도 일단은 대항력 있는 임차인이라는 보수적인 생각을 하자!

최악의 경우, 그 자의 보증금을 낙찰자가 인수한다는 전제하에서 접근하여야 한다.

② 선순위로 전입신고 된 자가 있다면 어떻게 접근해야 하나?

그렇다면 선순위로 전입신고만 되어 있고, 배당요구하지 않은 경우와 선순위로 전입신고한 후 확정일자는 근저당권 설정 전 또는 후에 받았으나, 배당요구를 하지 않은 경우, 이러한 자의 임차인 진위여부는 어떻게 가려내야 할까?

아파트 관리사무소를 방문하여 공과금 납부 주체와 경비아저씨에게 아파트 거주자가 누구인지 알아보는 것도 방법이 될 수 있겠지만, 소유자의 주소지를 파악해 보는 것도 하나의 방법이다.

본 사건의 소유자였던 이 모 씨의 주소지는 본 사건 경매물건지가 아닌 다른 곳이었다. 이는 부동산등기부상으로 파악이 가능하다.

〈본 경매물건 소유자 이○○의 주소지〉

2	공유자전원지분전부이전	2000년12월21일 제69767호	1997년9월11일 매매	소유자 이○○ 641110-1****** 서울 동대문구 장안동
				1번 신탁등기말소 원인 신탁재산의 처분
2-1	2번등기명의인표시변경	2004년2월10일 제6863호	2003년11월24일 전거	이○○의 주소 서울 동대문구 장안동 ○○○ ←

소유자의 주소지가 본건으로 되어 있지 않음!!!

2) 소유자의 모친이 선순위로 전입신고

2008 타경 17607 (임의)		물번 2	매각기일 : 2009-05-12 10:00~ (화)			경매5계 02-3271-1325	
소재지	서울특별시 서대문구 남가좌동 000 *****아파트***동 1층 103호						사건접수 2008-11-06
물건종별	아파트		채권자	한국자산관리공사		감정가	320,000,000원
대지권	26.41㎡ (7.99평)		채무자	이00		최저가	(80%) 256,000,000원
전용면적	59.59㎡ (18.03평)		소유자	이**		보증금	(10%)25,600,000원
평형	25평형		매각대상	토지/건물일괄매각		청구금액	933,000,000원
입찰방법	기일입찰		배당종기일	2009-01-28		개시결정	2008-11-07

▶ 기일현황

회차	매각기일	최저매각금액	결과
신건	2009-04-02	320,000,000원	유찰
2차	2009-05-12	256,000,000원	매각
김00/입찰1명/매각256,000,000원(80%)			
	2009-06-19	대금지급기한	납부

▶ 임차인현황 ▶ 건물소멸기준 : 2007-06-29 ▶ 배당종기일 : 2009-01-28

순위	성립일자	권리자	권리종류(점유부분)	권리금액	신고	대항	예상배당여부
1	전입 2006-02-27 확정 없음 배당 없음	박00	주택임차인 1층 103호	[보] 미상	X	있음	현황조사 권리내역

박00 ← 소유자 이**의 모친

▶ 건물 등기부현황 ▶ 건물열람일 : 2009-03-19

구분	성립일자	권리종류	권리자	권리금액	인수/소멸	비고
갑1	2000-12-30	(현)소유권	이**		이전	매매
을9	2007-06-29	(근)저당	한국자산관리공사	2,500,000,000원	소멸기준	
갑26	2007-11-20	압류	서인천세무서		소멸	
갑27	2008-11-07	임의경매	한국자산관리공사	청구: 933,000,000원	소멸	2008타경17607

본 사건의 선순위 전입자 박00은 소유자 이**의 모친이다. 아들이 소유자이고, 엄마가 임차인이다? 낙찰 후 상대방과 소송에 휘말렸을 경우, 담당 판사가 과연 어떠한 판결을

7. 실전 선순위 임차인분석 **399**

내릴까? 비록 박OO가 소유자의 모친이기는 하지만 임차인이다! 라는 판결을 내릴까? 글쎄…

　국민정서상 부모가 자식을 봉양해야 하는 것인데, 엄마가 아들 집의 임차인이라면 아마 지나가는 강아지도 웃을 것이다. 참고로 집행법원이 작성한 부동산 점유관계서를 보면 "소유자가 전부(방3) 점유하며, 소유자의 모 박OO의 진술과 주민등록표등본을 참고로 하여 조사"라고 표시되어 있다.

　이러한 내용으로 미루어 보아 아들 집에 엄마가 임대차계약 없이 그냥 거주하는 것으로 보아도 무방하다.

〈부동산현황 및 점유관계조사서〉

부동산의 현황 및 점유관계 조사서
1. 부동산의 점유관계

소재지	2. 서울특별시 서대문구 남가좌동 OOO ***** 아파트 ***동 1층 103호
점유관계	
기타	* 소유자가 전부(방3개) 점유. * 소유자의 모(母) 박OO 의 진술과 주민등록표등본을 참고로 하여 조사.

　그런데, 반대로 엄마 집에 아들이 임차인이라고 주장한다면 과연 법은 아들의 임차인 지위를 인정할지에 대하여 다음 사례로 설명하고자 한다.

3) 소유자의 아들이 선순위로 전입신고

2009 타경 19544 (강제)		매각기일 : 2010-06-17 10:00~ (목)		경매4계 530-1816 (구내:1816)	
소재지	서울특별시 서초구 방배동 754-0 ****헤론 101동 8층 801호			사건접수 2009-05-15	
물건종별	아파트	채권자	기술신용보증기금	감정가	1,300,000,000원
대지권	39.7㎡ (12.01평)	채무자	이 00	최저가	(64%) 832,000,000원
전용면적	169.08㎡ (51.15평)	소유자	이 00	보증금	(20%)166,400,000원
평형	61평형	매각대상	토지/건물일괄매각	청구금액	1,141,981,759원
입찰방법	기일입찰	배당종기일	2009-08-24	개시결정	2009-05-18

기일현황 ▽전체보기

회차	매각기일	최저매각금액	결과
신건	2009-12-24	1,300,000,000원	유찰
2차	2010-01-28	1,040,000,000원	유찰
3차	2010-03-04	832,000,000원	매각
조00/입찰1명/매각953,000,000원(73%)			
	2010-04-12	대금지급기한	추후지정
	2010-05-07	대금지급기한	미납
3차	2010-06-17	832,000,000원	매각
장00/입찰1명/매각835,890,000원(64%)			

임차인현황 ▷ 건물소멸기준 : 2009-05-18 ▷ 배당종기일 : 2009-08-24   매각물건명세서 예상배당표

순위	성립일자	권리자	권리종류(점유부분)	권리금액	신고	대항	예상배당여부
1	전입 2006-09-15 확정 없음 배당 2010-02-26	양00	주택임차인 방2개	【보】 350,000,000원	○	없음	배당종기이후배당요구함
2	전입 2009-03-31 확정 2009-08-13 배당 2009-08-20	최00	주택임차인 801호	【보】 50,000,000원	○	있음	배당금 : 20,000,000원 인수금 : 30,000,000원 일부배당(미배당금 인수)예상
				- 보증금합계 : 50,000,000원			

- 양00 : 소유자 이 00 의 아들임.

2회 방문하였으나 폐문부재이고, 방문한 취지 및 연락처를 남겼으나 아무런 연락이 없으므로 주민등록 전입된 세대만 임차인으로 보고함.

건물 등기부현황 ▷ 건물열람일 : 2009-12-10   등기부등본열람

구분	성립일자	권리종류	권리자	권리금액	인수/소멸	비고
갑1	2006-08-11	(전)소유권	이 ** 외		이전	보존
갑2	2006-09-05	(현)소유권(전부)	이 00		이전	매매
갑9	2009-05-18	강제경매	기술신용보증기금	청구: 1,141,981,759원	소멸기준	2009타경19544
갑10	2009-11-12	압류	서울특별시 서초구		소멸	

① 임차인 양OO은 소유자 이OO의 아들인데...

임차인 양OO은 소멸기준권리인 2009년 5월 18일 강제경매기입등기일보다 먼저 전입신고를 하여 낙찰자에게 대항할 수 있는데, 보증금이 3억 5천만 원이란다. 그리고 배당요구일자를 보니 2차 매각기일 이후인데...

만약 독자 여러분이 진정한 임차인이고, 보증금액이 3억 5천만 원이면, 확정일자는 당연히 받는 것 아닌가? 그리고 임차한 주택이 경매진행 중이라면 아마도 법원이 공고한 배당요구 종기일까지 배당요구를 하였을 것이다.

구린내가 난다. 임차인이라고 주장하는 자가... 더구나 양OO의 엄마가 집주인이고, 아들인 양OO이 그것도 방3칸 중 2칸을, 확정일자도 받지 않고 보증금 3억 5천만 원으로 임차하였다는 것이 진정한 임차인으로 믿기지 않는다.

그러하였기에 3차 매각기일인 2010년 3월 4일 조 모 씨가 9억 5천여만 원에 입찰하였을 것이다. 조 모 씨는 낙찰 후 양OO을 만나서 임차인의 진위여부에 대해 이야기를 나눈 듯하다.

② 2010년 3월 4일 낙찰자 조 모 씨의 행적

조 모 씨는 2010년 3월 10일 집행법원에 매각불허가신청서를 제출하였으나 동년 3월 11일 매각허가결정이 났다.

〈조 모 씨의 매각불허가신청서 제출〉

| 2010-03-10 | 최고가매수신고인 매각불허가신청 제출 |

그 후 조 모 씨는 동년 4월 2일 대금납입연기신청서를 제출하여 대금지급기한 연기를 받았으나, 대금지급기한 마지막 날인 동년 5월 7일까지 대금을 납부하지 못해 재매각에 붙여져 동년 6월 17일 장 모 씨가 8억 3천여만 원에 낙찰 받았다.

〈조 모 씨의 대금납입연기신청서 제출〉

| 2010-04-02 | 최고가매수신고인 대금납입연기신청 제출 |

⟨조 모 씨 관련 기일내역⟩

2010-03-04 10:00	매각기일	경매법정	832,000,000	매각(953,000,000원)
2010-03-11 14:00	매각결정기일	경매법정	0	최고가매각허가결정
2010-04-12 10:00	대금지급기한	민사집행과 경매4계	0	추후지정
2010-05-07 10:00	대금지급기한	민사집행과 경매4계	0	미납

매각물건명세서상의 비고란을 보니, 매각대금을 납부하지 못한 조 모 씨가 임차인 양 OO을 경매방해죄로 형사고소 하였으나, 소유자는 임차보증금 3억 5천만 원에 대한 입출금내역서를 수사기관에 제출하였다고 한다.

⟨매각물건명세서 중 비고란⟩

※비고란 '10.3.4. 입찰자 조OO
입찰대금을 납부하지 못한 이전 최고가매수인이 임차인 양OO를 상대로 경매방해죄 등으로 형사고소하였고, 소유자의 주장에 따르면 임차인 양OO의 임차보증금 3억5천에 대한 입출금내역서를 수사기관에 제출하였다고함.

③ 짜고 치는 고스톱에 휘말리지 말아야 한다.

소유자 이OO의 주소지를 확인해 보았는데, 그녀의 주소지는 광주광역시로 되어 있었다.

소유자의 주소지가 본건 경매물건으로 되어 있으면 양OO을 허위의 임차인으로 몰아갈 수도 있겠으나, 소유자의 주소지가 다른 곳으로 되어 있으니 상대방이 가짜 임차인임에도 불구하고 진짜라고 주장한다면 낙찰자는 어떠한 증거로 그 자의 주장이 허위라는 것을 밝힐 수 있겠는가?

더더구나 양OO이 엄마한테 임차보증금조로 3억 5천만 원을 입금했다는 증서를 가지고 있다는데 어떻게 할 것인가?

단지 정황상으로 허위 임차인이라고 생각한 후 입찰하였다가 그 반대의 경우라면 어떻게 할 것인가?

소송을 제기하더라도 상대방이 가짜라고 주장하는 측에서 그 입증책임이 있는데, 상대방의 짜고 치는 고스톱에 어떻게 항거할 수 있겠는가? 경매물건에 이러한 유형의 임차인이 있는 물건들이 제법 많다.

〈소유자 이OO의 주소지〉

2	공유자전원지분전부이전	2006년9월5일 제65223호	2003년5월30일 매매	소유자 이ㅇㅇ 571101-2****** 광주 동구 충장로2가
2-1	2번등기명의인표시변경	2006년12월6일 제92138호	2006년9월20일 전거	이ㅇㅇ의 주소 광주 남구 봉선동 ㅇㅇㅇ 〈소유자의 주소지는 다른 곳임〉

④ 정리

부모 자식 간 주택임대차계약을 체결하지 말라는 법은 없다. 그런데 자식이 부모 집에 전세금 3억 5천만 원을 지급하고 임차인으로 거주한다? 주택임대차보호법상 임차인의 범위를 엄밀히 확정짓던지 해야지…

본 사건에서 임차인이라고 주장하는 자는 법원의 배당요구 종기일 이후에 배당요구를 하여 배당절차에 참여할 수 없는데, 아마도 이렇게 한 것은 낙찰자와 한 판 씨름을 하겠다는 의사표시로 받아들여진다.

낙찰 후 임차인이라고 주장하는 양OO은 소유자의 아들로서 진정한 임대차계약이 아니라는 내용의 서면을 첨부하여 인도명령신청을 하는 것이다. 집행법원의 판사가 정의의 사도라면 낙찰자의 인도명령신청을 인용할 것이나, 심문기일에 낙찰자와 임차인간 합의(?)를 종용할 수도 있다.

그런데 임차보증금(?) 3억 5천만 원에 대한 입출금내역서가 있다고 소유자 측에서 주장하여 법원에서 이를 인정한다면 명도소송으로 가던지, 아니면 3억 5천만 원을 물어 주던지 하는 수밖에 달리 방법이 없다.

4) 선순위 임차인인가?

2009 타경 22351 (임의)		매각기일 : 2010-03-16 10:30~ (화)		경매10계 031-481-1242	
소재지	경기도 안산시 단원구 선부동 0000 **아파트****동 5층 505호				사건접수 2009-09-23
물건종별	아파트	채권자	한국자산관리공사	감정가	120,000,000원
대지권	40.66㎡ (12.3평)	채무자	조 ##	최저가	(80%) 96,000,000원
전용면적	39.61㎡ (11.98평)	소유자	조 ##	보증금	(10%) 9,600,000원
평형	15평형	매각대상	토지/건물일괄매각	청구금액	109,046,532원
입찰방법	기일입찰	배당종기일	2009-12-28	개시결정	2009-09-24

기일현황

회차	매각기일	최저매각금액	결과
신건	2010-02-08	120,000,000원	유찰
2차	2010-03-16	96,000,000원	매각
이OO/입찰4명/매각108,200,000원(90%)			

임차인현황 ☞ 건물소멸기준 : 2007-11-06 ☞ 배당종기일 : 2009-12-28

순위	성립일자	권리자	권리종류(점유부분)	권리금액	신고	대항	예상배당여부
1	전입 2005-10-27 확정 2009-01-08 배당 2009-10-09	조OO	주택임차인 505호 전체	[보] 55,000,000원	O	있음	인수금: 55,000,000원 전액매수인 인수예상
2	전입 2009-04-0? 확정 2009-05-18 배당 2009-10-09	조**	주택임차인 작은방1칸	[보] 15,000,000원	O	없음	배당금: 12,000,000원 미배당: 3,000,000원 일부배당(미배당금 소멸예상)

- 보증금합계 : 70,000,000원

- 조OO : 타처로 전출 후 2008.7.24.재전입, 조** : 임차인 조OO의 형으로 주민등록 등재되어 있음.

건물 등기부현황 ☞ 건물열람일 : 2010-01-25

구분	성립일자	권리종류	권리자	권리금액	인수/소멸	비고
갑2	2001-04-17	(전)소유권	김OO		이전	매매
갑5	2005-10-17	(현)소유권	조##		이전	매매
을7	2007-11-06	(근)저당	한국자산관리공사	123,500,000원	소멸기준	
갑8	2009-07-08	가압류	안면도수산업협동조합	77,375,451원	소멸	
갑9	2009-08-13	가압류	김##	52,500,000원	소멸	
갑10	2009-09-24	임의경매	한국자산관리공사	청구: 109,046,532원	소멸	2009타경22351
갑11	2009-11-10	가압류	우리은행	14,841,312원	소멸	

① 임차인 조OO 분석

임차인 조OO는 2005년 10월 27일 본건 아파트에 전입신고 하였다가, 그 후 타지로 전출한 후 2008년 7월 24일 본건 아파트로 재전입하였다. 그렇다면 조OO의 전입일자는 본 사건의 소멸기준권리인 2007년 11월 6일 한국자산관리공사 근저당권보다 나중이기에 낙찰자에게 대항할 수 없다.

혹시 조OO가 세대주이고, 그의 처나 자녀 등이 있는 상태에서 조OO의 주민등록만 다른 곳으로 이전되고, 그의 처 등의 주민등록이 본 사건 아파트에 계속 되었다면, 임차인의 주민등록에는 임차인 본인 주민등록뿐만 아니라 그의 처나 자녀 등의 주민등록도 포함되기에[=대법원 87다카14 판결 참조], 세대열람내역서에 의한 세대합가가 되었는지 여부를 꼭 확인하여야 한다.

만약 세대합가 등의 문제가 없다면 임차인 조OO은 대항력 없는 임차인에 불과하다.

② 임차인 조** 분석

임차인 조**은 조OO의 형이라고 표시되어 있는데, 조**의 주민등록이 본 경매물건에 전입된 사유를 따지기 이전에 이 자는 소멸기준권리 이후에 전입신고 하였기에 낙찰자에게 대항할 수 없는 자이다.

그런데 필자의 생각으로는 소유자 측에서 상당한 몸부림을 친 것 같은 느낌이 든다. 왜냐하면 소유자 조##의 주소지는 본 경매물건으로 되어 있고, 임차인이라고 주장하는 자들의 성씨가 조 씨이기 때문이다.

소유자 측에서 허위 임차인을 심어서 몸부림을 쳤다는 것은 경매취하의 가능성은 거의 없기에 마음 놓고 입찰하더라도 무방할 것이다.

〈소유자 조##의 주소지는 본 경매물건으로 되어 있다.〉

5	소유권이전	2005년10월17일 제105862호	2005년9월17일 매매	소유자 조## 620817-2****** 안산시 단원구 초지동
5-1	5번등기명의인표시변경	2007년11월6일 제122396호	2007년10월26일 전거	조##의 주소 경기도 안산시 단원구 선부동 ○○○○ --------**아파트 ****-505

5) 선순위 임차인이기는 하나, 전혀 부담 없는 임차인

2009 타경 9146 (강제)		매각기일 : 2010-03-16 10:00~ (화)		경매1계 043)841-9121	
소재지	충청북도 충주시 주덕읍 삼청리 218-00 ****맨션 *동 1층 101호			사건접수 2009-10-19	
물건종별	다세대(빌라)	채권자	김00(주택임차인)	감정가	30,000,000원
대지권	62,787㎡ (18,99평)	채무자	배00	최저가	(75%) 22,500,000원
전용면적	45㎡ (13,61평)	소유자	배00	보증금	(10%) 2,250,000원
평형		매각대상	토지/건물일괄매각	청구금액	20,000,000원
입찰방법	기일입찰	배당종기일	2010-01-04	개시결정	2009-10-20

▶ 기일현황

회차	매각기일	최저매각금액	결과
신건	2010-02-09	30,000,000원	유찰
2차	2010-03-16	22,500,000원	매각
신00/입찰2명/매각26,090,000원(87%)			

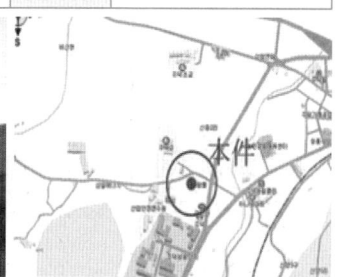

▶ 임차인현황 ☞ 건물소멸기준 : 2003-06-23 ☞ 배당종기일 : 2010-01-04   매각물건명세서 예상배당표

순위	성립일자	권리자	권리종류(점유부분)	권리금액	신고	대항	예상배당여부
1	전입 2002-10-21 확정 2003-03-04 배당 ○	김00	주택임차인 목적물전부	【보】20,000,000원	X	있음	배당금 : 20,000,000원 전액배당으로 소멸예상

▶ 건물 등기부현황 ☞ 건물열람일 : 2010-01-26   등기부등본열람

구분	성립일자	권리종류	권리자	권리금액	인수/소멸	비고
을2	2002-10-21	주택임차권	김00	20,000,000원	있음	경매신청채권자 전입 : 2002-10-21 확정 : 2003-03-04
갑1	2003-01-02	(현)소유권	배00		이전	보존
갑2	2003-06-23	가압류	**기업	34,603,400원	소멸기준	
을1	2003-09-04	(근)저당	그린화재해상보험	585,000,000원	소멸	
갑9	2006-07-28	압류	충주시		소멸	
갑10	2008-04-07	가압류	한마음금융의자산관리인한국 자산관리공사	16,323,984원	소멸	
갑11	2009-10-21	강제경매	김00	청구: 20,000,000원	소멸	2009타경9146

본 사건은 임차인 김 모 씨가 보증금 회수를 위해 소유자 배 모 씨를 상대로 보증금반환청구소송에 의한 판결문으로 강제경매 신청한 사건인데, 명도가 무서운 분들은 이러한 유형의 물건에 입찰하기 바란다. 본 건은 2차 매각기일에 신 모 씨가 2천 6백여만 원에 낙찰 받았는데, 임차인 김 모 씨는 본인의 전세금 전액을 배당받을 수 있기에 낙찰 후 명도는? 누워서 떡먹기! 낙찰자의 인수부분이 없어 좋고~~~

그런데 매각물건명세서에 의하면 임차인 김 모 씨의 배당요구일자가 없는데, 김 모 씨는 배당 참여할 수 있을까?

〈매각물건명세서〉

사건	2009타경9146 부동산강제경매	매각물건번호	1	담임법관(사법보좌관)	장OO
작성일자	2010.03.04	최선순위 설정일자	2003.6.23. 가압류		
부동산 및 감정평가액 최저매각가격의 표시	부동산표시목록 참조	배당요구종기	2010.01.04		

부동산의 점유자와 점유의 권원, 점유할 수 있는 기간, 차임 또는 보증금에 관한 관계인의 진술 및 임차인이 있는 경우 배당요구 여부와 그 일자, 전입신고일자 또는 사업자등록신청일자와 확정일자의 유무와 그 일자

점유자의 성명	점유부분	정보출처 구분	점유의 권원	임대차기간 (점유기간)	보증금	차임	전입신고일자, 사업자등록신청일자	확정일자	배당요구 여부 (배당요구 일자)
김OO	목적물전부	현황조사	주거 임차인	2002.10.20-현재	2000만원		2002.10.21	2003.03.04	

　　임차인 김 모 씨는 경매기입등기일 이전인 2009년 1월 15일 임차권등기를 했는데, 경매기입등기일 이전에 임차권등기를 한 자는 당연 배당권자에 해당된다[=대법원 2005다33039 판결 : 임차권등기명령에 의하여 임차권등기를 한 임차인은 우선변제권을 가지며, 위 임차권등기는 임차인으로 하여금 기왕의 대항력이나 우선변제권을 유지하도록 해주는 담보적 기능을 주목적으로 하고 있으므로, <u>위 임차권등기가 첫 경매개시결정등기 전에 등기된 경우,</u> 배당받을 채권자의 범위에 관하여 규정하고 있는 민사집행법 제148조 제4호의 "저당권·전세권, 그 밖의 우선변제청구권으로서 첫 경매개시결정 등기 전에 등기되었고 매각으로 소멸하는 것을 가진 채권자"에 준하여, 그 임차인은 별도로 배당요구를 하지 않아도 당연히 배당받을 채권자에 속하는 것으로 보아야 한다.].

　　따라서 임차권등기자인 김 모 씨는 집행법원이 공고한 배당요구종기일까지 배당요구를 하지 않았더라도 당연히 배당절차에 참여할 수 있기에, 낙찰자는 크게 걱정할 필요가 없다.

〈임차인 김 모 씨의 임차권등기 내역〉

2	주택임차권	2009년1월15일 제1796호	2008년10월2일 청주지방법원 충주지원의 임차권등기명령(2008카기245)	임차보증금 금20,000,000원 범　위 101호 전부 임대차계약일자 2002년 10월 20일 주민등록일자 2002년 10월 21일 점유개시일자 2002년 10월 21일 확정일자 2003년 3월 4일 임차권자 김OO 670106-1****** 　　충청북도 충주시 주덕읍 삼청리 218-OO ****맨션 *-101

6) 선순위 임차인이 있고, 압류등기가 되어 있다면...

2009 타경 160 (강제)		매각기일 : 2010-03-16 10:30~ (화)		경매10계 031-481-1242	
소재지	경기도 시흥시 정왕동 1877-0 **아파트 ***동 3층 308호			사건접수 2009-01-05	
물건종별	아파트	채권자	윤00	감정가	90,000,000원
대지권	36.35㎡ (11평)	채무자	장00	최저가	(51%) 46,080,000원
전용면적	33.4㎡ (10.1평)	소유자	장00	보증금	(20%) 9,216,000원
평형	14평형	매각대상	토지/건물일괄매각	청구금액	50,000,000원
입찰방법	기일입찰	배당종기일	2009-04-07	개시결정	2009-01-06

▶ 기일현황   ▽전체보기

회차	매각기일	최저매각금액	결과
신건	2009-09-21	90,000,000원	유찰
2차	2009-10-26	72,000,000원	매각
김000/입찰1명/매각73,790,000원(82%)			
	2009-11-30	대금지급기한	미납
2차	2010-01-04	72,000,000원	유찰
3차	2010-02-08	57,600,000원	유찰
4차	2010-03-16	46,080,000원	매각
정00/입찰1명/매각49,580,000원(55%)			

▶ 임차인현황 ☞ 건물소멸기준 : 2007-06-27 ☞ 배당종기일 : 2009-04-07   [매각물건명세서] [예상배당표]

순위	성립일자	권리자	권리종류(점유부분)	권리금액	신고	대항	예상배당여부
1	전입 2007-05-02 확정 2007-05-02 배당 ○	윤00	주택임차인 전체	[보] 50,000,000원	○	있음	배당금: 48,145,700원 인수금: 1,854,300원 일부배당(미배당금 인수)예상

- 윤00 : 주택임차권등기(2008.08.14.), 신청채권자임.
- 폐문부재로 거주자 만나지 못하여 임대차관계 조사하지 못함. - 주민등록 등재 사항 없음. - 임대차신고 안내문 부착하였으나 신고 없음. 임대차관계 미상

▶ 건물 등기부현황 ☞ 건물열람일 : 2009-03-07   [등기부등본열람]

구분	성립일자	권리종류	권리자	권리금액	인수/소멸	비고
갑1	1999-03-24	(전)소유권	김**		이전	매매
갑2	2002-03-05	(현)소유권	장00		이전	매매
을7	2007-05-02	주택임차권	윤00	50,000,000원	있음	경매신청채권자 전입 : 2007-05-02 확정 : 2007-05-02
갑9	2007-06-27	압류	연기군		소멸기준	
갑10	2008-03-14	가압류	다올부동산신탁	71,826,950원	소멸	
갑11	2009-01-06	강제경매	윤00	청구: 50,000,000원	소멸	2009타경160
갑12	2009-02-09	압류	공주세무서		소멸	

① 2009년 10월 26일 낙찰자 김OOO 분석

2차 매각기일인 2009년 10월 26일 김OOO이 7천 4백여만 원에 본건을 낙찰 받았다. 본 사건의 임차인 윤OO은 전입일자와 확정일자가 소멸기준권리인 연기군의 압류등기보다 빨라 보증금 5천만 원에 대해 1순위로 배당받을 수 있고, 명도 또한 용이한 물건에 해당되는데, 김OOO은 대금납부를 하지 않았다.

나아가 본 사건의 최초매각금액은 9천만 원으로서, 김OOO의 낙찰금액이 7천 4백여만 원이면 괜찮은데… 김OOO은 왜 매각대금을 납부하지 않았을까?

② 낙찰자 김OOO이 매각대금을 납부하지 않은 속사정

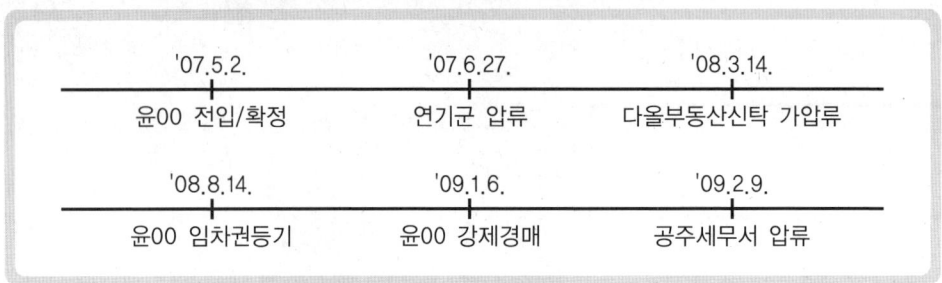

본 사건은 위와 같이 전개되었다. 윤OO은 2007년 5월 2일 전입신고 및 확정일자를 받았고, 2008년 8월 14일 임차권등기에 이어 2009년 1월 6일 강제경매신청을 하였다.

이를 김OOO이 2차 매각기일에 7천 4백여만 원으로 낙찰 받았다면 앞에서 이야기했듯이 선순위 임차인 윤OO은 보증금 5천만 원 전액을 배당받을 수 있기에 큰 문제가 없어 보이는데…

문제는 다른 곳에서 터졌다. 조세체납에 따른 압류등기가 문제의 발단이었는데, 경매인은 선순위 임차인이 있는 물건이라면… ▶조세체납에 따른 압류등기가 있는지 여부와 ▶근로복지공단의 근로자 임금채권 압류가 있는지 여부를 반드시 확인하고… 만약 있다면 이들의 채권액이 얼마인지를 확실히 파악해야 한다. 만약 채권액을 파악할 수 없다면? 입찰하지 않는 것이 정신건강에 매우 좋을 것이다.

본 사건 매각물건명세서를 보면 "법정기일 2006.9.25. 조세 41,215,950원…"라는 문구가 보이는데, 법정기일이 대항력 있는 임차인 윤OO의 전입일자인 2007년 5월 2일보다 빠르지 않은가?

〈본 사건 매각물건명세서〉

사건	2009타경160 부동산강제경매	매각물건번호	1	담임법관(사법보좌관)	김OO
작성일자	2010.03.05	최선순위 설정일자	2007.6.27.압류		
부동산 및 감정평가액 최저매각가격의 표시	부동산표시목록 참조	배당요구종기	2009.04.07		

부동산의 점유자와 점유의 권원, 점유할 수 있는 기간, 차임 또는 보증금에 관한 관계인의 진술 및 임차인이 있는 경우 배당요구 여부와 그 일자, 전입신고일자 또는 사업자등록신청일자와 확정일자의 유무와 그 일자

점유자의 성명	점유부분	정보출처 구분	점유의 권원	임대차 기간 (점유기간)	보증금	차임	전입신고일자, 사업자등록신청일자	확정일자	배당요구 여부 (배당요구일자)
윤OO	전체	등기부등본 (법정국)	주거 임차권자	2007.05.02.-	50,000,000		2007.05.02.	2007.05.02	

〈비고〉
윤OO : 주택임차권등기(2008.08.14.), 신청채권자임.

→ 배당요구일자가 없음???

※ 최선순위 설정일자보다 대항요건을 먼저 갖춘 주택·상가건물 임차인의 임차보증금은 매수인에게 인수되는 경우가 발생할 수 있고, 대항력과 우선 변제권이 있는 주택·상가건물 임차인이 배당요구를 하였으나 보증금 전액에 관하여 배당을 받지 아니한 경우에는 배당받지 못한 잔액이 매수인에게 인수되게 됨을 주의하시기 바랍니다.

※ 등기된 부동산에 관한 권리 또는 가처분으로 매각허가에 의하여 그 효력이 소멸되지 아니하는 것

매수인에게 대항할 수 있는 임차인이 있음(임대차보증금 5,000만원, 전입일 2007.05.02., 확정일자 2007.05.02.)배당에서 보증금이 전액 변제되지 아니하면 잔액을 매수인이 인수함.

※비고란   기각되었음.   '09.10.26. 낙찰자 김OOO

재매각으로 인한 매수신청보증금은 최저매각가격의 20%임. 법정기일 2006.9.25. 조세 41,215,950원의 존재를 이유로 매수인이 매각허가결정취소신청을 하면서 대금을 납부하지 아니하고 현재 즉시항고중임.

그렇다면 경매비용을 감한 순수 배당금액을 7천만 원으로 보았을 때 배당은 1순위 조세 4천 1백여만 원 ⇨ 2순위 임차인 윤OO 2천 9백여만 원으로 되어 대항력 있는 임차인 윤OO의 잔여 보증금 2천 1백여만 원은 낙찰자의 인수사항이 되는데, 낙찰금액 7천 4백여만 원에 인수금액 2천 1백여만 원과 제세금등 3백여만 원을 합치면 투입금액은 9천 8백만 원! 그런데 본 사건의 최초 매각금액은 9천만 원이기에 성공한 투자로 볼 수 없을 것

이다.

조세채권 압류와 근로복지공단의 압류에 대하여 제1편 경매입문 편에서 간략히 언급했으나, 여기서 다음과 같이 다시 정리해 본다.

③ 조세채권이나 근로자 임금채권이 있다면 조심해야 한다.
ⅰ. 조세채권 압류등기

조세에는 당해세와 일반조세로 나누어진다. 당해세의 경우 "**당해세 우선원칙**"에 의해 우선변제권을 가지는 권리 중에서 제일 먼저 배당을 받아 간다. 다음의 예로서 설명하고자 한다.

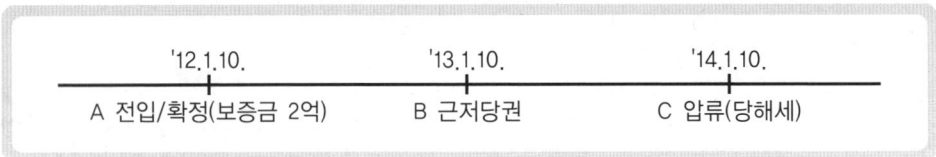

위 그림에 의하면 권리가 성립된 순서는 A 임차인 ⇨ B 근저당권 ⇨ C 압류이다. 그런데 C 압류가 경매부동산에 대한 당해세라면, 경매시 배당순위는 C 압류 ⇨ A 임차인 ⇨ B 근저당권 순으로 되는데, 이는 "당해세 우선원칙"에 의하기 때문이다.

경매결과 만약 A 임차인이 보증금 전액을 배당받지 못한다면 잔여 보증금은 낙찰자가 인수해야 하는 상황이 발생될 수도 있다.

그리고 일반조세는 "**법정기일**"에 의해 조세의 배당순위가 결정된다. 다음의 예로서 설명하고자 한다.

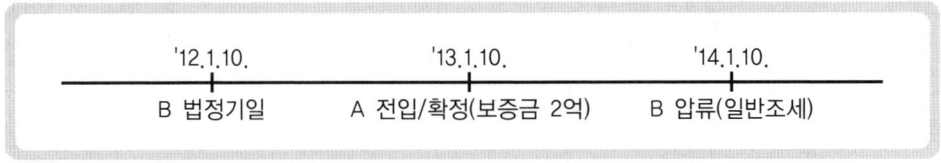

경매부동산의 소유자가 세금을 납부하지 않아 2014년 1월 10일 B가 압류등기를 했다. 그렇다면 눈에 보이는 권리관계는 A 임차인 ⇨ B 압류 순으로 전개되나, 여기에 함정이 도사리고 있다.

B 압류등기는 A 임차인의 전입일자보다 나중이나, 만약 법정기일이 A 임차인의 전입일자보다 빠르다면, 경매시 배당순위는 B 압류(=우선변제 1순위) ⇨ A 임차인(=우선변제 2순위) 순으로 되는데, 임차인 A는 소멸기준권리인 B 압류등기보다 빠르기에 낙찰자에게 대항할 수 있어, 만약 A가 보증금 전액을 배당받지 못한다면 잔여 보증금은 낙찰자가 인수하여야 한다.

ⅱ. 근로복지공단의 임금채권 압류등기

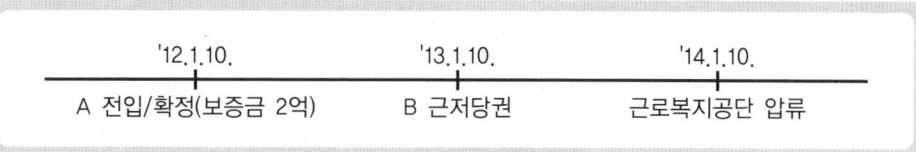

임차인 A는 소멸기준권리인 B 근저당권보다 먼저 전입신고를 하였고, 근로자의 임금체불에 따른 근로복지공단의 압류등기가 꼴찌로 등기되었다면, 경매시 배당순위는 1순위 근로복지공단 ⇨ 2순위 임차인 A ⇨ 3순위 B 근저당권 순으로 된다.

"아니! 제일 후순위로 압류 등기된 근로복지공단이 왜 제일 먼저 배당받아 가는 거야?"라고 생각할 수도 있다. 그런데 그 이유는 근로자의 임금채권으로서 근로자의 "최종 3개월분 임금과 재해보상금"(=근로기준법 제38조 제2항)과 "최종 3년간 퇴직급여"(=근로자퇴직급여보장법 제12조 제2항)는 배당시 "최우선변제권"을 가지기 때문이다.

따라서 대항력 있는 임차인 A가 근로자의 임금채권에 밀려 보증금 전액을 배당받지 못한다면 잔여 보증금은 낙찰자가 인수하여야 한다는 사실을 명심! 명심! 또 명심하기 바란다.

이렇듯이 경매부동산에 대항력 있는 임차인이 있고, 조세채권에 의한 압류등기나 근로자 임금채권 관련한 압류등기가 되어 있을 때에, 압류금액을 확실히 알 수 없다면 경매 물건 접근시 주의해야 한다.

참고로 다음의 근로복지공단 강제경매신청 사례를 보기로 하자.

2010 타경 4338 (강제)		매각기일 : 2011-04-07 10:00~ (목)		경매4계 3271-1324	
소재지	서울특별시 마포구 노고산동 107-17 ★★★★★오피스텔 13층 1327호			사건접수 2010-03-19	
물건종별	오피스텔(주거)	채권자	근로복지공단	감정가	120,000,000원
대지권	2.71㎡ (0.82평)	채무자	변경전:★★★★건설	최저가	(80%) 96,000,000원
전용면적	18.71㎡ (5.66평)	소유자	변경전:★★★★건설	보증금	(10%) 9,600,000원
평형		매각대상	토지/건물일괄매각	청구금액	35,500,450원
입찰방법	기일입찰	배당종기일	2010-06-03	개시결정	2010-03-19

기일현황

회차	매각기일	최저매각금액	결과
신건	2010-07-01	120,000,000원	유찰
2차	2010-08-12	96,000,000원	매각
이OO/입찰18명/매각117,367,000원(98%)			
	2010-08-19	매각결정기일	불허가
2차	2010-10-14	96,000,000원	유찰
3차	2010-11-18	76,800,000원	매각
구OO/입찰6명/매각106,300,000원(89%)			
	2011-01-05	매각결정기일	불허가
신건	2011-03-03	120,000,000원	유찰
2차	2011-04-07	96,000,000원	매각
김OO/입찰3명/매각119,001,000원(99%)			
	2011-04-14	매각결정기일	

매각대금을 납부할까?

참! 잘~~~ 빠져 나왔군요.

임차인현황 ☞ 건물소멸기준 : 2009-09-04 ☞ 배당종기일 : 2010-06-03

순위	성립일자	권리자	권리종류(점유부분)	권리금액	신고	대항	예상배당여부
1	전입 2008-01-25 확정 2008-01-25 배당 2010-04-02	임OO	주택임차인 전부	【보】60,000,000원	O	있음	배당금 : 60,000,000원 전액배당으로 소멸예상

- 임OO : 이 사건은 우선권 있는 임금채권에 의한 강제경매인 바, 우선순위 임금채권에 대한 근로복지공단의 대위변제금 67,935,450원 및 임금채권 1,580,000원 배당요구가 있고, 기타 선순위채권자에 대한 배당으로 인하여 임차인이 이 사건에서 보증금전액을 배당받지 못할 경우에는 배당받지 못한 잔액이 매수인에게 인수될 수 있음.

건물 등기부현황 ☞ 건물열람일 : 2010-06-17

구분	성립일자	권리종류	권리자	권리금액	인수/소멸	비고
갑3	2007-02-02	(전)소유권	OO건설		이전	
갑4	2007-02-02	(현)소유권	★★★★건설		이전	매매
갑5	2009-09-04	압류	시흥세무서		소멸기준	
갑6	2009-09-08	압류	안산세무서		소멸	
갑7	2009-09-11	압류	근로복지공단		소멸	
갑8	2010-03-18	압류	국민건강보험공단		소멸	
갑9	2010-03-22	강제경매	근로복지공단	청구: 35,500,450원	소멸	2010타경4338

근로복지공단은 2009년 9월 11일 압류등기를 하였고, 2010년 3월 22일 강제경매신청을 하였다. 그런데 본 사건의 임차인 임OO은 2009년 9월 4일 소멸기준권리인 시흥세무서 압류등기보다 먼저 전입신고 하여 낙찰자에게 대항할 수 있는 임차인이다.

앞에서 이야기하였듯이, 낙찰자에게 대항할 수 있는 임차인이 있는 부동산에 조세체납에 따른 압류등기나, 근로복지공단의 압류등기가 되어 있으면 조심해야 한다.

본 사건 근로복지공단은 강제경매신청을 하였는데, 강제경매신청은 판결문 등에 의해서 하는 것으로서, 판결문 등을 가진 자는 일반채권자에 불과하기에 우선변제권이 없다. 그러나 이는 어디까지나 원칙일 뿐이다.

예외적으로 본 사안처럼 근로자의 임금채권에 대한 압류등기 후 근로복지공단이 강제경매신청 하였다면 일반채권과 달리 우선변제권이 인정된다. 따라서 본 사건의 배당순위는 1순위 근로복지공단 ⇨ 2순위 임차인이 된다.

그리고 세무서 두 곳에서 압류등기를 하여 이들이 당해세이거나, 법정기일이 임차인 임OO의 전입일자보다 빠르다면 배당순위는 또 달라지고, 대항력 있는 임차인이 배당받아 가는 금액은 상황에 따라 줄어들 수 있기에, 배당받지 못한 부분은 낙찰자가 인수하여야 하는 점을 감안하여 입찰금액을 결정해야 한다.

그런데 경매정보지상의 매각기일란을 보라! 본 사건의 경우 근로복지공단과 세무서에서 얼마를 받아 가느냐에 따라 임차인 임OO가 배당받는 금액이 왔다 갔다 하는데도 2010년 8월 12일 18명이 입찰하였고, 이 모 씨가 1억 2천여만 원에 낙찰 받았으나, 법원에 매각불허가신청서를 제출하여 다행스럽게도(?) 매각불허가결정을 받아 냈다.

〈2010년 8월 12일 낙찰자의 매각불허가신청서 제출 및 기일내역〉

2010-08-17		최고가매수신고인 매각불허가신청서 제출		
2010-08-12 10:00	매각기일	408호 법정	96,000,000	매각(117,367,000원)
2010-08-19 14:00	매각결정기일	408호 법정	0	최고가매각불허가결정

한 번의 실수는 몰라서 그렇다고 할 수도 있겠으나, 2010년 11월 18일 6명이 입찰하여 구 모 씨가 1억 6백여만 원에 또 낙찰 받았다. 그 후 구 모 씨는 법원에 매각불허가신청서를 제출하여 법원으로부터 매각불허가결정을 받아 냈다. 매각불허가결정을 용케도 받아 냈다는 생각이 든다.

〈2010년 11월 18일 낙찰자의 매각불허가신청서 제출 및 기일내역〉

2010-11-24			최고가매수인 매각불허가신청서 제출	
2010-11-18 10:00	매각기일	408호 법정	76,800,000	매각(106,300,000원)
2010-11-25 14:00	매각결정기일	408호 법정	0	변경
2011-01-05 14:00	매각결정기일	408호 법정	0	최고가매각불허가결정

그런데 2011년 4월 7일 김 모 씨가 직전 낙찰금액보다 높은 금액으로 낙찰을 받았는데… 근로복지공단에서 7천여만 원을 우선배당 받는다고 매각물건명세서에 표시되어 있는데…

〈본 사건 매각물건명세서 중에서…〉

<비고>
임○○ : 이 사건은 우선권 있는 임금채권에 의한 강제경매인 바, 우선순위 임금채권에 대한 근로복지공단의 대위변제금 67,935,450원 및 임금채권 1,580,000원 배당요구가 있고, 기타 선순위채권자에 대한 배당으로 인하여 임차인이 이 사건에서 보증금전액을 배당받지 못할 경우에는 배당받지 못한 잔액이 매수인에게 인수될 수 있음.

자! 그렇다면 2011년 4월 7일 낙찰자 김 모 씨의 총 투입금액은 얼마일까? 입찰금액에서 경매비용을 감한 배당금액을 1억 1천 6백만 원으로 보면 1순위 임차인 임○○ 2천 5백만 원(=최우선변제) 배당, 1순위 근로복지공단 7천여만 원(=최우선변제) 배당 ⇨ 2순위 임차인 임○○ 2천 1백만 원(=우선변제) 순으로 배당되며, 임차인 임○○이 배당받지 못한 잔여 보증금 1천 4백만 원은 낙찰자 김 모 씨가 부담해 주어야 한다.

그렇다면 낙찰가와 제세금을 포함하여 1억 2천 5백만 원과 인수금 1천 4백만 원이면 낙찰자 김 모 씨의 총 투입금액은 1억 4천여만 원이 되는데, 본건 최초 매각금액은 1억 2천만 원이다.

이에 낙찰자 김 모 씨는 매각대금을 납부하지 않아 입찰보증금 9백 6십만 원을 몰수당했으며, 4차 매각기일인 2011년 8월 25일 김 모 씨(⇨직전 낙찰자 김 모 씨와는 다른 사람임.)가 6천 5백여만 원에 낙찰 받았다.

본 경매사건의 경우 3번의 낙찰에 총 27명이 입찰하였는데, 이분들 전부 경매고수인가? 아니면 자기 자신의 무지를 만천하에 알리고 싶어서 안달난 사람들인가? 이에 대한 판단은 독자 여러분이 하시기 바란다. 경매투자? 애들 장난치는 것? 절대!!! 아닙니다~~~

④ 2009타경160호 강제경매사건 관련 낙찰자 정OO 분석

세금과 근로복지공단 임금채권을 이야기 하느라 잠시 산으로 올라갔다. 다시 수원지방법원 안산지원 2009타경160호 강제경매사건으로 돌아간다. 본 경매사건은 4차 매각기일인 2010년 3월 16일 정 모 씨가 5천여만 원에 낙찰 받았는데, 낙찰금액으로 수지분석을 해보자!

경매비용 3백만 원을 감하여 순수 배당금액을 4천 7백여만 원으로 본다면, 이 금액에서 압류권자가 41,215,950원을 먼저 배당받으며, 잔여 배당금 5백여만 원은 임차권인 윤OO이 배당받고, 잔여 보증금 4천 5백여만 원은 낙찰자가 인수하여야 한다.

그렇다면 낙찰금액 + 제세금 등 3백만 원 + 인수금액을 합하면 9천 8백여만 원이 총 투입금액이 되는데, 최초 매각금액은 9천만 원! 직전 낙찰자 김OOO과 결과가 똑같지 않는가? 그리 큰 성공투자로 보여 지지는 않는다.

참고로 본 사건 매각물건명세서상에 임차인 윤OO의 배당요구일자가 없는데, 윤OO은 경매기입등기 이전에 임차권등기를 하였기에 배당요구를 하지 않아도 당연히 배당절차에 참여할 수 있다.

7) A 전입신고 ⇨ B 근저당권 ⇨ A 확정일자 ⇨ A 임차권등기

2009 타경 27069 (임의)		매각기일 : 2010-03-18 10:00~ (목)		경매6계 031-920-6316	
소재지	경기도 고양시 일산동구 마두동 OOO ** 마을아파트 ***동 9층 901호			사건접수 2009-09-04	
물건종별	아파트	채권자	신라상호저축은행	감정가	850,000,000원
대지권	91.515㎡(27.68평)	채무자	윤OO	최저가	(51%) 435,200,000원
전용면적	165.99㎡(50.21평)	소유자	박OO 외1명	보증금	(10%)43,520,000원
평형	59평형	매각대상	토지/건물일괄매각	청구금액	948,519,645원
입찰방법	기일입찰	배당종기일	2009-11-12	개시결정	2009-09-07

기일현황

회차	매각기일	최저매각금액	결과
신건	2009-12-17	850,000,000원	유찰
2차	2010-01-21	680,000,000원	유찰
3차	2010-02-18	544,000,000원	유찰
4차	2010-03-18	435,200,000원	매각
최OO 외1/입찰3명/매각463,800,000원(55%)			

구분	성립일자	권리종류	권리자	권리금액	인수/소멸	비고
갑3	2003-05-30	(전)소유권	김OO		이전	매매
갑4	2006-06-23	(현)소유권	박OO 외		이전	매매
을21	2006-07-04	주택임차권	이OO	200,000,000원	있음	전입 : 2006-07-04 확정 : 2008-11-13
을20	2007-05-29	(근)저당	신라상호저축은행	1,001,000,000원	소멸기준	
갑5	2009-09-07	임의경매	신라상호저축은행	청구: 948,519,645원	소멸	2009타경27069
갑6	2009-09-28	가압류(지분) 윤OO지분	현대캐피탈	14,725,393원	소멸	
갑7	2009-10-30	가압류(지분) 윤OO지분	삼성카드	22,294,501원	소멸	
갑8	2009-11-10	가압류(지분) 윤OO지분	신한카드	12,901,301원	소멸	

① 해설

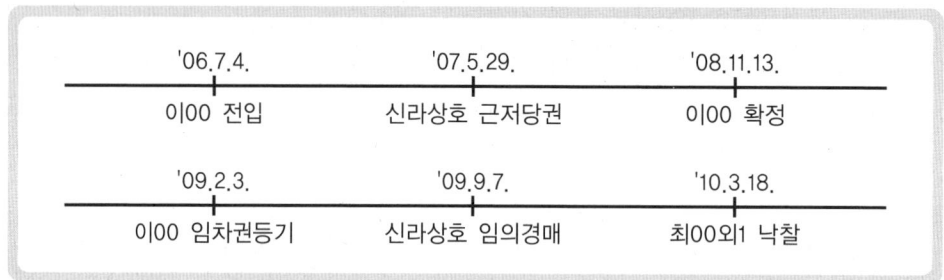

임차인 이OO은 소멸기준권리인 신라상호저축은행 근저당권보다 먼저 전입신고를 하였고, 근저당권이 설정된 후 확정일자를 받았으며, 신라상호저축은행의 임의경매신청 전에 임차권등기를 하였다. 임차인 이OO의 보증금액은 2억 원으로 최우선변제 대상이 아니다. 따라서 이 자의 순위는 확정일자를 받은 날짜를 기준 하는데, 경매신청권자의 채권액이 과다하여 이OO에게 배당되는 금액은 없어 보인다.

그렇다면 낙찰자는 이OO의 보증금 2억 원 전액을 인수하여야 한다. 왜냐하면 이OO는 낙찰자에게 대항할 수 있기 때문이다. 그런데 이OO의 보증금 2억 원을 인수하지 않는 방법이 있을까?

이 책을 읽는 독자께서는 경매투자시 반대로 생각하는 습관을 가지도록 해 보자. 예로서, 인수하는 임차인의 보증금을 인수하지 않는 방법이 있을까? 소멸 안 되는 가처분등기가 있는데, 이를 해결할 수 있는 방법이 있겠지? 등등…

임차인 이OO의 보증금을 인수하지 않는 방법은? 간단하다! 2억 원을 이OO에게 안주면 되는 것이다. 필자가 독자 여러분에게 농담하는 것이 결코 아니다.

대항력 있는 임차인이 있는데 그 자는 보증금을 낙찰자로부터 반환받을 수 있는데, 낙찰자가 보증금을 반환해 주지 않으면 그 자는 어떻게 나올까? 아마도 길길이 뛰면서 낙찰자를 상대로 보증금반환청구소송을 제기할 것이다.

여기서 낙찰자는 매각대금 완납과 동시에 지인으로 하여금 근저당권을 설정하게 하는 것이다. 그런 후 임차인이 경매에 붙인다면 경매결과 배당순위는 어떻게 될까?

비록 임차인의 전입일자와 확정일자가 빠르더라도 그 자가 1차 경매절차에서 배당요구를 하였다면 우선변제권은 상실되고, 따라서 배당순위는 1순위 근저당권 ⇨ 2순위 강제경매신청권자로서의 임차인 순으로 배당이 되는데, 만약 임차인이 보증금 전액을 2차 경매절차에서 배당받지 못했다면 잔여 보증금은 2차 경매절차의 낙찰자가 부담해 주어야 한다.

이러한 내용은 제2편 경매실전 편의 "1. 어? 하면 당합니다!"를 참조하시기 바란다.

② 임차권등기권자 이OO 분석

앞부분에서 언급하였듯이 이OO는 낙찰자에게 대항할 수 있는 임차인으로서, 임차권등기까지 마쳤기에 경매절차에서 보증금 전액을 배당받지 못한다면 낙찰자에게 잔여 보증금의 반환을 청구할 수 있다. 참고로 법원이 작성한 매각물건명세서를 보니, "대항력 있는 임차권등기 있음(2006.7.4.)"이라는 문구가 있다.

〈매각물건명세서 중에서...〉

※ 비고란
대항력있는 임차권등기 있음(2006.07.04.) ◀

③ 낙찰 후 임차권등기는?

낙찰 후 본 사건 부동산등기부를 확인해 보았는데, 낙찰자는 2010년 5월 6일 소유권이전등기를 하였고, 임차권등기는 그 다음 날인 5월 7일 "해지"를 원인으로 말소되었다. 아마 낙찰자는 임차보증금을 반환해 준 모양이다.

〈낙찰 후 임차권등기 말소내역〉

23	21번주택임차권등기말소	2007년5월7일 제56965호	2010년4월29일 해지 ◀	[해지를 원인으로 임차권등기 말소]

8) A 전입신고 ⇨ B 근저당권 ⇨ A 확정일자 ⇨ A 배당요구

2009 타경 19393 (임의)		매각기일 : 2011-03-31 10:30~ (목)		경매8계 031-481-1263	
소재지	경기도 광명시 철산동 449 주공아파트****동 7층 707호			사건접수 2009-08-19	
물건종별	아파트	채권자	흥국생명보험	감정가	400,000,000원
대지권	63.79㎡ (19.3평)	채무자	유00외2명	최저가	(80%) 320,000,000원
전용면적	84.97㎡ (25.7평)	소유자	유00외2명	보증금	(10%)32,000,000원
평형		매각대상	토지/건물일괄매각	청구금액	200,000,000원
입찰방법	기일입찰	배당종기일	2009-11-30	개시결정	2009-08-20

▶ 기일현황

회차	매각기일	최저매각금액	결과
신건	2011-02-24	400,000,000원	유찰
2차	2011-03-31	320,000,000원	매각
김00외1/입찰3명/매각332,009,900원(83%)			

▶ 임차인현황 ▷ 건물소멸기준 : 2008-10-20 ▷ 배당종기일 : 2009-11-30

순위	성립일자	권리자	권리종류(점유부분)	권리금액	신고	대항	예상배당여부
1	전입 2006-08-29 확정 2009-05-29 배당 2009-08-24	유##	주택임차인	【보】180,000,000원	○	있음	배당금 5,472,700원 인수금 174,527,300원 일부배당(미배당금 인수)예상

▶ 건물 등기부현황 ▷ 건물열람일 : 2011-02-10

구분	성립일자	권리종류	권리자	권리금액	인수/소멸	비고
갑1	1998-08-27	(전)소유권	김**		이전	매매
을9	2008-10-20	(근)저당	흥국생명보험	312,000,000원	소멸기준	
갑5	2009-07-02	가압류	솔로몬상호저축은행	40,658,404원	소멸	
갑6	2009-07-15	가압류	한국씨티은행	65,812,516원	소멸	
갑7	2009-08-20	임의경매	흥국생명보험	청구:200,000,000원	소멸	2009타경19393
갑8	2009-09-10	(현)소유권	유00 외		이전	상속
갑10	2009-11-09	가압류	김##	330,000,000원	소멸	
갑11	2009-11-09	가압류	제일은행	44,020,352원	소멸	
갑12	2010-02-05	압류(지분) 유00지분	광명시		소멸	

① 해설

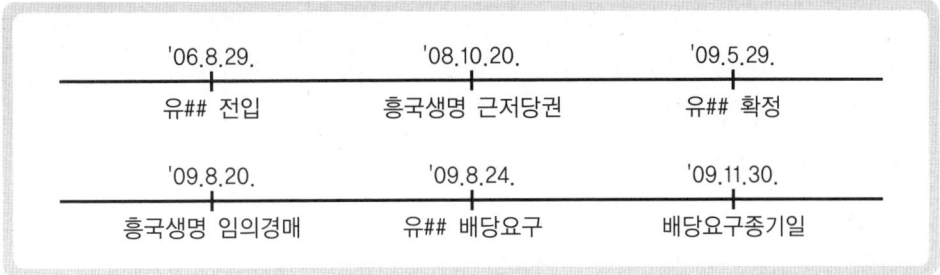

본 사건은 직전 사례와 유사하다. 유##은 전세보증금 1억 8천만 원으로 임대차계약을 한 후, 2006년 8월 29일 전입신고 하였으나, 확정일자는 흥국생명 근저당권보다 나중에 받았고, 근저당권자의 경매신청에 2009년 8월 24일 배당요구를 하였다.

보증금이 1억 8천만 원이면 그리 적은 금액은 아니다. 유##의 전입신고일과 확정일자를 받은 날짜는 3년여의 시차가 있는데, 이러한 사실만으로 유##을 허위의 임차인으로 보고 입찰참여 결정을 하여야 하는지가 문제이다.

나아가 채권자 흥국생명은 2011년 3월 2일 임차인 유##에 대하여 배당배제신청을 하였는데, 집행법원이 채권자의 배당배제신청에 의해 유##에 대해 배당을 해주지 않는다 하여 유##가 낙찰 후 순순히 집을 비워 준다면 큰 문제가 없겠으나, 만약 유##가 저항을 한다면? 그리고 나중에 대항력 있는 임차인으로 밝혀진다면? 낙찰자는 어떻게 해야 하나?

〈채권자 흥국생명의 배당배제신청서 제출〉

| 2011-03-02 | 채권자 흥국생명보험주식회사 배당배제신청서 제출 |

소유자 중 한명의 이름이 유00이어서 임차인 유##와는 성씨가 같고, 전입일자와 확정일자를 받은 날짜 차이가 많이 나기에, 심증적으로는 허위의 임차인으로 보여 지는 유##! 그러나 심증만 가지고 입찰하기에는 부담이 가는 물건에 해당된다.

② 접근방법

먼저 채권자의 배당배제신청이 있었기에 배당배제신청 사유가 무엇인지를 가수 김흥국의 "들이대" 정신으로 흥국생명을 방문하여 알아보는 것이다.

만약 흥국생명이 유##로부터 무상임대차각서를 받아 놓았다면 이를 법원에 제출하게끔 협조를 구하고, 낙찰 후 무상임대차각서에 터 잡아 유##에 대해 인도명령신청을 하여 명도를 해 버리는 것이다.

허위의 임차인이라는 심증만 가지고 경매물건에 임하지 말라는 이야기를 앞에서 했다. 분명히 가짜 임차인 같은데, 나중에 소송절차상에서 진짜 임차인으로 밝혀진다면 이러한 낭패는 없을 것이다.

필자 생각인데… 이러한 유형의 물건은 주도면밀한 분석 하에서 접근하여야 하는데, 요즈음 너무나도 쉽게 질러버리는 낙찰사례를 보면 질릴 정도로 진정한 재야의 경매선수들이 많은 모양이다. 그런데 왜 재매각 물건들이 많이 나오지?

③ 적정 입찰가는?

유##이 진정한 임차인이라면 이 자는 근저당권 흥국생명에 이어 배당을 받게 된다. 본건의 최초매각금액이 4억 원이면 권리상 하자가 없을 때에 3억 3천만 원 내지 3억 4천만 원 선에서 낙찰 받아야만 정상적인 낙찰가격이라고 본다.

그렇다면 본건의 금번 2차 최저매각금액이 3억 2천만 원이니, 3억 3천만 원에 낙찰된다면 배당은 1순위 흥국생명 2억 원 ⇨ 2순위 임차인 유## 1억 3천여만 원 순으로 될 것이다.

경매결과 임차인 유##의 회수하지 못한 보증금 5천만 원은 낙찰자가 추가로 인수하여야 하기에 낙찰자의 총 투입금액은 3억 8천만 원이 되는데, 2차 매각기일에 3억 3천만 원 선에서 입찰하려면 차라리 중개업소에 가서 급매물을 취득하는 것이 좋을 것 같다.

그리고 본 사건의 경우 2억 원 선에서 입찰하더라도 낙찰자의 총 부담금액은 3억 8천만 원이 된다. 왜냐하면 이 금액으로 배당할 경우 흥국생명이 2억 원을 배당받아 간다면 임차인 유##의 보증금 1억 8천만 원을 낙찰자가 인수하여야 하기 때문이다.

3억 3천만 원에 낙찰 받던지, 2억 원에 낙찰 받던지, 결과론적으로 낙찰자의 총 투입금액은 3억 8천만 원으로 동일하다.

그렇다면 필자의 희망사항입니다만, 본건을 1억 5천만 원 선에서 낙찰 받는다면 이 금액은 흥국생명에서 모두 배당받아 가고, 임차인 유##의 보증금 1억 8천만 원을 낙찰자가 인수하기에 총 투입금액은 3억 3천만 원이 되는데, 만약 유##이 임차인이 아니라는 것이 밝혀지면 이것은 완전대박!

   그런데 불행스럽게도 유##가 진정한 임차인으로 밝혀진다면 낙찰자는 유##가 배당받지 못한 보증금을 부담해야 한다. 부동산등기부상 소유자의 주소지가 경매물건에 있지 않아, 유##는 진정한 임차인으로 보여 지는데...

〈소유자 유00 外 2의 주소지〉

| 8 | 소유권이전 | 2009년9월10일
제33762호 | 2009년3월30일
상속 | 공유자
지분 7분의 3
유○○ 600804-2******
  서울특별시 강남구 삼성동 ○○ ***** 하우스 201지분의 7분의 2
김## 901028-1******
  서울특별시 강남구 삼성동 ○○ ***** 하우스 201지분 7분의 2
김** 920627-1******
  서울특별시 강남구 삼성동 ○○ *****하우스 201 |

   본 사건은 2차 매각기일에 김 모 씨외 1인이 3억 3천여만 원에 낙찰 받았다. 유##이 진정한 임차인이 아니라면 상관없으나, 만약 진정한 임차인이라면 취득원가가 3억 8천여만 원이 되는데... 이 금액으로는 큰 재미를 못 느낄 텐데...

   참고로 다음의 수원지방법원 안산지원 2010타경 5253호 강제경매사건은 <u>권리상 하자가 없는 물건으로서,</u> 본건과 같은 동이며, 면적 또한 동일하고, 층수는 6층(본건은 7층)인데, 2차 매각기일인 2010년 10월 21일 지 모 씨가 3억 3천여만 원에 낙찰 받았다.

④ 낙찰사례

2010 타경 5253 (강제)		매각기일 : 2010-10-21 10:30~ (목)		경매6계 031-481-1192	
소재지	경기도 광명시 철산동 449 주공아파트****동 6층 602호				사건접수 2010-03-12
물건종별	아파트	채권자	진00	감정가	380,000,000원
대지권	63.79㎡ (19.3평)	채무자	주00	최저가	(80%) 304,000,000원
전용면적	84.97㎡ (25.7평)	소유자	주00	보증금	(10%)30,400,000원
평형		매각대상	토지/건물일괄매각	청구금액	142,301,369원
입찰방법	기일입찰	배당종기일	2010-08-02	개시결정	2010-04-29

▶ 기일현황

회차	매각기일	최저매각금액	결과
신건	2010-09-16	380,000,000원	유찰
2차	2010-10-21	304,000,000원	매각
지00/입찰4명/매각330,600,000원(87%)			
	2010-11-26	대금지급기한	

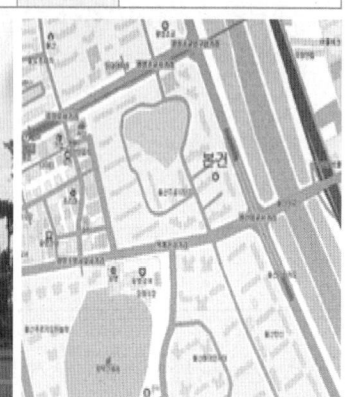

▶ 임차인현황 ▶ 건물소멸기준 : 2008-07-03 ▶ 배당종기일 : 2010-08-02   매각물건명세서 예상배당표

순위	성립일자	권리자	권리종류(점유부분)	권리금액	신고	대항	예상배당여부
1	전입 2004-12-10 확정 2006-12-05 배당 O	진00	주택임차인 독채	【보】140,000,000원	X	있음	배당금 : 140,000,000원 전액배당으로 소멸예상

▶ 건물 등기부현황 ▶ 건물열람일 : 2010-09-02   등기부등본열람

구분	성립일자	권리종류	권리자	권리금액	인수/소멸	비고
갑1	1993-05-18	(전)소유권	주**		이전	매매
갑9	2004-09-20	(현)소유권	주00		이전	협의분할로 인한 재산상속
갑15	2008-07-03	가압류	##철강	303,591,407원	소멸기준	
을9	2008-07-22	(근)저당	주&&	250,000,000원	소멸	
을10	2008-07-22	(근)저당	김00	150,000,000원	소멸	
갑16	2008-08-06	가압류	송도글로벌	250,870,280원	소멸	
갑17	2010-04-26	가압류	경기신용보증재단	20,847,380원	소멸	
갑18	2010-04-30	강제경매	진00	청구: 142,301,369원	소멸	2010타경5253
갑19	2010-05-17	압류	동안양세무서		소멸	
갑20	2010-06-07	가압류	중소기업은행	13,402,389원	소멸	

9) 선순위 임차인의 저당권 설정 후 보증금 증액 - 1

2009 타경 21843 (임의)		매각기일 : 2010-06-21 10:00~ (월)		경매1계 910-3671	
소재지	서울특별시 노원구 상계동00 ##빌라 1층 102호				사건접수 2009-09-09
물건종별	다세대(빌라)	채권자	김00	감정가	210,000,000원
대지권	44.13㎡ (13.35평)	채무자	이00	최저가	(64%) 134,400,000원
전용면적	37.12㎡ (11.23평)	소유자	지00	보증금	(10%)13,440,000원
평형	12.9평형	매각대상	토지/건물일괄매각	청구금액	169,000,000원
입찰방법	기일입찰	배당종기일	2010-02-10	개시결정	2009-09-10

▶ 기일현황

회차	매각기일	최저매각금액	결과
신건	2010-04-12	210,000,000원	유찰
2차	2010-05-17	168,000,000원	유찰
2차	2010-05-17	168,000,000원	변경
3차	2010-06-21	134,400,000원	매각

김##/입찰3명/매각173,990,000원(83%)

▶ 임차인현황 ☞ 건물소멸기준 : 2007-09-21 ☞ 배당종기일 : 2010-02-10

순위	성립일자	권리자	권리종류(점유부분)	권리금액	신고	대항	예상배당여부
1	전입 2005-11-01 확정 2005-11-02 배당 2009-12-08	김**	주택임차인 전부	[보] 25,000,000원	○	있음	배당금 : 25,000,000원 전액배당으로 소멸예상

- 김** : 근저당권 설정 전 전입 후 증액.

▶ 건물 등기부현황 ☞ 건물열람일 : 2010-03-29

구분	성립일자	권리종류	권리자	권리금액	인수/소멸	비고
갑7	2006-02-21	(전)소유권	이00		이전	매매
을6	2007-09-21	(근)저당	김00	169,000,000원	소멸기준	
갑10	2008-06-26	(현)소유권	지00		이전	증여
을8	2008-09-08	(근)저당	임00	60,000,000원	소멸	
갑11	2009-01-15	압류	서울특별시노원구		소멸	
갑12	2009-03-19	가압류	00팡팡	150,000,000원	소멸	
갑13	2009-09-10	임의경매	김00	청구:169,000,000원	소멸	2009타경21843
갑14	2009-09-21	압류	마산세무서		소멸	

① 해설

임차인 김**은 소멸기준권리인 2007년 9월 21일 김OO 근저당권보다 먼저 전입신고 하였기에 낙찰자에게 대항할 수 있는 선순위 임차인에 해당된다.

선순위 임차인의 경우, 그 자가 보증금 전액을 배당받지 못한다면 잔여 보증금은 낙찰자가 인수하여야 한다는 사실을 익히 알 것이다.

그런데 본 사건 선순위 임차인 김**은 근저당권자 김OO의 임의경매신청 후 보증금 8백만 원을 증액하여 보증금 총액이 3천 3백만 원이다. 냄새가 나는데… 그러나 보증금 증액분은 낙찰자와 아무런 관계가 없기에 신경 쓸 필요가 없다.

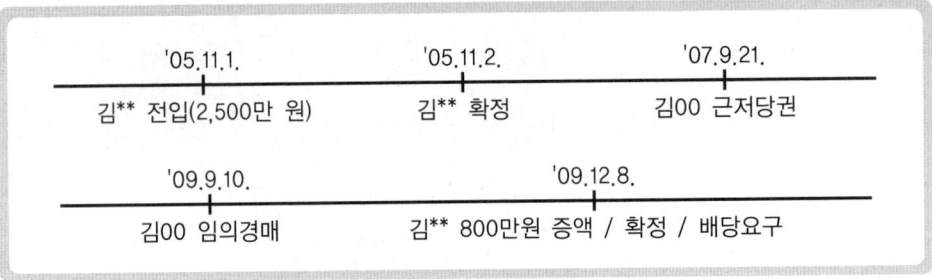

김**이 낙찰자에게 대항할 수 있는 보증금액은 근저당권 설정 전의 보증금 2천 5백만 원에 국한 된다[=대법원 90다카11377 판결 참조]. 따라서 본 사건의 낙찰금액에서 경매비용을 감한 순수 배당금액을 1억 7천만 원으로 본다면, 1순위 임차인 김** 2천 5백만 원 ⇨ 2순위 근저당권자 김OO 1억 4천 5백만 원 순으로 된다.

그렇다면 김**의 증액 보증금 8백만 원은 순위에 밀려 배당받을 수 없고, 낙찰자에게 대항할 수도 없게 된다.

② 대법원 90다카11377 건물명도 판결요지

대항력을 갖춘 임차인이 저당권설정등기 이후에 임대인과 보증금을 증액하기로 합의하고 초과부분을 지급한 경우, 임차인이 저당권설정등기 이전에 취득하고 있던 임차권으로 선순위로서 저당권자에게 대항할 수 있음은 물론이나, 저당권설정등기 후에 건물주와의 사이에 임차보증금을 증액하기로 한 합의는 건물주가 저당권자를 해치는 법률행위를 할 수 없게 된 결과, 그 합의 당사자 사이에서만 효력이 있는 것이고, 저당권자에게는 대항할 수 없다고 할 수 밖에 없으므로, 임차인은 위 저당권에 기하여 건물을 경락받은 소유자의 건물명도 청구에 대하여, 증액 전 임차보증금을 상환 받을 때까지 그 건물을 명도 할 수 없다고 주장할 수 있을 뿐이고, 저당권설정등기 이후에 증액한 임차보증금으

로써는 소유자에게 대항할 수 없는 것이다

③ 본 사건 매각물건명세서

사건	2009타경21843 부동산임의경매	매각물건번호	1	담임법관(사법보좌관)	강OO
작성일자	2010.06.01	최선순위 설정일자	2007.09.21.(근저당권)		
부동산 및 감정평가액 최저매각가격의 표시	부동산표시목록 참조	배당요구종기	2010.02.10 (연기)		

부동산의 점유자와 점유의 권원, 점유할 수 있는 기간, 차임 또는 보증금에 관한 관계인의 진술 및 임차인이 있는 경우 배당요구 여부와 그 일자, 전입신고일자 또는 사업자등록신청일자와 확정일자의 유무와 그 일자

점유자의 성명	점유부분	정보출처 구분	점유의 권원	임대차 기간 (점유기간)	보증금	차임	전입신고일자, 사업자등록신청 일자	확정일자	배당요구 여부 (배당요구 일자)
김**	전체	현황조사	주거 임차인	미상	3,300만원	없음	2005.11.01.	미상	
	전부	권리신고	주거 임차인	2005.10.22.~현재까지	2,500만원(1차), 3,300만원(증액)	없음	2005.11.01.	2005.11.02./ 2009.12.08.(증액분)	2009.12.08

〈비고〉
김** : 근저당권 설정 전 전입 후 증액, **1차 보증금 2,500만원(확정 '05.11.2.) /// 증액분 800만원(확정 : '09.12.8.)**

경매투자시 집행법원이 작성한 매각물건명세서를 뚫어져라 쳐다보아야 한다는 말을 수없이 했지요? 이곳에는 경매대상물에 대한 매각조건을 표시해 놓는데, 혹시 낙찰 후 경매물건이 마음에 들지 않을 때에 매각불허가신청의 근거자료가 될 수도 있기 때문이다.

10) 선순위 임차인의 저당권 설정 후 보증금 증액 - 2

2009 타경 20983 (임의)		매각기일 : 2010-08-10 10:00~ (화)		경매7계 3271-1327 (구내:1327)	
소재지	서울특별시 용산구 이촌동 000 ★★아파트 ★★★동 2층 204호			사건접수	2009-12-11
물건종별	아파트	채권자	우리은행	감정가	590,000,000원
대지권	20,943㎡ (6.34평)	채무자	이 00	최저가	(64%) 377,600,000원
전용면적	59.12㎡ (17.88평)	소유자	이 00 외1명	보증금	(10%) 37,760,000원
평형	25평형	매각대상	토지/건물일괄매각	청구금액	57,240,511원
입찰방법	기일입찰	배당종기일	2010-02-26	개시결정	2009-12-14

▶ 기일현황

회차	매각기일	최저매각금액	결과
신건	2010-05-25	590,000,000원	유찰
2차	2010-06-29	472,000,000원	유찰
3차	2010-08-10	377,600,000원	매각
홍00외1/입찰24명/매각471,119,000원(80%)			

▶ 임차인현황 ☞ 건물소멸기준 : 2005-03-23 ☞ 배당종기일 : 2010-02-26   매각물건명세서 예상배당표

순위	성립일자	권리자	권리종류(점유부분)	권리금액	신고	대항	예상배당여부
1	전입 2004-08-16 확정 2004-08-16 배당 2009-12-23	이 ##	주택임차인 204호전부	[보] 190,000,000원	○	있음	배당금 : 190,000,000원 전액배당으로 소멸예상
-	이## : 보증금 190,000,000원 중 3,000만원은 2006.8.11. 증액되었으며, 증액된 부분에 대한 확정일자는 2006.8.11.임						

▶ 건물 등기부현황 ☞ 건물열람일 : 2010-05-11   등기부등본열람

구분	성립일자	권리종류	권리자	권리금액	인수/소멸	비고
갑1	1999-08-23	(현)소유권	이 00		이전	매매
을7	2004-08-16	주택임차권	이 ##		있음	전입 : 2004-08-16 확정 : 2004-08-16
을3	2005-03-23	(근)저당	우리은행	72,000,000원	소멸기준	
을6	2007-09-28	(근)저당	에이치케이상호저축은행	169,000,000원	소멸	
갑7	2009-12-14	임의경매	우리은행	청구: 57,240,511원	소멸	2009타경20983

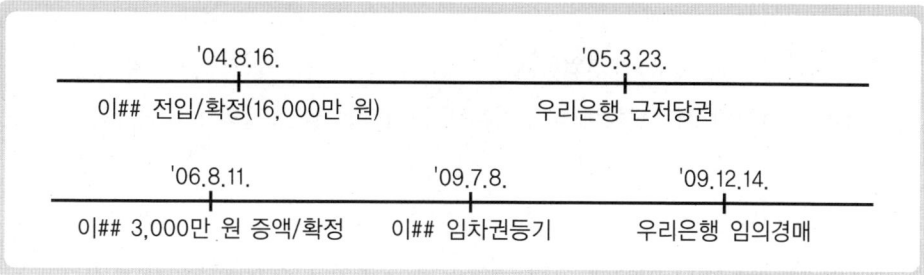

임차인 이##은 우리은행 근저당권보다 빨리 전입신고를 하여 낙찰자에게 대항할 수 있는 선순위 임차인에 해당된다.

이##의 보증금은 1억 9천만 원이나, 우리은행 근저당권 설정 전에 보증금 1억 6천만 원으로, 그 후에 보증금 3천만 원을 증액하여 임대차계약을 체결하였다.

직전 사례에서 이야기하였듯이, 선순위 임차인이 낙찰자에게 대항할 수 있는 보증금액은 근저당권 설정 전의 보증금으로 제한되는데, 그렇다면 임차인 이##은 우리은행 근저당권 설정 전의 보증금 1억 6천만 원 범위 내에서만 낙찰자에게 대항할 수 있다. 본 사건의 매각물건명세서를 보면...

〈매각물건명세서〉

점유자의 성명	점유부분	정보출처 구분	점유의 권원	임대차기간 (점유기간)	보증금	차임	전입신고일자, 사업자등록신청일자	확정일자	배당요구 여부 (배당요구일자)
이##	204호 전부	등기부등본(법정국)	주거 임차인	2004.8.15.~	190,000,000		2004.8.16.	2004.8.16.	
	204호(방3개)	현황조사	주거 임차인	04.8.~	190,000,000		2004.08.16.	미상	
	204호전부	권리신고	주거 임차인	2004.8.11.~	190,000,000		2004.08.16.	2004.8.16.(160,000,000원), 2006.8.11.(30,000,000원)	2009.12.23

〈비고〉
이## : 보증금 190,000,000원 중 3,000만원은 2006.8.11. 증액되었으며, 증액된 부분에 대한 확정일자는 2006.8.11.임

임차인 이##은 2004년 8월 16일 보증금 1억 6천만 원으로 임대차계약을 체결한 후 확정일자를 받았고, 2006년 8월 11일 보증금 3천만 원을 증액한 후 확정일자를 받았다.

따라서 이##가 배당절차에서 우리은행 근저당권 설정 전의 보증금 1억 6천만 원을 배당받는다면 낙찰자의 추가 부담은 없게 된다.

참고로 이##은 우리은행 근저당권 설정 후 증액해 준 보증금 3천만 원은 1순위 근저당권 우리은행에 이어 전액 배당이 예상되어 명도시 큰 문제가 없어 보인다.

〈이##의 임차권등기내역〉

| 7 | 주택임차권 | 2009년7월8일
제26399호 | 2009년6월9일
서울서부지방법원의
임차권등기명령
(2009카기1061) | 임차보증금 최초 금160,000,000원, 2006.8.5.
　　　　　금190,000,000원으로 증액
범　위 건물 전부
임대차계약일자 2004.7.18.
주민등록일자 2004.8.16.
점유개시일자 2004.8.15.
확정일자 2004.8.16. 증액된 금액에 대하여 2006.8.11.
임차권자 이## 400505-2******
　　　　서울특별시 용산구 이촌동 ○○○
　　　　★★아파트***-204 |

11) A 전입 ⇨ A 전세권 ⇨ A 확정일자 ⇨ B 저당권

2009 타경 47756 (임의)			매각기일 : 2010-08-03 10:30~ (화)	경매14계 031-828-0366 (구내:366)	
소재지	경기도 의정부시 신곡동 755-0 주공그린빌 ***동 9층 901호			사건접수 2009-12-18	
물건종별	아파트	채권자	동양선물의 소송수계인 동양종합금융증권	감정가	230,000,000원
대지권	38,7129㎡ (11,71평)	채무자	윤00	최저가	(64%) 147,200,000원
전용면적	59,06㎡ (17,87평)	소유자	윤##	보증금	(10%) 14,720,000원
평형	25평형	매각대상	토지/건물일괄매각	청구금액	220,000,000원
입찰방법	기일입찰	배당종기일	2010-03-17	개시결정	2009-12-21

▣ 기일현황

회차	매각기일	최저매각금액	결과
신건	2010-05-25	230,000,000원	유찰
2차	2010-06-29	184,000,000원	유찰
3차	2010-08-03	147,200,000원	매각
이00/입찰13명/매각181,998,000원(79%)			

 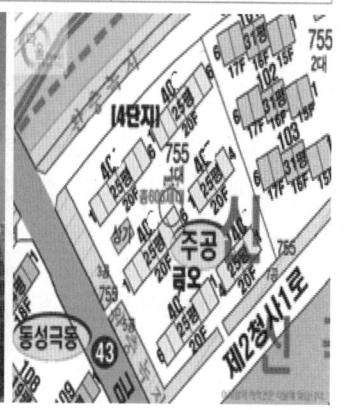

▣ 임차인현황 ▣ 건물소멸기준 : 2005-11-01 ▣ 배당종기일 : 2010-03-17   매각물건명세서 예상배당표

순위	성립일자	권리자	권리종류(점유부분)	권리금액	신고	대항	예상배당여부
1	전입 2005-10-28 확정 2009-05-06 배당 2009-12-30	강00	주택임차인 전부	[보] 85,000,000원	○	있음	배당금: 85,000,000원 전액배당으로 소멸예상

▣ 건물 등기부현황 ▣ 건물열람일 : 2010-05-11   등기부등본열람

구분	성립일자	권리종류	권리자	권리금액	인수/소멸	비고
갑1	2003-10-16	(전)소유권	대한주택공사		이전	보존
갑2	2003-11-19	(현)소유권	윤##		이전	매매
을2	2005-11-01	전세권	강00	85,000,000원	소멸기준	배당금: 85,000,000원 전액배당으로 소멸예상
을4	2009-05-07	(근)저당	동양선물	220,000,000원	소멸	
갑3	2009-12-21	임의경매	동양선물	청구: 220,000,000원	소멸	2009타경47756

7. 실전 선순위 임차인분석

① 해설

이러한 유형의 물건은 극히 평범한 물건에 해당 된다. 즉, 본 사건의 권리순서는 강OO 전입신고 ⇨ 강OO 전세권 ⇨ 강OO 확정일자 ⇨ 동양선물 근저당권으로 되어 있는데, 강OO는 전세권자로서 법원에 배당요구 하였고, 낙찰금액에서 전세금 전액을 배당받을 수 있기에, 낙찰자의 부담부분은 없다.

〈강OO의 전세권자로서 배당요구신청〉

| 2009-12-30 | 전세권자 강OO 권리신고및배당요구신청 제출 |

② 만약에...

제2편 경매실전 편의 "2. 실전 전세권분석"에서 언급하였지만 여기서 한 번 더 언급하기로 한다.

만약 아파트 등 집합건물에 권리순서가 다음과 같이 성립되었을 경우, A가 임차인으로서 배당 요구한 경우와 전세권자로서 배당 요구한 경우로 나누어 보자.

> A 전입신고(1억 원) ⇨ A 전세권 ⇨ B 근저당권 ⇨ A 확정일자 ⇨ B 근저당권자의 경매신청

ⅰ. 임차인으로서 배당 요구한 경우

A는 임차인의 지위로 집행법원에 "권리신고 및 배당요구신청"을 하였다. 그런데 A의 확정일자가 B 근저당권보다 나중이어서 보증금을 한 푼도 배당받지 못하더라도 A는 선순위 임차인 및 전세권자의 지위로서, 낙찰자에게 보증금 1억 원 전액의 반환청구를 할 수 있다.

ⅱ. 전세권자로서 배당 요구한 경우

A가 전세권자로서 배당요구 하였다면 전세권에 의한 우선변제권이 B 근저당권보다 빨라, 보증금 1억 원 전액을 배당받을 수 있기에 낙찰자의 부담부분이 없다.

또 다른 사례로서, 아파트 등 집합건물에 권리순서가 다음과 같이 성립되었을 경우, A가 임차인으로서 배당 요구한 경우와 전세권자로서 배당 요구한 경우로 나누어 보자.

> A 전세권(1억 원) ⇨ A 전입신고 ⇨ B 근저당권 ⇨ A 확정일자 ⇨ B 근저당권자의 경매신청

ⅰ. 임차인으로서 배당 요구한 경우

A가 임차인으로서 배당요구 하였다면 확정일자가 근저당권보다 나중이기에 때로는 보증금 전액을 배당받지 못할 수도 있다. 그러나 A는 선순위로 전세권등기를 하였고, 임차권 또한 소멸되지 않기에 잔여 보증금은 낙찰자로부터 반환받을 수 있다.

ⅱ. 전세권자로서 배당 요구한 경우

대법원 2010마900 결정에 의하면 A가 전세권자의 지위로서 배당요구 하였더라도 소멸기준권리는 B 근저당권이 된다. 이러할 수는 없겠지만 만약 A가 보증금 1억 원 전액을 배당받지 못했을 경우, 잔여 보증금은 낙찰자의 인수사항이 된다.

③ 임차인이 전입신고 및 전세권등기를 하였을 경우

그 자가 임차인의 지위로서, 아니면 전세권자의 지위로서 배당요구 하였는지가 때로는 중요할 경우가 있다. 이러한 때에는 법원문건 접수내역을 살펴보면 된다. 이곳에서 "<u>전세권자</u> ○○○ 배당요구신청" 또는 "<u>임차인</u> ○○○ 배당요구신청"으로 표시되어 있다. 그때 그때 상황에 따라 다르기에 주의를 요한다.

12) 누워서 떡먹기

2009 타경 23942 (임의)		매각기일 : 2010-08-02 10:00~ (월)		경매2계 2204-2406 (구내 :2406)	
소재지	서울특별시 성동구 응봉동 98 금호현대아파트 ***동 11층 1101호				사건접수 2009-11-05
물건종별	아파트	채권자	제일상호저축은행	감정가	680,000,000원
대지권	61.08㎡ (18.48평)	채무자	*** 건설	최저가	(64%) 435,200,000원
전용면적	120㎡ (36.3평)	소유자	장OO	보증금	(10%)43,520,000원
평형	44평형	매각대상	토지/건물일괄매각	청구금액	380,000,000원
입찰방법	기일입찰	배당종기일	2010-01-18	개시결정	2009-11-06

기일현황

회차	매각기일	최저매각금액	결과
신건	2010-05-03	680,000,000원	유찰
2차	2010-06-14	544,000,000원	유찰
3차	2010-08-02	435,200,000원	매각

정OO/입찰2명/매각535,390,000원(79%)

본 건 (11층 1101호)

임차인현황 ☞ 건물소멸기준 : 2008-06-03 ☞ 배당종기일 : 2010-01-18

순위	성립일자	권리자	권리종류(점유부분)	권리금액	신고	대항	예상배당여부
1	전입 1992-12-01 확정 없음 배당 없음	장##	주택임차인 미상	[보] 미상	X	있음	현황조사 권리내역
2	전입 1992-12-01 확정 없음 배당 없음	장##	주택임차인 미상	[보] 미상	X	있음	현황조사 권리내역
3	전입 2007-04-18 확정 2007-04-18 배당 2009-11-16	김OO	주택임차인 전부	[보] 150,000,000원 [월] 500,000원	O	있음	배당금 : 150,000,000원 전액배당으로 소멸예상

- 보증금합계 : 150,000,000원 - 월세합계 : 500,000원

- 김OO : 현황조사상 김**는 김OO의 남편,장##(주민등록등재자) : 실제 거주 및 임대차 관계 미상

임차인 본인과 면담 조사한 바,전입세대 장##은 여기서 살지도 않으며 누구인지도 모른다고 진술함. 관할 동사무소에 주민등록등재자를 조사한 바, 세대주 김**,장## 이 등재되어있음.

건물 등기부현황 ☞ 건물열람일 : 2010-04-19

구분	성립일자	권리종류	권리자	권리금액	인수/소멸	비고
갑1	1991-01-09	(전)소유권	정&&		이전	도시재개발 예인한분양
갑4	2006-12-28	(현)소유권	장OO		이전	증여
을4	2008-06-03	(근)저당	제일상호저축은행	532,000,000원	소멸기준	
갑5	2009-11-06	임의경매	제일상호저축은행	청구 : 380,000,000원	소멸	2009타경23942

이러한 물건만 경매시장에 나온다면 얼마나 좋을까? 본건은 소제목처럼 "누워서 떡먹기"에 해당되는 물건이다. 경매정보지상의 임차인 란에 있는 장##의 전입일자는 소멸기준권리인 제일상호저축은행 근저당권보다 빠르다.

그런데 아래 매각물건명세서 중 비고란에 "임차인 장##은... 임차보증금에 대한 권리주장을 하지 아니한다는 확인서를 작성함."이라고 표시되어 있고, 임대차관계조사서 2. 기타에는 "임차인 본인과 면담 조사한 바, 전입세대 장##은 여기서 살지도 않으며 누구인지도 모른다고 진술함."이라고 표시되어 있다.

〈매각물건명세서의 비고란〉

※ 비고란

임차인 장##은 신청채권자인 주식회사 제일은행에 임차보증금에 대한 권리주장을 하지 아니한다는 확인서를 작성함

〈임대차관계조사서〉

임대차관계조사서
1. 임차 목적물의 용도 및 임대차 계약등의 내용

[소재지] 1. 서울특별시 성동구 응봉동 98 금호현대아파트 ***동 11층 1101호

	점유인	김**	당사자구분	임차인
1	점유부분	11층 1101호 전부	용도	주거
	점유기간	미상		
	보증(전세)금	150,000,000	차임	500,000
	전입일자	2007.04.18.	확정일자	미상

2. 기타
임차인 본인과 면담 조사한 바, 전입세대 장##은 여기서 살지도 않으며 누구인지도 모른다고 진술함.
관할 동사무소에 주민등록등재자를 조사한 바, 세대주 김**, 장##이 등재되어있음.

따라서 장##은 임차인이 아니기에 신경 쓸 필요가 없으며, 임차인 김OO은 1순위로 보증금 1억 5천만 원 전액을 배당받아 가기에 명도시 저항은 전혀 없을 것이다.

13) 선순위 임차인이 진짜든, 가짜든 관계가 없네~~~

2009 타경 18964 (임의)		매각기일 : 2010-07-26 10:00~ (월)		경매4계 2204-2408 (구내:2408)	
소재지	서울특별시 송파구 신천동 17-6 미성아파트 *동 8층 808호			사건접수 2009-08-21	
물건종별	아파트	채권자	토마토2상호저축은행	감정가	940,000,000원
대지권	61.4㎡ (18.57평)	채무자	0000(주)	최저가	(80%) 752,000,000원
전용면적	95.83㎡ (28.99평)	소유자	박00 외1명	보증금	(10%)75,200,000원
평형	32평형	매각대상	토지/건물일괄매각	청구금액	416,420,103원
입찰방법	기일입찰	배당종기일	2009-11-04	개시결정	2009-08-24

▶ 기일현황

회차	매각기일	최저매각금액	결과
신건	2010-03-15	940,000,000원	변경
신건	2010-04-26	940,000,000원	변경
신건	2010-06-07	940,000,000원	유찰
2차	2010-07-26	752,000,000원	매각

김00외1/입찰1명/매각793,800,000원(84%)

▶ 임차인현황 ▶ 건물소멸기준 : 2007-01-12 ▶ 배당종기일 : 2009-11-04   [매각물건명세서] [예상배당표]

순위	성립일자	권리자	권리종류(점유부분)	권리금액	신고	대항	예상배당여부
1	전입 2003-11-20 확정 2009-11-04 배당 2009-11-04	임00	주택임차인 전부	[보] 205,000,000원	O	있음	배당금 : 153,446,700원 인수금 : 51,553,300원 일부배당(미배당금 인수)예상

▶ 건물 등기부현황 ▶ 건물열람일 : 2010-03-01   [등기부등본열람]

구분	성립일자	권리종류	권리자	권리금액	인수/소멸	비고
갑1	1981-05-29	(전)소유권	박**		이전	매매
을1	2007-01-12	(근)저당	토마토2상호저축은행	520,000,000원	소멸기준	
을2	2007-03-20	(근)저당	토마토2상호저축은행	117,000,000원	소멸	
갑2	2009-07-28	(현)소유권	박00 외		이전	상속
갑3	2009-08-24	임의경매	한국외환은행		소멸	

임차인 임OO의 전세보증금이 2억 5백만 원인데, 전입일자와 확정일자를 받은 날짜는 6년의 시차가 존재하기에, 어떻게 보면 임OO은 가짜 임차인일 수도 있을 것이나, 본 사건의 경우 임OO이 진짜든, 가짜든 관계가 없다.

왜냐하면 낙찰금액 7억 9천여만 원에서 근저당권자 및 임차인 임OO이 배당받아간 후에도 잔여 배당금이 남기 때문이다.

선순위 임차인의 경우, 배당받지 못한다면 때로는 낙찰자가 그 자의 보증금을 인수하여야 하기에, 그 자의 진위여부에 따라 희비쌍곡선이 교차될 수도 있다.

예로서, A 전입신고 ⇨ B 근저당권 ⇨ A 확정일자 ⇨ B 근저당권자의 임의경매신청 ⇨ A 임차인 배당요구의 경우, A에 대한 탐문조사를 해 보니 허위 임차인이라는 심증 하에 입찰하여 낙찰 받았으나, 진정한 임차인임이 나중에 밝혀졌다면 독자 여러분은 어떻게 할 것인가? 방법은 딱 두 가지이다.

먼저 그자의 보증금을 인수하는 것이다. 그리고 나서 자기 자신의 경매지식을 한탄 하면서, 세상을 원망하는 것이다.

아니면 그자의 보증금을 인수하지 않는 것이다. 그 상태에서 좋은 표현은 아니지만 경매로 다시 날려 버리는 것이다.

보증금액이 과다한데도 임차인의 전입신고일과 확정일자 받은 날짜 사이가 상당하고, 그자가 배당요구 하였다면 탐문 조사하여 그자의 임차인 진위여부를 가리려고 애쓰지 말고, 낙찰 받은 후 그자의 보증금을 주지 않는 쪽으로 연구를 해보면 어떠할까? 너무 비도덕적인가?

14) 선순위 임차인이 권리신고서만 제출

2009 타경 25852 (임의)		매각기일 : 2010-11-22 10:00~ (월)		경매5계 910-3675	
소재지	서울특별시 도봉구 방학동 734 청구아파트 ***동 4층 406호			사건접수	2009-11-09
물건종별	아파트	채권자	서울상호저축은행	감정가	320,000,000원
대지권	38.63㎡ (11.69평)	채무자	김OO	최저가	(41%) 131,072,000원
전용면적	84.97㎡ (25.7평)	소유자	허OO	보증금	(20%) 26,215,000원
평형	32평형	매각대상	토지/건물일괄매각	청구금액	185,000,000원
입찰방법	기일입찰	배당종기일	2010-02-04	개시결정	2009-11-10

▶ 기일현황

회차	매각기일	최저매각금액	결과
신건	2010-05-03	320,000,000원	유찰
2차	2010-06-07	256,000,000원	유찰
3차	2010-07-05	204,800,000원	유찰
4차	2010-08-16	163,840,000원	유찰
5차	2010-09-13	131,072,000원	매각
권OO/입찰2명/매각241,100,000원(75%)			
	2010-10-21	대금지급기한	미납
5차	2010-11-22	131,072,000원	매각
임OO/입찰5명/매각147,500,000원(46%)			
	2010-12-29	대금지급기한	납부

▶ 임차인현황 ☞ 건물소멸기준 : 2008-07-25 ☞ 배당종기일 : 2010-02-04

순위	성립일자	권리자	권리종류(점유부분)	권리금액	신고	대항	예상배당여부
1	전입 2005-11-01 확정 2005-11-01 배당 없음	이##	주택임차인 전부(방3칸)	[보] 105,000,000원	O	있음	인수금 : 105,000,000원 전액매수인 인수예상

- 이## : 임차인으로 권리신고만하고 배당요구는 하지 아니하였므로, 매수인이 위 임차보증금(1억5백만원)의 반환 책임을 질 수도 있음(임대차관계인수).

▶ 건물 등기부현황 ☞ 건물열람일 : 2010-04-19

구분	성립일자	권리종류	권리자	권리금액	인수/소멸	비고
갑2	2004-04-06	(전)소유권	유OO		이전	매매
갑3	2005-07-29	(현)소유권	허OO		이전	매매
을22	2008-07-25	(근)저당	서울상호저축은행	240,500,000원	소멸기준	
을24	2008-08-04	(근)저당	김##	50,000,000원	소멸	
갑12	2009-11-10	임의경매	서울상호저축은행	청구: 185,000,000원	소멸	2009타경25852

① 선순위 임차인 이## 분석

임차인 이##은 소멸기준권리인 2008년 7월 25일 서울상호저축은행 근저당권보다 먼저 전입신고 하였기에 대항력 있는 임차인에 해당된다. 그런데 이 자는 배당요구종기일 이전인 2010년 2월 1일 집행법원에 임차인으로서 "권리신고"만 하였다.

〈임차인 이##의 권리신고내역〉

2010-02-01	임차인 이 ## 권리신고 제출

여기서 권리신고만 한 경우와 권리신고 및 배당요구 신청한 경우에 대한 이해가 뒤따라야 한다.

ⅰ. 권리신고

권리신고는 배당요구와 달리 경매부동산의 이해관계인이 자기 권리를 증명하기 위해서 하는 행위로서, 권리신고를 하면 경매절차상에서 이해관계인의 지위를 가지기는 하나(=민사집행법 제90조 제4호), 권리신고를 하였다 하여 당연히 배당받을 수 있는 것이 아니기에 별도로 배당요구를 하여야 한다.

ⅱ. 배당요구

배당요구란 다른 채권자가 경매 신청하였을 경우, 그 부동산의 이해관계인이 경매절차에 참가하여 자기 채권을 변제받고자 하는 의사표시를 말한다.

그런데 선순위 임차인이 권리신고만 하였다는 것은 한마디로 "나는 이 아파트의 임차인으로서, 이 아파트에서 잘 살고 있소!"라는... 단지 임차인으로서 권리만 신고한 것이지, 순위에 의해 배당받겠다는 의사표시가 절대! 아니기에 조심해야 한다.

그렇다면 이 사건 선순위 임차인 이##은 단지 권리신고만 하였기에 배당절차에 참여할 수는 없으나, 대항력이 있기에 낙찰자에게 자기 보증금 1억 5백만 원 전액의 반환을 청구할 수 있다.

참고로 임차인이 권리신고만 한 것인지, 아니면 권리신고 및 배당요구 신청을 한 것인지는 법원문건 접수내역을 읽을 줄만 안다면 초등학생들도 구분할 수 있다.

〈타 경매사건 법원문건 접수내역상 임차인의 권리신고 및 배당요구신청 例〉

2010-08-09	임차인 정00 권리신고및배당요구신청 제출

② 2010년 9월 13일 입찰자 권00 분석

선순위 임차인 이##이 권리신고만 하였기에 이 자의 보증금 1억 5백만 원은 낙찰자가 100% 인수하여야 한다.

본 사건은 5차 매각기일인 2010년 9월 13일 권 모 씨가 2억 4천여만 원에 입찰하였는데, 이 금액 이외에 임차인의 보증금 1억 5백만 원을 인수해야 하기에, 총 투입금액은 3억 4천 5백만 원이 된다.

낙찰 후 권 모 씨는 2010년 9월 17일에 매각불허가신청서를 집행법원에 제출하였으나, 동년 9월 20일 최고가매각허가결정이 났고, 그 후 대금납부를 못해 재매각 진행되어, 동년 11월 22일 임모 씨가 1억 5천여만 원에 낙찰 받았다.

〈2010년 9월 13일 낙찰자 권 모 씨의 매각불허가신청 내역〉

2010-09-17	최고가매수신고인 매각불허가신청 제출('10.9.13.입찰자 권00)

〈권 모 씨 관련 기일내역〉

2010-09-13 10:00	매각기일	도봉동 신청사 101호	131,072,000	매각(241,100,000원)
2010-09-20 14:00	매각결정기일	도봉동 신청사 101호	0	최고가매각허가결정
2010-10-21 10:00	대금지급기한	민사신청과 경매5계	0	미납

③ 권리신고서만 제출하면 배당절차에 참여할 수 없나?

제목을 권리신고서로 하여 집행법원에 접수 시켰더라도 채권의 원인과 액수가 서면에 표시되어 있다면 배당요구로 볼 수 있다[=대법원 198다53547 판결 : 배당요구는 채권의 원인과 수액을 기재한 서면에 의하여 집행법원에 배당을 요구하는 취지가 표시되면 되므로, 채권자가 경매목적 부동산에 관하여 가압류결정을 받은 다음 채권의 수액을 기재한 서면에 그 가압류결정을 첨부하여 경매법원에 제출하였다면 채권의 원인과 수액을 기재하여 배당을 요구하는 취지가 표시된 것으로 보아야 하고, 그 서면의 제목이 권리신고라고 되어 있다 하여 달리 볼 것이 아니다.].

따라서 본 사건 선순위 임차인 이##가 집행법원에 권리신고서만 제출 하였더라도 권리신고서상에 주택임대차에 의한 보증금이 얼마다! 라는 내용이 기재되어 있고 배당요구한다는 취지의 문구가 있다면, 배당 요구한 것으로 볼 수 있으나, 그러하지 않다면 임차인 이##의 보증금 1억 5백만 원 전액을 낙찰자가 인수하여야 한다.

8 실전 가처분등기분석

(1) 가처분등기란?

　채권자가 채무자 명의의 부동산에 대하여 재산상 청구권이 발생되었다고 보자! 그런데 채권자는 채무자 명의의 부동산에 아무런 조치를 취하지 않고 단지 자기의 권리만 주장한다면, 채무자는 자기 명의의 부동산을 제3자 명의로 이전시켜 버릴 수 있다.
　이렇게 되면 채권자는 채무자에 대한 권리주장을 할 수 없기에, 채무자 명의의 부동산을 다른 사람에게 소유권이전 등 재산상 처분을 하지 말라는 조치로서 가처분등기를 하는 것이다.
　즉, 가처분이란 특정물건에 대하여 어떠한 권리를 주장하는 자가 그 물건을 현 상태대로 유지할 필요가 있을 때 등기하는 것이다.
　따라서 채권자는 채무자의 재산에 가처분등기를 하여 채무자가 그의 재산을 제3자에게 마음대로 양도하는 것을 금지하게 한 후, 채권자가 나중에 자기 권리를 채무자에게 마음 놓고 주장하기 위해서 하는 조치이다.
　한마디로 가처분은 "채무자 너! 가처분권자인 내가 나의 권리를 행사할 때까지 꼼짝하지 마!"로 이해하면 된다.
　예로서, 부동산등기부상 소유자가 甲이나 乙이 그 부동산에 대한 소유권을 주장한다고 보자! 이러하다면 乙은 먼저 甲에게 소유권을 이전해 달라고 요청할 것이다.
　그러나 甲이 이를 거절한다면 乙은 甲 명의의 부동산에 대하여 먼저 가처분등기를 한 후, 소유권말소 및 이전등기청구의 소를 제기하여 승소 후 판결문에 의해 乙 명의로 소유권을 이전하는 절차를 밟게 된다.

(2) 가처분등기의 종류

　부동산 가처분에는 처분금지가처분과 점유이전금지가처분이 있는데, 전자의 경우, 부동산등기부상에 등기됨으로 그 권리가 공시되나, 후자의 경우, 경매부동산을 낙찰 받은 후 명도대상자에 대한 명도 집행시 필요한 조치로서, 낙찰자가 점유자에 대한 명도집행을 하기 전에 점유자가 변경되면 번거롭기에 명도집행 이전에 하는 것을 의미한다.
　이 가처분의 집행은 명도대상 부동산에 가처분집행을 한다는 공고문을 집행관이 부착함으로 이루어진다.

(3) 가처분등기에 대한 접근방법

예로서, 甲이 특정 부동산에 가처분등기를 하였다고 치자! 그렇다면 부동산등기부상 甲의 피보전권리를 확인하자! 피보전권리가 무엇인가 하면 가처분등기권자인 甲이 특정 부동산의 소유자에게 요구하는 사항이다.

그리고 가처분등기한 자가 가처분 목적을 달성하였는지 여부를 확인하자! 예로서, 乙이 특정 부동산에 피보전권리를 "근저당권설정등기이행청구권"으로 하여 가처분등기를 하였는데, 乙을 채권자로 하여 근저당권이 설정되었다면 이는 가처분등기의 목적을 달성하였기에, 향후 이 가처분등기는 큰 힘을 발휘하지 못한다.

또 하나, 이번에는 丙이 피보전권리를 "소유권이전등기청구권"으로 하여 가처분등기하였고, 丙 명의로 소유권이전등기가 되었다면, 이 역시 가처분등기의 목적을 달성하였기에 비록 선순위로 가처분등기가 되었다 하더라도 소위 "껍데기"에 불과한 가처분이기에 부담 없이 입찰하여도 된다.

그러나 소멸되지 않는 가처분등기가 있는 부동산을 낙찰 받았다가 소유권을 상실한 후 구사일생한 사례가 있는데, 이는 사례분석 편에서 소개하기로 한다.

마지막으로 소멸기준권리 이후에 가처분등기가 되어 있다면 경매시 매각으로 소멸하는 것이 원칙이나, 예외가 있을 수도 있다.

즉, 후순위 가처분등기가 되어 있는 물건을 낙찰 받았고, 후순위 가처분은 집행법원의 직권에 의한 말소등기 되었으나, 나중에 가처분등기권자가 "가처분말소회복등기청구의 소"를 제기하였는데, 재판 결과 가처분의 효력이 인정된다면 경매절차 상에서 말소되었던 가처분등기가 경매절차 밖에서 유령처럼 되살아나는 경우가 있을 수 있으니[=대법원 97다25521 판결 참조], 비록 후순위 가처분등기일지라도 부동산등기부상에 표시되어 있는 가처분등기권자의 피보전권리가 무엇인지를 똑똑히 파악해야 한다.

대법원 97다25521 판결. 가처분말소회복등기

원심판결 이유에 의하면, 원심은 판시 증거에 의하여 소외 조합 명의의 위 각 근저당권설정등기는 소외 조합이 소외 정환O, 전상O에게 각 금 2천 5백만 원을 대출하고 그 담보를 위하여 경료하였던 것인데, 소외 조합은 이 사건 부동산들에 관하여 인천지방법원에 임의경매신청을 하여 1989년 10월 31일 그 경매개시결정을 얻어 임의경매절차가 진행되던 중, 위 소외인들이 1990년 5월 25일 소외 조합에게 각 원금 2천 5백만 원 및 각 이에 대한 이자 미수기간인 1990년 1월 1일부터 1990년 5월 25일까지 연 1할 8푼의 비율에 의하여 산정한 각 이자 금 1,782,671원을 지급하여 위 각 대출금을 완제한 사실을 인정하고, 소외 조합 명의의 위 각

> 근저당권은 소외 조합의 경매신청으로 인하여 피담보 채권액이 확정되고, 위 변제로 인하여 소멸하였다.
> 경락 당시 이미 소멸하였음에도 형식상 등기만이 남아 있을 뿐이었던 소외 조합명의의 위 각 근저당권보다 후순위라는 이유로 경매법원의 촉탁에 의하여 이루어진 이 사건 가처분기입등기의 말소등기는 원인무효라 할 것이고, 원고(=가처분등기권자)는 위 말소등기에도 불구하고 여전히 가처분권자로서의 권리를 가지고 있다 할 것이다. 한편 피고(=낙찰자)는 위 가처분기입등기가 경료된 후에 등기부상권리를 취득한 자이므로 말소된 위 가처분기입등기의 회복등기에 관하여 이해관계 있는 제3자이고, 또한 가처분권리자인 원고가 그 가처분을 하게 된 본안소송에서 승소판결을 받아 그에 기하여 원고 앞으로 소유권이전등기를 할 수 있게 되면 피고는 피고 명의 소유권이전등기를 말소하여 줄 입장에 놓이게 되므로(대법원 63다44 판결 참조) 피고는 원고에 대하여 위 가처분기입등기의 회복등기에 승낙할 실체법상의 의무가 있다.

(4) 주의해야 할 가처분등기

1) 소유권 관련한 가처분등기

가처분등기의 피보전권리가 소유권과 관련된 것이라면 가처분의 행방을 찬찬히 주시해야 한다. 즉, 대법원 홈페이지 초기화면에 있는 "나의 사건검색"에서 부동산등기부상에 표시되어 있는 가처분등기 사건번호와 당사자명을 입력하면 아래와 같은 화면이 뜬다.

〈가처분등기 관련 나의 사건검색〉

▶ 사건번호 : 서울북부지방법원 2003카합850

▣ 기본내용　≫ 청사배치

항목	내용	항목	내용
사건번호	2003카합850	사건명	부동산처분금지가처분
채권자	ㅇㅇㅇ	채무자	★★★
제3채무자		청구금액	342,177,082원
재판부	2004(나)	담보내용	342,177,082원
접수일	2003.07.18	종국결과	2003.07.25 인용
수리구분		병합구분	없음
기록보존인계일	2006.08.21		
항고인		항고일	
항고신청결과		해제내용	2005.12.28 일부해제
폐기여부	기록폐기됨		

앞의 그림에서 "해제내용"을 확인하자! 확인 결과 가처분등기가 "해제"되었다면 부동산등기부상 가처분등기는 말소되기에 문제가 없다.

그러나 입찰당시 가처분등기의 해제 여부가 표시되어 있지 않다면 비록 가처분등기가 그 목적달성을 다하여 효력은 없을지라도 낙찰 후 가처분권자의 도움을 받아 가처분등기를 말소시켜야 하는데, 만약 가처분권자가 협조해 주지 않으면 법원에 "가처분 취소신청"을 하여 말소시켜야 하는 번거로움이 있다는 것을 알아두자!

2) 토지인도 및 건물철거청구권 가처분

토지 소유자가 지상 건물에 대해 "토지인도 및 건물철거청구권"을 피보전권리로 하여 가처분등기를 하는 경우가 있다.

피보전권리가 "토지인도" 또는 "건물철거청구권"인 가처분등기는 법정지상권과 관련이 있는 경우이다.

그런데 이 가처분등기는 소멸기준권리 전후를 불문하고 매각으로 무조건 소멸되지 않기에 주의해야 하나, 그렇다고 조심만 한다면 경매시장에서 먹을 것? 하나도 없다.

말소되지 않는 가처분등기가 있는데... 이를 낙찰 받아 수익을 올릴 수 있는 방법이 있을까? 곰곰이 생각해 보면 방법은 있다고 본다.

1 더하기 1은 2라는 대답을 하는 사람은 이러한 소멸되지 않는 가처분등기가 경매부동산에 있다면 아마도 "어머나!" 할 것이다.

그러나 1 더하기 1은 "몰라!" 라고 대답하는 사람은 법리적으로 말소되지 않는 가처분등기가 있다고 하여 그냥 고개를 홱! 하고 돌리지 않고, 유심히 그 물건을 쳐다보면서 어떻게 하면 돈을 만들 수 있을까? 라는 고민을 할 것이다.

이러한 유형의 가처분에 대해서는 앞부분에서 사례 몇 건을 언급하였기에 이를 참조하기 바란다.

(5) 실전 가처분등기 사례분석

1) 매매계약에 기한 소유권이전등기청구권 가처분

2005 타경 12187 (임의)		매각기일 : 2006-07-18 00:00~ (화)		경매5계 530-1817 (구내:1817)	
소재지	서울특별시 성북구 종암동 33-**외 1필지 6층 602호			사건접수	2005-04-14
물건종별	빌라형아파트	채권자	창신2동새마을금고	감정가	165,000,000원
대지권		채무자	최OO	최저가	(51%) 84,480,000원
전용면적	70,07㎡ (21,2평)	소유자	최OO	보증금	(10%) 8,448,000원
평형		매각대상	토지·건물 일괄매각	청구금액	131,105,450원
입찰방법	기일입찰	배당종기일	2005-08-02	개시결정	2005-04-19

기일현황

회차	매각기일	최저매각금액	결과
신건	2006-03-28	165,000,000원	유찰
2차	2006-05-02	132,000,000원	유찰
3차	2006-06-13	105,600,000원	유찰
4차	2006-07-18	84,480,000원	매각

송OO / 매각111,111,000원(67%)

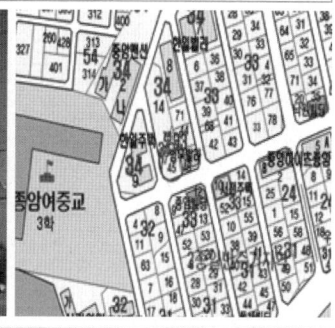

물건현황/토지이용계획	면적(단위:㎡)	임차인/대항력여부	등기부현황/소멸여부
일괄매각 대금지급기일(기한)이후 지연이자율 연2할 임대차:물건명세서와 같음 [토지이용계획확인/공시지가] [부동산정보 통합열람] [감정평가서] 감정시점 / 감정가 0원	[대지권] - 대 310㎡ 매각지분 경매할지분 최OO 지분 310분의 25,624 전부 - 대 52㎡ 매각지분 경매할지분 최OO 지분 52분의 4,987 전부 [건물] 1동의 건물의 표시 서울특별시 성북구 종암동 33-OO 서울특별시 성북구 종암동 34-## 철근콘크리트조 6층 아파트 지하 1층 32,28㎡ 1층 19,00㎡ 2층 166,48㎡ 3층 166,48㎡ 4층 166,48㎡ 5층 166,48㎡ 6층 156,16㎡	강OO 없음 전입 : 2005-01-20 확정 : 없음 배당 : 없음 보증 : 미상 점유 : 미상 현황조사 권리내역 [매각물건명세서]	가처분 소멸 2003-02-21 집합 최OO 채무자겸소유자 [가처분등기보기] (현)소유권 이전 2003-03-07 집합 최OO 2003년3월 7일 매매 (근)저당 소멸기준 2003-05-01 집합 창신2동새마을금고 130,000,000원 가압류 소멸 2004-05-27 집합 장OO 13,173,333원 임의경매 소멸 2005-04-22 집합 창신2동새마을금고 청구 : 131,105,450원 2005타경12187 건물열람 : 2005-10-25

① 해설

본 사건은 최선순위에 최OO가 2003년 2월 21일 가처분등기를 했는데, 피보전권리가 "매매계약에 기한 소유권이전등기청구권"이었고, 동년 3월 7일 최OO 명의로 소유권이전등기가 완료 되었다.

최OO이 가처분등기를 한 이유는 자기 앞으로 소유권을 이전시켜 달라는 것인데, 최OO 명의로 소유권이전등기가 완료되었지 않는가?

그렇다면 최OO은 가처분 목적을 달성하였기에 매각물건명세서상에 "말소되지 않는 선순위 가처분 있음."으로 표시되었더라도, 선순위 가처분이 본건 부동산에 대해 농간을 부릴 여지는 전혀 없다.

〈최OO의 가처분등기 및 소유권이전등기 내역〉

3	가처분 매매계약에 기한 소유권이전등기청구권	2003년2월21일 제7700호	2003년2월18일 서울지방법원의 가처분결정 (2003카합402)	피보전권리 매매계약에 기한 소유권이전등기청구권 채권자 최OO 서울 성북구 종암동 금지사항 매매, 증여, 전세권, 저당권, 임차권의 설정 기타일체의 처분행위 금지
4	소유권이전	2003년3월7일 제10509호	2003년3월7일 매매	소유자 최OO 630420-1****** 서울 성북구 종암동

〈가처분사건내역〉

▶ 사건번호 : 서울중앙지방법원 2003카합402

▶ 기본내용   » 청사배치

최OO은 9명에 포함됨.

사건번호	2003카합402	사건명	부동산처분금지가처분
채권자	정OO 외 9명	채무자	장OO(최초 소유자)
제3채무자		청구금액	587,774,112원
재판부	제51민사부(나)	담보내용	587,774,112원
접수일	2003.02.14	종국결과	2003.02.28 인용
수리구분		병합구분	없음
기록보존인계일	2007.03.15		
항고인		항고일	
항고신청결과		해제내용	2008.05.30 일부해제

⟨매각물건명세서 중에서...⟩

▓ 등기된 부동산에 관한 권리 또는 가처분으로 매각허가에 의하여 그 효력이 소멸되지 아니하는 것
말소되지 않는 선순위가처분 있슴.(단 가처분권자가 현재의 소유자임.) ◀━━━━━━━━━━

② 본 사건 정리

본 사건의 권리발생은 다음과 같다.

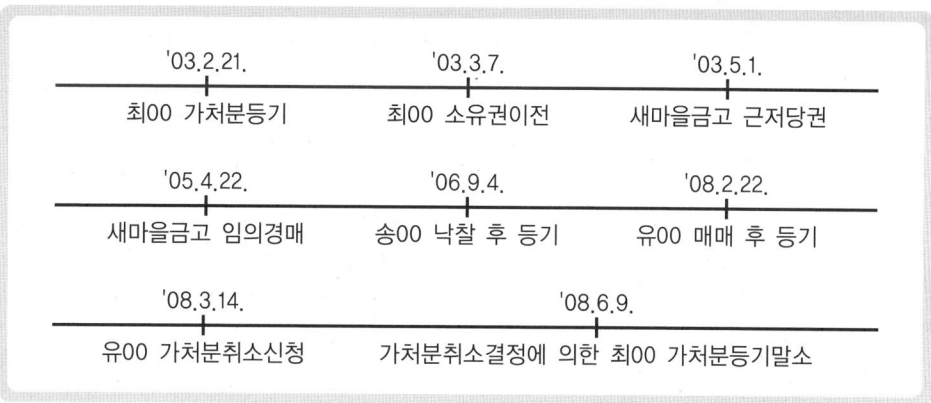

4차 매각기일인 2006년 7월 18일 송OO가 1억 1천여만 원에 낙찰 받은 후, 동년 9월 4일 소유권이전등기를 마쳤으며, 2008년 2월 22일 매매를 원인으로 유OO가 소유권을 취득했다. 그런데 이때까지 아무런 힘을 가지지 못하는 최OO의 선순위 가처분등기가 말소되지 않았는데, 이러한 가처분등기는 가처분권자의 도움에 의해 말소시킬 수도 있으나, 유OO은 가처분등기권자 최OO을 상대로 2008년 3월 14일 가처분취소신청을 했다.

⟨낙찰자 송OO의 소유권이전등기 내역⟩

9	소유권이전	2006년9월4일 제59462호	2006년9월4일 임의경매로 인한 매각	소유자 송OO 460517-1****** 서울 서초구 반포동 70-1

⟨매매에 의한 유OO 명의로 소유권이전등기 및 가처분말소등기 내역⟩

11	소유권이전	2008년2월22일 제8668호	2008년2월2일 매매	소유자 유OO 700829-1****** 서울특별시 성북구 종암동 매매목록 제2008-213호
12	3번가처분등기말소 [최OO 명의의 가처분]	2008년6월9일 제34016호	2008년5월20일 취소결정(서울중앙지 방법원 2008카합877)	⟨가처분취소신청에 의한 취소결정⟩ ◀━[서울중앙지법 2008카합877]

8. 실전 가처분등기분석

소유자 유OO의 가처분취소신청에 법원은 2008년 5월 20일 가처분취소결정을 내리고, 동년 6월 9일 최OO 명의의 가처분등기는 말소되었다.

〈유OO의 가처분취소신청 관련내역〉

▶ 사건번호 : 서울중앙지방법원 2008카합877

■ 기본내용 » 청사배치

사건번호	2008카합877	사건명	가처분취소
신청인	유OO(現소유자)	피신청인	최OO(가처분권자)
제3채무자		청구금액	0원
재판부	제51민사부(나)	담보내용	0원
접수일	2008.03.14 **(가처분취소신청일)**	종국결과	2008.05.20 인용 **(가처분취소결정일)**
수리구분	제소	병합구분	없음
기록보존인계일	2008.06.16		

③ 정리

가처분등기가 되었을 경우, 가처분등기권자의 요구사항이 받아 들여졌는지 여부를 파악해야 한다. 본 사건의 경우 "매매계약에 기한 소유권이전등기청구권"을 피보전권리로 하여 가처분등기가 되었고, 가처분등기를 한 자 명의로 소유권이전등기가 되었다면 가처분의 목적을 달성하였기에 가처분으로서의 효력은 상실하게 되는 것이다.

그러나 본 사건 선순위 가처분등기는 2006년 7월 18일 입찰 당시에는 가처분등기가 사건내역상(⇨앞에 있는 가처분사건내역 참조) 해제되지 않았고, 2008년 5월 30일 해제되었기 때문에 집행법원의 직권말소대상이 아닌, "해제"를 등기원인으로 말소되어야 한다.

그런데 본 사건의 가처분등기가 부동산등기부상 "해제"를 원인으로 말소되지 않은 것은 가처분등기권자가 가처분말소 관련하여 협조를 잘 해주지 않았기 때문일 것이다. 그러하였기에 소유자 유OO은 가처분등기권자 최OO을 상대로 법원에 가처분취소신청을 하였고, 법원의 "가처분취소결정"에 의해 가처분등기가 말소된 것이다.

2) 사해행위취소에 의한 소유권이전등기말소청구권 가처분

2008 타경 3463 (강제)		매각기일 : 2010-03-09 10:00~ (화)		경매3계 (02)2192-1333 (구내:1333)	
소재지	서울특별시 구로구 구로동 000-0, 4층 402호			사건접수 2008-02-14	
물건종별	다세대(빌라)	채권자	박##(임차인)	감정가	108,000,000원
대지권	토지 매각제외	채무자	이00	최저가	(80%) 86,400,000원
전용면적	61.72㎡ (18.67평)	소유자	이00	보증금	(10%) 8,640,000원
평형		매각대상	건물만매각	청구금액	80,000,000원
입찰방법	기일입찰	배당종기일	2008-04-29	개시결정	2008-02-15

기일현황

회차	매각기일	최저매각금액	결과
신건	2010-02-02	108,000,000원	유찰
2차	2010-03-09	86,400,000원	매각

이★★ 입찰2명/매각96,870,000원(90%)

→ 낙찰 후 가처분에 의한 실효로 소유권 상실, 그 후 경매취하 ⇒ 10년 감수

임차인현황 ☞ 건물소멸기준 : 2006-01-13 ☞ 배당종기일 : 2008-04-29

순위	성립일자	권리자	권리종류(점유부분)	권리금액	신고	대항	예상배당여부
1	전입 2004-05-10 확정 2003-07-29 배당 2008-04-29	박##	주택임차인 전부	[보] 80,000,000원	O	있음	배당금 : 80,000,000원 전액배당으로 소멸예상
2	전입 2006-11-10 확정 없음 배당 없음	우00	주택임차인		X	없음	현황조사 권리내역

- 보증금합계 : 80,000,000원

- 박## : 이건 경매 신청채권자임

건물 등기부현황 ☞ 건물열람일 : 2010-01-19

구분	성립일자	권리종류	권리자	권리금액	인수/소멸	비고
갑3	2003-08-11	(전)소유권	하00		이전	매매
갑5	2003-10-20	가처분	중소기업은행		인수	특별매각조건에의한 인수 가처분등기보기
갑9	2005-07-19	(현)소유권	이00		이전	매매
갑10	2006-01-13	압류	서울특별시구로구		소멸기준	
갑12	2008-02-15	강제경매	박##	청구: 80,000,000원	소멸	2008타경3463

① 해설

본 사건 매각물건명세서상에 "등기부상 갑구 5번 2003.10.20.자 가처분은 매각으로 말소되지 아니하므로 매수인이 인수할 부담임."이라고 버젓이 표시되어 있는데도 2차 매각기일인 2010년 3월 9일 2명이 입찰하여 이 모 씨가 9천 7백여만 원에 덜컥! 낙찰 받았다.

도대체 이해가 되지 않는다. 건물만 경매대상이고, 더구나 소멸되지 않는 가처분등기가 있다고 법원이 분명히 알렸음에도 불구하고 2차 매각기일에 2명이 입찰하였는데… 용빼는 재주가 있는 모양이다.

매각물건명세서상에 소멸되지 않는 가처분등기가 있다는 내용이 있으면 특별한 이해관계에 있지 않는 한 쳐다보아서는 절대 아니 되는 물건인데…

〈매각물건명세서상 일부 내용〉

※ 등기된 부동산에 관한 권리 또는 가처분으로 매각허가에 의하여 그 효력이 소멸되지 아니하는 것

등기부상 갑구5번 2003. 10. 20.자 가처분은 매각으로 말소되지 아니하므로 매수인이 인수할 부담임 ←

참고로 중소기업은행의 가처분내역과 가처분에 의한 대여금 소송내역은 다음과 같다. 참! 당부의 말씀인데, 본 사건은 상당히 복잡한 물건이기에, 인내심을 가지고 읽어 보시기 바란다.

본건을 낙찰 받는다 하여 로또복권 당첨되는 것처럼 엄청 많은 수익을 낙찰자에게 안겨 주는 것도 아닌데, 왜들 이렇게 덤벙대는지…

〈중소기업은행의 가처분등기내역〉

| 5 | 가처분 | 2003년10월20일 제97725호 피보전권리⇒ 하○○ 소유권이전등기 말소청구 가처분 | 2003년10월16일 서울지방법원 남부지원의 가처분결정(2003카합2752) | 피보전권리 사해행위취소에 의한 소유권이전등기말소청구권 채권자 중소기업은행 110135-0○○○○○○ 서울 중구 을지로2가 (구로북지점) 금지사항 매매, 증여, 전세권, 저당권, 임차권의 설정 기타일체의 처분행위 금지 |

〈중소기업은행의 가처분관련〉

사건번호 : 서울남부지방법원 2003카합2752

기본내용 >> 청사배치

사건번호	2003카합2752	사건명	부동산처분금지가처분
채권자	중소기업은행	채무자	하OO
제3채무자		청구금액	103,802,510원
재판부	제51민사부(다)	담보내용	103,802,510원
접수일	2003.10.14	종국결과	2003.10.16 인용
수리구분		병합구분	없음
기록보존인계일	2007.02.05		

중소기업은행은 2003년 8월 11일 소유권을 취득한 하OO에 대한 소유권을 말소하고, 직전 소유자인 박OO 앞으로 소유권을 원위치 시키라는 가처분등기를 하였다.

그리고 중소기업은행은 가처분등기 후 박OO(前前 소유자)와 하OO(前 소유자) 그리고 이##, 김##을 피고로 하여 대여금등 소송을 제기하였고, 2006년 2월 9일 원고 일부 승으로 판결이 났다. 여기서 원고는 기은삼차유동화전문회사로 되어 있는데, 이는 기업은행 연체대출금 처리회사로 알고 있다.

〈중소기업은행의 대여금등 소송내역〉

사건번호 : 서울중앙지방법원 2004가합24491

기본내용 >> 청사배치

하OO 以前 소유자

사건번호	2004가합24491	사건명	대여금등
원고	기은삼차유동화전문 유한회사	피고	박OO 외 3명
재판부	제10민사부(다)		
접수일	2004.04.02	종국결과	2006.02.09 원고일부승
원고소가	511,224,960	피고소가	
수리구분	제소	병합구분	없음
상소인		상소일	
상소각하일		보존여부	기록보존됨

〈중소기업은행의 대여금등 소송관련 당사자내역〉

▶ 당사자내용

구 분	이 름	종국결과	판결송달일
원고	1. 기은삼차유동화전문 유한회사 대표자 이사 현00		2006.02.17
원고 기은삼차유동화전문 유한회사의 승계인	2. 동양파이낸셜 주식회사 대표이사 김00		
원고 기은삼차유동화전문 유한회사의 승계인	3. 티와이머니대부 주식회사 김00	2011.3.17. 서울남부지법 2011타경5452호 강제경매신청	
피고1	1. 박00(前前소유자)		2006.03.12
피고2	2. 이##		2006.02.17
피고3	3. 김##		2006.02.17
피고4	4. 하00(前소유자)		2006.02.17

② 소유권이 前前 소유자 박00 앞으로 원위치 되었다.

원고 중소기업은행은 본 사건 부동산의 前前 소유자 박00과 前 소유자 하00 등을 피고로 하여 대여금등 소송을 제기하였고, 2006년 2월 9일 원고 일부 승으로 판결이 났지 않는가?

그런데 낙찰자 이 모 씨가 입찰한 날짜가 언제인가? 2010년 3월 9일인데, 입찰일로부터 4년여 전에 가처분권자인 중소기업은행이 대여금소송에서 승소판결을 받았고, 말소되지 않는 가처분등기가 있었는데도 불구하고…

중소기업은행은 前前 소유자 박00에 대한 채권을 가지고 있었으나, 박00이 채무면탈을 목적으로 하00에게 소유권을 이전시키자, 가처분등기를 한 후 대여금소송을 제기한 것이다.

그런데 본 사건 경매신청권자인 임차인 박##이 하00과 임대차계약을 체결하였다면, 그리고 하00 명의의 소유권이 말소된다면 임차인 박##의 지위는 어떻게 될까?

임차인의 지위가 부인된다. 왜냐하면 하00가 소유자라면 임대인의 지위를 가지게 되나, 소유권이 前前 소유자 박00 명의로 원위치한다면 하00는 소유자가 아니고… 소유자가 아니면 임대인의 지위를 가지지 못하기에 임차인 박##은 임대인이 아닌 자와 임대차계약을 체결한 결과가 되기 때문이다.

따라서 임차인 박##의 경매신청은 원인 없는 채권에 의한 것이기에 기각결정이 나야 하나, 본 사건은 2010년 5월 10일 경매취하 되었다.

〈2010년 4월 28일 가처분에 의한 실효로 소유권이전등기가 말소된 내역〉

16	9번소유권이전등기말소	2010년4월28일 제28094호	2006년2월9일 가처분에 의한 실효	→	가처분에 의한 실효로 現소유자 이○○의 소유권말소
18	3번소유권이전등기말소	2010년4월28일 제28096호	2006년2월9일 확정판결(서울중앙지방법원 2004가합24491)	→	확정판결로 前소유자 하○○의 소유권말소

③ 낙찰자 이 모 씨는 십년감수 했네~~~

낙찰자 이 모 씨는 2010년 3월 9일 낙찰 받은 후 동년 4월 2일 매각대금 완납과 동시에 기분 좋게 소유권이전촉탁등기를 하였다.

〈낙찰자 이 모 씨의 매각대금완납 및 소유권이전촉탁신청〉

2010-04-02	낙찰인 이** 등기촉탁신청 제출
2010-04-02	낙찰인 이** 매각대금완납증명

〈낙찰자 이 모 씨 명의로의 소유권이전등기 내역〉

13	소유권이전	2010년4월2일 제21702호	2010년4월2일 강제경매로 인한 매각	소유자 이**570412-2******* 서울특별시 서대문구 홍제동

그런데 2010년 4월 28일 가처분에 의한 실효로 소유권등기가 말소되어 버렸는데, 낙찰자 이 모 씨는 소유권등기가 말소된다는 사실을 인지한 후 법원에 배당정지신청서를 제출한 모양이다.

〈낙찰자 이 모 씨의 소유권이전등기 말소내역〉

15	13번소유권이전등기말소	2010년4월28일 제28093호	2006년2월9일 가처분에 의한 실효	→	가처분에 의한 실효로 낙찰자 이**의 소유권말소

⟨낙찰자 이 모 씨의 배당정지신청서 제출⟩

| 2010-04-26 | 최고가매수신고인 배당정지신청서 제출 |

본 사건은 2010년 5월 10일 경매취하가 되었는데, 낙찰자 이 모 씨는 동년 5월 19일 매각대금을 반환 받고 놀란 가슴을 쓸어 내렸을 것이다.

⟨본 사건 경매취하내역⟩

사건기본내역

사건번호	2008타경3463	사건명	부동산강제경매
접수일자	2008.02.14	개시결정일자	2008.02.15
담당계	경매3계 전화 : (02)2192-1333(구내:1333)		
청구금액	80,000,000원	사건항고/정지여부	
종국결과	취하	종국일자	2010.05.10
송달료,보관금 잔액조회	▶ 잔액조회		

⟨낙찰자 이 모 씨의 매각대금환급신청 내역⟩

| 2010-05-19 | 최고가매수신고인 보관금환급신청 제출 |

④ 낙찰자 이 모 씨의 처절한 몸부림

낙찰 후 매각대금을 완납하고 소유권취득을 하였음에도 불구하고 배당기일 전에 낙찰자가 소유권을 상실하였다면 낙찰자는 "매매계약의 해제 및 경매대금의 반환청구"를 할 수 있다[=대법원 96그64 결정 참조]. 따라서 낙찰자 이 모 씨는 이러한 청구를 집행법원에 하면서 배당정지신청을 한 것 같다.

여기서 하나 짚고 넘어가자! 우리가 경매 투자하는 목적이 무엇인가? "배당정지신청"을 하고, "매매계약의 해제 및 경매대금의 반환청구"를 하는 것이 그 목적인가? 아니지 않는가?

경매투자해서 돈 벌려면 공부하는 수밖에 달리 방법이 없다! 그런데 공부는 하기 싫고… 경매투자로 돈은 벌어 보고 싶고… 이 무슨 양심에 털 난 경우인가? 참고로 배당기일 전에 낙찰자가 소유권을 상실하였을 경우, "매매계약의 해제 및 경매대금의 반환청구"

를 할 수 있다는 대법원 결정문이다.

대법원 96그64 결정, 부동산강제경매

 소유권에 관한 가등기의 목적이 된 부동산을 낙찰받아 낙찰대금까지 납부하여 소유권을 취득한 낙찰인이 그 뒤 가등기에 기한 본등기가 경료됨으로써 일단 취득한 소유권을 상실하게 된 때에는 매각으로 인하여 소유권의 이전이 불가능하였던 것이 아니므로, 민사소송법 제613조(=現 민사집행법 제127조)에 따라 집행법원으로부터 그 경매절차의 취소결정을 받아 납부한 낙찰대금을 반환받을 수는 없다고 할 것이나, 이는 매매의 목적 부동산에 설정된 저당권 또는 전세권의 행사로 인하여 매수인이 취득한 소유권을 상실한 경우와 유사하므로, 민법 제578조, 제576조를 유추적용하여 담보책임을 추급할 수는 있다고 할 것인바, 이러한 담보책임은 낙찰인이 경매절차 밖에서 별소에 의하여 채무자 또는 채권자를 상대로 추급하는 것이 원칙이라고 할 것이나, <u>아직 배당이 실시되기 전이라면,</u> 이러한 때에도 낙찰인으로 하여금 배당이 실시되는 것을 기다렸다가 경매절차 밖에서 별소에 의하여 담보책임을 추급하게 하는 것은 가혹하므로, 이 경우 낙찰인은 민사소송법 제613조를 유추적용하여 <u>집행법원에 대하여 경매에 의한 매매계약을 해제</u>하고 납부한 <u>낙찰대금의 반환을 청구하는 방법으로</u> 담보책임을 추급할 수 있다.

---

⑤ 참고로…

 본 사건 경매물건은 2010년 5월 10일 경매취하 되었고, 그 후 서울남부지방법원 2011타경5452호 강제경매로 하여 2011년 3월 17일 경매개시결정이 났다.

3) 사해행위취소를 원인으로 하는 소유권이전등기청구권 가처분

2006 타경 42208 (강제)		매각기일 : 2009-03-04 10:00~ (수)		경매9계 530-2712 (구내:2712)	
소재지	서울특별시 성북구 성북동1가 OO, **빌라 3층 2호				사건접수 2006-12-06
물건종별	다세대(빌라)	채권자	임OO(가처분권자)	감정가	120,000,000원
대지권	25.66㎡ (7.76평)	채무자	정OO	최저가	(41%) 49,152,000원
전용면적	45.12㎡ (13.65평)	소유자	정OO	보증금	(20%) 9,831,000원
평형		매각대상	토지/건물일괄매각	청구금액	62,949,287원
입찰방법	기일입찰	배당종기일	2007-03-19	개시결정	2006-12-07

▶ 기일현황

회차	매각기일	최저매각금액	결과
신건	2008-01-10	120,000,000원	유찰
2차	2008-02-13	96,000,000원	매각
	입찰3명/매각121,990,000원(102%)		
	2008-03-28	대금지급기한	미납
2차	2008-04-23	96,000,000원	매각
	김**/입찰2명/매각143,333,300원(119%)		
	2008-05-30	대금지급기한	미납
2차	2008-07-02	96,000,000원	유찰
3차	2008-08-06	76,800,000원	매각
	김##/입찰3명/매각113,000,000원(94%)		
	2008-09-22	대금지급기한	미납
3차	2008-10-15	76,800,000원	유찰
4차	2008-11-19	61,440,000원	유찰
5차	2008-12-24	49,152,000원	매각
	김OO/입찰5명/매각55,000,000원(46%)		
	2009-02-09	기한후납부	

누적된 입찰보증금이 4천 4백여만 원! 경매신청권자와 소유자만 좋겠네~~~

▶ 임차인현황 ☞ 건물소멸기준 : 2006-12-11 ☞ 배당종기일 : 2007-03-19

순위	성립일자	권리자	권리종류(점유부분)	권리금액	신고	대항	예상배당여부
1	전입 없음 확정 없음 배당 없음	이OO	주택임차인 전부	[보] 70,000,000원	X		없음

▶ 건물 등기부현황 ☞ 건물열람일 : 2007-12-27

구분	성립일자	권리종류	권리자	권리금액	인수/소멸	비고
갑1	1997-08-27	(전)소유권	정#		이전	상속
갑2	2002-05-28	(현)소유권	정OO		이전	매매
을7	2005-03-07	전세권	이OO	70,000,000원	인수	미배당 : 70,000,000원 전액매수인 인수예상
갑3	2005-08-19	가처분	임OO		인수	특별매각조건예의한 인수 가처분등기보기
갑5	2006-12-11	강제경매	임OO	청구: 62,949,287원	소멸기준	2006타경42208

① 해설

본 사건은 1억 2천여만 원으로, 1억 4천여만 원으로, 1억 1천여만 원으로, 세 번 낙찰되었다가 낙찰자의 대금미납으로 재매각 진행되어 5차 매각기일인 2008년 12월 24일, 5천 5백만 원으로 낙찰되었다.

몰수된 입찰보증금액만 4천 4백여만 원이 되는데, 경매투자? 남 좋은 일 시키려고 하는가? 안타까울 따름이다.

본 사건은 선순위 전세권 7천만 원이 있고, 가처분권자 임OO가 강제경매신청을 하였지만·매각물건명세서를 보면 이들 권리는 매각으로 소멸되지 않는다고 나타나 있다.

〈매각물건명세서 중에서...〉

※ 등기된 부동산에 관한 권리 또는 가처분으로 매각허가에 의하여 그 효력이 소멸되지 아니하는 것
2005.8.19. 제47420호로 접수된 사해행위취소를 원인으로 하는 소유권이전등기청구권을 피보전권리로 한 채권자 임OO의 가처분등기 및 2005.3.7. 제11066호로 접수된 이OO의 전세권등기

② 경매진행 당시 소멸되지 않은 가처분등기

▶ 사건번호 : 서울중앙지방법원 2005카단94381

사건번호	2005카단94381	사건명	부동산처분금지가처분
채권자	임OO(가처분권자)	채무자	정OO(現 소유자)
제3채무자		청구금액	22,398,953원
재판부	55단독(신청)()	담보내용	22,398,953원
접수일	2005.08.02	종국결과	2005.08.17 인용
수리구분		병합구분	없음
기록보존인계일	2009.02.26		
항고인		항고일	
항고신청결과		해제내용	2009.03.25 해제
보존여부	기록보존됨	['09.3.25. 가처분해제 // '09.3.31. 가처분말소]	

앞의 내용은 임OO이 법원에 가처분등기를 신청한 내역이다. 즉, 2005년 8월 2일 "사해행위취소를 원인으로 하는 소유권이전등기청구권"을 피보전권리로 하는 가처분등기를

신청하여, 동년 8월 17일 법원의 가처분결정에 의해 동년 8월 19일 가처분등기가 되었다.

그리고 해제 내용란을 보면 "2009년 3월 25일 해제"로 되어 있는데, 이 날짜에 가처분등기가 해제되었고, 동년 3월 31일에 가처분등기는 말소되었다.

그렇다면 임○○의 가처분등기는 경매가 진행 중이던 2008년에는 말소되지 않았다는 것인데, 약간 불안하지 않는가? 만약 낙찰 후 가처분등기권자가 자기 채권 전액을 회수하지 못했을 경우, 가처분말소 관련하여 애를 먹을 수도 있기에 하는 이야기이다.

〈가처분등기 및 가처분말소등기내역〉

3	가처분	2005년8월19일 제47420호	2005년8월17일 서울중앙지방법원의 가처분결정(2005 카단94381)	피보전권리 사해행위취소를 원인으로 하는 소유권이전등기청구권 채권자 임○○ 　대전 서구 갈마동 407 금지사항 매매,증여,전세권,저당권,임차권의설정 　기타일체의 처분행위 금지
7	3번가처분등기말소	2009년3월31일 제13381호	2009년3월25일 해제	

③ 아예 말소되지 않는 전세권

본 사건의 소멸기준권리는 임○○의 강제경매기입등기일이다. 그런데 이○○의 전세권등기가 먼저 설정되었다면 선순위 권리로서 말소되지 않는다.

그러나 선순위 전세권일지라도 법원이 공고한 배당요구 종기일까지 배당요구하면 전세권은 말소되는데, 이○○은 배당요구하지 않았기에 이 자의 전세금 7천만 원은 낙찰자가 100% 인수해야 한다.

본 사건 전세권등기는 낙찰자 김○○ 명의로 소유권이전 등기된 2009년 4월 6일 이후인 동년 5월 28일 "해지"를 원인으로 하여 동년 6월 3일 말소된 것으로 보아, 낙찰자가 전세권자 이○○의 전세금 7천만 원 전액을 반환해 주었을 것이다.

〈낙찰자의 소유권이전등기 내역〉

8	소유권이전	2009년4월6일 제14292호	2009년2월18일 강제경매로 인한 매각	소유자 김○○ 860323-1****** 서울특별시 양천구 목동

〈전세권등기 및 말소등기내역〉

7	전세권설정	2005년3월7일 제11066호	2005년3월5일 설정계약	전세금 금70,000,000원 범　위 주거용 건물의 전부 존속기간 2007년 3월 4일 반환기 2007년 3월 4일 전세권자 이○○ 770114-1****** 　　　서울 성북구 성북동1가
8	7번전세권설정등기말소	2009년6월3일 제25576호	2009년5월28일 해지	'해지'를 원인으로 전세권말소

4) 근저당권설정등기청구권 가처분

2007 타경 24685 (임의)		매각기일 : 2008-07-14 10:00~ (월)		경매10계 (02)2192-1340	
소재지	서울특별시 영등포구 문래동1가 00, ***** 지하1층 비111호			사건접수 2007-11-14	
물건종별	아파트형공장	채권자	삼성엔지니어링	감정가	250,000,000원
대지권	29,13㎡ (8,81평)	채무자	**인더스트리	최저가	(64%) 160,000,000원
전용면적	121,47㎡ (36,74평)	소유자	케이비부동산신탁	보증금	(10%) 16,000,000원
평형		매각대상	토지/건물일괄매각	청구금액	291,726,235원
입찰방법	기일입찰	배당종기일	2008-02-04	개시결정	2007-11-20

▶ 기일현황

회차	매각기일	최저매각금액	결과
신건	2008-05-06	250,000,000원	유찰
2차	2008-06-09	200,000,000원	유찰
3차	2008-07-14	160,000,000원	매각

안00 /입찰1명/매각181,250,000원(73%)

> 가처분권자가 목적달성을 했다면?

▶ 건물 등기부현황 ☞ 건물열람일 : 2008-04-22

구분	성립일자	권리종류	권리자	권리금액	인수/소멸	비고
갑1		(전)소유권	**인더스트리		이전	보존
갑2	2004-04-19	가처분	삼성엔지니어링		소멸	경매신청채권자 배당후 소멸 [가처분등기보기]
갑3	2004-05-18	(현)소유권	케이비부동산신탁		이전	신탁
을1	2005-07-19	(근)저당	삼성엔지니어링	23,400,000,000원	소멸기준	
갑6	2007-11-20	임의경매	삼성엔지니어링	청구: 291,726,235원	소멸	2007타경24685

① 해설

2004년 4월 19일 삼성엔지니어링이 피보전권리를 "근저당권설정등기청구권"으로 하여 가처분등기를 하였고, 2005년 7월 19일 근저당권을 설정한 후 임의경매신청 하였다.

그런데 가처분 목적인 근저당권이 설정되었기에 삼성엔지니어링은 가처분 목적을 달성하였고, 그렇다면 가처분은 효력이 없기에 부담 없이 입찰하여도 무방한 물건으로 보여 진다.

〈삼성엔지니어링의 근저당권 설정내역〉

1	근저당권설정	2005년7월19일 제37038호	2002년4월9일 설정계약	채권최고액 금23,400,000,000원
				채무자 주식회사 **인더스트리
				    서울특별시 영등포구 문래동1가 ○○
				근저당권자 삼성엔지니어링주식회사
				    110111-○○○○○○○
				    서울 강남구 도곡동 467-14 삼성에스아이타워
				공동담보목록 제2005-177호
				신청착오(서울중앙지방법원2004가합69968)
				접수 2007년10월30일

		서울중앙지법 2004가합69968 근저당권설정등기이행청구의 소에서 '05.2.18. 강제조정 후 동년 7.19. 근저당권설정 완료!!!		

참고로 삼성엔지니어링은 (주)**인더스트리를 상대로 근저당권설정등기 이행청구의 소를 2004년 8월 27일 제기하였고, 2005년 2월 18일 강제조정이 성립되었으며, 조정 이후인 동년 7월 19일 근저당권 설정을 완료했다.

〈삼성엔지니어링의 근저당권설정등기 이행청구의 소 내역〉

사건번호 : 서울중앙지방법원 2004가합69968

▶ 기본내용 　》 청사배치

사건번호	2004가합69968	사건명	근저당권설정등기
원고	삼성엔지니어링 주식회사	피고	주식회사 **인더스트리
재판부	제18민사부(다)		
접수일	2004.08.27	종국결과	2005.02.18 강제조정
원고소가	2,950,016,015	피고소가	
수리구분	제소	병합구분	없음
상소인		상소일	
상소각하일		폐기여부	기록폐기됨

② 낙찰 후 가처분등기는 어떻게 되었나?

가처분등기가 되어 있을 경우, 가처분등기권자가 무엇을 원하는지를 파악한 후, 그 자가 원하는 사항이 이루어 졌다면, 가처분등기는 한마디로 "껍데기"에 불과하다는 이야기를 했다. 본 사건의 가처분등기는 선순위임에도 불구하고 근저당권 설정이라는 목적을 달성하였기에, 가처분등기는 "임의경매로 인한 매각"을 등기원인으로 말소되었다.

〈가처분등기 및 가처분말소 등기내역〉

2	가처분	2004년4월19일 제20149호	2004년4월16일 서울남부지방법원의 가처분결정(2004카합859)	피보전권리 근저당권설정등기청구권 채권자 삼성엔지니어링주식회사 서울 강남구 보곡2동 467-14 삼성에스이아이타워 금지사항 매매, 증여, 전세권, 저당권, 임차권의 설정 기타일체의 처분행위 금지
8	2번가처분, 6번임의경매개시결정등기말소	2008년8월20일 제42333호	2008년8월20일 임의경매로 인한 매각	임의경매로 인한 매각으로 가처분등기 말소

〈삼성엔지니어링의 가처분내역〉

사건번호 : 서울남부지방법원 2004카합859

▶ 기본내용   » 청사배치

사건번호	2004카합859	사건명	부동산처분금지가처분
채권자	삼성엔지니어링 주식회사	채무자	주식회사 ★★ 인더스트리
제3채무자		청구금액	20,459,591,818원
재판부	제51민사부(나)	담보내용	20,459,591,818원
접수일	2004.04.09	종국결과	2004.04.16 인용
수리구분		병합구분	없음
기록보존인계일	2008.03.04		
항고인		항고일	
항고신청결과		해제내용	2004.11.12 일부해제

5) 소유권이전등기 및 근저당권설정등기청구권 가처분

2008 타경 16654 (강제)		매각기일 : 2008-12-18 10:00~ (목)		경매10계 530-2714	
소재지	서울특별시 성북구 길음동 1282길음뉴타운 ***동 13층 1302호			사건접수 2008-06-09	
물건종별	아파트	채권자	신용보증기금	감정가	370,000,000원
대지권	33,2508㎡ (10,06평)	채무자	성00	최저가	(64%) 236,800,000원
전용면적	59,75㎡ (18,07평)	소유자	성00	보증금	(10%) 23,680,000원
평형		매각대상	토지/건물일괄매각	청구금액	18,074,603원
입찰방법	기일입찰	배당종기일	2008-08-25	개시결정	2008-06-10

▶ 기일현황

회차	매각기일	최저매각금액	결과
신건	2008-10-16	370,000,000원	유찰
2차	2008-11-20	296,000,000원	유찰
3차	2008-12-18	236,800,000원	매각

류00 /입찰13명/매각292,600,000원(79%)

▶ 임차인현황 ▶ 건물소멸기준 : 2008-06-10 ▶ 배당종기일 : 2008-08-25   매각물건명세서 예상배당표

순위	성립일자	권리자	권리종류(점유부분)	권리금액	신고	대항	예상배당여부
1	전입 2006-07-11 확정 2006-07-11 배당 2008-07-03	임00	주택임차인 전부	[보] 130,000,000원	O	있음	배당금 : 130,000,000원 전액배당으로 소멸예상

▶ 건물 등기부현황 ▶ 건물열람일 : 2008-10-02   등기부등본열람

구분	성립일자	권리종류	권리자	권리금액	인수/소멸	비고
갑1	2006-12-05	(전)소유권	길음제5구역주택재개발정비사업조합		이전	보존
갑2	2008-01-08	가처분	국민은행		인수	특별매각조건에의한 인수 가처분등기보기
갑3	2008-05-27	(현)소유권	성00		이전	매매
갑4	2008-06-10	강제경매	신용보증기금	청구:18,074,603원	소멸기준	2008타경16654
갑5	2008-06-18	가압류	국민은행	143,963,751원	소멸	
갑6	2008-08-08	압류	서울특별시		소멸	
을1	2008-09-01	(근)저당	국민은행	141,700,000원	소멸	
갑7	2008-09-19	임의경매	국민은행		소멸	

8. 실전 가처분등기분석

① 국민은행 가처분분석

국민은행은 피보전권리를 "소유권이전등기 및 근저당권설정등기"로 하는 가처분등기를 2008년 1월 8일 하였다.

가처분에 의한 소유권이전등기는 성○○ 명의로 소유권을 이전하라는 것이고, 근저당권설정등기는 성○○을 채무자로 하여 근저당권 설정을 목적으로 한 것이었다. 가처분등기 이후인 2008년 5월 27일 성○○ 명의로 소유권이전등기가 되었다.

〈국민은행 가처분등기 및 성○○ 명의의 소유권이전등기 내역〉

2	가처분	2008년1월8일 제1112호	2008년1월8일 서울중앙지방법원의 가처분결정(2007카단121156)	피보전권리 소유권이전등기 및 근저당권설정등기 채권자 주식회사 국민은행 서울 중구 남대문로2가9-1 (소관: 담보여신관리센터) 금지사항 매매, 증여, 전세권, 저당권, 임차권의 설정 기타일체의 처분행위 금지
3	소유권이전	2008년5월27일 제31488호	2004년1월29일 매매	소유자 성○○ 650412-1****** 서울특별시 노원구 하계동

그리고 국민은행을 채권자로, 성○○을 채무자로 하여 2008년 9월 1일 근저당권이 설정되었다.

〈국민은행의 근저당권 설정내역〉

1	근저당권설정	2008년9월1일 제52794호	2004년1월30일 설정계약(서울중앙지방 법원 2008가단31872)	채권최고액 금141,700,000원 채무자 성○○ 서울특별시 노원구 하계동 근저당권자 주식회사국민은행 110111-○○○○○○○ 서울특별시 중구 남대문로2가 9-1 (담보여신관리센터)

참고로 국민은행은 피고를 성○○와 길음제5구역주택재개발정비사업조합으로 하여 2008년 1월 29일 대여금소송을 제기하였고, 동년 7월 15일 승소판결을 받았다.

〈국민은행의 대여금청구소송내역〉

사건번호 : 서울중앙지방법원 2008가단31872			
기본내용 »청사배치			
사건번호	2008가단31872	사건명	대여금
원고	주식회사 국민은행	피고	성00 외 1명
재판부	민사181단독		
접수일	2008.01.29	종국결과	2008.07.15 원고승
원고소가	65,804,697	피고소가	
수리구분	제소	병합구분	없음
상소인		상소일	
상소각하일		보존여부	기록보존됨

(피고란에 "길음제5구역주택재개발정비사업조합" 표시)

국민은행의 가처분 목적은 성00 명의로의 소유권이전과 근저당권 설정인데, 앞에서 보았듯이 그 목적 달성을 다하지 않았는가? 그렇다면 국민은행 가처분은 종이 호랑이인가?

집행법원이 작성한 매각물건명세서에도 "등기부상 2008.1.8. 가처분이 있으나 목적달성으로 말소될 등기임."으로 표시되어 있기에, 비록 선순위에 가처분등기가 있더라도 낙찰자는 부담 없이 입찰하여도 된다.

〈매각물건명세서 중에서...〉

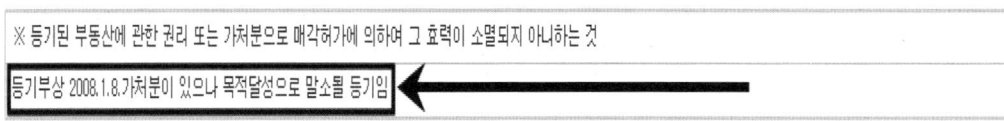

※ 등기된 부동산에 관한 권리 또는 가처분으로 매각허가에 의하여 그 효력이 소멸되지 아니하는 것
등기부상 2008.1.8.가처분이 있으나 목적달성으로 말소될 등기임

〈국민은행의 가처분내역〉

사건번호 : 서울중앙지방법원 2007카단121156

▶ 기본내용   » 청사배치

사건번호	2007카단121156	사건명	부동산처분금지가처분
채권자	주식회사 국민은행	채무자	길음제5구역주택재개발정비사업조합
제3채무자		청구금액	169,367,160원
재판부	54단독(신청)()	담보내용	169,367,160원
접수일	2007.12.31	종국결과	2008.01.08 인용
수리구분		병합구분	없음
기록보존인계일	2009.05.14		
항고인		항고일	
항고신청결과		해제내용	2009.04.20 해제

② 낙찰 후 가처분등기의 말소원인

본 사건 낙찰자 류OO는 2009년 2월 4일 "강제경매로 인한 매각"으로 소유권을 취득했는데, 국민은행의 가처분등기는 2009년 4월 20일 "해제"를 원인으로 하여 동년 4월 28일 말소되었다. 그런데 직전 사례의 삼성엔지니어링 가처분등기는 "임의경매로 인한 매각"으로 말소되었는데, 본 사건 가처분등기는 "해제"를 원인으로 말소되었다.

가처분 목적이 달성되면 경매시 매각으로 말소되어야 하는데, 그 차이점은 무엇일까? 이는 3차 매각기일인 2008년 12월 18일, 이 당시에는 가처분 내역상 가처분 해제내용이 없었고, 2009년 4월 20일에 가처분이 해제되었기 때문이다

따라서 선순위 가처분등기가 "임의(혹은 강제)경매로 인한 매각"으로 말소될 것인지, 아니면 "해제"를 원인으로 말소될 것인지는 입찰당시 가처분 내역상에 가처분이 해제되었는지 유무에 따라 달라진다.

〈가처분말소등기내역〉

11	2번가처분등기말소	2009년4월28일 제18854호	2009년4월20일 해제	"해제"를 원인으로 국민은행 가처분등기 말소

6) 공사대금증가로 발생된 조합원에 대한 부담금청구권 가처분

2009 타경 32222 (강제)		매각기일 : 2010-05-07 10:00~ (금)		경매7계 (02)2192-1337 (구내:1337)	
소재지	서울특별시 양천구 신월동 519-0, ******빌 ***동 3층 301호			사건접수 2009-12-31	
물건종별	아파트	채권자	신일연립재신축조합	감정가	130,000,000원
대지권	30,281㎡ (9,16평)	채무자	류00	최저가	(100%) 130,000,000원
전용면적	66,23㎡ (20,03평)	소유자	류00	보증금	(10%) 13,000,000원
평형		매각대상	토지/건물일괄매각	청구금액	109,091,755원
입찰방법	기일입찰	배당종기일	2010-03-18	개시결정	2010-01-04

기일현황

회차	매각기일	최저매각금액	결과
신건	2010-05-07	130,000,000원	매각
이00/입찰6명/매각144,999,000원(112%)			

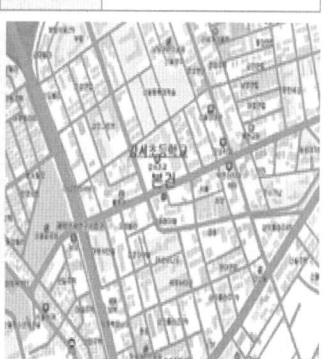

건물 등기부현황 ☞ 건물열람일 : 2010-04-23

구분	성립일자	권리종류	권리자	권리금액	인수/소멸	비고
갑1	2004-02-24	(전)소유권	정00		이전	보존
갑2	2004-02-24	(현)소유권	류00		이전	매매
갑5	2007-01-02	가처분	신일연립재신축조합		소멸	경매신청채권자 배당후 소멸 가처분등기보기
갑6	2010-01-04	강제경매	신일연립재신축조합	청구: 109,091,755원	소멸기준	2009타경32222

① 해설

2007년 1월 2일 선순위로 신일연립재신축조합에서 피보전권리를 "공사대금 증가로 발생된 조합원에 대한 부담금청구권"으로 하여 가처분등기를 한 후, 조합이 강제경매신청을 하였고, 1차 매각기일에 이00가 1억 4천여만 원에 낙찰 받았다.

② 가처분등기 분석

가처분권의 피보전권리 이름이 길다. 즉 "공사대금 증가로 발생된 조합원에 대한 부담

금청구권"인데, 아마도 연립주택을 재신축하면서 조합원들이 부담해야 할 금액에 대한 청구권인 것 같다.

매각물건명세서상에는 "최선순위 가처분(등기부상 갑구 5번)은 이 사건 집행권원인 판결과 동일채권의 보전을 위한 것임."으로 표시되어 있다.

〈매각물건명세서 중에서...〉

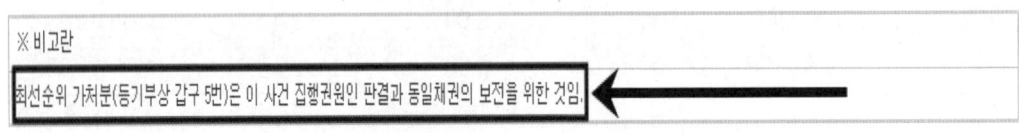

〈신일연립재신축조합의 가처분내역〉

위 내용을 보면 법원의 가처분결정은 2006년 12월 29일에 났으며, 해제내용에 "2009.11.27 일부해제"라고 표시되어 있다. 그런데 본 사건의 1차 매각기일은 2010년 5월 7일이고, 이 날짜에 가처분등기는 이미 일부해제가 된 상태이다. 선순위 가처분권자인 조합은 공사대금 채권을 받기 위해 본안소송을 제기하였을 것이고, 본안소송 결과 승소 판결문으로 본 사건 부동산을 강제경매 신청을 하였기에 가처분의 목적달성을 다한 것으로 보면 된다.

따라서 선순위 가처분등기는 매각기일 당시 이미 일부해제 되어 있기에 다시 해제할 필요 없이, 낙찰자 이00이 "강제경매로 인한 매각"을 등기원인으로 소유권을 취득함과 동시에 말소되는 것이다.

〈낙찰자 이00의 소유권이전등기내역〉

7	소유권이전	2010년6월23일 제29676호	2010년6월23일 강제경매로 인한 매각	소유자 이○○ 610902-2****** 경기도 부천시 원미구 상동

〈가처분등기 및 가처분말소 등기내역〉

5	가처분	2007년1월2일 제43호	2006년12월29일 서울남부지방법원의 가처분결정(2006카단24398)	피보전권리 공사대금 증가로 발생된 조합원에 대한 부담금청구권 채권자 신일연립재신축조합 서울 양천구 신월동 468-1 대성연립 304호 금지사항 매매, 증여, 전세권, 저당권, 임차권의 설정 기타일체의 처분행위 금지
8	5번가처분, 6번강제경매개시결정 등기말소	2010년6월23일 제29676호	2010년6월23일 강제경매로 인한 매각	"강제경매로 인한 매각"으로 가처분등기말소

7) 이혼에 따른 재산분할청구채권 가처분

2009 타경 19308 (강제)			매각기일 : 2009-10-29 10:00~ (목)		경매2계 530-1814 (구내:1814)
소재지	서울특별시 동작구 사당동 1150 **** 그린뷰아파트 ***동 11층 1106호				사건접수 2009-05-14
물건종별	아파트	채권자	소 00	감정가	330,000,000원
대지권	21.118㎡ (6.39평)	채무자	유 00	최저가	(80%) 264,000,000원
전용면적	59.1605㎡ (17.9평)	소유자	유 00	보증금	(10%)26,400,000원
평형	23평형	매각대상	토지/건물일괄매각	청구금액	65,000,000원
입찰방법	기일입찰	배당종기일	2009-08-24	개시결정	2009-05-15

▶ 기일현황

회차	매각기일	최저매각금액	결과
신건	2009-09-24	330,000,000원	유찰
2차	2009-10-29	264,000,000원	매각

김00 /입찰5명/매각283,319,308원(86%)

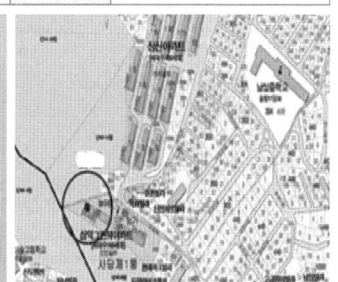

임차인현황 ☑ 건물소멸기준 : 2009-05-18 ☑ 배당종기일 : 2009-08-24

순위	성립일자	권리자	권리종류(점유부분)	권리금액	신고	대항	예상배당여부
1	전입 2005-09-26 확정 2007-09-17 배당 2009-07-03	고OO	주택임차인 102동 1106호	[보] 160,000,000원	O	있음	배당금 : 160,000,000원 전액배당으로 소멸예상

2회 방문하였으나 폐문부재이고, 방문한 취지 및 연락처를 남겼으나 아무런 연락이 없으므로 주민등록 전입된 세대만 임차인으로 보고함.

건물 등기부현황 ☑ 건물열람일 : 2009-09-10

구분	성립일자	권리종류	권리자	권리금액	인수/소멸	비고
갑1	2003-11-28	(전)소유권	사당연립재건축조합		이전	보존
갑2	2003-12-06	(현)소유권	유OO		이전	매매
갑3	2007-10-15	가처분	소OO		소멸	경매신청채권자 배당후 소멸 가처분등기보기
갑4	2009-05-18	강제경매	소OO	청구: 65,000,000원	소멸기준	2009타경19308

본 사건의 선순위 가처분은 "이혼에 따른 재산분할청구채권"을 피보전권리로 하여 2007년 10월 15일 등기되었고, 그 후 가처분권자인 소OO이 강제경매신청을 하였다.

아마도 가처분권자인 소OO이 상대방 유OO에 대하여 본안소송을 제기하여 판결문으로 강제경매 신청한 것 같은데, 가처분등기가 되어 있으면 대법원 "나의 사건 검색란"에서 가처분내역에 대해 알아보아야 한다.

재산분할과 관련 하여는 사건번호에 "즈단"으로 표시되는데, 본 사건의 가처분 사건번호는 2007즈단356호이다.

재산분할을 목적으로 하는 가처분등기 후, 가처분권자가 경매신청을 하였다면 가처분 목적을 달성한 것이 되기에 낙찰자에게 불리하지는 않으나, 가처분등기의 말소가 집행법원의 촉탁에 의하는 것인지, 아니면 낙찰자가 직접하여야 하는 것인지가 불투명한 부분이 있다.

본 사건의 선순위 가처분등기는 낙찰자가 소유권을 취득한 2009년 12월 10일 이후인 2010년 1월 14일 "해제"를 원인으로 말소되었다.

〈가처분등기 및 가처분말소 등기내역〉

3	가처분	2007년10월15일 제39402호	2007년10월15일 의정부지방법원 고양지원의 가처분결정(2007즈단356)	피보전권리 이혼에 따른 재산분할 청구채권
				채권자 소○○
				   고양시 일산서구 일산동1107
				금지사항 매매, 증여, 전세권, 저당권, 임차권의 설정
				   기타일체의 처분행위 금지

7	3번가처분등기말소	2010년1월14일 제1120호	2010년1월7일 해제	"해제"를 등기원인으로 가처분등기말소!!!

참고로 낙찰자 김OO은 "강제경매로 인한 매각"으로 2009년 12월 10일 본 사건의 소유권을 취득하였다.

〈낙찰자 김OO의 소유권이전등기내역〉

6	소유권이전	2009년12월10일 제45968호	2009년12월4일 강제경매로 인한 매각	소유자 김○○ 240721-2****** 광주광역시 서구 양동

그리고 낙찰 후 본 사건 부동산에 우리은행의 근저당권이 설정되었는데, 근저당권 설정일자인 2010년 1월 22일은 김OO의 소유권이전일이 아닌, 가처분등기가 말소된 날로부터 8일 후이다.

이는 아마도 낙찰자가 소유권을 취득할 당시 말소되지 않은 가처분등기로 인해 대출이 어려웠을 것이고, 가처분등기가 말소된 후에 대출을 받았을 것으로 추정된다.

따라서 매각대금을 금융기관으로부터 대출을 받아서 납부하려 했으나, 말소되지 않은 가처분으로 인해 대출에 애로가 있을 수 있다는 점을 인지하여야 한다.

〈가처분등기 말소 후 근저당권 설정내역〉

1	근저당권설정	2010년1월22일 제2015호	2010년1월22일 설정계약	채권최고액 금130,000,000원 채무자 김○○ 광주광역시 서구 양동 근저당권자 주식회사우리은행 110111-○○○○○○○

8) 재산분할청구 가처분

2008 타경 64019 (강제)		매각기일 : 2009-05-27 10:30~ (수)		경매6계 (031)210-1266	
소재지	경기도 수원시 권선구 권선동 1267 한성아파트 ***동 5층 505호			사건접수 2008-12-04	
물건종별	아파트	채권자	음00	감정가	310,000,000원
대지권	60,082㎡ (18,17평)	채무자	안00	최저가	(80%) 248,000,000원
전용면적	101,88㎡ (30,82평)	소유자	안00	보증금	(10%) 24,800,000원
평형	38평형	매각대상	토지/건물일괄매각	청구금액	70,000,000원
입찰방법	기일입찰	배당종기일	2009-03-09	개시결정	2008-12-04

기일현황

회차	매각기일	최저매각금액	결과
신건	2009-04-22	310,000,000원	유찰
2차	2009-05-27	248,000,000원	매각

박00/입찰7명/매각285,000,000원(92%)

임차인현황 ☞ 건물소멸기준 : 2008-12-05 ☞ 배당종기일 : 2009-03-09   [매각물건명세서] [예상배당표]

순위	성립일자	권리자	권리종류(점유부분)	권리금액	신고	대항	예상배당여부
1	전입 2005-12-22 확정 2005-10-25 배당 2008-12-17	이##	주택임차인	[보] 170,000,000원	○	있음	배당금 : 170,000,000원 전액배당으로 소멸예상

목적물에대한 전입세대열람내역결과 세대주 이 ** 님의 주민등록이 등재되어 있으며,2차에 걸쳐 현황을 방문하였으나 소유자및점유자를 만나지 못하고 이에 `알리는말씀`에 의하여 2008,12,19, 20:15경 임차인 이 ## 님의 전화신고에 의하여 점유자라고 신고함.
2차에 걸쳐 방문하였으나 만나지 못하고, 2008,12,19,20:15경 임차인 이 ##의 전화신고에 의하여 작성함.

건물 등기부현황 ☞ 건물열람일 : 2009-04-08   [등기부등본열람]

구분	성립일자	권리종류	권리자	권리금액	인수/소멸	비고
갑1	1996-01-29	(전)소유권	음00		이전	매매
갑6	2002-12-23	(현)소유권	안00		이전	증여
갑7	2006-09-15	가처분	음00		소멸	경매신청채권자 배당후 소멸 [가처분등기보기]
갑8	2008-12-05	강제경매	음00	청구: 70,000,000원	소멸기준	2008타경64019

본 사건은 음OO이 안OO에게 2002년 12월 23일 "증여"를 원인으로 소유권을 이전시켰다가, 음OO이 2006년 9월 15일 "재산분할청구"를 피보전권리로 하는 가처분등기(=사건번호 : 2006즈단702)를 한 후, 안OO를 상대로 본안소송을 제기하여 판결문으로 2008년 12월 5일 강제경매 신청한 사건이다.

그런데 음OO가 재산분할청구를 피보전권리로 하는 가처분에 의해 가처분등기 된 부동산을 강제경매신청 하였다는 것은 가처분의 목적을 달성한 것으로 보아야 한다. 가처분의 목적달성? 이것이 중요한 것이다!!!

그렇다면 본 사건의 가처분은 아무런 힘을 발휘하지 못하나, 선순위 가처분등기가 "임의(강제)경매로 인한 매각"으로 말소, 또는 "해제"로 말소될지는 가처분 내역상 "해제내용"에 해제가 되었는지 여부에 따라 달라진다.

본 사건은 박OO이 2차 매각기일에 낙찰 받고, 2009년 7월 7일 소유권취득을 하였으며, 같은 날짜에 선순위 가처분은 "강제경매로 인한 매각"으로 말소되었다. 이는 아마도 입찰 당시 가처분등기는 이미 해제되었지 않나 하는 생각이 든다.

〈낙찰자 박OO의 소유권이전등기 내역〉

9	소유권이전	2009년7월7일 제66933호	2009년7월7일 강제경매로 인한 매각	소유자 박OO 690926-1****** 경기도 화성시 향남읍

〈가처분등기 및 가처분말소등기 내역〉

7	가처분	2006년9월15일 제125612호	2006년9월11일 수원지방법원의 가처분결정(2006즈단702)	피보전권리 재산분할청구 채권자 음OO 수원시 권선구 고색동 금지사항 매매, 증여, 전세권, 저당권, 임차권의 설정 기타일체의 처분행위 금지
10	7번가처분 8번강제경매개시결정 등기말소	2009년7월7일 제66933호	2009년7월7일 강제경매로 인한 매각	"강제경매로 인한 매각"으로 가처분등기 말소!!!!!!!

9) 소유권이전등기청구권 가처분

2006 타경 12709 (임의)		매각기일 : 2007-10-16 10:00~ (화)		경매2계 650-3109 (구내:3109)	
소재지	경기도 평택시 지제동 522-00			사건접수	2006-10-30
물건종별	답	채권자	이★	감정가	635,040,000원
토지면적	2352㎡ (711.48평)	채무자	허00	최저가	(100%) 635,040,000원
건물면적		소유자	허00	보증금	(10%)63,504,000원
제시외면적		매각대상	토지매각	청구금액	604,350,000원
입찰방법	기일입찰	배당종기일	2007-01-29	개시결정	2006-10-31

▶ 기일현황

회차	매각기일	최저매각금액	결과
신건	2007-10-16	635,040,000원	매각
이★/입찰5명/매각930,059,000원(146%)			

본건 경매신청권자

▶ 토지 등기부현황   등기부등본열람

구분	성립일자	권리종류	권리자	권리금액	인수/소멸	비고
갑1	1967-12-07	(전)소유권	차00		이전	매매
갑2	2003-08-04	(현)소유권	허00		이전	매매
갑3	2006-09-26	가처분	이00		인수	특별매각조건에의한 인수 가처분등기보기
을20	2006-10-09	(근)저당	이★	650,000,000	소멸기준	
을22	2006-10-19	(근)저당	이★	420,000,000	소멸	
갑4	2006-11-02	임의경매	이★	청구: 604,350,000원	소멸	2006타경12709
을23	2007-05-15	지상권	이★		소멸	

① 이00의 가처분등기 분석

이00 명의로 2006년 9월 26일 "소유권이전등기청구권"을 피보전권리로 하는 가처분등기가 된 후 이*가 근저당권을 설정하였고, 2006년 11월 2일 임의경매신청을 하였는데, 선순위 가처분이 걸린다. 가처분권자 이00의 요구사항은 "소유권이전등기청구권"이다.

즉, 현 소유자 허00의 소유권을 가처분권자인 이00 앞으로 이전시켜 달라는 것이다. 본 사건의 권리가 발생한 순으로 정리해보면…

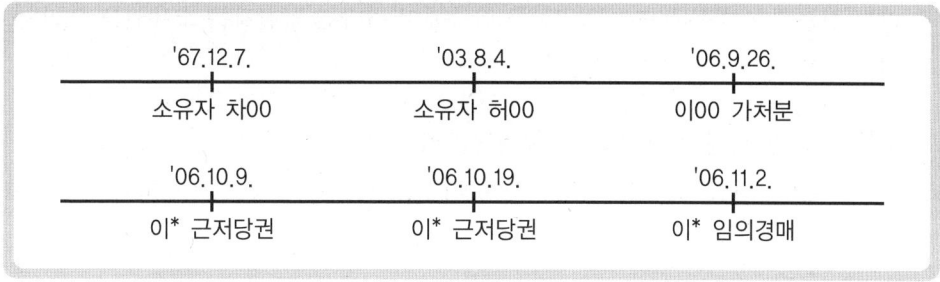

이00의 가처분등기 이후에 이*이 2건의 근저당권을 설정하였다. 가처분등기 이후의 이*의 근저당권은 위험해 보이는데… 왜냐하면 이00의 가처분 목적은 2003년 8월 4일 소유권을 취득한 허00에 대해 가처분권자인 본인 앞으로 소유권을 넘기라는 것이다.

〈이00의 가처분내역〉

사건번호 : 수원지방법원 평택지원 2006카단3066			
사건번호	2006카단3066	사건명	부동산처분금지가처분
채권자	이00(가처분권자)	채무자	허00(現 소유자)
제3채무자		청구금액	268,128,000원
재판부	3단독()	담보내용	268,128,000원
접수일	2006.09.20	종국결과	2006.09.25 인용
수리구분		병합구분	없음
기록보존인계일	2008.04.21		
항고인		항고일	
항고신청결과		해제내용	2007.12.27 해제
보존여부	기록보존됨		

만약 이00의 주장대로 소유권이 허00에서 이00 앞으로 변경된다면 이*의 근저당권은 효력이 있을까? 효력이 없다!

왜냐하면 이*은 허00을 채무자로 하여 근저당권을 설정했는데, 가처분에 의한 소유권이 변동되어 허00가 소유권을 상실한다면, 허00은 채무자의 지위를 상실하고, 이렇게 되면 결과론적으로 이*은 채무자가 아닌 자와 근저당권 설정계약을 체결했기 때문인 것이다. 경매 당시 선순위 가처분은 그 목적 달성을 하지 못했는데, 만약 낙찰 후 소멸되지 않는 선순위 가처분권자가 소유권을 취득해 버린다면 낙찰자는 소유권을 상실할 위험에 처하게 된다.

② 소유권 관련한 가처분등기는 조심해야 한다.

1차 매각기일인 2007년 10월 16일 당시 선순위 가처분등기는 해제되지 않았고, 동년 12월 27일 해제된 것으로 가처분 내역에 나타나 있다. 입찰 당시 선순위 가처분의 행방이 묘연할 경우 어떻게 접근하여야 할까? 모르면 투자하지 않는 것이 상책이다.

그런데 법원이 작성한 매각물건명세서를 보면 "선순위 가처분 인수조건부 매각임(본건이 낙찰될 경우 선순위 가처분을 말소해 주겠다는 취지의 가처분권자의 이행확인서가 제출되어 있음.)"이라고 표시되어 있다.

〈매각물건명세서 중에서...〉

등기된 부동산에 관한 권리 또는 가처분으로 매각허가에 의하여 그 효력이 소멸되지 아니하는 것
2006.09.26. 가처분등기 ←
매각허가에 의하여 설정된 것으로 보는 지상권의 개요
해당사항 없음
비고란
농지취득자격증명필요(미제출시 매수보증금 몰수) 선순위가처분 인수조건부 매각임(본건이 낙찰될 경우 선순위가처분을 말소해주겠다는 취지의 가처분권자의 이행확인서가 제출되어 있음) 공부상 답이나 현황은 전()도 이용중.

그리고 선순위 가처분권자 이OO이 2007년 9월 17일 집행법원에 이행확인서를 제출하였다.

〈법원문건 접수내역에서...〉

2007-09-17	가처분권자 이 OO 이행확인서 제출

그런데, 가처분권자의 이행확인서를 믿어야 하는데, 낙찰 후 만약 가처분권자 이OO이 가처분 말소 관련하여 협조를 하지 않는다면 별개의 소송절차를 밟아야 하는 번거로움이 예상된다.

③ 낙찰 후 가처분등기의 행방

본 사건은 근저당권자 이*이 낙찰 받아 2007년 12월 26일 소유권이전등기를 했는데, 가처분등기는 그 이후인 동년 12월 28일 "해제"를 원인으로 말소되었다.

〈낙찰자 이* 의 소유권이전등기내역〉

5	소유권이전	2007년12월26일 제70022호	2007년12월18일 임의경매로 인한 매각	소유자 이★ 520418-1****** 경기도 평택시 세교동

〈가처분등기 및 가처분말소 등기내역〉

| 3 | 가처분 | 2006년9월26일 제62016호 | 2006년9월25일 수원지방법원평택지원의 가처분결정(2006카단3066) | 피보전권리 소유권이전등기청구권 채권자 이○○ 510214-1****** 경기도 이천시 창전동 금지사항 매매, 증여, 전세권, 저당권, 임차권의 설정 기타일체의 처분행위 금지 |
| 7 | 3번가처분등기말소 | 2007년12월28일 제70659호 | 2007년12월27일 해제 | "해제"를 원인으로 가처분등기 말소 |

④ 정리

본 사건은 비록 가처분등기권자가 낙찰 후 가처분등기를 말소해 주겠다는 이행확인서가 있다 하더라도, 가처분등기에 대한 정확한 내막을 모르면 입찰참여시 신중해야 할 것으로 본다.

참고로 본건은 근저당권자 이*이 낙찰 받았는데, 아마도 근저당권자는 가처분등기에 대한 내막을 잘 알고 있었을 것이다.

9 기타 낙찰사례분석

(1) 실전 대지권 미등기

1) 대지권 미등기 입문

대지권이란 아파트나 빌라, 오피스텔 등 집합건물과 관련된 것으로서, 대지를 사용할 수 있는 권리를 말한다. 그리고 아파트 등 집합건물은 특별한 경우로서, 아예 대지권등기가 없는 국유지나 시유지상에 지어진 집합건물이나, 대지권만 따로 분리하여 처분할 수 있다는 규약이 있는 경우, 이외에는 전유부분을 소유하기 위해 대지에 대하여 가지는 대지권은 전유부분과 일체로 거래의 객체가 되기에 대지권에 대한 권리를 취득할 수 있다.

간혹 대지권이 미등기인 상태에서 전유부분만 경매시장에 나오는 경우가 있는데, 대지권이 미등기인 사유는 ▶아파트 사업부지의 필지가 많아 대지의 합필 및 환지절차가 지연된 경우, ▶최초 분양자가 분양대금의 납부를 지연한 경우, ▶원래 소유자가 대지권등기를 할 수 있음에도 불구하고 대지권등기를 하지 않은 경우 등으로 볼 수 있다.

그러나 최초 분양자가 전유부분의 소유를 목적으로 하는 대지사용권인 대지권까지 포함하여 분양대금을 완납한 후, 전유부분에 대해 소유권을 취득하였다면, 비록 대지권등기가 되지 않았다 하더라도 낙찰 후 매각대금의 완납과 동시에 대지권에 대한 권리를 취득할 수 있다.

그리고 대지사용권은 아파트 등 집합건물의 구분소유자가 전유부분을 소유하기 위해서 건물의 대지에 대하여 가지는 권리이며(=집합건물의 소유 및 관리에 관한 법률 제2조 제6호), 대지사용권에 해당하는 권리로는 대지를 목적으로 하는 소유권, 지상권, 전세권, 임차권, 무상사용권(예 : 시영아파트), 유상사용권(예 : 건물만 분양하고 일정 기간의 토지사용료를 분양가에 포함한 경우), 법정지상권, 관습상 법정지상권이 해당된다.

2) 대지권 미등기 - 1

2008 타경 3046 (임의)		매각기일 : 2008-07-07 10:00~ (월)		경매5-1계 3399-7325	
소재지	서울특별시 노원구 중계동 503중계그린아파트 ***동 2층 216호				사건접수 2008-02-18
물건종별	아파트	채권자	국민은행	감정가	210,000,000원
대지권	대지권미등기	채무자	이 00	최저가	(100%) 210,000,000원
전용면적	49.5㎡ (14.97평)	소유자	이 00	보증금	(10%) 21,000,000원
평형		매각대상	토지/건물일괄매각	청구금액	3,611,324원
입찰방법	기일입찰	배당종기일	2008-05-14	개시결정	2008-02-19

▶ 기일현황

회차	매각기일	최저매각금액	결과
신건	2008-07-07	210,000,000원	매각
김00/입찰3명/매각243,310,000원(116%)			

▶ 감정평가현황 :

토지	건물	제시외건물(포함)	제시외건물(제외)	기타(기계기구)	합계
x	210,000,000원	x	x	x	210,000,000원
비고	대지권 미등기이나, 최저매각가격은 대지권가격을 포함하여 산정함				

▶ 임차인현황 ▶ 건물소멸기준 : 1997-07-23 ▶ 배당종기일 : 2008-05-14   매각물건명세서 예상배당표

순위	성립일자	권리자	권리종류(점유부분)	권리금액	신고	대항	예상배당여부
1	전입 2006-10-30 확정 2006-09-08 배당 2008-05-08	김 ##	주택임차인 전부(방2칸)	[보] 80,000,000원	O	없음	배당금 : 80,000,000원 전액배당 소멸예상

＜국민은행의 청구액이 소액인데, 대위변제의 실익이나 경매취하 가능성은?＞

▶ 건물 등기부현황 ▶ 건물열람일 : 2008-06-23   등기부등본열람

구분	성립일자	권리종류	권리자	권리금액	인수/소멸	비고
갑1	1990-12-21	(전)소유권	조 00		이전	매매
갑2	1997-05-16	(현)소유권	이 00		이전	낙찰
을1	1997-07-23	(근)저당	국민은행	6,500,000원	소멸기준	
을4	2007-08-02	(근)저당	박 00	130,000,000원	소멸	
갑3	2007-10-22	가압류	기술신용보증기금	177,806,000원	소멸	
갑4	2007-10-23	가압류	국민은행	9,750,000원	소멸	
갑5	2008-01-11	가압류	국민은행	31,778,828원	소멸	
갑6	2008-02-21	임의경매	국민은행	청구: 3,611,324원	소멸	2008타경3046

① 대지권 미등기이나 대지권 가격을 포함하여 산정함?

집합건물인데 대지권은 미등기인 상태에서 전유부분만 경매대상일 경우, 대지권 가격을 포함해서 최저매각가격을 산정하였다면 낙찰 후 아무런 장애요인 없이 대지권을 취득할 수 있을까?

최초 분양받은 사람이 대지사용권을 수반한 전유부분을 분양 받았다면 보통은 취득할 수 있다. 그러나 그 자가 만약 분양대금을 완납하지 않았다면(⇨통상 건설회사 입장에서는 분양대금을 완납하지 않으면 전유부분에 대한 소유권이전등기를 넘기지 않는 것으로 알고 있다.) 낙찰자는 대지권에 해당하는 금액만큼 건설회사에 지급하고 대지권을 이전 받아야 하는 경우가 있을 수 있다.

따라서 법원이 작성한 문건에… 감정평가서상에… 대지권 가격을 포함하여 최초매각가격을 평가하였다 할지라도 애초 대지사용권이 없었다면 아예 대지권을 취득할 수 없고, 최초 분양받은 사람이 분양대금을 완납하지 않았다면 낙찰자는 일정금액을 지급하고 대지권등기를 넘겨받아야 한다.

② 대지권 미등기일 경우 분석사항

먼저 부동산등기부상 <u>대지권의 목적인 토지의 표시</u>가 있는지를 확인하자! 만약 있다면 경매물건 소유자는 대지권등기를 하지 않은 것으로서, 낙찰 후 낙찰자 명의로 대지권등기를 하면 된다.

〈본 사건 부동산등기부상 "대지권의 목적인 토지의 표시" 내역〉

	(대지권의 목적인 토지의 표시)			
표시번호	소 재 지 번	지 목	면 적	등기원인 및 기타사항
1 (전 1)	1. 서울특별시 노원구 중계동 502-1 2. 서울특별시 노원구 중계동 503	대 대	$27863m^3$ $53257.1m^3$	1993년3월3일 부동산등기법 제177조의 6 제1항의 규정에 의하여 1999년 3월 17일 전산이기

그리고 토지대장상에 <u>일부대지권</u> 설정으로 나타나 있는지 여부를 확인하자! 만약 있다면 경매부동산은 대지권등기가 되어 있지 않으나, 다른 전유부분에는 대지권등기가 되어있다는 사실을 암시하는 것이다.

〈본 사건 토지대장상 "일부대지권 설정" 내역〉

고유번호	1135010600 - 10503 - 0000			도면번호	9	발급번호	20110401-0132-0001
토지소재	서울특별시 노원구 중계동			장번호	2-2	처리시각	18시 12분 07초
지번	503	축척	수치	비고		작성자	인터넷민원

토지표시			소유자		
지목	면적(㎡)	사유	변동일자	주소	
			변동원인	성명 또는 명칭	등록번호
		(23)일부대지권설정	1993년 03월 08일	외 26인	
			--- 이하 여백 ---		

토지대장상 "일부대지권 설정" 여부 확인!!!

본 사건은 216호이다. 그렇다면 다른 호수의 **대지권 등록부**를 확인하여 대지권비율이 표시되어 있는지 여부를 확인하자! 참고로 아래 대지권 등록부는 낙찰자 김OO이 낙찰 후 대지권등록부상에 대지권비율을 정리한 내용이다.

〈본 사건 "대지권 등록부"〉

고유번호	1135010600-10503-0000			전유부분 건물표시	***동 2층 216호	장번호	1
토지소재	서울특별시 노원구 중계동		지번	503	대지권비율	31.742/81120.1	건물명칭	중계그린아파트
지번	중계동 502-1						
대지권비율	31.742/81120.1						

변동일자	소유권 지분	소유자	
변동원인		주소	등록번호
			성명 또는 명칭
2008년 08월 22일		512 중계무지개아파트 000-000	480222-1******
(03)소유권이전			김OO

③ 낙찰 후 본 사건의 대지권등기는?

앞의 ②에서 언급한 사항을 점검한 후 낙찰 받는 것이다. 그런 후 대지권등기를 하는 것이다. 낙찰자 김OO은 2008년 8월 14일 본 사건에 대해 소유권이전등기를 하였다.

〈낙찰자 김OO 명의의 소유권이전등기〉

| 7 | 소유권이전 | 2008년8월14일 제107065호 | 2008년8월14일 임의경매로 인한 매각 | 소유자 김OO 480222-1****** 서울특별시 노원구 중계동 |

낙찰자는 소유권이전등기 후 2008년 8월 22일 대지권등기를 하였다.

〈대지권등기 내역〉

[집합건물] 서울특별시 노원구 중계동 503 중계그린아파트 제***동 제2층 제216호   고유번호 1113-1996-○○○○○○

(대지권의 표시)			
표시번호	대지권종류	대지권비율	등기원인 및 기타사항
1	1,2 소유권대지권	81120.1분의 31.742	2008년8월22일 대지권 2008년8월22일

참고로 토지등기부상 2008년 8월 22일 "건물 ***동 216호 전유부분의 취득"을 등기원인으로 하여 낙찰자 명의의 공유자지분이 표시되었다.

〈토지등기부상 공유자지분 표시내역〉

| 37 | 1번에스에이치공사지분81120.1분의253.5242 중 일부(81120.1분의31.742)이전 | 2008년8월22일 제109419호 | 2008년8월14일 건물***동 216호 전유부분의 취득 | 공유자 지분 81120.1분의 31.742 김OO 480222-1****** 서울특별시 노원구 중계동 |

3) 대지권 미등기 - 2

2010 타경 30103 (임의)		매각기일 : 2011-04-07 10:00~ (목)		경매2계 530-1814 (구내:1814)	
소재지	서울특별시 서초구 서초동 1511-6 서초1차엔-스위트 ***동 2층 201호			사건접수 2010-10-21	
물건종별	아파트	채권자	** 저축은행	감정가	620,000,000원
대지권	대지권미등기	채무자	회생회사 OO종합건설의 관리인 김 OO	최저가	(80%) 496,000,000원
전용면적	120.43㎡ (36.43평)	소유자	김 OO	보증금	(10%) 49,600,000원
평형		매각대상	토지/건물일괄매각	청구금액	588,078,635원
입찰방법	기일입찰	배당종기일	2011-01-17	개시결정	2010-10-22

▣ 기일현황

회차	매각기일	최저매각금액	결과
신건	2011-03-03	620,000,000원	유찰
2차	2011-04-07	496,000,000원	매각
(주)*******/입찰15명/매각563,890,000원 (91%)			
	2011-04-14	매각결정기일	

15명 입찰

▣ 대지권현황

	지번	용도	대지권비율	면적	감정가격	비고
1	서초동 1511-6 외 1필지	대지	대지권미등기	54.63㎡ (16.53평)	279,000,000원	대지권미등기이나 감정가격에 포함됨 984.1면적중 김OO지분 54.6321전부
기타	서초고등학교 남동측 인근에 위치 / 부근은 단독주택 및 다세대주택 연립주택 아파트 등 공동주택이 형성 / 인근에 버스정류장 및 전철 2호선 서초역이 소재 / 서측 노폭 약10미터 도로와 접함 / 제2종일반주거지역					

▣ 임차인현황   ▶채무자(소유자)점유◀

▣ 건물 등기부현황 ☞ 건물열람일 : 2011-02-17

구분	성립일자	권리종류	권리자	권리금액	인수/소멸	비고
갑1	2004-09-22	(전)소유권	김** 외		이전	보존
갑2	2004-09-22	(현)소유권(전부)	김 OO		이전	매매
을4	2008-08-26	(근)저당	** 저축은행	800,000,000원	소멸기준	
갑3	2010-08-13	가압류	신용보증기금	850,000,000원	소멸	
갑4	2010-08-17	가압류	우리은행	901,817,506원	소멸	
갑5	2010-09-29	가압류	신보희망디딤돌제삼차유동화전문유한회사	5,120,545,205원	소멸	
갑6	2010-09-30	가압류	하나은행	798,877,795원	소멸	
갑7	2010-10-22	임의경매	** 저축은행	청구: 588,078,635원	소멸	2010타경30103
갑8	2010-11-08	가압류	서울보증보험	1,297,464,550원	소멸	
갑9	2011-02-11	압류	서울특별시서초구		소멸	

① 해설

본 사건은 집합건물로서 전유부분 및 대지권등기까지 되어 있어야 하나, 대지권등기가 없다. 그렇다면 직전사례에서 언급한 것처럼 부동산등기부상에 **대지권의 목적인 토지의 표시**가 있는지를 확인해 본 결과 없었으며, 전유부분인 201호만 덩그러니 나타나 있었다.

<본 사건 부동산등기부의 표제부>

[집합건물] 서울특별시 서초구 서초동 1511-6의 1필지 서초1차엔-스위트 ***동 제2층 제201호   고유번호 1102-2004-○○○○○○

【 표 제 부 】		(1동의 건물의 표시)		
표시번호	접 수	소재지번, 건물명칭 및 번호	건 물 내 역	등기원인 및 기타사항
1	2004년9월22일	서울특별시 서초구 서초동 1511-6, 15511-20 서초1차엔-스위트 ***동	철근콘크리트구조 (철근)콘크리트지붕 6층 공동주택 지1층 $848.65m^2$ 1층 $415.6m^2$ 2층 $408.3m^2$ 3층 $406.22m^2$ 4층 $406.22m^2$ 5층 $406.22m^2$ 6층 $406.22m^2$ 옥탑1층 $39.99m^2$ 옥탑2층 $25.11m^2$	도면편철장 1책 519장

【 표 제 부 】		(전유부분의 건물의 표시)		
표시번호	접 수	건물번호	건 물 내 역	등기원인 및 기타사항
1	2004년9월22일	제2층 제201호	철근콘크리트구조 $120.43m^2$	도면편철장 1책 519장

그래서 **대지권 등록부**를 열람해 본 결과 이 또한 없었다. 이는 지상 건물이 대지권등기가 되었을 경우에만 있고, 본건처럼 대지권등기가 되어 있지 않다면 대지권 등록부는 없는 것이다.

그런데 경매정보지를 보니 소유자 김○○의 대지 지분 54.6321 전부를 감정가격에 포함시켰다고 하는데, 대지 지분 54.6321은 어디에서 나왔을까?

② 소유자 김OO의 대지 지분 54.6321은 어디에?

본 사건은 집합건물이기는 하나, 대지권등기 없이 토지등기부상 지분 형식으로 김OO에게 소유권이 이전 되었는데, 김OO의 2필지 지분이 54.6321이다.

〈1511-6 토지등기부상 소유자 김OO의 지분이전등기 내역〉

| 15 | 3번조병호지분659.7분의63.995 중 일부(659.7분의4.6495), 4번양희자지분659.7분의63.965 중 일부(659.7분의4.6645), 5번조용우지분659.7분의63.995 중 일부(659.7분의4.6495), 6번우봉윤지분659.7분의63.995 중 일부(659.7분의4.6495), 7번정재완지분659.7분의63.995 중 일부(659.7분의4.6495), 8번설제성지분659.7분의63.995 중 일부(659.7분의4.6495), 10번이민희지분659.7분의63.995 중 일부(659.7분의4.6495), 11번김규옥지분659.7분의63.995 중 일부(659.7분의4.6495), 12번김태홍지분659.7분의63.995 중 일부(659.7분의4.6495)이전 | 2004년9월22일 제54205호 | 2004년9월20일 매매 ↓ 집합건물이나 토지지분으로 소유권이전됨 | 공유자 지분 659.7분의 41.8605 김OO 660602-1****** 서울 서초구 서초동 1684 서초동 1511-6 대지면적은 659.7제곱미터이며, 김OO의 지분은 41.8605임. 689.7 * 41.8605 / 659.7 = 41.8605 |

〈1511-20 토지등기부상 소유자 김OO의 지분이전등기 내역〉

| 20 | 13번김문호지분660.4분의120.945 중 일부(660.4분의4.8595), 14번설제현지분660.4분의121.805 중 일부(660.4분의5.2295), 15번천광재지분660.4분의122.925 중 일부(660.4분의5.7895), 16번이승례지분660.4분의120.945 중 일부(660.4분의4.8595), 17번안광음지분660.4분의121.75 중 일부(660.4분의5.262)이전 | 2004년9월22일 제54205호 | 2004년9월20일 매매 ↓ 집합건물이나 토지지분으로 소유권이전됨 | 공유가 지분 660.4분의 26 김OO 660602-1****** 서울 서초구 서초동 1684 서초동 1511-20 대지면적은 324.4제곱미터이며, 김OO의 지분은 12.7716임. 324.4 * 26 / 660.4 = 12.7716 |

나아가 토지대장에 첨부된 <u>공유지 연명부</u>상에도 소유자 김OO 명의로 토지등기부와 같은 지분으로 표시되어 있다.

〈서초동 1511-6 "공유지 연명부"〉

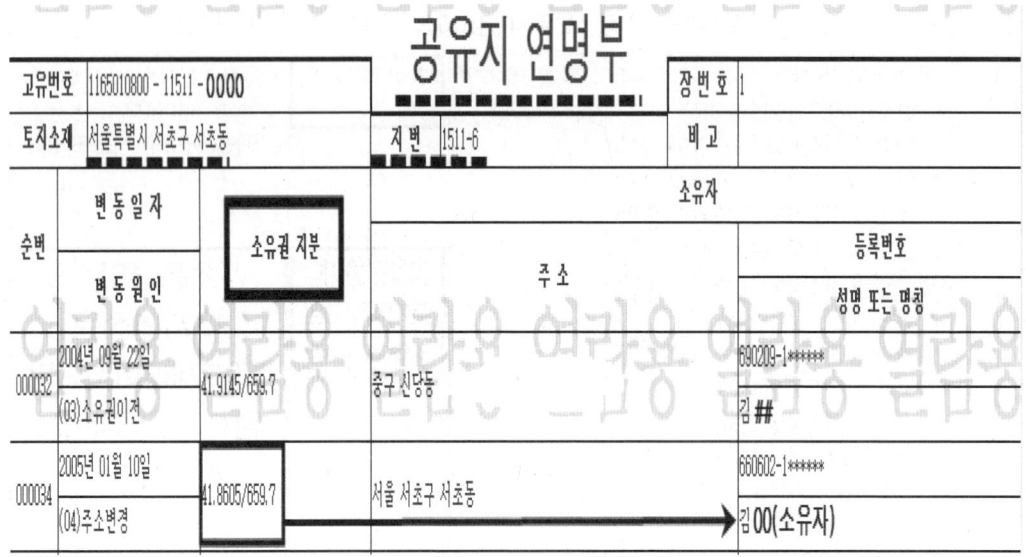

〈서초동 1511-20 "공유지 연명부"〉

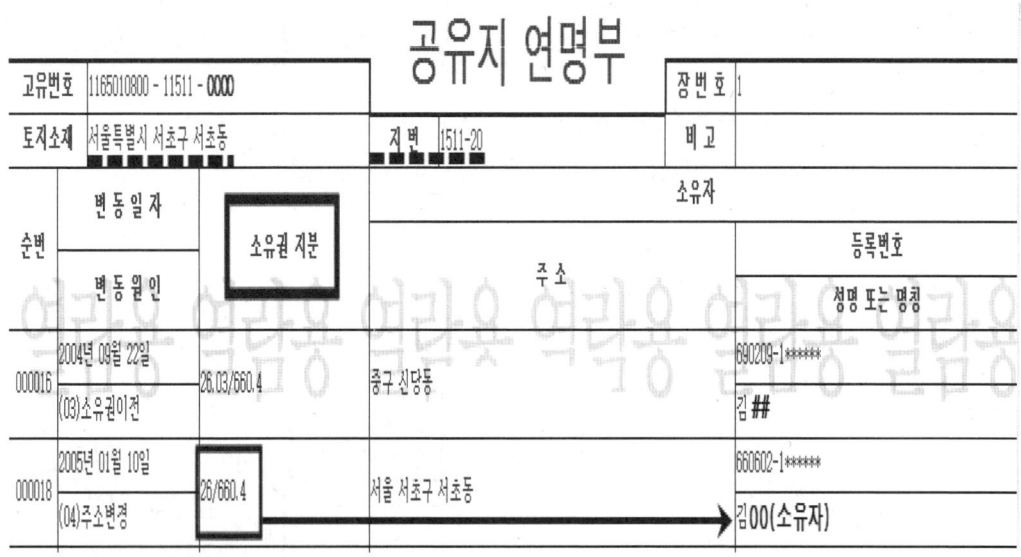

이러한 경우에는 대지권등기가 없더라도 낙찰 후 토지지분만 정리하면 되기에 적정한 가격에 낙찰 받는 쪽으로 신경을 쓰면 된다.

4) 대지권 미등기 - 3

2010 타경 305 (임의) 2010타경8033		매각기일 : 2010-09-09 10:00~ (목)		경매5계 02-3271-1325	
소재지	서울특별시 은평구 진관동 11 은평뉴타운 상림마을 ***동 1층 101호			사건접수 2010-01-07	
물건종별	아파트	채권자	김OO(담보가등기권자)	감정가	480,000,000원
대지권	대지권미등기	채무자	이OO	최저가	(64%) 307,200,000원
전용면적	84.63㎡ (25.6평)	소유자	최OO	보증금	(10%) 30,720,000원
평형		매각대상	토지/건물일괄매각	청구금액	170,000,000원
입찰방법	기일입찰	배당종기일	2010-03-22	개시결정	2010-01-08

■ 기일현황

회차	매각기일	최저매각금액	결과
신건	2010-07-01	480,000,000원	유찰
2차	2010-08-12	384,000,000원	유찰
3차	2010-09-09	307,200,000원	매각
김##/입찰14명/매각382,000,000원(80%)			

 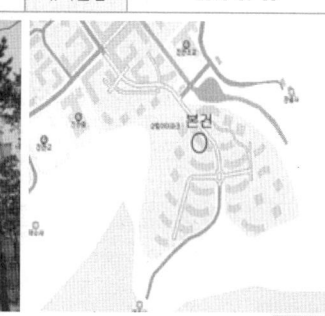

■ 감정평가현황 ☞ 재우감정 : 2010-01-12   감정평가서

토지	건물	제시외건물(포함)	제시외건물(제외)	기타(기계기구)	합계
144,000,000원	336,000,000원	×	×	×	480,000,000원
비고	미등기 대지권 포함				

■ 대지권현황   토지이용계획확인/공시지가 부동산정보 통합열람

	지번	용도	대지권비율	면적	감정가격	비고
1	진관동 11	대지	대지권미등기		144,000,000원	대지권미등기이나 감정에 포함
기타	진관중학교 동측 인근에 위치 / 인근은 중,대규모 단지의 아파트와 학교 도로변 근린시설과 임야등이 혼재 / 차량 통행 가능 인근의 도로 버스등 일반 대중교통 이용가능 / 제2종일반주거지역 / 제한보호구역 도시개발구역 토지거래계약에관한허가구역					

■ 임차인현황 ☞ 건물소멸기준 : 2008-08-01 ☞ 배당종기일 : 2010-03-22   매각물건명세서 예상배당표

순위	성립일자	권리자	권리종류(점유부분)	권리금액	신고	대항	예상배당여부
1	전입 2009-03-02 확정 2009-06-08 배당 2010-03-19	정OO	주택임차인 101호 전부	【보】160,000,000원	○	없음	배당금: 11,661,700원 미배당: 148,338,300원 일부배당(미배당금 소멸예상)

■ 건물 등기부현황 ☞ 건물열람일 : 2010-06-17   등기부등본열람

구분	성립일자	권리종류	권리자	권리금액	인수/소멸	비고
갑1	2008-06-25	(전)소유권	에스에이치공사		이전	보존
갑2	2008-08-01	(현)소유권	최OO		이전	매매
을1	2008-08-01	(근)저당	우리은행	104,000,000원	소멸기준	
을2	2008-08-01	(근)저당	우리은행	264,000,000원	소멸	
갑4	2009-06-10	가등기	김OO(담보가등기)		소멸	담보가등기 경매신청채권자 배당후 소멸
갑5	2010-01-08	임의경매	김OO	청구: 170,000,000원	소멸	2010타경305
갑6	2010-02-03	압류	서울특별시 은평구		소멸	
갑7	2010-05-26	임의경매	우리은행	청구: 311,360,908원	소멸	2010타경8033

① 해설

본 사건 경매물건은 은평뉴타운 내의 아파트이다. 대체로 건축된 지 얼마 되지 않는 집합건물은 대지권 등기가 곧바로 정리되지 않는데, 본건 역시 대지권 정리가 되지 않아 대지권 미등기인 상태에서 전유부분인 101호만 경매진행 되었다.

② 낙찰 후 대지권 취득은?

서울서부지방법원 경매5계에서는 에스에이치공사측에 사실조회확인서를 발송한 모양인데, 대단히 바람직스러운 일이라고 본다. 이에 에스에이치공사는 "대지지분 75.8㎡ 포함하여 분양하였으며, 분양금 완납시 대지지분 사실상 소유함. 추후 부담할 금액은 없음."이라는 회신을 한 모양이다.

〈에스에이치공사의 사실조회 회신서 제출〉

| 2010-04-30 | 기타 서울특별시에스에이치공사 사실조회회신 제출 |

〈매각물건명세서 중에서...〉

| ※ 비고란 |
| 대지지분 75.8㎡ 포함하여 분양하였으며, 분양금 완납시 대지지분 사실상 소유함. 추후 부담할 금액은 없음 - 에스에이치공사 사실조회 회신 |

소유자인 최00은 본건 아파트를 최초 분양받은 사람으로서, 분양대금에 대지권까지 포함하여 납부하였을 것이다. 그런데 대지권등기가 되지 않은 까닭은 아마도 아파트 사업부지의 필지가 많아 대지의 합필 및 환지절차가 지연되었기 때문일 것이다.

대지권등기가 없다면 대지권 등록부는 있을 수 없고, 토지대장상에도 "대지권설정"이라는 문구가 없으나, 본 사건의 낙찰자 김##은 시간이 약간 소요될 뿐 본인 앞으로의 대지권등기는 걱정을 하지 않아도 된다.

본 사건의 부동산등기부상에도 "대지권의 목적인 토지의 표시"가 없으나, 나중에 대지의 합필 등의 절차가 완료되면 표시될 것으로 보여 진다.

〈부동산등기부상 "대지권의 목적인 토지의 표시"가 없음〉

[집합건물] 서울특별시 은평구 진관동 11 은평뉴타운 상림마을 ***동 제1층 제101호   고유번호 2742-2008-○○○○○○

【 표 제 부 】		(1동의 건물의 표시)		
표시번호	접 수	소재지번, 건물명칭 및 번호	건 물 내 역	등기원인 및 기타사항
1	2008년6월25일	서울특별시 은평구 진관동 11 은평뉴타운 상림마을 ***동	철근콘크리트구조 (철근)콘크리트 경사지붕 9층 아파트 1층 450.97m^2 2층 450.97m^2 3층 450.97m^2 4층 450.97m^2 5층 450.97m^2 6층 450.97m^2 7층 450.97m^2 8층 387.43m^2 9층 156.8m^2	도면편철장 제4책 제26장

→ 2011년4월 현재 "대지권의 목적인 토지의 표시"가 없음.

【 표 제 부 】		(전유부분의 건물의 표시)		
표시번호	접 수	건물번호	건 물 내 역	등기원인 및 기타사항
1	2008년6월25일	제1층 제101호	철근콘크리트구조 84.63m^2	도면편철장 제4책 제26장

(2) 실전 토지별도등기, 대지권등기 없음

1) 토지별도등기란?

아파트나 연립, 다세대주택 등 집합건물의 부동산등기부상 표제부의 "대지권 표시란"에 "별도등기 있음"이라고 표시되어 있다면, 이는 토지등기부상에 저당권이나 지상권 또는 가압류 등의 권리가 설정되어 있는 경우로서, 낙찰 후 이러한 권리가 걸림돌이 되는지 여부를 분석한 후 입찰에 임해야 한다. 따라서 토지등기부를 <u>반드시</u> 확인해 보아야 한다.

2) 구분지상권이 토지별도등기인 경우

예로서, 지하철이 통과할 경우, 구분지상권을 토지등기부상에 설정하는데, 이러한 별도등기는 낙찰자의 소유권행사에 아무런 지장을 주지 않기에 안심하고 입찰하여도 관계가 없다.

3) 저당권이 토지별도등기인 경우

예로서, 토지소유자가 공사대금을 융통하기 위해 토지를 금융기관에 담보제공한 후, 건물을 건축하는 경우가 있다. 건물이 완공된 후 각 세대별로 구분등기와 함께 대지권등기까지 한 후 토지등기부를 폐쇄하면 토지별도등기가 있을 수 없게 된다.

그러나 건물분양이 잘되지 않아 토지 소유자가 채권액을 전액 변제하지 못하면 토지 저당권은 존속하는데, 이러한 물건이 경매시장에 나오면...

집행법원은 토지 저당권자로 하여금 배당신청하게 하여 배당금액을 토지와 건물로 구분하여 토지부분에 해당하는 금액만큼 배당을 해 주고 "별도등기 있음"을 말소함과 동시에 토지등기부상에는 "지분포기" 또는 "임의경매로 인한 매각", "변경계약" 등을 등기원인으로 하여 저당권 변경등기를 한다.

4) 대지권등기 없음

집합건물이 경매시장에 나왔으나 대지권 미등기가 아니라, 대지권등기가 아예 없다고 표시되어 있으면 이는 건물만 매각한다는 것으로서, 낙찰 후 대지지분에 대한 소유권을 취득할 수 없는 것으로 보아야 한다.

이러한 경우는 ▶국유지나 시유지상에 지어진 아파트 ▶상가의 경우 토지를 일정 기간(30년 혹은 50년 등) 사용한다는 전제하에서 전유부분만 분양받은 경우가 해당된다.

대지권 미등기의 경우, 낙찰 후 대지권에 대한 소유권을 취득할 수 있는 여지가 있으나, 대지권등기가 없는 물건은 대지에 대하여 낙찰자는 아예 소유권을 취득할 수 없음을 알아야 한다.

5) 토지별도등기 - 1

2009 타경 27438 (임의)		매각기일 : 2010-09-06 10:00~ (월)		경매3계 910-3673	
소재지	서울특별시 노원구 상계동 1269 수락파크빌 ***동 1층 104호				사건접수 2009-12-03
물건종별	아파트	채권자	기업은행	감정가	580,000,000원
대지권	57.487㎡ (17.39평)	채무자	00 기업	최저가	(64%) 371,200,000원
전용면적	114.82㎡ (34.73평)	소유자	정00	보증금	(10%) 37,120,000원
평형	44평형	매각대상	토지/건물일괄매각	청구금액	532,649,606원
입찰방법	기일입찰	배당종기일	2010-03-03	개시결정	2009-12-04

▶ 기일현황

회차	매각기일	최저매각금액	결과
신건	2010-06-28	580,000,000원	유찰
2차	2010-07-26	464,000,000원	유찰
3차	2010-09-06	371,200,000원	매각

정##/입찰4명/매각453,600,000원(78%)

▶ 건물 등기부현황 ▶ 건물열람일 : 2010-06-14

구분	성립일자	권리종류	권리자	권리금액	인수/소멸	비고
갑2	2002-02-07	(전)소유권	조00		이전	매매
갑3	2005-03-03	(현)소유권	정00		이전	매매
을11	2007-03-09	(근)저당	중소기업은행	636,000,000원	소멸기준	
갑4	2009-03-16	가압류	삼성카드	14,117,245원	소멸	
갑5	2009-06-08	가압류	솔로몬상호저축은행	9,002,095원	소멸	
갑6	2009-08-14	가압류	국민은행	21,109,145원	소멸	
갑7	2009-12-04	임의경매	중소기업은행	청구: 532,649,606원	소멸	2009타경27438
갑8	2010-02-11	압류	서울특별시 노원구		소멸	

① 해설

본 사건은 토지에 별도등기가 있다. 토지별도등기가 있으면 부동산등기부 표제부의 "대지권의 표시"에 등재된다. 이러할 경우 "토지 등기부등본"을 <u>반드시</u> 확인해야 한다고 언급했다.

본 사건 매각물건명세서상에 "별도등기 있음(이 사건 부동산 1토지 을구 1번 지상권 설정등기)"으로 표시되어 있고, 본 경매사건 104호 부동산등기부의 표제부상에도 "별도등기 있음"으로 나타나 있다.

〈매각물건명세서 중에서...〉

※비고란
별도등기 있음(이 사건 부동산 1토지 을구 1번 지상권 설정등기) ◀

〈104호 부동산등기부 표제부상 별도등기 내역〉

[집합건물] 서울특별시 노원구 상계동 1269 수락파크빌 ***동 제1층 제104호   고유번호 1113-2001-○○○○○○

〈대지권의 목적인 토지의 표시〉			
표시번호	소 재 지 번	지 목	면 적	등기원인 및 기타사항
1	1. 서울특별시 노원구 상계동 1269	대	24599m^2	2002년4월2일

【 표 제 부 】 (전유부분의 건물의 표시)			
표시번호	접 수	건물번호	건 물 내 역	등기원인 및 기타사항
1	2001년7월19일	제1층 제104호	철근콘크리트조 144.82m^2	도면편철장 1책 167장

(대지권의 표시)			
표시번호	대지권종류	대지권비율	등기원인 및 기타사항
1	1 소유권대지권	24599분의 57.487	2002년3월29일 대지권 2002년4월26일
2	1번 토지별도등기 ◀		별도등기 있음 1토지(을구 1번 지상권설정 등기) 2002년4월26일

② 토지별도등기가 있으면?

토지별도등기가 있으면 반드시... 반드시... **토지등기부를 확인해 보아야 한다.** 간혹 별도등기 있는 물건에 대하여 상담을 해 주는데, 상담 의뢰자는 토지등기부를 확인하지 않고 막무가내로 "별도등기 있는 물건인데... 입찰해도 될까요?"라는 식으로 중국말을 늘어놓는다.

가슴이 답답하다는 느낌을 받곤 하는데, 어찌되었던 토지별도등기가 있으면 "토지등기부"를 반드시 확인하여야 한다.

아래는 본 사건의 토지등기부 내용인데, 토지등기부의 을구 1번 지상권등기를 확인해 본 결과, 노원구청에서 본건 아파트 단지 지하에 우수관 시설물을 설치한 모양이다.

우수관 시설물을 보호하기 위해 노원구청은 지상권등기를 하였는데, 이러한 별도등기는 낙찰자가 소유권을 행사하는데, 하등의 지장이 없다.

〈토지등기부상 별도등기 내역〉

[토지] 서울특별시 노원구 상계동 1269   고유번호 1113-1996-○○○○○○

【 을 구 】		(소유권 이외의 권리에 관한 사항)		
순위번호	등 기 목 적	접 수	등 기 원 인	권리자 및 기타 사항
1	지상권설정	2001년12월27일 제129753호	2001년12월10일 설정계약	목 적 우수관 시설물의 보유 범 위 토지의 편입면적 489.1m^2 평균해면 32.018m^2부터 46.728m^2 존속기간 2001년 12월 10일부터 우수관 시설물 존속시까지 지 료 없음 지상권자 서울시노원구
	1. 목적 : 우수관시설물의 보유 2. 존속기간 : 2001년 12월 10일부터 우수관 시설물 존속시까지 3. 지료 : 없음			

6) 토지별도등기 - 2

2009 타경 37658 (임의)		매각기일 : 2010-03-30 10:00~ (화)		경매1계 530-1813 (구내:1813)	
소재지	서울특별시 강남구 도곡동 527 도곡렉슬아파트 ***동 11층 1102호			사건접수 2009-10-01	
물건종별	아파트	채권자	에이치케이상호저축은행	감정가	730,000,000원
대지권	27.5868㎡ (8.34평)	채무자	박00	최저가	(80%) 584,000,000원
전용면적	59.9772㎡ (18.14평)	소유자	박00	보증금	(10%) 58,400,000원
평형	26평형	매각대상	토지/건물일괄매각	청구금액	903,167,994원
입찰방법	기일입찰	배당종기일	2009-12-17	개시결정	2009-10-05

▶ 기일현황

회차	매각기일	최저매각금액	결과
신건	2010-02-23	730,000,000원	유찰
2차	2010-03-30	584,000,000원	매각

서 00/입찰6명/매각646,100,000원(89%)

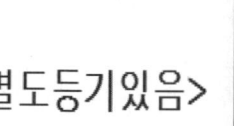

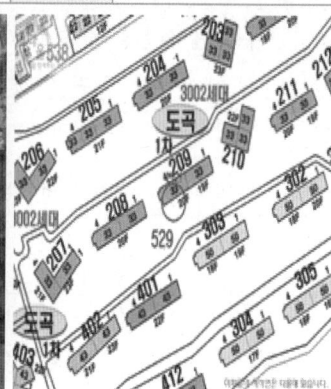

▶ 건물 등기부현황 ☞ 건물열람일 : 2010-02-09

구분	성립일자	권리종류	권리자	권리금액	인수/소멸	비고
갑1	2006-03-28	(전)소유권	도곡동제1차아파트재건축조합		이전	보존
갑2	2006-05-29	(현)소유권	박00		이전	매매 및 신탁재산처분
을2	2007-06-29	(근)저당	에이치케이상호저축은행	936,000,000원	소멸기준	
갑5	2007-07-09	가압류	제일은행	23,400,000원	소멸	
갑6	2007-07-26	가압류	서울신용보증재단	102,000,000원	소멸	
갑7	2007-09-06	가압류	한국수출보험공사	20,000,000원	소멸	
갑8	2008-08-11	압류	역삼세무서		소멸	
갑10	2009-05-12	압류	서울특별시 강남구		소멸	
갑12	2009-10-06	임의경매	에이치케이상호저축은행	청구: 903,167,994원	소멸	2009타경37658

토지별도등기는 집합건물에만 있고, 일반건물에는 없다. 본 사건은 서울 강남구 도곡동에 소재하는 아파트로서 대지는 5필지이다. 그 중 한 필지인 도곡동 527-2(⇨2번 토지)에 대해 토지별도등기가 설정되었다.

아래는 본 사건 부동산등기부상 별도등기내역이다.

⟨1102호 부동산등기부 표제부상 별도등기 내역⟩

【 표 제 부 】		(전유부분의 건물의 표시)		
표시번호	접 수	건물번호	건 물 내 역	등기원인 및 기타사항
1	2006년3월28일	제11층 제1102호	철근콘크리트구조 59.9772m^2	도면편철장 1책 272장

		(대지권의 표시)		
표시번호	대지권종류		대지권비율	등기원인 및 기타사항
1	1, 2, 3, 4, 5 소유권대지권		138750.3분의 27.5868	2006년3월24일 대지권 2006년3월28일
2	**2번 토지(도곡동 527-2) 을구 30번 구분지상권 등기**			별도등기 있음 2토지(을구 30번 구분지상권설정등기) 2006년3월28일

집행법원이 작성한 매각물건명세서에는 "별도등기 있음(을구 30번 구분지상권)"으로 표시되어 있다.

⟨매각물건명세서 중에서...⟩

※비고란
별도등기 있음(을구 30번 구분지상권) ←

토지등기부상 별도등기내역을 알아보니, 철도청에서 지하철도 소유를 목적으로 구분지상권을 설정하였는데, 이러한 별도등기는 낙찰자가 소유권 행사를 하는데 아무런 지장이 없다.

⟨강남구 도곡동 527-2, 토지등기부상 별도등기 내역⟩

[토지] 서울특별시 강남구 도곡동 527-2   고유번호 1146-2008-○○○○○○

1 (전 30)	구분지상권설정	2002년12월4일 제142817호	2002년11월29일 설정계약	목 적 지하철도소유 범 위 해발 22.02미터부터 34.82미터 존속기간 계약일로부터 지하철도 존속 기간까지 지 료 금547,461,480원 지상권자 국 관리청 철도청(서울건설사업소)
	1.목적 : 지하철도소유 2.존속기간 : 지하철도 존속기간까지 3.지료 : 547,461,480원		←	

7) 토지별도등기 - 3

2004 타경 10255 (임의)		물번 6	매각기일 : 2006-12-04 10:00~ (월)		경매1계 02-2204-2405 (구내:2405)	
소재지	서울특별시 송파구 방이동 164-13 ***호					사건접수 2004-07-02
물건종별	다세대(빌라)		채권자	우리은행	감정가	82,000,000원
대지권	16.44㎡ (4.97평)		채무자	** 커피판매	최저가	(17%) 13,758,000원
전용면적	29.19㎡ (8.83평)		소유자	김 ##	보증금	(20%) 2,752,000원
평형			매각대상	토지/건물일괄매각	청구금액	260,000,000원
입찰방법	기일입찰		배당종기일	2004-11-29	개시결정	2004-08-30

기일현황

회차	매각기일	최저매각금액	결과
신건	2005-07-04	82,000,000원	유찰
2차	2005-09-05	65,600,000원	유찰
3차	2005-10-17	52,480,000원	유찰
4차	2005-11-14	41,984,000원	유찰
5차	2005-12-12	33,587,000원	유찰
6차	2006-01-09	26,870,000원	유찰
7차	2006-02-13	21,496,000원	변경
7차	2006-03-13	21,496,000원	유찰
8차	2006-04-17	17,197,000원	유찰
9차	2006-05-22	13,758,000원	매각
	매각15,010,000원(18%)		
	2006-07-04	대금지급기한	미납
9차	2006-08-14	13,758,000원	매각
	매각13,760,000원(17%)		
	2006-09-26	대금지급기한	미납
9차	2006-12-04	13,758,000원	매각
김OO / 매각15,300,000원(19%)			

<토지별도등기있음>

임차인현황 ☞ 건물소멸기준 : 2004-01-02 ☞ 배당종기일 : 2004-11-29

순위	성립일자	권리자	권리종류(점유부분)	권리금액	신고	대항	예상배당여부
1	전입 2003-08-25 확정 2004-02-06 배당 2004-11-17	이 OO	주택임차인 3층 302호	【보】 60,000,000원	○	있음	배당금 : 4,145,100원 인수금 : 55,854,900원 일부배당(미배당금 인수)예상

건물 등기부현황 ☞ 건물열람일 : 2006-12-01

구분	성립일자	권리종류	권리자	권리금액	인수/소멸	비고
갑2	2004-01-02	가압류	우리은행	1,000,000,000원	소멸	
갑3	2004-01-02	가압류	우리은행	1,000,000,000원	소멸기준	
갑4	2004-01-09	가압류	신용보증기금	1,412,000,000원	소멸	
갑5	2004-01-12	가압류	우리은행	365,946,057원	소멸	
갑6	2004-01-26	가압류	**종합건설	9,318,180원	소멸	
갑7	2004-03-02	가압류	농업협동조합중앙회	2,807,961원	소멸	
갑8	2004-05-17	가압류	현대캐피탈	26,827,219원	소멸	
갑9	2004-05-31	가압류	**캐피탈코리아	42,000,000원	소멸	
갑10	2004-06-25	가압류	국민은행	287,402,155원	소멸	
갑11	2004-09-09	임의경매	우리은행	청구: 260,000,000원	소멸	2004타경10255
갑12	2005-01-29	압류	송파세무서		소멸	
갑13	2006-05-22	압류	서울특별시송파구		소멸	
갑16	2006-08-02	압류	수원세무서		소멸	

① 해설

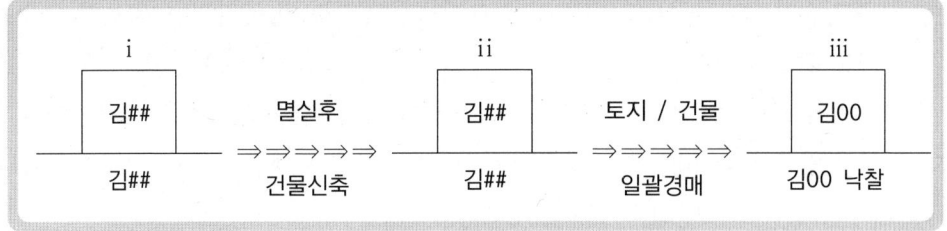

i. 토지 및 구건물에 근저당권 설정

舊 상업은행(=現 우리은행)은 1990년 3월 9일, 1992년 1월 30일, 동년 9월 5일 순위번호 2번 ~ 4번으로 하여 김## 소유인 송파구 방이동 164-13 토지 및 지상의 구 건물을 담보취득 하였다.

ii. 토지 및 신축건물 경매신청

그 후 소유자 김##은 구 건물을 멸실시키고 2002년 8월 20일 토지상에 다세대주택을 신축한 후 본인 명의로 보존등기를 하였으며, 근저당권자인 舊 상업은행(=現 우리은행)은 2004년 9월 9일 민법 제365조[=토지를 목적으로 저당권을 설정한 후 그 설정자(=채무자)가 그 토지에 건물을 축조한 때에는 저당권자는 토지와 함께 그 건물에 대하여도 경매를 청구할 수 있다. 그러나 그 건물의 경매대가에 대하여는 우선변제를 받을 권리가 없다.] 규정에 의해 토지 및 신축 다세대주택 전부를 일괄경매신청 하였다.

〈매각물건명세서상 근저당권자의 일괄매각신청 내용〉

비고란
민법 제365조에 의한 일괄매각 보증금2할

iii. 김OO의 낙찰

토지 근저당권자의 일괄경매신청으로 김OO은 본건 ***호를 9차 매각기일에 1천 5백여만 원에 낙찰 받았다.

② 토지별도등기

지상 신축건물에 근저당권이 없는 舊 상업은행(=現 우리은행)은 토지 및 건물을 일괄경매 신청하였으나, 토지상에 3건의 근저당권이 존재하기에 토지별도등기 있음으로 하여 경매가 진행된 것이다.

이러한 토지별도등기는 배당절차에서 배당받으면 경매시 매각으로 소멸하는데, 본 사건 토지등기부의 을구를 확인해 본 결과, "포기할 지분 몇 분의 몇"이라는 형식으로 근저당권은 말소되었다.

어찌되었든 "토지별도등기있음"으로 표시된 집합건물이 경매시장에 나온다면 토지등기부를 반드시 확인하여 토지상의 권리가 낙찰자에게 손해를 입힐 것인지 여부를 판단한 후 입찰참여 여부를 결정해야 한다.

i. 경매 당시 전유부분 부동산등기부상 별도등기 내역

전유부분인 ***호의 부동산등기부상 토지별도등기내역은 1토지 을구 2번, 3번, 4번 근저당권등기이다.

〈경매대상물인 ***호의 부동산등기부 표제부상 별도등기 내역〉

서울특별시 송파구 방이동 164-13 ***호   고유번호 1162-2002-○○○○○○

	(대지권의 표시)		
표시번호	대지권종류	대지권비율	등기원인 및 기타사항
1	1 소유권대지권	251.2분의 16.44	2002년7월23일 대지권 2002년8월20일
2	1토지 (을구 2내지4 근저당권 설정등기)	←	별도등기 있음 1토지(을구 2내지4 근저당권 설정 등기) 2002년8월20일

ii. 경매 당시 토지등기부상 별도등기내역

본 사건 전유부분 ***호의 토지별도등기는 "1토지의 을구 2번, 3번, 4번 근저당권"인데, 2번 근저당권은 1990년 3월 9일, 3번 근저당권은 1992년 1월 30일, 4번 근저당권은 동년 9월 5일에 채무자를 김##으로 하여 설정하였으나, 채무자 명의가 1994년 9월 13일 **커피판매(주)로 변경되었다. 그리고 2002년 8월 10일 구 건물 멸실에 의해 공동담보가 소멸되었다.

〈송파구 방이동 164-13 토지 을구 2번 별도등기인 근저당권 내역〉

2 (전 4)	근저당권설정	1990년3월9일 제26415호	1990년3월9일 설정계약	채권최고액 금육천오백만원 채무자 김## 　　서울 송파구 방이동 104-13 근저당권자 주식회사한국상업은행 　　　　110111-0023393 　　서울 중구 남대문로2가 111-1 　　(방이동지점) 공동담보 동소 동번지 건물
2-1 (전 4-1)	2번근저당권변경	1994년9월13일 제105750호	1994년9월13일 변경계약	채무자 **커피판매자주식회사 　　서울 송파구 방이동
2-2	2번근저당권 공동담보소멸	구건물 멸실로 공동담보 소멸		건물 서울 송파구 방이동 164-13 멸실 2002년8월10일 부기

〈송파구 방이동 164-13 토지 을구 3번 별도등기인 근저당권 내역〉

3 (전 5)	근저당권설정	1992년1월30일 제9663호	1992년1월29일 설정계약	채권최고액 금삼천만원 채무자 김## 　　서울 송파구 방이동 184-13 근저당권자 주식회사한국상업은행 　　　　110111-0023393 　　서울 중구 남대문로2가 111-1 　　(방이동지점) 공동담보 동소 동번지 건물
3-1 (전 5-1)	3번근저당권변경	1994년9월13일 제105751호	1994년9월13일 변경계약	채무자 **커피판매주식회사 　　서울 송파구 방이동
3-2	3번근저당권 공동담보소멸	구건물 멸실로 공동담보 소멸		건물 서울 송파구 방이동 164-13 멸실 2002년8월10일 부기

〈송파구 방이동 164-13 토지 을구 4번 별도등기인 근저당권 내역〉

4 (전 6)	근저당권설정	1992년9월5일 제102358호	1992년9월4일 설정계약	채권최고액 금일억육천오백만원 채무자 김## 서울 송파구 방이동 164-13 근저당권자 주식회사한국상업은행 110111-0023393 서울 중구 남대문로2가 111-1 (방이동지점) 공동담보 동소 동번지 건물
4-1 (전 6-1)	4번근저당권변경	1994년9월13일 제105752호	1994년9월13일 변경계약	채무자 **커피판매주식회사 서울 송파구 방이동 부동산등기법 제177조의 6 제1항의 규정에 의하여 1번 내지 4-1번 등기를 1999년 06월 11일 전산이기
4-2	**4번근저당권공동 담보소멸**	**구건물 멸실로 공동담보 소멸**		건물 서울 송파구 방이동 164-13 멸실 2002년8월10일 부기

iii. 낙찰 후 전유부분 부동산등기부상 별도등기 내역

토지 근저당권자가 건물까지 일괄경매 신청하였다면 토지상의 별도등기인 근저당권은 매각으로 소멸한다.

[집합건물] 서울특별시 송파구 방이동 164-13 ***호   고유번호 1162-2002-○○○○○○

		(대지권의 표시)	
표시번호	대지권종류	대지권비율	등기원인 및 기타사항
1	1 소유권대지권	251.2분의 16.44	2002년7월23일 대지권 2002년8월20일
2			별도등기 있음 1토지(을구 2내지4 근저당권 설정등기) 2002년8월20일
3	**'08.4.22 별도등기 말소** ←		2번 별도등기 말소 2008년4월22일

iv. 낙찰 후 토지등기부상 별도등기내역

낙찰 후 토지등기부상의 별도등기인 2번, 3번, 4번 근저당권은 "포기할 지분 251.2분의 16.44(***호)"로 근저당권이 변경되면서 ***호의 토지별도등기는 영원히 사라졌다.

⟨***호 낙찰 후 토지별도등기인 근저당권의 변화⟩

2-14	2번근저당권변경	2008년4월18일 제23353호	2007년1월11일 임의경매로 인한 매각	목적 포기할 지분 251.2분의 16.44 (***호), 설정할 지분 251.2분의 21.4 근저당권설정
3-14	3번근저당권변경	2008년4월18일 제23353호	2007년1월11일 임의경매로 인한 매각	목적 포기할 지분 251.2분의 16.44 (***호), 설정할 지분 251.2분의 21.4 근저당권설정
4-14	4번근저당권변경	2008년4월18일 제23353호	2007년1월11일 임의경매로 인한 매각	목적 포기할 지분 251.2분의 16.44 (***호), 설정할 지분 251.2분의 21.4 근저당권설정

③ 정리

본 사건은 조금 복잡했다. 필자도 본 사례를 정리하면서 머리가 띵~~~ 하면서 띵~~~ 하다. 그러나 경매투자로 돈을 벌려면 극히 일반적인 물건에 입찰해서는 돈 맛? 글쎄요... 머리가 띵~~~ 하십니까? 그렇다면 공부를 조금 더 하시지요?

일반건물이 아닌 집합건물에만 토지별도등기가 있는데, 이러한 경우에는 토지등기부를 확인하여 권리상 하자가 있는지 여부를 파악해야 한다. 모르면 아는 사람에게 물어서라도 확실한 답을 구한 후 입찰하도록 하자!

참고로 본건 낙찰자 김 모 씨는 본건 ***호를 9차 매각기일인 2006년 12월 4일, 1천 5백여만 원에 낙찰 받았고, 2007년 2월 20일 소유권이전등기를 하였으며, 2008년 3월 14일 노 모 씨에게 매각하였는데, 거래가액은 1억 2천 2백만 원이었다.

대항력 있는 임차인 이 모 씨의 보증금 6천만 원 전액을 인수하더라도 총 투입금액은 8천만 원이 안 되는데, 거래가액이 1억 2천 2백만 원이라면 낙찰자 김 모 씨는 1년 사이에 4천만 원 이상의 수익을 올린 셈이다.

⟨낙찰자 김 모 씨의 소유권이전등기 내역⟩

17	소유권이전	2007년2월20일 제12315호	2007년1월11일 임의경매로 인한 매각	소유자 김○○ 600330-1****** 경기도 안양시 만안구 박달동

⟨매수자 노 모 씨의 소유권이전등기 내역⟩

19	소유권이전	2008년3월14일 제15233호	2008년2월13일 매매	소유자 노○○ 470627-2****** 경기도 양주시 은현면 거래가액 금122,000,000원

8) 대지권등기 없음 - 1

2008 타경 2365 (임의)		매각기일 : 2009-02-19 10:00~ (목)		경매7계 530-1819 (구내:1819)	
소재지	서울특별시 중구 을지로6가 18-185 5층 **호			사건접수 2008-01-24	
물건종별	상가(점포)	채권자	국민은행	감정가	75,000,000원
대지권	토지 매각제외	채무자	장OO	최저가	(21%) 15,729,000원
전용면적	3.84㎡ (1.16평)	소유자	장OO	보증금	(10%)1,573,000원
평형		매각대상	건물만매각	청구금액	78,000,000원
입찰방법	기일입찰	배당종기일	2008-04-11	개시결정	2008-01-25

▶ 기일현황   ▽ 간략보기

회차	매각기일	최저매각금액	결과
신건	2008-06-19	75,000,000원	유찰
2차	2008-07-24	60,000,000원	유찰
3차	2008-08-28	48,000,000원	유찰
4차	2008-10-02	38,400,000원	유찰
5차	2008-11-06	30,720,000원	유찰
6차	2008-12-11	24,576,000원	유찰
7차	2009-01-15	19,661,000원	유찰
8차	2009-02-19	15,729,000원	매각

이OO/입찰4명/매각19,658,000원(26%)

▶ 임차인현황 ▷ 건물소멸기준 : 2000-03-14 ▷ 배당종기일 : 2008-04-11   [매각물건명세서] [예상배당표]

순위	성립일자	권리자	권리종류(점유부분)	권리금액	신고	대항	예상배당여부
1	사업 없음 확정 없음 배당 없음	신OO	상가임차인 5층**호	[보] 5,000,000원 [월] 400,000원	X	없음	미배당 : 5,000,000원 미배당금 소멸예상

▶ 건물 등기부현황 ▷ 건물열람일 : 2008-06-05   [등기부등본열람]

구분	성립일자	권리종류	권리자	권리금액	인수/소멸	비고
갑1	1999-08-21	(현)소유권	장OO		이전	매매
을1	2000-03-14	(근)저당	국민은행	22,100,000원	소멸기준	
을2	2000-11-07	(근)저당	국민은행	23,400,000원	소멸	
을3	2001-09-13	(근)저당	국민은행	32,500,000원	소멸	
갑2	2008-01-28	임의경매	국민은행	청구: 78,000,000원	소멸	2008타경2365

집합건물인데 "대지권 미등기"와 "대지권등기 없음"이 있다. 이에 대한 구분을 확실히 해야 한다. 즉, "대지권 미등기"는 앞부분에서 언급하였듯이 전유부분 소유자가 대지에 대한 사용권으로서, 조만간 대지권등기를 할 수 있다.

그러나 "대지권등기 없음"은 전유부분 소유자가 대지에 대한 사용권이 아예 없다는 것으로 전유부분을 낙찰 받았다 하더라도 대지권등기를 할 수 없다.

이러한 경우는 국유지나 시유지상에 건축된 건물이나 토지를 장기 임대한 후 지상 건물을 건축한 경우가 해당된다.

본 사건의 매각물건명세서를 보니 "토지에 대한 임대차계약이 50년이 설정되어 있으며, 토지의 소유권, 대지권이 없는 구분건물임."으로 표시되어 있다.

〈매각물건명세서 중에서...〉

※ 비고란
토지에 대한 임대차계약이 50년이 설정되어 있으며, 토지의 소유권, 대지권이 없는 구분건물임.

이러한 유형의 물건은 토지에 대한 취득이 원천적으로 불가능하며, 단지 전유부분만 사용이 가능하다.

그런데 본 사건은 8차 매각기일에 이00이 2천여만 원에 낙찰 받았는데, 만약 상가임차인 신00과 재계약 체결을 하여 월세가 꼬박꼬박 입금된다면 비록 대지권은 없더라도 투자금액 대비하여 수익이 짭짤(?)하지 않는가?

이00의 수익률을 계산해 보자! 총 투입금액을 세금 포함하여 2천 1백만 원으로 보았을 때, 재계약시 보증금 5백만 원을 감하면 1천 6백만 원이 투입된 셈이다. 그런데 월세 4십만 원이면, 년 4백 8십만 원의 월세 수익이 발생된다면 수익률은 년 30%! 나쁘지 않다고 본다.

9) 대지권등기 없음 - 2

2009 타경 35980 (임의)		매각기일 : 2010-04-27 10:00~ (화)		경매9계 530-2712 (구내:2712)	
소재지	서울특별시 관악구 봉천동 1709-10 ***호				사건접수 2009-09-17
물건종별	다세대(빌라)	채권자	최00	감정가	108,000,000원
대지권	토지 매각제외	채무자	유00	최저가	(80%) 86,400,000원
전용면적	44.54㎡ (13.47평)	소유자	유00	보증금	(10%)8,640,000원
평형		매각대상	건물만매각	청구금액	120,000,000원
입찰방법	기일입찰	배당종기일	2009-12-28	개시결정	2009-09-18

▶ 기일현황

회차	매각기일	최저매각금액	결과
신건	2010-03-23	108,000,000원	유찰
2차	2010-04-27	86,400,000원	취하

최종기일 결과 이후 취하된 사건입니다.

국유지였으나, 경매취하후 대지 지분을 매입한 사례!!

▶ 임차인현황   ▶채무자(소유자)점유◀   매각물건명세서

▶ 건물 등기부현황 ☞ 건물열람일 : 2010-03-09   등기부등본열람

구분	성립일자	권리종류	권리자	권리금액	인수/소멸	비고
갑1	1995-11-20	(전)소유권(전부)	이 00		이전	공유물분할
갑2	2001-07-16	(현)소유권	유 00		이전	매매
을1	2001-10-10	(근)저당	우리은행	12,000,000원	소멸기준	
을3	2008-05-28	(근)저당	최 00	120,000,000원	소멸	
갑3	2009-01-20	가압류	유 **	60,000,000원	소멸	
갑4	2009-06-02	가압류	국민은행	32,421,830원	소멸	
갑5	2009-09-18	임의경매	최 00	청구: 120,000,000원	소멸	2009타경35980

① 해설

본 사건 관악구 봉천동 1709-10, ***호는 국유지상에 있어 대지권등기가 아예 없다. 국유지인 토지를 제외한 전유부분인 ***호만 경매에 붙여졌다가 2차 매각기일 이전에 경매 취하된 사건이었다.

② 토지가 국유지네?

토지가 국유지이면 대지권을 취득할 수 없는 것이 원칙이다. 그러나 원칙이 있으면 항상 예외가 있는 것이다.

먼저 국유재산에 대해 간단히 짚고 넘어 가보자! 국유재산은 행정재산, 보존재산, 잡종재산으로 분류되었으나, 행정재산과 보존재산을 "행정재산"으로, 그리고 잡종재산을 "일반재산"으로 하는 법률 개정이 2009년 이뤄졌다(=국유재산법 제6조). 그리고 <u>행정재산</u>은 처분하지 못하며(=국유재산법 제27조 제1항), 일반재산은 처분할 수 있다(=국유재산법 제41조 제1항).

따라서 국유지상의 건물만 경매대상일 경우, 행정재산이라면 대지권등기는 불가능하나, 일반재산이라면 대지지분을 매입하여 완전한 부동산을 만들 수 있는 것이다. 국유재산이 행정재산인지, 일반재산인지 여부는 관할 소관청에 문의해 보면? 끝!

③ 본 사건의 매각물건명세서상에는...

매각물건명세서상에 "본건은 현재 국공유지를 점유하고 있는 대지권이 미등기된 건물로서, 해당 관리기관과 토지지분계약을 체결하였으나(2001년도), 현재 계약금만 내고, 잔여대금 미납상태"라고 표시되어 있다.

〈매각물건명세서 중에서...〉

※ 비고란
본건은 현재 국공유지를 점유하고 있는 대지권이 미등기된 건물로서 해당관리기관과 토지지분계약을 체결하였으나(2001년도), 현재 계약금만 내고, 잔여대금 미납상태

이는 아마도 국가에서 본건 구분소유자에게 대지지분을 매각하기로 2001년 매매계약을 체결하였으나, 구분소유자가 매매잔금을 미납한 것으로 이해할 수 있어, 이러한 유형의 물건에 접근할 때에는 해당 관리기관을 방문하여 전유부분을 낙찰 받을 경우, 대지지분의 매매계약자가 낙찰자 명의로 전환이 되는지 여부와, 대지지분 면적 및 대지매입 가격을 알아보아야 한다.

④ 경매취하 후 부동산등기부 현황

본건 ***호의 건물 등기부 표제부를 보니, 단지 전유부분인 "제***호"만 표시되어 있고, 대지지분에 대한 내용이 없다.

【 표 제 부 】			(전유부분의 건물의 표시)	
표시번호	접 수	건물번호	건 물 내 역	등기원인 및 기타사항
1 (전 1)	1995년11월20일	제***호	철근콘크리트조 44.54m^2	도면편철장 제2책 제220장 부동산등기법 제177조의 6 제1항의 규정에 의하여 1999년 05년 24일 전산이기

본건 ***호의 경매취하 후 관악구 봉천동 1709-10 토지등기부를 확인해 보니, ***호의 소유자인 유00 명의로 178.60분의 17.86 지분 이전등기가 완료되었다. 토지등기부상에 전유부분 소유자 명의의 지분등기가 이루어진 경우에는 대지권등기가 된 것이나 마찬가지이다.

[토지] 서울특별시 관악구 봉천동 1709-10   고유번호 1143-2001-○○○○○○

【 표 제 부 】			(토지의 표시)		
표시번호	접 수	소 재 지 번	지 목	면 적	등기원인 및 기타사항
1	2001년3월3일	서울특별시 관악구 봉천동 1709-10	대	178.6m^2	구획정리사업 완료로인하여

【 갑 구 】			(소유권에 관한 사항)	
순위번호	등 기 목 적	접 수	등 기 원 인	권 리 자 및 기 타 사 항
1	소유권보존	2001년3월3일 제6945호		소유자 관악구
2	소유권일부이전	2010년4월22일 제13539호	2001년12월31일 매매	공유자 지분 178.60분의 17.86 유○○ 510420-1****** 서울특별시 관악구 봉천동 1709-10 ***호

(3) 실전 유치권

1) 유치권이란?

유치권이란, 예로서 甲이 타인의 물건에 관하여 채권을 가지고 있다면 甲은 그 채권을 변제받을 때까지 그 물건을 유치할 수 있는 권리를 말한다(=민법 제320조 제1항).

경매실무에서 발생되는 유치권은 건축업자의 공사대금, 주택임차인의 주택내부 수리비용 등이 있을 수 있다.

법원이 작성한 매각물건명세서상에 유치권신고가 되어 있더라도 유치권으로 100% 인정되는 것은 아니나, 낙찰 후 분쟁을 최소화하는 측면에서 입찰 전에 유치권자와 만나서 그 내용을 파악하여야 한다.

그리고 요즈음 인터넷이나 신문을 보면 일부 경매교육기관에서 경매실무 강의시 "유치권 깨는 비법"을 강의한다고 광고를 하곤 하는데, 글쎄… 유치권을 깨는 특별한 비법은 없다고 본다.

개인적인 생각으로는 유치권을 해결할 수 있는 방법은 3가지가 있다고 보는데, 쌍방간 협의에 의해 해결하거나, 소송절차에 의해 해결, 그리고 법보다 주먹이 가까우면 아니 되겠지만 이 방법에 의하는 것이다.

소위 경매선수는 유치권이 신고 된 물건을 선호한다고 한다. 이는 유치권의 성립내용을 파악할 수 있다면 앞에서 이야기 한 3가지 방법을 혼용하여 해결하고, 이렇게 되면 투자에 따른 수익이 대단해지기 때문이다.

2) 유치권의 유형

유치권이 신고 된 경매현장을 가보면 이러한 문구를 표시한 현수막이 벽에 붙어 있곤 한다. 즉, "경매자는 유치권 확정판결을 인정하고 경매를 보라!", "유치권자와 사전에 대화하면 못할 것도 없다!", "본 건물은 유치권에 의한 점유 중인 건물임!", "본 건물은 공사대금 미회수로 현재 유치권 행사 중이므로 출입을 금함!" 등등… 이는 아마도 공사대금을 받지 못한 경우로 볼 수 있는데, 실무상 유치권의 유형은 다음과 같다.

① 진정한 유치권

공사대금을 받지 못한 상태에서 부동산이 경매진행중일 경우, 건축업자는 유치권을 내세워 자기 공사대금을 받으려 할 것이다. 경매현장에 현수막으로 유치권이 있음을 주장하는 경우에는 유치권자를 만나는 수밖에 달리 다른 방법은 없다. 만나서 그 자가 주장하는 유치권에 의한 금액의 근거를 들어 보고 타당하다면 이를 감안한 후 입찰금액을 결정하면 된다. 그 자가 진정한 유치권자라면 경매사건이 신속히 진행되어 공사대금을 빨리 회수하는 것을 원하기에 비교적 협조를 잘 해 줄 것이다.

② 허위의 유치권

경매물건에 과다한 금액으로 유치권신고가 된 경우가 있다. 허위의 유치권을 신고한 경우는 아마도 그 자가 경매물건을 소위 '찜' 해놓은 것으로 보아야 한다.

즉, 제3자에게 겁을 주는 행위로 볼 수 있는데, 만약 제3자가 낙찰 받는다면 유치권자와 한판 씨름을 해야 하는 골치 아픈 물건임을 알리는 것으로서, 한마디로 "이 물건은 내 것이니까 건드리지 말라!" 라는...

이러한 물건의 유치권자와 대화를 시도하면 대체로 불친절하다. 따라서 공사대금을 빙자하여 유치권신고를 한 경우, 투자자가 건축 관계에 정통하다면 그 자가 주장하는 금액에 대한 분석을 한 후 입찰결정 하면 된다.

낙찰 받은 후 상대방과 합의가 이루어지지 않는다면 소송절차에서 유치권자의 채권액을 확정지어야 한다.

③ 주택 또는 상가임차인의 유치권 주장

주택 또는 상가임차인이 임차목적물에 자기 비용으로 설치한 시설물에 대하여 금액으로 반환해 달라고 하는 경우가 있다. 주택임차인의 경우, 임대차계약서상에 계약만료 후 원상회복 조항이 없고, 임차인이 들인 비용이 허위가 아니라면 이 비용은 낙찰자가 부담해 주어야 한다.

그러나 상식적으로 생각하더라도 남의 집에 사는 사람이 특별한 경우가 아니라면 자기 비용을 들여 주택을 수리할 이유가 없을 것이다. 주택임차인이 유치권을 주장하는 경우는 합법을 가장하여 낙찰자에게 이사비용을 받으려는 의도로 보아야 할 것이다.

그리고 상가임차인의 경우, 그 자가 주장하는 유치권의 내용이 내부 인테리어 비용이라면 이는 임차인이 자기의 영업목적상 설치한 것으로서 계약만료 후 임차목적물을 원상회복해야 할 의무를 부담하기에 유치권은 성립되지 않는다[=대법원 93다25738 판결 참조].

3) 유치권의 例

① 시계 또는 차량수리비

　시계수리 또는 차량수리를 의뢰받은 자는 이를 수리한 후 수리를 의뢰한 자로부터 시계 또는 차량이라는 물건에서 발생된 채권(수리비)을 변제받을 때까지 시계 또는 차량의 인도를 거절하고 유치(=점유하고 있는 것)할 수 있는 권리(유치권)를 가진다. 따라서 수리비를 받지 못하면 수리업자(유치권자)는 시계(유치물) 등을 보관하고 있다가 의뢰자가 수리비를 지급하면 시계 등을 반환해 주면 된다.

② 건축공사비

　건축업자가 자기 비용으로 건물을 건축하고 공사대금은 건물의 완공 후 분양 등이 이루어 졌을 때에 지급받기로 건축주와 합의하였으나, 건축주의 부도로 공사대금을 반환받지 못한 상태에서 경매 진행되었다면 건축업자는 건물이라는 물건에서 발생된 채권 즉, 공사대금을 낙찰자로부터 반환받을 때까지 건물을 점유만 하면 된다.

　진정한 건축공사비에 터 잡아 유치권을 주장하는 건축업자는 공사대금을 반환받을 때까지 어느 누구에게도 점유를 이전해 주지 않아도 된다. 이러한 물건을 낙찰 받았을 때 해결 방법은 딱 두 가지이다.

　즉, 유치권자의 채권액을 낙찰자가 부담할 수 도 있고, 부담하지 않을 수도 있다. 만약 낙찰자가 부담하지 않는다면 유치권자는 유치물을 경매신청 할 것이다. 이에 낙찰자는 낙찰부동산에 소멸되지 않는 권리인 보전가등기 등을 설정한 후 협의에 의해 유치권을 해결하는 것이 가장 타당하다고 본다.

③ 필요비 또는 유익비

　임차인이 임차목적물에 투여한 필요비 및 유익비의 반환을 받을 때까지(=민법 제325조) 임차목적물을 보유할 수 있는 권리가 있다. 따라서 임차인이 들인 비용이 필요비 또는 유익비에 해당된다면 낙찰자는 이 비용을 부담해야 한다.

　그런데 과거처럼 막무가내로 이사비용을 달라는 임차인도 있지만 경매의 대중화로 인해 필요비 내지 유익비를 앞세워 즉, 합법을 가장하여 이사비용을 받아 가는 경우가 간혹 있다. 이에 낙찰자는 상대방이 주장하는 금액이 과다하지 않다면 모르는 척하면서 지급하고 명도 받는 것이 좋을 것이다.

　나아가 임차인이 필요비 등을 내세워 유치권을 주장할 경우, 임대차계약서를 확인해 볼 필요가 있다. 즉, 계약서상에 "임차인은 임대인의 동의 없이 부동산의 용도나 구조 등을 변경하지 못한다." 라는 문구가 표시되어 있다면 이는 임차인 마음대로 임차목적물을 수선 등을 할 수 없다.

그럼에도 불구하고 임차인이 수선 등을 하였다면 임대차계약 만료 후 원상회복의무가 임차인에게 주어지기에 필요비 등의 비용상환청구권은 발생되지 않는다. 이러한 사실을 빌미삼아 상대방과 적정선에서 협상하는 것이 현명할 것이다.

④ 인테리어비 등

상가임차인이 자기의 특수한 영업목적을 위해 자기의 비용으로 상가 내부를 인테리어 하여 비용이 발생되었더라도 이는 어디까지나 임차인 본인의 이익을 위해 설치한 비용이기에 유치권을 주장할 수 없다.

따라서 상가를 낙찰 받았는데, 임차인이 유치권에 기한 채권으로서 인테리어비용의 반환을 주장할 경우, 임차인이 설치한 부분을 낙찰자가 계속 사용한다면 유치권에 의한 채권을 반환하는 것은 아닌, 시설비 명목으로 일정비용을 지급하면 되고, 이를 사용하지 않는다면 원상회복을 주장하면 된다.

⑤ 여관의 집기비품

여관을 낙찰 받을 경우, 침대, TV, 소형냉장고 등 집기비품에 대한 처리방법이다. 여관이 경매시장에 나오면 여관의 부지와 그 건물만 경매대상이 되는 것이지, 침대 등 집기비품은 경매대상에서 제외된다.

이는 유치권과는 직접적인 관계가 없으나 낙찰 후 점유자를 만나보면 집기비품의 인수명목으로 과다한 비용을 요구하는 경우가 있다. 이에 낙찰자는 불응하고 집기비품을 치우라고 할 수도 있으나, 이렇게 되면 여관영업을 하는데 애로가 있을 수 있다.

결론부터 이야기하자면 점유자가 밉더라도 일정한 선에서 집기비품의 인수금액에 대하여 합의하는 것이 좋다. 왜냐하면 여관의 경우, 영업허가가 있어야 하는데, 집기비품에 대한 합의가 이루어지지 않으면 상대방이 영업허가를 낙찰자에게 양도하지 않을 것이다(=공중위생관리법 제3조의2 제2항 : 민사집행법에 의한 경매, 채무자 회생 및 파산에 관한 법률에 의한 환가나 국세징수법·관세법 또는 지방세기본법에 의한 압류재산의 매각 그 밖에 이에 준하는 절차에 따라 공중위생영업 관련시설 및 설비의 전부를 인수한 자는 이 법에 의한 그 공중위생영업자의 지위를 승계한다.).

이렇게 되면 낙찰자는 신규로 영업허가를 받아야 하기에 알토란같은 시간이 소요되어 여관영업에 막대한 지장이 초래될 수 있기 때문이다. 참고로 여관 등 경기를 타는 부동산에 입찰할 경우, 대출관계와 집기비품의 인수비용 등을 분석한 후 입찰에 임해야 한다.

4) 유치권의 성립요건

① 유치권의 목적물

유치권은 법정담보물권으로서 그 목적물이 될 수 있는 것은 동산, 부동산, 유가증권이며, 유치권은 그 목적물을 점유하면 발생되고, 특히 부동산 유치권의 경우 등기를 요하지 않는다.

따라서 건물의 경우, 공사대금을 반환받지 못한 건축업자가 있거나, 임차인이 임차목적물에 대하여 필요비 또는 유익비를 지출하였을 경우, 낙찰자는 낙찰금액과는 별도로 공사대금 또는 임차인이 들인 비용을 부담해 주어야 하는 경우가 발생될 수도 있다.

② 채권이 목적물 자체에서 발생되어야 한다.

유치권에 기한 채권은 유치권의 목적물 자체와 관련하여 발생되어야 한다(=민법 제320조 제1항). 예로서 임차인이 임차목적물에 들인 필요비 또는 유익비의 상환청구권, 물건의 하자로 인해 발생된 손해배상청구권 등으로서 채권이 목적물 자체에서 발생되어야 한다[=대법원 76다582 판결 : 채무불이행에 의한 손해배상청구권은 원채권의 연장이라 보아야 할 것이므로, 물건과 원래 채권과 사이에 관계가 있는 경우에는 그 손해배상채권과 그 물건과의 사이에도 관계가 있다 할 것으로서, 손해배상채권에 관하여 유치권항변을 내세울 수 있다 할 것이다].

③ 채권의 발생시기

물건에 대한 채권이 그 목적물을 점유하기 전에 발생되었더라도 나중에 목적물을 점유하면 유치권은 성립된다. 따라서 점유하던 중, 또는 점유와 동시에 채권이 발생되어야만 하는 것은 아니다[=대법원 64다1977 판결 : 유치권자가 유치물을 점유하기 전에 발생된 건축비 채권이라도 그 후 그 건물의 점유를 취득했다면 유치권은 성립한다].

④ 타인의 물건을 점유하여야 한다.

유치권자는 타인의 물건을 점유하여야 하며, 점유는 계속되어야 하는데, 점유는 직접점유이든 간접점유이든 간에 상관없으나, 만약 점유를 상실하면 유치권은 소멸하게 된다(=민법 제328조). 여기서 타인은 채무자만을 의미하지 않고 그 승계인도 포함 된다[=대법원 71다2414 판결 : 유치권자의 점유 하에 있는 유치물의 소유자가 바뀌더라도 유치권자의 점유는 적법한 것이므로, 그 후 유치권자가 유치물에 관하여 새로이 유익비를 지급하여 그 증가가 현존하는 경우에는 이 유익비에 대하여도 유치권을 행사할 수 있다].

⑤ 불법행위에 의한 점유가 아니어야 한다.

유치권자의 점유가 불법행위에 기인하여서는 아니 된다. 이는 불법행위에 의해 점유를 한 자에 대하여 까지도 유치권을 인정하여 그 채권을 보호해 줄 필요가 없기 때문이다. 예로서 타인의 물건을 훔친 자가 그 물건을 고쳤더라도 수선비 채권에 대한 유치권이 성립되지 않는 것이다.

5) 유치권자의 권리

① 목적물의 유치(=점유)

유치권을 가지는 자는 유치권에 기한 채권을 변제받을 때까지 물건 등을 유치할 수 있다. 여기서 점유의 의미와 판단기준으로서 판례는 "점유라고 함은 물건이 사회통념상 그 사람의 사실적 지배에 속한다고 보여 지는 객관적 관계에 있는 것을 말하고, 사실상의 지배가 있다고 하기 위해서는 반드시 물건을 물리적・현실적으로 지배하는 것만을 의미하는 것이 아니고, 물건과 사람과의 시간적, 공간적 관계와 본권관계, 타인지배의 배제 가능성 등을 고려하여 사회 관념에 따라 합목적적으로 판단하여야 한다[=대법원 95다8713 판결]."라고 규정하였다. 따라서 유치목적물을 직접 점유는 물론 간접 점유하여도 유치권의 효력이 인정된다.

② 비용상환청구권

부동산이 경매 신청된 경우, 저당목적물의 제3취득자(=담보물권이 설정된 부동산에 대하여 소유권이나 지상권, 전세권을 취득한 자)가 부동산의 보존 또는 개량을 위해 비용(=필요비 또는 유익비)을 지출하였다면 경매대금에서 우선 변제받을 수 있다[=민법 제367조 : 저당물의 제3취득자가 그 부동산의 보존, 개량을 위하여 필요비 또는 유익비를 지출한 때에는 점유권자의 상환청구권(=민법 제203조 제1항, 제2항) 규정에 의하여 저당물의 경매대가에서 우선상환을 받을 수 있다].

따라서 필요비나 유익비를 경매대금으로부터 우선변제받기 위해서는 필요비의 경우 그 지출금액을, 유익비의 경우 지출금액 또는 부동산가액의 증가액을 증명하여 경매법원에 점유권자의 상환청구권에 기한 청구를 하여야 한다.

③ 우선변제권

필요비 또는 유익비 이외의 유치권에 기한 채권은 우선변제권이 없어 배당절차에 참여할 수 없으나, 유치권자의 채권액은 낙찰자가 부담(=민사집행법 제91조 제5항 : 매수인은 유치권자에게 그 유치권으로 담보하는 채권을 변제할 책임이 있다)하여야 하기 때문에 결과론적으로 우선변제권이 있는 것과 같은 효력이 발생되는 것이다.

④ 유치물 사용권

유치권자는 유치물의 보존에 필요한 범위 내에서 유치물을 사용할 수 있다. 판례는 유치권자가 보존행위로서 유치물을 사용하는 것은 적법행위이므로 불법행위로 인한 손해배상책임이 없으며, 유치물의 소유권변동이 있더라도 유치권자의 점유가 적법하다면 그 후 유치권자가 새로이 비용을 투입하여 부동산가액의 증가가 있는 경우, 이는 유익비로서 유치권을 행사할 수 있다고 하였다[=대법원 71다2414 판결 참조].

6) 유치권자의 의무

유치권자는 채권을 회수하기 위해 유치목적물을 점유하고 채무자로부터 채권을 회수하면 유치목적물을 채무자에게 반환해 주어야 하기 때문에 유치권자는 선량한 관리자의 주의로서 유치물을 점유해야 한다(=민법 제324조 제1항).

또한 유치권자는 채무자 또는 소유자의 승낙 없이 유치물을 사용, 임대 또는 담보제공을 할 수 없으나(=동법 제324조 제2항 본문), 유치물의 보존행위는 채무자 등의 승낙 없이 할 수 있다.

7) 유치권 정리

이와 같이 유치권은 유치목적물을 점유함으로서 채무변제를 간접적으로 강제할 수 있다. 그러나 유치권자가 점유를 상실하면 이로서 유치권은 소멸하게 된다(=민법 제328조).

그리고 유치권은 우선변제권이 없으나, 유치권의 목적물이 강제 집행되더라도 유치권자는 낙찰자에게 유치권에 기한 채권을 변제받을 때까지 목적물의 인도를 거절할 수 있어, 사실상 우선변제권이 있는 것으로 보아야 한다.

또한 유치권은 일정한 요건만 갖추면 당사자의 의사와는 상관없이 당연히 발생되는 법정담보물권으로서, 경매물건에도 유치권이라는 복병이 간혹 도사리고 있는 경우가 있는데, 유치권은 말소기준권리 전후를 떠나서 낙찰자가 부담하여야 하는 권리에 해당된다.

경매물건은 다 그렇지만, 특히 유치권의 경우 답은 현장에 있다.

유치권자를 직접 만나서 이야기 해보고, 주변 중개업소를 방문하여 탐문조사를 하다보면 어느 정도 윤곽이 드러날 것이다.

현장조사 결과 진짜 유치권이라면 인수하는 금액만큼 낮추어서 입찰가격을 결정하는 것이다.

그런데, 유치권자가 가짜 냄새가 나면서 터무니없는 금액을 이야기하면 낙찰 후 낙찰자는 유치권자에게 공사를 시킨 사람을 상대로 "공사대금반환청구소송"등을 제기하게 하여 유치권자로 하여금 경매부동산을 다시 경매 붙이라고 하는 것이다.

만약 그 자가 소송을 제기하지 않는다면 낙찰자는 유치권자를 상대로 "유치권부존재확인소송"을 제기하겠다는 식으로 이야기하여 일정 금액을 주고 끝내는 것이 좋다고 본다.

경매인은 유치권자를 골탕 먹이는 방법에 대한 지속적인 연구가 필요하다. 한 방법으로서 유치권자가 유치물을 직접 경매붙이라고 하는 것이다.

참고로 유치권이 신고 된 경매부동산의 경우 잔금대출이 대체로 원활하지 않은 것으로 안다. 그러하기에 입찰 전에 자금운용계획도 잘 세워야만 한다.

8) 건설유치권 - 1

2009 타경 7416 (임의)		매각기일 : 2010-01-19 10:00~ (화)		경매2계 043-841-9122	
소재지	충청북도 충주시 주덕읍 창전리 459-★ 외3필지			사건접수	2009-08-13
물건종별	공장	채권자	박 00	감정가	515,966,400원
토지면적	2579㎡ (780,14평)	채무자	라 00 외1명	최저가	(75%) 386,975,000원
건물면적	898.22㎡ (271.71평)	소유자	라 00 외1명	보증금	(10%) 38,698,000원
제시외면적		매각대상	토지/건물일괄매각	청구금액	400,000,000원
입찰방법	기일입찰	배당종기일	2009-11-09	개시결정	2009-08-14

▶ 기일현황

회차	매각기일	최저매각금액	결과
신건	2009-12-22	515,966,400원	유찰
2차	2010-01-19	386,975,000원	매각
김 00 외1/입찰1명/매 440,000,000원 (85%)			

 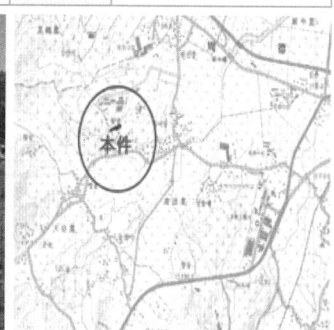

▶ 건물 등기부현황 ☞ 건물열람일 : 2009-12-08

구분	성립일자	권리종류	권리자	권리금액	인수/소멸	비고
갑1	2009-06-09	(현)소유권	★★ 산업		이전	보존
갑2	2009-06-26	가압류	경 00	28,120,000원	소멸기준	
을1	2009-07-07	(근)저당	박 00 외 1명	520,000,000원	소멸	
갑3	2009-07-30	가압류	## 앤텍	15,300,000원	소멸	
갑4	2009-08-06	가압류	&&& 산업개발	127,700,000원	소멸	
갑5	2009-08-17	임의경매	박 00 외 1명	청구: 400,000,000원	소멸	2009타경7416
갑6	2009-10-29	압류	충주시		소멸	

▶ 토지 등기부현황 ☞ 토지열람일 : 2009-12-08

구분	성립일자	권리종류	권리자	권리금액	인수/소멸	비고
갑1	1993-12-31	(전)소유권	라 00		이전	매매
을2	2004-10-22	(근)저당	음성축산업협동조합	14,000,000원	소멸기준	
을4	2008-07-15	(근)저당	음성축산업협동조합	28,000,000원	소멸	
갑2	2008-08-06	(현)소유권	★★ 산업		이전	매매
을9	2009-03-26	(근)저당	박 00 외 1명	520,000,000원	소멸	
을10	2009-03-26	지상권	박 00 외 1명		소멸	
갑11	2009-06-26	가압류	경 00	28,120,000원	소멸	
갑12	2009-07-30	가압류	## 앤텍	15,300,000원	소멸	
갑13	2009-08-06	가압류	&&& 산업개발	127,700,000원	소멸	
갑14	2009-08-17	임의경매	박 00 외 1명	청구: 400,000,000원	소멸	2009타경7416
갑15	2009-10-29	압류	충주시		소멸	

본 사건의 유치권자는 전기공사 업체로서, 그 회사의 대표는 필자가 daum에서 운영하는 경매동호회 "건강한 부자클럽" 회원이시다. 그 분은 본건 공장이 경매진행중일 때 필자에게 와서 상담했는데, 경매물건인 공장의 전기공사를 실제 했고, 공사대금이 4천 6백만 원이어서 이 금액을 법원에 신고하였다고 한다.

〈매각물건명세서 중에서...〉

※ 비고란
일괄매각 5번 목록은 농지취득자격증명제출요(미제출시 보증금 몰수됨) 주식회사 OO전력으로부터 공사대금 46,200,000원에 대한 유치권신고가 있으나 유치권성립여지 불분명함

〈전기공사 진짜로 했음!!!〉

〈OO전력의 유치권신고〉

2009-11-09   배당요구권자 주식회사 OO전력 유치권신고서 제출

그리고 그 분은 공장에 보안장치를 해 놓았고, 유치권이 있다는 현수막을 부착시켜 놓았다고 한다. 잘 하셨다는 말과 함께 필자는 그 분을 타박했다.

유치권 신고금액을 1억 원 정도로 하시지, 왜 4천 6백여만 원으로 하셨냐고... 그러자 그 분은 "왜요?"라고 되묻기에... 낙찰자와 협상할 때에 금액을 세게 불렀다가 적정선에서 협상하여야 하기 때문이라는 이야기를 해 드렸었다.

물론 이렇게 상담해 드려서는 안 된다. 그런데 이것이 현실이기에 그렇게 이야기한 것이다. 유치권이 신고 된 물건을 낙찰 받았을 때에 상대방 즉, 유치권자의 말을 100% 믿지 마시라는 차원에서 언급한 것이니, 독자 여러분은 오해 마시길...

9) 건설유치권 - 2

2009 타경 9200 (임의)		매각기일 : 2010-02-17 10:00~ (수)		경매13계 (051)590-1827 (구내:1827)	
소재지	부산광역시 동래구 온천동 192-**			사건접수	2009-03-02
물건종별	상가	채권자	동래농업협동조합	감정가	672,725,570원
토지면적	201㎡ (60.8평)	채무자	한 OO	최저가	(41%) 275,548,000원
건물면적	658.93㎡ (199.33평)	소유자	한 OO	보증금	(10%) 27,555,000원
제시외면적	88.4㎡ (26.74평)	매각대상	토지/건물일괄매각	청구금액	520,000,000원
입찰방법	기일입찰	배당종기일	2009-05-29	개시결정	2009-03-03

▶ 기일현황

회차	매각기일	최저매각금액	결과
신건	2009-09-23	672,725,570원	유찰
2차	2009-10-28	538,180,000원	유찰
3차	2009-12-02	430,544,000원	유찰
4차	2010-01-12	344,435,000원	유찰
5차	2010-02-17	275,548,000원	매각

장OO외1 /입찰7명/매각370,010,000원(55%)

▶ 건물 등기부현황 ☞ 건물열람일 : 2009-09-09

구분	성립일자	권리종류	권리자	권리금액	인수/소멸	비고
갑1	1992-07-30	(전)소유권	김 OO		이전	매매
갑2	2005-11-30	(현)소유권	한 OO		이전	매매
을5	2005-11-30	(근)저당	동래농업협동조합	520,000,000원	소멸기준	
을9	2008-04-08	(근)저당	이 OO외 2명	300,000,000원	소멸	
을10	2008-08-08	(근)저당	서울보증보험	425,000,000원	소멸	
갑11	2008-09-04	가압류	** 리스	240,767,010원	소멸	
갑12	2008-12-08	압류	근로복지공단양산지사		소멸	
갑13	2008-12-26	압류	국민연금공단김해지사		소멸	
갑14	2008-12-30	가압류	농업협동조합중앙회	211,035,465원	소멸	
갑15	2009-03-03	임의경매	동래농업협동조합	청구: 520,000,000원	소멸	2009타경9200
갑16	2009-06-22	압류	국민건강보험공단		소멸	

▶ 토지 등기부현황 ☞ 토지열람일 : 2009-09-09

구분	성립일자	권리종류	권리자	권리금액	인수/소멸	비고
갑1	1992-07-30	(전)소유권	김 OO		이전	매매
갑2	2005-11-30	(현)소유권	한 OO		이전	매매
을1	2005-11-30	(근)저당	동래농업협동조합	520,000,000원	소멸기준	
을5	2008-04-08	(근)저당	이 OO외 2명	300,000,000원	소멸	
을6	2008-08-08	(근)저당	서울보증보험	425,000,000원	소멸	
갑15	2008-09-04	가압류	** 리스	240,767,010원	소멸	
갑16	2008-11-18	압류	부산광역시동래구		소멸	
갑17	2008-12-08	압류	근로복지공단양산지사		소멸	
갑18	2008-12-26	압류	국민연금공단김해지사		소멸	
갑19	2008-12-30	가압류	농업협동조합중앙회	211,035,465원	소멸	
갑20	2009-03-03	임의경매	동래농업협동조합	청구: 520,000,000원	소멸	2009타경9200
갑21	2009-06-22	압류	국민건강보험공단		소멸	

① 해설

본 사건 역시 필자가 daum에서 운영하고 있는 경매동호회 부산 회원이 입찰한 사례인데, 7명이 입찰하였고 그 분은 아쉽게도 3등으로 떨어 졌다고 한다. 그러나 입찰 전에 그 분과 필자는 유선 상으로 제법 많은 대화를 나누었는데, 그 당시 필자가 느낀 점은 경매물건, 특히 유치권이 신고 된 사건의 경우, 임장을 한마디로 "똑소리" 나게 해야 한다는 것이다.

② 부산 회원의 임장

그 분은 임장시 ▶시세파악 ▶유치권의 진위여부 파악 ▶부동산 권리관계 등을 조사하였다는데, 시세파악은 기본이고… 5천여만 원의 유치권이 신고 되었는데, 이에 대하여 인근 중개업소 및 건축업자를 만나서 조사해 본 바, 건축업자 박OO는 본건 내부에 대한 리모델링 공사를 한 사실을 밝혀냈다고 한다.

여기서는 회원과 필자간 나눈 이야기를 간단히 언급하겠다. 그 회원은 필자에게 "그럼 박OO가 공사를 한 사실이 명백하니까 유치권이 성립되지요?"라고 물으시기에 필자는 "성립되지요! 그런데 유치권 성립여부를 떠나서 만약 낙찰 받은 후 유치권자의 신고액을 인수하더라도 그 물건을 취득하는 것이 실익이 있는지에 초점을 맞추시지요?" 라는 이야기를 해 주었다.

유치권이 성립된다… 아니다! 성립 안 된다… 라기 보다는 유치권으로 인해 낙찰자가 부담하여야 할 부분을 감안하여 손해 보지 않는 금액으로 낙찰 받는 것이 중요하다.

그리고 본 사건 건물의 옆 건물은 본 사건 건물 소유자의 부친 명의로 되어 있고, 본 사건 건물 소유자는 부친 건물에서 치과를 운영하고 있으며, 리모델링한 건물을 확장하여 치과 운영을 할 계획이라는 정보를 알아냈다는 이야기를 하시기에 "그냥 입찰하셔서 훅! 질러 버리시지요?" 본 사건 부동산의 채권액은 17억여 원이고, 최초 감정가격은 6억 7천여만 원이다. 그렇다면 채무자는 경매로 소위 털어 버리기 위해서 경매취하는 있을 수 없고, 낙찰 받아 현재 소유자에게 되판다면 이 또한 나쁘지 않다고 본다.

그런데 낙찰 후 상대방이 "난 이 건물 절대 못 사겠소!"라고 나올 경우를 대비하여 "너무 확! 하고 질러지는 마시고 수익성 있는 금액으로 입찰하시지요?" 라는 이야기를 해 드렸다.

참고로 박OO은 2009년 3월 17일 공사대금을 49,950,000원으로 하여 집행법원에 유치권 신고를 하였다.

〈유치권자 박OO의 유치권신고〉

| 2009-03-17 | 유치권자 박 OO 유치권신고 제출 |

〈매각물건명세서 중에서...〉

※비고란 **〈진짜 공사했음!!!〉**

2009.3.17.자 박OO 작성의 유치권신고서(공사대금:49,950,000원)가 제출되었으나, 그 성립여부는 불분명함, 일괄매각, 제시외건물포함

10) 건설유치권 - 3

2009 타경 22489 (임의)		매각기일 : 2010-03-04 10:00~ (목)		경매4계 530-1816 (구내:1816)	
소재지	서울특별시 강남구 청담동 121-00, ★★★★★빌라 2층 201호			사건접수	2009-06-05
물건종별	다세대(빌라)	채권자	하나은행	감정가	900,000,000원
대지권	76.13㎡ (23.03평)	채무자	건축사사무소★★★★	최저가	(64%) 576,000,000원
전용면적	149.3㎡ (45.16평)	소유자	박OO	보증금	(10%)57,600,000원
평형		매각대상	토지/건물일괄매각	청구금액	910,000,000원
입찰방법	기일입찰	배당종기일	2009-09-07	개시결정	2009-06-08

▶ 기일현황

회차	매각기일	최저매각금액	결과
신건	2009-10-15	900,000,000원	유찰
2차	2009-11-19	720,000,000원	유찰
3차	2009-12-24	576,000,000원	변경
3차	2010-03-04	576,000,000원	매각

황OO/입찰8명/매각735,000,000원(82%)

이OO으로부터 공사대금 92,575,000원 유치권신고

▶ 임차인현황 → **▶채무자(소유자)점유◀** ← 매각물건명세서 예상배당표

▶ 건물 등기부현황 ☞ 건물열람일 : 2009-10-01   등기부등본열람

구분	성립일자	권리종류	권리자	권리금액	인수/소멸	비고
갑1	1995-03-07	(현)소유권	박OO		이전	매매
을9	2008-02-26	(근)저당	하나은행	910,000,000원	소멸기준	
갑6	2009-05-13	가압류	한국외환은행	100,000,000원	소멸	
갑7	2009-05-19	가압류	기술신용보증기금	229,500,000원	소멸	
갑8	2009-05-21	가압류	최OO외 2명	170,000,000원	소멸	
갑9	2009-05-22	가압류	서울보증보험	184,952,600원	소멸	
갑10	2009-06-09	임의경매	하나은행	청구: 910,000,000원	소멸	2009타경22489

본 사건에는 이OO이 2009년 12월 22일 유치권신고를 한 것으로 나타나 있고, 매각물건명세서상에도 유치권신고 사항이 나타나 있다.

〈이OO의 유치권신고〉

| 2009-12-22 | 기타 이 OO 유치권신고서 제출 |

〈매각물건명세서상 이OO의 유치권신고 내역〉

| ※ 비고란 |
| 이OO으로부터 공사대금으로 92,575,000원에 대하여 2009. 12. 22. 유치권신고 있으나, 그 성립여부는 불분명함 |

유치권의 성립요건 중 하나는 유치권자의 점유이다. 점유에는 직접점유와 아울러 간접점유도 포함되는데, 단지 공사만 하였고 점유를 하지 않았다면 유치권은 성립되지 않는 것이다. 그러나 유치권자 본인이 직접 점유를 하지 않고, 유치권자의 직원이 점유하였다면 이는 간접점유로서 그 효력이 인정된다.

그런데 본 사건의 부동산현황 및 점유관계조사서 내용에 의하면 소유자가 직접 점유하는 것으로 나타나 있어 유치권이 성립될 여지가 없어 보이나, 임장을 통한 유치권자의 직·간접 점유 여부를 확인하여야 한다.

〈부동산현황 및 점유관계조사서 내역〉

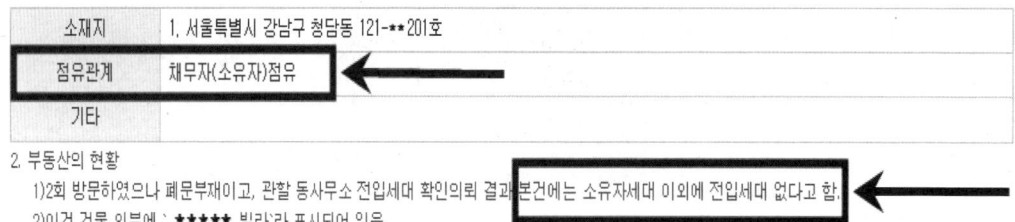

그리고 채권자 하나은행이 유치권배제신청을 하였으나, 이로서 유치권이 소멸되는 것은 아니다. 유치권은 어차피 낙찰자와의 관계이기에 진정한 유치권이라면 유치권자는 공사대금을 받을 때까지 점유를 계속 할 뿐이다.

〈채권자의 유치권배제신청〉

| 2010-01-15 | 채권자 주식회사하나은행 유치권배제신청 제출 |

11) 주택임차인의 유치권

2009 타경 10803 (임의)		매각기일 : 2010-03-15 10:00~ (월)		경매5계 650-3154 (구내:3154)	
소재지	경기도 평택시 진위면 견산리 441-00, ****빌라 7동 4층 402호			사건접수 2009-08-18	
물건종별	다세대(빌라)	채권자	캠코퍼스트엔피엘유동화전문 유한회사의 채권회수수임인 한국자산관리공사	감정가	48,000,000원
대지권	19.8m² (5.99평)	채무자	00 개발	최저가	(80%) 38,400,000원
전용면적	35.16m² (10.64평)	소유자	00 개발	보증금	(10%)3,840,000원
평형		매각대상	토지/건물일괄매각	청구금액	20,000,000원
입찰방법	기일입찰	배당종기일	2009-11-03	개시결정	2009-08-19

기일현황

회차	매각기일	최저매각금액	결과
신건	2010-02-01	48,000,000원	유찰
2차	2010-03-15	38,400,000원	매각
김00/입찰2명/매각41,210,000원(86%)			

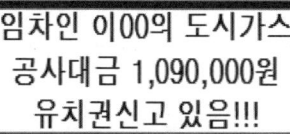

임차인 이00의 도시가스 공사대금 1,090,000원 유치권신고 있음!!!

임차인현황 건물소멸기준 : 1996-12-12 배당종기일 : 2009-11-03

순위	성립일자	권리자	권리종류(점유부분)	권리금액	신고	대항	예상배당여부
1	전입 1995-11-14 확정 1995-11-17 배당 2009-09-17	이00 <유치권신고>	주택임차인 402호 전부	[보] 18,000,000원	O	있음	배당금 : 18,000,000원 전액배당으로 소멸예상

건물 등기부현황 건물열람일 : 2010-01-18

구분	성립일자	권리종류	권리자	권리금액	인수/소멸	비고
을3	1995-11-14	주택임차권	이00	18,000,000원	있음	전입 : 1995-11-14 확정 : 1995-11-17
갑1	1996-12-12	(현)소유권	00 개발		이전	매매
을1	1996-12-12	(근)저당	국민은행	8,700,000원	소멸기준	
을2	1997-03-26	(근)저당	캠코퍼스트엔피엘유동화전문 유한회사	26,000,000원	소멸	
갑3	1999-09-07	압류	국민연금관리공단		소멸	
갑4	2000-02-10	압류	근로복지공단		소멸	
갑5	2002-02-15	압류	근로복지공단수원지사		소멸	
갑8	2005-11-30	압류	평택시		소멸	
갑10	2009-08-19	임의경매	캠코퍼스트엔피엘유동화전문 유한회사의 채권회수수임인 그 린개발	청구: 20,000,000원	소멸	2009타경10803

본 사건은 주택임차인 이OO이 도시가스 공사대금 1,090,000원에 대하여 유치권신고를 하였다.

〈임차인 이OO의 유치권 신고〉

| 2009-09-21 | 임차권자 이 OO 유치권신청서 제출 |

〈매각물건명세서상 임차인 이OO의 유치권신고 내역〉

※ 비고란
2009.9.21.자로 임차인 이OO으로부터 도시가스공사대금 1,090,000원에 대하여 유치권신고가 있으나, 그 성립여부는 불분명함.

임차인이 진정 자기 비용으로 도시가스 공사대금을 부담하였다면 이는 유익비에 해당되어 집행법원은 0순위로 배당해 주어야 하나, 만약 법원이 배당해 주지 않을 경우 임차인의 유치권은 소멸할까?

아니다! 소멸하지 않는다. 그렇다면 낙찰자는 임차인의 공사대금을 유익비 반환 차원에서 부담해 주어야 한다.

그런데, 이러한 유치권은 "새 발의 피" 아닌가? 설사 집행법원이 임차인의 유치권 주장을 묵살 하더라도, 유치권으로 주장하는 금액이 그리 크지 않기에 낙찰자가 부담한다면?

필자의 경험인데, 유치권자의 신고내역이 비교적 명확하고, 신고금액 또한 두루뭉술하지 않다면 진정한 유치권이라는 것을 느꼈다.

12) 상가임차인의 유치권

2009 타경 32112 (임의)		물번 1	매각기일 : 2010-03-17 10:30~ (수)		경매1계 031-828-0321	
소재지	경기도 양주시 덕정동 208-0, **** 덕정타운 4층 402호				사건접수 2009-08-13	
물건종별	상가(점포)	채권자	농업협동조합중앙회	감정가	280,000,000원	
대지권	31.45㎡ (9.51평)	채무자	지 00	최저가	(51%) 143,360,000원	
전용면적	122.82㎡ (37.15평)	소유자	지 00	보증금	(10%) 14,336,000원	
평형		매각대상	토지/건물일괄매각	청구금액	190,297,315원	
입찰방법	기일입찰	배당종기일	2009-11-09	개시결정	2009-08-14	

▶ 기일현황

회차	매각기일	최저매각금액	결과
신건	2009-12-02	280,000,000원	유찰
2차	2010-01-06	224,000,000원	유찰
3차	2010-02-10	179,200,000원	유찰
4차	2010-03-17	143,360,000원	매각
윤00/입찰3명/매각170,100,000원(61%)			

공사대금 104,500,000원
임차인 김00 유치권 신고

▶ 임차인현황 ▶ 건물소멸기준 : 2003-05-07 ▶ 배당종기일 : 2009-11-09   매각물건명세서 예상배당표

순위	성립일자	권리자	권리종류(점유부분)	권리금액	신고	대항	예상배당여부
1	사업 2007-11-22 확정 2009-06-29 배당 2009-10-21 <유치권신고>	김00	상가임차인 4층 402호전체, 403호 일부	【보】 20,000,000원 【월】 1,000,000원	O	없음	미배당 : 20,000,000원 미배당금 소멸예상

- 김00(**성모안과) : 현황조사보고서상 임차인으로 조사된 윤00(성모안경원)은 2009.10.21.자 서면에서 이 건 402호에는 김00(**성모안과)이 단독으로 점유하고 있다고 진술.

▶ 건물 등기부현황 ▶ 건물열람일 : 2009-11-18   등기부등본열람

구분	성립일자	권리종류	권리자	권리금액	인수/소멸	비고
갑1	2003-02-07	(현)소유권	지 00		이전	보존
을1	2003-05-07	(근)저당	농업협동조합중앙회	234,000,000원	소멸기준	
을2	2008-12-24	(근)저당	00 스틸	200,000,000원	소멸	
갑8	2009-08-19	임의경매	농업협동조합중앙회	청구: 190,297,315원	소멸	2009타경32112

본 사건의 유치권은 상가임차인 김00이 신고하였다. 그런데 김00은 **성모안과 병원을 운영하는 사람으로서, 공사대금으로 104,500,000원을 유치권으로 신고하였는데, 1억여 원이 동네 강아지 이름인가? 아마도 안과병원을 운영하면서 인테리어업도 병행한 모양이네~~~

〈임차인 김00의 유치권 신고〉

| 2009-11-18 | 유치권자 김00 유치권신고서 제출 |

〈매각물건명세서상 임차인 김00의 유치권신고 내역〉

※ 비고란	〈**성모안과 원장〉
*유치권자 김00	공사대금 104,500,000원 2009.11.18. 신고.(유치권 성립여부 불분명) * 위 김00의 유치권신고에 대하여 채권자 농협중앙회 2009.12.10.자 유치권배제신청서 제출

임차인이 자기의 영업목적상 내부공사를 하였다면 임대차계약만료 후 원상회복을 해주어야 할 의무가 있기에 필요비도 아니요! 유익비는 더더욱 아니며, 인테리어 업자의 지위로서 공사한 것도 아니기에 유치권과는 아무런 관계가 없다[=대법원 93다25738 판결 참조].

참고로 임차인 김00의 유치권신고에 경매신청권자인 농협은 2009년 12월 10일 유치권배제신청서를 집행법원에 제출하였다.

〈채권자의 유치권배제신청서 제출〉

| 2009-12-10 | 채권자 농업협동조합중앙회 유치권배제신청서 제출 |

아쉬운 점은 임차인 겸 **성모안과 원장이신 김00은 유치권 신고를 하는데 신경 쓸 것이 아니라, 본인이 본건 부동산을 낙찰 받는데 신경을 썼어야 했는데…

13) 조족지혈인 유치권

2009 타경 51683 (임의)			매각기일 : 2010-06-11 10:30~ (금)		경매6계 (031)210-1266	
소재지	경기도 용인시 기흥구 마북동 621 교동마을쌍용아파트 ***동 4층 401호					사건접수 2009-09-16
물건종별	아파트	채권자	한국자산관리공사		감정가	440,000,000원
대지권	81.2058㎡ (24.56평)	채무자	김 00		최저가	(51%) 225,280,000원
전용면적	133.7316㎡ (40.45평)	소유자	김 00		보증금	(10%)22,528,000원
평형	52평형	매각대상	토지/건물일괄매각		청구금액	637,000,000원
입찰방법	기일입찰	배당종기일	2009-11-20		개시결정	2009-09-17

▶ 기일현황

회차	매각기일	최저매각금액	결과
신건	2010-02-25	440,000,000원	유찰
2차	2010-03-31	352,000,000원	유찰
3차	2010-04-29	281,600,000원	유찰
4차	2010-06-11	225,280,000원	매각

최 00/입찰6명/매각270,510,000원(61%)

양00이 840만원 유치권 신고 하였으나 점유하지 않음.

▶ 임차인현황 ▶ 건물소멸기준 : 2007-07-19 ▶ 배당종기일 : 2009-11-20   매각물건명세서 예상배당표

순위	성립일자	권리자	권리종류(점유부분)	권리금액	신고	대항	예상배당여부
1	전입 2004-08-18 확정 2009-07-29 배당 2009-11-19	김 ##	주택임차인 (방1)	【보】 15,000,000원 【월】 100,000원	O	있음	배당금: 12,000,000원 인수금: 3,000,000원 일부배당(미배당금 인수)예상
2	전입 2008-08-06 확정 2008-08-06 배당 2009-11-18	고 00	주택임차인 전체중 베란다쪽 방1개만 제외	【보】 20,000,000원 【월】 350,000원	O	없음	배당금: 12,000,000원 미배당: 8,000,000원 일부배당(미배당금 소멸예상)

▶ 건물 등기부현황 ▶ 건물열람일 : 2010-02-11   등기부등본열람

구분	성립일자	권리종류	권리자	권리금액	인수/소멸	비고
갑2	2002-05-03	(전)소유권	김 ** 외		이전	매매
갑3	2004-01-15	(현)소유권(전부)	김 00		이전	매매
을14	2004-08-18	주택임차권	김 ##	15,000,000원	있음	전입 : 2004-08-18 확정 : 2009-07-29 확정일자 소멸기준 이후
을13	2007-07-19	(근)저당	한국자산관리공사	637,000,000원	소멸기준	
갑5	2008-12-29	압류	용인시기흥구		소멸	
갑7	2009-09-18	임의경매	솔로몬상호저축은행		소멸	

통 큰 경매? 최악의 경우 유치권 8백 4십만 원을 인수한다면? 실패한 경매투자일까? 참고로 2011년 4월 1일 현재 국민은행 시세정보에 의하면 경기도 용인시 마북동 교동마을 쌍용아파트 52평형 매매가는 3억 7천만 원 ~ 4억 4천만 원으로 되어 있으나, 본건은 4층이기에 3억 8천 원을 매매가로 보면, 유치권자의 채권액을 인수하더라도 낙찰가 2억 7천여만 원이면 손해 본 장사는 아니지 않는가?

〈국민은행 시세정보〉

KB아파트시세

경기도 > 용인시 > 마북동 > 교동마을쌍용

■ 교동마을쌍용 단지정보

총세대수	340 세대	입주년도	2001-12
동수	7 동	총층	최저 15층 ~ 최고 16층
난방방식	개별	건설회사	쌍용건설

■ 단지시세

시세갱신일 : 2011-04-01 (단위 : 만원)

선택	면적/전용	매매가			전세가		
		하위 평균가	일반 평균가	상위 평균가	하위 평균가	일반 평균가	상위 평균가
□	171.9/133.73	37,000	41,500	44,000	14,000	15,000	16,000

그리고 본건 아파트에는 방 4칸에 임차인 2명이 거주하는 것으로 나타나 있는데, 굳이 유치권 성립 여부를 따지고 싶다면 대항력 있는 임차인 김##에게 유치권자 양○○의 점유관계를 문의해 보면 된다.

〈양○○의 유치권 신고와 매각물건명세서 중 일부〉

2010-03-22	유치권자 양○○ 유치권신고서 제출

※ 비고란

2010.3.22.자 양○○로부터 8,400,000원의 유치권신고 있으나 그 성립 여부는 불분명 함

14) 유치권자는 점유를 해야 한다.

2009 타경 16645 (임의)		매각기일 : 2010-09-06 10:00~ (월)		경매6계 (031)737-1326 (구내:1326)	
소재지	경기도 광주시 쌍령동 86-1 한솔파크타운 ★동 1층 101호			사건접수 2009-07-17	
물건종별	다세대(빌라)	채권자	박00	감정가	160,000,000원
대지권	54.31㎡ (16.43평)	채무자	조00	최저가	(51%) 81,920,000원
전용면적	59.6㎡ (18.03평)	소유자	조00	보증금	(10%) 8,192,000원
평형		매각대상	토지/건물일괄매각	청구금액	30,000,000원
입찰방법	기일입찰	배당종기일	2009-09-22	개시결정	2009-07-20

▨ 기일현황

회차	매각기일	최저매각금액	결과
신건	2010-04-05	160,000,000원	유찰
2차	2010-05-03	128,000,000원	유찰
3차	2010-06-07	102,400,000원	유찰
4차	2010-07-05	81,920,000원	변경
4차	2010-09-06	81,920,000원	매각

한00/입찰8명/매각104,890,000원(66%)

1,608만원 유치권신고

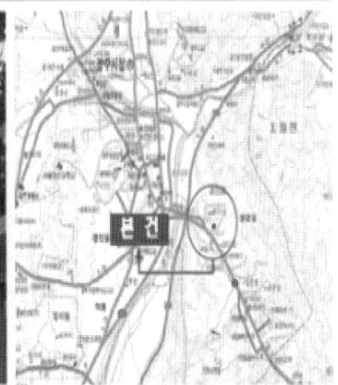

▨ 임차인현황 ▨ 건물소멸기준 : 2009-01-30 ▨ 배당종기일 : 2009-09-22

순위	성립일자	권리자	권리종류(점유부분)	권리금액	신고	대항	예상배당여부
1	전입 2007-08-27 확정 2008-08-07 배당 2009-08-19	송00	주택임차인 건물전체	【보】70,000,000원	○	있음	배당금 : 70,000,000원 전액배당으로 소멸예상

▨ 건물 등기부현황 ▨ 건물열람일 : 2010-03-22

구분	성립일자	권리종류	권리자	권리금액	인수/소멸	비고
갑3	2003-01-20	(전)소유권	김00		이전	매매
갑4	2007-08-17	(현)소유권	조00		이전	매매
을7	2009-01-30	(근)저당	박00	30,000,000원	소멸기준	
갑5	2009-04-10	가압류	김##	19,000,000원	소멸	
갑6	2009-04-27	가압류	현대캐피탈	3,730,853원	소멸	
갑7	2009-05-25	가압류	신한카드	3,074,078원	소멸	
갑8	2009-07-21	임의경매	박00	청구:30,000,000원	소멸	2009타경16645

선순위 임차인 송OO이 본건 부동산 전부를 보증금 7천만 원으로 임차하고 있는데, 하**이 유치권 신고를 하였단다. 임차인이 본건 전부를 점유하는데, 유치권자인 하**은 도대체 어디를 점유하고 있다는 말인가?

〈매각물건명세서상 임차인의 점유부분〉

점유자의 성명	점유부분	정보출처 구분	점유의 권원	임대차 기간 (점유기간)	보증금	차임	전입신고일자, 사업자등록신청 일자	확정일자	배당요구 여부 (배당요구일자)
송OO	건물전체	권리신고	주거 임차인	2007.8.17.	70,000,000		2007.8.27.	2008.8.7.	2009.08.19

본 사건 임차인 송OO은 자기 보증금 전액을 배당받을 수 있기에, 큰 저항이 없을 것이고, 따라서 임장시 송OO을 직접 만나서 하**에 대한 유치권의 진위여부와 점유사실을 파악한 후 입찰하는 것이다.

〈하**의 유치권 신고와 매각물건명세서 중 일부〉

| 2010-04-20 | 유치권자 하** 유치권신고서 제출 |

※ 비고란
1. 유치권자 하**로부터 금 16,080,000원의 유치권 신고가 있으나 그 성립여부는 알수 없음.

(4) 기타 실전낙찰사례

　　지금까지 경매물건의 몇 가지 유형에 대한 접근방법을 언급하였는데, 필자 생각으로는 접근방법이 가장 중요하다고 봅니다.

　　한마디로 경매물건에 대해 요리하는 방법인데… 고정관념은 깨부숴버려야만 합니다. 경매공부 제아무리 열심히 하면 무엇 하나요? 실전 감각이 없다면 지구를 떠날 때까지 낙찰 받는 일은 절대!!! 없을 것이고…

　　기본적인 경매공부를 하신 후, 경매물건 검색을 많이 하십시오. 그러하면 돈이 되는 물건이 눈이 보입니다.

　　지금까지 언급한 사례를 간단히 말씀드리겠습니다.

　　"어? 하면 당합니다!" 기억나시지요? 아직도 당하는 사람들이 있으니 안타까울 따름입니다. 그리고 "전세권"에 대한 사례를 말씀 드렸고, 경매투자 이거 애들 장난치는 것이 아니기에 입찰표 작성은 잘 하셔야 한다는 말씀!

　　"지분경매"에 대해서도 말씀드렸습니다만, 경매부동산의 현상을 찬찬히 보시다 보면 돈이 되는 것인지 여부가 판단되실 것입니다. 그리고 "가등기"에 대해서도 말씀드렸습니다. 나아가 모르면 입찰하지 마시라는 말씀 기억나시지요? 제발 모르시면 아예 입찰하지 마세요! 제대로 아시고 난 후 입찰하더라도 결코 늦지 않습니다.

　　그리고 "법정지상권"과 "선순위 임차인"에 대하여도 실전적인 측면에서 말씀 드렸으며, "가처분등기"에 대하여 역시 사례를 가미하여 언급해 드렸습니다. 마지막으로 "대지권미등기", "토지별도등기", "대지권등기 없음", 그리고 "유치권"에 대한 말씀도 드렸습니다.

　　3류 소설책 같은 경매책을 보시다가 이 책을 보시면 재미없고, 가슴이 답답하실 것입니다. 그러나 어쩔 수 없습니다. 돈을 벌려면 가슴이 답답하셔야만 합니다. 경매쟁이가 꼬~~~옥 되셔야만 합니다.

　　이제 마지막으로 기타 낙찰사례 몇 가지 더 말씀드리고 펜을 놓고자 합니다. 저도 지쳐버렸네요… 열공, 즐공, 빡공하세요~~~~~

1) 엄청 싸게 낙찰 되었네~~~

① 1차 경매사건

2005 타경 75491 (강제)		매각기일 : 2007-02-20 10:00~ (화)		경매2계 757-6772 (구내:772)	
소재지	대구광역시 서구 비산동 358-00,4층 401호			사건접수 2005-12-21	
물건종별	다세대(빌라)	채권자	권OO(주택임차인)	감정가	35,000,000원
대지권	13.5㎡ (4.08평)	채무자	최OO(소유자)	최저가	(4%) 1,413,000원
전용면적	36.575㎡ (11.06평)	소유자	최OO(소유자)	보증금	(10%)142,000원
평형	13.8평형	매각대상	토지/건물일괄매각	청구금액	27,000,000원
입찰방법	기일입찰	배당종기일	2006-03-22	개시결정	2005-12-22

▶ 기일현황

회차	매각기일	최저매각금액	결과
신건	2006-05-17	35,000,000원	유찰
2차	2006-06-21	24,500,000원	유찰
3차	2006-07-20	17,150,000원	유찰
4차	2006-08-21	12,005,000원	유찰
5차	2006-09-20	8,404,000원	유찰
6차	2006-10-23	5,883,000원	유찰
7차	2006-11-16	4,118,000원	유찰
8차	2006-12-20	2,883,000원	유찰
9차	2007-01-18	2,018,000원	유찰
10차	2007-02-20	1,413,000원	매각
이OO /입찰2명/매각1,900,000원(5%)			

▶ 임차인현황 ▷ 건물소멸기준 : 2002-09-13 ▷ 배당종기일 : 2006-03-22   매각물건명세서 예상배당표

순위	성립일자	권리자	권리종류(점유부분)	권리금액	신고	대항	예상배당여부
1	전입 2002-08-19 확정 2002-08-19 배당 2006-01-19	권OO	주택임차인 건물 전부	【보】27,000,000원	O	있음	배당금: 765,700원 인수금: 26,234,300원 일부배당(미배당금 인수)예상

조사 참여인: 임차인 권OO

▶ 건물 등기부현황 ▷ 건물열람일 : 2005-12-27

구분	성립일자	권리종류	권리자	권리금액	인수/소멸	비고
갑2	2002-07-16	(전)소유권	전OO		이전	매매
을3	2002-09-13	(근)저당	이**	9,900,000원	소멸기준	
갑3	2003-05-15	(현)소유권	최OO		이전	증여
갑4	2003-09-18	가처분	이##		소멸	가처분등기보기
갑5	2003-12-05	압류	국민건강보험공단		소멸	
갑6	2004-12-08	압류	대구광역시서구		소멸	
갑7	2005-12-26	강제경매	권OO	청구: 27,000,000원	소멸	2005타경75491

본 사건은 대항력 있는 임차인 권00이 2005년 12월 26일 강제경매신청(=1차 경매)을 하였고, 10차 매각기일인 2007년 2월 20일, 이00이 1백 9십만 원에 낙찰 받았다.

권00의 보증금액은 2천 7백만 원이었는데, 낙찰금액으로는 권00의 보증금액을 충족시켜주지 못하기에, 낙찰자 이00이 권00의 잔여 보증금을 인수하여야 하나, 이00은 잔여 보증금을 반환하지 않고, 정##을 채권자로 하여 2007년 4월 25일 근저당권을, 동년 6월 28일 가등기를 설정하였다.

그 후 임차인 권00이 청구액을 2천 5백여만 원으로 하여 2007년 11월 7일 다시 강제경매신청(=2차 경매)을 하였는데, 그 사건은 다음과 같다.

② 2차 경매사건

2007 타경 17588 (강제) 2009타경10659		매각기일 : 2010-12-10 10:00~ (금)		경매3계	
소재지	대구광역시 서구 비산동 358-00, 4층 401호			사건접수 2007-11-05	
물건종별	다세대(빌라)	채권자	권00(주택임차인)	감정가	32,000,000원
대지권	13.5㎡ (4.08평)	채무자	이00(前 낙찰자)	최저가	(6%) 1,845,000원
전용면적	36.575㎡ (11.06평)	소유자	이00(前 낙찰자)	보증금	(20%) 369,000원
평형		매각대상	토지/건물일괄매각	청구금액	25,861,720원
입찰방법	기일입찰	배당종기일	2008-01-15	개시결정	2007-11-06

▶ 기일현황

회차	매각기일	최저매각금액	결과
신건	2008-03-13	32,000,000원	유찰
2차	2008-04-16	22,400,000원	매각
권00/입찰1명/매각25,800,000원(81%)			
	2008-05-16	대금지급기한	미납
2차	2008-06-17	22,400,000원	유찰
3차	2008-07-15	15,680,000원	유찰
4차	2008-08-14	10,976,000원	유찰
5차	2008-09-16	7,683,000원	변경
5차	2010-04-13	7,683,000원	유찰
6차	2010-05-11	5,378,000원	유찰
7차	2010-06-10	3,765,000원	유찰
8차	2010-07-13	2,636,000원	유찰
9차	2010-07-13	미진행	
9차	2010-09-10	1,845,000원	변경
9차	2010-12-10	1,845,000원	매각
김00/입찰1명/매각1,845,000원(6%)			
	2011-01-07	대금지급기한	납부

'08.4.16. 낙찰자 권00은 본건 빌라의 임차인인데, 종전 경매사건인 2005타경75491호 강제경매사건의 대항력있는 임차인으로서 보증금 2천7백만원 중 1백여만 원만 배당받은 후, 2007타경17588호 강제경매신청하였음.

임차인현황 ☞ 건물소멸기준 : 2007-04-25 ☞ 배당종기일 : 2008-01-15

순위	성립일자	권리자	권리종류(점유부분)	권리금액	신고	대항	예상배당여부
1	전입 2002-08-19 확정 2002-08-19 배당 2007-11-05	권00	주택임차인 전부	【보】 25,861,720원	○	있음	전경매에서 대항력있고 배당 요구한경우 해당사건에서 전 경매로 인한 미배당금 인수됨

- 권00 : 신청채권자

건물 등기부현황 ☞ 건물열람일 : 2008-02-28

구분	성립일자	권리종류	권리자	권리금액	인수/소멸	비고
을7	2002-08-19	주택임차권	권00	25,861,720원	있음	경매신청채권자 전입 : 2002-08-19 확정 : 2002-08-19
갑3	2003-05-15	(전)소유권	최00		이전	증여
갑8	2007-04-04	(현)소유권	이00		이전	강제경매로 인한 매각 2005타경75491
을5	2007-04-25	(근)저당	정##	8,000,000원	소멸기준	
갑10	2007-06-28	가등기	정##		인수	특별매각조건에의한 인수
을6	2007-07-02	(근)저당	윤00	3,000,000원	소멸	
갑11	2007-11-07	강제경매	권00	청구: 25,861,720원	소멸	2007타경17588

ⅰ. 권00은 1차 경매사건 당시 대항력 있는 임차인이었다.

권00은 1차 경매사건에서 소멸기준권리보다 먼저 전입신고 하였기에 낙찰자에게 대항할 수 있는 임차인이었다. 그런데 1차 경매사건의 낙찰자 이00이 잔여 보증금을 반환해주지 않았기에 대구지방법원 2007타경17588호 강제경매신청을 하였다.

ⅱ. 1차 경매사건의 대항력 있는 임차인이...

1차 경매사건의 대항력 있는 임차인이 배당요구 하였다면, 우선변제권은 상실되나, 대항력은 상실되지 않기에 그 자의 보증금은 낙찰자가 인수하여야 한다[=대법원 2005다21166 판결 참조].

따라서 우선변제권을 상실한 임차인 권00의 순위는 강제경매기입등기일인 2007년 11월 7일이 된다.

그런데, 권00이 금번 경매절차에서 보증금을 전액 회수하지 못한다면 잔여 보증금은 낙찰자가 부담해야 하는데, 9차 매각기일인 2010년 12월 10일 김00이 1백 8십여만 원에 낙찰 받은 금액으로는 근저당권자의 채권액조차 충족시키지 못할 것이다.

ⅲ. 임차인 권00은 2차 매각기일에 낙찰 받았는데...

임차인 권00은 2차 매각기일인 2008년 4월 16일 2천 6백여만 원에 낙찰 받고, 동일자에 채권상계신청을 하였는데, 동년 4월 28일에 권00은 집행법원에 탄원서를 제출하였다.

⟨권OO의 채권상계신청 및 탄원서 제출내역⟩

2008-04-16	채권자 권OO 차액지급신고서(상계신청) 제출
2008-04-28	최고가매수신고인 탄원서(진정서등) 제출

임차인 본인이 낙찰 받고 채권상계신청까지 했는데, 탄원서 제출이라... 그 이유를 알 수 없었는데, 본 사건 부동산등기부를 확인하는 순간 아! 이래서 탄원서를 제출했구나! 라는 생각이 들었다.

iv. 임차인 권OO은 탄원서를 왜 제출했을까?

임차인 권OO이 경매 신청할 당시 정## 명의의 근저당권이 말소되지 않았다. 그런데 정## 명의의 근저당권은 1차 매각기일 이후, 2차 매각기일 이전인 2008년 4월 4일 해지를 원인으로 말소되어 버렸던 것이었다.

정##은 2007년 6월 28일 가등기를 설정하였고, 본인의 근저당권이 말소됨으로 가등기는 선순위가 되어, 경매시 매각으로 소멸하지 않는 권리에 해당된다.

그러하기에 임차인 권OO은 정##의 근저당권이 말소됨으로 인해 정##의 가등기를 인수하여야 할 상황에 처했기에 매각불허가 관련한 탄원서를 제출한 모양인데, 법원은 매정하게도 2008년 4월 23일 매각허가결정을 내려 버렸다.

⟨임차인 권OO 관련 기일내역⟩

2008-04-16 10:00	매각기일	1층 입찰법정	22,400,000	매각(25,800,000원)
2008-04-23 13:40	매각결정기일	1층 입찰법정	0	최고가매각허가결정
2008-05-16 16:00	대금지급기한	민사신청과 경매3계	0	미납

⟨정## 명의의 근저당권 설정 및 말소등기 내역⟩

5	근저당권설정	2007년4월25일 제22169호	2007년2월27일 설정계약	채권최고액 금8,000,000원 채무자 이OO 　　　군산시 지곡동 근저당권자 정## 570510-1****** 　　　상주시 함창읍
8	5번근저당권설정등기말소	2008년4월4일 제38905호	2008년4월2일 해지	

③ 낙찰 후 부동산등기부 상황

본 사건은 9차 매각기일인 2010년 12월 10일, 김OO이 1백 8십여만 원에 낙찰 받았고, 2011년 2월 10일 "강제경매로 인한 매각"으로 본건에 대한 소유권을 취득하였다.

〈낙찰자 김OO의 소유권이전등기 내역〉

| 15 | 소유권이전 | 2011년2월10일 제15510호 | 2011년1월4일 강제경매로 인한 매각 | 소유자 김○○ 440316-2****** 특별시 관악구 봉천동 |

그런데 정## 명의의 가등기는 말소되지 않았는데, 말소되지 않은 가등기가 있는 물건을 낙찰 받았다는 것이 일반 상식으로 도저히 납득이 가지 않는다. 뭔가 있는 모양이다.

〈말소되지 않은 정## 명의의 가등기〉

| 10 | 소유권이전청구권가등기 | 2007년6월28일 제47131호 | 2007년6월28일 매매예약 | 가등기권자 정## 570510-1****** 상주시 함창읍 |

그리고 임차인 권OO 명의의 임차권등기 또한 말소되지 않았는데, 보증금 전액을 회수하지 못했기에 당연히 말소되지 않는 것이다.

〈말소되지 않은 권OO 명의의 임차권등기〉

| 7 | 주택임차권

주택임차권등기는 말소되지 않았음. | 2007년11월15일 제95744호 | 2007년11월7일 대구지방법원서부지원의 임차권등기명령(2007 카기322) | 임차보증금 금25,861,720원
범 위 4층 401호(36,575m^2)
임대차계약일자 2002년 8월 17일
주민등록일자 2002년 8월 19일
점유개시일자 2002년 8월 17일
확정일자 2002년 8월 19일
임차권자 권○○ 671017-1******
대구광역시 서구 비산동 358-○○, 401호 |

④ 앞으로 임차인 권OO은 어떠한 조치를 취해야 하나?

있는 사람 주머닛돈을 뺏어 먹어야지, 없는 사람 주머닛돈을 노리면? 필자 생각입니다만... 지옥 갑니다!!! 임차인 권OO은 답답할 것이다. 두 번씩이나 경매신청을 했음에도 보증금을 돌려받지 못했으니 말이다.

그렇다면 권OO은 단순히 경매신청만 하지 말고, 정##에게 본등기 하라고 한 후 보증금을 반환받던지, 아니면 정##의 가등기가 걸림돌이 되니, 가등기 말소소송을 제기하여 가등기를 말소시킨 후, 부동산처분금지가처분등기를 하고, 번거롭더라도 또 경매 신청하여 본인이 낙찰 받아 채권상계신청을 하는 것이다. 삼 세 번이라는 말이 있지 않는가?

2) 얼마를 써야 할까?

2009 타경 8737 (임의)		매각기일 : 2010-04-26 10:30~ (월)		경매3계 031-481-1195	
소재지	경기도 시흥시 신천동 782-1 현진아파트 ***동 6층 601호				사건접수 2009-04-14
물건종별	아파트	채권자	기술신용보증기금	감정가	160,000,000원
대지권	35,473㎡ (10,73평)	채무자	최 OO	최저가	(51%) 81,920,000원
전용면적	54,96㎡ (16,63평)	소유자	최 OO	보증금	(20%) 16,384,000원
평형	22평형	매각대상	토지/건물일괄매각	청구금액	41,286,727원
입찰방법	기일입찰	배당종기일	2009-07-20	개시결정	2009-04-15

기일현황

회차	매각기일	최저매각금액	결과
신건	2009-11-02	160,000,000원	유찰
2차	2009-12-07	128,000,000원	유찰
3차	2010-01-11	102,400,000원	유찰
4차	2010-02-17	81,920,000원	매각
강OO/매각102,500,000원(64%)			
	2010-04-02	대금지급기한	미납
4차	2010-04-26	81,920,000원	매각
윤OO/입찰1명/매각86,100,000원(54%)			

임차인현황 ☞ 건물소멸기준 : 2006-05-09 ☞ 배당종기일 : 2009-07-20 <?????>

순위	성립일자	권리자	권리종류(점유부분)	권리액	신고	대항	예상배당여부
1	전입 2002-05-11 확정 2008-12-15 배당 2009-04-28	박 OO	주택임차인 601호 전부	[보] 50,000,000원	O	있음	배당금: 20,000,000원 인수금: 30,000,000원 일부배당(미배당금 인수)예상

건물 등기부현황 ☞ 건물열람일 : 2009-10-19

구분	성립일자	권리종류	권리자	권리금액	인수/소멸	비고
갑6	2000-11-10	(전)소유권	김 OO		이전	매매
갑7	2002-04-02	(현)소유권	최 OO		이전	매매
을8	2006-05-09	(근)저당	교보생명보험	63,700,000원	소멸기준	????????
을10	2008-09-17	(근)저당	기술신용보증기금	48,000,000원	소멸	
을11	2008-12-15	전세권	박 OO	50,000,000원	소멸	배당금: 20,000,000원 인수금: 30,000,000원 일부배당(미배당금 인수)예상
갑8	2009-01-21	가압류	이 OO 외 2명	42,176,090원	소멸	
갑9	2009-04-15	임의경매	기술신용보증기금	청구: 41,286,727원	소멸	2009타경8737

① 임차인 겸 전세권자의 지위를 겸비하고 있는 경우

주택임차인으로 전입신고를 하였고, 그 자가 전세권등기를 하였을 경우, 주택이 경매신청 되었을 때에, 때로는 주택임차인의 지위로서… 아니면 전세권자의 지위로서… 집행법원에 배당요구 하였는지에 따라 낙찰자의 부담금액이 왔다 갔다 할 수 있기에 주의해야 한다는 이야기를 앞에서 했다.

② 본 사건 임차인 겸 전세권자 박00 분석

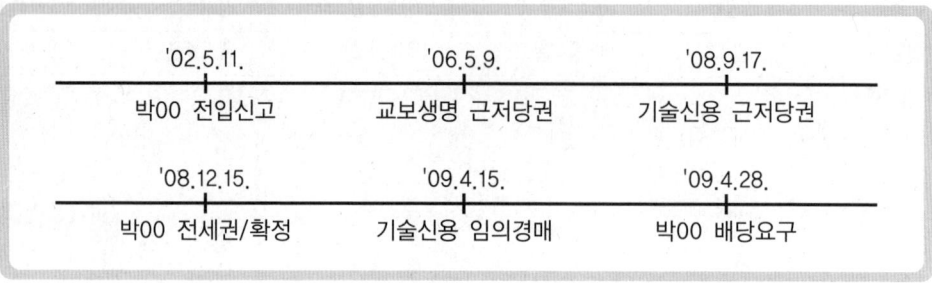

2순위 근저당권자인 기술신용보증기금이 임의경매신청을 하였다. 그런데 임차인 박00의 전입일자는 소멸기준권리인 교보생명보험 근저당권보다 빠르지만, 전세권등기와 확정일자를 받은 날짜는 후순위 권리에 해당된다.

박00은 법원이 공고한 배당요구종기일 이전에 배당요구를 하였는데, 여기서부터 분명히 짚고 넘어 가야 하는 부분이 있다. 박00가 주택임차인으로서 배당요구를 하였는지, 아니면 전세권자로서 배당요구 하였는지 여부를 확실히 파악한 후 입찰가격을 결정해야 한다.

ⅰ. 박00가 주택임차인으로서 배당요구 하였다면?

2006년 5월 9일 교보생명보험이 근저당권을 설정할 당시 주택 소재지가 경기도 시흥시이니, 보증금 4천만 원 이하일 경우 1천 6백만 원에 대한 최우선변제권이 있는데, 박00은 보증금이 5천만 원으로서 최우선변제대상이 아니다. 따라서 주택임차인으로서 배당요구를 하였더라도 순위에서 근저당권자에게 밀리기에 한 푼도 배당받지 못한다.

그런데 만약 박00의 보증금이 4천만 원이라면, 그리고 주택임차인으로서 배당요구 하였다면, 박00은 최우선변제금조로 1천 6백만 원을 배당받게 되어 낙찰자의 부담 부분이 줄어들게 된다.

ii. 박OO이 전세권자로서 배당요구 하였다면?

박OO의 배당순위는 3순위인데, 순위에서 밀려 한 푼도 배당받지 못한다. 그러나 박OO은 소멸기준권리보다 먼저 전입신고 하였기에 보증금 전액에 대해 낙찰자로부터 반환받을 권리가 있다.

iii. 박OO의 배당요구는 어떠한 지위에서 했을까?

집행법원이 작성한 매각물건명세서를 찬찬히 읽어 보면 답은 나와 있는데, 아래 매각물건명세서를 보면 박OO은 전세권자로서 배당 요구한 사실을 알 수 있다.

〈매각물건명세서 중에서…〉

사건	2009타경8737 부동산임의경매	매각물건번호	1	담임법관(사법보좌관)	김OO
작성일자	2010.04.16	최선순위 설정일자	2006.5.9.근저당권		
부동산 및 감정평가액 최저매각가격의 표시	부동산표시목록 참조	배당요구종기	2009.07.20		

부동산의 점유자와 점유의 권원, 점유할 수 있는 기간, 차임 또는 보증금에 관한 관계인의 진술 및 임차인이 있는 경우 배당요구 여부와 그 일자, 전입신고일자 또는 사업자 등록신청일자와 확정일자의 유무와 그 일자

점유자의 성명	점유부분	정보출처 구분	점유의 권원	임대차 기간 (점유기간)	보증금	차임	전입신고일자, 사업자등록신청 일자	확정일자	배당요구 여부 (배당요구 일자)
박OO	601호 전부	현황조사	주거 전세권자	2002.5.10.-	50,000,000				
	601호 전부	권리신고	주거 전세권자	2002.5.10.-200 4.5.9	50,000,000		2002.5.11.	2008.12.15	2009.04.28

나아가 법원문건 접수내역을 보면 박OO이 어떠한 지위로서 배당요구 하였는지를 알 수 있기에 매각물건명세서 및 법원문건 접수내역을 면밀히 검토하면 쉽게 해결할 수 있다.

〈법원문건 접수내역 중에서…〉

2009-04-28　　전세권자 박OO 권리신고및배당요구신청 제출

③ 법원경매? 모르는 것이여~~~

주택 소재지가 서울이고, 다음과 같은 경우를 생각해 보자.

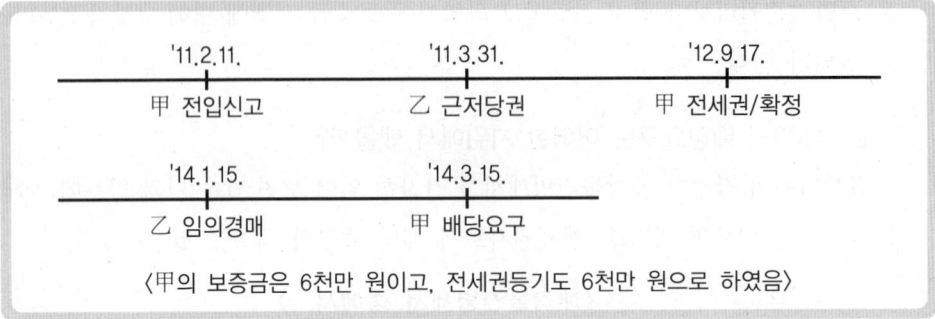

甲은 <u>전세권자로서 배당요구</u> 하였다. 만약 乙 근저당권의 채권액이 과다 하다면 전세권은 후순위로서 배당을 한 푼도 받지 못할 것이다. 그런데, 집행법원에서 甲에 대해 최우선변제권을 인정하여 2천 5백만 원을 지급한다면 낙찰자는 앉아서 2천 5백만 원을 버는 셈이 된다.

따라서 이러한 경우 담당 경매계를 방문하여 넌지시 물어 본다. "임차인 甲은 최우선 변제받을 수 있지요?" 이에 경매계장이 "당근이지요~~~"라고 이야기한다면 속으로 "꺄오!" 해야 한다. 왜? 돈 벌었으니까!

임차인의 지위로서 배당요구하지 않고, 전세권자의 지위로서 배당요구 하였다면, <u>전세권은 물권으로 최우선변제권이 없다.</u> 그런데도 집행법원이 임차인에게 일정금액을 최우선변제 해 준다면 이 얼마나 착한 경매인가?

3) 마음을 비우자!

① 사례 1

2009 타경 9708 (임의) 2008타경20951		매각기일 : 2010-01-25 10:00~ (월)		경매4계 (031)737-1324 (구내:1324)	
소재지	경기도 성남시 분당구 금곡동 180 청솔마을 ***동 1층 103호				사건접수 2009-04-24
물건종별	아파트	채권자	한국외환은행	감정가	470,000,000원
대지권	52,879㎡ (16평)	채무자	이 00	최저가	(64%) 300,800,000원
전용면적	84.6㎡ (25.59평)	소유자	이 00	보증금	(10%)30,080,000원
평형	32평형	매각대상	토지/건물일괄매각	청구금액	336,939,848원
입찰방법	기일입찰	배당종기일	2009-10-16	개시결정	2009-04-27

▶ 기일현황

회차	매각기일	최저매각금액	결과
신건	2009-11-23	470,000,000원	유찰
2차	2009-12-28	376,000,000원	유찰
3차	2010-01-25	300,800,000원	매각
정 00/입찰15명/매각405,700,000원(86%)			

2차 최저매각금액 보다 높은 낙찰가

② 사례 2

2009 타경 27588 (임의)		매각기일 : 2010-03-18 10:00~ (목)		경매6계 031-920-6316	
소재지	경기도 고양시 일산서구 일산동 1655 일신건영아파트 ***동 1층 102호				사건접수 2009-09-09
물건종별	아파트	채권자	(주) ****	감정가	240,000,000원
대지권	33.59㎡ (10.16평)	채무자	채 00	최저가	(64%) 153,600,000원
전용면적	70.983㎡ (21.47평)	소유자	권 00	보증금	(10%)15,360,000원
평형	30평형	매각대상	토지/건물일괄매각	청구금액	70,000,000원
입찰방법	기일입찰	배당종기일	2009-11-12	개시결정	2009-09-09

▶ 기일현황

회차	매각기일	최저매각금액	결과
신건	2010-01-21	240,000,000원	유찰
2차	2010-02-18	192,000,000원	유찰
3차	2010-03-18	153,600,000원	매각
김00외1/입찰18명/매각197,380,000원(82%)			

2차 최저매각금액 보다 높은 낙찰가

사례 ①과 ②와 같은 현상은 10년 전에도 있었고, 지금도 있으며, 10년 후에도 나타날 것이다.

아주아주 옛날이었는데, 2001년 12월 18일로 기억한다. 이 날짜에 필자는 서울중앙지방법원 경매법정에 있었다. 이날따라 왜 그리도 사람들이 많았던지... 발 디딜 틈이 없었다. 그 이유는 얼마 안 있어 알게 되었다. 서울중앙지방법원 2000타경35154호 임의경매사건 때문이었다.

지금은 재건축되었지만, 서울 강남구 삼성동 AID 영동차관아파트 15평형이 경매에 붙여졌는데, 2차 매각기일이었다. 경매결과는 148명이 입찰하여 2억 7천 1백만 원에 낙찰되었다.

그런데 1차 최저매각금액이 얼마였느냐 하면... 2억 원이었다. 그렇다면 이 금액에서 20% 저감한 금액인 1억 6천만 원이 2차 매각기일의 최저매각금액인데, 2억 하고도 7천 1백만 원으로 홍 모 씨가 훅! 하고 질러 버렸다.

집행관이 본 사건을 개찰 하면서 최고가격을 호창하는 순간, 경매법정이 술렁거렸다. 아마도 그 날 경매법정에 있었던 사람들은 이렇게들 생각했을 것이다. "저사람 돌 I 아니야? 차라리 저 금액으로 입찰할거면 중개업소에 가서 일반매물을 살 것이지, 왜 경매법정에 와서 저 난리야~~~"라고...

항상 결과를 보면 그렇게 생각할 수 있다. "차라리 1차 매각기일에 2억 원으로 입찰하면 단독입찰이지만 세금 적게 내서 좋고, 취득가격이 낮아서 좋은데 왜 그러는지 도통 모르겠다."라고...

그런데 이러한 현상은 지금도 나타난다. 간혹이 아닌 자주 말이다. 쉽지는 않겠지만 소신껏 입찰해야 할 것으로 본다. 요행수를 바라면서 한 번 더 유찰 되면 다음 기일에 입찰해야지~~~ 라는 마인드를 가졌다면? 지금 당장 뜯어 고쳐야 한다.

4) 명도! 어떻게 생각하십니까?

2010 타경 7606 (강제)		매각기일 : 2010-06-29 10:30~ (화)		경매5계 (031)210-1265	
소재지	경기도 화성시 안녕동 211 다솜마을 동문굿모닝힐 ***동 3층 301호				사건접수 2010-02-22
물건종별	아파트	채권자	정00	감정가	220,000,000원
대지권	47.934㎡ (14.5평)	채무자	윤00	최저가	(80%) 176,000,000원
전용면적	84.9907㎡ (25.71평)	소유자	윤00	보증금	(10%)17,600,000원
평형		매각대상	토지/건물일괄매각	청구금액	90,000,000원
입찰방법	기일입찰	배당종기일	2010-05-10	개시결정	2010-02-23

▶ 기일현황

회차	매각기일	최저매각금액	결과
신건	2010-05-28	220,000,000원	유찰
2차	2010-06-29	176,000,000원	매각

정##/입찰2명/매각188,130,000원(86%)

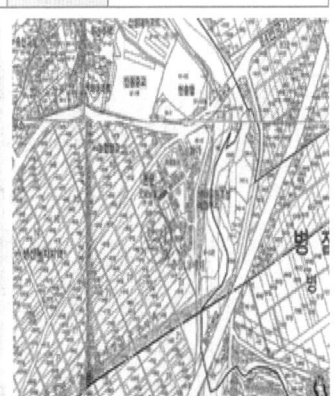

▶ 임차인현황 ☞ 건물소멸기준 : 2007-11-15 ☞ 배당종기일 : 2010-05-10   매각물건명세서 예상배당표

순위	성립일자	권리자	권리종류(점유부분)	권리금액	신고	대항	예상배당여부
1	전입 2007-07-06 확정 2007-07-06 배당 2010-04-29	정00	주택임차인 전체	[보] 90,000,000원	O	있음	배당금: 90,000,000원 전액배당으로 소멸예상

▶ 건물 등기부현황 ☞ 건물열람일 : 2010-05-14   등기부등본열람

구분	성립일자	권리종류	권리자	권리금액	인수/소멸	비고
갑1	2006-09-19	(전)소유권	***건설		이전	보존
을2	2007-07-06	주택임차권	정00	90,000,000원	있음	경매신청채권자 전입: 2007-07-06 확정: 2007-07-06
갑2	2007-11-15	(현)소유권	윤00		이전	매매
을1	2007-11-15	(근)저당	국민은행	137,280,000원	소멸기준	
갑4	2009-05-18	압류	수원세무서		소멸	
갑5	2009-11-05	압류	화성시		소멸	
갑6	2010-02-24	강제경매	정00	청구: 90,000,000원	소멸	2010타경7606
갑7	2010-02-24	압류	국민건강보험공단		소멸	
갑8	2010-03-29	압류	수원시팔달구		소멸	

간혹 이러한 이야기를 듣는다. 명도가 상당히 부담스러워서 전문 경매컨설팅 회사에 일정 수수료를 주고 낙찰 받아야겠다고... 내 집 마련 차원에서 단 한 번만 입찰한다면 경매컨설팅 회사를 이용하는 것도 나쁘지는 않다.

그러나 재테크 차원에서 경매부동산을 바라보고, 조금만 노력한다면 생각하지 못했던 세상이 펼쳐질 수도 있는데...

그런데, 명도가 지극히 부담스럽다는 생각을 하는 사람들은 간단하게 생각하자. 명도가 어렵지 않은 물건을 고르면 되는 것이다.

이러한 유형의 대표 주자는 아파트 등에 대항력 있는 임차인이 있고, 그 자가 경매결과 얼마 정도를 배당받아 가는지를 안다면 더 이상 고민할 필요가 없다고 본다.

본 사건은 대항력 있는 임차인 정OO이 강제경매신청을 했다. 정OO은 전입신고와 함께 확정일자를 받아 놓았기에 배당시 1순위로 보증금을 배당받아 간다.

본 사건의 낙찰금액은 1억 9천여만 원! 임차보증금은 9천만 원! 그렇다면 임차인 정OO는 자기 보증금 전액을 배당받아 가기에 낙찰 후 나가네~~~ 못나가네~~~ 라고 낙찰자와 실랑이를 벌일 일이 없는 것이다.

참고로 아래 내용은 본 사건 매각물건명세서 내용이다.

〈매각물건명세서〉

사건	2010타경7606 부동산강제경매	매각물건번호	1	담임법관(사법보좌관)	양OO
작성일자	2010.06.15	최선순위 설정일자	2007.11.15.자 근저당권		
부동산 및 감정평가액 최저매각가격의 표시	부동산표시목록 참조	배당요구종기	2010.05.10		

부동산의 점유자와 점유의 권원, 점유할 수 있는 기간, 차임 또는 보증금에 관한 관계인의 진술 및 임차인이 있는 경우 배당요구 여부와 그 일자, 전입신고일자 또는 사업자 등록신청일자와 확정일자의 유무와 그 일자

점유자의 성명	점유부분	정보출처 구분	점유의 권원	임대차 기간 (점유기간)	보증금	차임	전입신고일자, 사업자등록신청 일자	확정일자	배당요구 여부 (배당요구일자)
정OO	전부	현황조사	주거 임차인	2007.04.14 ~ 24개월	90,000,000		2007.07.06	2007.07.06	
	전체	권리신고	주거 임차인	2007.04.14 - 2009.4.14.	90,000,000		2007.07.06	2007.07.06	2010.04.29

5) 前 소유자의 주민등록

2009 타경 26559 (임의)		매각기일 : 2010-05-20 10:00~ (목)		경매7계 530-1819 (구내:1819)	
소재지	서울특별시 성북구 동선동4가 319-0, **** 빌라 지하층 비02호			사건접수 2009-07-07	
물건종별	다세대(빌라)	채권자	** 새마을금고	감정가	210,000,000원
대지권	79.7㎡ (24.11평)	채무자	성00	최저가	(80%) 168,000,000원
전용면적	70.78㎡ (21.41평)	소유자	성00	보증금	(10%)16,800,000원
평형		매각대상	토지/건물일괄매각	청구금액	97,094,283원
입찰방법	기일입찰	배당종기일	2009-10-09	개시결정	2009-07-08

기일현황

회차	매각기일	최저매각금액	결과
신건	2010-04-15	210,000,000원	유찰
2차	2010-05-20	168,000,000원	매각
김00/입찰1명/매각176,210,000원(84%)			

임차인현황 ☞ 건물소멸기준 : 2007-05-17 ☞ 배당종기일 : 2009-10-09

순위	성립일자	권리자	권리종류(점유부분)	권리금액	신고	대항	예상배당여부
1	전입 2007-01-30 확정 없음 배당 없음	이##	주택임차인 지하층비02호	[보] 미상	X	없음	전소유권자임

건물 등기부현황 ☞ 건물열람일 : 2010-04-01

구분	성립일자	권리종류	권리자	권리금액	인수/소멸	비고
갑18	2006-12-27	(전)소유권	이##		이전	
을9	2007-05-17	(근)저당	**새마을금고	123,500,000원	소멸기준	
갑19	2008-07-10	(현)소유권	성00		이전	
갑23	2009-07-09	임의경매	**새마을금고	청구: 97,094,283원	소멸	2009타경26559

이##의 전입일자인 2007년 1월 30일은 소멸기준권리인 2007년 5월 17일 **새마을금고 근저당권보다 빠르기에, 만약 이##가 임차인이라면 낙찰자의 인수사항이 된다.

그런데 이##은 前 소유자이다. 前 소유자가 집을 팔면서 現 소유자와 임대차계약을 체결하였다면 임차인으로서의 대항력은 현재 소유자 명의로 소유권이전 등기된 날의 다음 날부터 발생된다[=대법원 99다59306 판결 참조].

그렇다면 이##이 임차인일지라도 임차인으로서의 대항력은 現 소유자 성00 앞으로 소유권 이전된 날의 다음 날인 2008년 7월 11일부터이며, 이 날짜는 근저당권 **새마을금고보다 나중이기에 이##는 단지 인도명령대상일 뿐이다.

낙찰 후 이##가 전입일자가 빠르다는 것 하나만 가지고서 낙찰자에게 횡설수설하면 그냥 빙그레 웃어 버려라! 그리고 적선하는 셈치고 이사비용 조금 쥐어줘서 내보내는 것이 좋다고 본다. 만약 말을 안 들으면? 그때부터는 명도 Variety Show를 하는 것이지요.

〈대법원 2000. 2. 11. 선고 99다59306 판결요지〉

> 甲이 주택에 관하여 소유권이전등기를 경료하고 주민등록 전입신고까지 마친 다음 처와 함께 거주하다가 乙에게 매도함과 동시에 그로부터 이를 다시 임차하여 계속 거주하기로 약정하고 임차인을 甲의 처로 하는 임대차계약을 체결한 후에야 乙 명의의 소유권이전등기가 경료된 경우, 제3자로서는 주택에 관하여 甲으로부터 乙 앞으로 소유권이전등기가 경료되기 전에는 甲의 처의 주민등록이 소유권 아닌 임차권을 매개로 하는 점유라는 것을 인식하기 어려웠다 할 것이므로, 甲의 처의 주민등록은 주택에 관하여 乙 명의의 소유권이전등기가 경료되기 전에는 주택임대차의 대항력 인정의 요건이 되는 적법한 공시방법으로서의 효력이 없고, 乙 명의의 소유권이전등기가 경료된 날에야 비로소 甲의 처와 乙 사이의 임대차를 공시하는 유효한 공시방법이 된다고 할 것이며, 주택임대차보호법 제3조 제1항에 의하여 유효한 공시방법을 갖춘 다음날인 乙 명의의 소유권이전등기일 익일부터 임차인으로서 대항력을 갖는다.

6) 청구채권액이 1원

2006 타경 27841 (임의)		매각기일 : 2007-09-18 10:00~ (화)		경매3계 530-1815 (구내:1815)	
소재지	서울특별시 강남구 청담동 130-00			사건접수 2006-08-02	
물건종별	도로	채권자	전00	감정가	959,600,000원
토지면적	239.9m² (72.57평)	채무자	유00외2명	최저가	(26%) 251,554,000원
건물면적	건물 매각제외	소유자	전00외3명	보증금	(10%)25,156,000원
제시외면적		매각대상	토지만매각	청구금액	1원
입찰방법	기일입찰	배당종기일	2006-11-16	개시결정	2006-08-03

■ 기일현황

회차	매각기일	최저매각금액	결과
신건	2007-02-20	959,600,000원	유찰
2차	2007-03-27	767,680,000원	유찰
3차	2007-05-01	614,144,000원	유찰
4차	2007-06-05	491,315,000원	유찰
5차	2007-07-10	393,052,000원	유찰
6차	2007-08-14	314,442,000원	유찰
7차	2007-09-18	251,554,000원	매각

(주) ★★★ /입찰3명/매각275,170,000원(29%)

■ 토지 등기부현황

구분	성립일자	권리종류	권리자	권리금액	인수/소멸	비고
갑4	2006-01-31	(현)소유권	전00 외		이전	공매
갑6	2006-08-07	임의경매	전00	청구:1원	소멸기준	2006타경27841

본 사건의 경매신청권자는 전00인데, 청구채권액이 단돈 1원!

전00는 본 사건 토지의 지분 소유자이다. 본인 부동산을 본인이 경매신청을 할 수 있나? 할 수 있다! 이는 공유물분할청구소송에 의한 판결문으로 공유물 전부를 경매에 붙이는 경우로서, 형식적 경매라 한다.

참고로 형식적 경매의 종류는 본 사건처럼 공유물분할청구소송에 의한 공유물 전부를 경매에 붙이는 경우와 유치권자가 유치물을 경매신청 하는 것으로 나눌 수 있다.

형식적 경매의 경우 소멸주의를 원칙으로 하나, 집행법원에서 매각조건으로 인수주의를 택해서 경매를 진행시킬 수 있는데[=대법원 2006다37908 판결 참조], 이러한 내용은 매각물건명세서를 참조하여야 하고, 담당 경매계에 직접 문의해서 알아 볼 수도 있다.

〈대법원 2009.10.29. 선고 2006다37908 판결요지〉

구 민사소송법(2002. 1. 26. 법률 제6626호로 전부 개정되기 전의 것)은 제608조 제2항에서 "저당권 및 존속기간의 정함이 없거나 제611조의 등기 후 6월 이내에 그 기간이 만료되는 전세권은 경락으로 인하여 소멸한다."고 함과 아울러, 제728조에서 이를 담보권의 실행을 위한 경매절차에도 준용하도록 함으로써 경매의 대부분을 차지하는 강제경매와 담보권 실행을 위한 경매에서는 소멸주의를 원칙으로 하고 있다. 공유물분할을 위한 경매에서 인수주의를 취할 경우 구 민사소송법이 목적부동산 위의 부담에 관하여 그 존부 및 내용을 조사·확정하거나 인수되는 부담의 범위를 제한하는 규정을 두고 있지 않을뿐더러 목적부동산 위의 부담이 담보하는 채무를 매수인이 인수하도록 하는 규정도 두고 있지 않아 매수인 및 피담보채무의 채무자나 물상보증인이 매우 불안정한 지위에 있게 되며, 목적부동산 중 일부 공유지분에 관하여만 부담이 있는 때에는 매수인으로 하여금 그 부담을 인수하도록 하면서도 그러한 사정을 고려하지 않은 채 공유자들에게 매각대금을 공유지분 비율로 분배한다면 이는 형평에 반하는 결과가 될 뿐 아니라 공유물분할소송에서나 경매절차에서 공유지분 외의 합리적인 분배비율을 정하기도 어려우므로, 공유물분할을 위한 경매 등의 이른바 형식적 경매가 강제경매 또는 담보권의 실행을 위한 경매와 중복되는 경우에 관하여 규정하고 있는 구 민사소송법 제734조 제2항 및 제3항을 감안하더라도, 공유물분할을 위한 경매도 강제경매나 담보권 실행을 위한 경매와 마찬가지로 목적부동산 위의 부담을 소멸시키는 것을 법정매각조건으로 하여 실시된다고 봄이 상당하다. 다만, 집행법원은 필요한 경우 위와 같은 법정매각조건과는 달리 목적부동산 위의 부담을 소멸시키지 않고 매수인으로 하여금 인수하도록 할 수 있으나, 이때에는 매각조건 변경결정을 하여 이를 고지하여야 한다.

참고로 본 사건 경매신청권자 전00은 공매절차에서 4분의 1 지분을 낙찰 받은 후 공유물분할소송에 의해 공유물 전부를 경매신청 하였다.

4	1번김○○지분전부이전	2006년1월31일 제8800호	2006년1월26일 공매	공유자 지분 4분의 1 전○○ 700301-1****** 충남 청양군 청양읍	공매로 1/4 지분 취득
6	임의경매개시결정	2006년8월7일 제80680호	2006년8월3일 공유물분할경매개시결정(2006차경27841)	채권자 전○○ 700301-1****** 서울 송파구 문정동	

7) 유치권에 의한 경매신청

2008 타경 7132 유치권에 의한 경매		매각기일 : 2010-02-01 10:00~ (월)		경매1계 041-854-2949	
소재지	충청남도 공주시 신풍면 대룡리 150-00				사건접수 2008-12-18
물건종별	공장	채권자	김00	감정가	643,983,000원
토지면적	2893㎡ (875,13평)	채무자	## 산업	최저가	(34%) 220,886,000원
건물면적	1360,54㎡ (411,56평)	소유자	공00	보증금	(10%) 22,089,000원
제시외면적		매각대상	토지/건물일괄매각	청구금액	50,000,000원
입찰방법	기일입찰	배당종기일	2009-03-24	개시결정	2008-12-19

▶ 기일현황

회차	매각기일	최저매각금액	결과
신건	2009-10-19	643,983,000원	유찰
2차	2009-11-23	450,788,000원	유찰
3차	2009-12-28	315,552,000원	유찰
4차	2010-02-01	220,886,000원	매각
(주)****/ 매각282,990,000원(44%)			

유치권에 의한 경매임.

▶ 건물 등기부현황 ▷ 건물열람일 : 2009-10-05   등기부등본열람

구분	성립일자	권리종류	권리자	권리금액	인수/소멸	비고
갑1	2003-03-13	(전)소유권	## 산업		이전	보존
갑11	2008-07-02	(현)소유권	공00		이전	공매
을3	2008-07-02	(근)저당	농업협동조합중앙회	144,000,000원	소멸기준	
갑13	2008-12-19	임의경매	김00	청구: 50,000,000원	소멸	2008타경7132

▶ 토지 등기부현황 ▷ 토지열람일 : 2009-10-05   등기부등본열람

구분	성립일자	권리종류	권리자	권리금액	인수/소멸	비고
갑2	2001-03-14	(전)소유권	##산업		이전	매매
갑15	2008-07-02	(현)소유권	공00		이전	공매
을10	2008-07-02	(근)저당	농업협동조합중앙회	144,000,000원	소멸기준	
갑17	2008-12-19	임의경매	김00	청구: 50,000,000원	소멸	2008타경7132

① 형식적 경매 여부에 대한 판단

공유물분할청구소송에 의한 공유물 전부를 경매신청하거나, 유치권자가 유치물을 경매 신청할 경우에, 부동산등기부에는 "임의경매" 형식으로 표시된다.

임의경매신청이면 "담보권 실행"이고, 이는 "실질적 경매"이기에 소멸주의에 의해 경매사건이 진행되나, 형식적 경매도 임의경매형식으로 진행되기에 착각의 늪에 빠질 수 있다.

물론 매각물건명세서 등에 표시되어 있겠지만 형식적 경매의 경우, 직전 사례에서 관련 대법원 판례를 소개했는데, 소멸주의 또는 인수주의에 의해 진행된다. 이는 전적으로 집행법원의 재량행위이기에 "소멸주의" 또는 "인수주의"에 의해 경매진행이 되는지를 반드시 확인하여야 한다.

그렇다면 임의경매 형식으로 진행되는 경매사건이 실질적 경매 또는 형식적 경매인지 여부를 어떻게 구분해야 하는지에 대해서... 경매신청권자가 근저당권자 또는 담보가등기권자가 아님에도 그 자가 임의경매신청을 하였다면 무조건 형식적 경매로 보고 분석하면 된다.

② 본 사건 부동산등기부상에는 어떻게 표시?

본 사건 부동산등기부상에는 임의경매개시결정으로 등기되어 있고, "채권자 김OO(유치권자)"로 표시되어 있다. 그렇다면 김OO은 유치권자이고, 이 자가 경매신청 하였다면 유치권에 의한 부동산경매로 형식적 경매에 해당된다.

〈부동산등기부상 경매형식〉

| 13 | 임의경매개시결정 | 2008년12월19일
제30770호 | 2008년12월19일
대전지방법원
공주지원의
임의경매개시결정(2008타경7132) | 채권자 김OO (유치권자)
620120-1******
전남 화순군 화순읍광덕리
경매신청권자 김OO은 유치권자라고 표시되어 있음. |

나아가 매각물건명세서상에도 "유치권자에 의한 경매신청임."으로 나타나 있다.

〈매각물건명세서 중에서...〉

※ 비고란

유치권자에 의한 경매신청임 ◀

③ 형식적 경매라면 소멸주의인가? 아니면 인수주의인가?

형식적 경매일 경우, 소멸주의 또는 인수주의 여부를 반드시 확인해야 한다.

ⅰ. 매각물건명세서를 확인하자!

이곳에 부동산등기부상 및 부동산상의 권리는 낙찰자가 인수한다는 문구가 없다면 소멸주의에 의해 경매사건이 진행된다. 본 사건 매각물건명세서에는 부동산등기부 등의 권리를 낙찰자가 인수한다는 조건이 없기에 소멸주의에 의해 진행되는 것으로 보면 된다.

ⅱ. 법원문건 접수내역을 확인하자!

부동산등기부상 근저당권 등의 권리가 있는데, 이 자들이 집행법원에 채권계산서를 제출하였는지를 확인하자. 만약 채권계산서를 제출했다면 배당 참여할 수 있다는 전제하에서 소멸주의로 보면 된다.

〈본 사건 근저당권자 농협의 채권계산서 제출〉

2010-04-16	근저당권자 농업협동조합중앙회(서정지점) 채권계산서 제출

ⅲ. 마지막으로 담당 경매계에 문의해 보자!

돈이 왔다 갔다 하는 문제다. 집행법원 경매계를 너무 무서워하지 말자! 담당 경매계를 방문하는 것이다. "계장님! 본 사건 형식적 경매인 것 같은데, 소멸주의에 의합니까? 아니면 인수주의에 의합니까?"라고 물어 보자!

④ 낙찰 후 부동산등기부 현황

4차 매각기일인 2010년 2월 1일 법인이 2억 8천여만 원에 낙찰 받은 후 동년 2월 25일 소유권이전등기를 하였으며, 농협 근저당권 역시 "임의경매로 인한 매각"을 등기원인으로 동일자에 말소되었다.

경매결과 농협 근저당권이 말소된 것으로 미루어 보아, 형식적 경매인 본 사건은 소멸주의에 의해 경매절차가 진행된 것으로 볼 수 있다.

〈낙찰 후 소유권이전등기 내역〉

18	소유권이전	2010년2월25일 제4422호	2010년2월25일 임의경매로 인한 매각	소유자 주식회사 **** 161211-0010751 충청남도 공주시 소학동

〈낙찰 후 근저당권 말소등기 내역〉

10	근저당권설정	2008년7월2일 제16936호	2008년7월1일 설정계약	채권최고액 금144,000,000원 채무자 공○○ 　　경기도 평택시 서정동 근저당권자 농업협동조합중앙회 　　　　110136-○○○○○○○ 　　서울특별시 중구 충정로1가 76 　　(서정지점) 공동담보 건물 충청남도 공주시 신 　　풍면 대룡리 150-○○
11	10번근저당권설정 등기말소	2010년2월25일 제4422호	2010년2월25일 임의경매로 인한 매각	

참고로 유치권이 소멸되는 경우는 ▶목적물 멸실, ▶유치권 포기, ▶유치물 경매, ▶ 선량한 관리자로서의 의무위반, ▶점유상실 등이다.

8) 민법에 의한 임차권등기

2009 타경 60932 (임의)		물번 1	매각기일 : 2010-06-30 10:00~ (수)		경매12계 032-860-1612 (구내:1612)	
소재지	인천광역시 부평구 삼산동 459-00, ******프라자Ⅱ 1층 111호					사건접수 2009-11-17
물건종별	상가(점포)		채권자	국민은행	감정가	350,000,000원
대지권	8.56㎡ (2.59평)		채무자	**유리기업	최저가	(49%) 171,500,000원
전용면적	38.22㎡ (11.56평)		소유자	**유리기업	보증금	(10%)17,150,000원
평형			매각대상	토지/건물일괄매각	청구금액	700,000,000원
입찰방법	기일입찰		배당종기일	2010-01-25	개시결정	2009-11-18

▶ 기일현황

회차	매각기일	최저매각금액	결과
신건	2010-04-29	350,000,000원	유찰
2차	2010-05-31	245,000,000원	유찰
3차	2010-06-30	171,500,000원	매각

이○○/입찰14명/매각221,777,000원(63%)

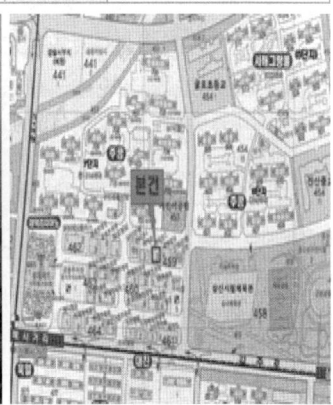

▶ 임차인현황 ☑ 건물소멸기준 : 2009-01-12 ☑ 배당종기일 : 2010-01-25 　　　　　　　　　　　　매각물건명세서 예상배당표

순위	성립일자	권리자	권리종류(점유부분)	권리금액	신고	대항	예상배당여부
1	사업 없음 확정 없음 배당 2010-01-21	김 00	상가임차인	[보] 30,000,000원 [월] 1,000,000원	○	없음	인수금 : 30,000,000원 전액매수인 인수예상

▶ 건물 등기부현황 ☑ 건물열람일 : 2010-04-15　　　　　　　　　　　　　　　　　등기부등본열람

구분	성립일자	권리종류	권리자	권리금액	인수/소멸	비고
갑1	2005-03-23	(전)소유권	유 ##		이전	보존
을1	2006-12-04	상가임차권	김 00	30,000,000원	있음	설정계약(민법)
갑2	2009-01-12	(현)소유권	★★ 유리기업		이전	매매
을2	2009-01-12	(근)저당	국민은행	700,000,000원	소멸기준	
갑3	2009-09-24	가압류	서울보증보험	70,000,000원	소멸	
갑4	2009-09-30	가압류	기술신용보증기금	130,328,800원	소멸	
갑5	2009-10-22	가압류	우리은행	507,276,148원	소멸	
갑6	2009-11-12	압류	국민연금공단		소멸	
갑7	2009-11-18	임의경매	국민은행	청구: 700,000,000원	소멸	2009타경60932
갑8	2010-01-19	가압류	서울보증보험	14,474,078원	소멸	

① 임차권등기의 종류

주택임대차보호법 및 상가건물임대차보호법, 그리고 민법에 의한 임차권등기가 있다. 이들에 대한 구분의 실익은 주택 또는 주택 이외의 건물이 경매신청 되었을 때에 임차권등기권자가 배당절차에 참여할 수 있는지 여부를 가리기 위함이다.

ⅰ. 임차권등기 비교표

근거법	등기시기 및 방법	내 용	효력발생시기
주임법	계약만료 후 임차인 단독신청	대항력 + 확정일자	전입신고 및 확정일자를 받은 때
상임법	〃	〃	사업자등록 및 확정일자를 받은 때
민 법	언제든지 쌍방 간 합의에 의해 공동신청	대항력	임차권등기한 때

ii. 예제
가. 주임법(§3의 3) 및 상임법(§6)에 의한 임차권등기

〈경매기입등기일 이전에 임차권등기 한 경우〉

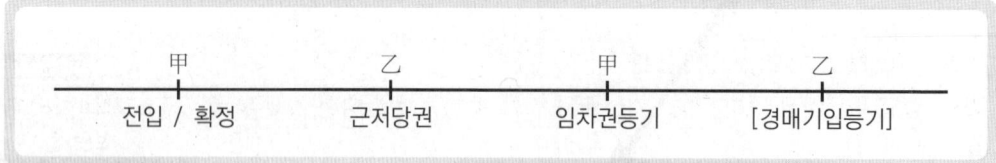

임차인 甲은 소멸기준권리인 乙 근저당권보다 먼저 전입신고(또는 사업자등록신청)와 아울러 확정일자를 받았으며, 乙 근저당권의 경매기입등기일 이전에 甲은 임차권등기를 하였을 경우, 비록 甲의 임차권등기일은 乙 근저당권보다 나중이나, 乙의 경매기입등기일 이전이기에, 당연배당권자의 지위로서 乙보다 먼저 배당(=전입신고 및 확정일자가 빠르기에...)받을 수 있다.

이렇듯이 채권자의 경매신청에 의한 경매기입등기일 이전에 임차권등기를 한 자는 당연 배당권자에 해당되기에 집행법원이 공고한 배당요구 종기일까지 <u>배당요구를 하지 않아도 배당참여가 가능하다</u>[=대법원 2005다33039 판결 참조].

〈경매기입등기일 이후에 임차권등기 한 경우〉

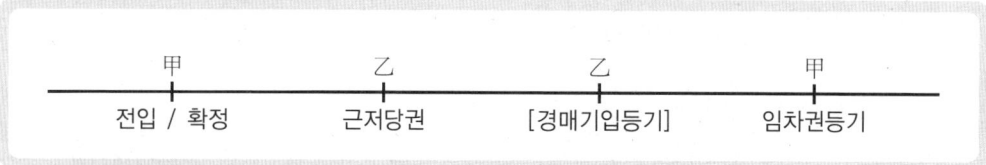

임차인 甲은 소멸기준권리인 乙 근저당권보다 먼저 전입신고 및 확정일자를 받았으나, 乙의 경매기입등기일 이후에 임차권등기를 하였다면, 甲은 압류의 효력이 발생되는 시점(=경매기입등기일) 이후에 임차권등기를 하였기에, 경매기입등기일 이전에 임차권등기한 자와는 극명한 차이가 있다.

즉, 경매기입등기일 이후에 임차권등기를 하였다면, 이때에는 <u>집행법원이 공고한 배당요구 종기일까지 "반드시" 배당요구를 하여야만 배당절차에 참여할 수 있는데</u>, 만약 임차인 甲이 배당요구 종기일까지 배당요구하지 않으면 배당참여를 할 수는 없으나, 소멸기준권리 이전에 대항력을 갖추었기에 낙찰자에게 보증금 전액의 반환을 청구할 수 있

다. 이 점을 주의해야 한다!!!

나. 민법(§621)에 의한 임차권등기

〈소멸기준권리 이전에 임차권등기 한 경우〉

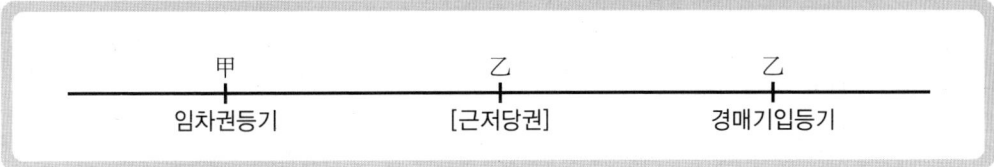

임차인 甲은 소멸기준권리인 乙 근저당권 이전에 임차권등기를 하였는데, 근저당권자 乙이 경매신청 하였을 경우, 甲 임차인이 집행법원에 배당요구를 하면 배당 참여할 수 있을까? 배당 참여할 수 없다!

왜냐하면 민법 제621조에 의한 임차권등기는 단지 "대항력"만 인정 될 뿐, 주택임대차보호법이나 상가건물임대차보호법에서 규정한 "확정일자" 규정이 없어 우선변제권이 없기에, 설사 그 자가 배당요구를 하였다 하더라도 배당 참여할 수 없는 것이다.

그렇다면 본 사안의 임차인 甲은 낙찰자에게 어떠한 권리를 주장할 수 있을까? 甲은 소멸기준권리보다 먼저 "임차권등기"를 하였기에 단지 대항력만 인정되어, 임대차계약기간이 만료될 때까지 임차목적물을 사용하다가, 계약만료 후 낙찰자로부터 보증금을 반환받을 권리만 주어진다.

〈소멸기준권리 이후에 임차권등기 한 경우〉

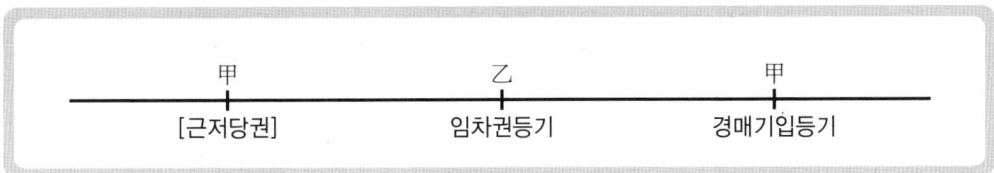

임차인 乙이 소멸기준권리인 甲 근저당권보다 나중에 임차권등기를 하였다. 그렇다면 甲 근저당권은 경매시 매각으로 말소되기에, 乙 임차권등기 역시 말소대상이 될 뿐이다.

참고로 민법 제621조에는 등기된 임차권에 관하여 대항력만 규정하고 있을 뿐 우선변제적 효력에 대하여는 아무런 언급이 없다.

〈민법 제621조(임대차의 등기)〉

=1항 : 부동산임차인은 당사자간에 반대 약정이 없으면 임대인에 대하여 그 임대차등기절차에 협력할 것을 청구할 수 있다.
=2항 : 부동산임대차를 등기한 때에는 그때부터 제3자에 대하여 효력이 생긴다(⇨단지 제3자에게 임차권등기내용을 주장할 수 있을 뿐이다).

② 본 사건 임차권등기권자 김OO 분석

김OO은 "민법"에 의한 임차권등기를 2006년 12월 4일 하였는데, 김OO의 임차권등기일은 소멸기준권리인 2009년 1월 12일 근저당권보다 빠르다. 그렇다면 임차권등기권자 김OO은 낙찰자에게 임차권자로서 대항력을 주장할 수 있다.

앞에서도 언급했지만, 민법에 의한 임차권등기는 소멸기준권리보다 빨리 임차권등기를 하면 대항력은 인정되나, 주택(혹은 상가건물)임대차보호법에서 규정한 확정일자 제도가 없어 우선변제권이 없기에 배당요구를 하였다 하더라도 배당참여 할 수 없다.

그런데 임차권등기권자 김OO은 2010년 1월 21일(⇨법원문건 접수내역에는 1월 20일로 나타나 있음.) 집행법원에 배당요구를 하였는데도 불구하고, 우선변제권이 없어 보증금을 배당받을 수 없기에 낙찰자는 임차인 김OO의 보증금 3천만 원을 입찰금액과는 별도로 부담해야 한다.

〈법원문건 접수내역상 임차권등기권자 김OO의 배당요구〉

| 2010-01-20 | 임차인 꼬챙이 대표 김 OO 권리신고및배당요구신청 제출 |

참고로 아래 내용은 본 사건 임차권등기권자 김OO의 부동산등기부상 임차권등기 내역이다.

〈임차권등기권자 김OO의 임차권등기내역〉

| 1 | 임차권설정

민법에 의한 임차권등기임. | 2006년12월4일
제113427호 | 2006년10월25일
설정계약 | 임차보증금 금30,000,000원
차 임 월금 1,000,000원
차임지급시기 매월 말일
존속기간 2006년10월25일부터
　　　　　　 2008년10월24일까지
임차권자 김OO 511225-2******
인천 부평구 부개동 |

③ 정리

앞에서 보았듯이 임차권등기의 근거 법률인 ▶주택임대차보호법, ▶상가건물임대차보호법, ▶민법에 따라 효력 면에서 차이가 있다.

본 사건의 임차권등기는 민법에 근거한 임차권등기로서, 이 법에 의한 임차권등기는 우선변제권이 없기에(⇨민법 제621조에 의하면 대항력만 인정될 뿐 우선변제권에 대한 언급이 없음.) 배당절차에 참여할 수 없으나, 본 사건의 임차권등기는 소멸기준권리보다 먼저 등기되었기에 낙찰자는 임차권등기를 인수해야 한다.

나아가 본 사건처럼 소멸기준권리인 2009년 1월 12일 근저당권보다 먼저 설정된 민법 상의 임차권등기를 낙찰자가 인수해야 하는 근거는 민사집행법에 나와 있다.

즉 동법 제91조 제4항을 보면 "제3항의 경우(=소멸기준권리 이후의 지상권・지역권・전세권 및 등기된 임차권) 외의 지상권・지역권・전세권 및 등기된 임차권은 매수인이 인수한다."로 되어 있다.

그런데 임차권등기권자는 2010년 1월 21일 권리신고 및 배당요구 신청을 하였는데, 법원은 이 자에 대하여 배당참여 시켜줄지 정말로 궁금해진다.

아마도 배당 참여시키지 않을 것 같은데… 만약에 집행법원이 임차권등기권자 김OO에 대해 배당 참여시켜 주면, 낙찰자 입장에서는 대단히 고마워해야 할 것이다.

9) 주소를 잘못 전입 신고한 경우 - 1

2009 타경 19178 (임의)		물번 12	매각기일 : 2010-07-05 10:00~ (월)		경매6계 910-3676 (구내:3676)	
소재지	서울특별시 동대문구 장안동 93-00,6층 602호				사건접수 2009-08-05	
물건종별	다세대(빌라)	채권자	우리은행	감정가	100,000,000원	
대지권	14.48㎡ (4.38평)	채무자	김 ★★	최저가	(64%) 64,000,000원	
전용면적	39.69㎡ (12.01평)	소유자	김 ★★	보증금	(10%) 6,400,000원	
평형		매각대상	토지/건물일괄매각	청구금액	510,366,402원	
입찰방법	기일입찰	배당종기일	2009-11-06	개시결정	2009-08-11	

▶기일현황

회차	매각기일	최저매각금액	결과
신건	2010-05-03	100,000,000원	유찰
2차	2010-06-07	80,000,000원	유찰
3차	2010-07-05	64,000,000원	매각
김OO/입찰3명/매각68,880,000원(69%)			
	2010-08-13	대금지급기한	납부

임차인현황 ☞ 건물소멸기준 : 2007-04-03 ☞ 배당종기일 : 2009-11-06   매각물건명세서 예상배당표

순위	성립일자	권리자	권리종류(점유부분)	권리금액	신고	대항	예상배당여부
1	전입 2004-03-26 확정 2008-03-21 배당 2009-11-04	양 ##	주택임차인 전부(방2칸)	【보】 65,000,000원	○	있음	인수금 : 65,000,000원 전액매수인 인수예상
-	양 ## : 번지만 기재하고 호수를 기재하지 않고 전입신고함(단, 확정일자를 받은 임대차계약서상에는 호수가 기재되어 있음)						

건물 등기부현황 ☞ 건물열람일 : 2010-04-19   등기부등본열람

구분	성립일자	권리종류	권리자	권리금액	인수/소멸	비고
갑1	2007-04-03	(현)소유권	김 **		이전	보존
을1	2007-04-03	(근)저당	우리은행	480,000,000원	소멸기준	
을2	2007-04-03	(근)저당	우리은행	120,000,000원	소멸	
을3	2007-07-31	(근)저당	김 ##	30,000,000원	소멸	
을4	2009-01-22	(근)저당	배 OO	130,000,000원	소멸	
을5	2009-02-12	(근)저당	배 ##	130,000,000원	소멸	
갑4	2009-03-03	가압류	김 @@	40,000,000원	소멸	
을6	2009-03-13	(근)저당	차 OO	820,000,000원	소멸	
갑5	2009-03-17	가등기	차 OO		소멸	
갑6	2009-03-24	가압류	정 OO	139,600,000원	소멸	
갑9	2009-03-27	가압류	김 &&	168,960,000원	소멸	
갑9	2009-03-27	가압류	이 OO	659,000,000원	소멸	
갑10	2009-04-09	가압류	문 OO	30,000,000원	소멸	
을7	2009-05-08	(근)저당	배 ★★	180,000,000원	소멸	
을8	2009-05-08	(근)저당	배 @@	30,000,000원	소멸	
갑11	2009-06-25	가압류	OO새마을금고	10,166,353원	소멸	
갑12	2009-08-11	임의경매	우리은행	청구:510,366,402원	소멸	2009타경19178
갑13	2009-09-10	가압류	한국주택금융공사	24,598,631원	소멸	
갑14	2009-09-22	가압류	황 OO	140,000,000원	소멸	

① 주택임차인은 전입신고를 잘 해야 한다!

임차인 양##은 본 사건 빌라 602호를 임차하면서, 전유부분인 602호를 표시하지 않고, 지번인 동대문구 장안동 93-00으로만 전입신고 하였다.

집행법원이 작성한 매각물건명세서에는 "양## : 번지만 기재하고 호수를 기재하지 않고 전입신고 함(단, 확정일자를 받은 임대차계약서상에는 호수가 기재되어 있음)"으로 표시되어 있다.

〈매각물건명세서 중에서...〉

점유자의 성명	점유부분	정보출처 구분	점유의 권원	임대차 기간 (점유기간)	보증금	차임	전입신고일자, 사업자등록신청 일자	확정일자	배당요구 여부 (배당요구 일자)
양 ##	602호	현황조사	주거 임차인	미상	6,500만원	없음	2004.03.26.	미상	
	전부(방2칸)	권리신고	주거 임차인	2004.03.26.부터 2 010.03.20.까지	6,500만원		2004.03.26.	2008.03.21.	2009.11.04

양## : 번지만 기재하고 호수를 기재하지 않고 전입신고함(단, 확정일자를 받은 임대차계약서상에는 호수가 기재되어 있음)

임차인이 집합건물의 전유부분 호수를 누락 시킨 채 지번만 전입신고 하였고, 임대차계약서상에는 호수를 표시하였을 경우, 임차인의 지위가 인정되는지에 대하여…

임차인의 지위가 부인된다. 즉, 양##의 주민등록으로는 제3자에게 임차권을 매개로 하는 임대차임을 공시하지 못한다[=대법원 99다66212 판결 참조].

그렇다면 올바른 주소로 전입신고를 하지 않았기에 대항력 자체가 발생되지 않고, 대항력이 없다면 확정일자에 의한 우선변제권의 효력 또한 발생되지 않는다. 따라서 낙찰자는 대항력 없는 임차인 양##에 대해 매각대금 완납과 동시에 인도명령신청에 의한 명도집행을 하면 그만이다.

〈대법원 99다66212 판결〉

신축중인 연립주택 중 1세대를 임차한 자가 주민등록 전입신고를 함에 있어서 <u>호수를 기재하지 않은 채 그 연립주택 부지의 지번만으로 전입신고</u>를 하였다가 그 후 위 연립주택에 관하여 준공검사가 이루어지면서 건축물관리대장이 작성되자 호수를 기재하여 주소정정신고를 하였다면, 임차인의 최초 전입신고에 따른 주민등록으로는 일반 사회통념상 임차권자가 세대별로 구분되어 있는 위 연립주택의 특정 호수에 주소를 가진 자로 등록되었다고 제3자가 인식할 수는 없을 것이므로, 그 주민등록은 위 임대차의 공시방법으로서 유효한 것이라고 볼 수 없다.

② 본 사건 표제부 내용

[집합건물] 서울특별시 동대문구 장안동 93-○○, 제6층 602호   고유번호 2641-2007-○○○○○○

【 표 제 부 】			(1동의 건물의 표시)	
표시번호	접 수	소재지번, 건물명칭 및 번호	건 물 내 역	등기원인 및 기타사항
1	2002년6월12일	서울특별시 동대문구 장안동 93-○○	철근콘크리트조 평슬라브지붕 5층 다세대주택 및 근린생활시설 1층 181.80㎡ 2층 194.67㎡ 3층 188.67㎡ 4층 159.42㎡ 5층 137.97㎡ 지층 189.15㎡ 옥탑 21.60㎡	도면편철장 제1책170장
2	2007년4월3일	서울특별시 동대문구 장안동 93-○○	철근콘크리트조 평슬라브 및 경량철골조 6층 다세대주택 및 근린생활시설 지층 189.15㎡ 1층 181.80㎡ 2층 194.67㎡ 3층 188.67㎡ 4층 159.42㎡ 5층 137.97㎡ 6층 87.97㎡	증축 2007.4.3. 6층 부분 증축

본 사건 건물은 2002년 6월 12일 5층 다세대주택으로 건축되었고, 2007년 4월 3일, 1개 층을 증축하였다. 임차인 양##의 전입일자인 2004년 3월 26일은 본 사건의 소멸기준 권리인 2007년 4월 3일 근저당권보다 빠르기에 일응 낙찰자에게 대항할 수 있어 보인다.

그러나 임차목적물이 일반건물이 아닌 집합건물이라면 임차인으로서 올바른 전입신고는 건물의 지번뿐만 아니라 호수까지 정확히 표시해야 하고, 이러하여야만 임차인은 대항력을 주장할 수 있는 것이다.

참고로 (건축물)대장과 (등기부)등본상 부동산 표시가 다르면 "(건축물)대장"을 기준하고, 권리관계가 상이하면 "(등기부)등본"을 기준 한다.

〈건축물대장과 등기부등본의 내용이 상이할 경우 분석방법〉

구분 내용	건축물대장	등기부등본	판단
부동산표시	<u>1번지 혹은 100평</u>	1-1번지 혹은 101평	1번지 혹은 100평이 맞다!
권리관계	소유자 甲	<u>소유자 乙</u>	소유자는 乙이다!

10) 주소를 잘못 전입 신고한 경우 - 2

2009 타경 18577 (임의) 2010타경5201		매각기일 : 2010-07-07 10:00~ (수)		경매6계 3271-1326 (구내:1326)	
소재지	서울특별시 용산구 보광동 3-17, ★★★ 호				사건접수 2009-10-30
물건종별	다세대(빌라)	채권자	최 00	감정가	570,000,000원
대지권	49,52㎡ (14,98평)	채무자	최 ##	최저가	(64%) 364,800,000원
전용면적	38,7㎡ (11,71평)	소유자	최 ##	보증금	(10%)36,480,000원
평형		매각대상	토지/건물일괄매각	청구금액	90,000,000원
입찰방법	기일입찰	배당종기일	2010-01-18	개시결정	2009-11-02

▣ 기일현황

회차	매각기일	최저매각금액	결과
신건	2010-04-30	570,000,000원	유찰
2차	2010-06-09	456,000,000원	유찰
3차	2010-07-07	364,800,000원	매각
유 00/입찰1명/매각405,000,000원(71%)			

▣ 임차인현황 ▣ 건물소멸기준 : 2006-12-28 ▣ 배당종기일 : 2010-01-18   매각물건명세서 예상배당표

순위	성립일자	권리자	권리종류(점유부분)	권리금액	신고	대항	예상배당여부
1	전입 2005-04-04 확정 2009-11-04 배당 2009-11-04	조 00	주택임차인 202호(방2개)전부	【보】 25,000,000원	○	있음	배당금 : 20,000,000원 인수금 : 5,000,000원 일부배당(미배당금 인수)예상

▣ 건물 등기부현황 ▣ 건물열람일 : 2010-04-16   등기부등본열람

구분	성립일자	권리종류	권리자	권리금액	인수/소멸	비고
갑8	2004-05-17	(전)소유권	김 00		이전	매매
갑9	2006-12-28	(현)소유권	최 ##		이전	매매
을3	2006-12-28	(근)저당	한국자산관리공사	260,000,000원	소멸기준	
을4	2007-10-09	(근)저당	최 00	90,000,000원	소멸	
갑10	2007-11-30	가압류	이 00	34,000,000원	소멸	
갑11	2007-12-28	압류	서울용산구		소멸	
을5	2008-12-18	(근)저당	유 ##	50,000,000원	소멸	
을6	2009-04-02	(근)저당	홍 00	60,000,000원	소멸	
갑12	2009-05-18	압류	서울특별시용산구		소멸	
갑13	2009-06-08	압류	서울특별시용산구		소멸	
을7	2009-10-06	(근)저당	천 00	40,000,000원	소멸	
갑14	2009-11-02	임의경매	임 00		소멸	
갑15	2010-01-08	가압류	국민은행	37,342,697원	소멸	
갑16	2010-04-06	임의경매	한국자산관리공사	청구: 223,751,454원	소멸	2010타경5201

9. 기타 낙찰사례분석

① 임차인 조OO 분석

본 사건의 소멸기준권리는 2006년 12월 28일 근저당권이다. 그런데 임차인 조OO은 이보다 빠른 2005년 4월 4일 전입신고를 하기는 했다.

그러나 매각물건명세서를 보면 "임차인은 구분건물로 등기되기 전 주소인 서울 용산구 보광동 3-17 번지에 전입신고 함."이라고 되어 있고, "주민등록 미전입으로 주민등록표 등본발급 안 됨."으로 나타나 있다.

〈매각물건명세서〉

점유자의 성명	점유부분	정보출처 구분	점유의 권원	임대차 기간 (점유기간)	보증금	차임	전입신고일자, 사업자등록신청 일자	확정일자	배당요구 여부 (배당요구 일자)
조OO	202호(방2개)전부	현황조사	주거 임차인	미상	25,000,000원	없음	주민등록미전입으로 주민등록표등본발급안됨	미상	
	202호(방2개)전부	권리신고	주거 임차인	2005.4.3.~	2500만원		2005.4.4.	2009.11.4.	2009.11.04

※ 비고란

임차인은 구분건물로 등기되기전 주소인 서울 용산구 보광동 3-17번지에 전입신고함.

아마도 임차인 조OO은 본 사건 전유부분인 ***호를 누락시키고, "서울 용산구 보광동 3-17"로 전입신고한 모양이다. 그렇다면 임차인 조OO의 전입신고는 제3자가 알 수 없는 주민등록이기에 임차인으로의 지위는 부인된다.

그렇다면 전입일자가 소멸기준권리인 근저당권보다 빠르더라도 임차인의 지위를 가지지 못하기에 배당절차에 참여할 수도 없고, 낙찰자에게 대항할 수도 없는 것이다.

② 그런데 임차인 조OO은 진정한 임차인일까?

주택임차인에게 있어서 주민등록은 정말로... 엄청... 중요하다.

특히 집합건물을 임차할 경우, 구분등기 된 부분으로 정확하게 주민등록 전입신고를 하여야 주택이 경매 또는 공매시 이해관계인의 지위를 가지게 된다.

본 사건의 임차인 조OO는 지번만 전입신고 하였고, 구분등기 된 부분인 ***호로 주소를 정정하지 않았다면 이해관계인의 지위를 가지지 못해 설사 법원에 권리신고 및 배당요구 신청을 하였다 하더라도 배당절차에 참여할 수 없게 된다.

그런데 임차인 조OO는 진짜 임차인일까? 경매부동산 소유자 최##의 주민등록이 본건 경매부동산에 있고, 또한 경매기입등기일 이후에 조OO는 확정일자를 받았는데...

어찌되었든 임차인은 태생적으로 전입신고를 잘못하였기에 낙찰자와는 아무런 관계가 없으나, 이사비조로 조금 주고 내보내는 것이 어떠할는지...

〈소유자 최##의 주소지〉

9	소유권이전	2006년12월28일 제56278호	2006년12월19일 매매	소유자 최## 630322-2****** 경기도 안양시 동안구 비산동 1102-4 편악아파트 거래가액 금300,000,000원
9-1	9번등기명의인표시변경	2007년10월9일 제36016호	2007년9월5일 전거	최##의 주소 서울특별시 용산구 보광동 3-17 ***호

참고로 근저당권자 최OO이 본 사건의 경매신청권자인데, 최OO은 2007년 10월 9일자 근저당권자 임OO으로부터 2010년 2월 2일 근저당권을 이전받아 본 사건을 임의경매 신청하였다.

〈근저당권 이전내역〉

4	근저당권설정	2007년10월9일 제36017호	2007년10월9일 설정계약	채권최고액 금90,000,000원 채무자 최## 　서울특별시 용산구 보광동 3-17 202 근저당권자 임OO 550105-1****** 　서울특별시 강남구 배처동
	임OO에서 최OO으로 근저당권 이전등기			
4-1	4번근저당권이전	2010년2월2일 제3083호	2010년2월1일 확정채권양도	근저당권자 최OO 490220-1****** 　서울특별시 강동구 둔촌동 176-1

③ 주소를 잘못 전입 신고한 경우의 대법원 판례

임차인이 주소를 잘못 전입 신고한 경우의 대법원 판례 몇 개를 소개하고자 한다.

ⅰ. "디(D)"동을 "라"동으로 전입 신고한 경우

건물 외벽에 "가동", "나동", "다동", "라동"으로 표시되어 있으나, 부동산등기부상에는 "에이동", "비동", "씨동", "디동"으로 되어 있을 경우, 임차인은 부동산등기부상에 표시된

대로 전입신고 하여야만 대항력이 인정된다.

〈대법원 99다4207 배당이의 판결요지〉

> 등기부상 동·호수 표시인 '디동 103호'와 불일치한 '라동 103'호로 된 주민등록은 그로써 당해 임대차건물에 임차인들이 주소 또는 거소를 가진 자로 등록되어 있는지를 인식할 수 있다고 보여지지 아니한다고 하여, 위 주민등록이 임대차의 공시방법으로서 유효하다고 할 수 없다.

ii. "에이(A)"동을 "가"동으로 전입 신고한 경우

건물 외벽에는 "가동", "나동"으로 표시되어 있으나, 부동산등기부상에는 "에이동", "비동"으로 되어 있을 경우, 임차인이 "에이동"을 "가동"으로 전입신고 하였더라도 대항력이 발생된다고 한 사례.

〈대법원 2002다59351 판결요지〉

> 부동산등기부상 건물의 표제부에 '에이(A)동'이라고 기재되어 있는 연립주택의 임차인이 전입신고를 함에 있어 주소지를 '가동'으로 신고하였으나 주소지 대지 위에는 2개 동의 연립주택 외에는 다른 건물이 전혀 없고, 그 2개 동도 층당 세대수가 한 동은 4세대씩, 다른 동은 6세대씩으로서 크기가 달라서 외관상 혼동의 여지가 없으며, 실제 건물 외벽에는 '가동', '나동'으로 표기되어 사회생활상 그렇게 호칭되어 온 경우, 사회통념상 '가동', '나동', '에이동', '비동'은 표시 순서에 따라 각각 같은 건물을 의미하는 것이라고 인식될 여지가 있고, 더욱이 경매기록에서 경매목적물의 표시가 '에이동'과 '가동'으로 병기되어 있었던 이상, 경매가 진행되면서 낙찰인을 포함하여 입찰에 참가하고자 한 사람들로서도 위 임대차를 대항력 있는 임대차로 인식하는 데에 아무런 어려움이 없었다는 이유로 임차인의 주민등록이 임대차의 공시방법으로 유효하다.

iii. "4층 304호"이나 "404호"로 전입 신고한 경우

가옥대장 및 부동산등기부상 에이스텔 4층 304호로 표시되었는데, 임차인이 에이스텔 404호로 전입 신고하였다면 제3자에 대한 유효한 공시방법이 될 수 없어 주택임대차보호법의 적용을 받을 수 없다.

〈대법원 2007다33224 배당이의 판결〉

원심은, 피고 1이 전입 신고한 "에이스텔 404호"로 표시된 주민등록은 그 후 건축물관리대장 및 등기부상 표시된 실제 호수인 "에이스텔 4층 304호"와 일치하지 아니하여 당해 임대차의 유효한 공시방법이 될 수 없다고 판단하였는바, 앞서 본 법리와 기록에 비추어 살펴보면 원심의 그와 같은 판단은 정당하고…

iv. "지하층 01호"를 "별층 101호로 전입 신고한 경우

임차주택의 부동산 표시가 부동산등기부상에는 "지하층 01호"로, 가옥대장상에는 "B01호"로 되어 있었는데, 임차인은 "별층 101호"로 전입신고 하였고, 그 후 경매 진행되었다.

이러한 경우, 임차인의 대항력이 발생되는지에 대하여, 대법원은 별층에 해당할 만한 건물부분이 지하층 외에는 없고, 지하층은 1개의 구분소유로 이루어져 있으며, 옥상층 등 별층에 해당할 만한 부분이 없으며, 지하층을 주소지로 한 다른 주민등록자가 없는 한, "별층 101호"가 등기부상의 "지하층 01호"를 의미할 수 있기에 대항력을 인정하였다.

〈대법원 2002다15467 건물명도판결〉

등기부상 이 사건 다세대 주택의 건물내역이 '1층, 2층, 3층, 각 72.96㎡, 지층 69.54㎡의 철근콘크리트조 평슬래브지붕 3층 다세대주택'으로 표시되어 있고, 집합건축물대장상에는 이 사건 구분소유 부분이 '인천 강화군 강화읍 관청리 140-00 **빌라 라동 B01호'로 표시되어 있는 사실, 위 '**빌라'는 가동, 나동, 다동, 라동의 4개의 독립된 동이 하나의 단지를 이루고 있으나, 위 관청리 140-00 토지 위에는 지상 3층, 지하 1층의 라동 건물(이 사건 다세대 주택)만 존재하고, 각 층이 1개의 구분소유 부분으로 이루어져 있는 사실을 엿볼 수 있으며, 원심이 인정한 피고의 최초 주민등록 주소는 '위 관청리 140-00, **빌라 라동 별층 101호'로 해석된다 할 것이다.

위와 같은 이 사건 다세대 주택의 등기부상의 건물내역과 피고의 최초 주민등록 주소를 비교하여 볼 때, 위 주민등록상의 별층에 해당할 만한 건물 부분이 위 건물내역상 지하층 외에는 없고 그 지하층이 1개의 구분소유 부분으로 이루어져 있으므로, 이 사건 다세대 주택에 실제로 옥상층 등 별층에 해당할 만한 부분이 있지 아니하고 위 지하층을 주소지로 한 다른 주민등록자가 없는 한 통상적인 주의력을 가진 사람이라면 어렵지 않게 위 <u>주민등록상의 '별층 101호'가 등기부상의 '지하층 01호'를 의미한다고 인식할 수 있을 것으로 여겨지는바</u>, 그렇다면 일반사회 통념상 피고의 위 주민등록으로 이 사건 구분소유 부분에 피고가 주소 또는 거소를 가진 자로 등록되어 있다고 인식할 수 있다고 봄이 상당하다 할 것이다.

v. "B동"을 "다동"으로 전입 신고한 경우

다세대주택 전유부분의 표시가 가옥대장 및 부동산등기부상 "B동 302호"로 되어 있었으나, 임차인은 "다동 302호"로 전입신고 하였다면 이로써 임차인이 "B동 302호"에 주소를 가진 자로 인식될 수 없기에, 임차인으로서의 대항력이 인정되지 않는다.

〈대법원 2003다10940 건물명도판결〉

> 이 사건 건물의 등기부상의 동·호수 표시인 '제비(B)동 3층 302호'와 불일치한 위 '다동 302호'로 된 피고의 주민등록은 일반 사회통념상 그로써 당해 임대차 건물에 피고가 주소 또는 거소를 가진 자로 등록되어 있는지를 인식할 수 있다고 보이지 아니하므로 위 주민등록은 임대차의 공시방법으로서 유효하다고 할 수 없고…

vi. "가"동을 "라"동으로 전입 신고한 경우

다세대주택의 "라"동으로 불려 지던 부분을 임차하였고, 전입신고를 "라"동으로 하였으나, 나중에 가옥대장이 작성되면서 "가"동으로 표시되었다면 임차인으로서의 대항력을 주장하기 위해서는 "가"동으로 주소를 정정하여야 한다.

〈대법원 94다13176 배당이의 판결요지〉

> 다세대주택 임차 당시 칭하여진 동호수로 주민등록은 이전하고 임대차계약서에 확정일자를 받았는데 준공검사 후 건축물관리대장이 작성되면서 동호수가 바뀌어 등기부 작성시에도 임대계약서와 다른 동호수가 등재된 경우, 그 주택에 대하여 근저당권자의 신청에 의한 임의경매절차가 진행되던 중 임차인이 위 확정일자의 임대차계약서를 근거로 경매법원에 임차보증금반환채권에 대한 권리신고 및 배당 요구를 하였다가 뒤늦게 그 주택의 표시가 위와 같이 다르게 되었다는 것을 알게 되어, 동장에게 그 주민등록 기재에 대하여 이의신청을 하여 주민등록표상의 주소를 등기부상 동호수로 정정하게 하였다면, 그 주택의 실제의 동표시와 불일치한 임차인의 주민등록은 임대차의 공시방법으로서 유효한 것이라고 할 수 없고, 임차인은 실제 동표시와 맞게 주민등록이 정리된 이후에야 비로소 대항력을 취득하였다고 볼 것이다.

~~~ 긴 여정 수고하셨습니다. ~~~

앞으로 당신에게 반드시 좋은 일만 생길 것입니다. ^O^

실제 사례로 보는 실전! 생생경매

2018년 8월 5일 1판 2쇄
2018년 8월 1일 1판 1쇄
2016년 10월 25일 초판

저　자	안 종 현
발 행 인	임 재 환
발 행 처	무크랜드
공 급 처	랜드스쿨
등　록	제12-562호(2008. 1. 28)
	서울시 구로구 디지털로 34길 27 대륭포스트타워 3차 601호
	1600-7400
	02)3782-8890
I S B N	978-89-6521-929-3 (13320)

※ 정가는 뒤표지에 있습니다.
※ 낙장이나 파본은 교환해드립니다.
※ 저자와 합의하여 인지를 생략합니다.
※ 이 책의 무단전재 또는 복제행위는 저작권법에 의거하여 처벌을 받게 됩니다.